Diamond Edition

DEATH NOTE

1

Text:
Tsugumi
Ohba

Zeichnungen:
Takeshi
Obata

TOKYOPOP

1 Inhalt

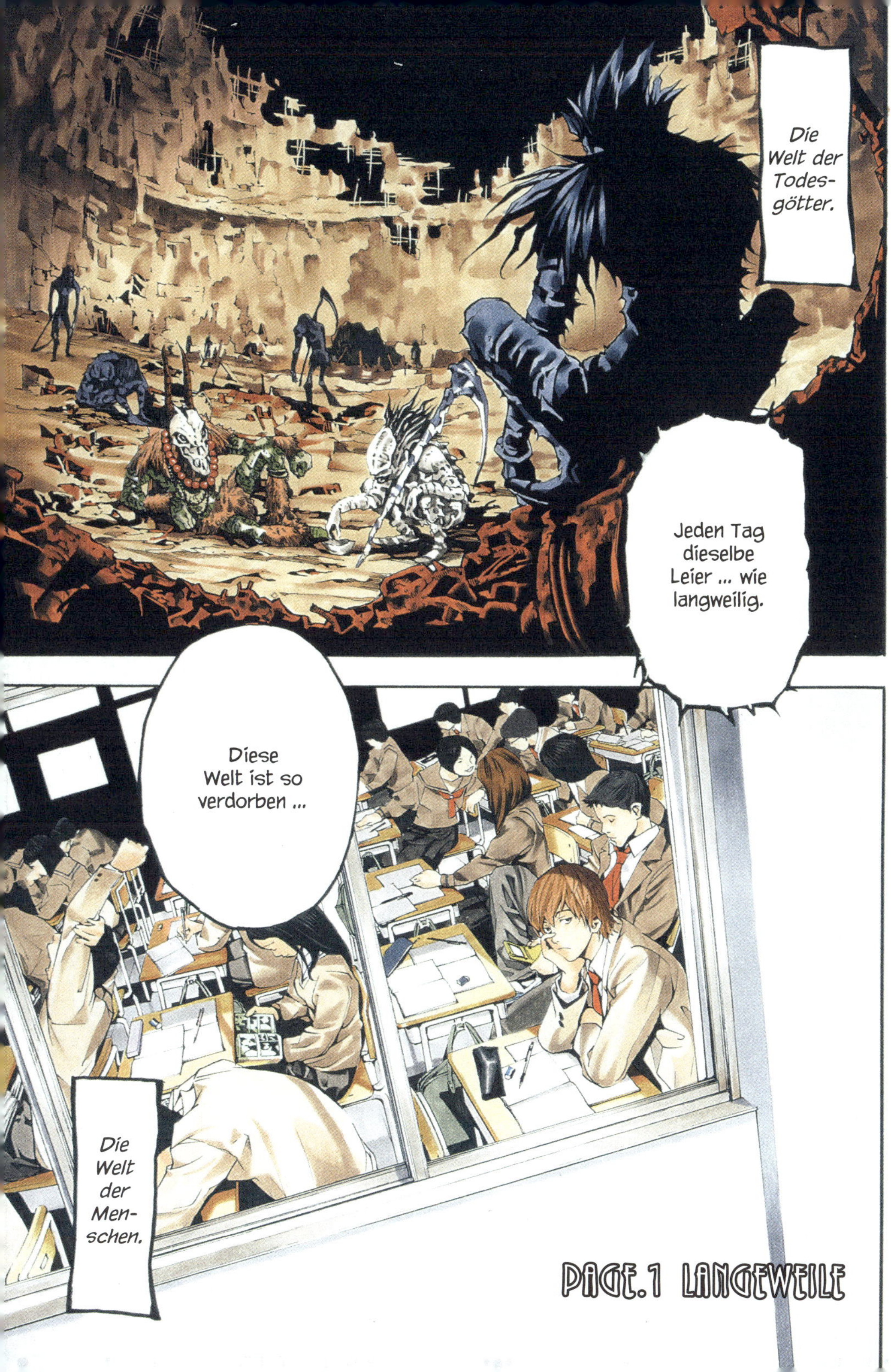
Die Welt der Todes-götter.
Jeden Tag dieselbe Leier ... wie langweilig.
Diese Welt ist so verdorben ...
Die Welt der Men-schen.
PAGE.1 LANGEWEILE

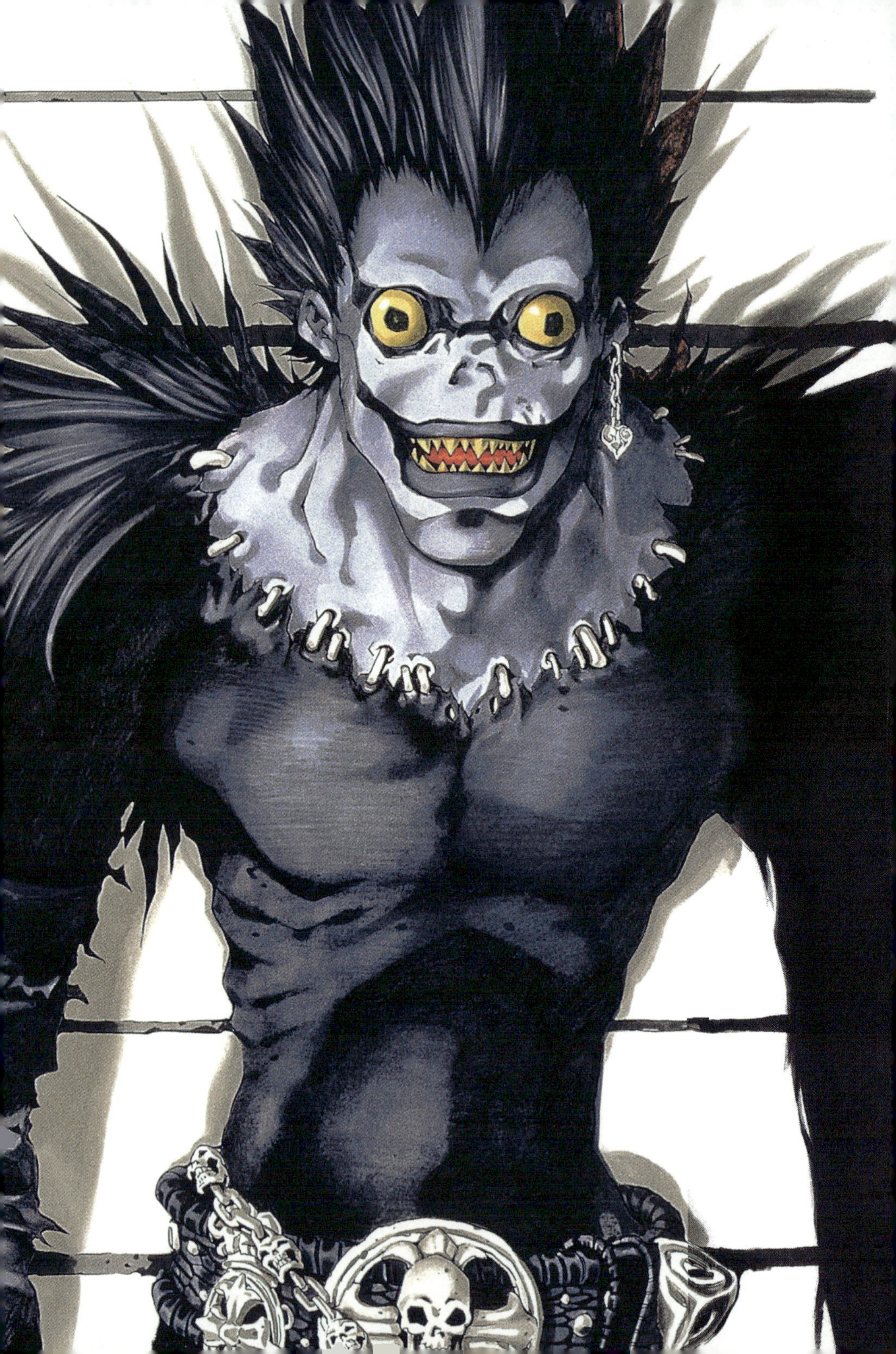

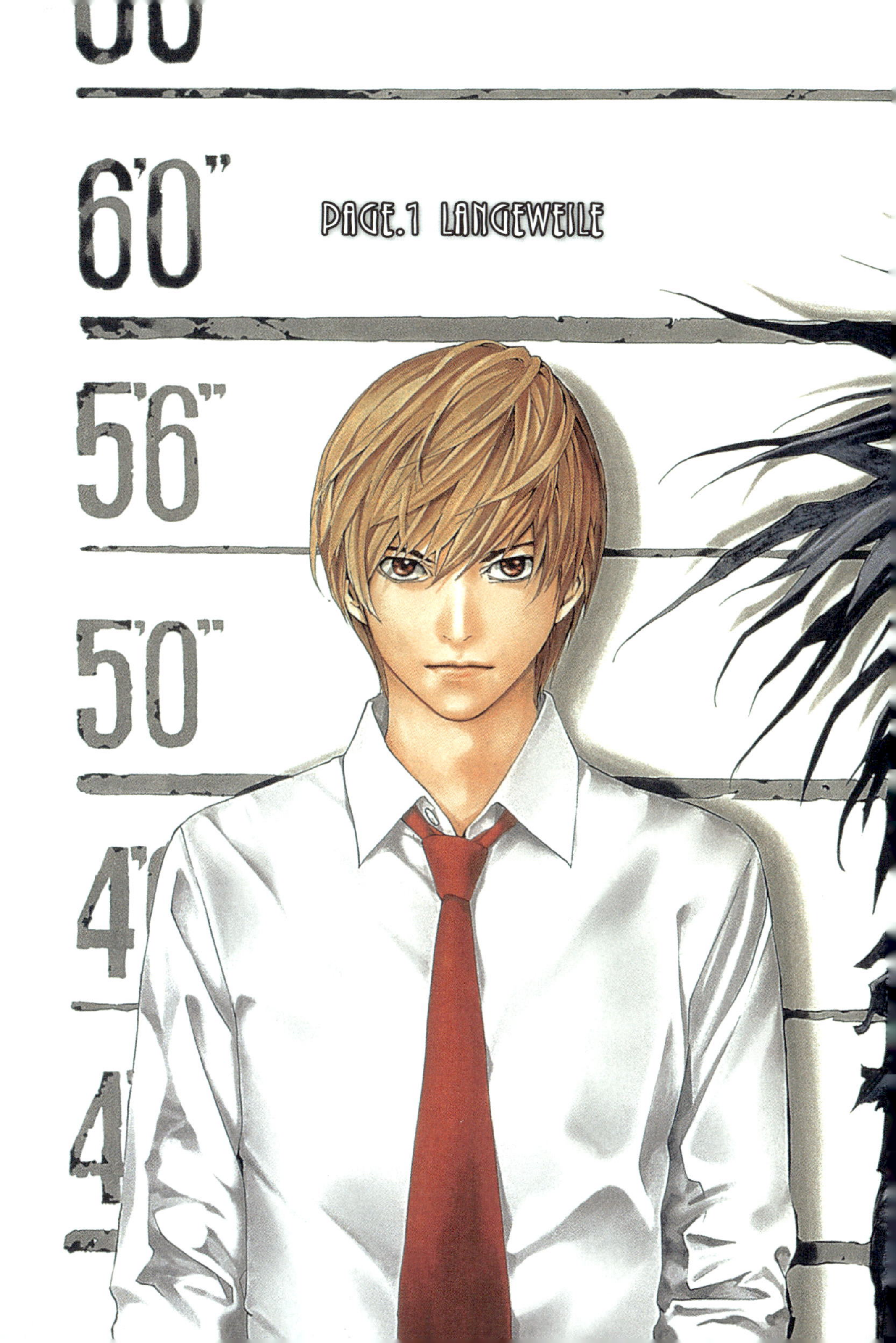
6'0"
PAGE.1 LANGEWEILE
5'6"
5'0"

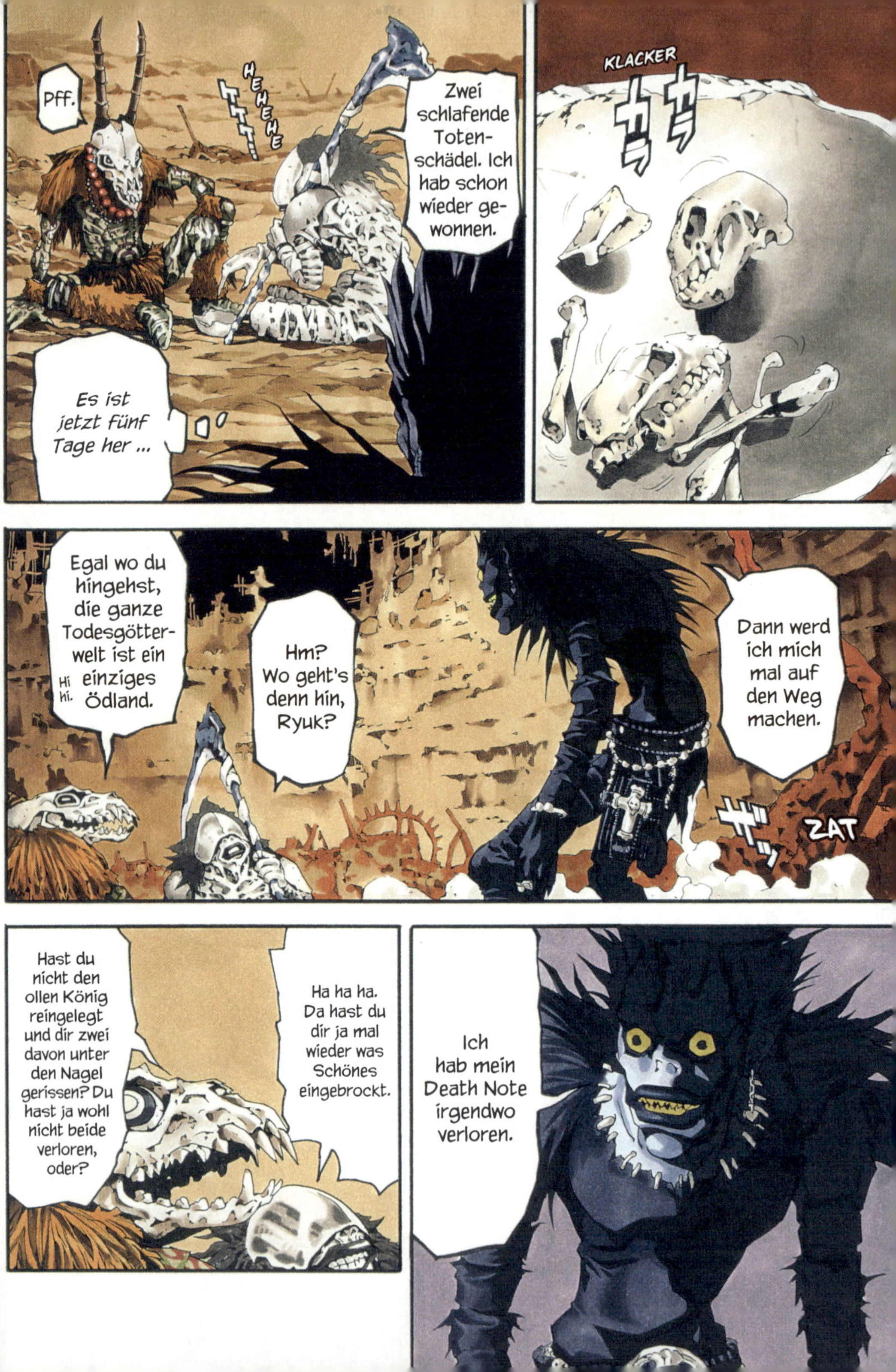
KLACKER
Zwei schlafende Toten-schädel. Ich hab schon wieder ge-wonnen.
HEHEHEHE
Pff.
Es ist jetzt fünf Tage her ...
Dann werd ich mich mal auf den Weg machen.
ZAT
Hm? Wo geht's denn hin, Ryuk?
Egal wo du hingehst, die ganze Todesgötter-welt ist ein einziges Ödland.
Hi hi.
Ich hab mein Death Note irgendwo verloren.
Ha ha ha. Da hast du dir ja mal wieder was Schönes eingebrockt.
Hast du nicht den ollen König reingelegt und dir zwei davon unter den Nagel gerissen? Du hast ja wohl nicht beide verloren, oder?

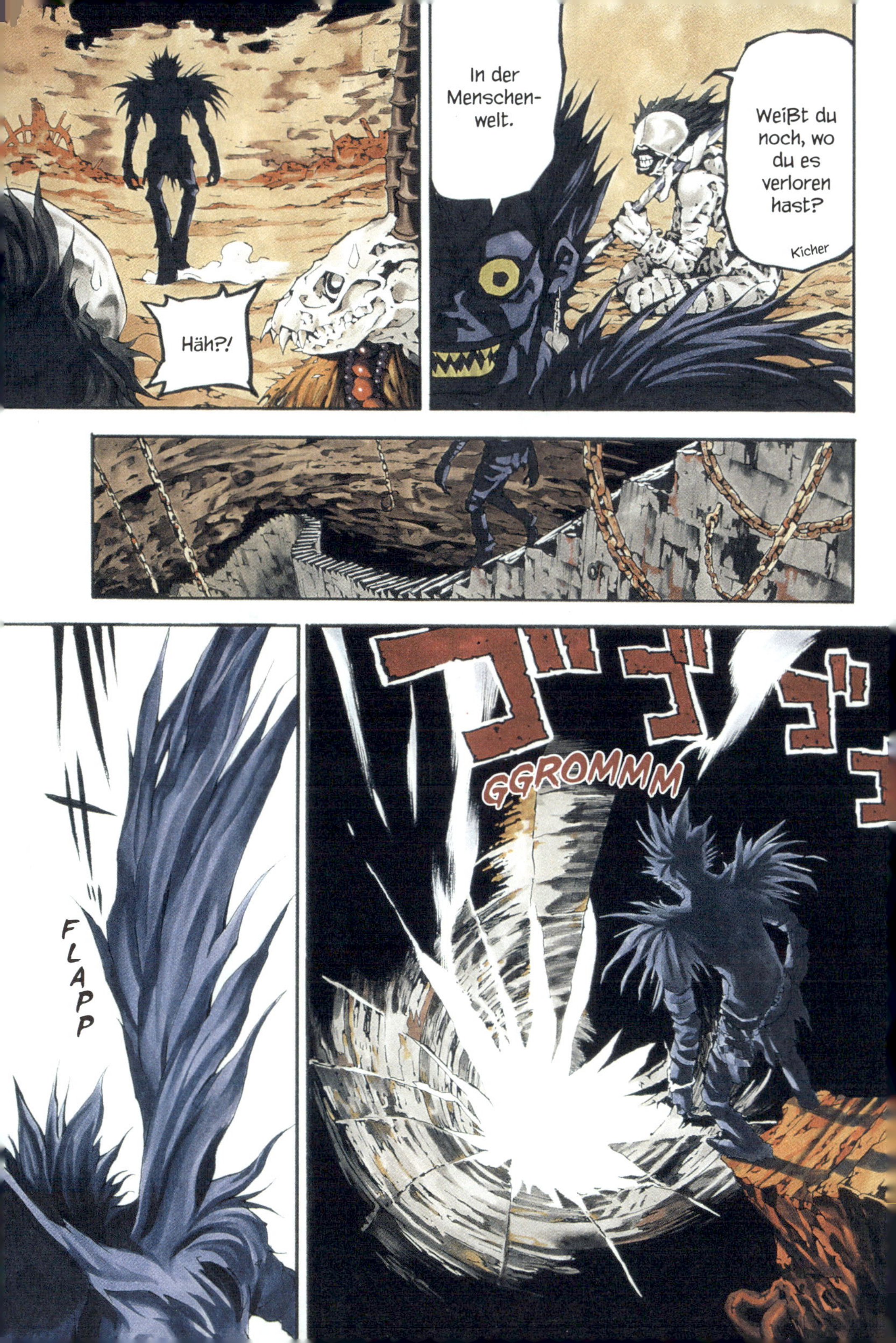
Weißt du noch, wo du es verloren hast?
Kicher
In der Menschenwelt.
Häh?!
FLAPP
GGROMMM

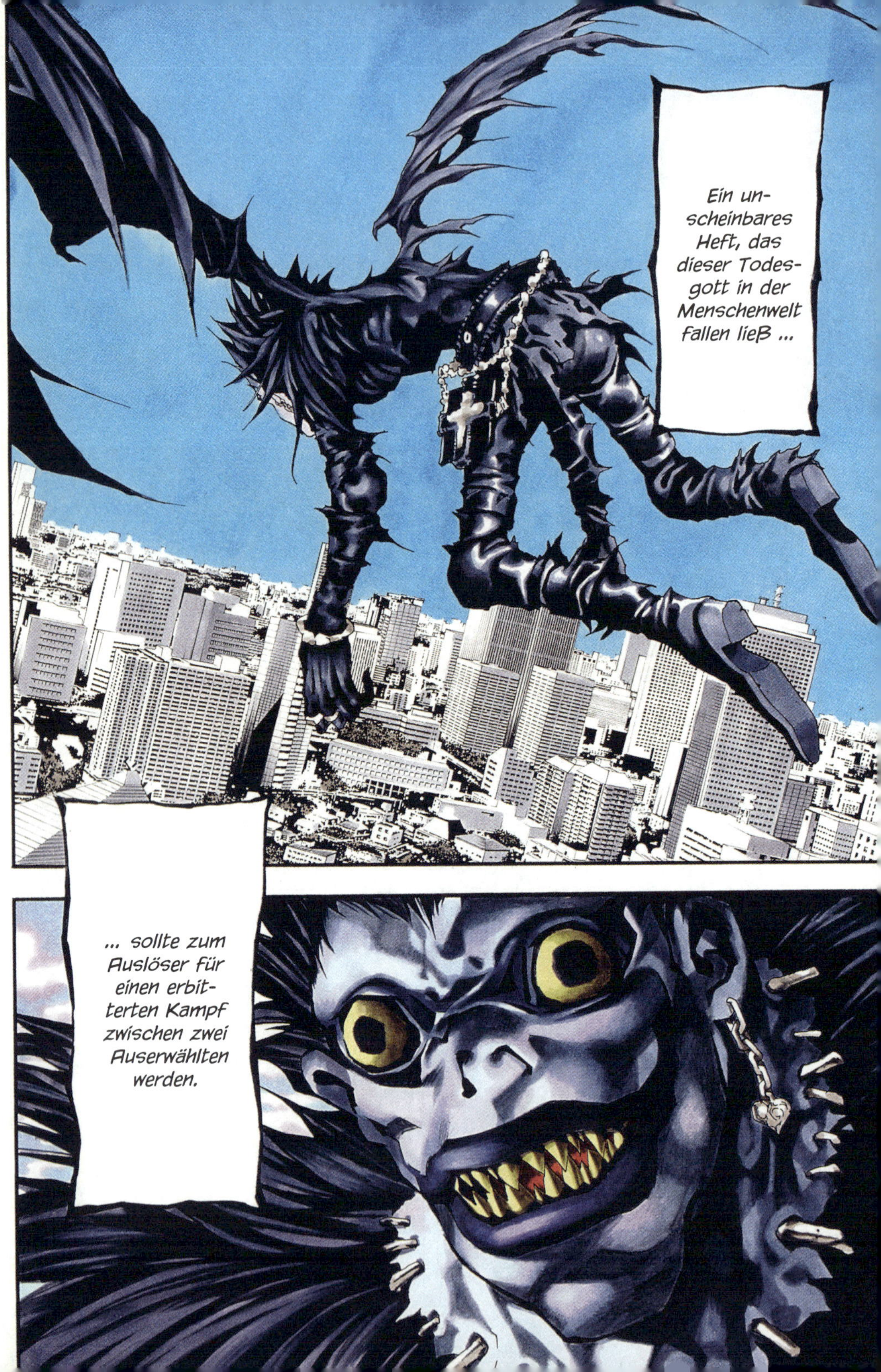
Ein unscheinbares Heft, das dieser Todesgott in der Menschenwelt fallen ließ ...
... sollte zum Auslöser für einen erbitterten Kampf zwischen zwei Auserwählten werden.

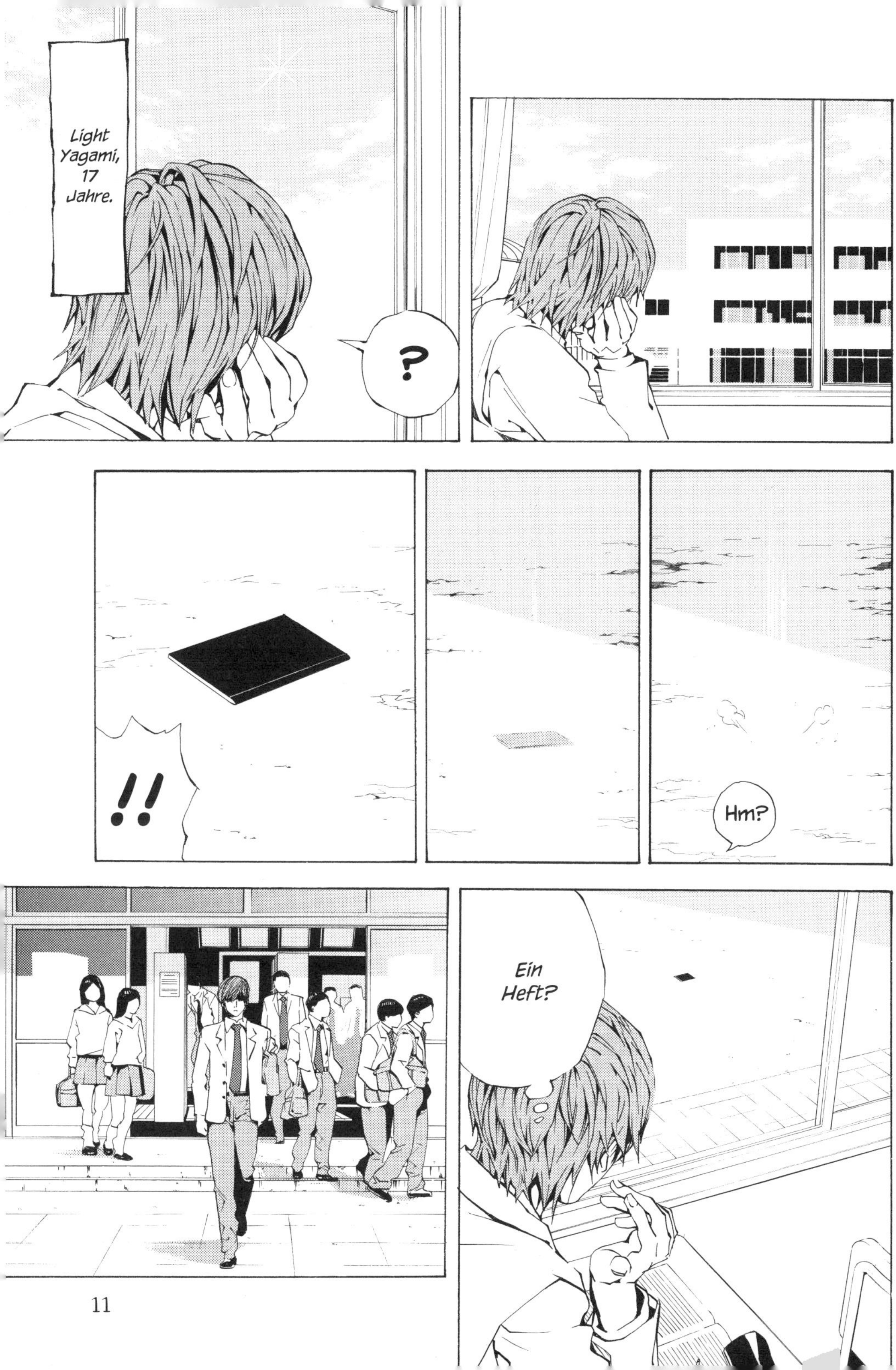
Light Yagami, 17 Jahre.
?
!!
Hm?
Ein Heft?

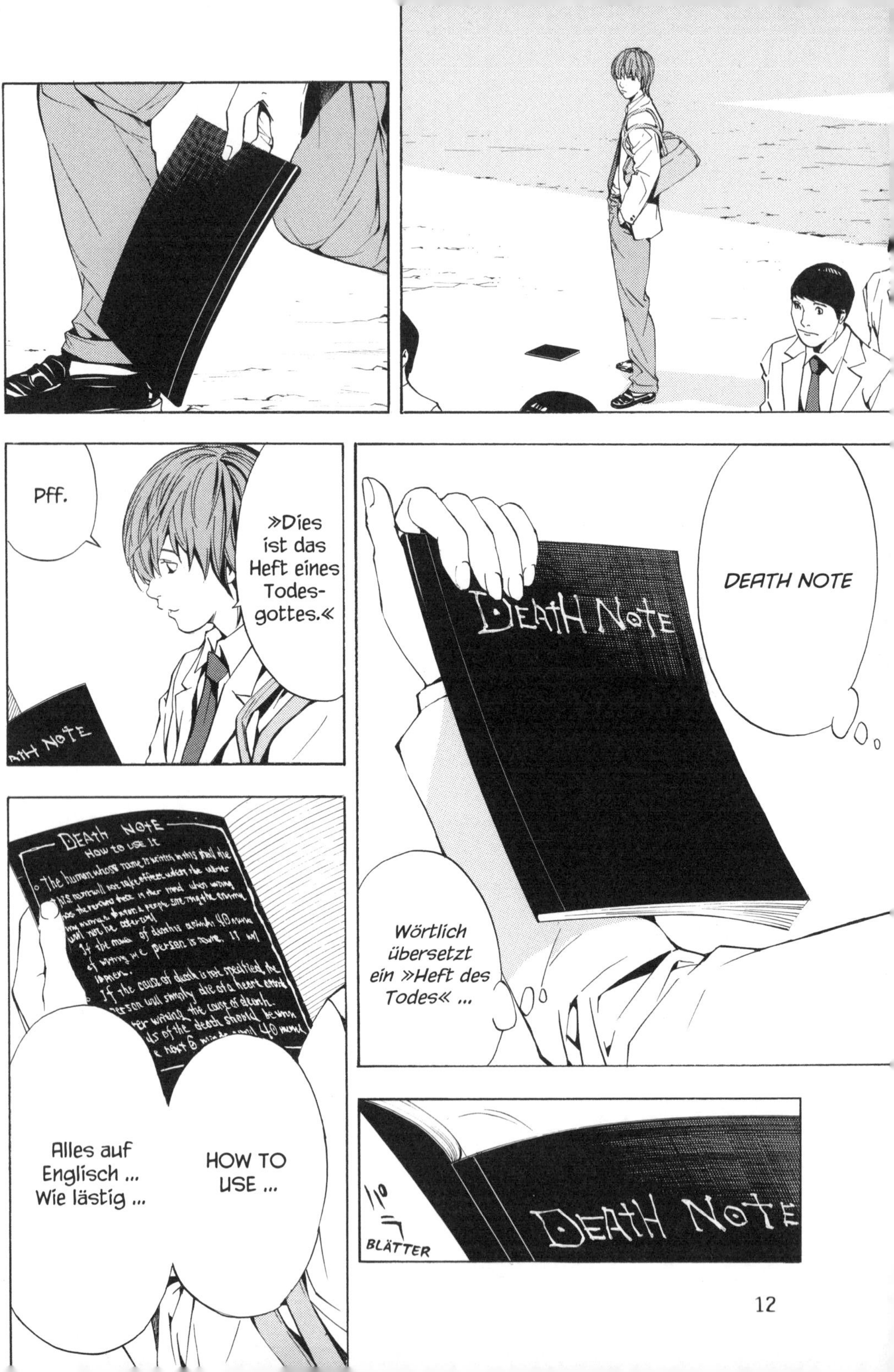
DEATH NOTE
Wörtlich übersetzt ein »Heft des Todes« ...
»Dies ist das Heft eines Todesgottes.«
Pff.
BLÄTTER
HOW TO USE ...
Alles auf Englisch ... Wie lästig ...

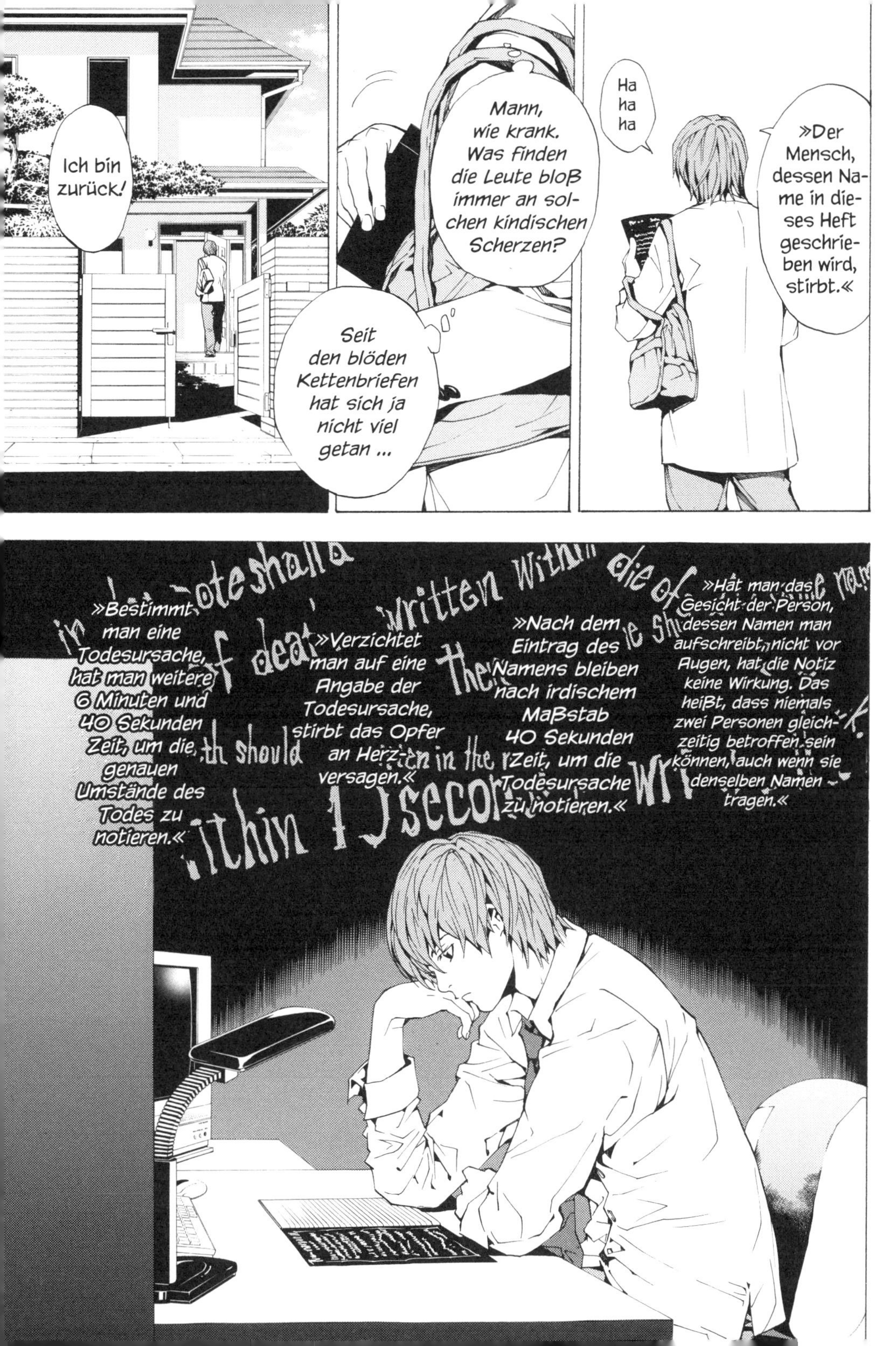
»Der Mensch, dessen Name in dieses Heft geschrieben wird, stirbt.«
Ha ha ha
Mann, wie krank. Was finden die Leute bloß immer an solchen kindischen Scherzen?
Seit den blöden Kettenbriefen hat sich ja nicht viel getan ...
Ich bin zurück!
»Hat man das Gesicht der Person, dessen Namen man aufschreibt, nicht vor Augen, hat die Notiz keine Wirkung. Das heißt, dass niemals zwei Personen gleichzeitig betroffen sein können, auch wenn sie denselben Namen tragen.«
»Nach dem Eintrag des Namens bleiben nach irdischem Maßstab 40 Sekunden Zeit, um die Todesursache zu notieren.«
»Verzichtet man auf eine Angabe der Todesursache, stirbt das Opfer an Herzversagen.«
»Bestimmt man eine Todesursache, hat man weitere 6 Minuten und 40 Sekunden Zeit, um die genauen Umstände des Todes zu notieren.«

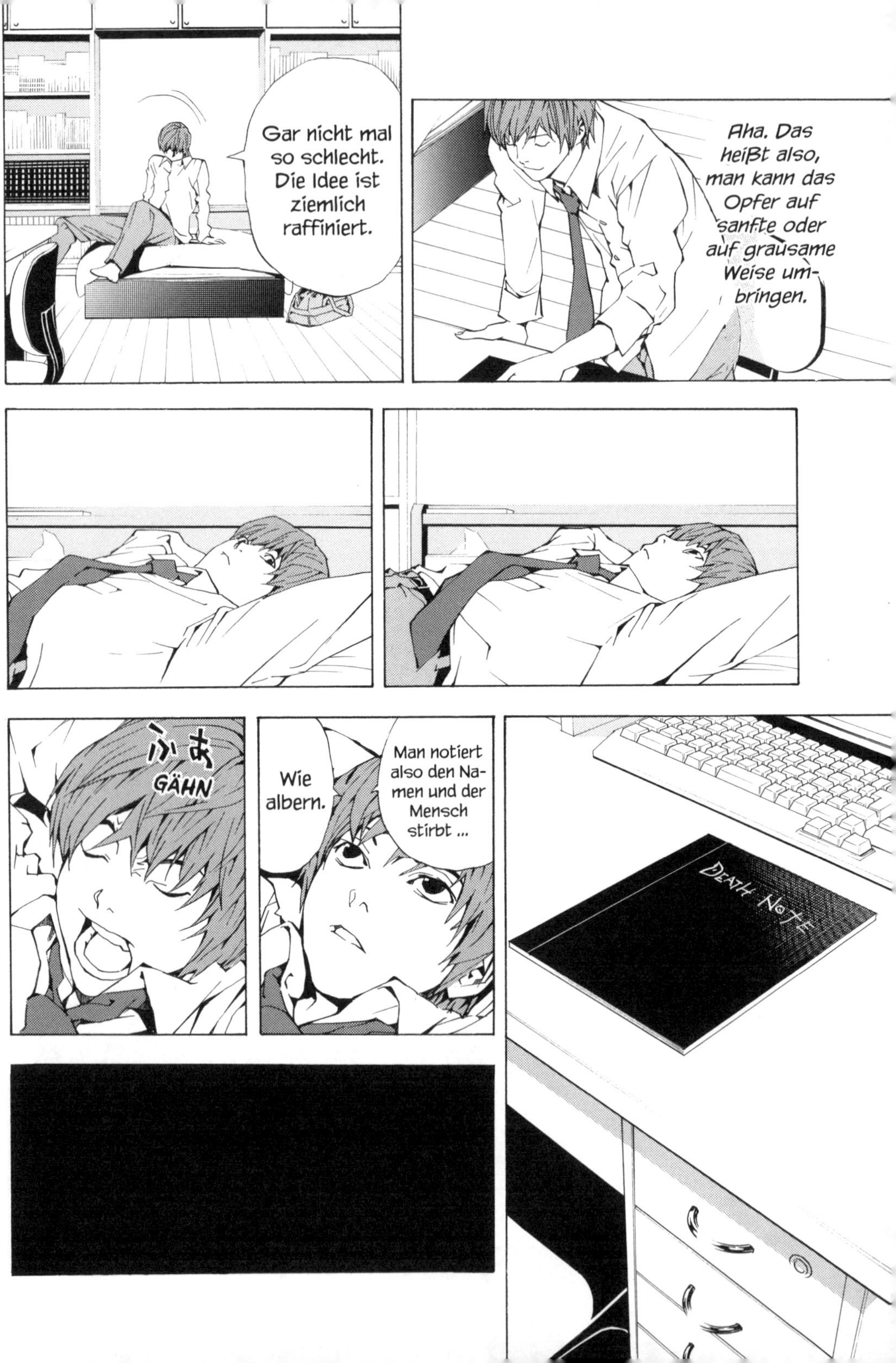
Aha. Das heißt also, man kann das Opfer auf sanfte oder auf grausame Weise umbringen.
Gar nicht mal so schlecht. Die Idee ist ziemlich raffiniert.
Man notiert also den Namen und der Mensch stirbt ...
Wie albern.
ふあ
GÄHN
DEATH NOTE

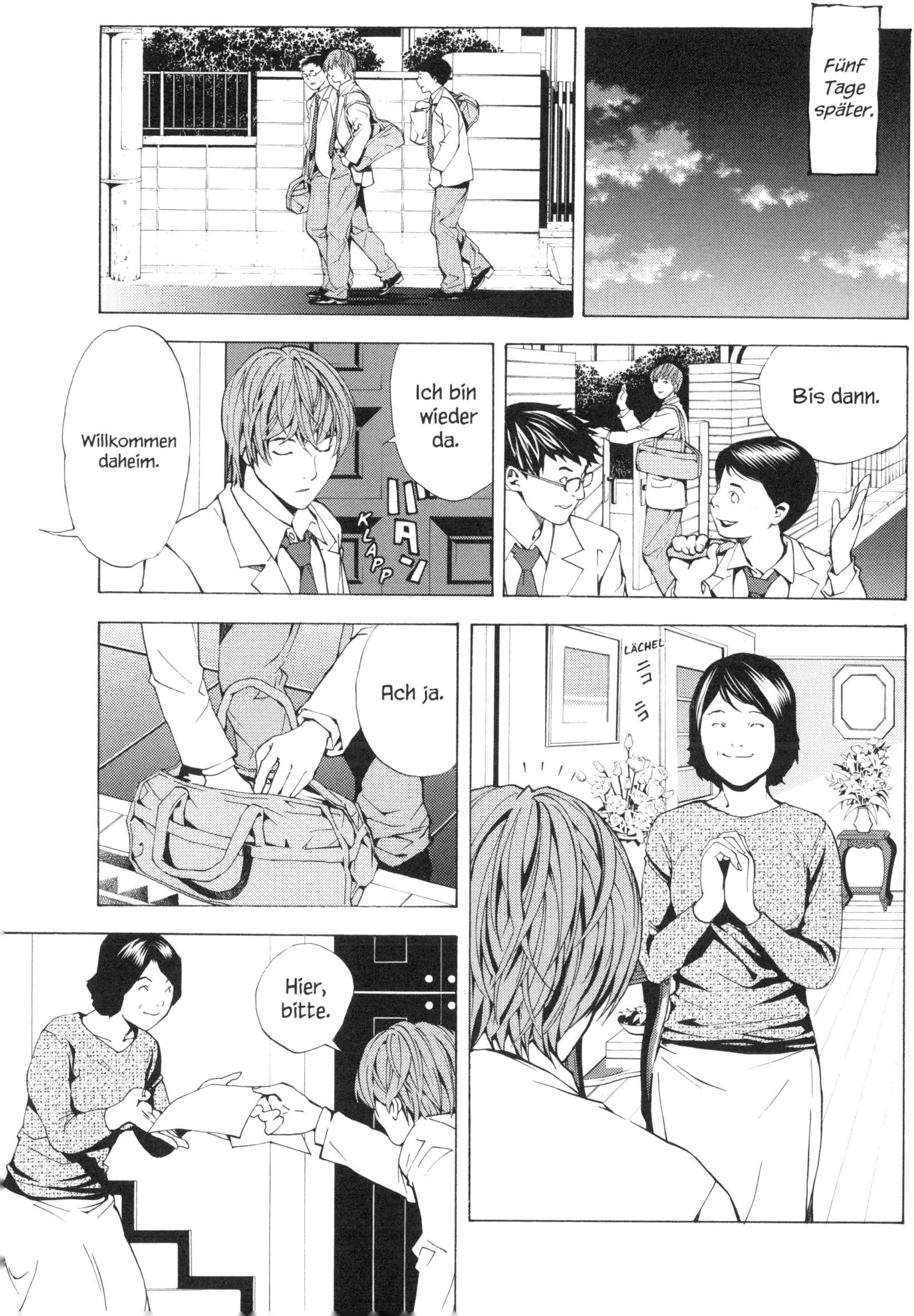
Fünf Tage später.
Bis dann.
Ich bin wieder da.
KLAPP
Willkommen daheim.
LÄCHEL
Ach ja.
Hier, bitte.

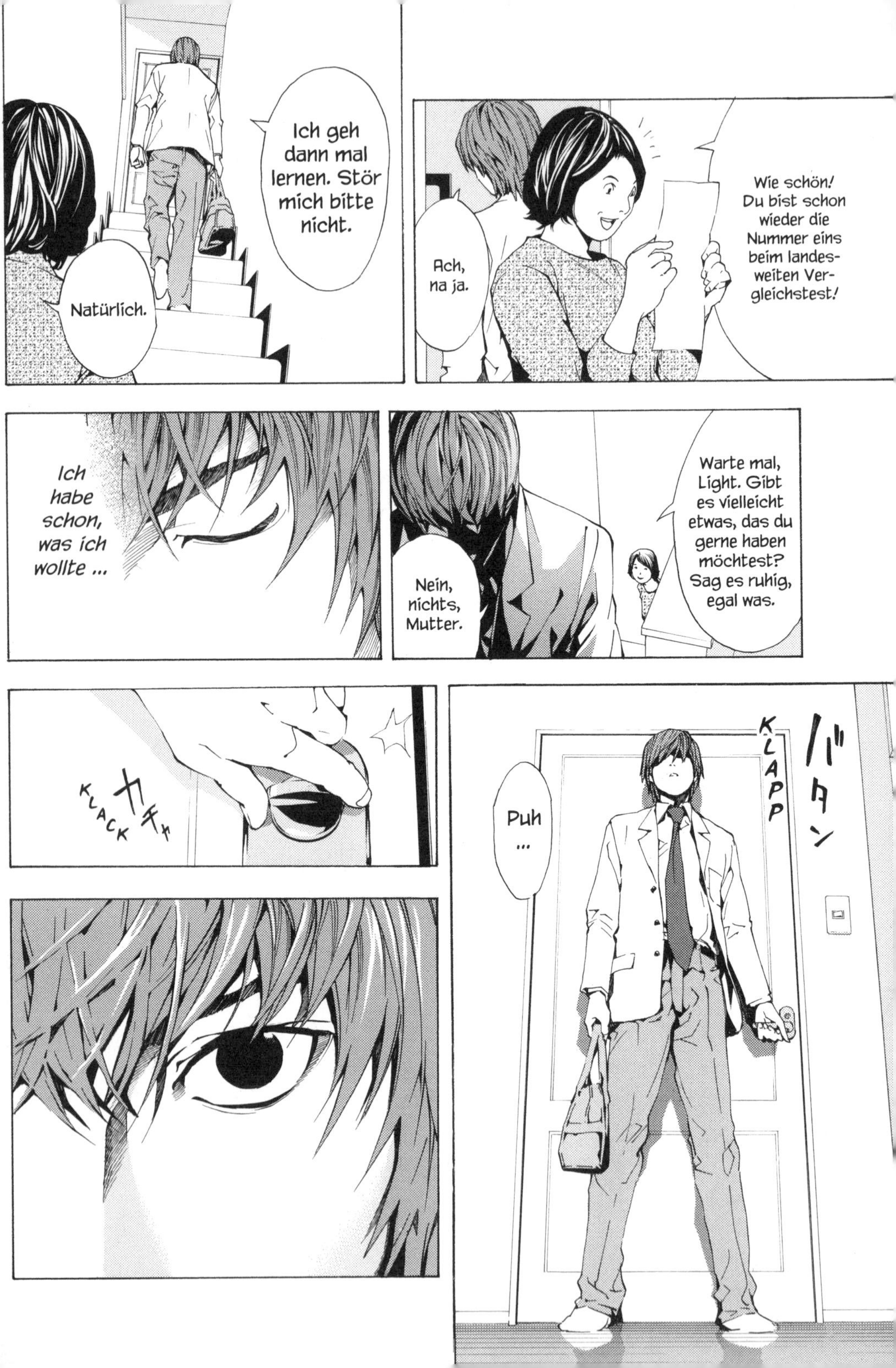
Wie schön! Du bist schon wieder die Nummer eins beim landesweiten Vergleichstest!
Ach, na ja.
Ich geh dann mal lernen. Stör mich bitte nicht.
Natürlich.
Warte mal, Light. Gibt es vielleicht etwas, das du gerne haben möchtest? Sag es ruhig, egal was.
Nein, nichts, Mutter.
Ich habe schon, was ich wollte ...
バタン
KLAPP
Puh ...
カチャ
KLACK

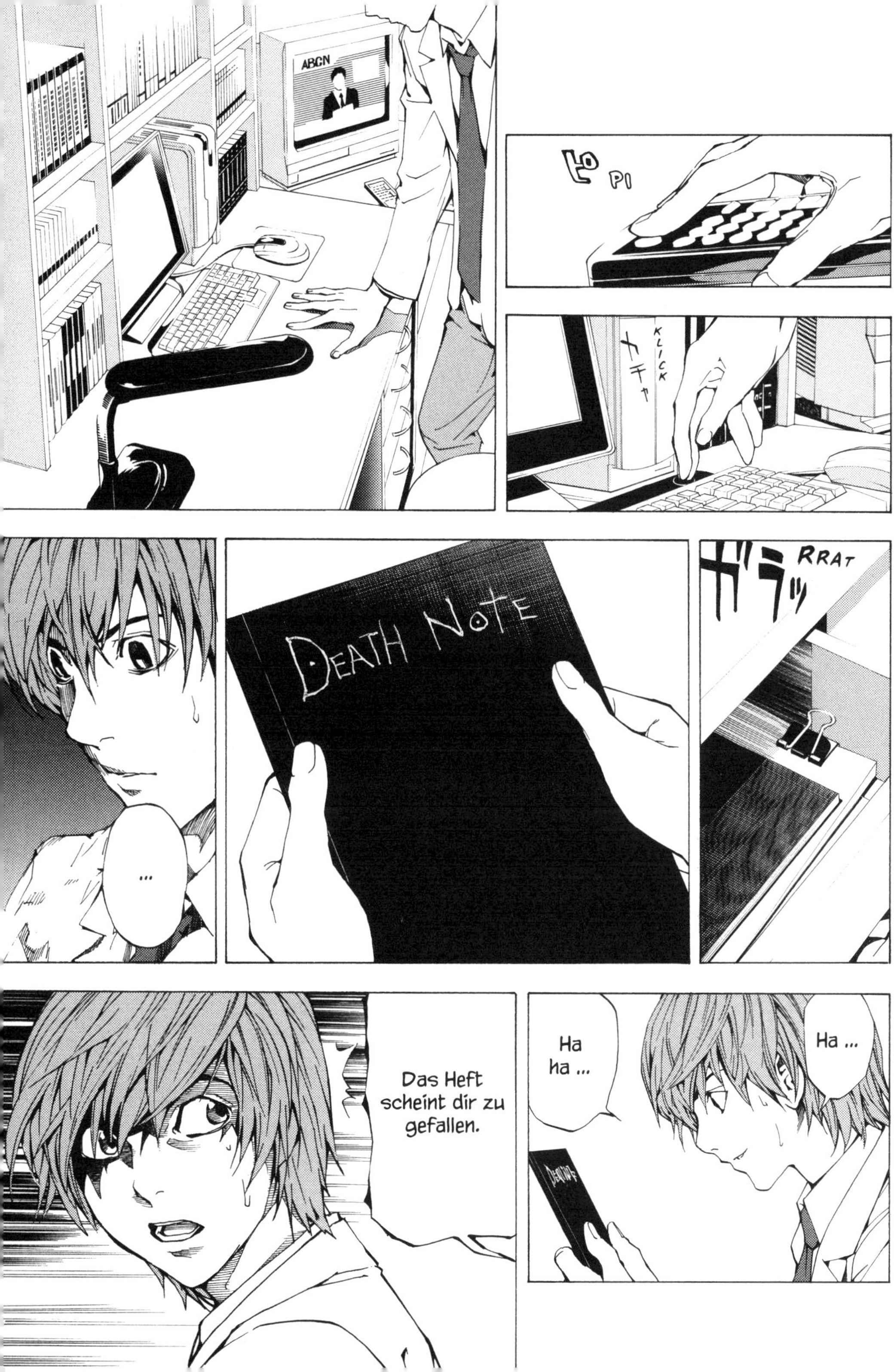
ABCN
ピ
PI
カチャ
KLICK
ガラッ
RRAT
DEATH NOTE
...
Ha ...
Ha
ha ...
Das Heft
scheint dir zu
gefallen.

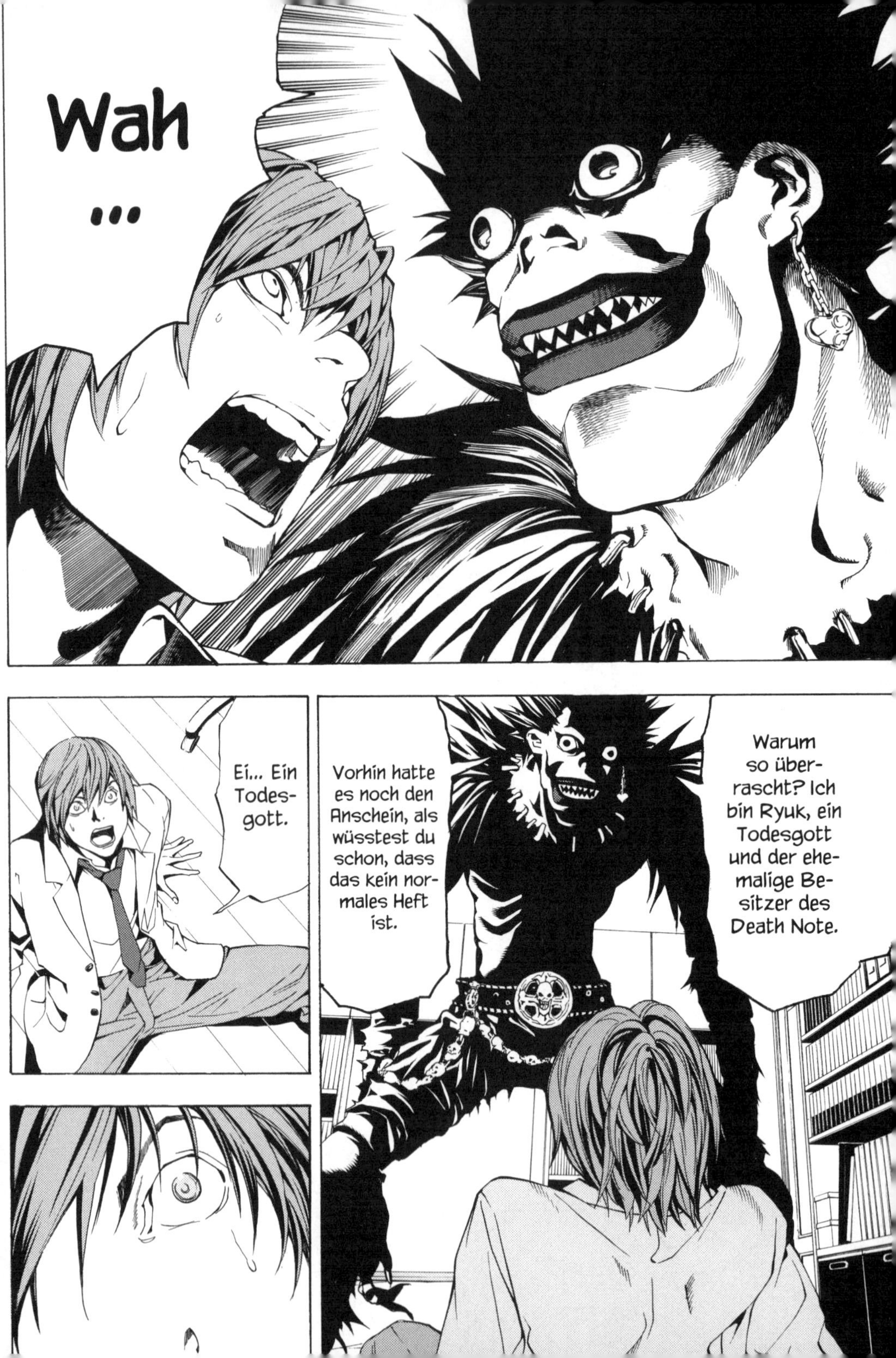
Wah
...
Warum so überrascht? Ich bin Ryuk, ein Todesgott und der ehemalige Besitzer des Death Note.
Vorhin hatte es noch den Anschein, als wüsstest du schon, dass das kein normales Heft ist.
Ei... Ein Todesgott.

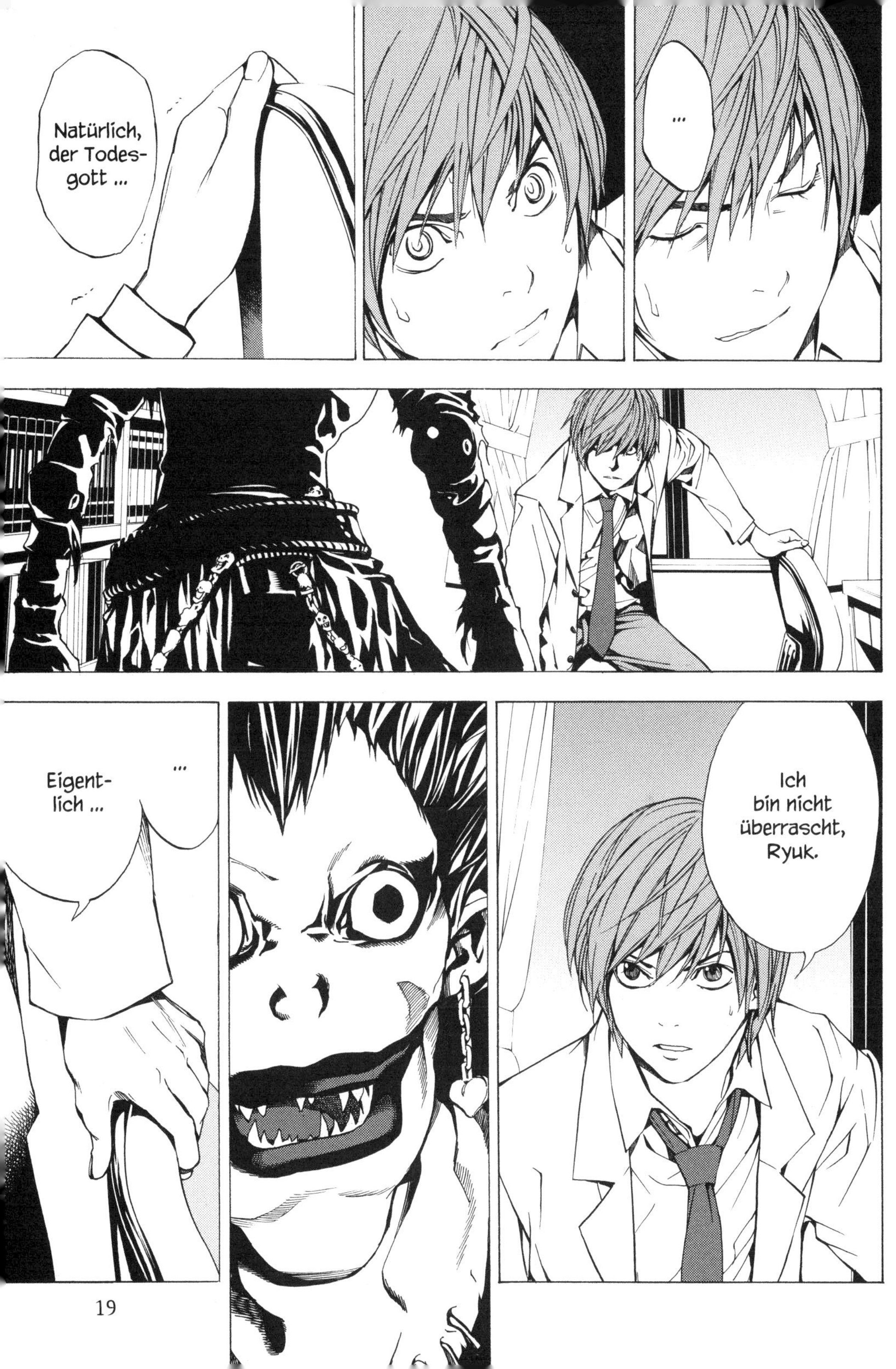
...
Natürlich, der Todesgott ...
Ich bin nicht überrascht, Ryuk.
Eigentlich ...
...

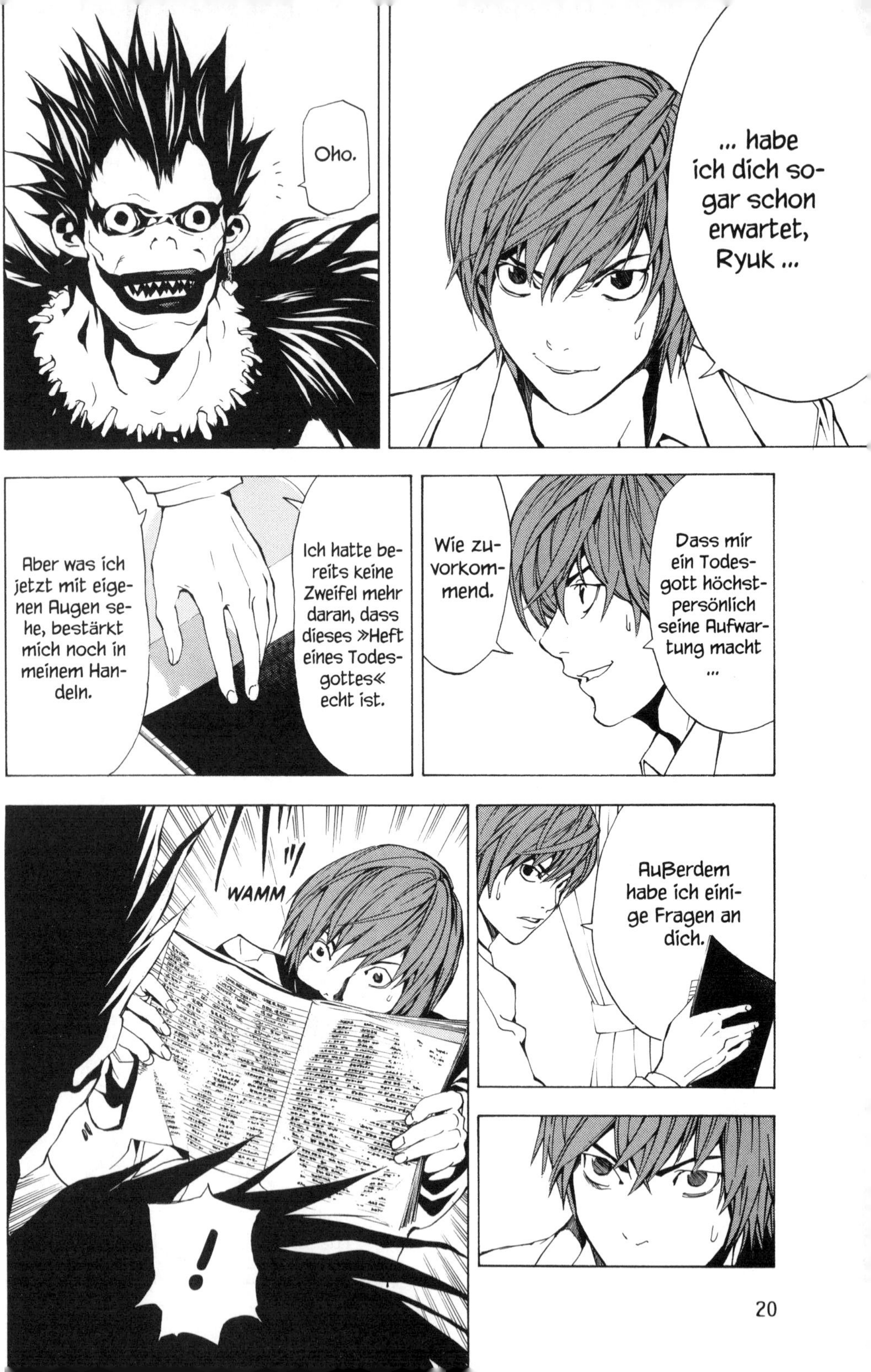
... habe ich dich sogar schon erwartet, Ryuk ...
Oho.
Dass mir ein Todesgott höchstpersönlich seine Aufwartung macht ...
Wie zuvorkommend.
Ich hatte bereits keine Zweifel mehr daran, dass dieses »Heft eines Todesgottes« echt ist.
Aber was ich jetzt mit eigenen Augen sehe, bestärkt mich noch in meinem Handeln.
Außerdem habe ich einige Fragen an dich.
WAMM
!

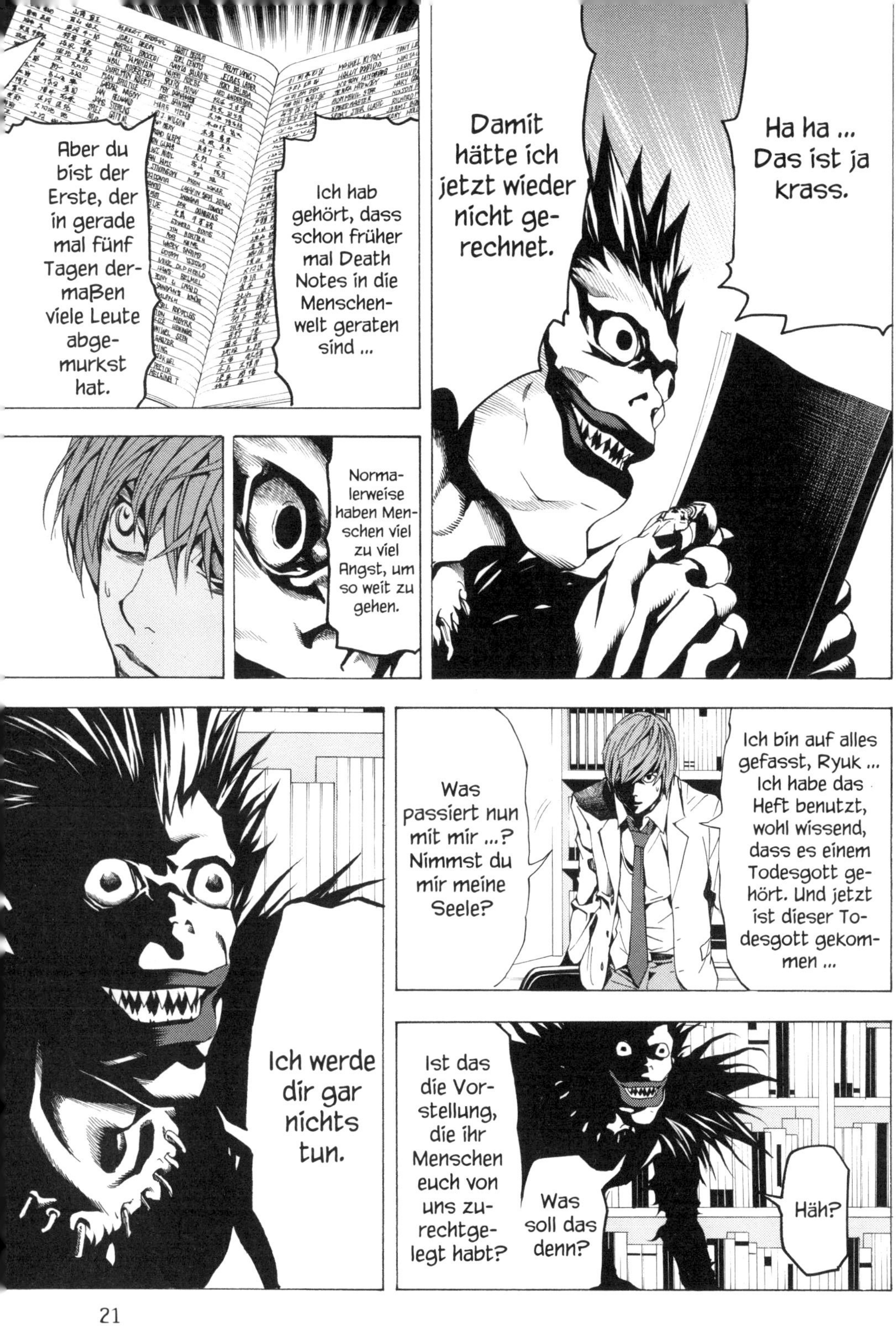
Ha ha ... Das ist ja krass.
Damit hätte ich jetzt wieder nicht gerechnet.
Ich hab gehört, dass schon früher mal Death Notes in die Menschenwelt geraten sind ...
Aber du bist der Erste, der in gerade mal fünf Tagen dermaßen viele Leute abgemurkst hat.
Normalerweise haben Menschen viel zu viel Angst, um so weit zu gehen.
Ich bin auf alles gefasst, Ryuk ... Ich habe das Heft benutzt, wohl wissend, dass es einem Todesgott gehört. Und jetzt ist dieser Todesgott gekommen ...
Was passiert nun mit mir ...? Nimmst du mir meine Seele?
Häh?
Was soll das denn?
Ist das die Vorstellung, die ihr Menschen euch von uns zurechtgelegt habt?
Ich werde dir gar nichts tun.

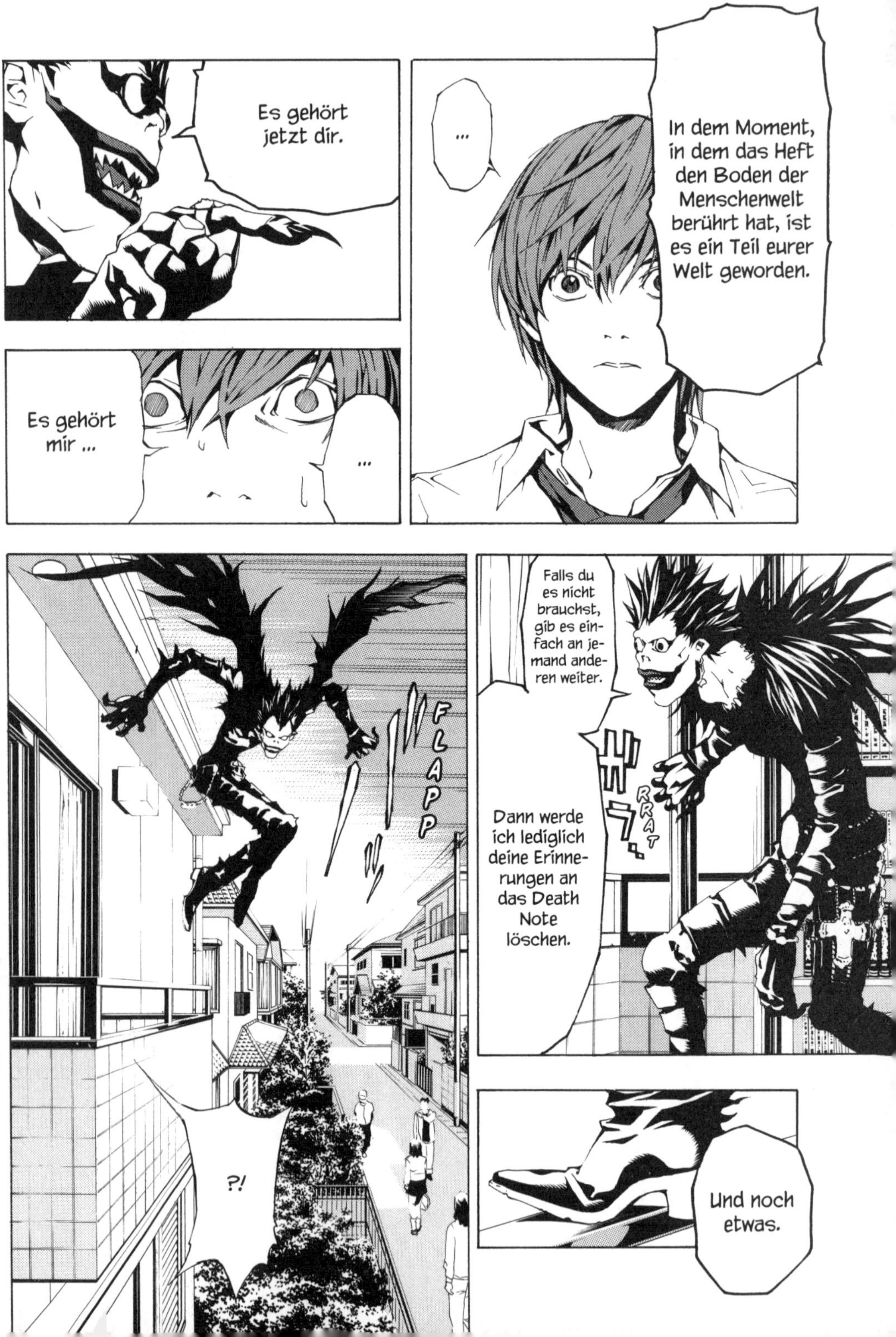
...
In dem Moment, in dem das Heft den Boden der Menschenwelt berührt hat, ist es ein Teil eurer Welt geworden.
Es gehört jetzt dir.
Es gehört mir ...
...
Falls du es nicht brauchst, gib es einfach an jemand anderen weiter.
RRAT
Dann werde ich lediglich deine Erinnerungen an das Death Note löschen.
Und noch etwas.
FLAPP
?!

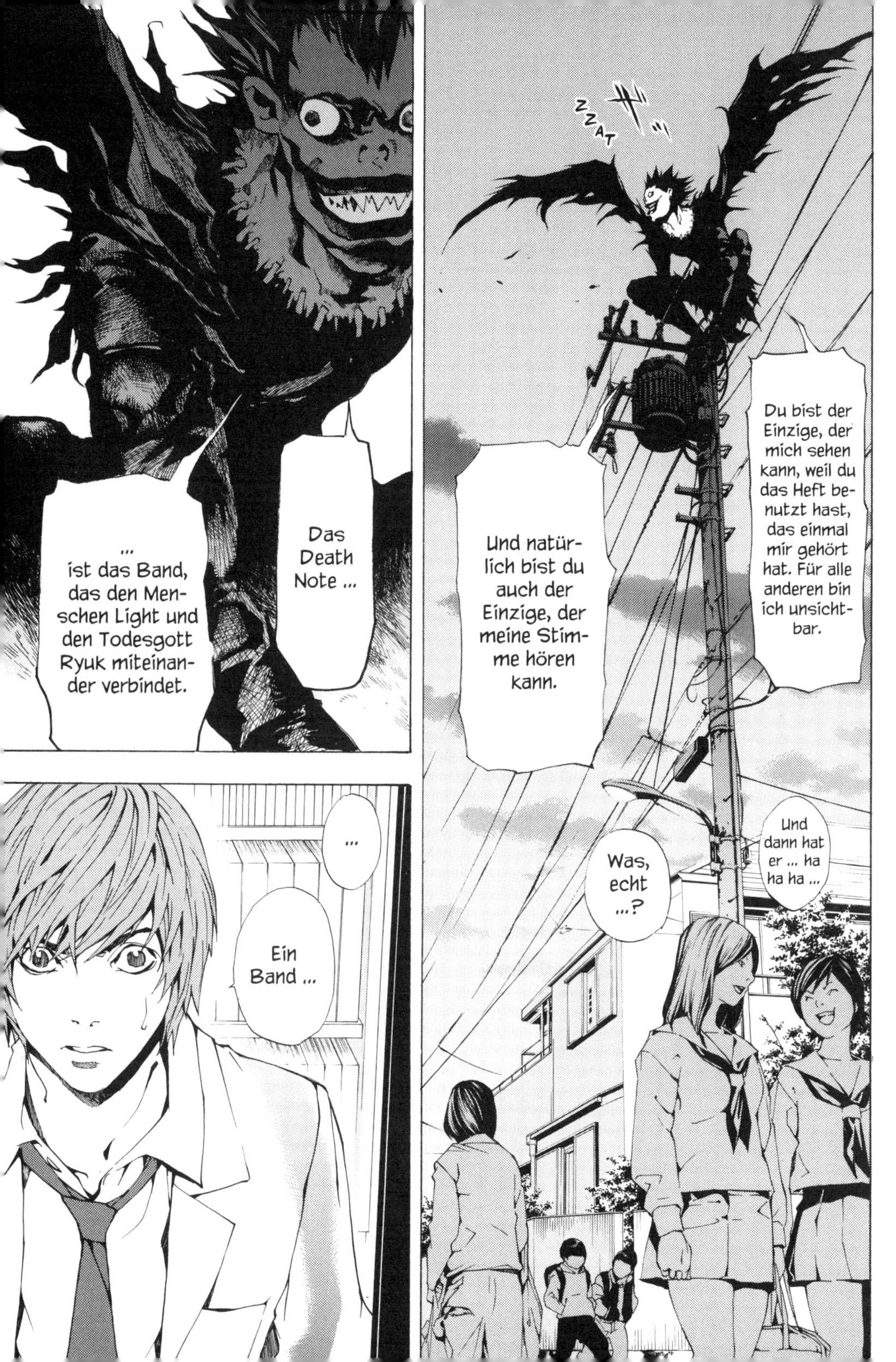
ZZAT
Du bist der Einzige, der mich sehen kann, weil du das Heft benutzt hast, das einmal mir gehört hat. Für alle anderen bin ich unsichtbar.
Und natürlich bist du auch der Einzige, der meine Stimme hören kann.
Und dann hat er ... ha ha ha ...
Was, echt ...?
Das Death Note ...
... ist das Band, das den Menschen Light und den Todesgott Ryuk miteinander verbindet.
...
Ein Band ...

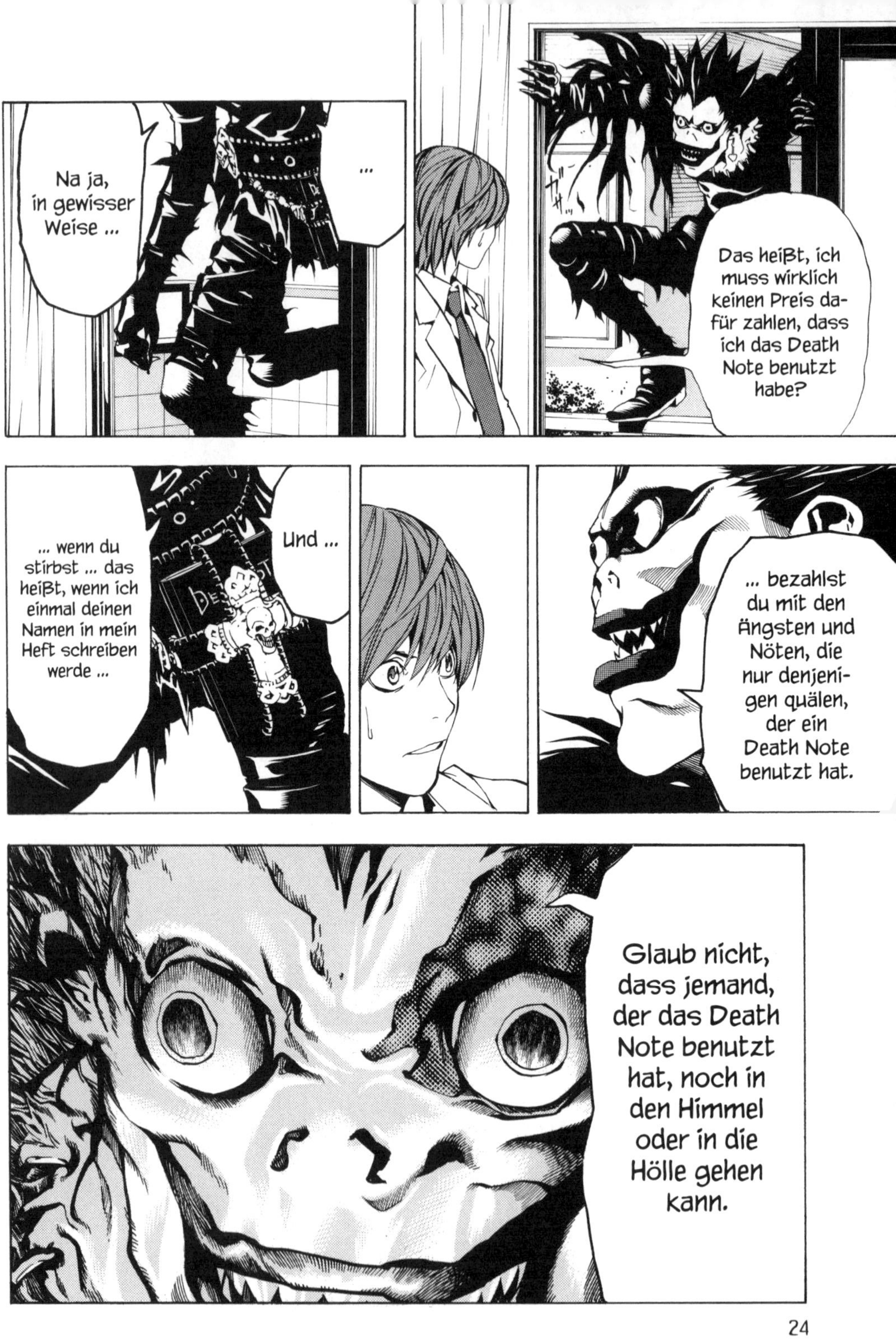
Das heißt, ich muss wirklich keinen Preis dafür zahlen, dass ich das Death Note benutzt habe?
...
Na ja, in gewisser Weise ...
... bezahlst du mit den Ängsten und Nöten, die nur denjenigen quälen, der ein Death Note benutzt hat.
Und ...
... wenn du stirbst ... das heißt, wenn ich einmal deinen Namen in mein Heft schreiben werde ...
Glaub nicht, dass jemand, der das Death Note benutzt hat, noch in den Himmel oder in die Hölle gehen kann.

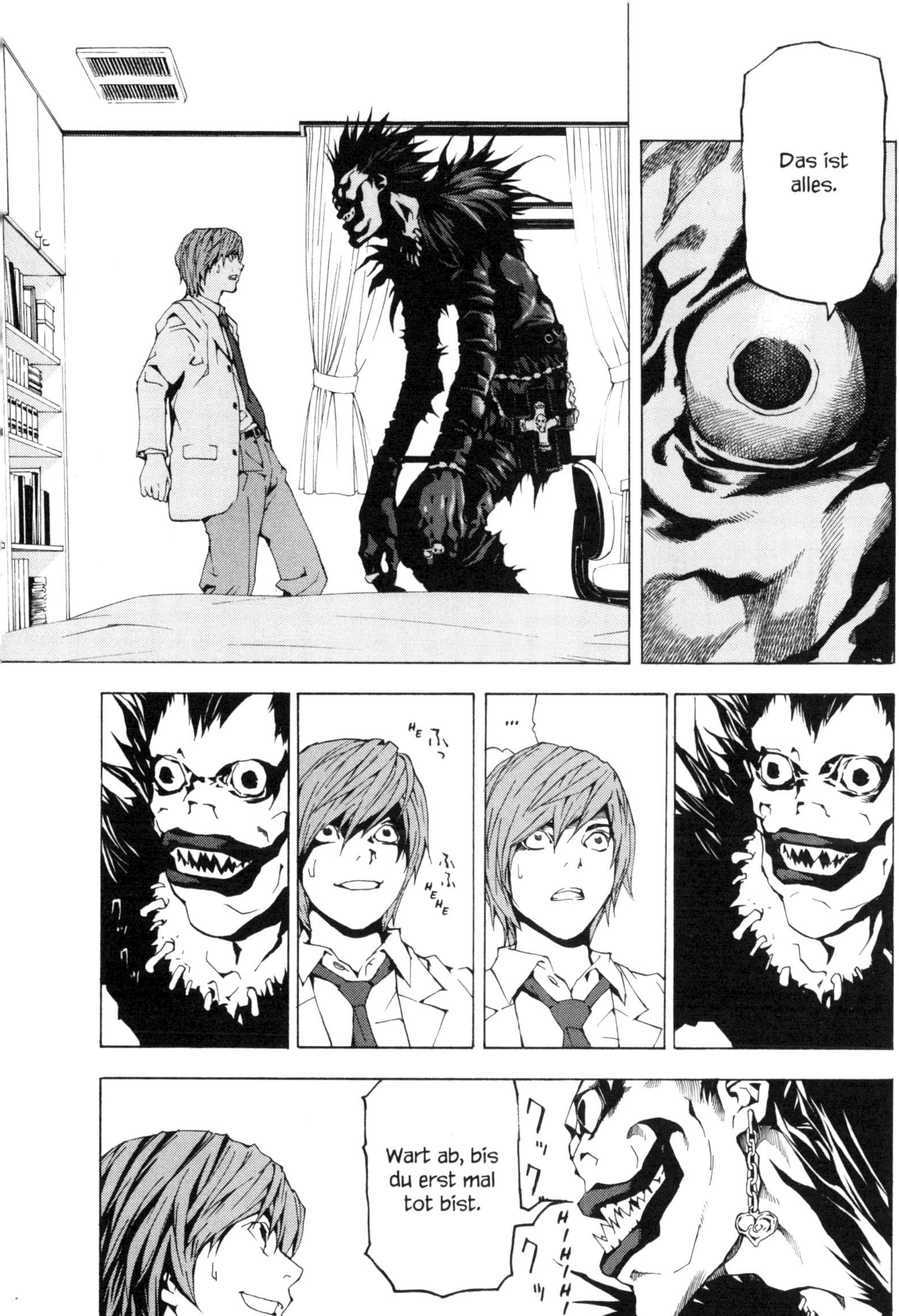
Das ist alles.
...
HE
HEHE
Wart ab, bis du erst mal tot bist.
HIHIHI

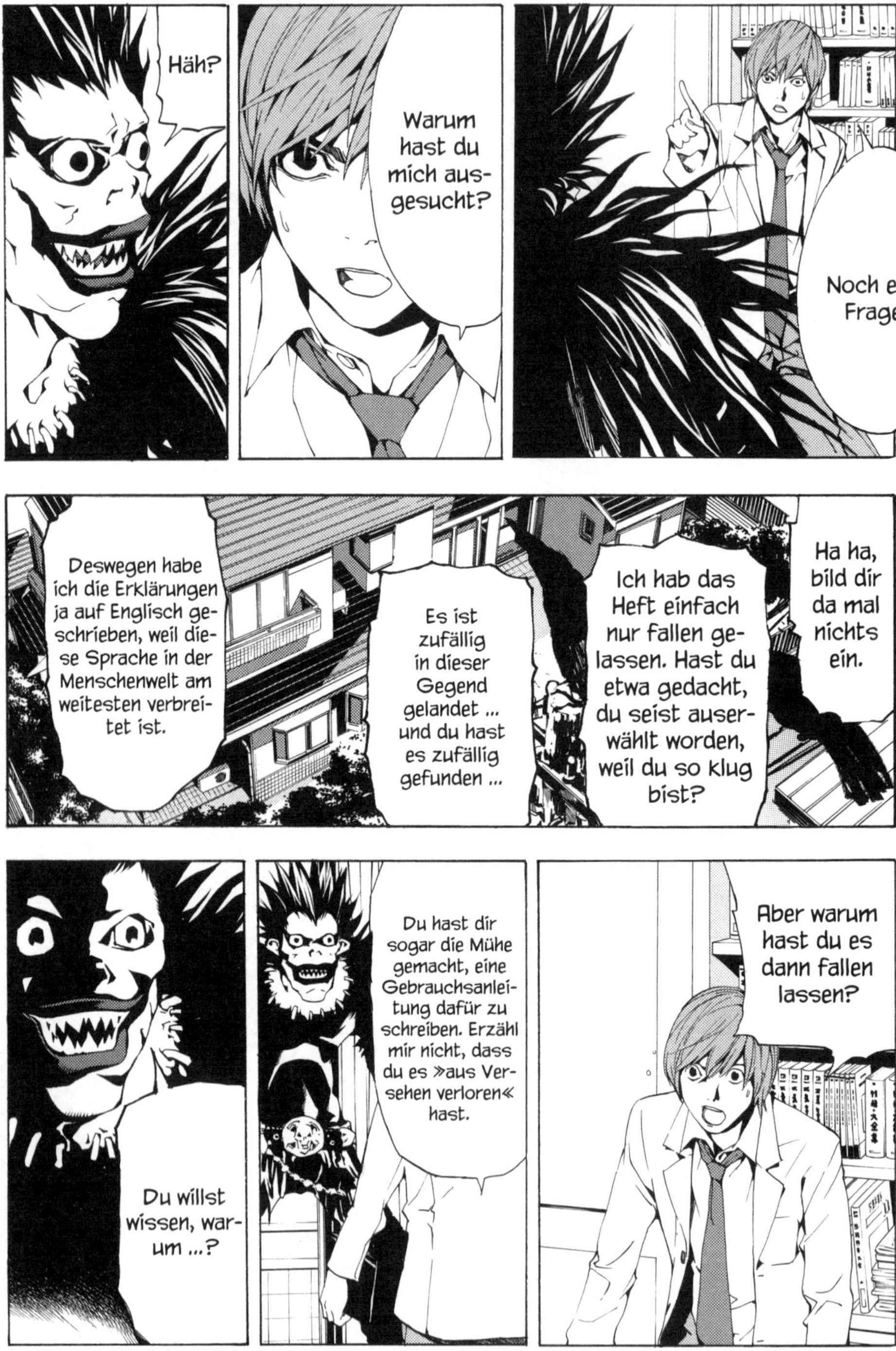

Noch eine Frage.
Warum hast du mich ausgesucht?
Häh?
Ha ha, bild dir da mal nichts ein.
Ich hab das Heft einfach nur fallen gelassen. Hast du etwa gedacht, du seist auserwählt worden, weil du so klug bist?
Es ist zufällig in dieser Gegend gelandet ... und du hast es zufällig gefunden ...
Deswegen habe ich die Erklärungen ja auf Englisch geschrieben, weil diese Sprache in der Menschenwelt am weitesten verbreitet ist.
Aber warum hast du es dann fallen lassen?
Du hast dir sogar die Mühe gemacht, eine Gebrauchsanleitung dafür zu schreiben. Erzähl mir nicht, dass du es »aus Versehen verloren« hast.
Du willst wissen, warum ...?

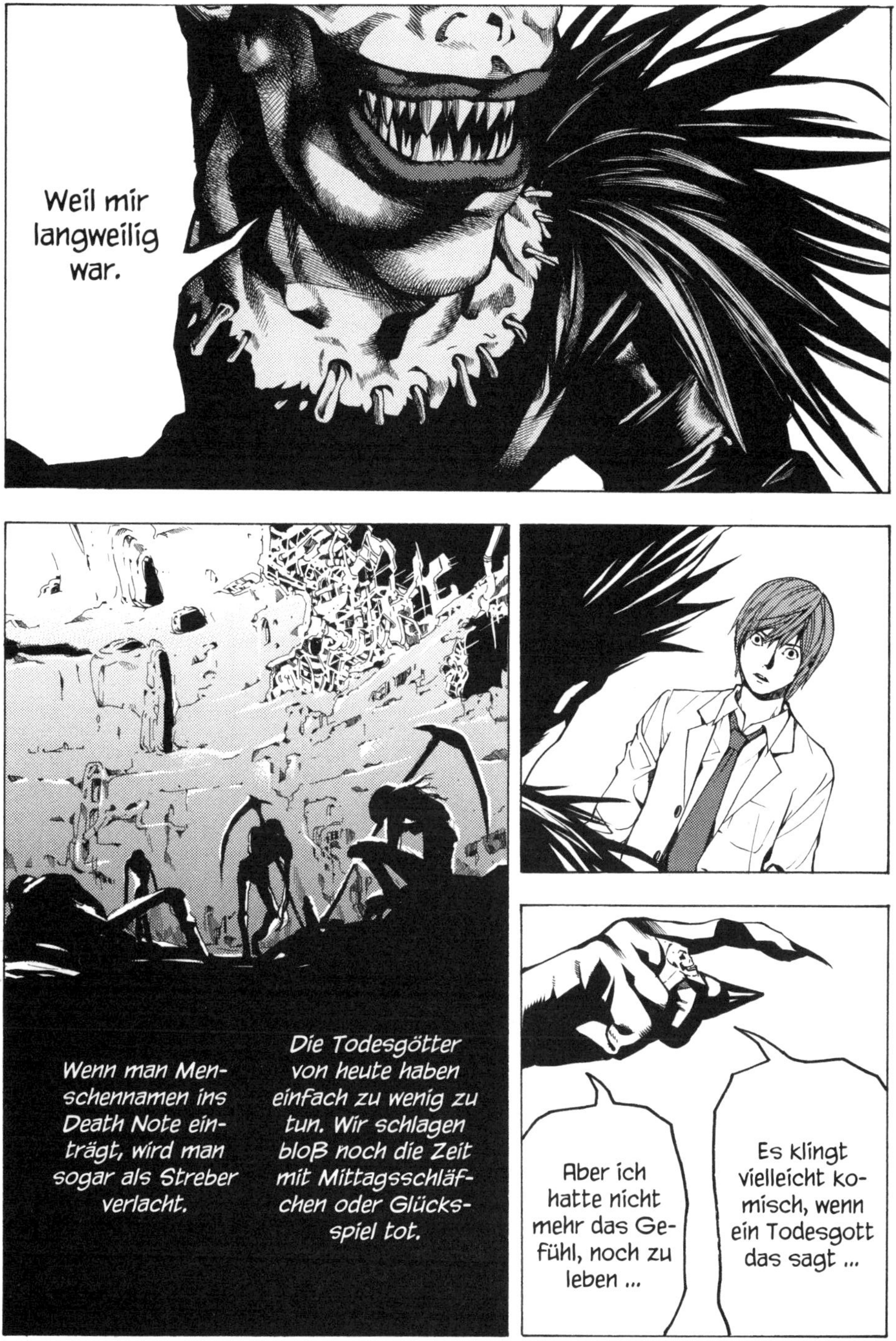
Weil mir langweilig war.
Die Todesgötter von heute haben einfach zu wenig zu tun. Wir schlagen bloß noch die Zeit mit Mittagsschläfchen oder Glücksspiel tot.
Wenn man Menschennamen ins Death Note einträgt, wird man sogar als Streber verlacht.
Es klingt vielleicht komisch, wenn ein Todesgott das sagt ...
Aber ich hatte nicht mehr das Gefühl, noch zu leben ...

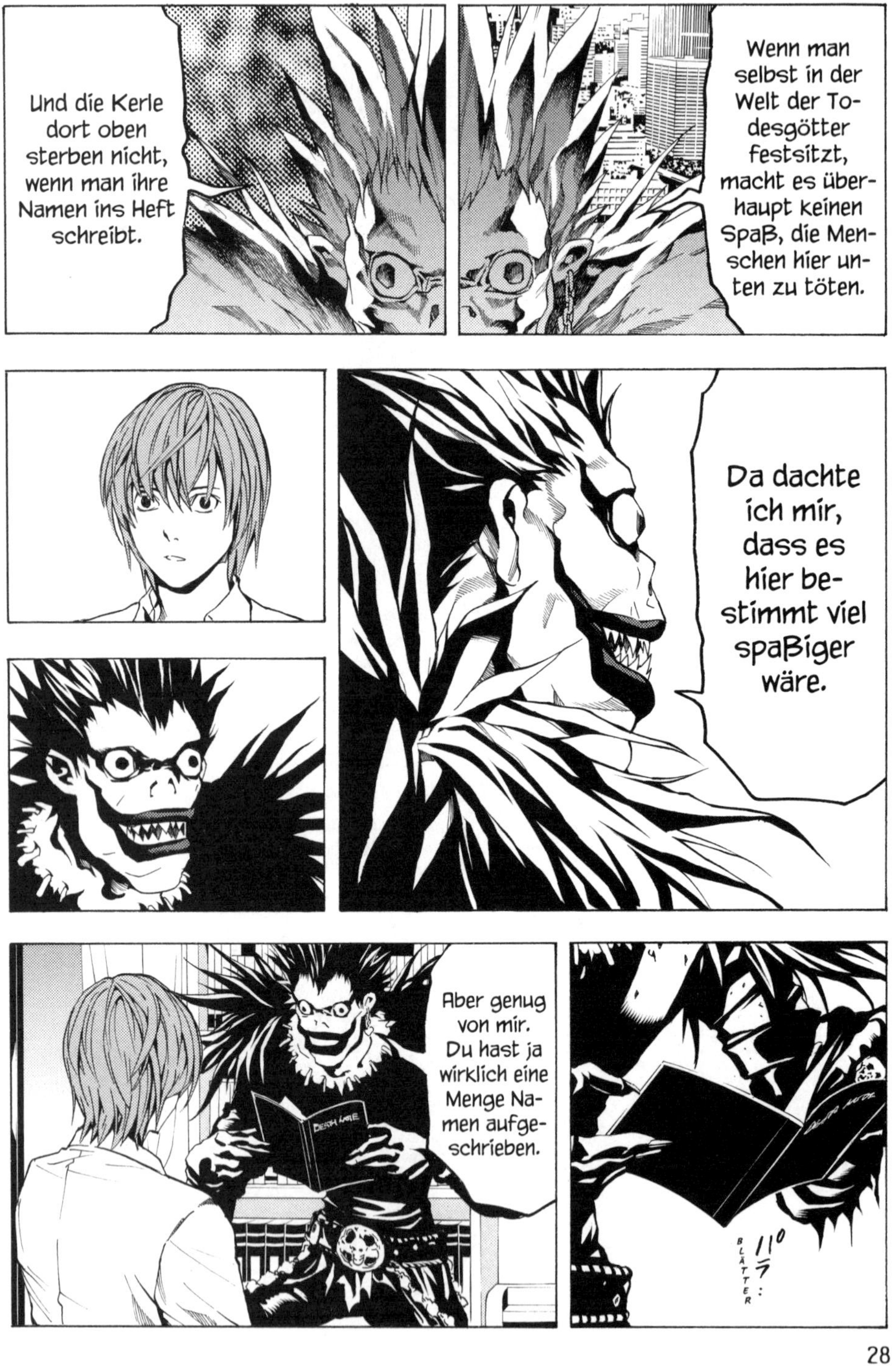
Wenn man selbst in der Welt der Todesgötter festsitzt, macht es überhaupt keinen Spaß, die Menschen hier unten zu töten.
Und die Kerle dort oben sterben nicht, wenn man ihre Namen ins Heft schreibt.
Da dachte ich mir, dass es hier bestimmt viel spaßiger wäre.
Aber genug von mir. Du hast ja wirklich eine Menge Namen aufgeschrieben.
BLÄTTER

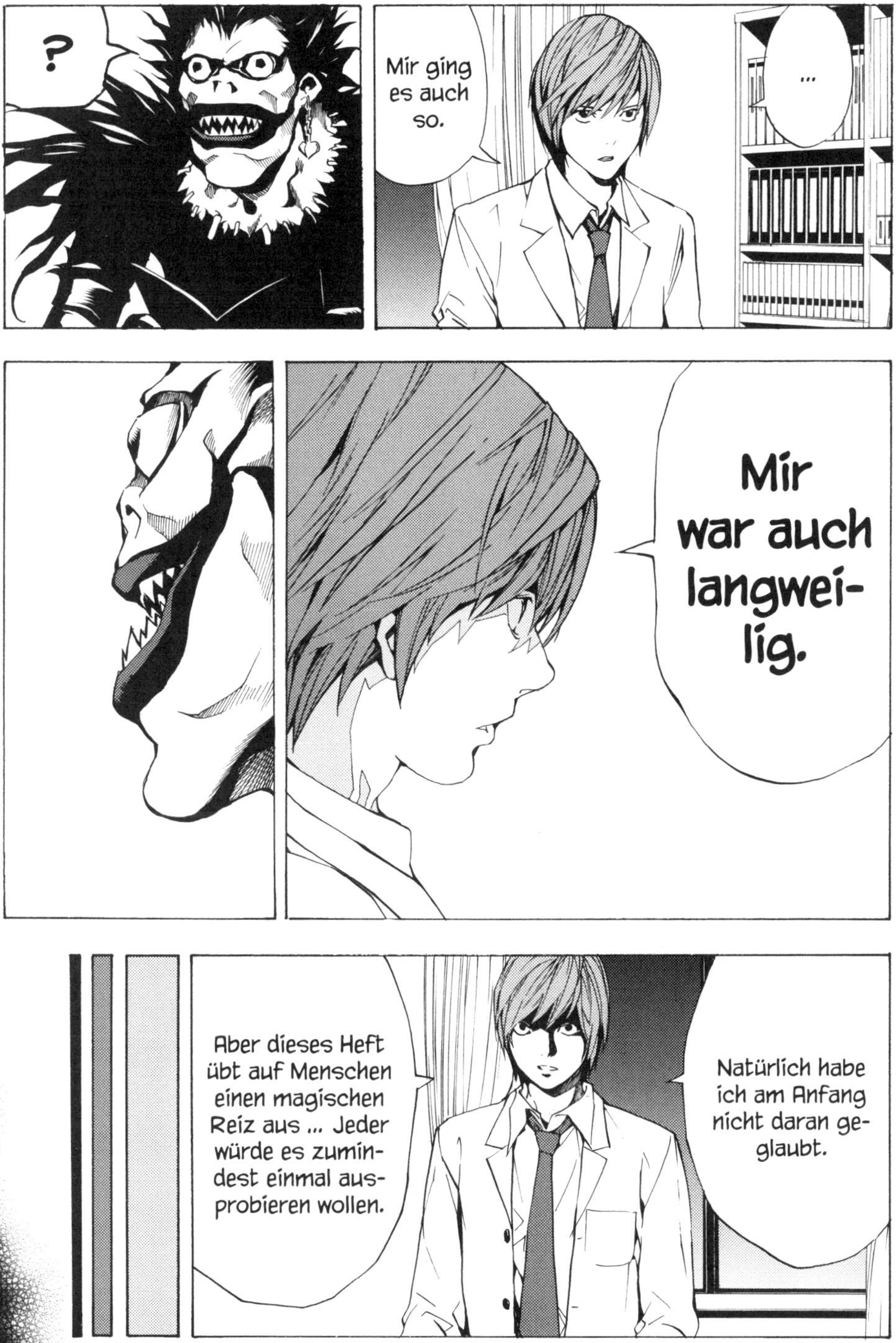
…
Mir ging es auch so.
?
Mir war auch langwei-lig.
Natürlich habe ich am Anfang nicht daran ge-glaubt.
Aber dieses Heft übt auf Menschen einen magischen Reiz aus … Jeder würde es zumin-dest einmal aus-probieren wollen.

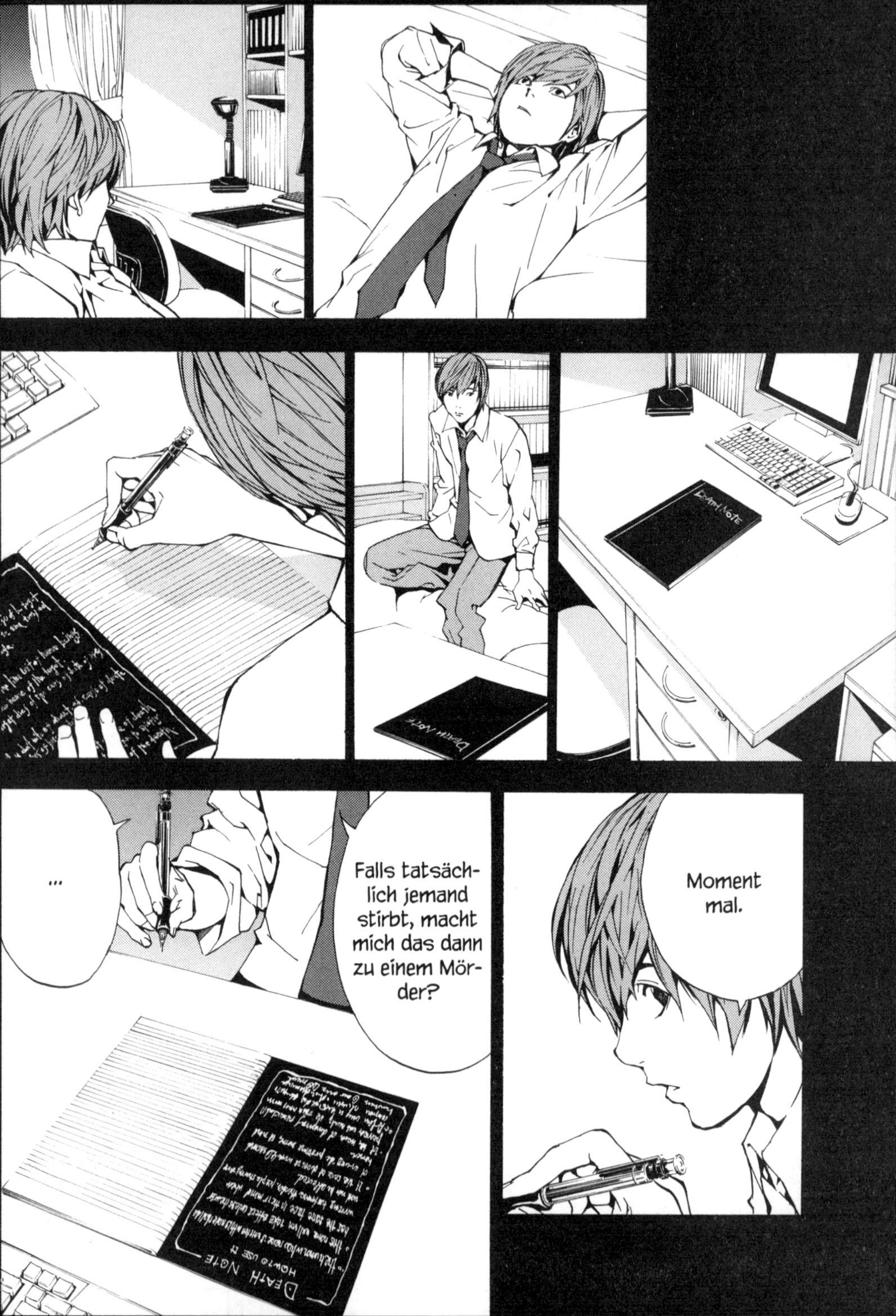
Moment mal.
Falls tatsächlich jemand stirbt, macht mich das dann zu einem Mörder?
...

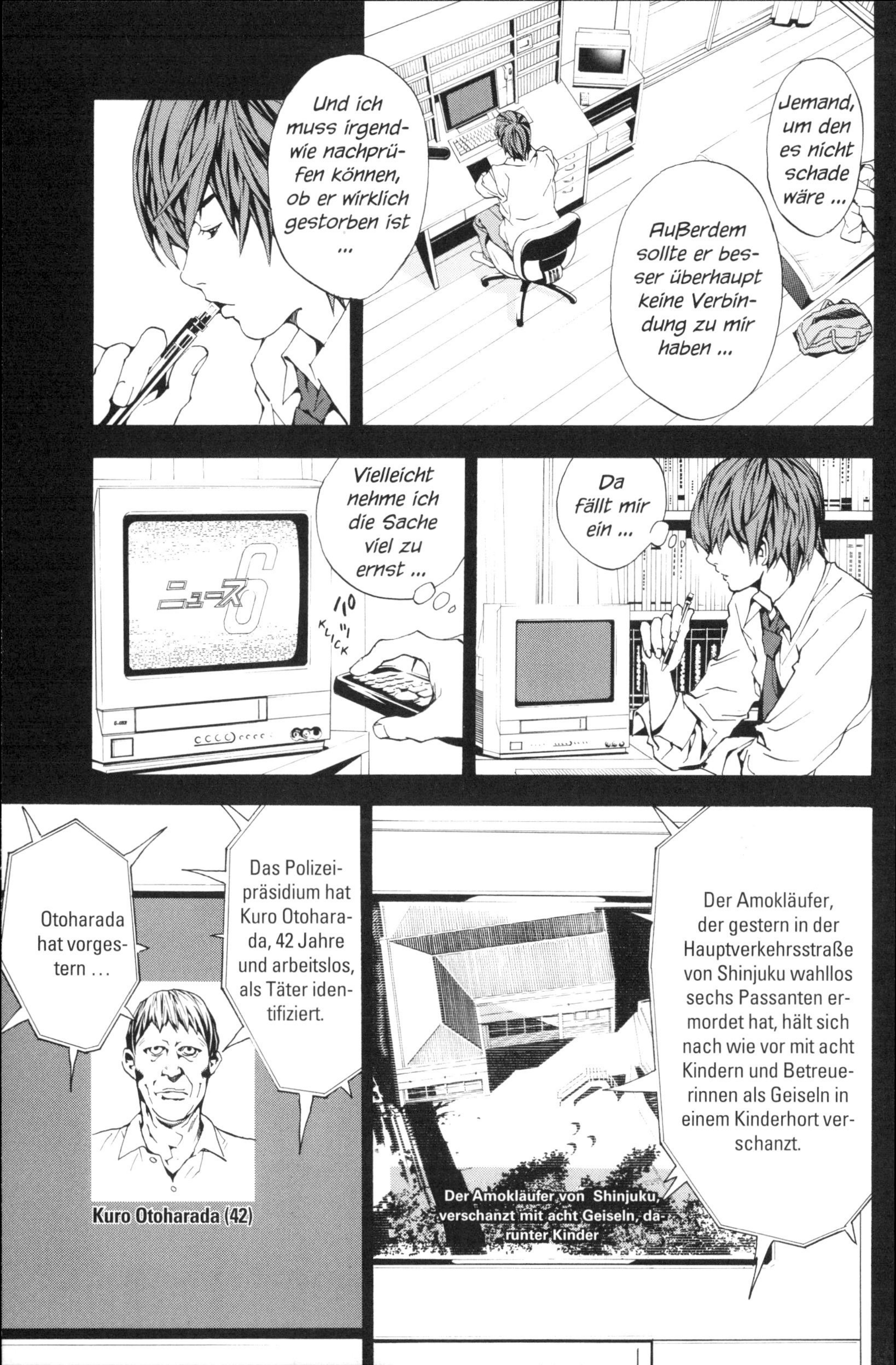
Jemand, um den es nicht schade wäre ...
Außerdem sollte er besser überhaupt keine Verbindung zu mir haben ...
Und ich muss irgendwie nachprüfen können, ob er wirklich gestorben ist ...
Da fällt mir ein ...
Vielleicht nehme ich die Sache viel zu ernst ...
KLICK
Der Amokläufer, der gestern in der Hauptverkehrsstraße von Shinjuku wahllos sechs Passanten ermordet hat, hält sich nach wie vor mit acht Kindern und Betreuerinnen als Geiseln in einem Kinderhort verschanzt.
Der Amokläufer von Shinjuku, verschanzt mit acht Geiseln, darunter Kinder
Das Polizeipräsidium hat Kuro Otoharada, 42 Jahre und arbeitslos, als Täter identifiziert.
Otoharada hat vorgestern ...
Kuro Otoharada (42)

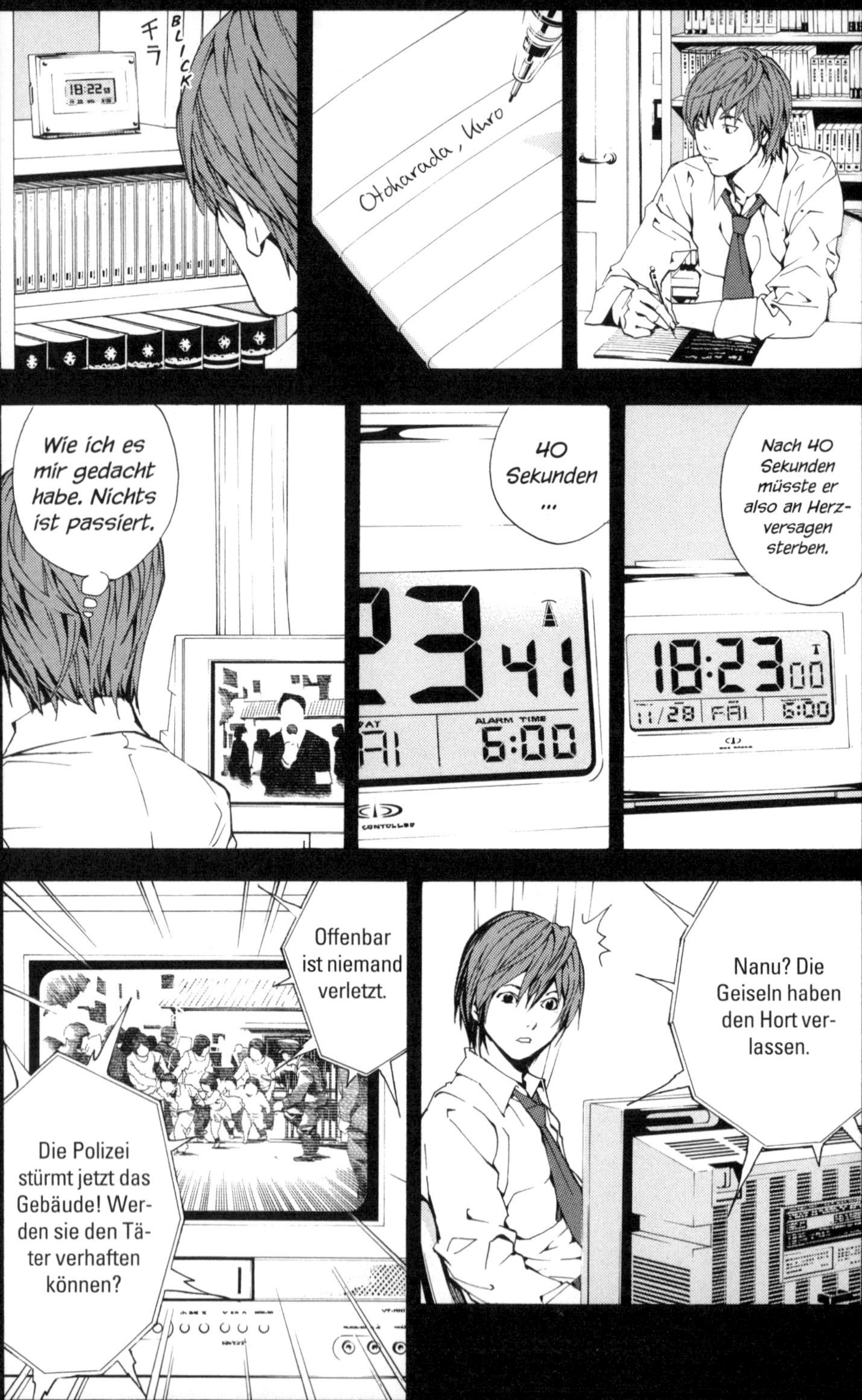

Otoharada, Kuro
チラ
BLICK
Nach 40 Sekunden müsste er also an Herzversagen sterben.
40 Sekunden …
Wie ich es mir gedacht habe. Nichts ist passiert.
Nanu? Die Geiseln haben den Hort verlassen.
Offenbar ist niemand verletzt.
Die Polizei stürmt jetzt das Gebäude! Werden sie den Täter verhaften können?

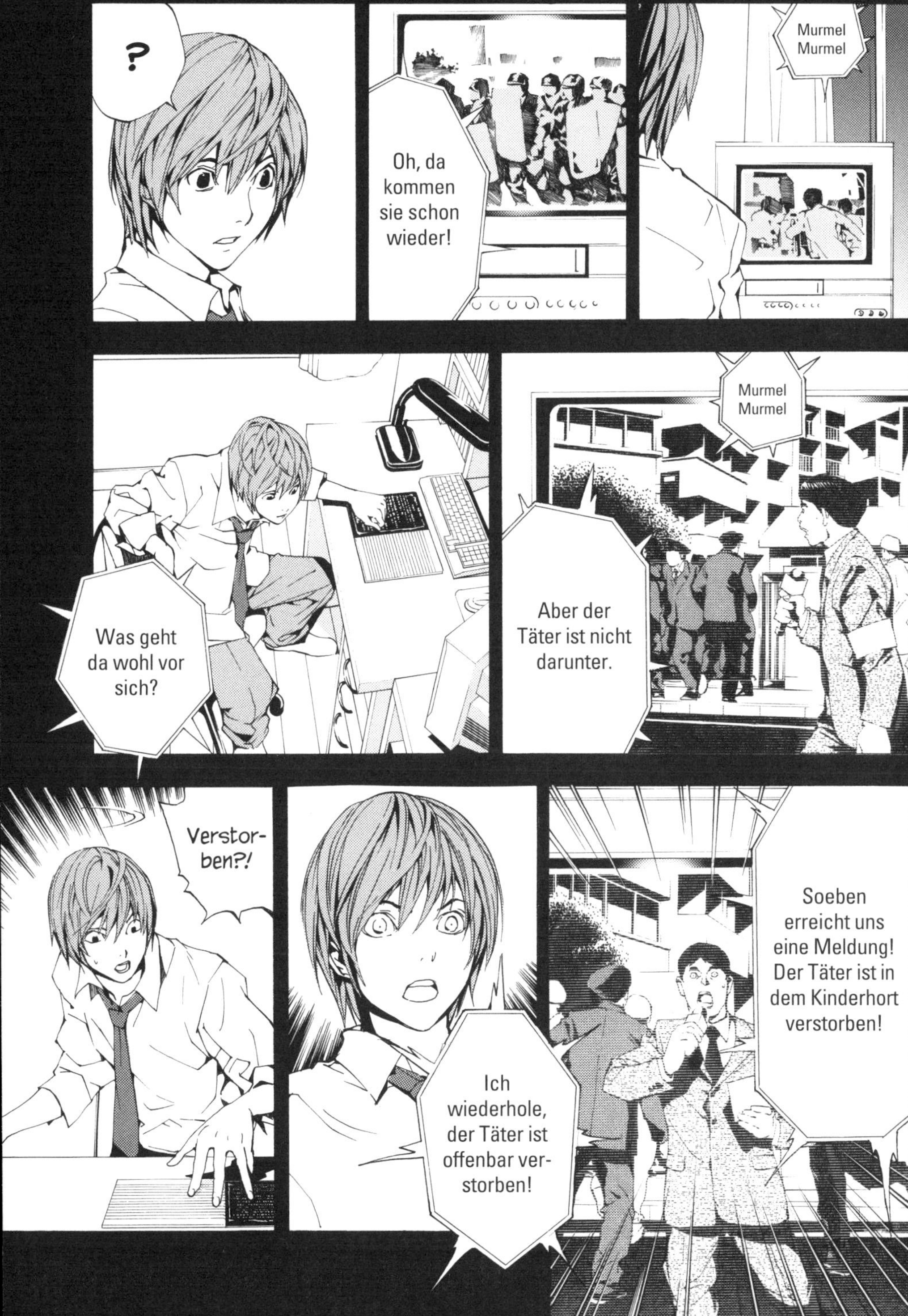
Murmel Murmel
Oh, da kommen sie schon wieder!
?
Murmel Murmel
Aber der Täter ist nicht darunter.
Was geht da wohl vor sich?
Soeben erreicht uns eine Meldung! Der Täter ist in dem Kinderhort verstorben!
Ich wiederhole, der Täter ist offenbar verstorben!
Verstorben?!

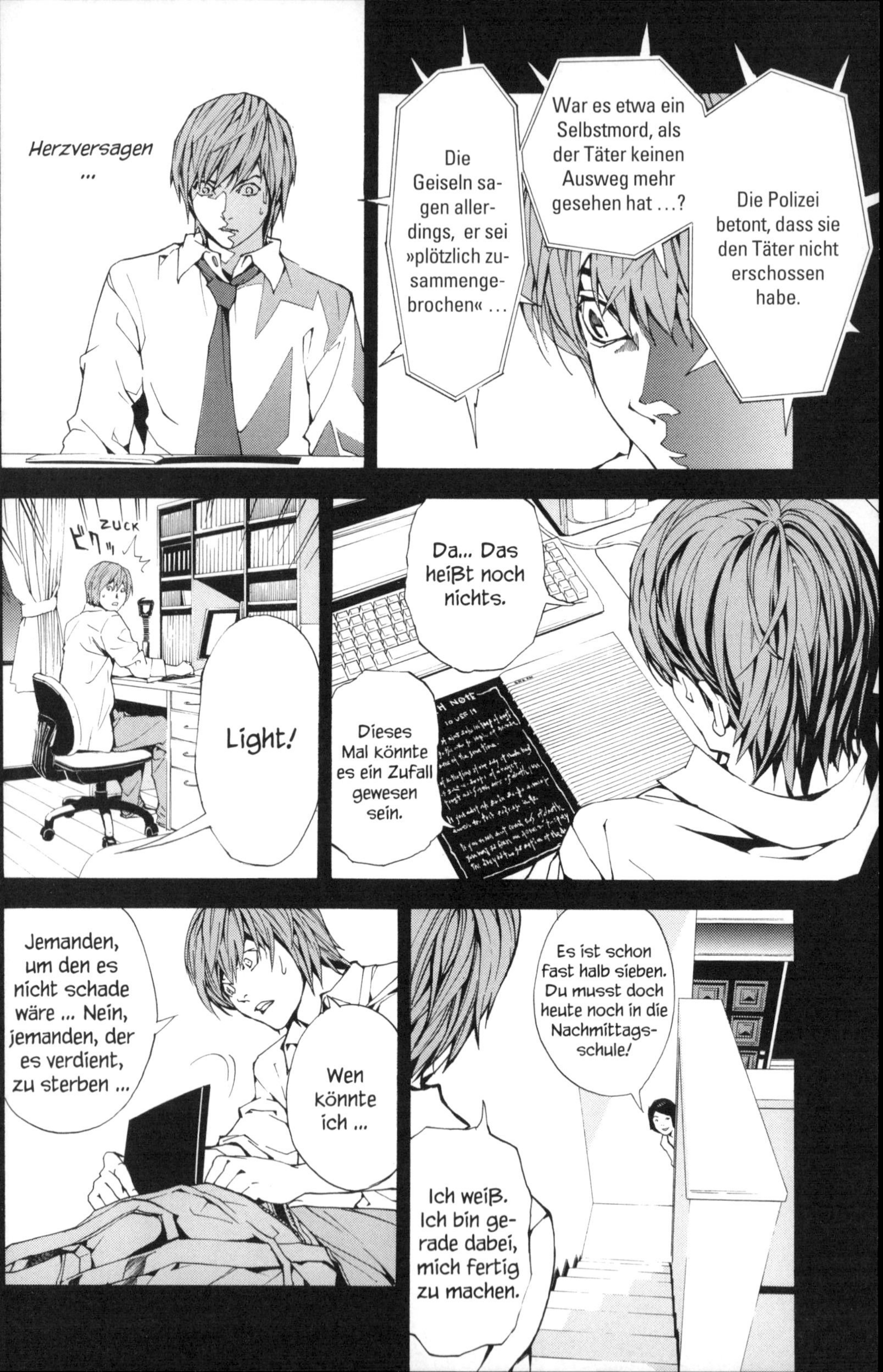
Die Polizei betont, dass sie den Täter nicht erschossen habe.
War es etwa ein Selbstmord, als der Täter keinen Ausweg mehr gesehen hat …?
Die Geiseln sagen allerdings, er sei »plötzlich zusammengebrochen« …
Herzversagen …
Da... Das heißt noch nichts.
Dieses Mal könnte es ein Zufall gewesen sein.
ZUCK
Light!
Es ist schon fast halb sieben. Du musst doch heute noch in die Nachmittagsschule!
Ich weiß. Ich bin gerade dabei, mich fertig zu machen.
Jemanden, um den es nicht schade wäre ... Nein, jemanden, der es verdient, zu sterben ...
Wen könnte ich ...

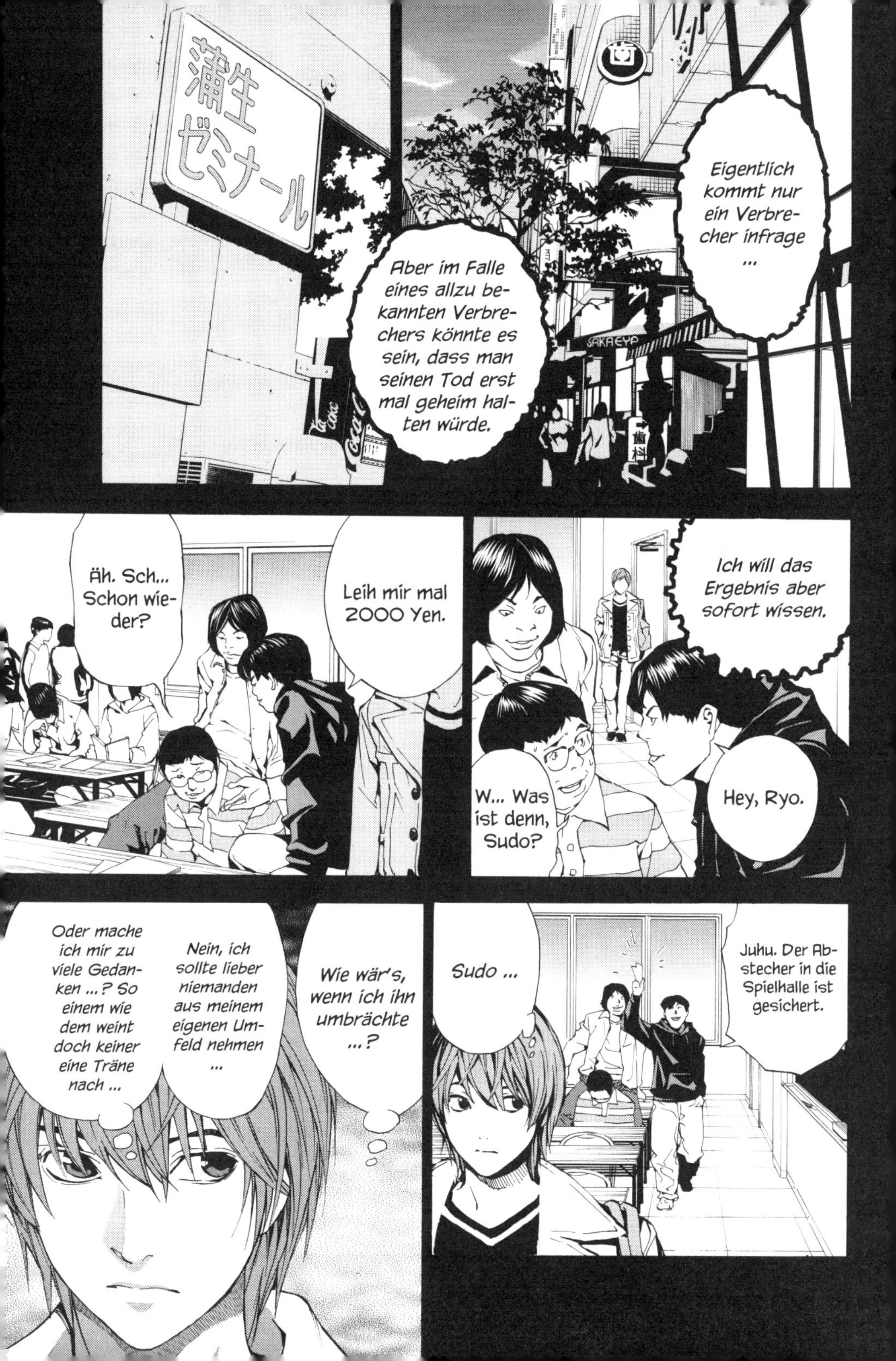
蒲生ゼミナール
SAKAEYA
Eigentlich kommt nur ein Verbrecher infrage ...
Aber im Falle eines allzu bekannten Verbrechers könnte es sein, dass man seinen Tod erst mal geheim halten würde.
Ich will das Ergebnis aber sofort wissen.
Hey, Ryo.
W... Was ist denn, Sudo?
Leih mir mal 2000 Yen.
Äh. Sch... Schon wieder?
Juhu. Der Abstecher in die Spielhalle ist gesichert.
Sudo ...
Wie wär's, wenn ich ihn umbrächte ...?
Nein, ich sollte lieber niemanden aus meinem eigenen Umfeld nehmen ...
Oder mache ich mir zu viele Gedanken ...? So einem wie dem weint doch keiner eine Träne nach ...

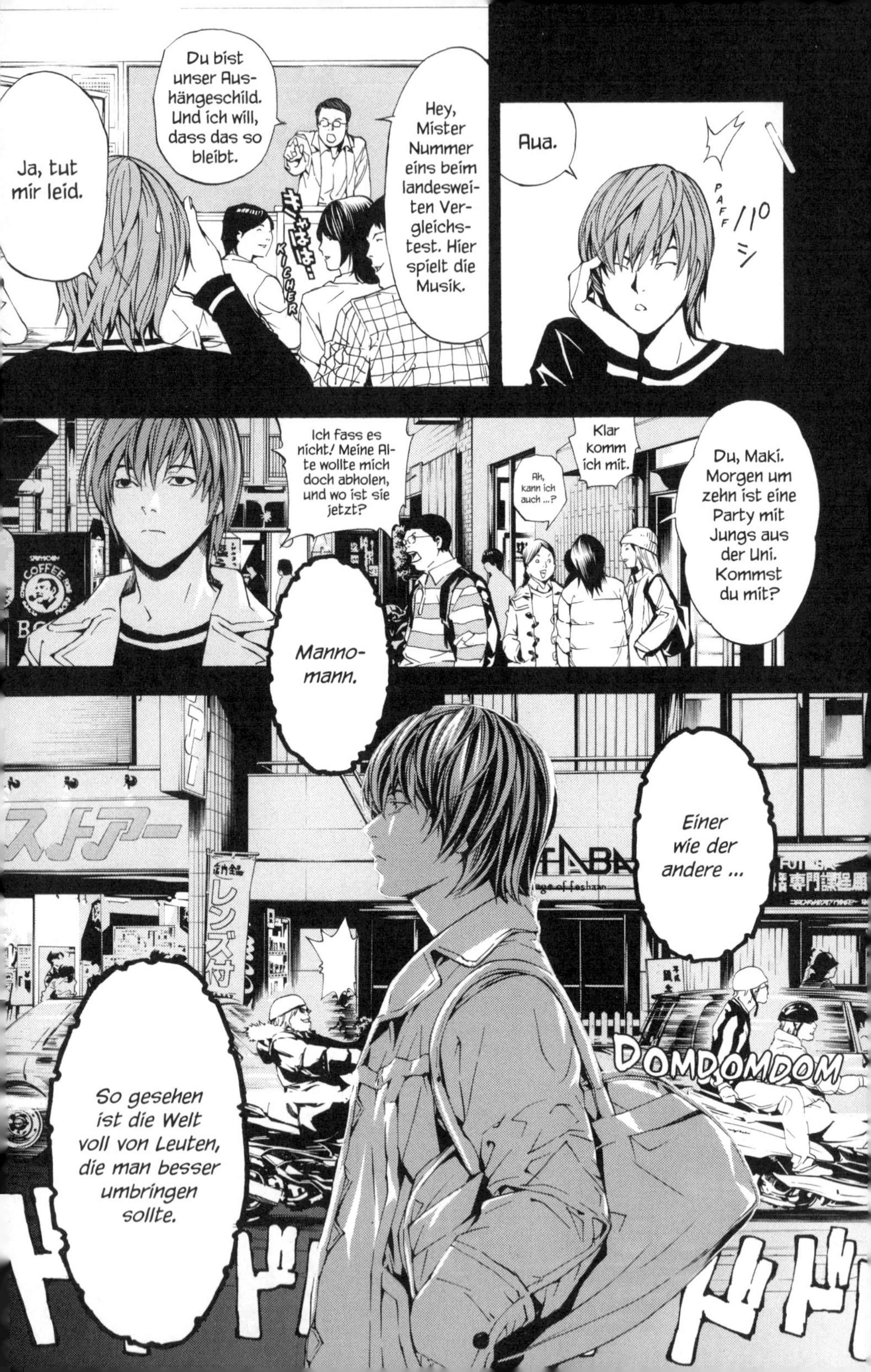

Aua.
PAFF
Hey, Mister Nummer eins beim landesweiten Vergleichstest. Hier spielt die Musik.
Du bist unser Aushängeschild. Und ich will, dass das so bleibt.
KICHER
Ja, tut mir leid.
Du, Maki. Morgen um zehn ist eine Party mit Jungs aus der Uni. Kommst du mit?
Klar komm ich mit.
Ah, kann ich auch ...?
Ich fass es nicht! Meine Alte wollte mich doch abholen, und wo ist sie jetzt?
Mannomann.
Einer wie der andere ...
DOMDOMDOM
So gesehen ist die Welt voll von Leuten, die man besser umbringen sollte.

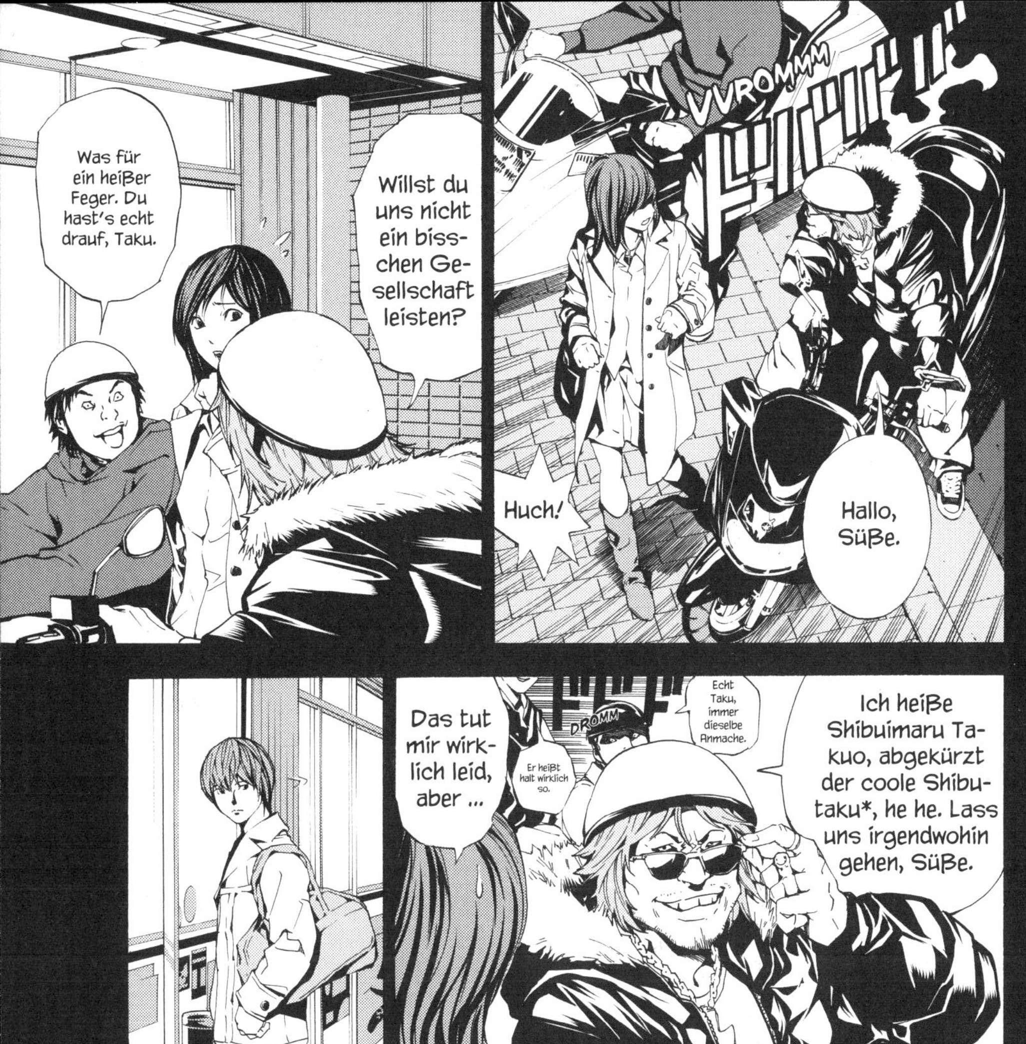

*Dieser Spitzname erinnert an einen in Japan bekannten Schauspieler, »Kimutaku« Kimura Takuya.

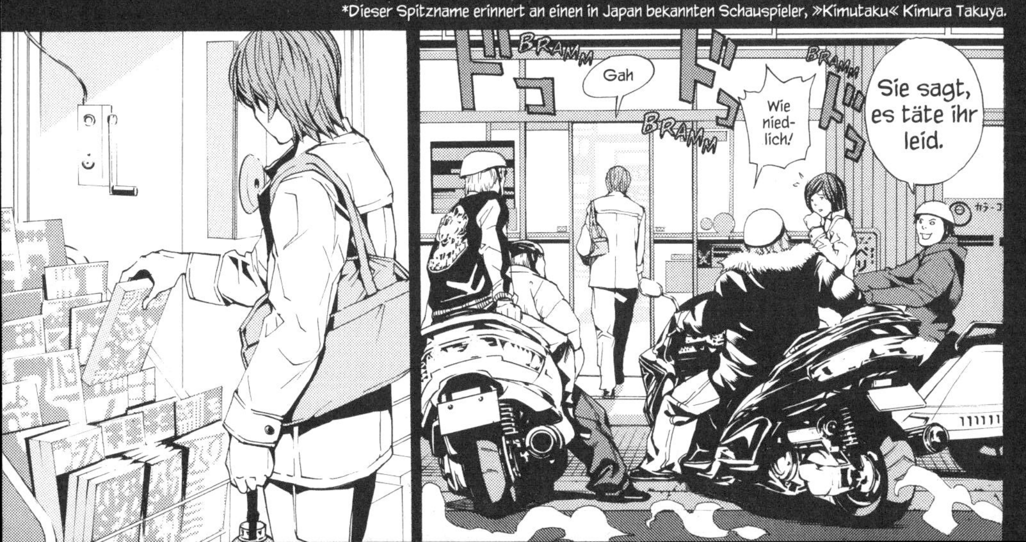

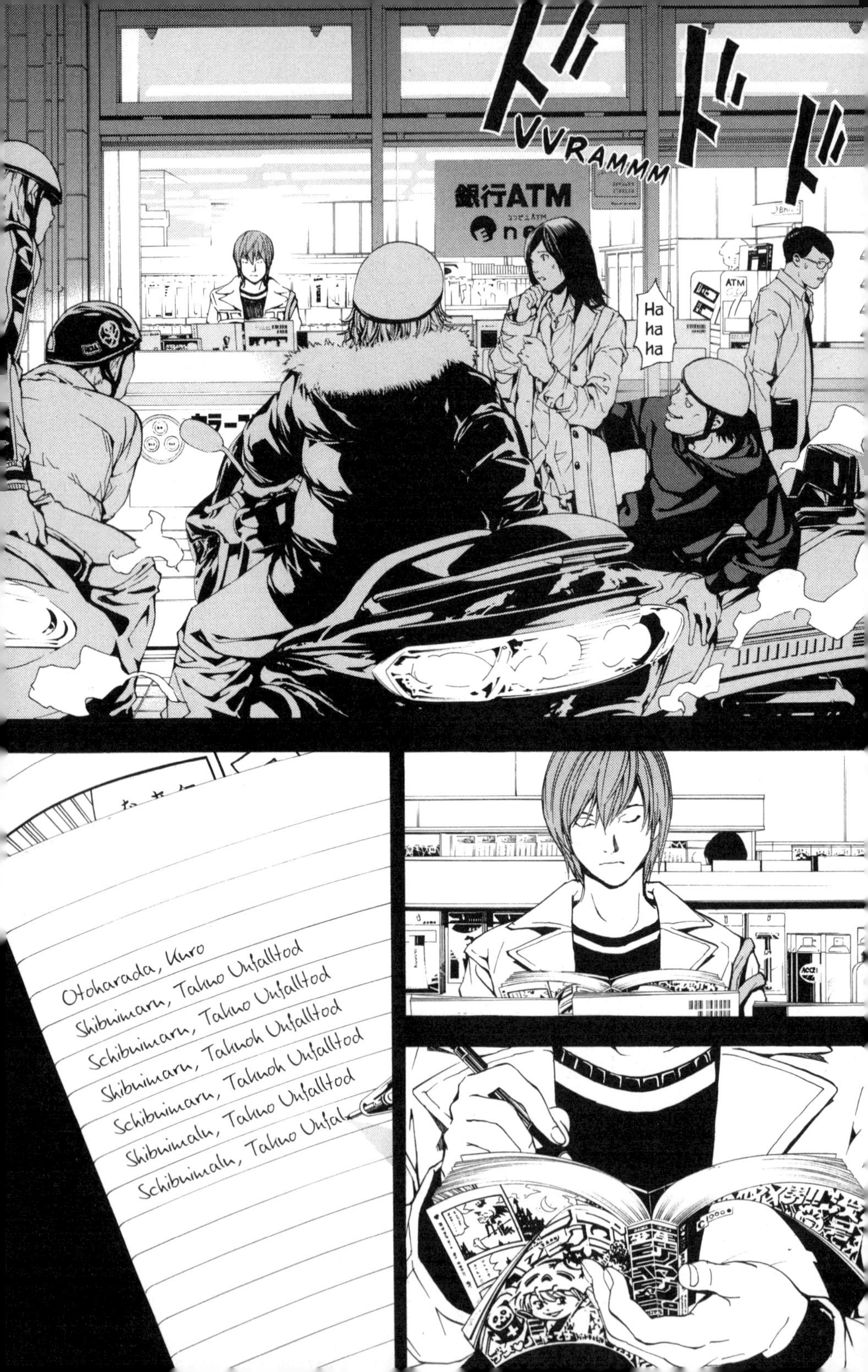
ドドドド
VVRAMMM
銀行ATM
Ha ha ha
Otoharada, Kuro
Shibuimaru, Takuo Unfalltod
Schibuimaru, Takuo Unfalltod
Shibuimaru, Takuoh Unfalltod
Schibuimaru, Takuoh Unfalltod
Shibuimalu, Takuo Unfalltod
Schibuimalu, Takuo Unfal

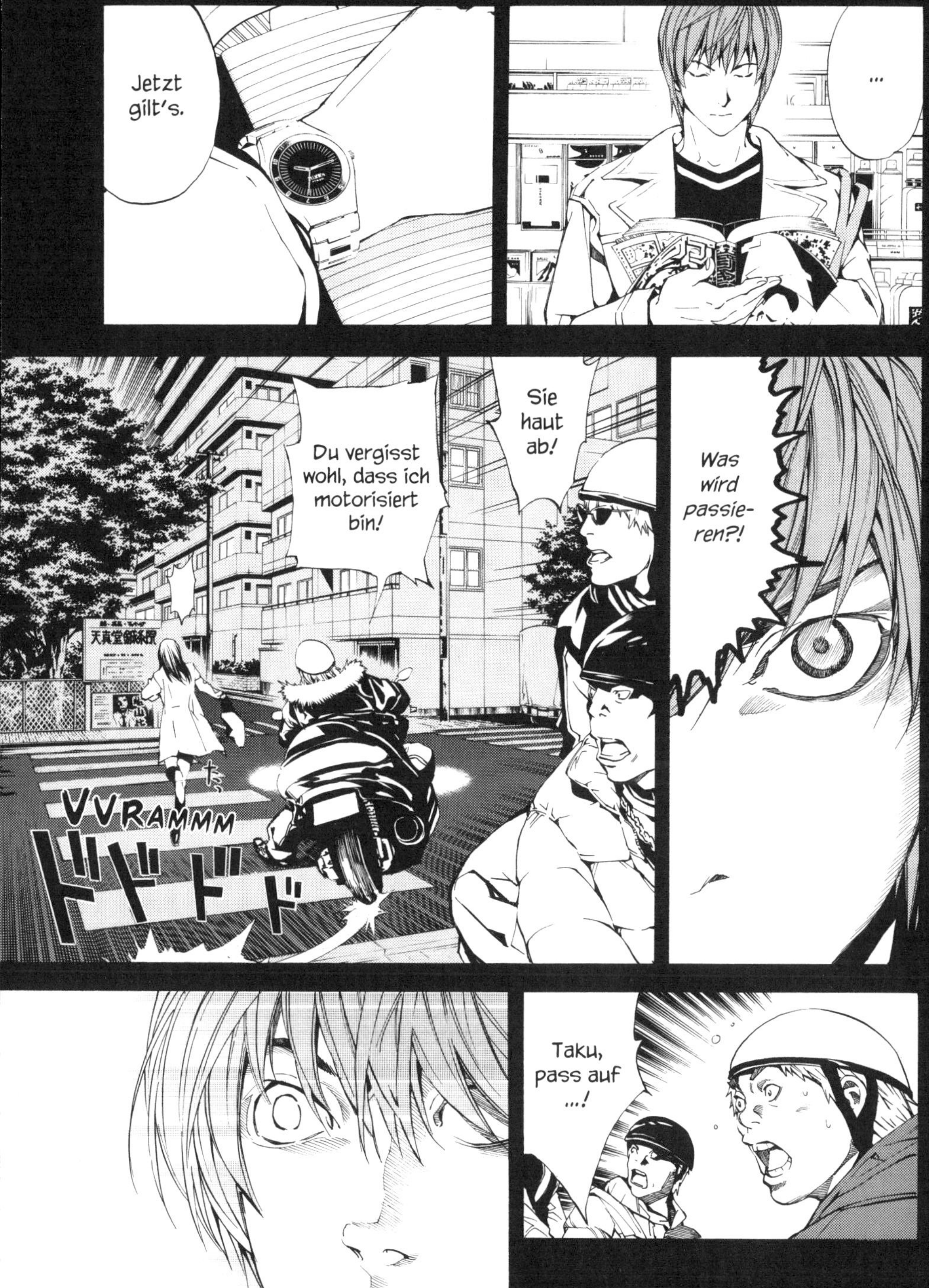
...
Jetzt gilt's.
Was wird passie-ren?!
Sie haut ab!
Du vergisst wohl, dass ich motorisiert bin!
VVRAMMM
ドドドド
Taku, pass auf ...!

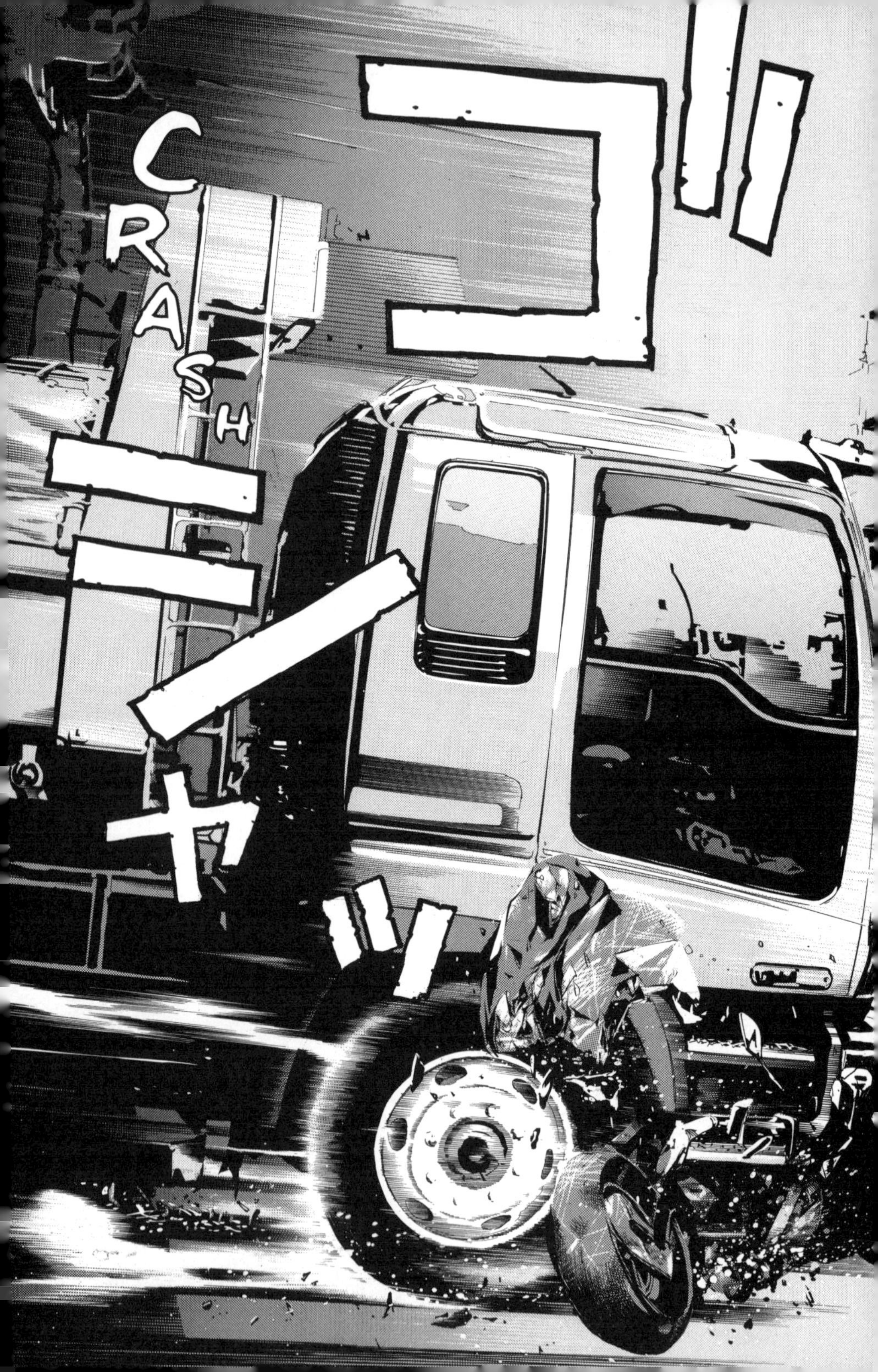
CRASH

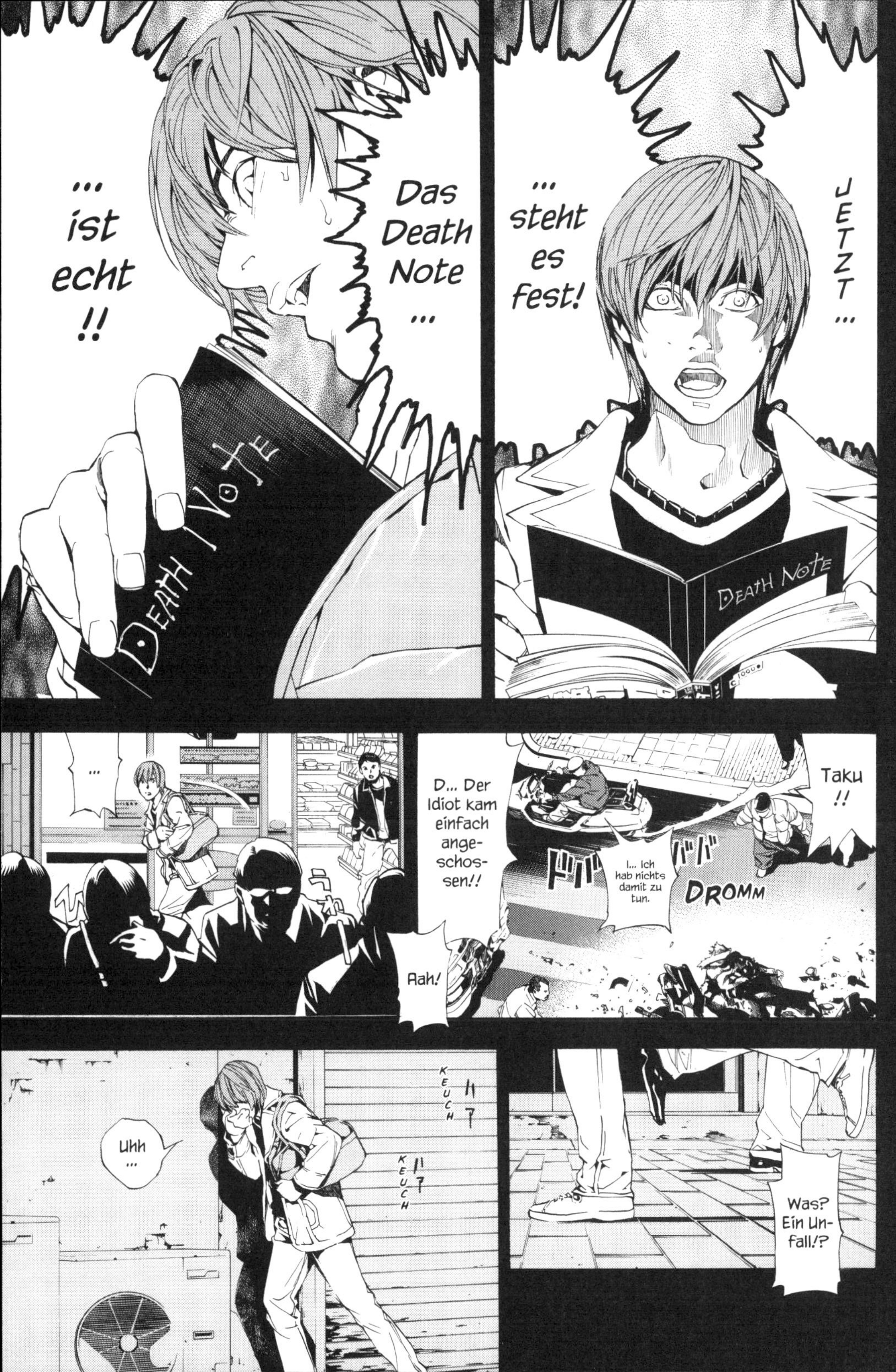

JETZT ...
... steht es fest!
DEATH NOTE
Das Death Note ...
... ist echt !!
DEATH NOTE
Taku !!
I... Ich hab nichts damit zu tun.
DROMM
D... Der Idiot kam einfach ange-schos-sen!!
Aah!
...
Was? Ein Un-fall!?
KEUCH
KEUCH
Uhh ...

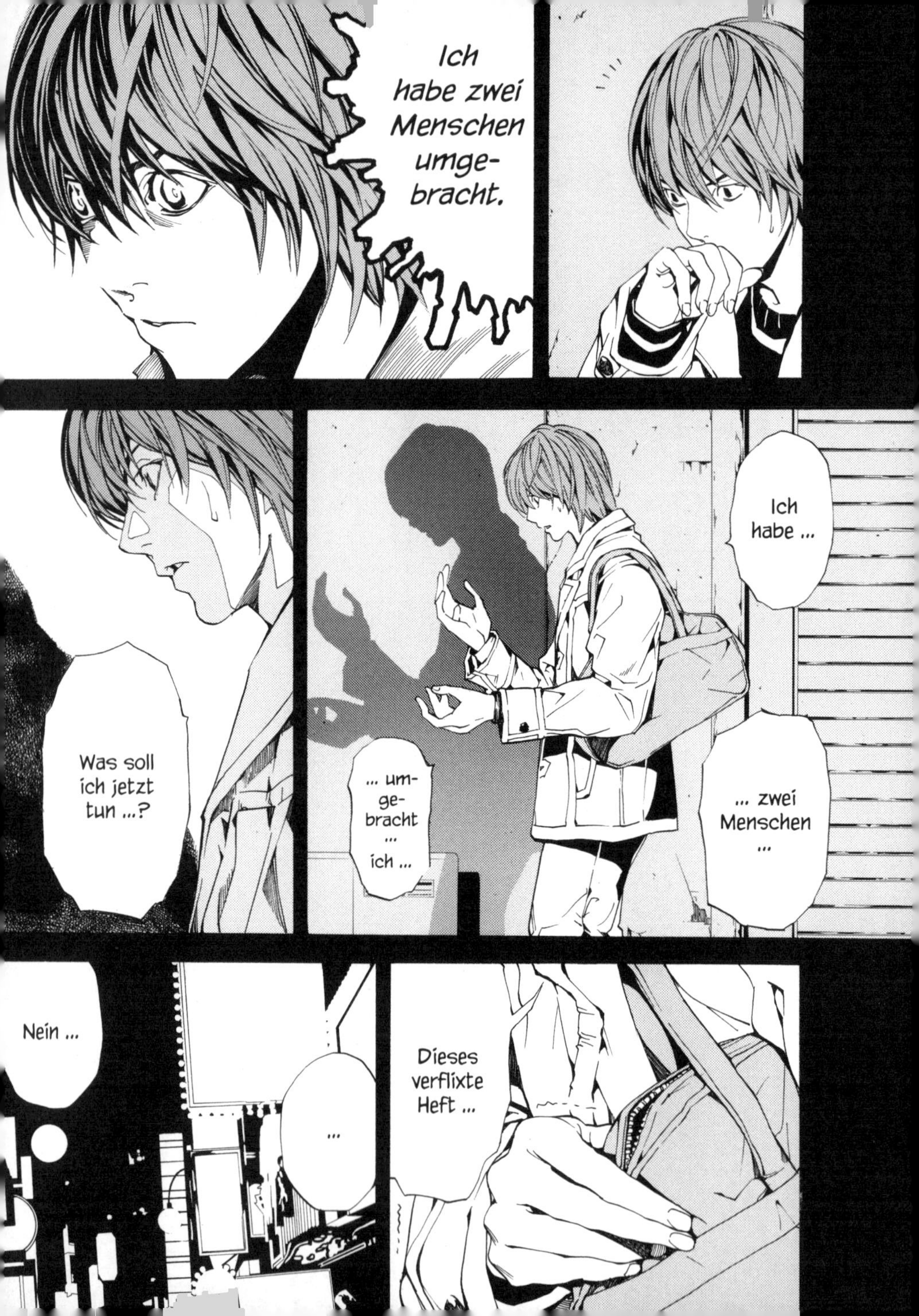
Ich habe zwei Menschen umgebracht.
Ich habe ...
... zwei Menschen ...
... umgebracht ... ich ...
Was soll ich jetzt tun ...?
Dieses verflixte Heft ...
...
Nein ...

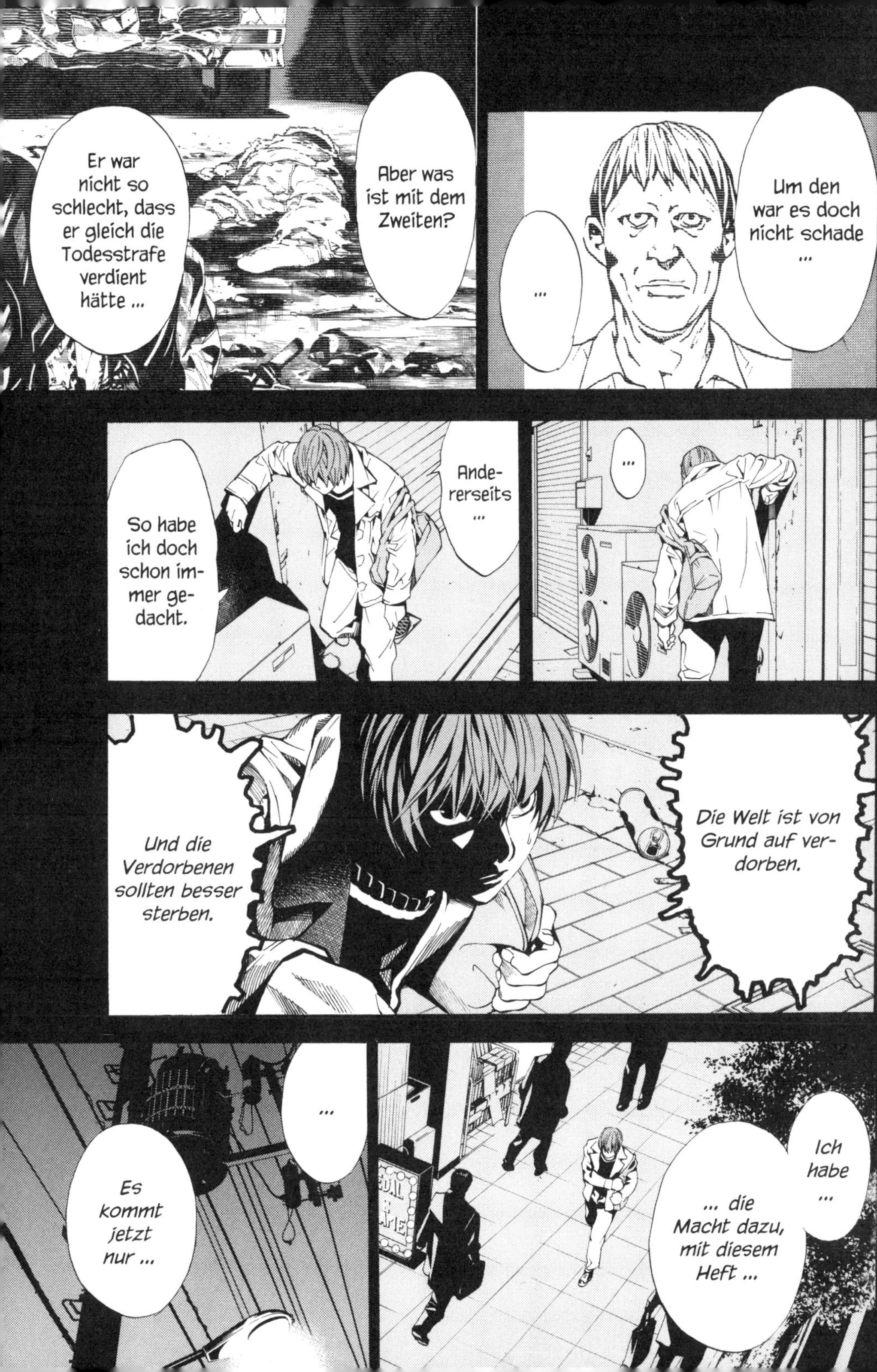
Um den war es doch nicht schade ...
...
Aber was ist mit dem Zweiten?
Er war nicht so schlecht, dass er gleich die Todesstrafe verdient hätte ...
...
Andererseits ...
So habe ich doch schon immer gedacht.
Die Welt ist von Grund auf verdorben.
Und die Verdorbenen sollten besser sterben.
Ich habe ...
... die Macht dazu, mit diesem Heft ...
...
Es kommt jetzt nur ...

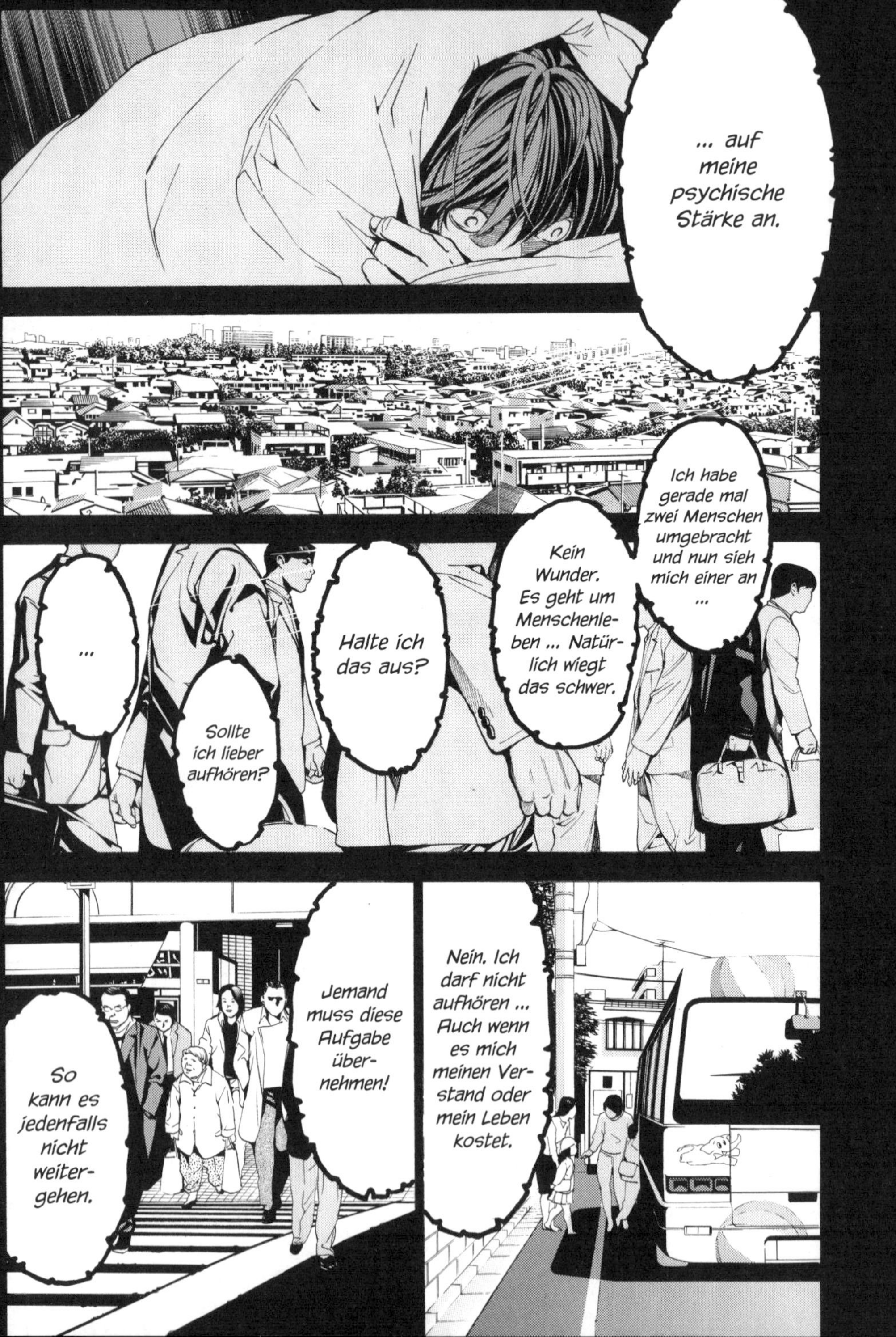

... auf meine psychische Stärke an.
Ich habe gerade mal zwei Menschen umgebracht und nun sieh mich einer an ...
Kein Wunder. Es geht um Menschenleben ... Natürlich wiegt das schwer.
Halte ich das aus?
Sollte ich lieber aufhören?
...
Nein. Ich darf nicht aufhören ... Auch wenn es mich meinen Verstand oder mein Leben kostet.
Jemand muss diese Aufgabe übernehmen!
So kann es jedenfalls nicht weitergehen.

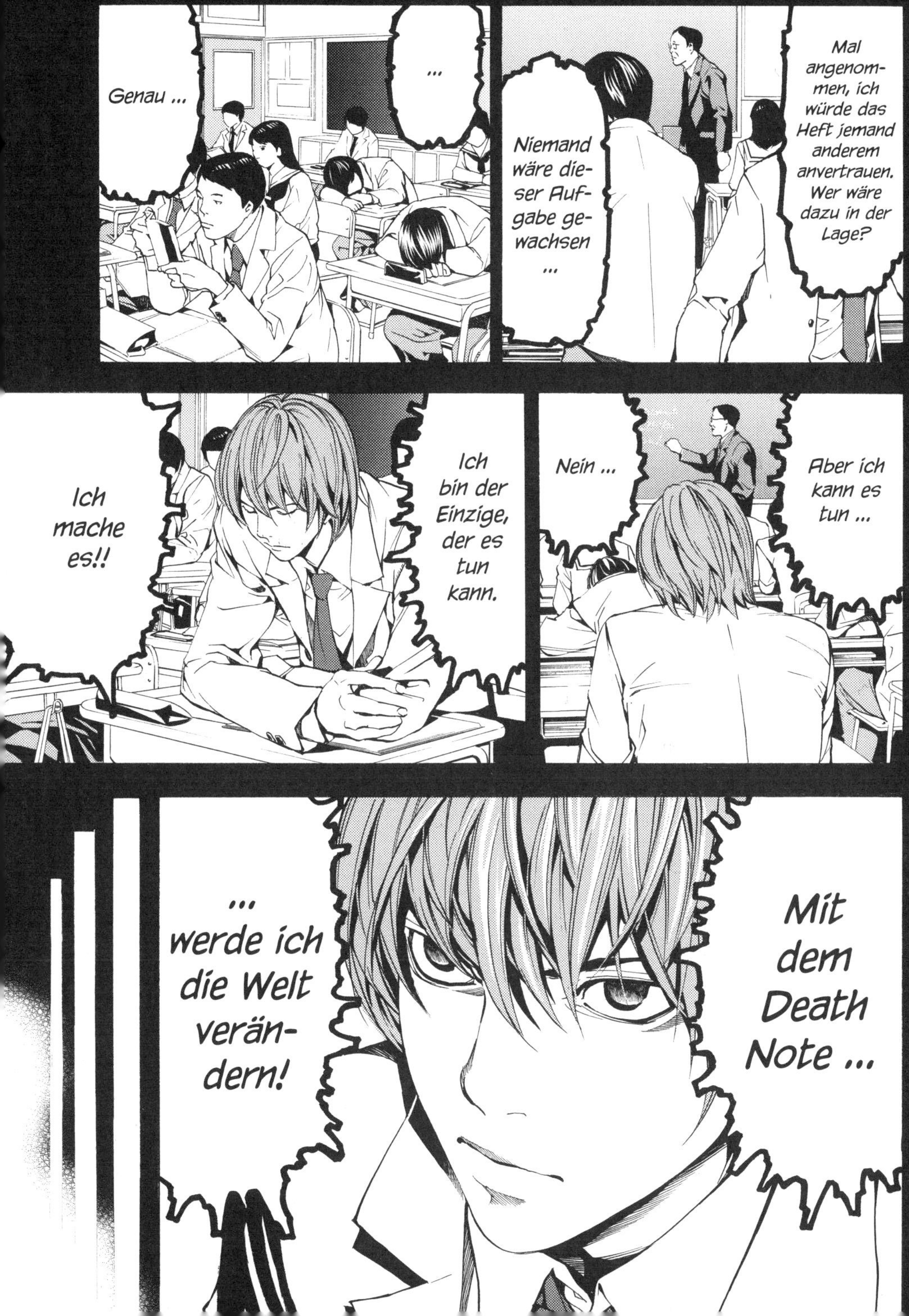
Mal angenommen, ich würde das Heft jemand anderem anvertrauen. Wer wäre dazu in der Lage?
Niemand wäre dieser Aufgabe gewachsen ...
...
Genau ...
Aber ich kann es tun ...
Nein ...
Ich bin der Einzige, der es tun kann.
Ich mache es!!
Mit dem Death Note ...
... werde ich die Welt verändern!

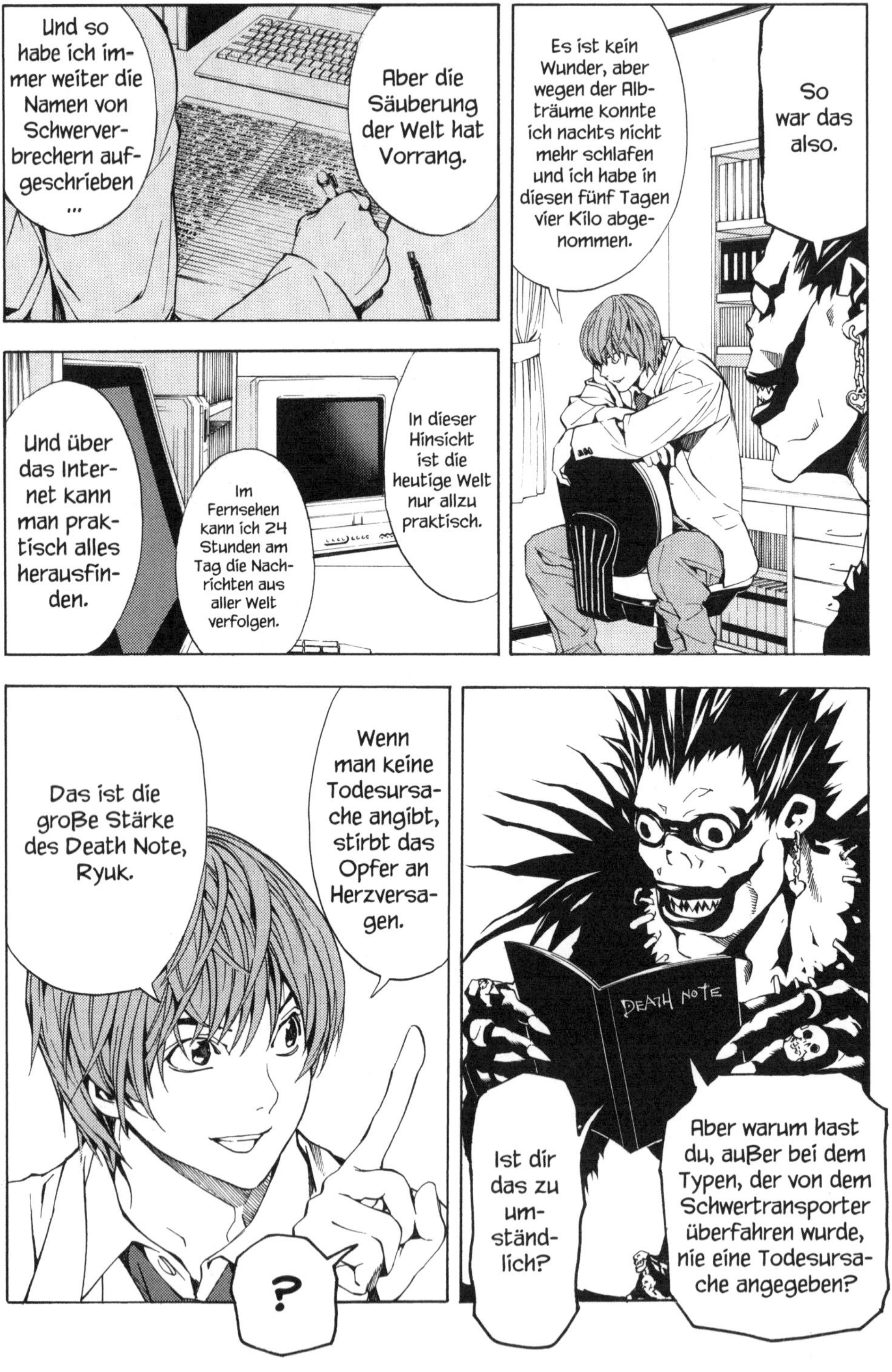

So war das also.
Es ist kein Wunder, aber wegen der Albträume konnte ich nachts nicht mehr schlafen und ich habe in diesen fünf Tagen vier Kilo abgenommen.
Und so habe ich immer weiter die Namen von Schwerverbrechern aufgeschrieben ...
Aber die Säuberung der Welt hat Vorrang.
In dieser Hinsicht ist die heutige Welt nur allzu praktisch.
Im Fernsehen kann ich 24 Stunden am Tag die Nachrichten aus aller Welt verfolgen.
Und über das Internet kann man praktisch alles herausfinden.
Aber warum hast du, außer bei dem Typen, der von dem Schwertransporter überfahren wurde, nie eine Todesursache angegeben?
Ist dir das zu umständlich?
DEATH NOTE
?
Wenn man keine Todesursache angibt, stirbt das Opfer an Herzversagen.
Das ist die große Stärke des Death Note, Ryuk.

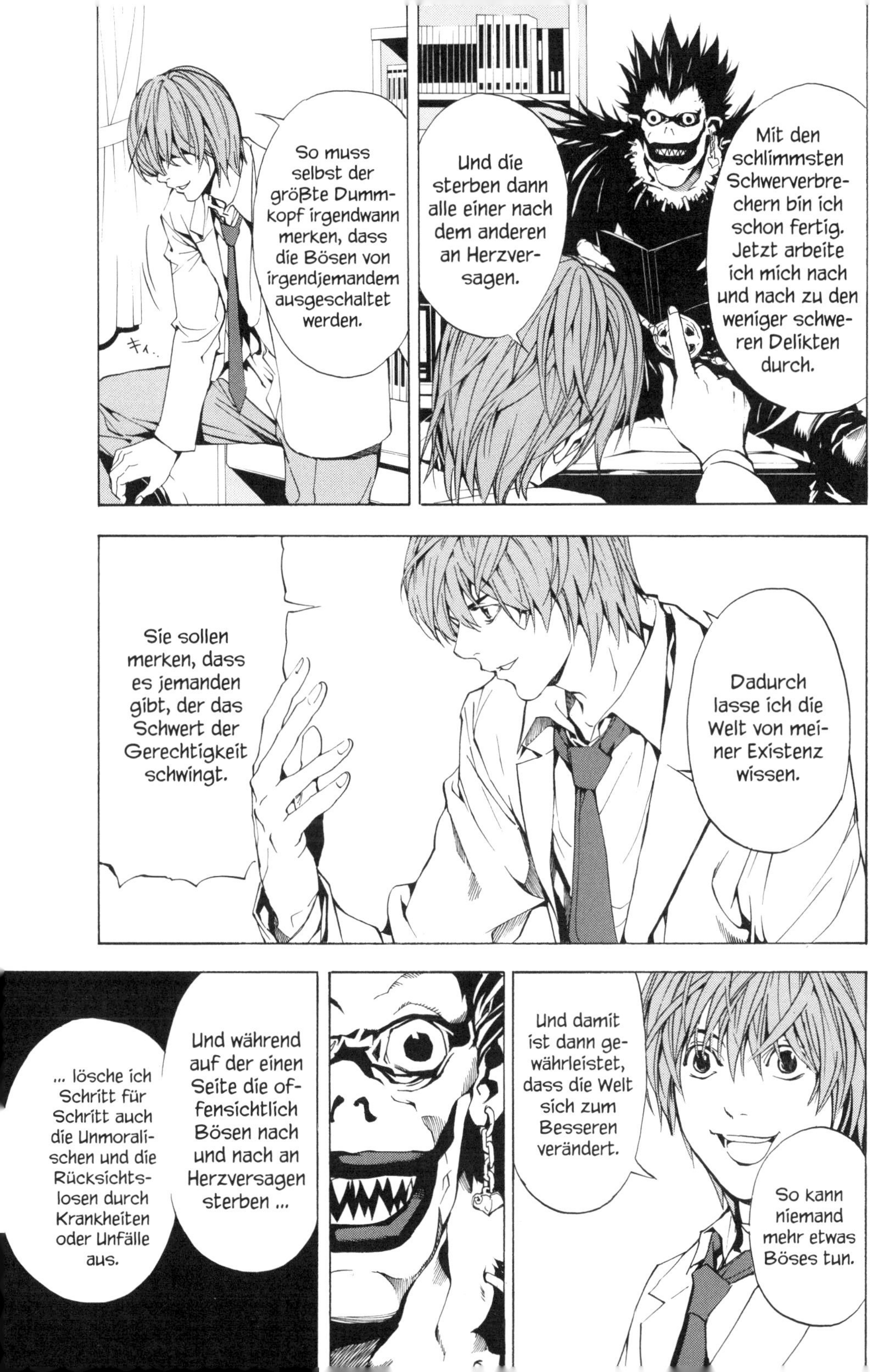

Mit den schlimmsten Schwerverbre-chern bin ich schon fertig. Jetzt arbeite ich mich nach und nach zu den weniger schwe-ren Delikten durch.
Und die sterben dann alle einer nach dem anderen an Herzver-sagen.
So muss selbst der größte Dumm-kopf irgendwann merken, dass die Bösen von irgendjemandem ausgeschaltet werden.
キィ..
Dadurch lasse ich die Welt von mei-ner Existenz wissen.
Sie sollen merken, dass es jemanden gibt, der das Schwert der Gerechtigkeit schwingt.
Und damit ist dann ge-währleistet, dass die Welt sich zum Besseren verändert.
So kann niemand mehr etwas Böses tun.
Und während auf der einen Seite die of-fensichtlich Bösen nach und nach an Herzversagen sterben ...
... lösche ich Schritt für Schritt auch die Unmorali-schen und die Rücksichts-losen durch Krankheiten oder Unfälle aus.

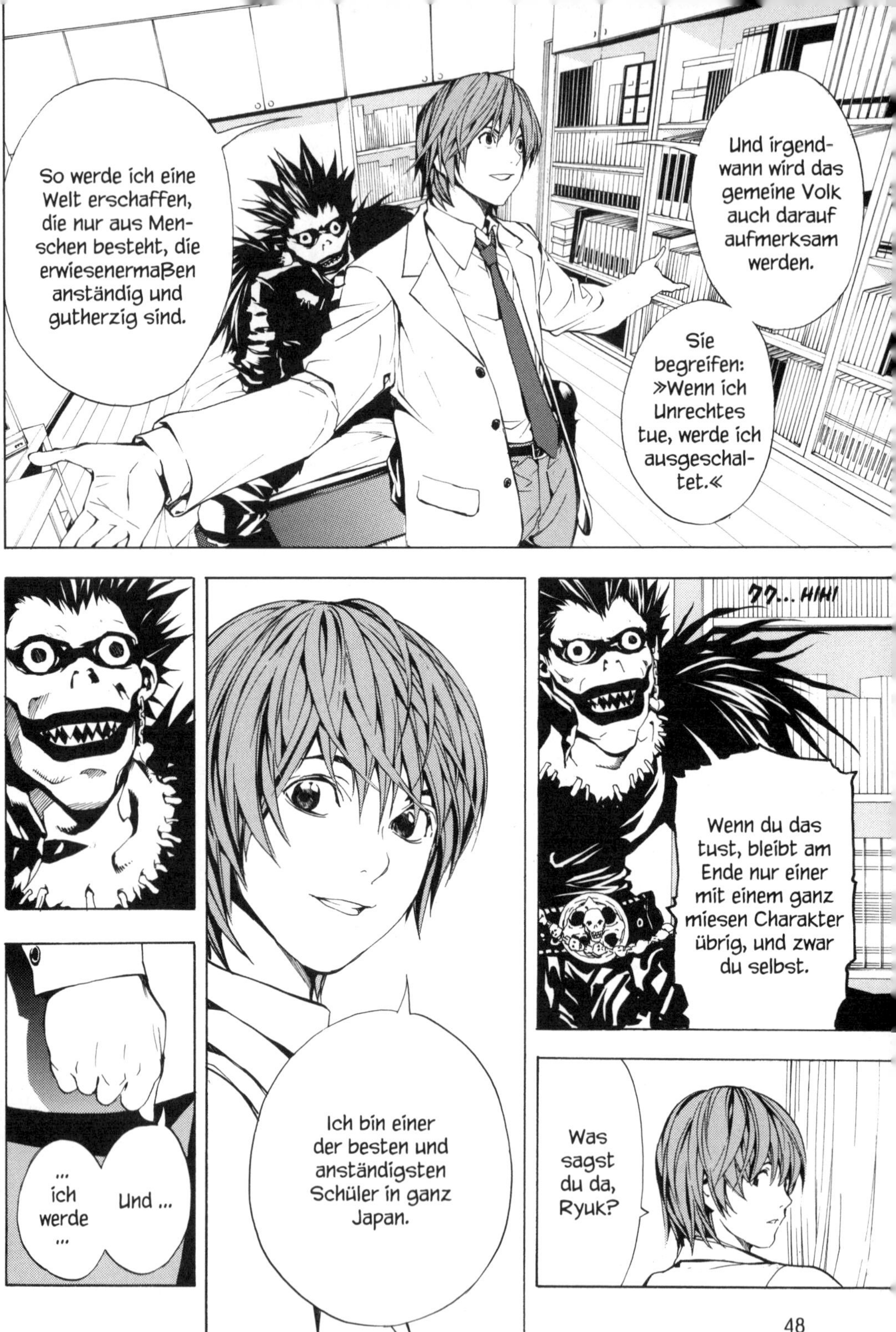
Und irgendwann wird das gemeine Volk auch darauf aufmerksam werden.
Sie begreifen: »Wenn ich Unrechtes tue, werde ich ausgeschaltet.«
So werde ich eine Welt erschaffen, die nur aus Menschen besteht, die erwiesenermaßen anständig und gutherzig sind.
KK... HIHI
Wenn du das tust, bleibt am Ende nur einer mit einem ganz miesen Charakter übrig, und zwar du selbst.
Was sagst du da, Ryuk?
Ich bin einer der besten und anständigsten Schüler in ganz Japan.
Und ...
... ich werde ...

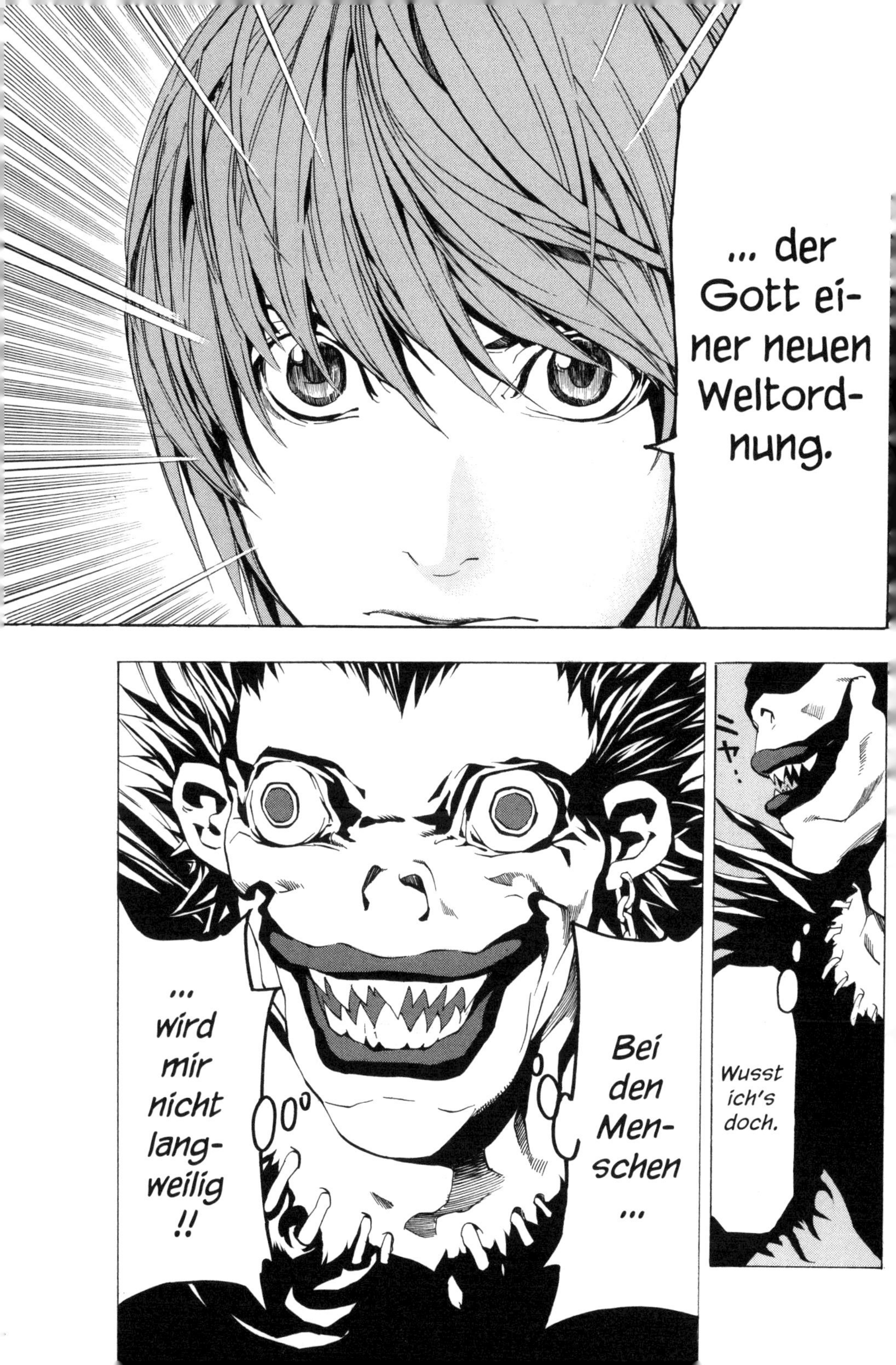
... der Gott einer neuen Weltordnung.
Wusst ich's doch.
Bei den Menschen ...
... wird mir nicht langweilig !!

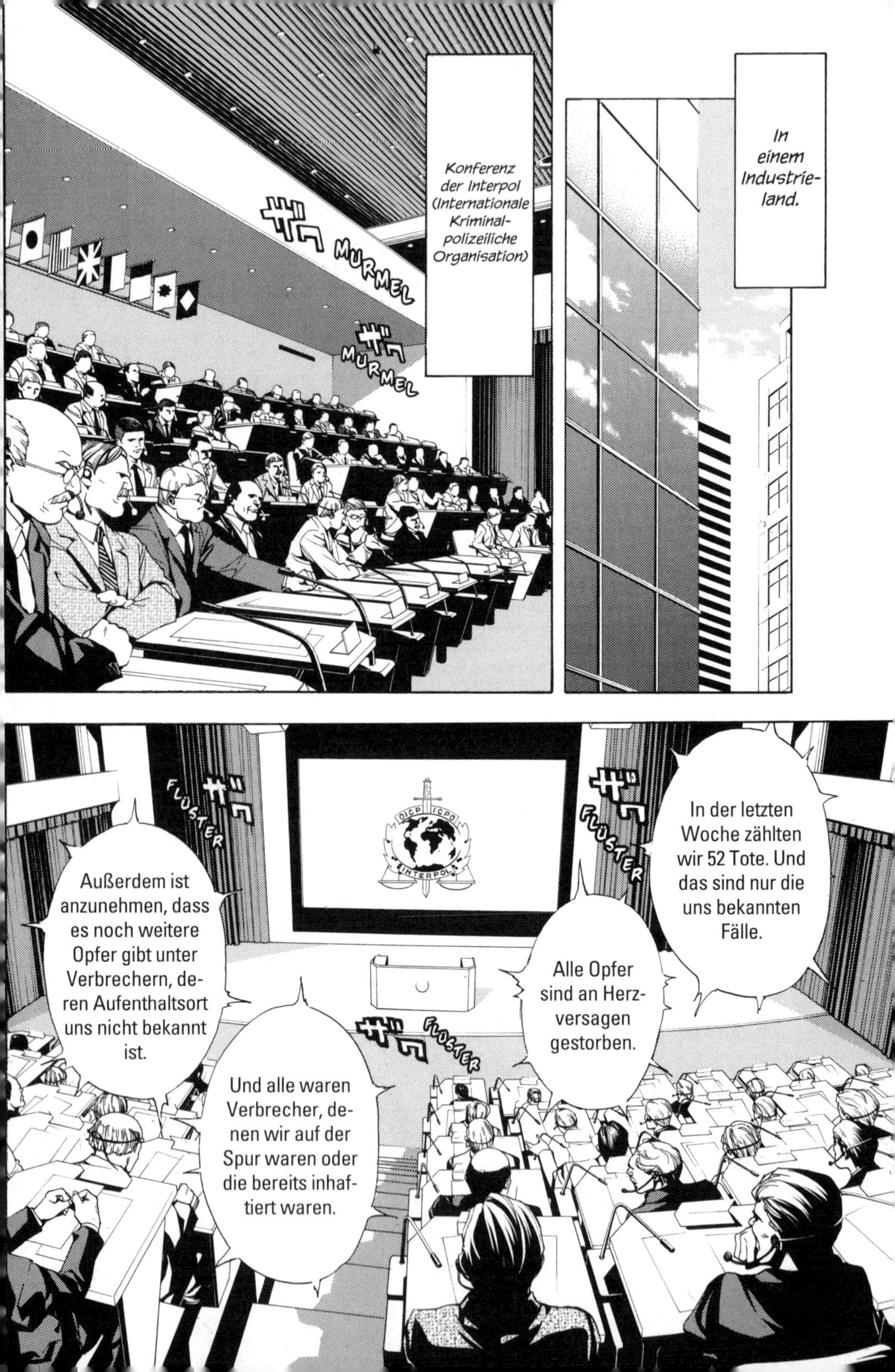
In einem Industrieland.
Konferenz der Interpol (Internationale Kriminalpolizeiliche Organisation)
MURMEL
MURMEL
In der letzten Woche zählten wir 52 Tote. Und das sind nur die uns bekannten Fälle.
FLÜSTER
Alle Opfer sind an Herzversagen gestorben.
FLÜSTER
Und alle waren Verbrecher, denen wir auf der Spur waren oder die bereits inhaftiert waren.
FLÜSTER
Außerdem ist anzunehmen, dass es noch weitere Opfer gibt unter Verbrechern, deren Aufenthaltsort uns nicht bekannt ist.

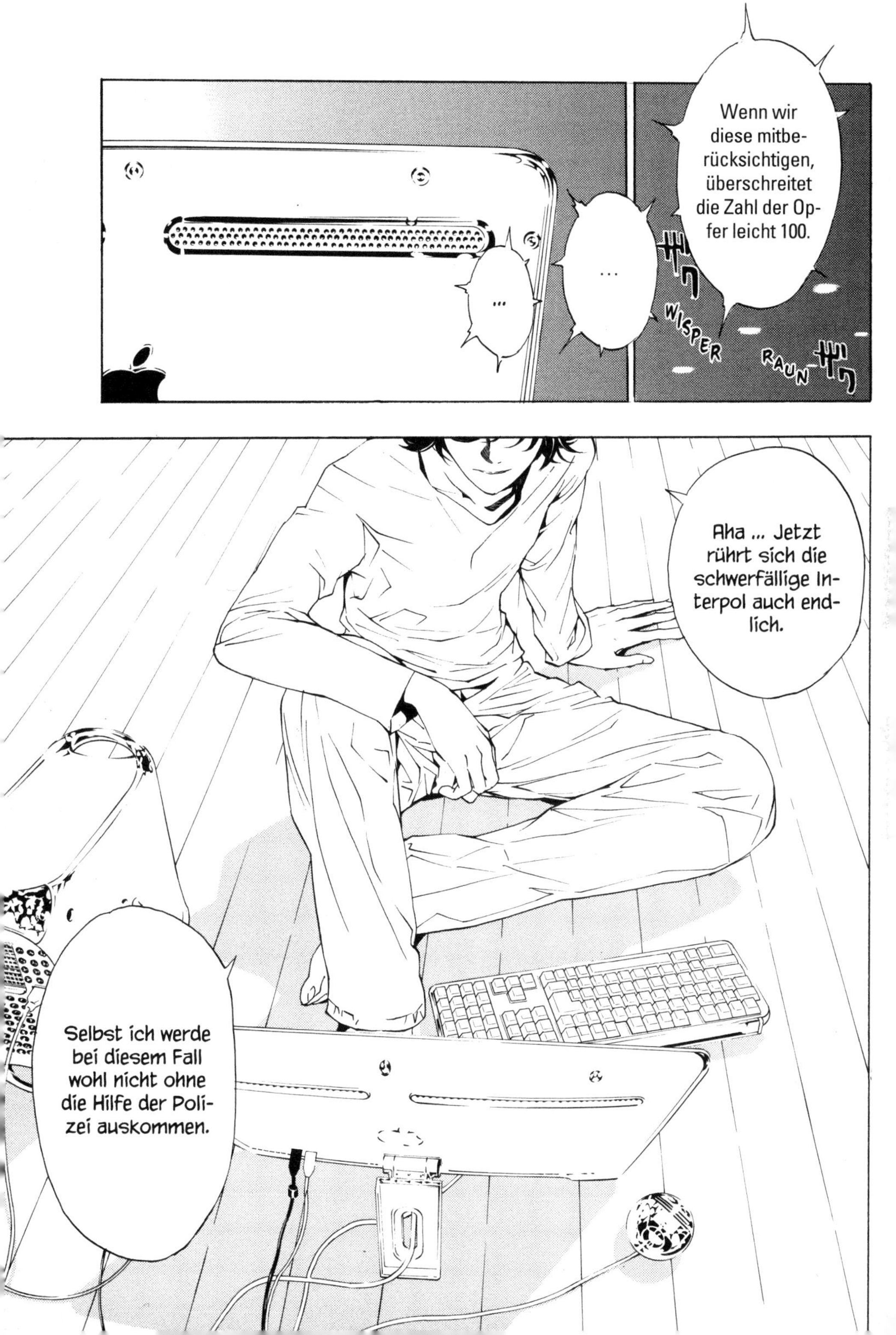
Wenn wir diese mitberücksichtigen, überschreitet die Zahl der Opfer leicht 100.
...
...
WISPER
RAUN
Aha ... Jetzt rührt sich die schwerfällige Interpol auch endlich.
Selbst ich werde bei diesem Fall wohl nicht ohne die Hilfe der Polizei auskommen.

DEATH NOTE

How to use it

I

- The human whose name is written in this note shall die.

  DER MENSCH, DESSEN NAME IN DIESES HEFT GESCHRIEBEN WIRD, STIRBT.

- This note will not take effect unless the writer has the person's face in their mind when writing his/her name. Therefore, people sharing the same name will not be affected.

  HAT MAN DAS GESICHT DER PERSON, DESSEN NAMEN MAN AUFSCHREIBT, NICHT VOR AUGEN, HAT DIE NOTIZ KEINE WIRKUNG. DAS HEISST, DASS NIEMALS ZWEI PERSONEN GLEICHZEITIG BETROFFEN SEIN KÖNNEN, AUCH WENN SIE DENSELBEN NAMEN TRAGEN.

- If the cause of death is written within 40 seconds of writing the person's name, it will happen.

  NACH DEM EINTRAG DES NAMENS BLEIBEN NACH IRDISCHEM MASSSTAB 40 SEKUNDEN ZEIT, UM DIE TODESURSACHE ZU NOTIEREN.

- If the cause of death is not specified, the person will simply die of a heart attack.

  VERZICHTET MAN AUF EINE ANGABE DER TODESURSACHE, STIRBT DAS OPFER AN HERZVERSAGEN.

- After writing the cause of death, details of the death should be written in the next 6 minutes and 40 seconds.

  BESTIMMT MAN EINE TODESURSACHE, HAT MAN WEITERE 6 MINUTEN UND 40 SEKUNDEN ZEIT, UM DIE GENAUEN UMSTÄNDE DES TODES ZU NOTIEREN.

PAGE.2 L

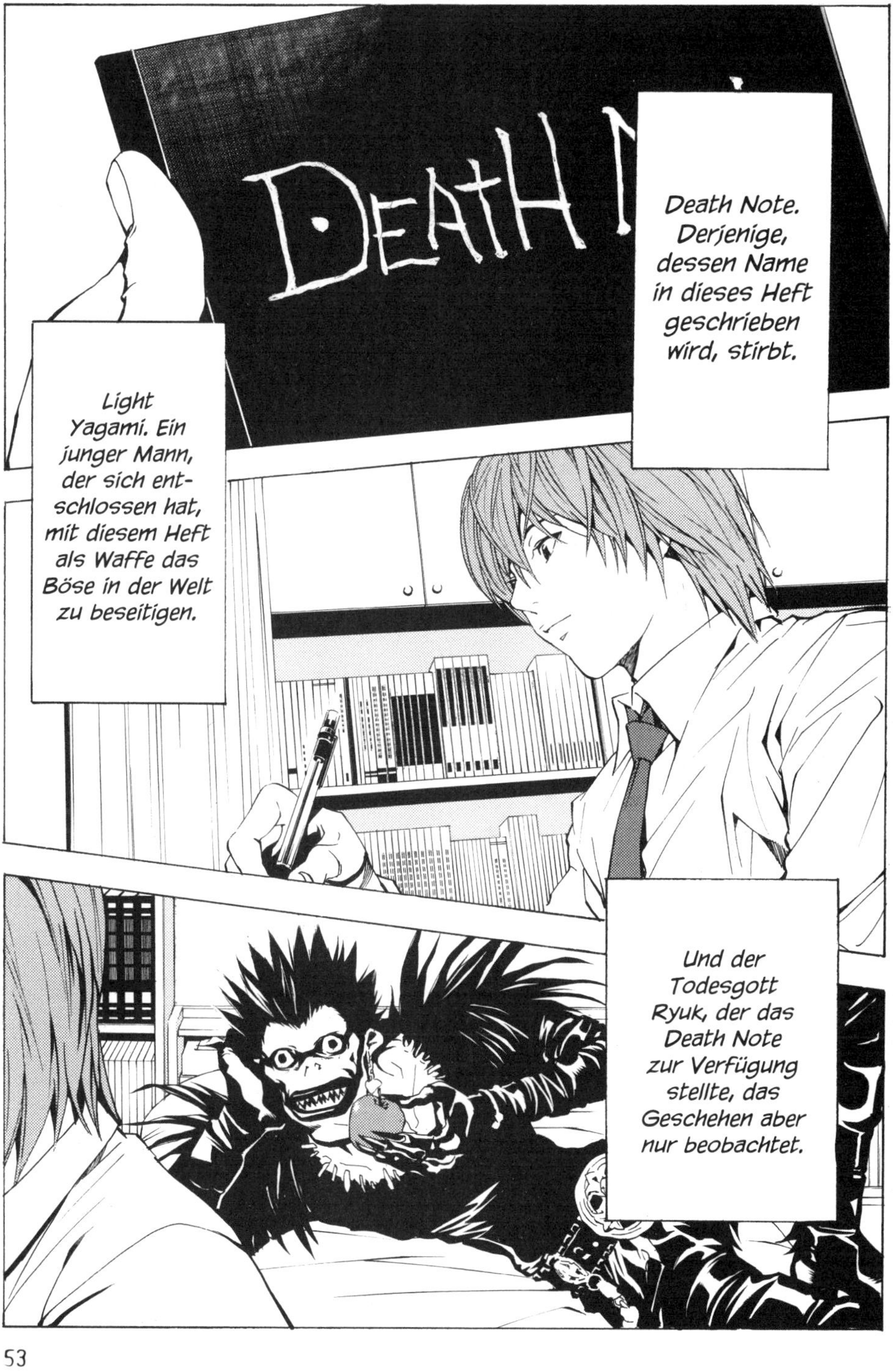
DEATH
Death Note. Derjenige, dessen Name in dieses Heft geschrieben wird, stirbt.
Light Yagami. Ein junger Mann, der sich entschlossen hat, mit diesem Heft als Waffe das Böse in der Welt zu beseitigen.
Und der Todesgott Ryuk, der das Death Note zur Verfügung stellte, das Geschehen aber nur beobachtet.

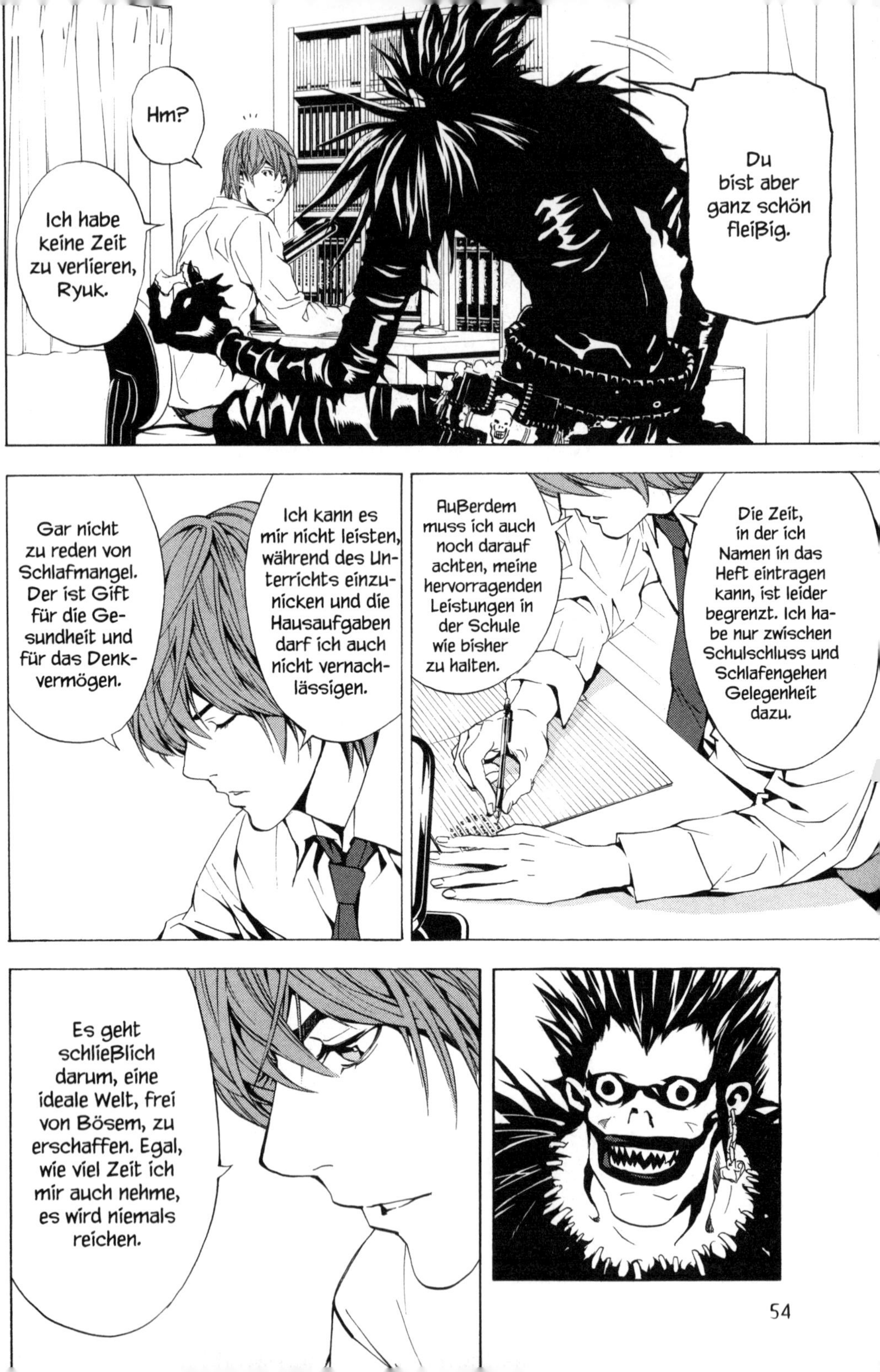

Du bist aber ganz schön fleißig.
Hm?
Ich habe keine Zeit zu verlieren, Ryuk.
Die Zeit, in der ich Namen in das Heft eintragen kann, ist leider begrenzt. Ich habe nur zwischen Schulschluss und Schlafengehen Gelegenheit dazu.
Außerdem muss ich auch noch darauf achten, meine hervorragenden Leistungen in der Schule wie bisher zu halten.
Ich kann es mir nicht leisten, während des Unterrichts einzunicken und die Hausaufgaben darf ich auch nicht vernachlässigen.
Gar nicht zu reden von Schlafmangel. Der ist Gift für die Gesundheit und für das Denkvermögen.
Es geht schließlich darum, eine ideale Welt, frei von Bösem, zu erschaffen. Egal, wie viel Zeit ich mir auch nehme, es wird niemals reichen.

PAGE.2 L

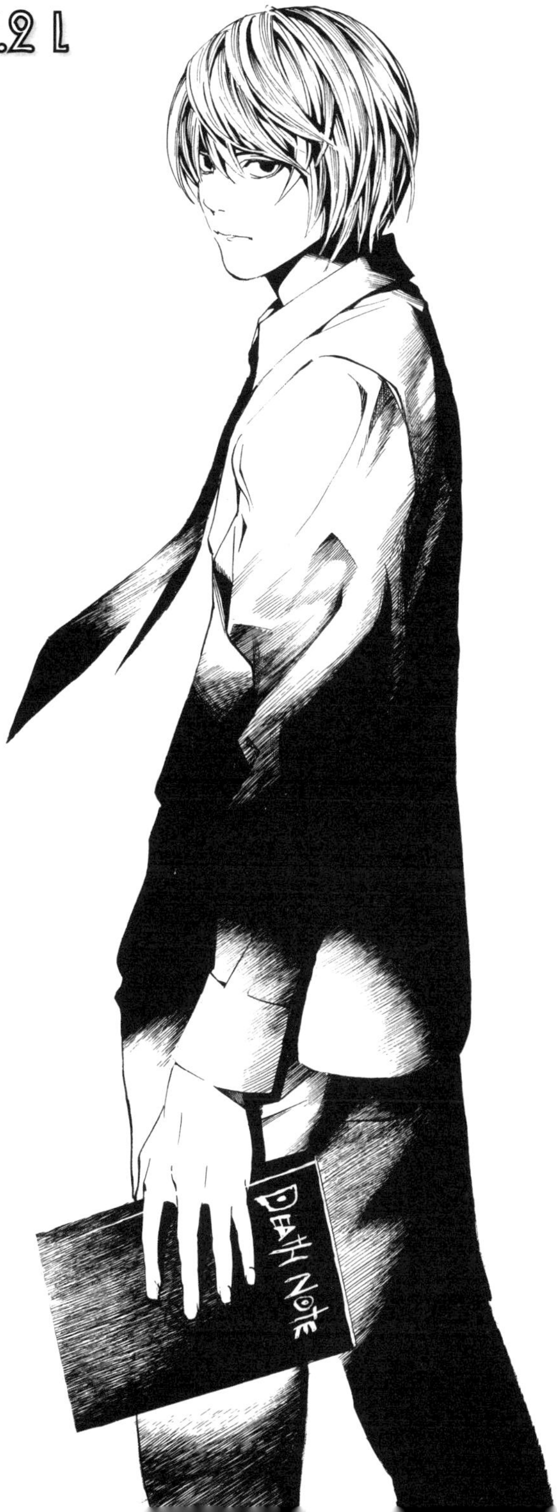

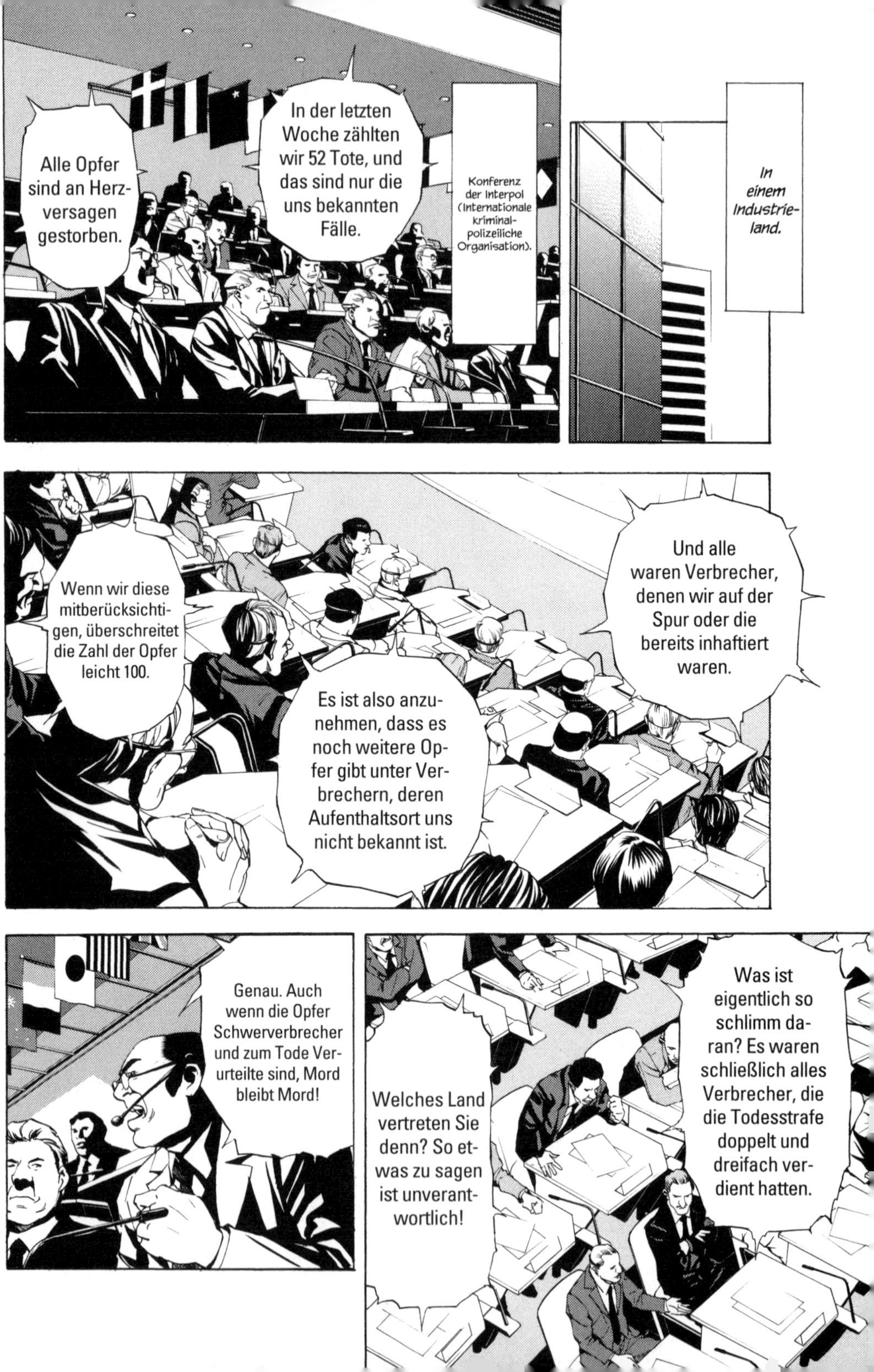

In einem Industrieland.
Konferenz der Interpol (Internationale kriminalpolizeiliche Organisation).
In der letzten Woche zählten wir 52 Tote, und das sind nur die uns bekannten Fälle.
Alle Opfer sind an Herzversagen gestorben.
Und alle waren Verbrecher, denen wir auf der Spur oder die bereits inhaftiert waren.
Es ist also anzunehmen, dass es noch weitere Opfer gibt unter Verbrechern, deren Aufenthaltsort uns nicht bekannt ist.
Wenn wir diese mitberücksichtigen, überschreitet die Zahl der Opfer leicht 100.
Was ist eigentlich so schlimm daran? Es waren schließlich alles Verbrecher, die die Todesstrafe doppelt und dreifach verdient hatten.
Welches Land vertreten Sie denn? So etwas zu sagen ist unverantwortlich!
Genau. Auch wenn die Opfer Schwerverbrecher und zum Tode Verurteilte sind, Mord bleibt Mord!

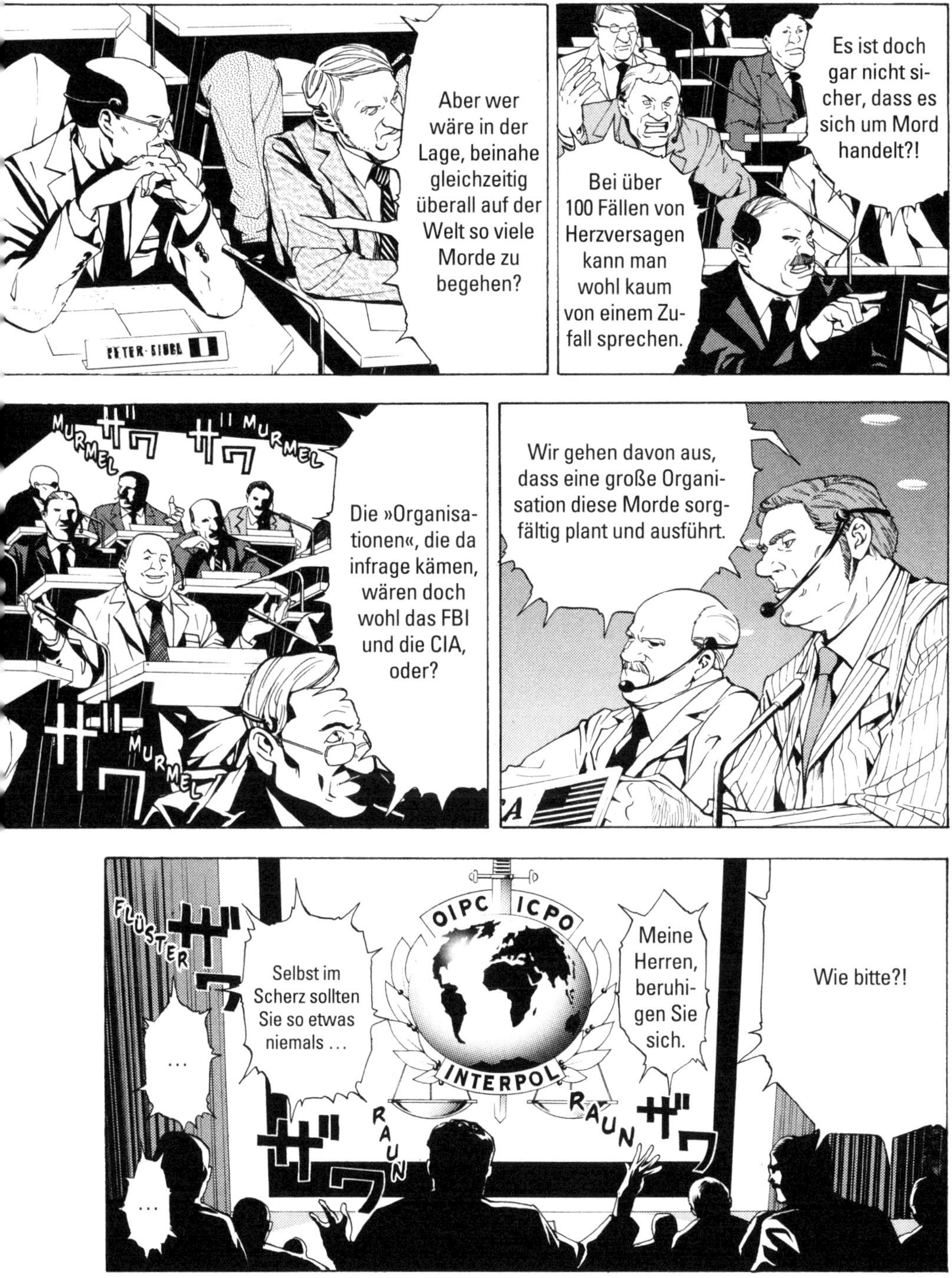
Aber wer wäre in der Lage, beinahe gleichzeitig überall auf der Welt so viele Morde zu begehen?
Bei über 100 Fällen von Herzversagen kann man wohl kaum von einem Zufall sprechen.
Es ist doch gar nicht sicher, dass es sich um Mord handelt?!
MURMEL
ザワ
ザワ
MURMEL
Die »Organisationen«, die da infrage kämen, wären doch wohl das FBI und die CIA, oder?
ザワ
MURMEL
Wir gehen davon aus, dass eine große Organisation diese Morde sorgfältig plant und ausführt.
FLÜSTER
ザワ
...
...
Selbst im Scherz sollten Sie so etwas niemals ...
OIPC ICPO
INTERPOL
RAUN
ザワ
Meine Herren, beruhigen Sie sich.
RAUN
ザワ
Wie bitte?!

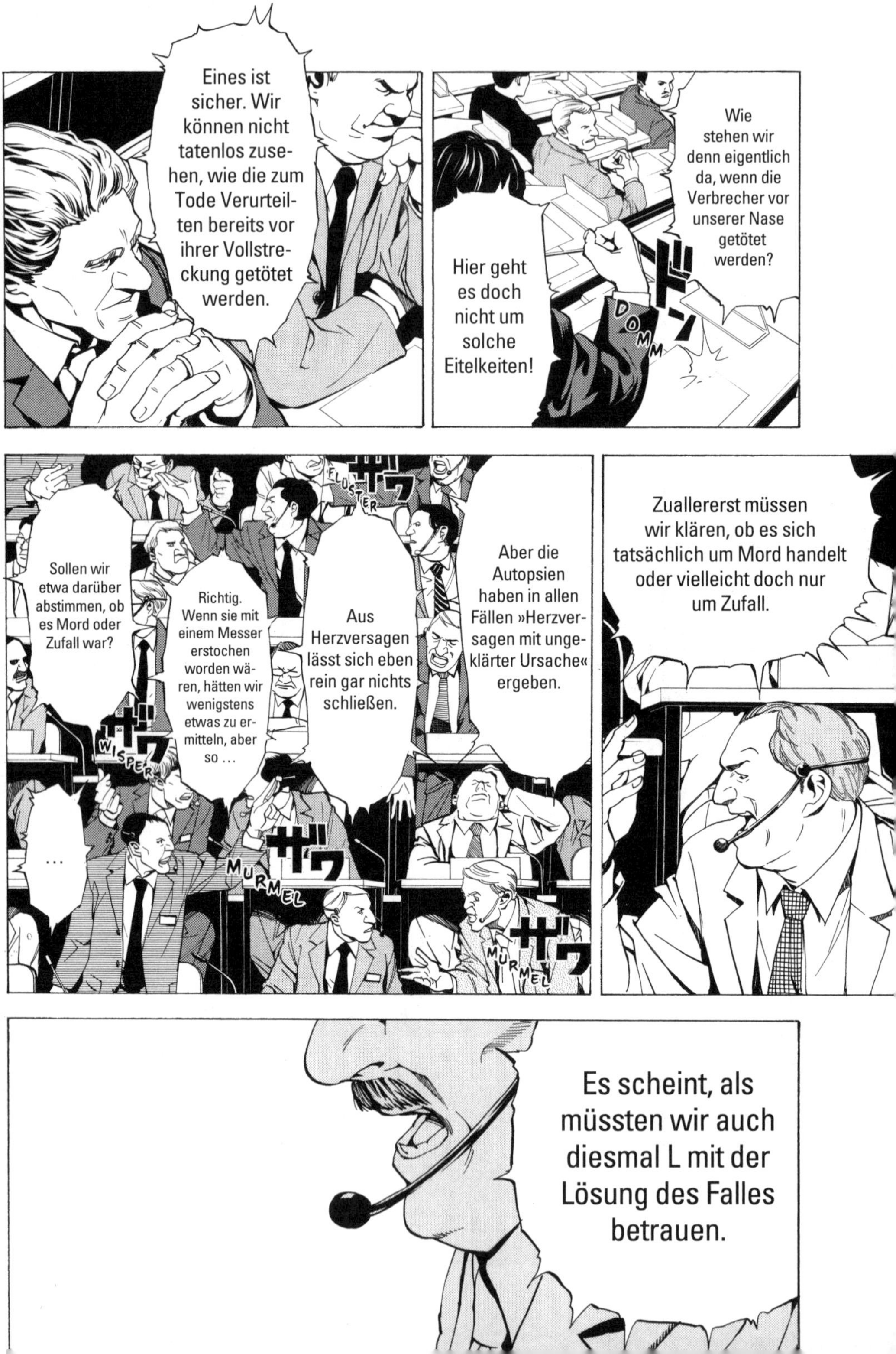
Wie stehen wir denn eigentlich da, wenn die Verbrecher vor unserer Nase getötet werden?
DOMM
Hier geht es doch nicht um solche Eitelkeiten!
Eines ist sicher. Wir können nicht tatenlos zusehen, wie die zum Tode Verurteilten bereits vor ihrer Vollstreckung getötet werden.
Zuallererst müssen wir klären, ob es sich tatsächlich um Mord handelt oder vielleicht doch nur um Zufall.
FLÜSTER
Aber die Autopsien haben in allen Fällen »Herzversagen mit ungeklärter Ursache« ergeben.
Aus Herzversagen lässt sich eben rein gar nichts schließen.
Richtig. Wenn sie mit einem Messer erstochen worden wären, hätten wir wenigstens etwas zu ermitteln, aber so …
Sollen wir etwa darüber abstimmen, ob es Mord oder Zufall war?
WISPER
MURMEL
MURMEL
…
Es scheint, als müssten wir auch diesmal L mit der Lösung des Falles betrauen.

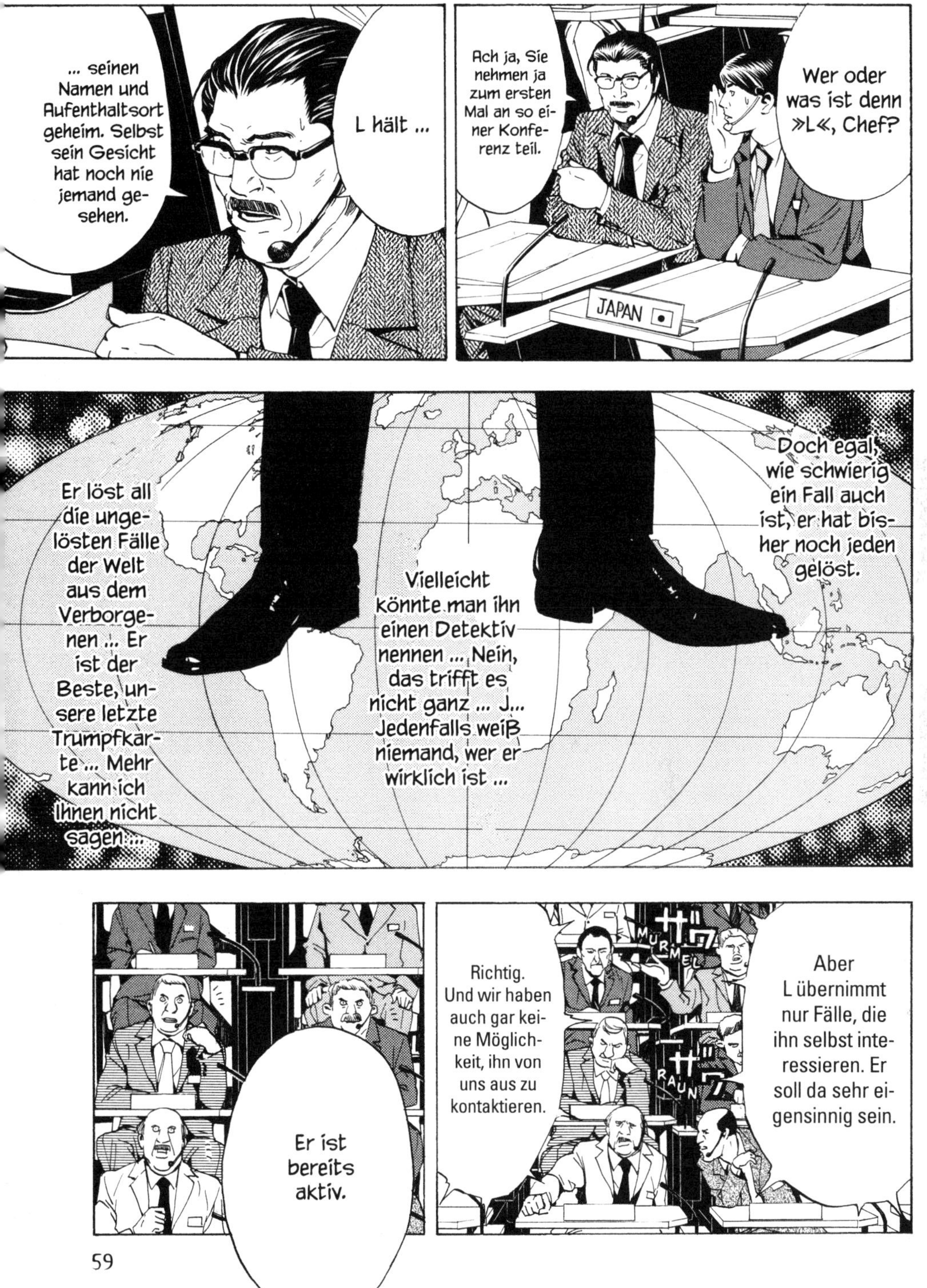
Wer oder was ist denn »L«, Chef?
Ach ja, Sie nehmen ja zum ersten Mal an so einer Konferenz teil.
L hält ...
... seinen Namen und Aufenthaltsort geheim. Selbst sein Gesicht hat noch nie jemand gesehen.
Doch egal, wie schwierig ein Fall auch ist, er hat bisher noch jeden gelöst.
Vielleicht könnte man ihn einen Detektiv nennen ... Nein, das trifft es nicht ganz ... J... Jedenfalls weiß niemand, wer er wirklich ist ...
Er löst all die ungelösten Fälle der Welt aus dem Verborgenen ... Er ist der Beste, unsere letzte Trumpfkarte ... Mehr kann ich Ihnen nicht sagen ...
Aber L übernimmt nur Fälle, die ihn selbst interessieren. Er soll da sehr eigensinnig sein.
MURMEL
RAUN
Richtig. Und wir haben auch gar keine Möglichkeit, ihn von uns aus zu kontaktieren.
Er ist bereits aktiv.

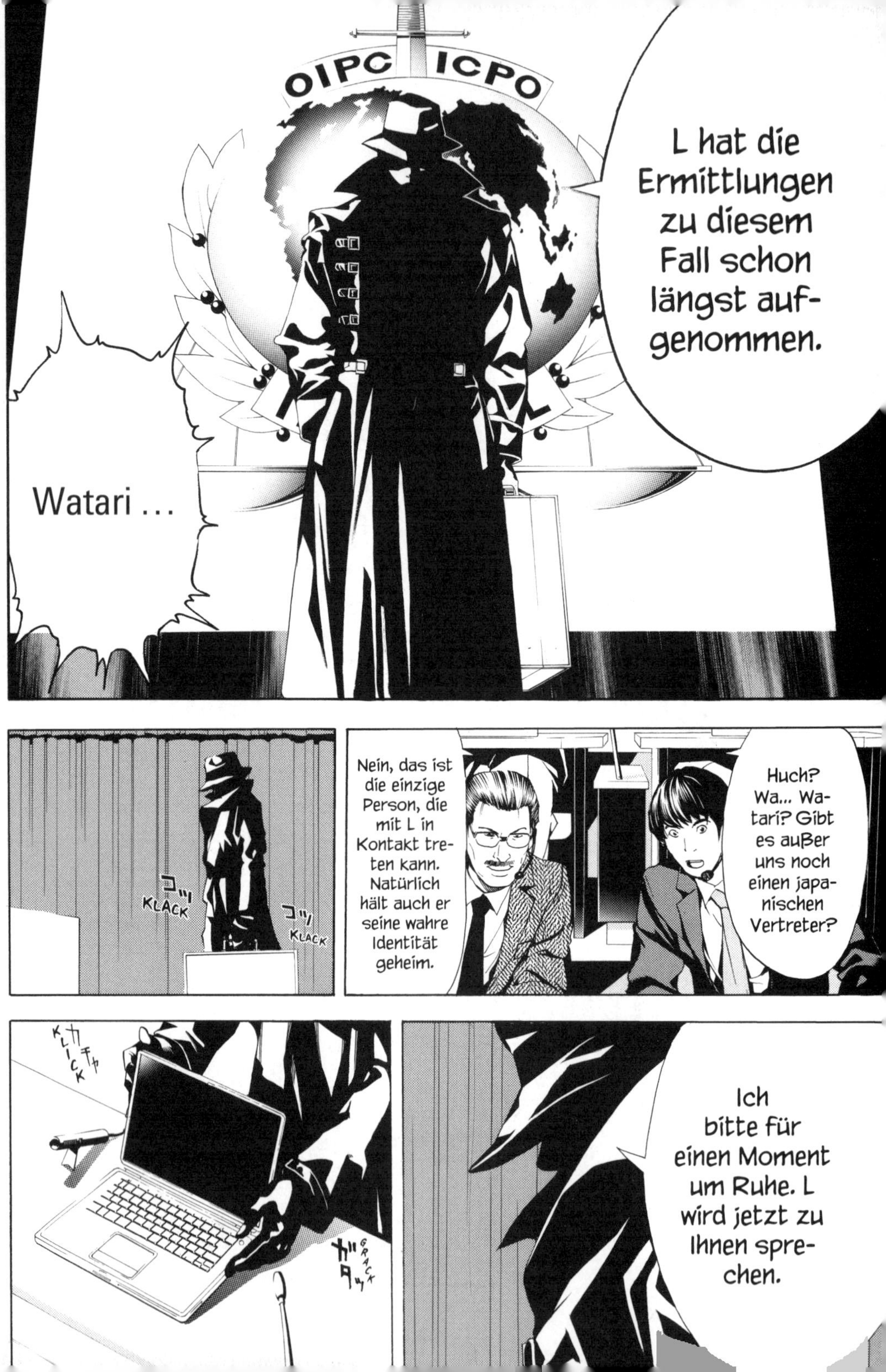
OIPC ICPO
L hat die Ermittlungen zu diesem Fall schon längst aufgenommen.
Watari …
Huch? Wa... Watari? Gibt es außer uns noch einen japanischen Vertreter?
Nein, das ist die einzige Person, die mit L in Kontakt treten kann. Natürlich hält auch er seine wahre Identität geheim.
KLACK
KLACK
Ich bitte für einen Moment um Ruhe. L wird jetzt zu Ihnen sprechen.
KLICK
GRACK

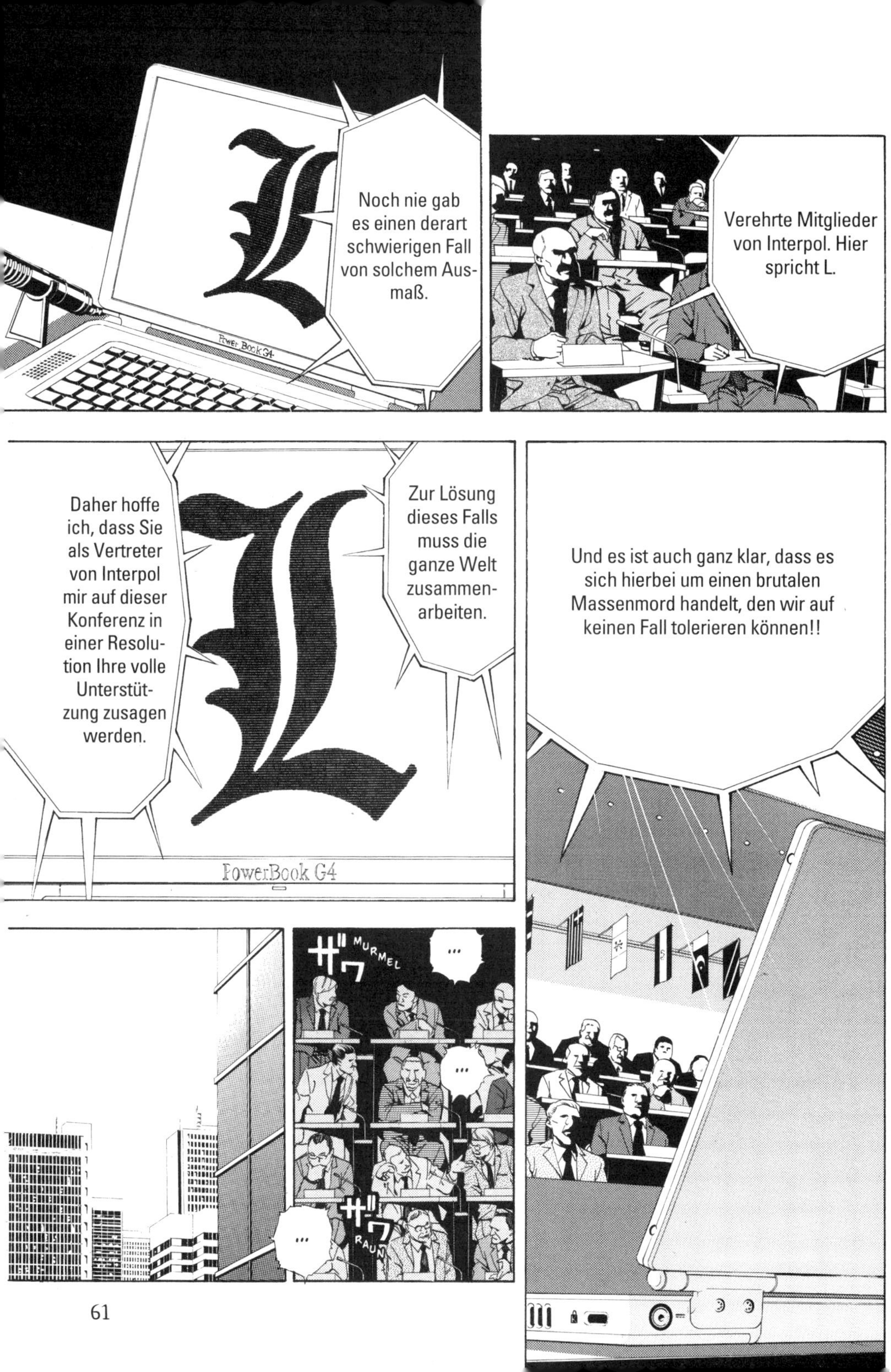
Verehrte Mitglieder von Interpol. Hier spricht L.
Noch nie gab es einen derart schwierigen Fall von solchem Ausmaß.
PowerBook G4
Und es ist auch ganz klar, dass es sich hierbei um einen brutalen Massenmord handelt, den wir auf keinen Fall tolerieren können!!
Zur Lösung dieses Falls muss die ganze Welt zusammenarbeiten.
Daher hoffe ich, dass Sie als Vertreter von Interpol mir auf dieser Konferenz in einer Resolution Ihre volle Unterstützung zusagen werden.
PowerBook G4
ザワ MURMEL
...
...
ザワ RAUN
...

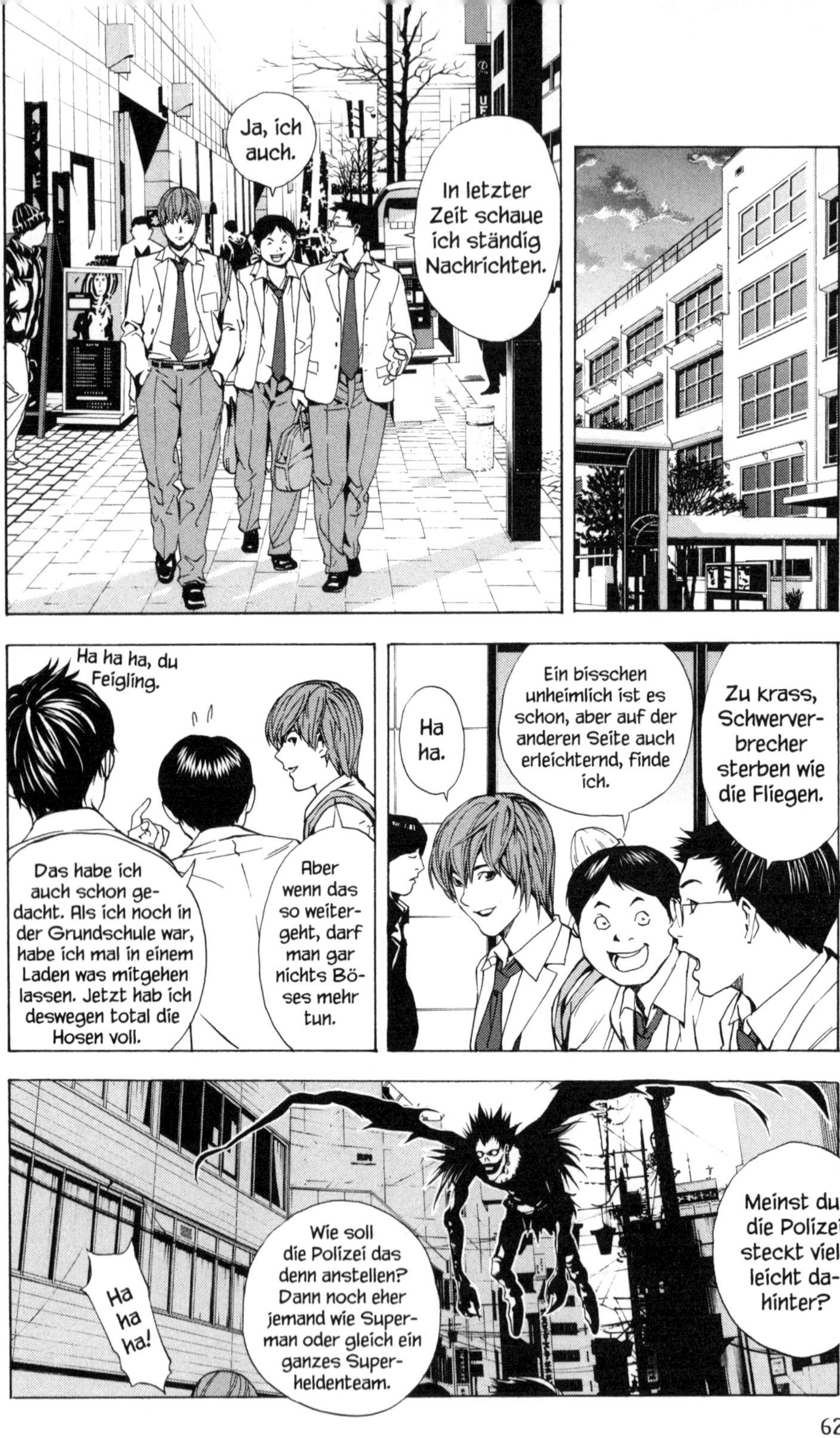
In letzter Zeit schaue ich ständig Nachrichten.
Ja, ich auch.
Zu krass, Schwerverbrecher sterben wie die Fliegen.
Ein bisschen unheimlich ist es schon, aber auf der anderen Seite auch erleichternd, finde ich.
Ha ha.
Aber wenn das so weitergeht, darf man gar nichts Böses mehr tun.
Das habe ich auch schon gedacht. Als ich noch in der Grundschule war, habe ich mal in einem Laden was mitgehen lassen. Jetzt hab ich deswegen total die Hosen voll.
Ha ha ha, du Feigling.
Meinst du, die Polizei steckt vielleicht dahinter?
Wie soll die Polizei das denn anstellen? Dann noch eher jemand wie Superman oder gleich ein ganzes Superheldenteam.
Ha ha ha!

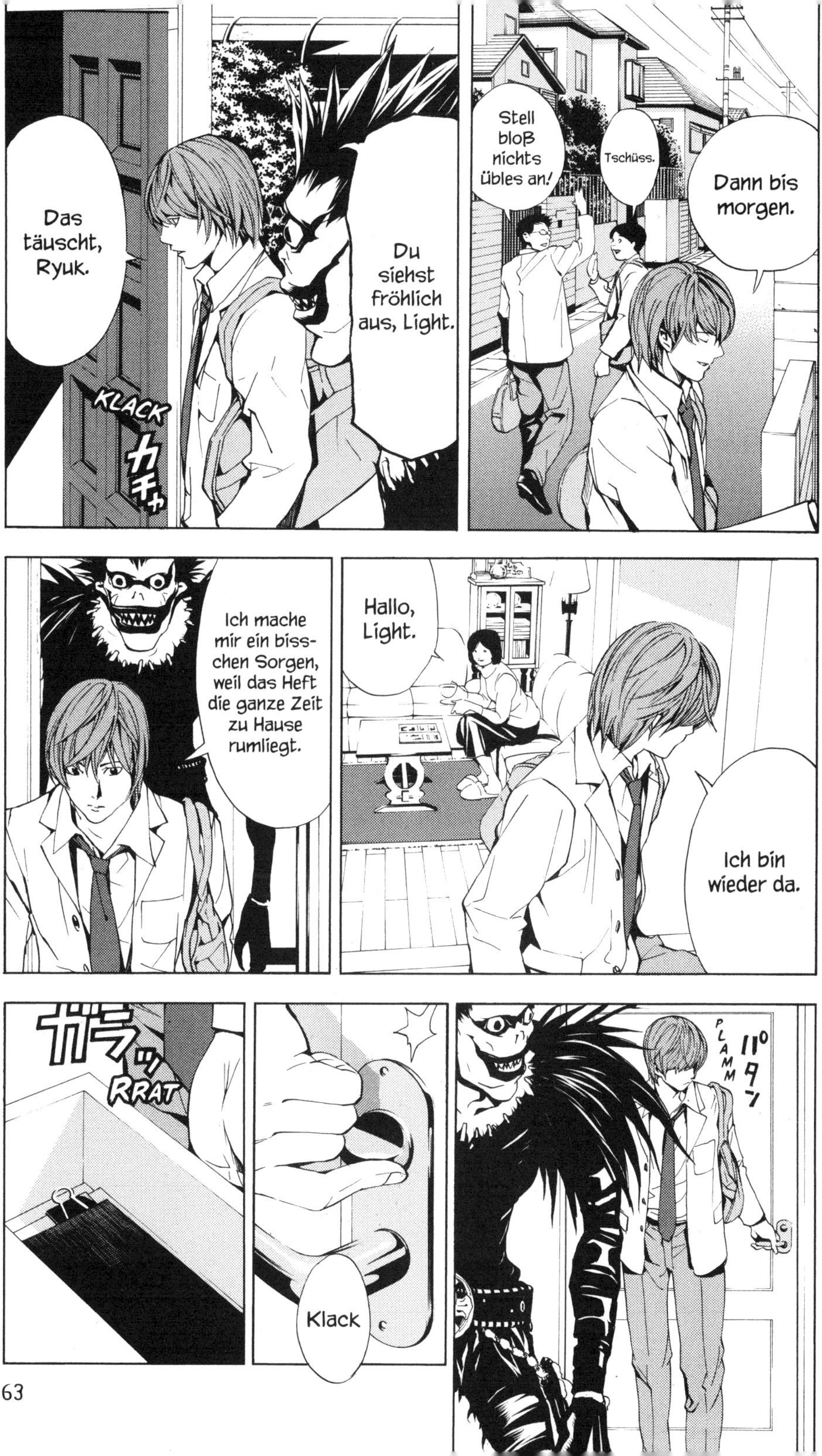
Dann bis morgen.
Tschüss.
Stell bloß nichts übles an!
Du siehst fröhlich aus, Light.
Das täuscht, Ryuk.
KLACK
Ich bin wieder da.
Hallo, Light.
Ich mache mir ein bisschen Sorgen, weil das Heft die ganze Zeit zu Hause rumliegt.
PLAMM
Klack
RRAT

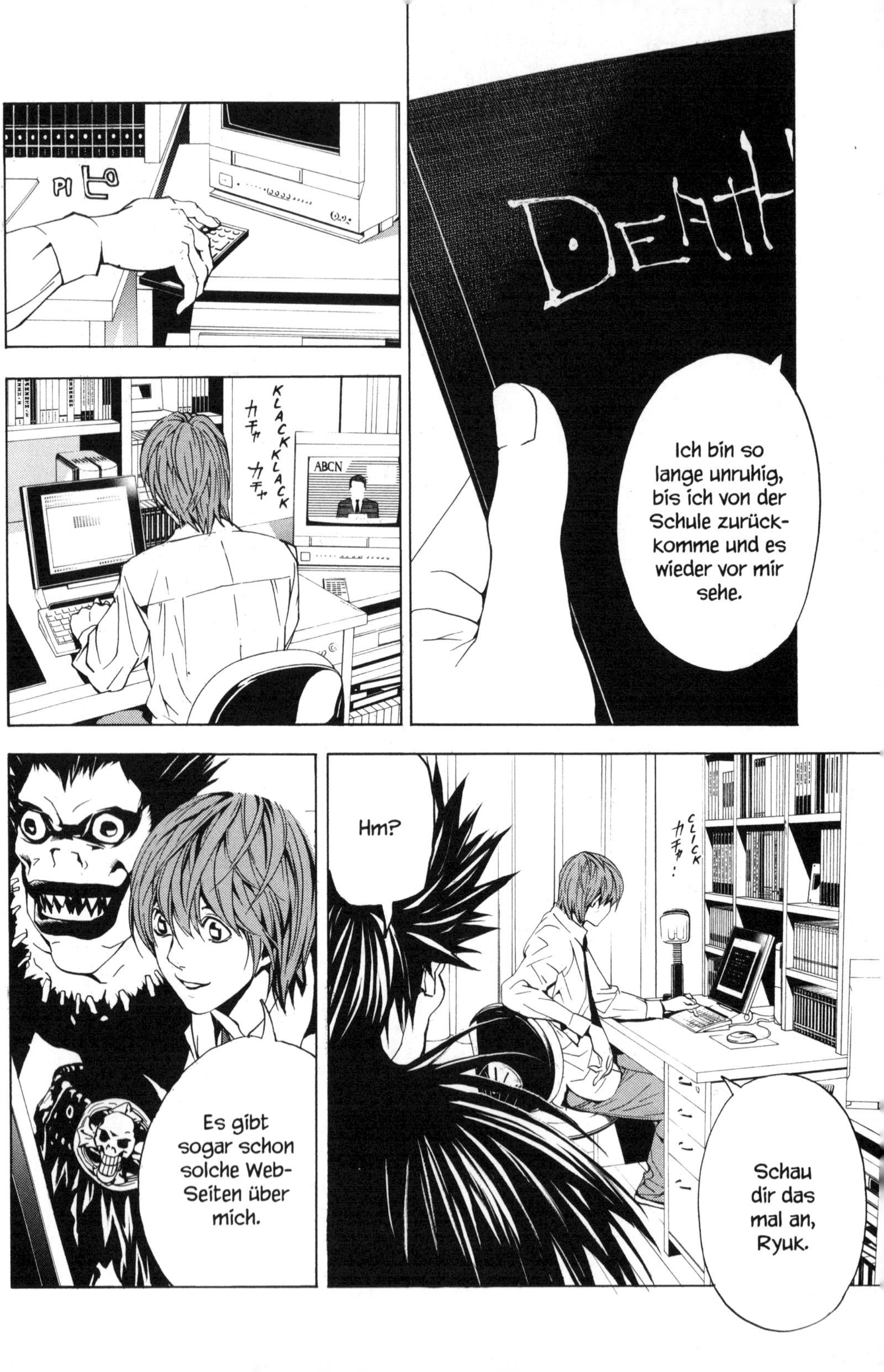
DEATH
Ich bin so lange unruhig, bis ich von der Schule zurückkomme und es wieder vor mir sehe.
PI
KLACK KLACK
カチャ カチャ
ABCN
CLICK
カチャ
Schau dir das mal an, Ryuk.
Hm?
Es gibt sogar schon solche Web-Seiten über mich.

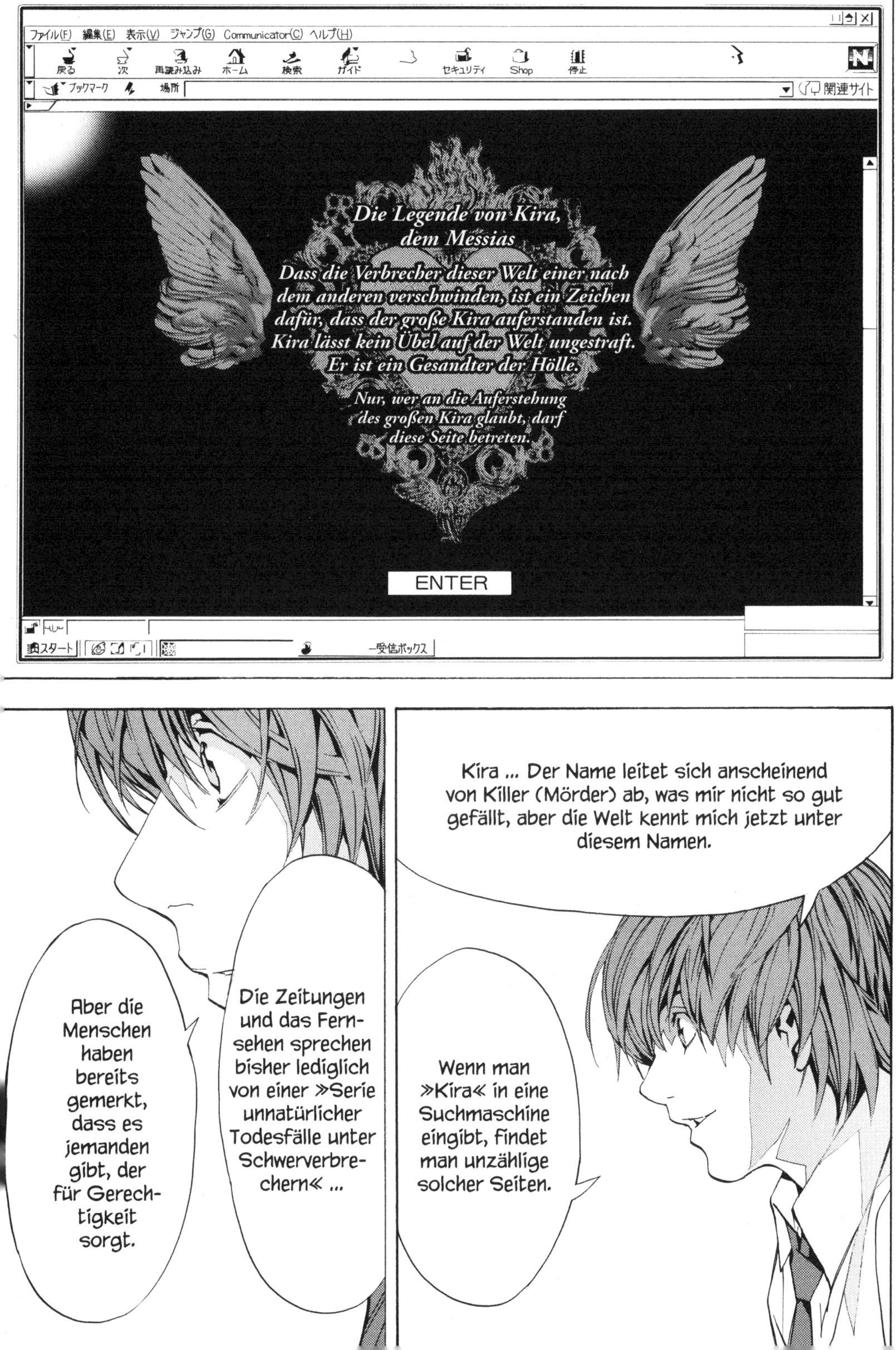
ファイル(F) 編集(E) 表示(V) ジャンプ(G) Communicator(C) ヘルプ(H)
戻る 次 再読み込み ホーム 検索 ガイド セキュリティ Shop 停止
ブックマーク 場所 関連サイト
Die Legende von Kira, dem Messias
Dass die Verbrecher dieser Welt einer nach dem anderen verschwinden, ist ein Zeichen dafür, dass der große Kira auferstanden ist. Kira lässt kein Übel auf der Welt ungestraft. Er ist ein Gesandter der Hölle.
Nur, wer an die Auferstehung des großen Kira glaubt, darf diese Seite betreten.
ENTER
スタート 受信ボックス
Kira ... Der Name leitet sich anscheinend von Killer (Mörder) ab, was mir nicht so gut gefällt, aber die Welt kennt mich jetzt unter diesem Namen.
Wenn man »Kira« in eine Suchmaschine eingibt, findet man unzählige solcher Seiten.
Die Zeitungen und das Fernsehen sprechen bisher lediglich von einer »Serie unnatürlicher Todesfälle unter Schwerverbrechern« ...
Aber die Menschen haben bereits gemerkt, dass es jemanden gibt, der für Gerechtigkeit sorgt.

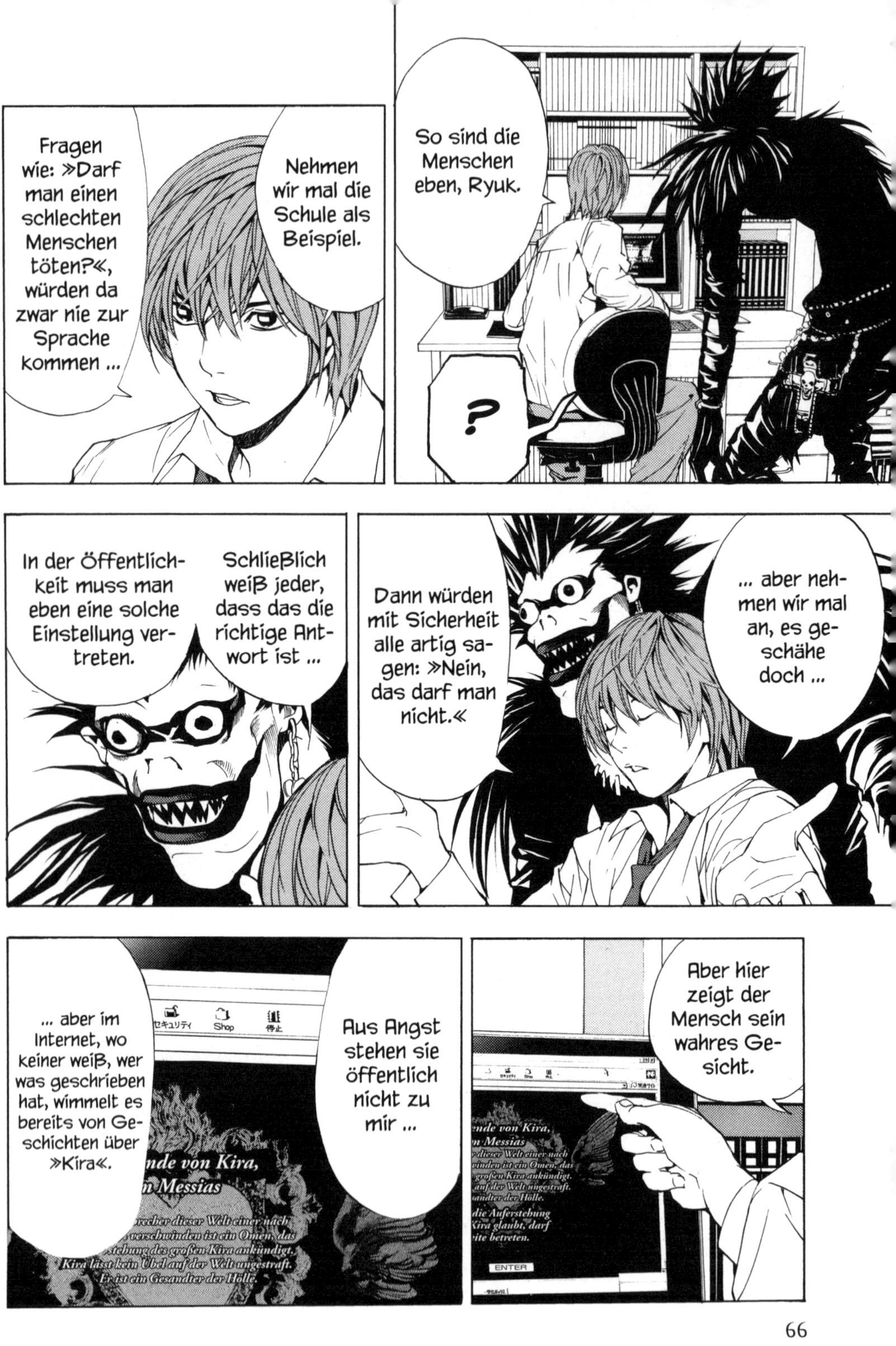
So sind die Menschen eben, Ryuk.
?
Nehmen wir mal die Schule als Beispiel.
Fragen wie: »Darf man einen schlechten Menschen töten?«, würden da zwar nie zur Sprache kommen ...
... aber nehmen wir mal an, es geschähe doch ...
Dann würden mit Sicherheit alle artig sagen: »Nein, das darf man nicht.«
Schließlich weiß jeder, dass das die richtige Antwort ist ...
In der Öffentlichkeit muss man eben eine solche Einstellung vertreten.
Aber hier zeigt der Mensch sein wahres Gesicht.
ENTER
Aus Angst stehen sie öffentlich nicht zu mir ...
... aber im Internet, wo keiner weiß, wer was geschrieben hat, wimmelt es bereits von Geschichten über »Kira«.
Shop
Kira lässt kein Übel auf der Welt ungestraft.
Er ist ein Gesandter der Hölle.

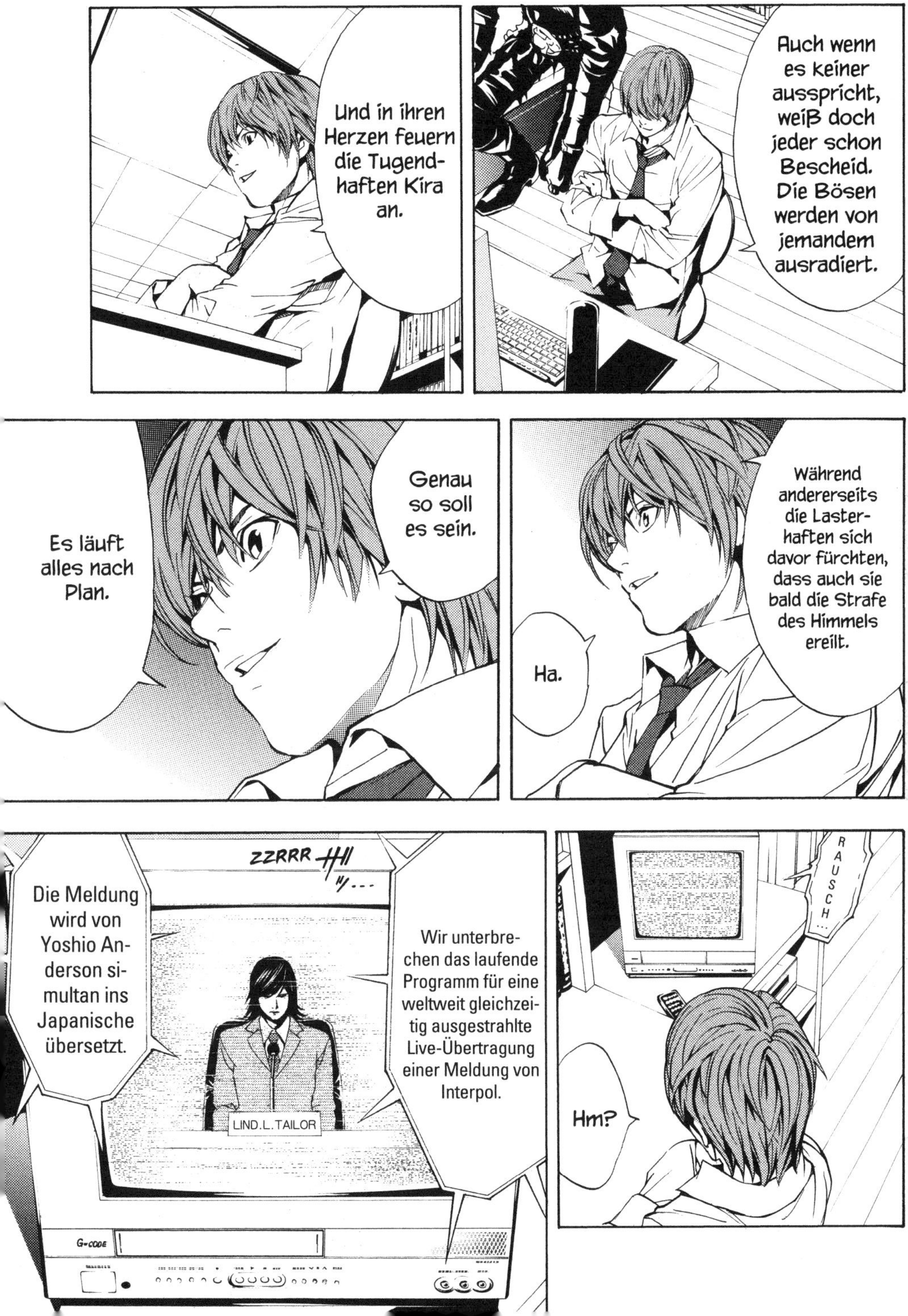
Auch wenn es keiner ausspricht, weiß doch jeder schon Bescheid. Die Bösen werden von jemandem ausradiert.
Und in ihren Herzen feuern die Tugendhaften Kira an.
Während andererseits die Lasterhaften sich davor fürchten, dass auch sie bald die Strafe des Himmels ereilt.
Ha.
Genau so soll es sein.
Es läuft alles nach Plan.
RAUSCH ...
Hm?
ZZRRR
Wir unterbrechen das laufende Programm für eine weltweit gleichzeitig ausgestrahlte Live-Übertragung einer Meldung von Interpol.
LIND.L.TAILOR
Die Meldung wird von Yoshio Anderson simultan ins Japanische übersetzt.

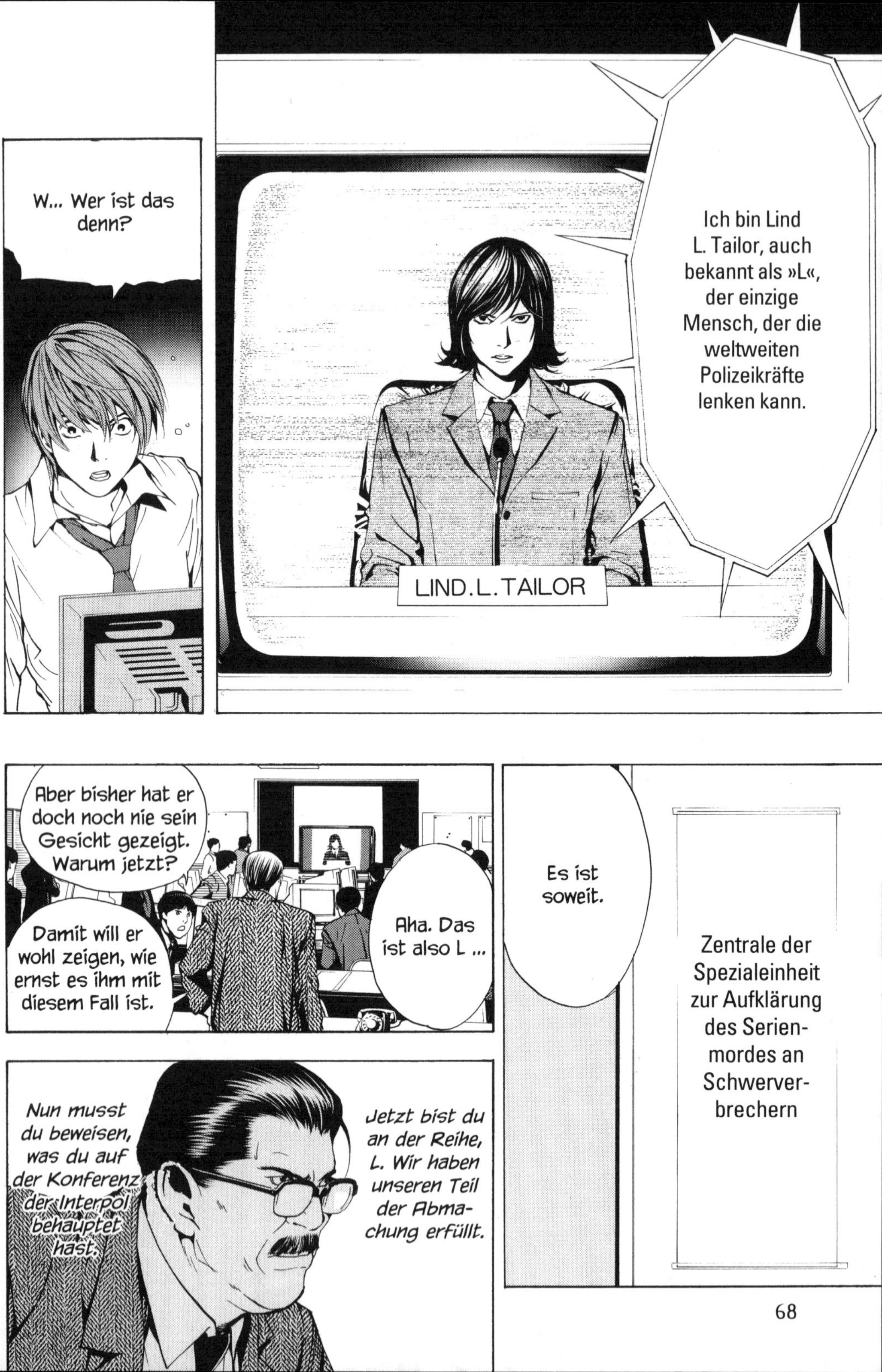

Ich bin Lind L. Tailor, auch bekannt als »L«, der einzige Mensch, der die weltweiten Polizeikräfte lenken kann.
LIND.L.TAILOR
W... Wer ist das denn?
Zentrale der Spezialeinheit zur Aufklärung des Serienmordes an Schwerverbrechern
Es ist soweit.
Aha. Das ist also L ...
Aber bisher hat er doch noch nie sein Gesicht gezeigt. Warum jetzt?
Damit will er wohl zeigen, wie ernst es ihm mit diesem Fall ist.
Jetzt bist du an der Reihe, L. Wir haben unseren Teil der Abmachung erfüllt.
Nun musst du beweisen, was du auf der Konferenz der Interpol behauptet hast.

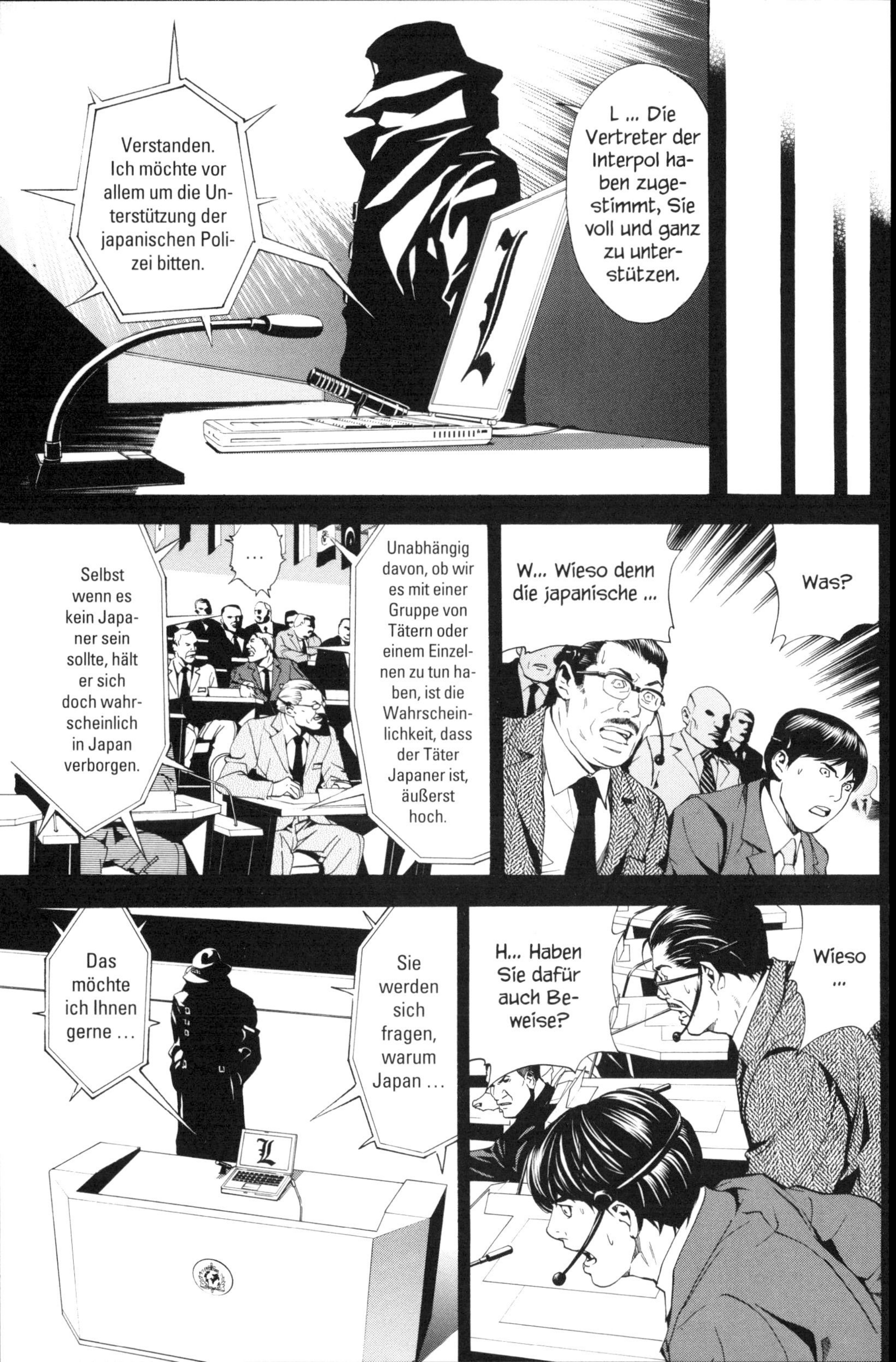
L ... Die Vertreter der Interpol haben zugestimmt, Sie voll und ganz zu unterstützen.
Verstanden. Ich möchte vor allem um die Unterstützung der japanischen Polizei bitten.
Was?
W... Wieso denn die japanische ...
...
Unabhängig davon, ob wir es mit einer Gruppe von Tätern oder einem Einzelnen zu tun haben, ist die Wahrscheinlichkeit, dass der Täter Japaner ist, äußerst hoch.
Selbst wenn es kein Japaner sein sollte, hält er sich doch wahrscheinlich in Japan verborgen.
Wieso ...
H... Haben Sie dafür auch Beweise?
Sie werden sich fragen, warum Japan ...
Das möchte ich Ihnen gerne ...

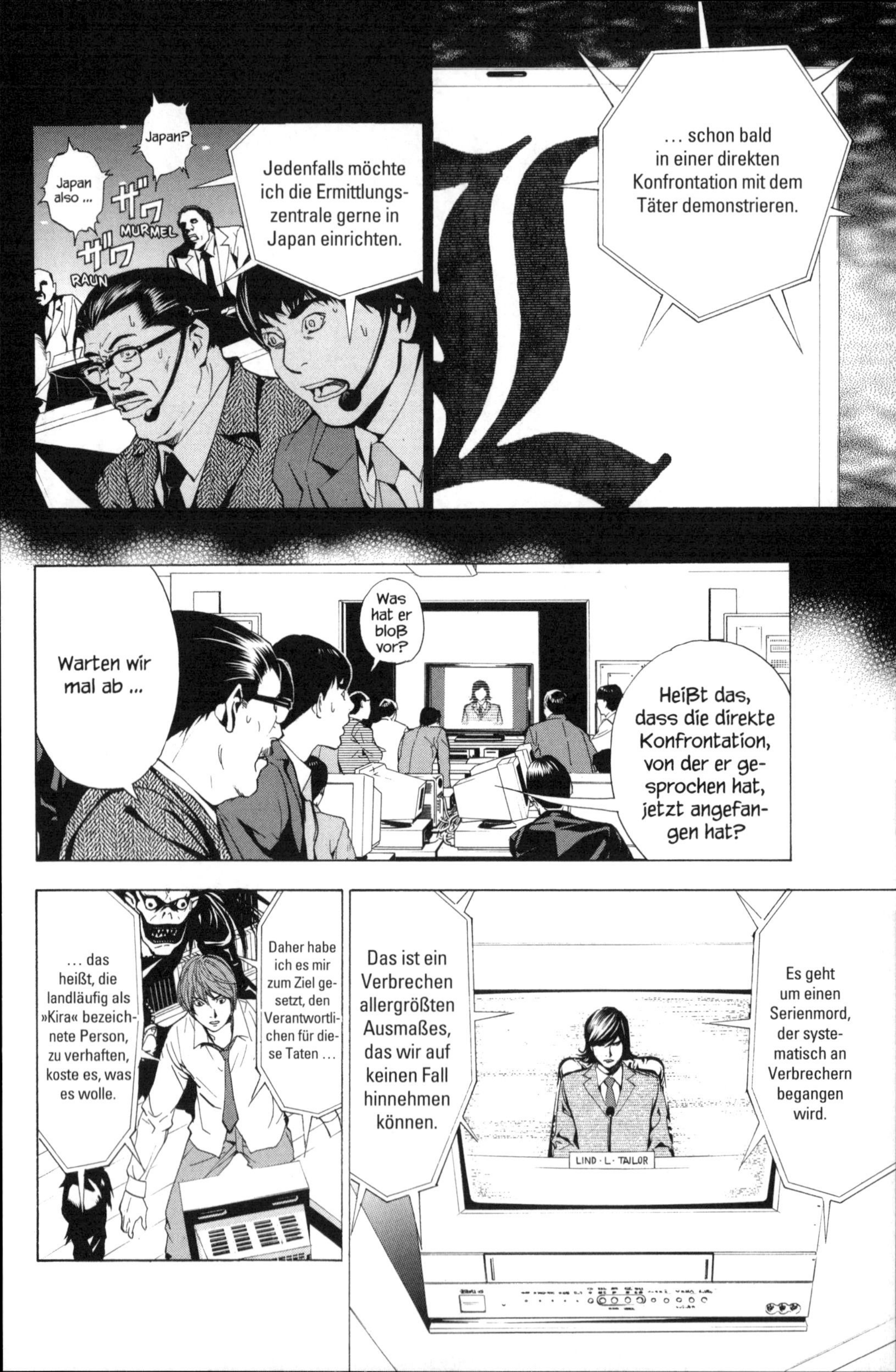
... schon bald in einer direkten Konfrontation mit dem Täter demonstrieren.
Jedenfalls möchte ich die Ermittlungszentrale gerne in Japan einrichten.
Japan?
Japan also ...
ザワ MURMEL
ザワ RAUN
Heißt das, dass die direkte Konfrontation, von der er gesprochen hat, jetzt angefangen hat?
Was hat er bloß vor?
Warten wir mal ab ...
Es geht um einen Serienmord, der systematisch an Verbrechern begangen wird.
Das ist ein Verbrechen allergrößten Ausmaßes, das wir auf keinen Fall hinnehmen können.
LIND · L · TAILOR
Daher habe ich es mir zum Ziel gesetzt, den Verantwortlichen für diese Taten ...
... das heißt, die landläufig als »Kira« bezeichnete Person, zu verhaften, koste es, was es wolle.

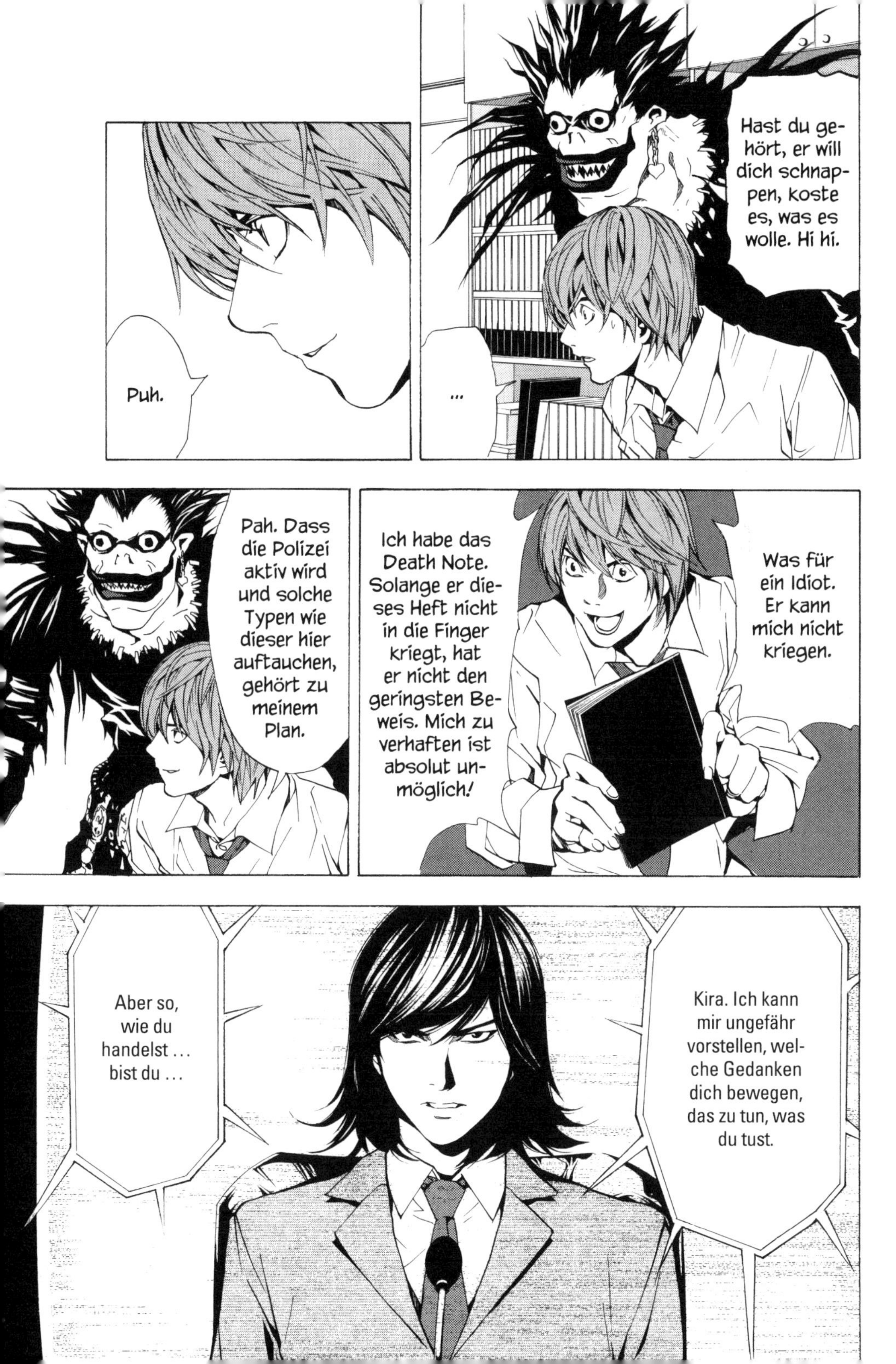
Hast du gehört, er will dich schnappen, koste es, was es wolle. Hi hi.
...
Puh.
Was für ein Idiot. Er kann mich nicht kriegen.
Ich habe das Death Note. Solange er dieses Heft nicht in die Finger kriegt, hat er nicht den geringsten Beweis. Mich zu verhaften ist absolut unmöglich!
Pah. Dass die Polizei aktiv wird und solche Typen wie dieser hier auftauchen, gehört zu meinem Plan.
Kira. Ich kann mir ungefähr vorstellen, welche Gedanken dich bewegen, das zu tun, was du tust.
Aber so, wie du handelst … bist du …

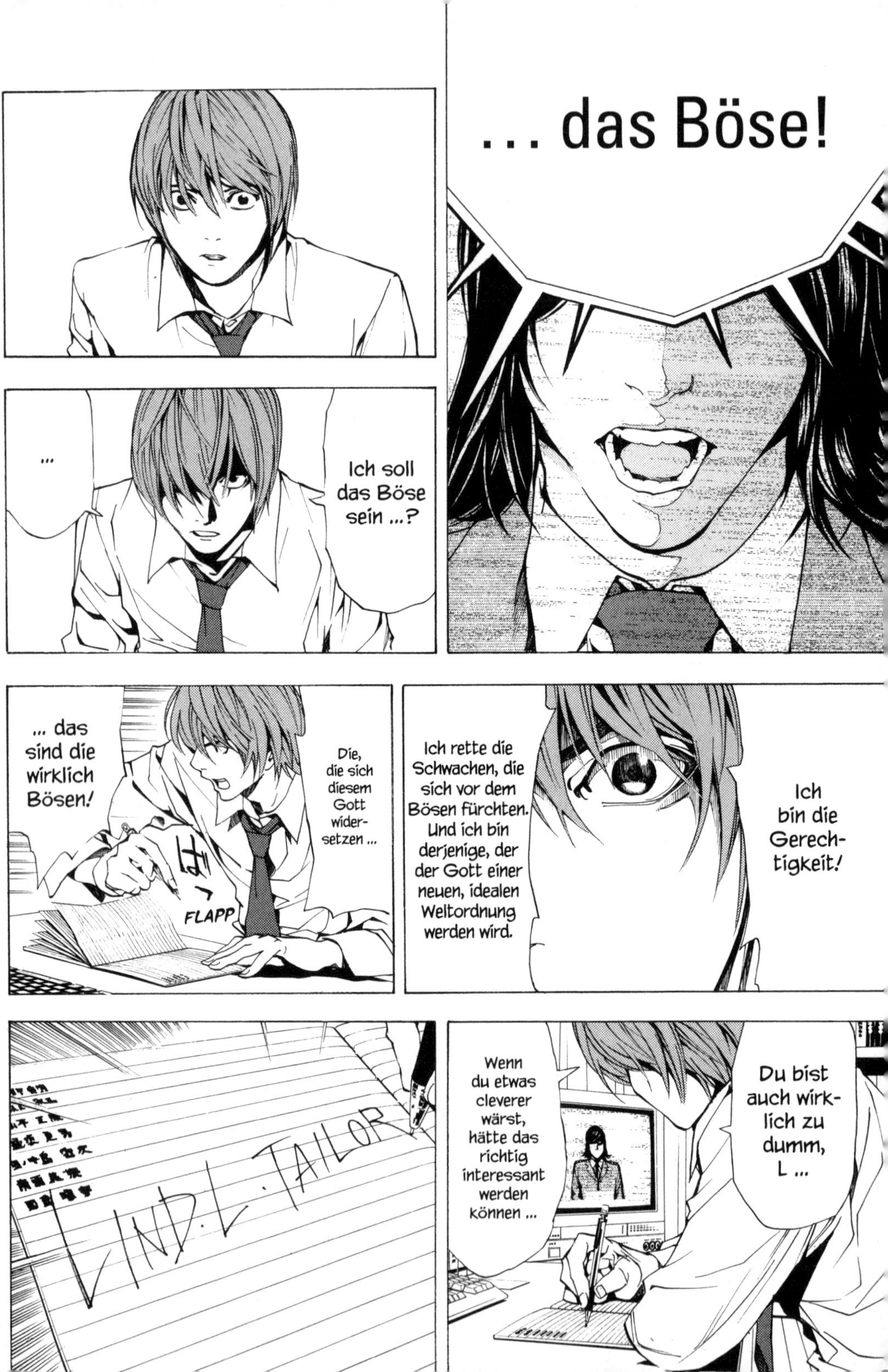
... das Böse!
Ich soll das Böse sein ...?
...
Ich bin die Gerechtigkeit!
Ich rette die Schwachen, die sich vor dem Bösen fürchten. Und ich bin derjenige, der der Gott einer neuen, idealen Weltordnung werden wird.
Die, die sich diesem Gott widersetzen ...
... das sind die wirklich Bösen!
FLAPP
Du bist auch wirklich zu dumm, L ...
Wenn du etwas cleverer wärst, hätte das richtig interessant werden können ...
LIND.L.TAILOR

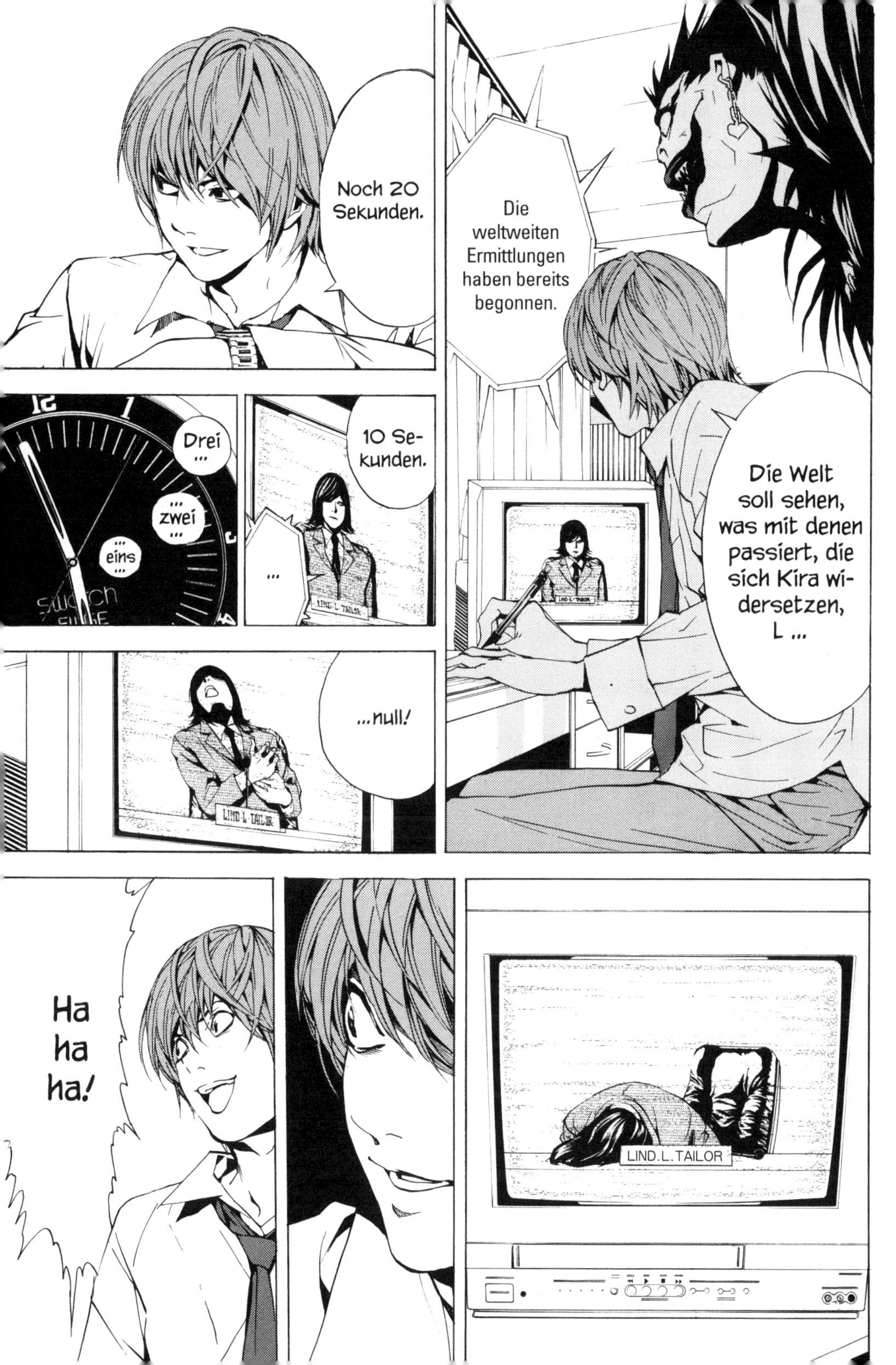
Die weltweiten Ermittlungen haben bereits begonnen.
Die Welt soll sehen, was mit denen passiert, die sich Kira widersetzen, L ...
Noch 20 Sekunden.
10 Sekunden.
...
Drei ...
... zwei ...
... eins ...
...null!
LIND.L.TAILOR
Ha ha ha!

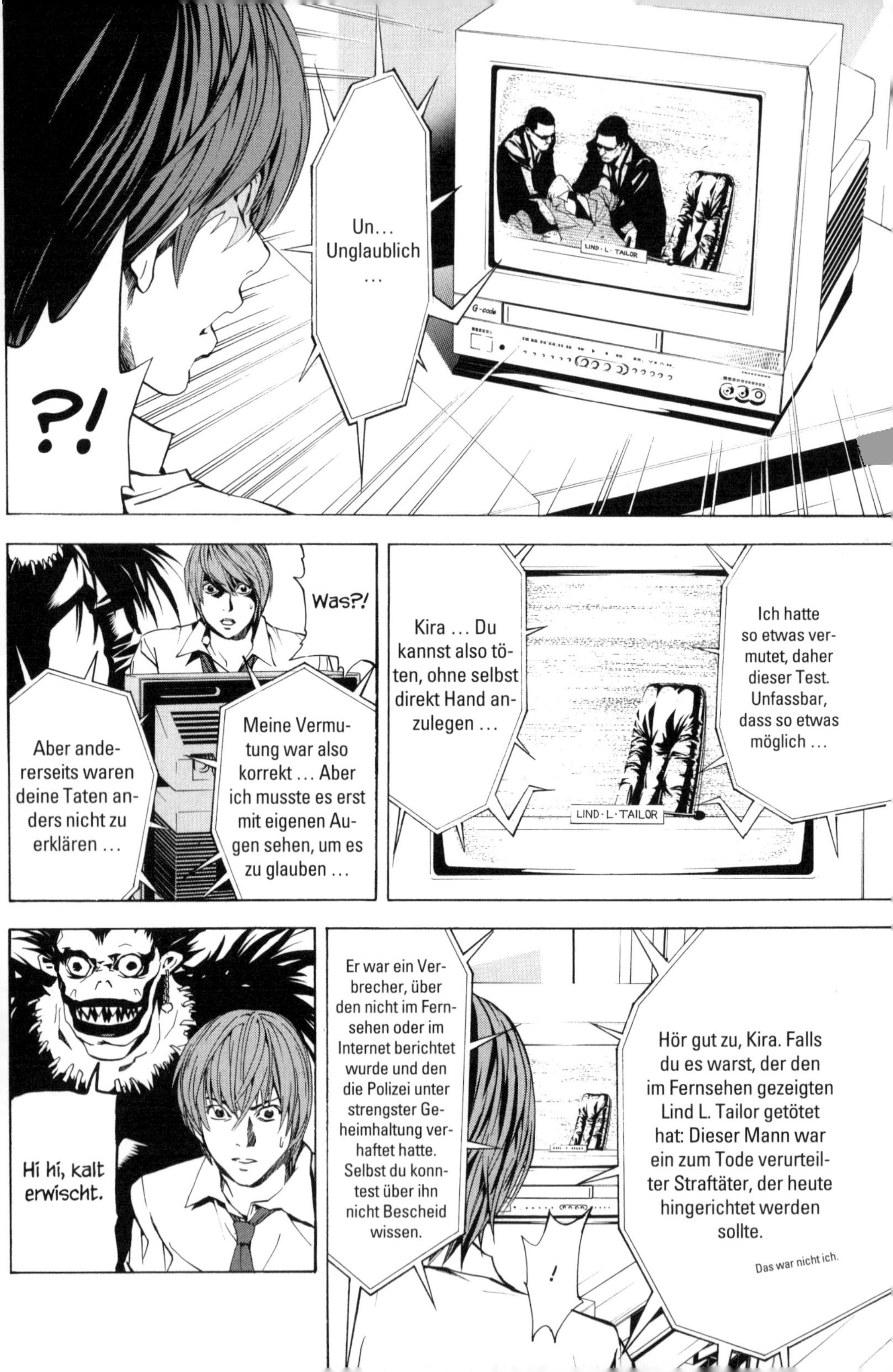

Un… Unglaublich …
?!
Ich hatte so etwas vermutet, daher dieser Test. Unfassbar, dass so etwas möglich …
Kira … Du kannst also töten, ohne selbst direkt Hand anzulegen …
Was?!
Meine Vermutung war also korrekt … Aber ich musste es erst mit eigenen Augen sehen, um es zu glauben …
Aber andererseits waren deine Taten anders nicht zu erklären …
Hör gut zu, Kira. Falls du es warst, der den im Fernsehen gezeigten Lind L. Tailor getötet hat: Dieser Mann war ein zum Tode verurteilter Straftäter, der heute hingerichtet werden sollte.
Das war nicht ich.
Er war ein Verbrecher, über den nicht im Fernsehen oder im Internet berichtet wurde und den die Polizei unter strengster Geheimhaltung verhaftet hatte. Selbst du konntest über ihn nicht Bescheid wissen.
Hi hi, kalt erwischt.

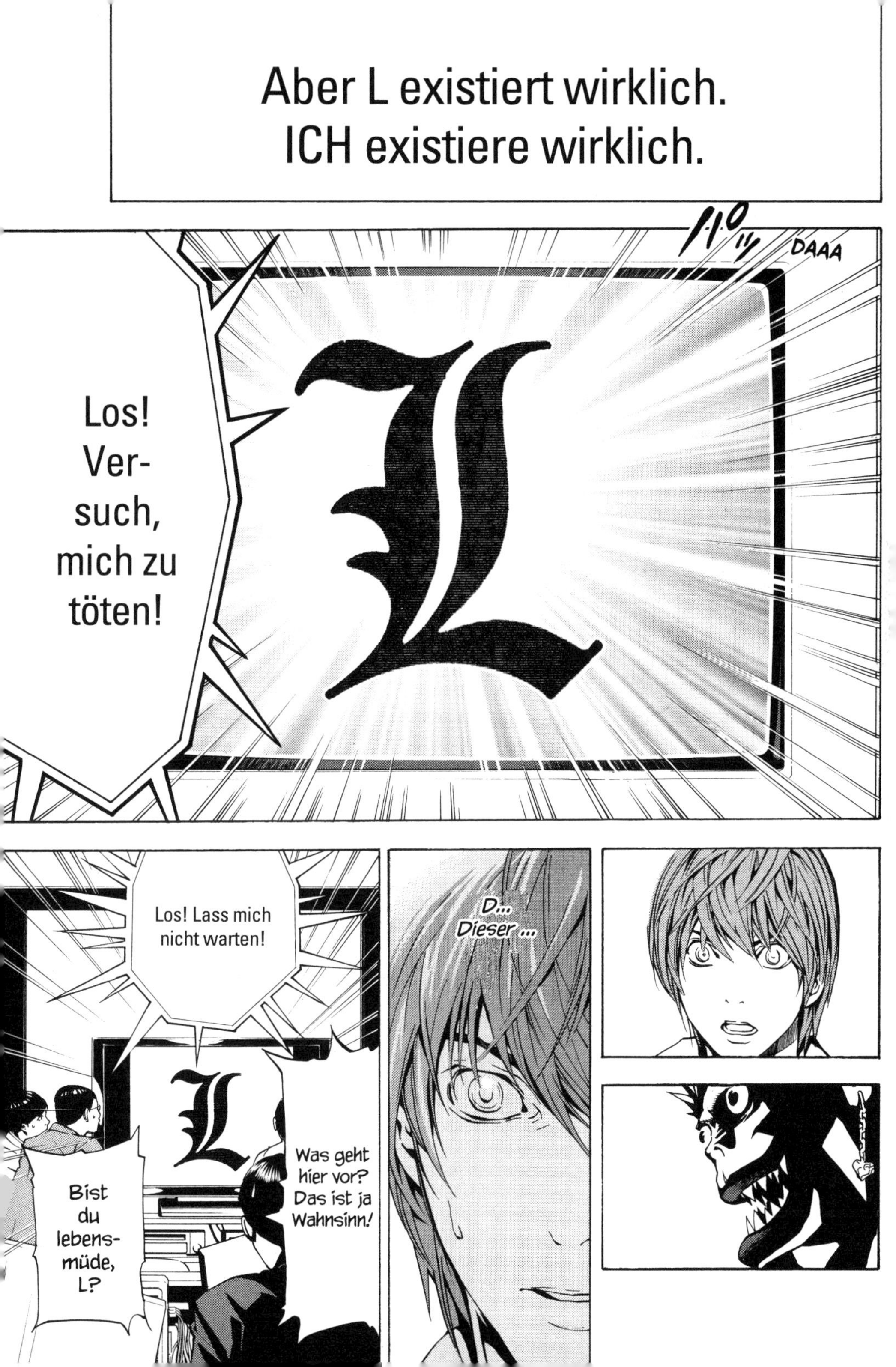
Aber L existiert wirklich.
ICH existiere wirklich.
DAAA
Los! Ver-
such,
mich zu
töten!
D...
Dieser ...
Los! Lass mich nicht warten!
Was geht hier vor? Das ist ja Wahnsinn!
Bist du lebens-
müde, L?

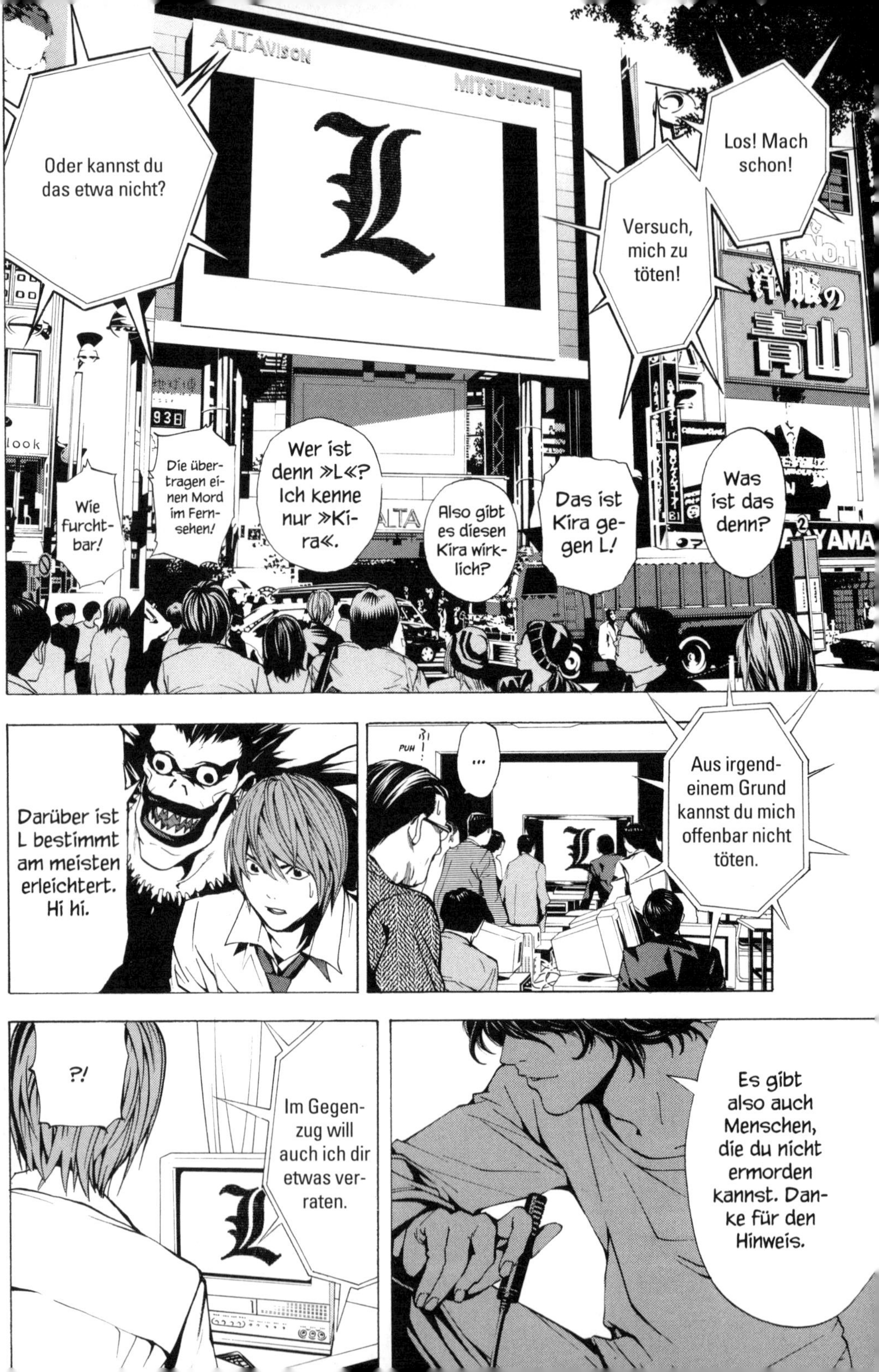
ALTAVISON
MITSUBISHI
Los! Mach schon!
Versuch, mich zu töten!
Oder kannst du das etwa nicht?
Was ist das denn?
Das ist Kira gegen L!
Also gibt es diesen Kira wirklich?
Wer ist denn »L«? Ich kenne nur »Kira«.
Die übertragen einen Mord im Fernsehen!
Wie furchtbar!
Aus irgendeinem Grund kannst du mich offenbar nicht töten.
…
PUH
Darüber ist L bestimmt am meisten erleichtert. Hi hi.
Es gibt also auch Menschen, die du nicht ermorden kannst. Danke für den Hinweis.
Im Gegenzug will auch ich dir etwas verraten.
?!

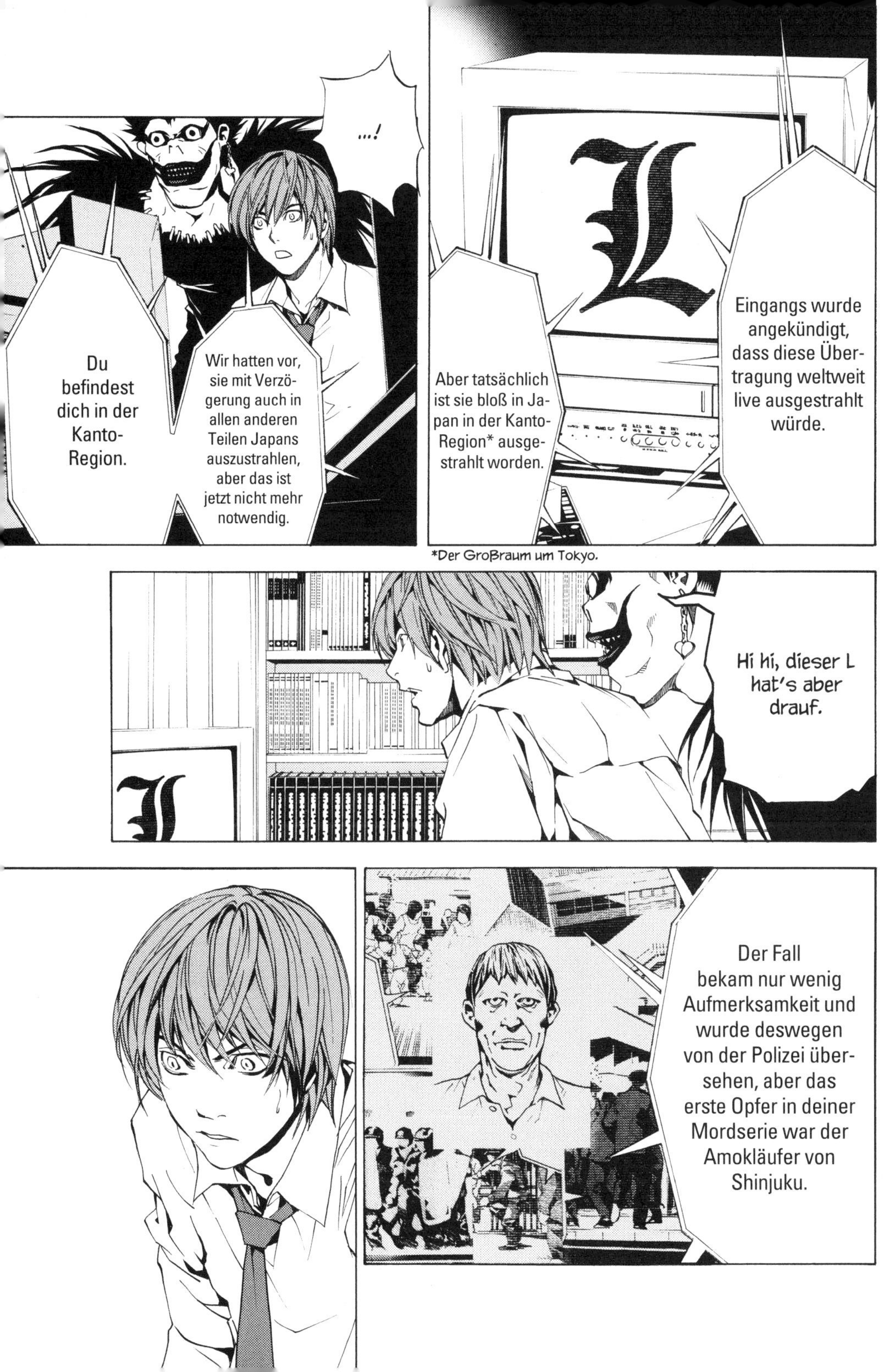
Eingangs wurde angekündigt, dass diese Übertragung weltweit live ausgestrahlt würde.
Aber tatsächlich ist sie bloß in Japan in der Kanto-Region* ausgestrahlt worden.
...!
Wir hatten vor, sie mit Verzögerung auch in allen anderen Teilen Japans auszustrahlen, aber das ist jetzt nicht mehr notwendig.
Du befindest dich in der Kanto-Region.
*Der Großraum um Tokyo.
Hi hi, dieser L hat's aber drauf.
Der Fall bekam nur wenig Aufmerksamkeit und wurde deswegen von der Polizei übersehen, aber das erste Opfer in deiner Mordserie war der Amokläufer von Shinjuku.

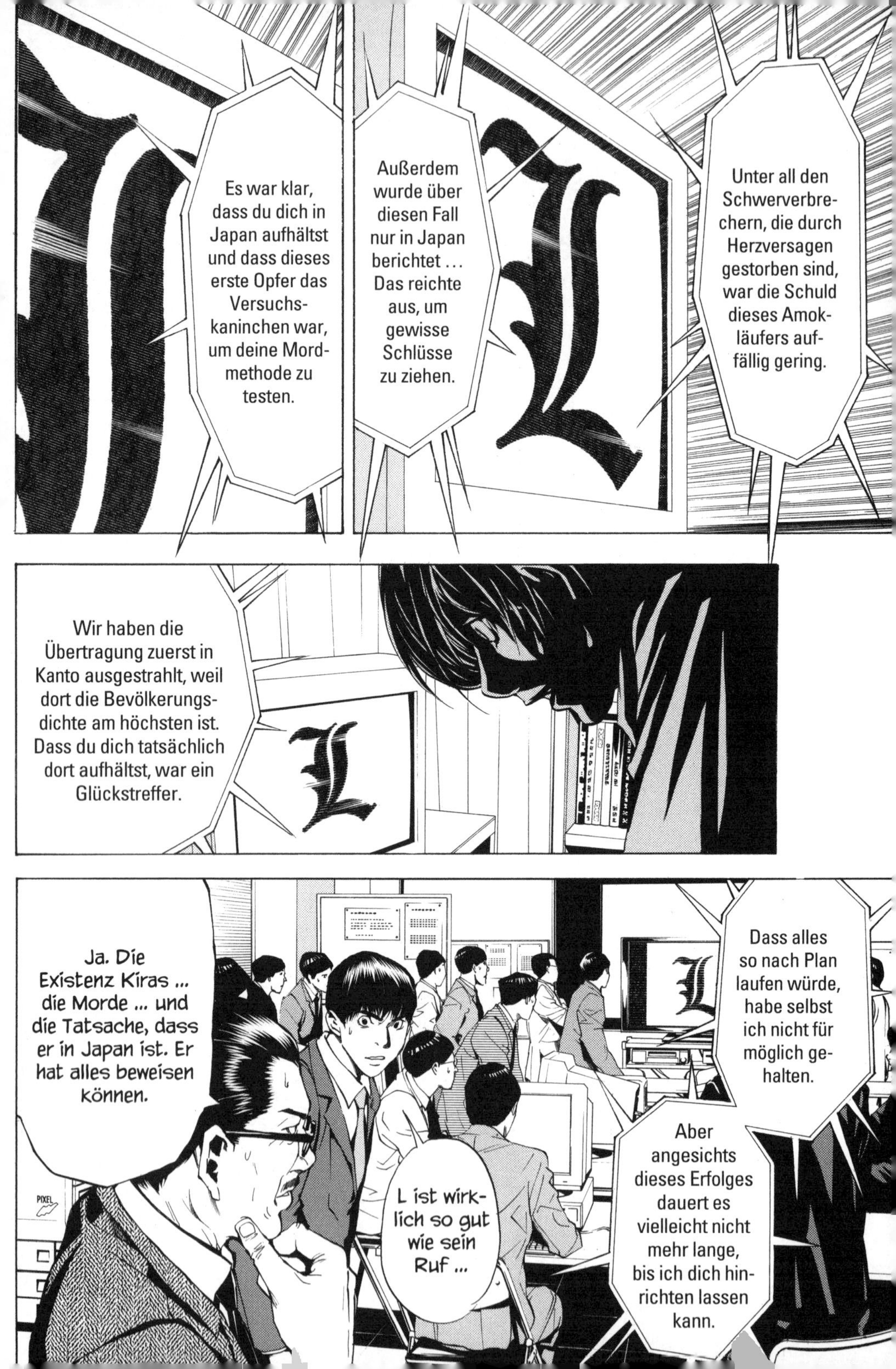
Unter all den Schwerverbrechern, die durch Herzversagen gestorben sind, war die Schuld dieses Amokläufers auffällig gering.
Außerdem wurde über diesen Fall nur in Japan berichtet … Das reichte aus, um gewisse Schlüsse zu ziehen.
Es war klar, dass du dich in Japan aufhältst und dass dieses erste Opfer das Versuchskaninchen war, um deine Mordmethode zu testen.
Wir haben die Übertragung zuerst in Kanto ausgestrahlt, weil dort die Bevölkerungsdichte am höchsten ist. Dass du dich tatsächlich dort aufhältst, war ein Glückstreffer.
Dass alles so nach Plan laufen würde, habe selbst ich nicht für möglich gehalten.
Aber angesichts dieses Erfolges dauert es vielleicht nicht mehr lange, bis ich dich hinrichten lassen kann.
L ist wirklich so gut wie sein Ruf …
Ja. Die Existenz Kiras … die Morde … und die Tatsache, dass er in Japan ist. Er hat alles beweisen können.
PIXEL

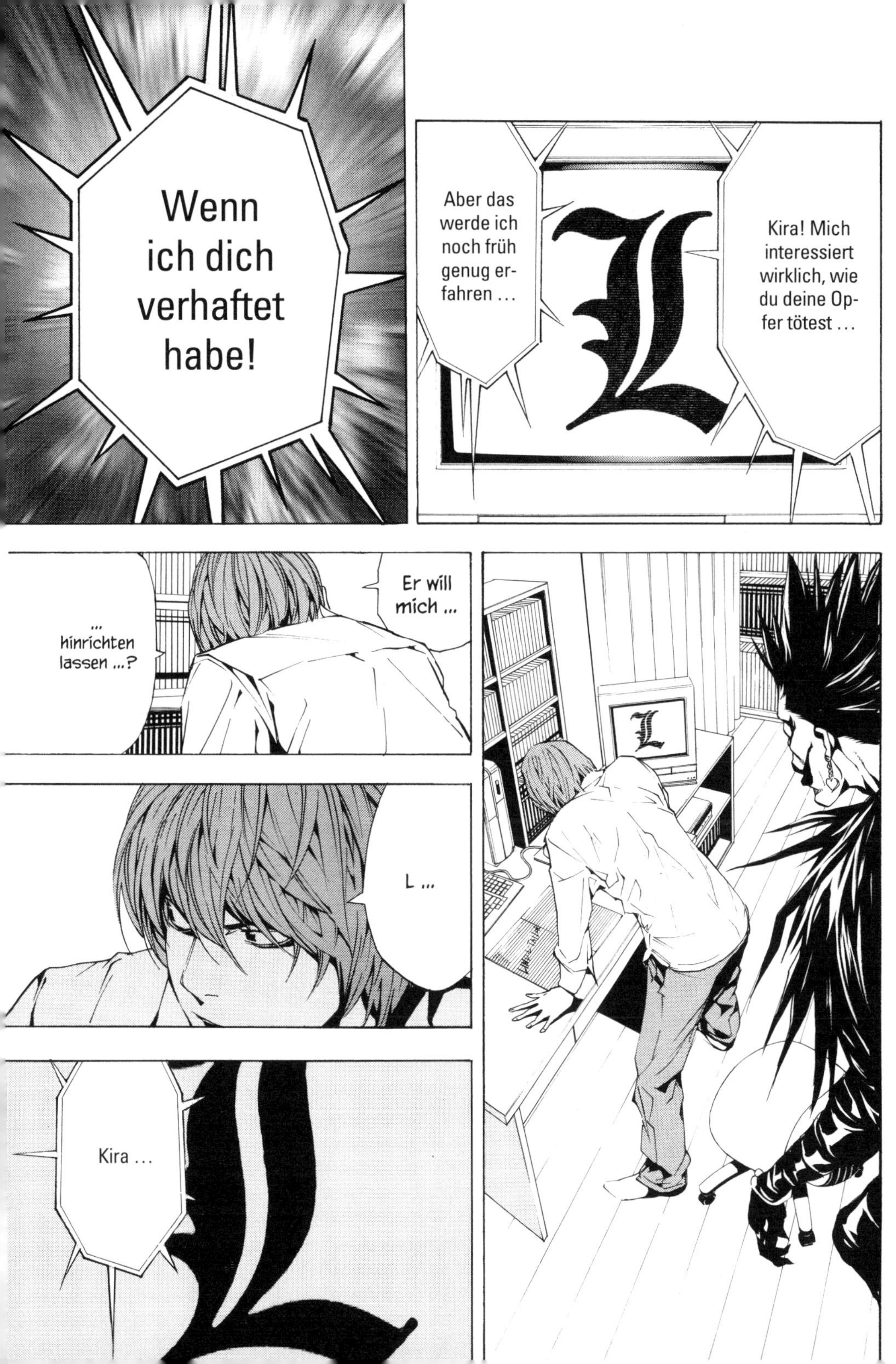
Kira! Mich interessiert wirklich, wie du deine Opfer tötest …
Aber das werde ich noch früh genug erfahren …
Wenn ich dich verhaftet habe!
Er will mich …
… hinrichten lassen …?
L …
Kira …

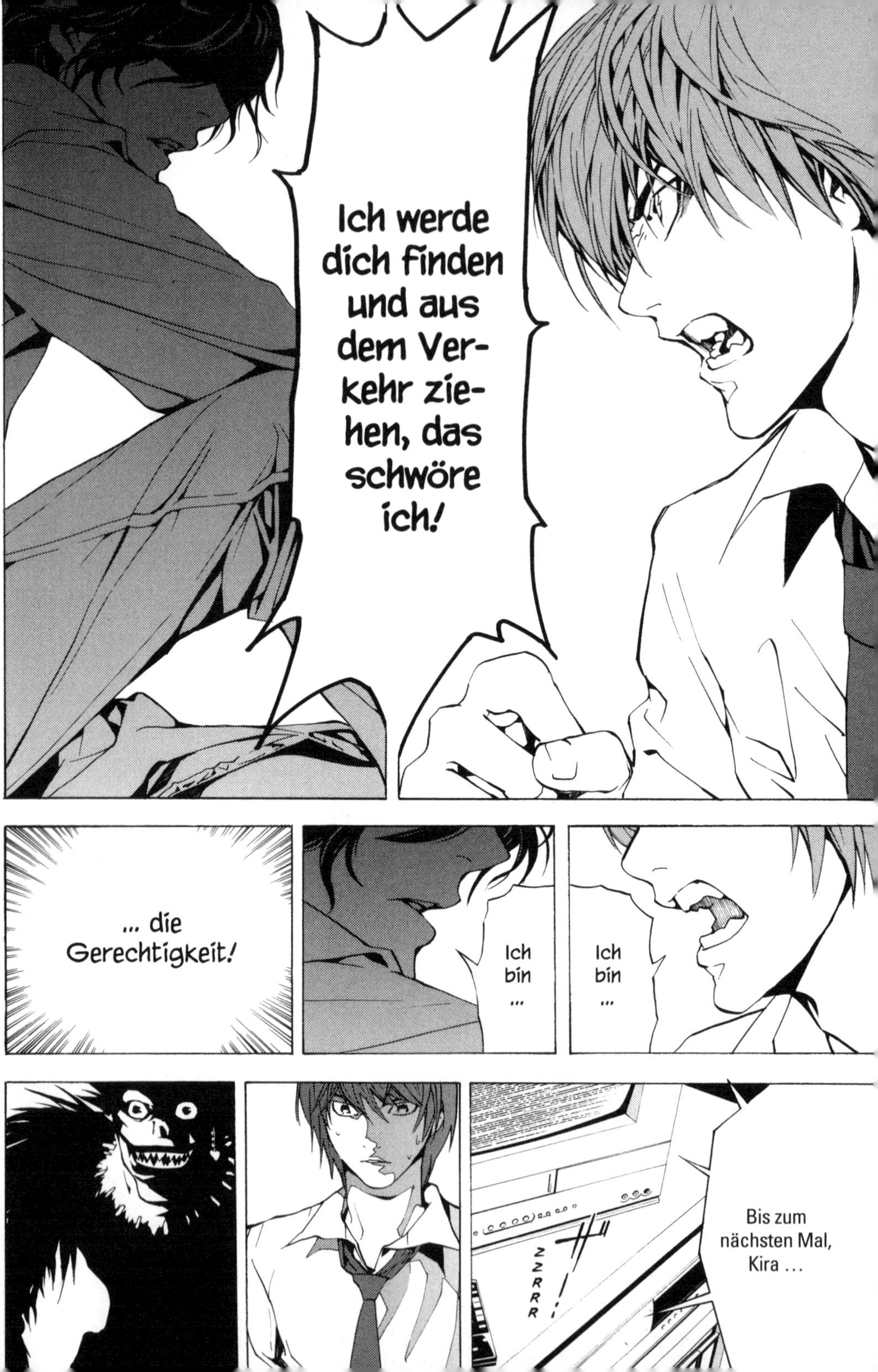
Ich werde dich finden und aus dem Verkehr ziehen, das schwöre ich!
Ich bin …
Ich bin …
… die Gerechtigkeit!
Bis zum nächsten Mal, Kira …
ZZRRR

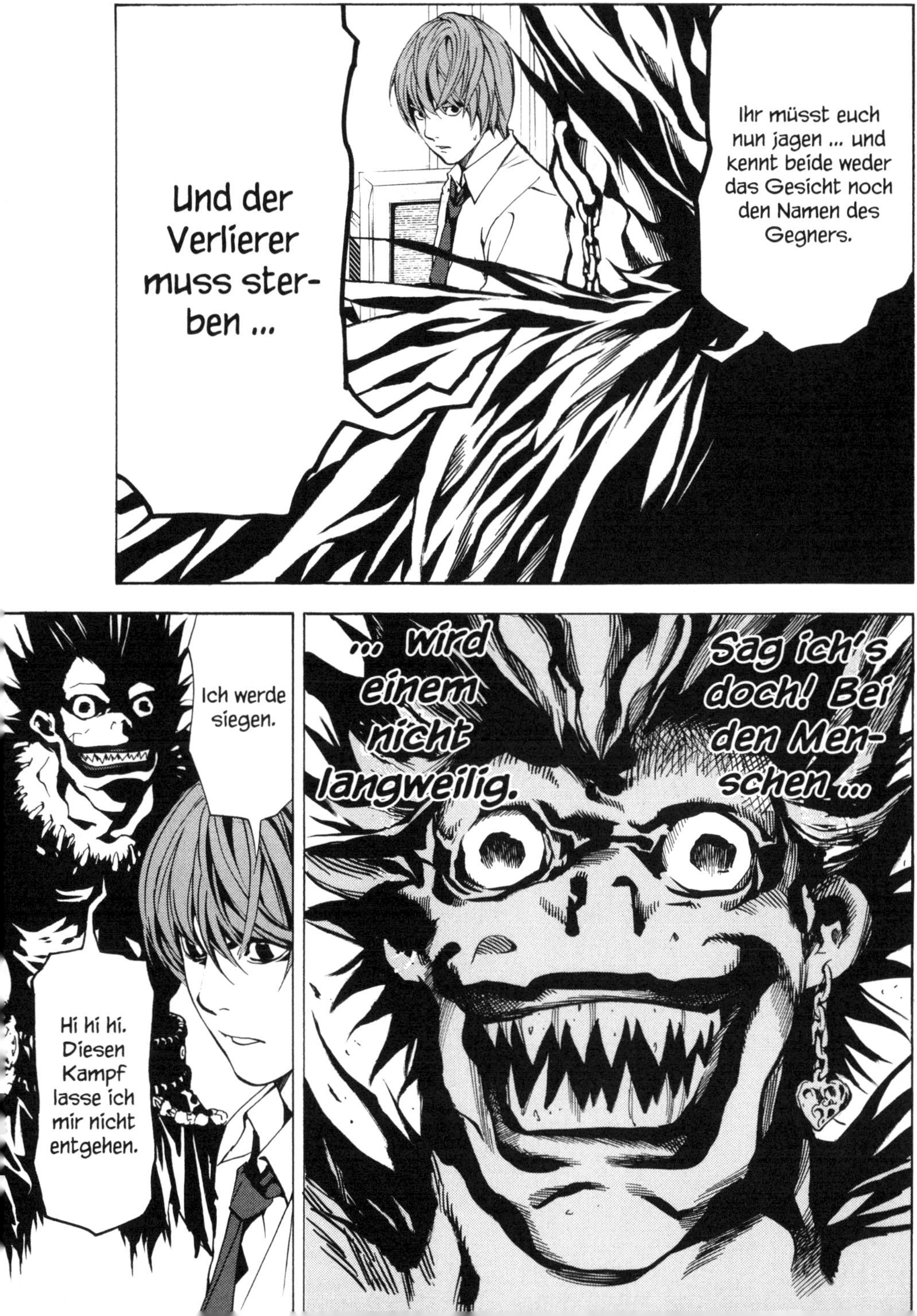
Ihr müsst euch nun jagen ... und kennt beide weder das Gesicht noch den Namen des Gegners.
Und der Verlierer muss sterben ...
Sag ich's doch! Bei den Menschen ...
... wird einem nicht langweilig.
Ich werde siegen.
Hi hi hi. Diesen Kampf lasse ich mir nicht entgehen.

DEATH NOTE

How to use it

II

- This note shall become the property of the human world, once it touches the ground of (arrives in) the human world.

  DIESES HEFT WIRD IN DEM MOMENT EIN TEIL DER MENSCHENWELT, IN DEM ES DEREN BODEN BERÜHRT.

- The owner of the note can recognize the image and voice of its original owner, i.e. a god of death.

  DER BESITZER DES HEFTS IST IN DER LAGE, DIE GESTALT UND DIE STIMME DES EHEMALIGEN BESITZERS, DAS HEISST DES TODESGOTTES, WAHRZUNEHMEN.

- The human who uses this note can neither go to Heaven nor Hell.

  DER MENSCH, DER DIESES HEFT BENUTZT, KANN WEDER IN DEN HIMMEL NOCH IN DIE HÖLLE GEHEN.

PAGE.3 FAMILIE

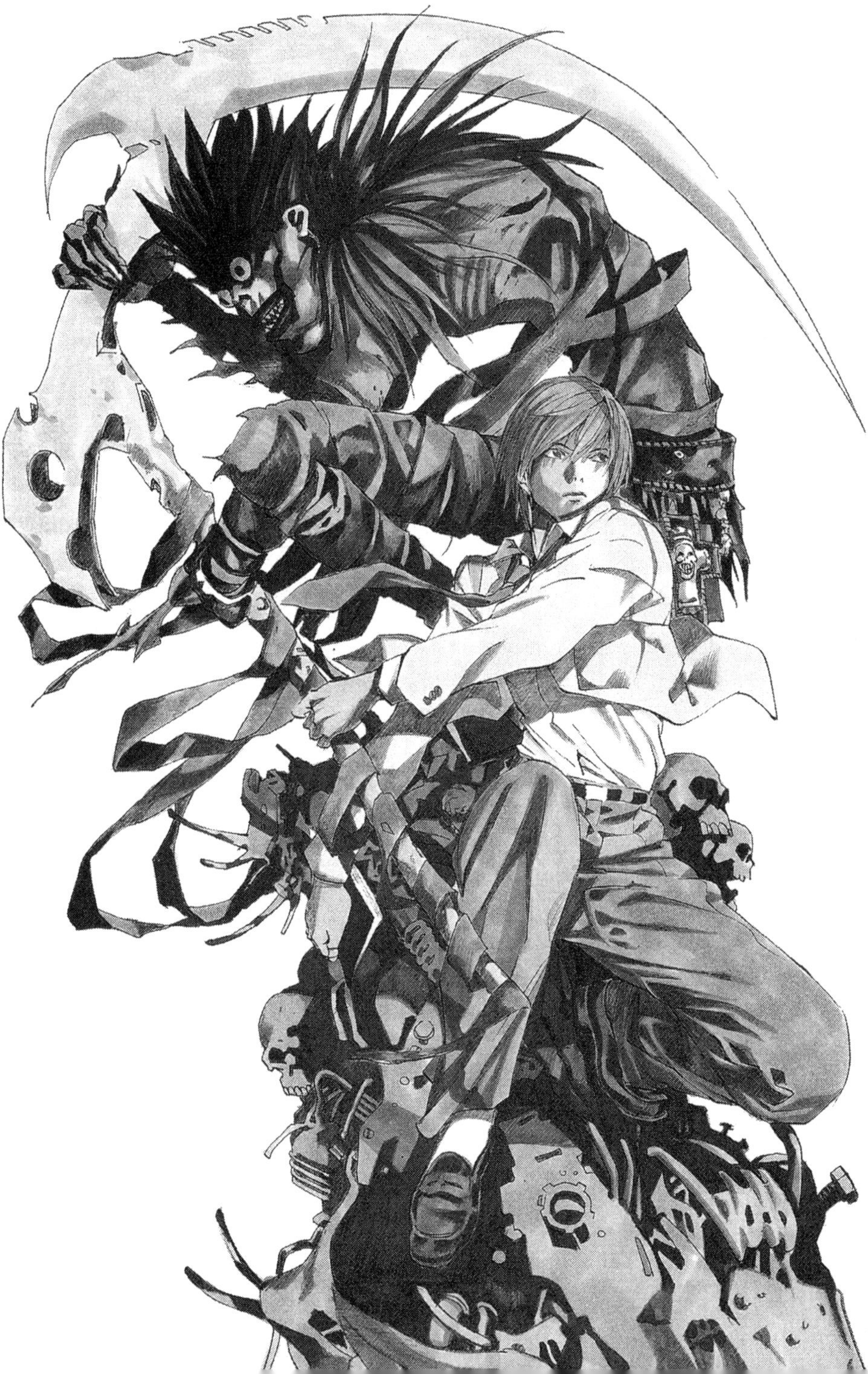

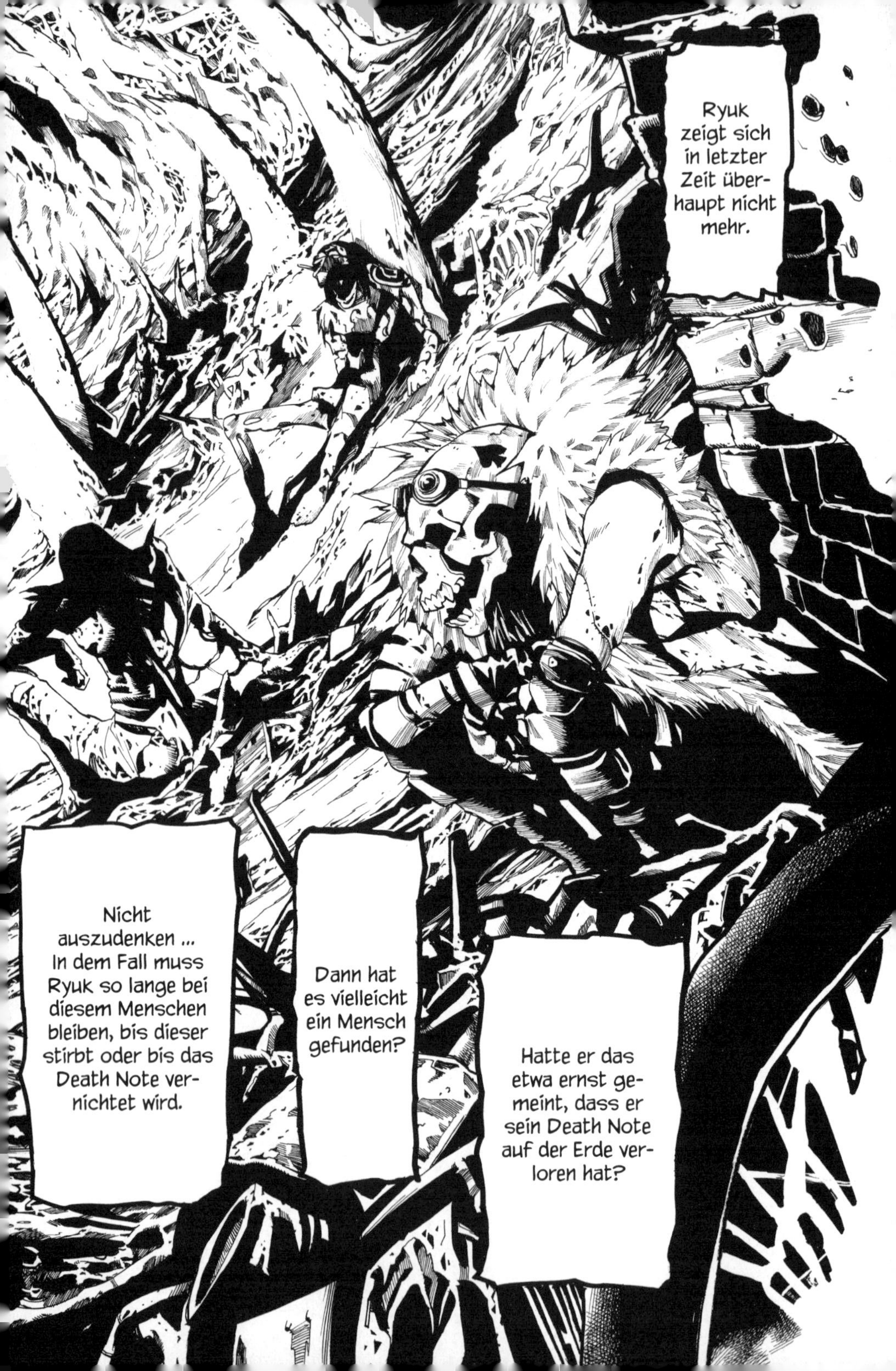
Ryuk zeigt sich in letzter Zeit über-haupt nicht mehr.
Hatte er das etwa ernst ge-meint, dass er sein Death Note auf der Erde ver-loren hat?
Dann hat es vielleicht ein Mensch gefunden?
Nicht auszudenken ... In dem Fall muss Ryuk so lange bei diesem Menschen bleiben, bis dieser stirbt oder bis das Death Note ver-nichtet wird.

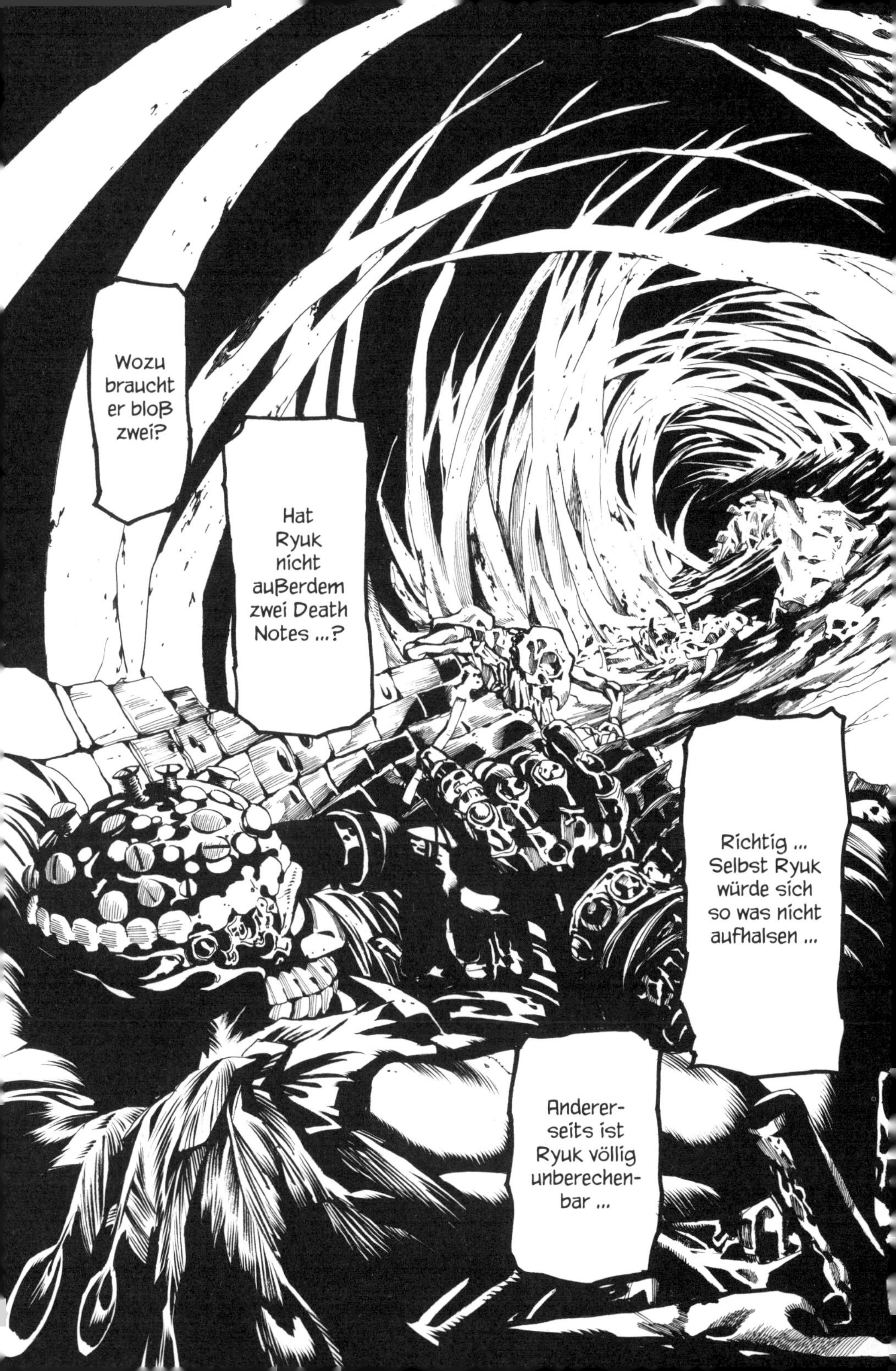
Wozu braucht er bloß zwei?
Hat Ryuk nicht außerdem zwei Death Notes ...?
Richtig ... Selbst Ryuk würde sich so was nicht aufhalsen ...
Andererseits ist Ryuk völlig unberechenbar ...

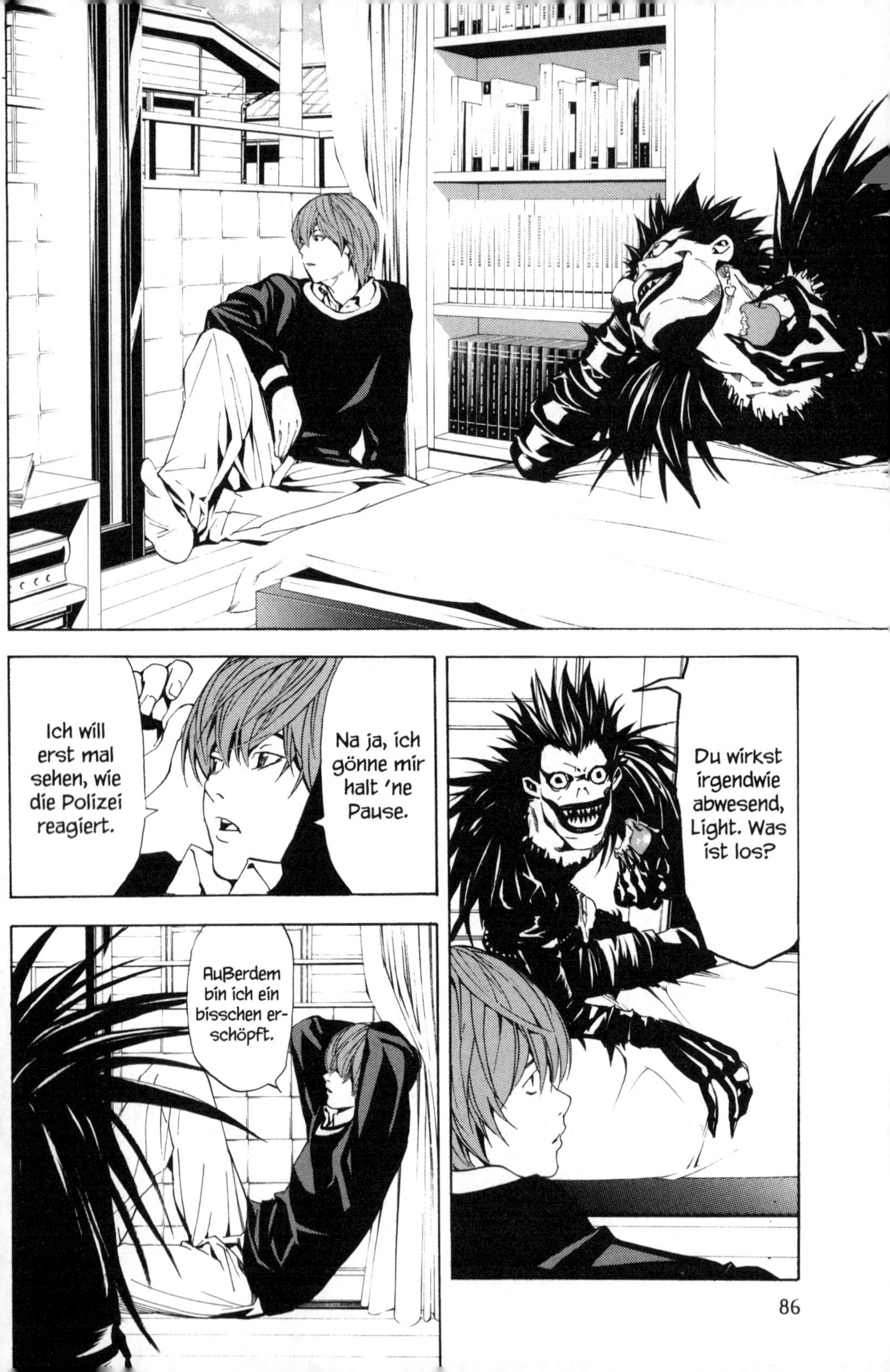
Du wirkst irgendwie abwesend, Light. Was ist los?
Na ja, ich gönne mir halt 'ne Pause.
Ich will erst mal sehen, wie die Polizei reagiert.
Außerdem bin ich ein bisschen erschöpft.

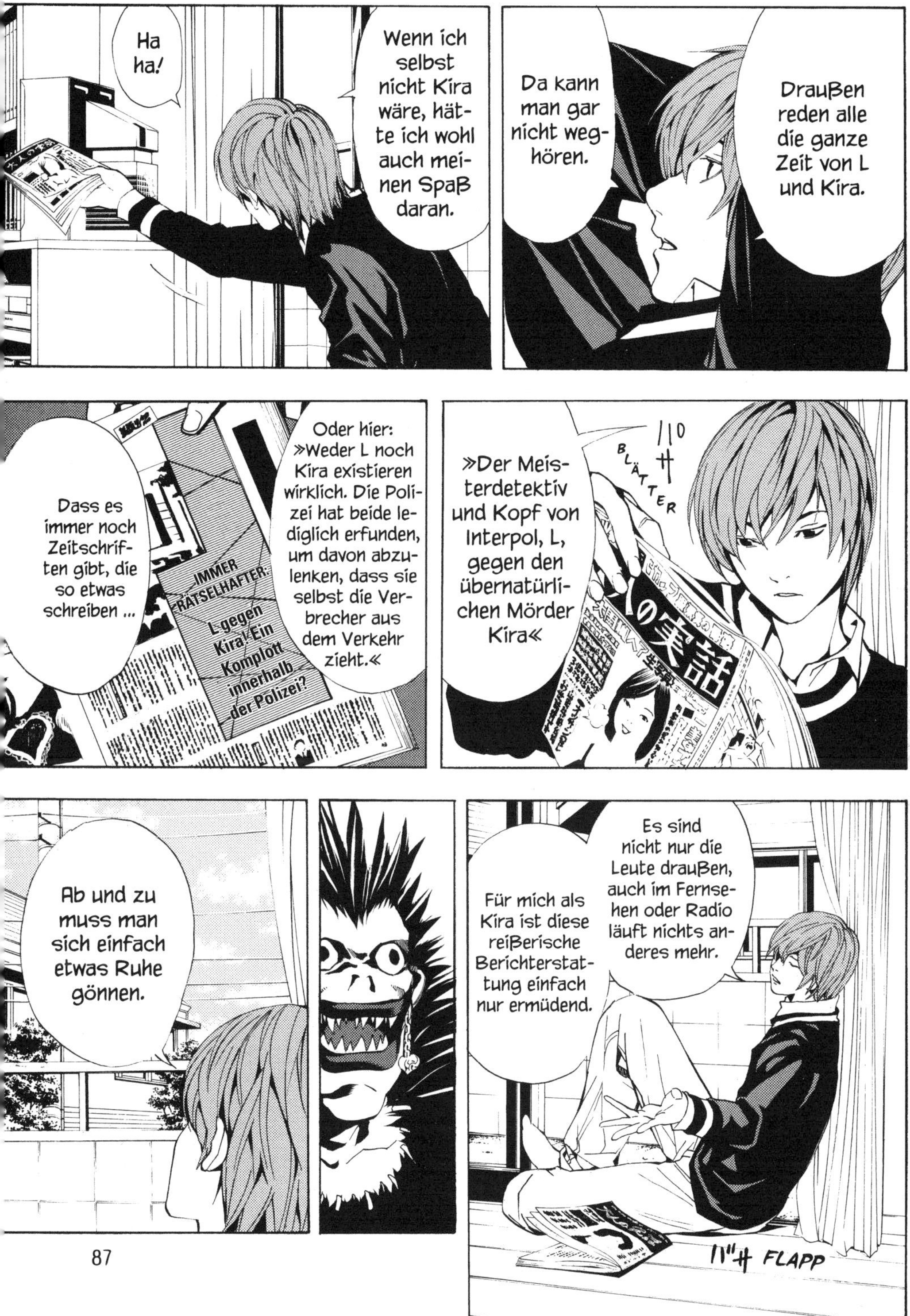
Draußen reden alle die ganze Zeit von L und Kira.
Da kann man gar nicht weghören.
Wenn ich selbst nicht Kira wäre, hätte ich wohl auch meinen Spaß daran.
Ha ha!
BLÄTTER
»Der Meisterdetektiv und Kopf von Interpol, L, gegen den übernatürlichen Mörder Kira«
Oder hier: »Weder L noch Kira existieren wirklich. Die Polizei hat beide lediglich erfunden, um davon abzulenken, dass sie selbst die Verbrecher aus dem Verkehr zieht.«
IMMER RÄTSELHAFTER:
L gegen Kira! Ein Komplott innerhalb der Polizei?
Dass es immer noch Zeitschriften gibt, die so etwas schreiben ...
Es sind nicht nur die Leute draußen, auch im Fernsehen oder Radio läuft nichts anderes mehr.
Für mich als Kira ist diese reißerische Berichterstattung einfach nur ermüdend.
FLAPP
Ab und zu muss man sich einfach etwas Ruhe gönnen.

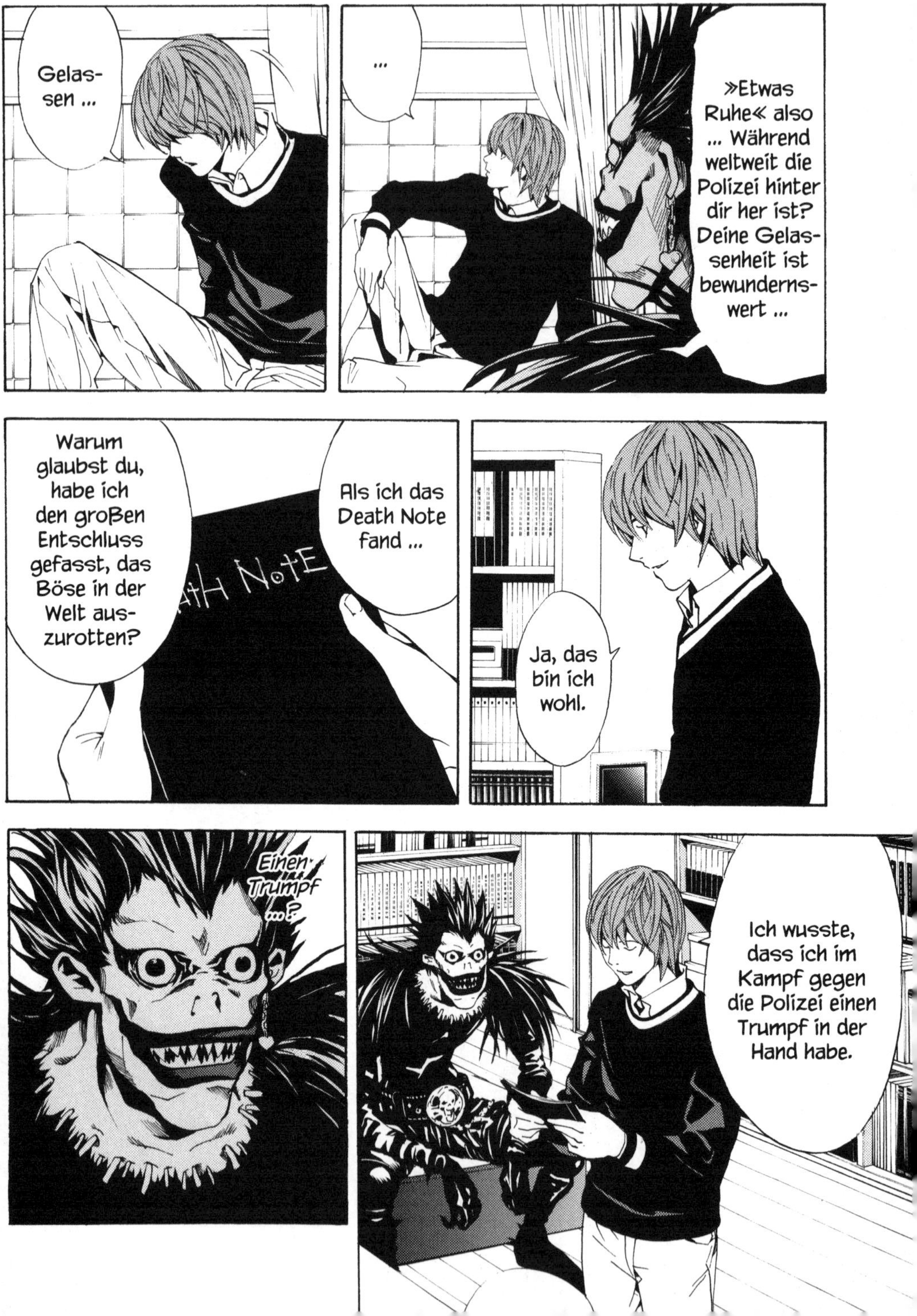
»Etwas Ruhe« also ... Während weltweit die Polizei hinter dir her ist? Deine Gelassenheit ist bewundernswert ...
...
Gelassen ...
Ja, das bin ich wohl.
Als ich das Death Note fand ...
Warum glaubst du, habe ich den großen Entschluss gefasst, das Böse in der Welt auszurotten?
Ich wusste, dass ich im Kampf gegen die Polizei einen Trumpf in der Hand habe.
Einen Trumpf ...?

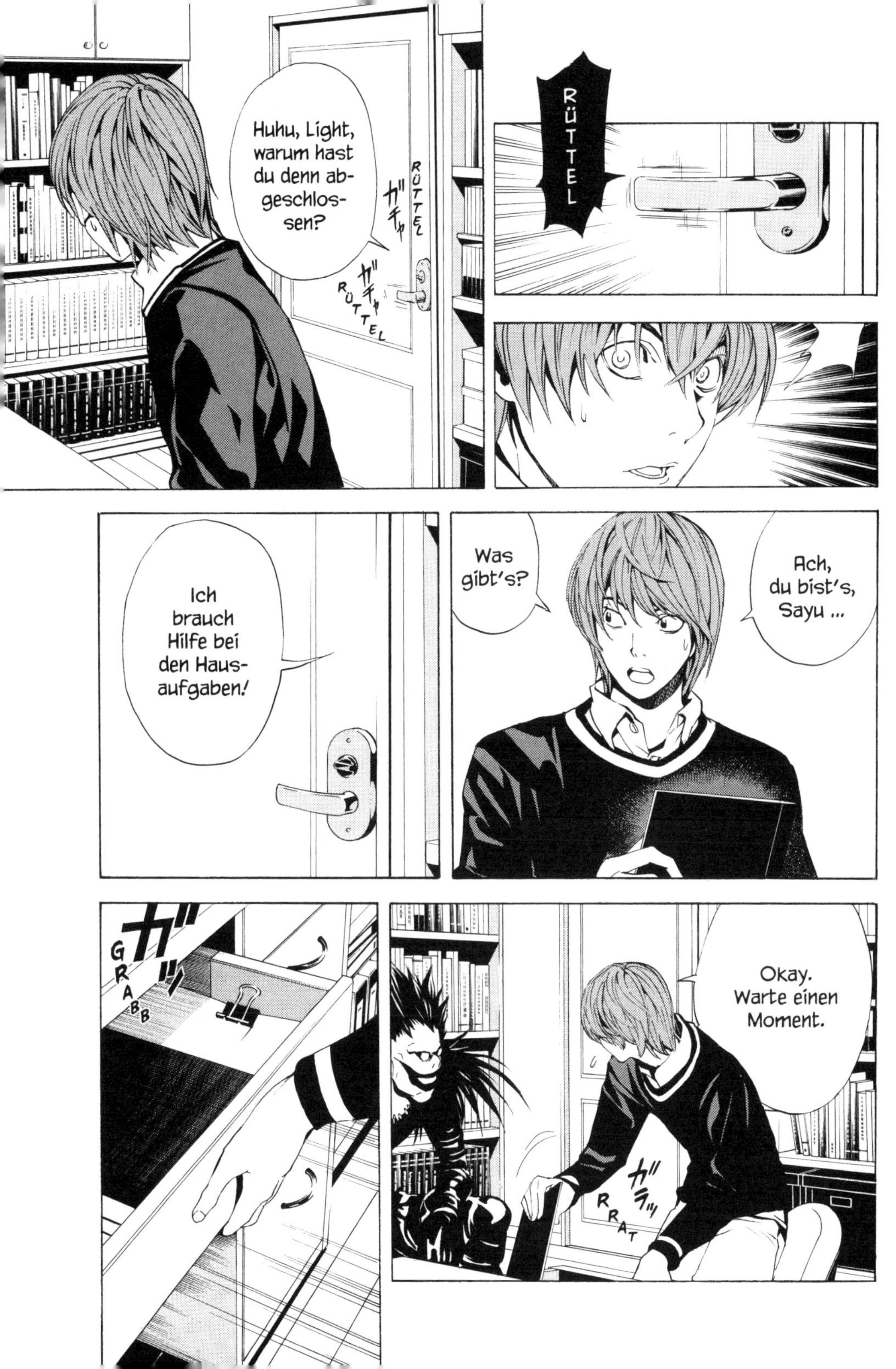
RÜTTEL
Huhu, Light, warum hast du denn abgeschlossen?
RÜTTEL
RÜTTEL
Ach, du bist's, Sayu ...
Was gibt's?
Ich brauch Hilfe bei den Hausaufgaben!
Okay. Warte einen Moment.
RRAT
GRABB

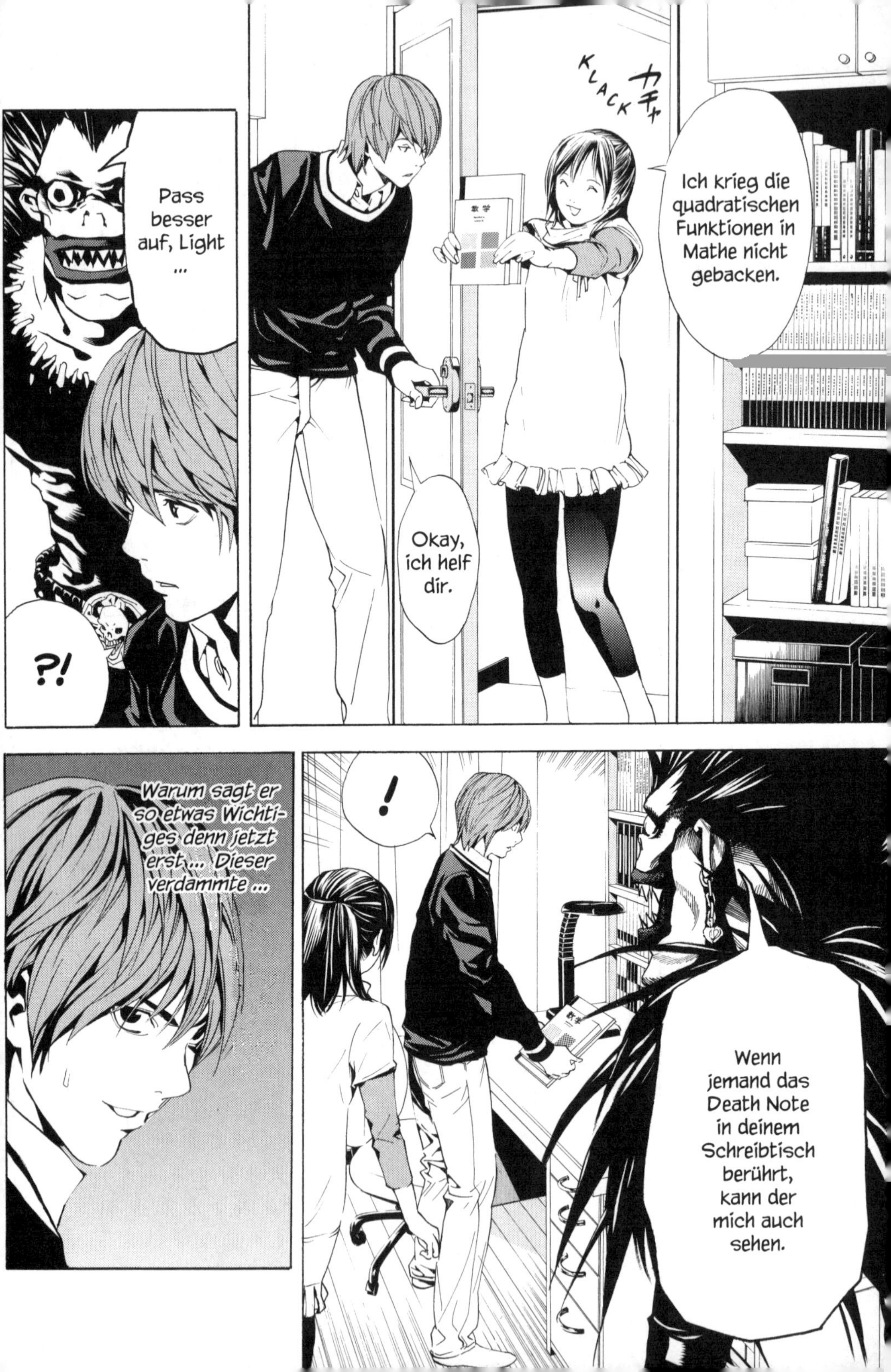
KLACK
カチャ
Ich krieg die quadratischen Funktionen in Mathe nicht gebacken.
Okay, ich helf dir.
Pass besser auf, Light ...
?!
!
Wenn jemand das Death Note in deinem Schreibtisch berührt, kann der mich auch sehen.
Warum sagt er so etwas Wichtiges denn jetzt erst ... Dieser verdammte ...

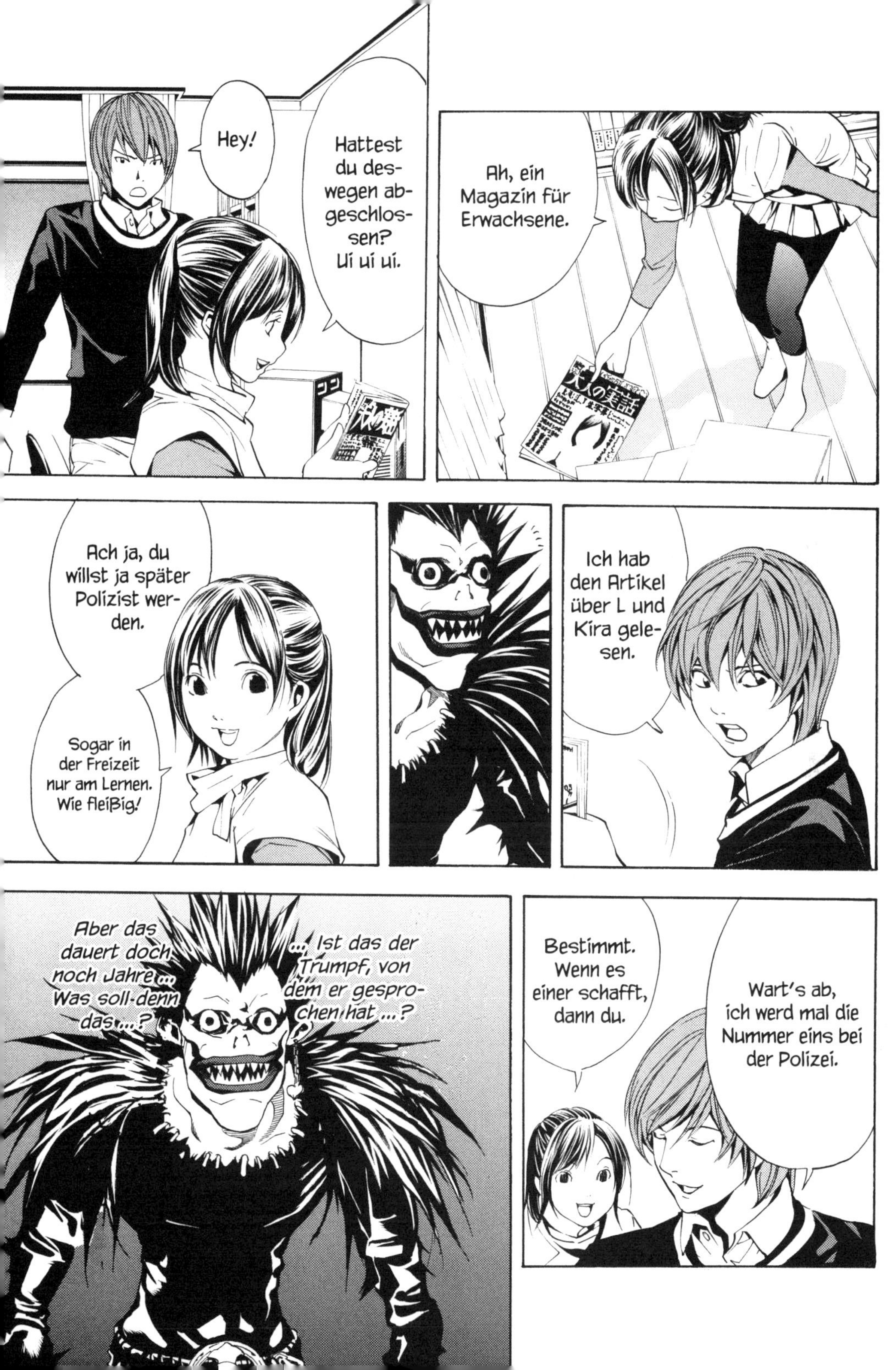

Ah, ein Magazin für Erwachsene.
Hattest du deswegen abgeschlossen? Ui ui ui.
Hey!
Ich hab den Artikel über L und Kira gelesen.
Ach ja, du willst ja später Polizist werden.
Sogar in der Freizeit nur am Lernen. Wie fleißig!
Wart's ab, ich werd mal die Nummer eins bei der Polizei.
Bestimmt. Wenn es einer schafft, dann du.
... Ist das der Trumpf, von dem er gesprochen hat ...?
Aber das dauert doch noch Jahre ... Was soll denn das ...?

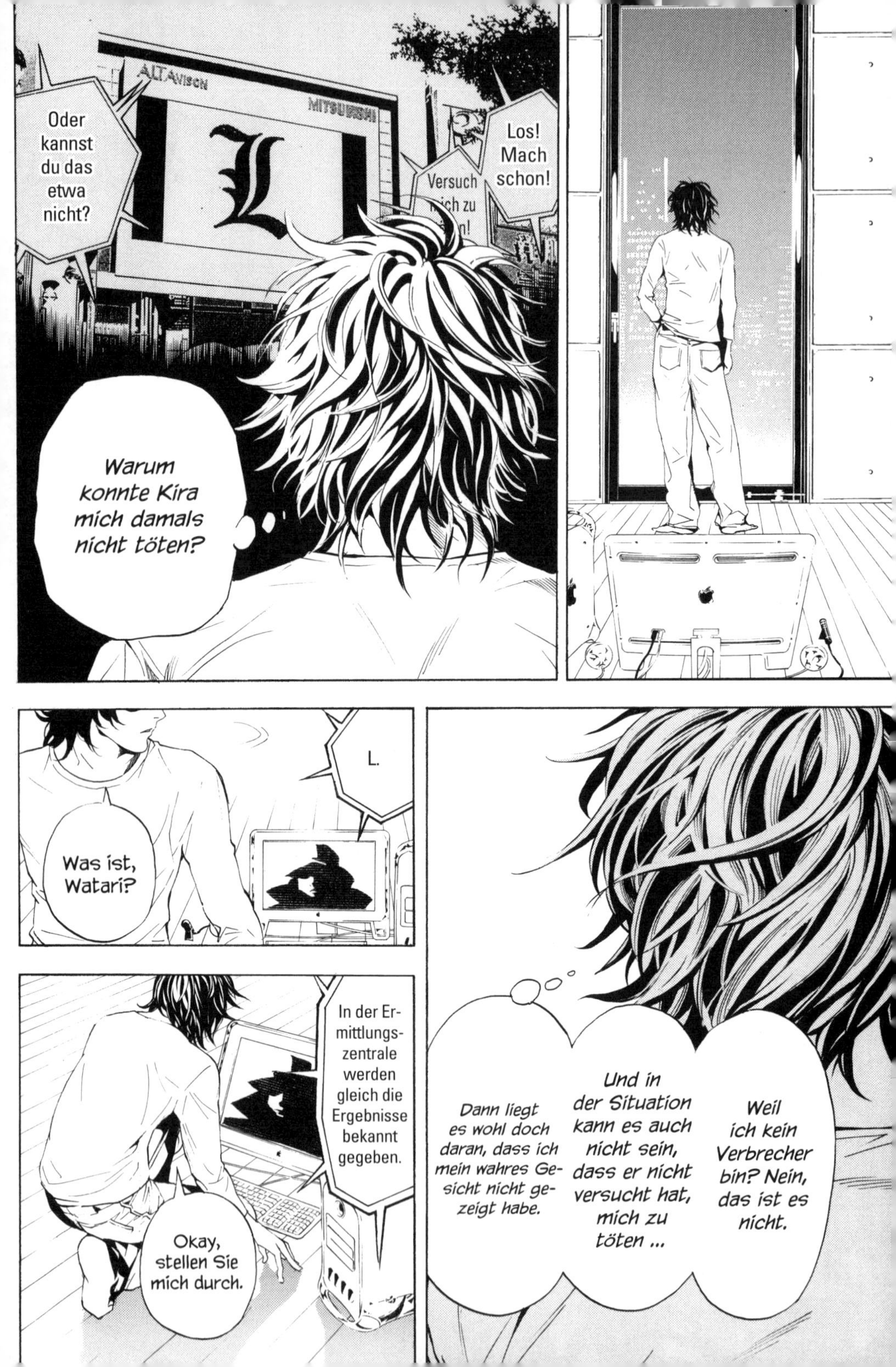

Los! Mach schon!
Versuch ich zu n!
Oder kannst du das etwa nicht?
Warum konnte Kira mich damals nicht töten?
Weil ich kein Verbrecher bin? Nein, das ist es nicht.
Und in der Situation kann es auch nicht sein, dass er nicht versucht hat, mich zu töten ...
Dann liegt es wohl doch daran, dass ich mein wahres Gesicht nicht gezeigt habe.
L.
Was ist, Watari?
In der Ermittlungszentrale werden gleich die Ergebnisse bekannt gegeben.
Okay, stellen Sie mich durch.

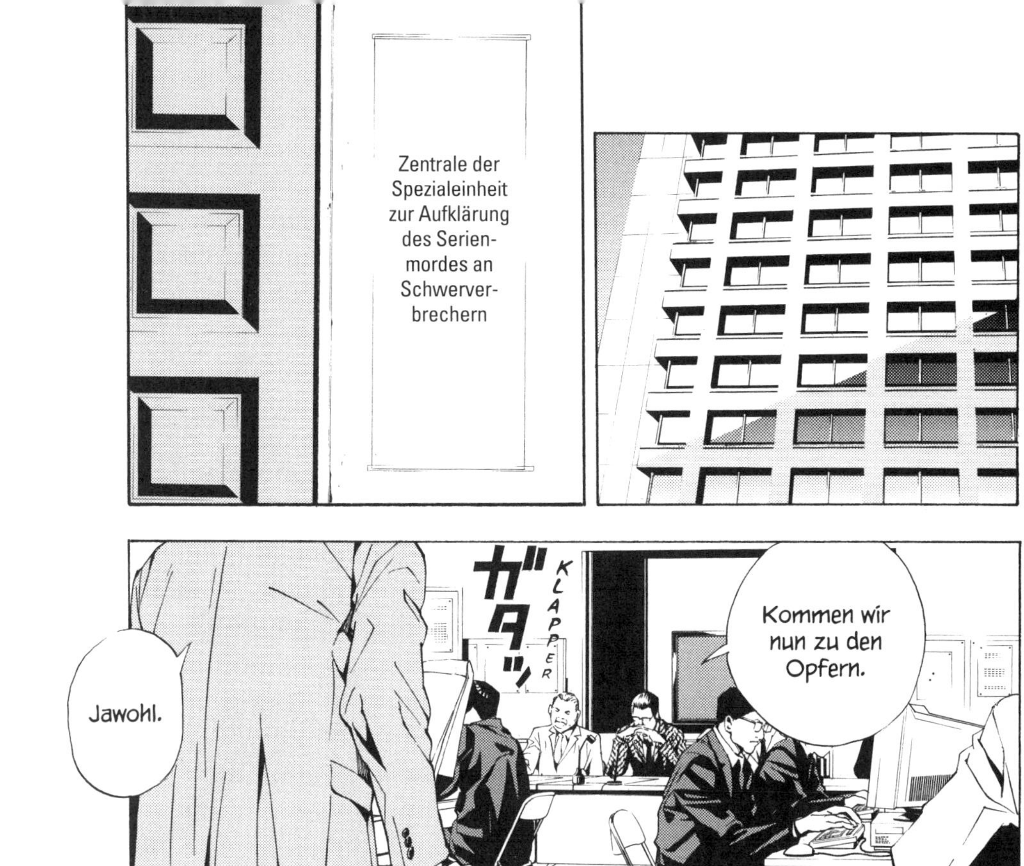
Zentrale der Spezialeinheit zur Aufklärung des Serienmordes an Schwerverbrechern
Kommen wir nun zu den Opfern.
KLAPPER
Jawohl.
Wir konnten nachweisen, dass es dem Täter in allen der uns bekannten Fälle, bei dem das Opfer an Herzversagen starb, grundsätzlich möglich war, Informationen über diese Person in Japan zu erhalten.
Und ...

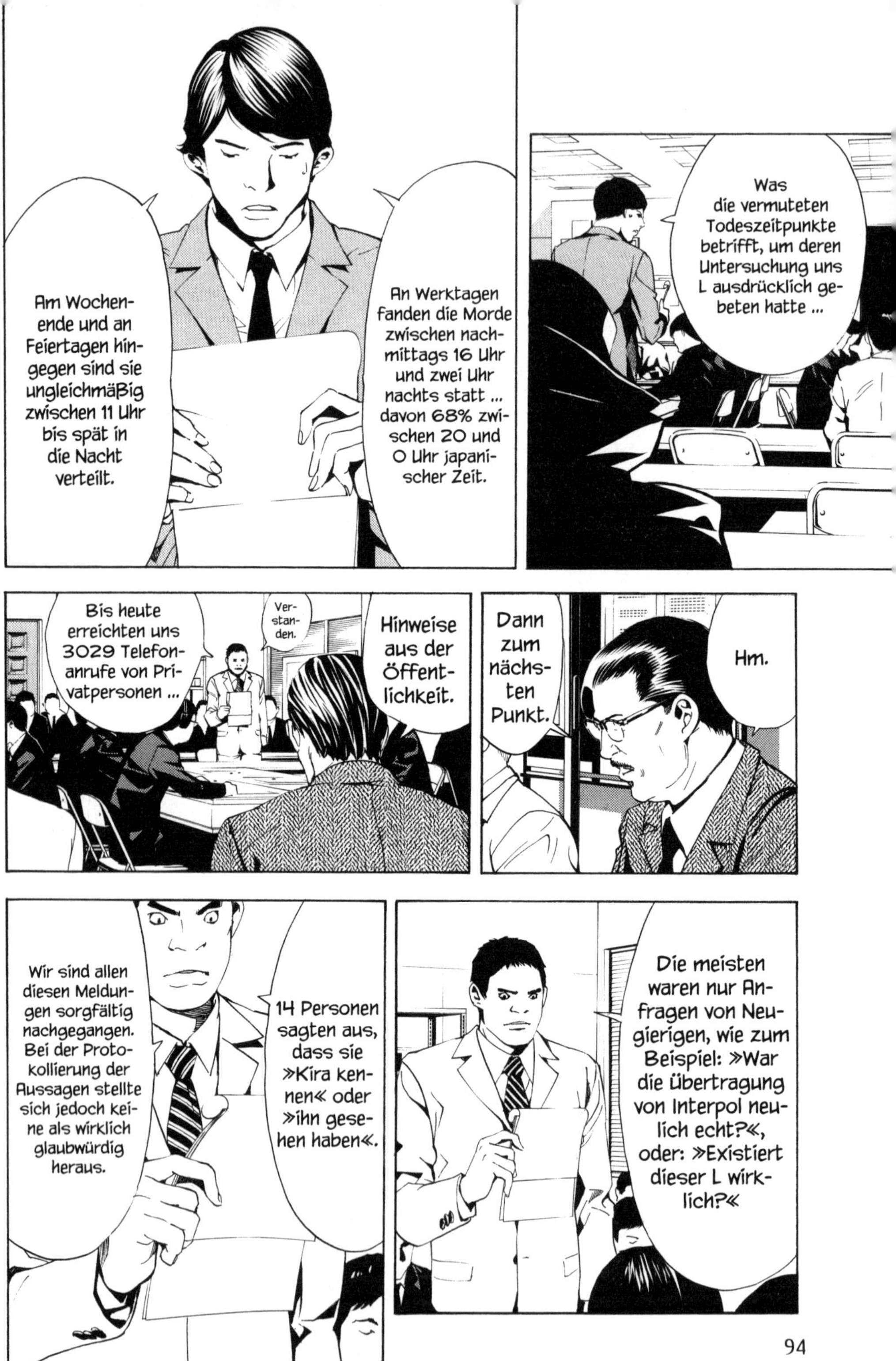
Was die vermuteten Todeszeitpunkte betrifft, um deren Untersuchung uns L ausdrücklich gebeten hatte ...
An Werktagen fanden die Morde zwischen nachmittags 16 Uhr und zwei Uhr nachts statt ... davon 68% zwischen 20 und 0 Uhr japanischer Zeit.
Am Wochenende und an Feiertagen hingegen sind sie ungleichmäßig zwischen 11 Uhr bis spät in die Nacht verteilt.
Hm.
Dann zum nächsten Punkt.
Hinweise aus der Öffentlichkeit.
Verstanden.
Bis heute erreichten uns 3029 Telefonanrufe von Privatpersonen ...
Die meisten waren nur Anfragen von Neugierigen, wie zum Beispiel: »War die Übertragung von Interpol neulich echt?«, oder: »Existiert dieser L wirklich?«
14 Personen sagten aus, dass sie »Kira kennen« oder »ihn gesehen haben«.
Wir sind allen diesen Meldungen sorgfältig nachgegangen. Bei der Protokollierung der Aussagen stellte sich jedoch keine als wirklich glaubwürdig heraus.

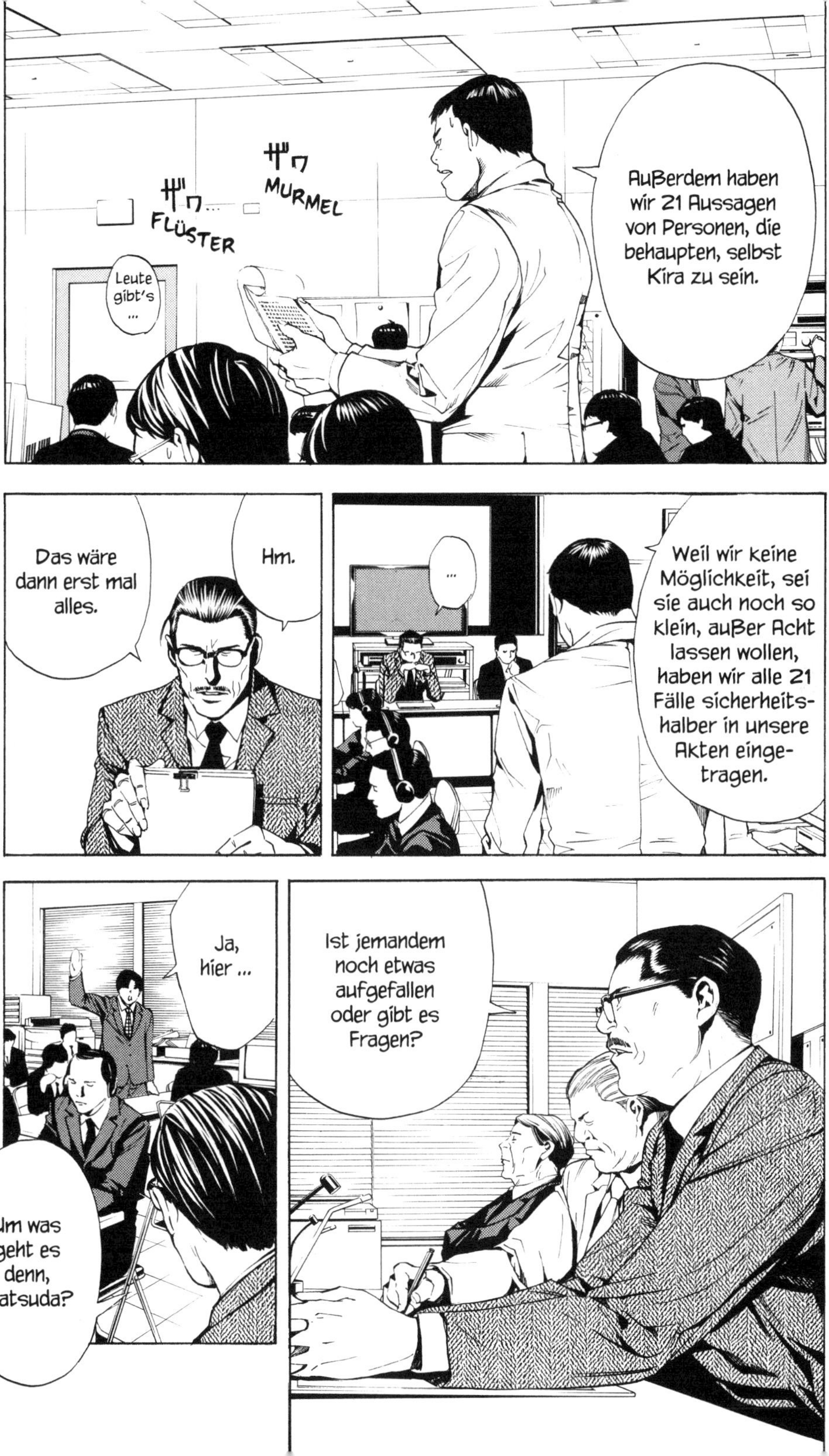
Außerdem haben wir 21 Aussagen von Personen, die behaupten, selbst Kira zu sein.
ザワ MURMEL
ザワ… FLÜSTER
Leute gibt's …
Hm.
Das wäre dann erst mal alles.
Weil wir keine Möglichkeit, sei sie auch noch so klein, außer Acht lassen wollen, haben wir alle 21 Fälle sicherheitshalber in unsere Akten eingetragen.
…
Ist jemandem noch etwas aufgefallen oder gibt es Fragen?
Ja, hier …
Um was geht es denn, Matsuda?

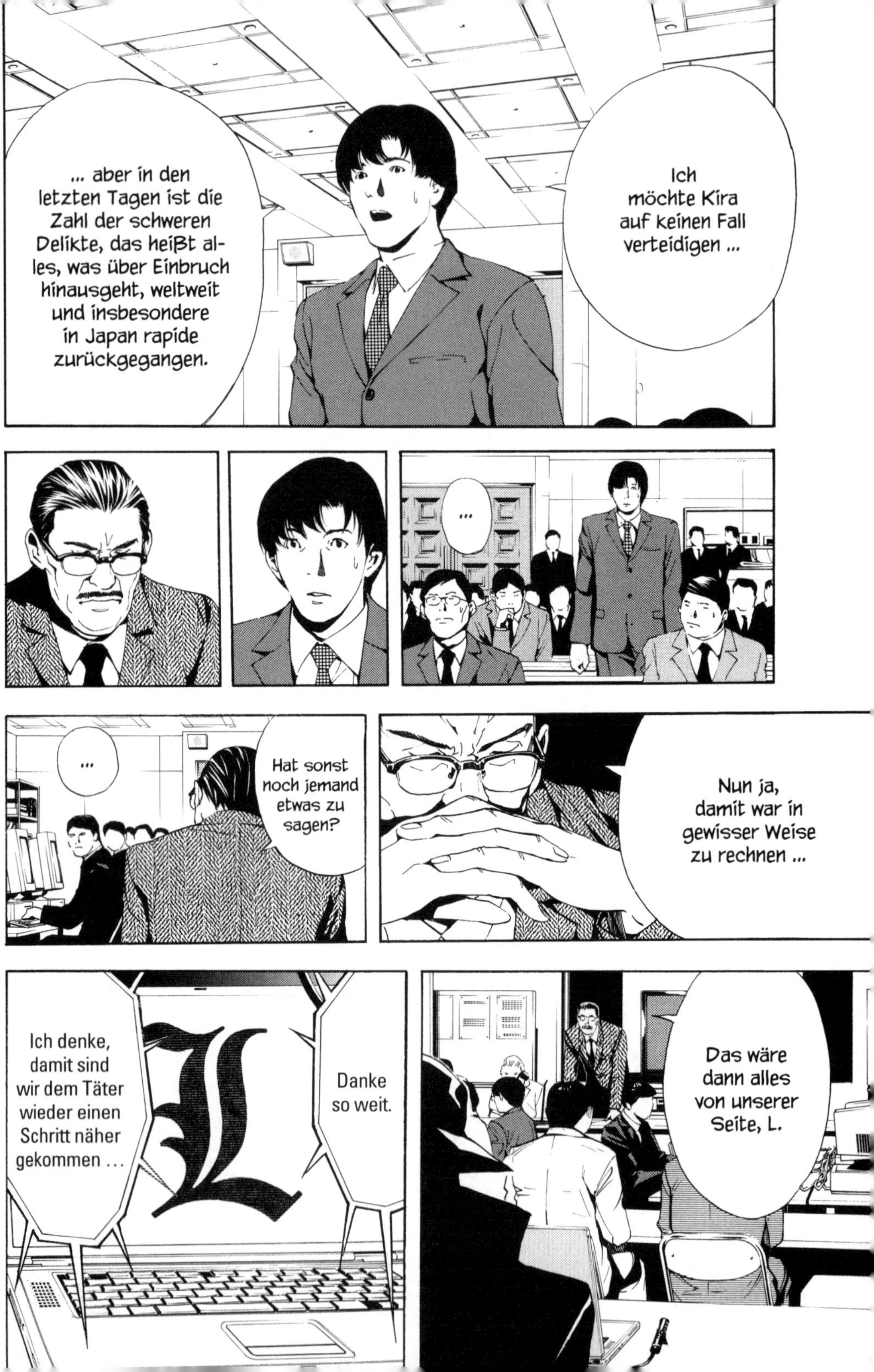
Ich möchte Kira auf keinen Fall verteidigen ...
... aber in den letzten Tagen ist die Zahl der schweren Delikte, das heißt alles, was über Einbruch hinausgeht, weltweit und insbesondere in Japan rapide zurückgegangen.
...
Nun ja, damit war in gewisser Weise zu rechnen ...
Hat sonst noch jemand etwas zu sagen?
...
Das wäre dann alles von unserer Seite, L.
Danke so weit.
Ich denke, damit sind wir dem Täter wieder einen Schritt näher gekommen ...

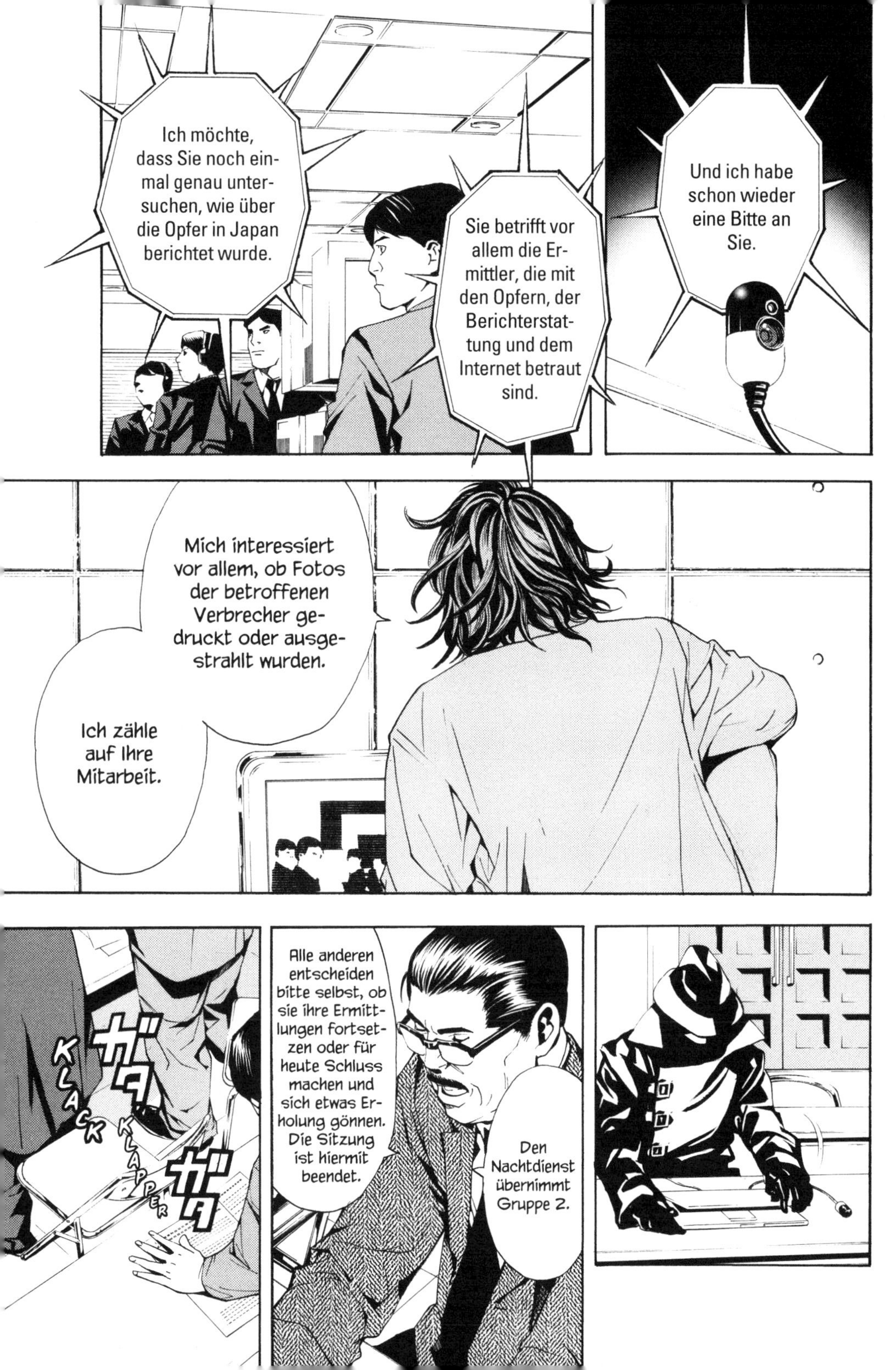
Und ich habe schon wieder eine Bitte an Sie.
Sie betrifft vor allem die Ermittler, die mit den Opfern, der Berichterstattung und dem Internet betraut sind.
Ich möchte, dass Sie noch einmal genau untersuchen, wie über die Opfer in Japan berichtet wurde.
Mich interessiert vor allem, ob Fotos der betroffenen Verbrecher gedruckt oder ausgestrahlt wurden.
Ich zähle auf Ihre Mitarbeit.
Den Nachtdienst übernimmt Gruppe 2.
Alle anderen entscheiden bitte selbst, ob sie ihre Ermittlungen fortsetzen oder für heute Schluss machen und sich etwas Erholung gönnen. Die Sitzung ist hiermit beendet.
KLAPPER
KLACK

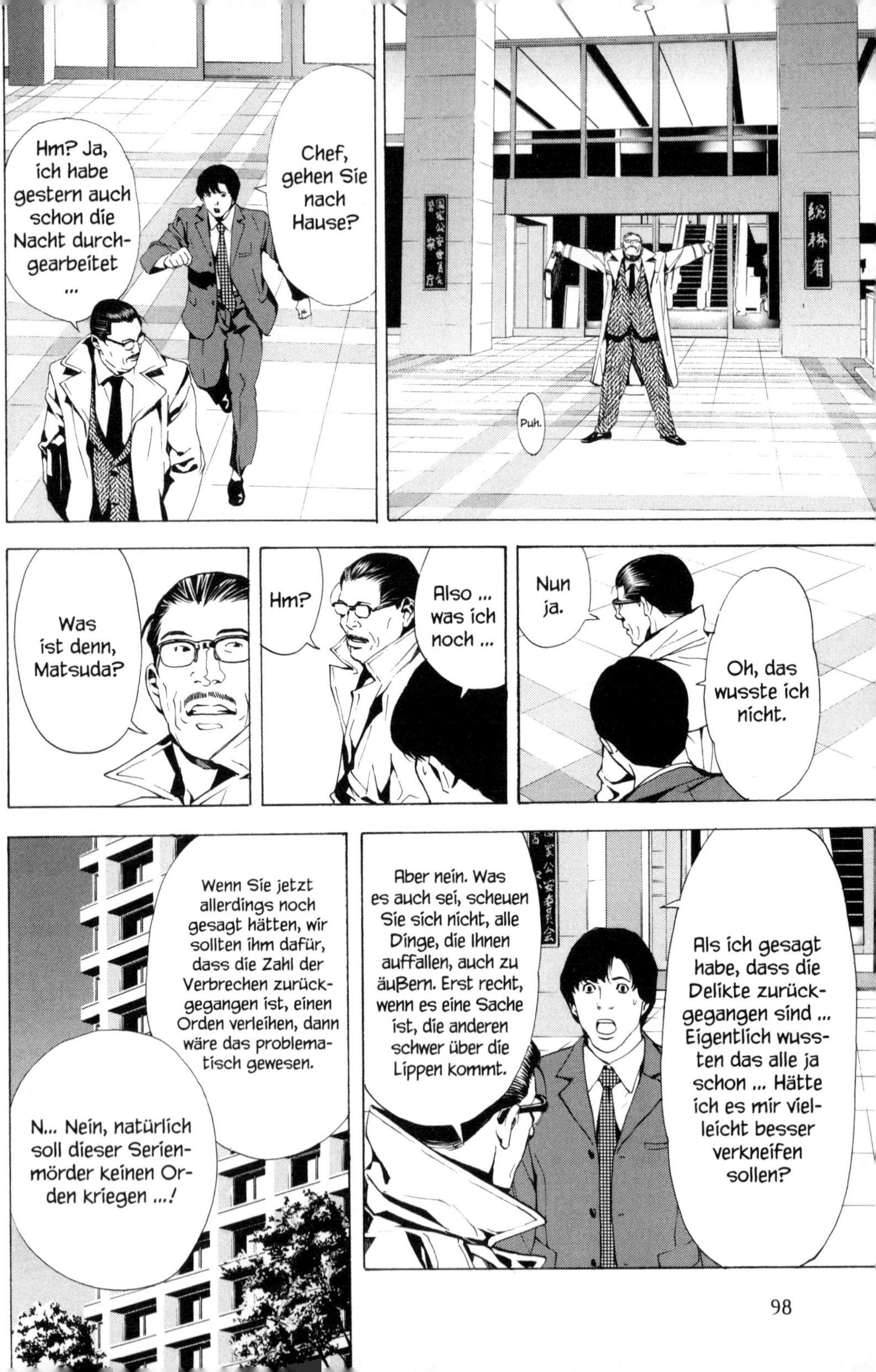
Puh.
Chef, gehen Sie nach Hause?
Hm? Ja, ich habe gestern auch schon die Nacht durchgearbeitet ...
Oh, das wusste ich nicht.
Nun ja.
Also ... was ich noch ...
Hm?
Was ist denn, Matsuda?
Als ich gesagt habe, dass die Delikte zurückgegangen sind ... Eigentlich wussten das alle ja schon ... Hätte ich es mir vielleicht besser verkneifen sollen?
Aber nein. Was es auch sei, scheuen Sie sich nicht, alle Dinge, die Ihnen auffallen, auch zu äußern. Erst recht, wenn es eine Sache ist, die anderen schwer über die Lippen kommt.
Wenn Sie jetzt allerdings noch gesagt hätten, wir sollten ihm dafür, dass die Zahl der Verbrechen zurückgegangen ist, einen Orden verleihen, dann wäre das problematisch gewesen.
N... Nein, natürlich soll dieser Serienmörder keinen Orden kriegen ...!

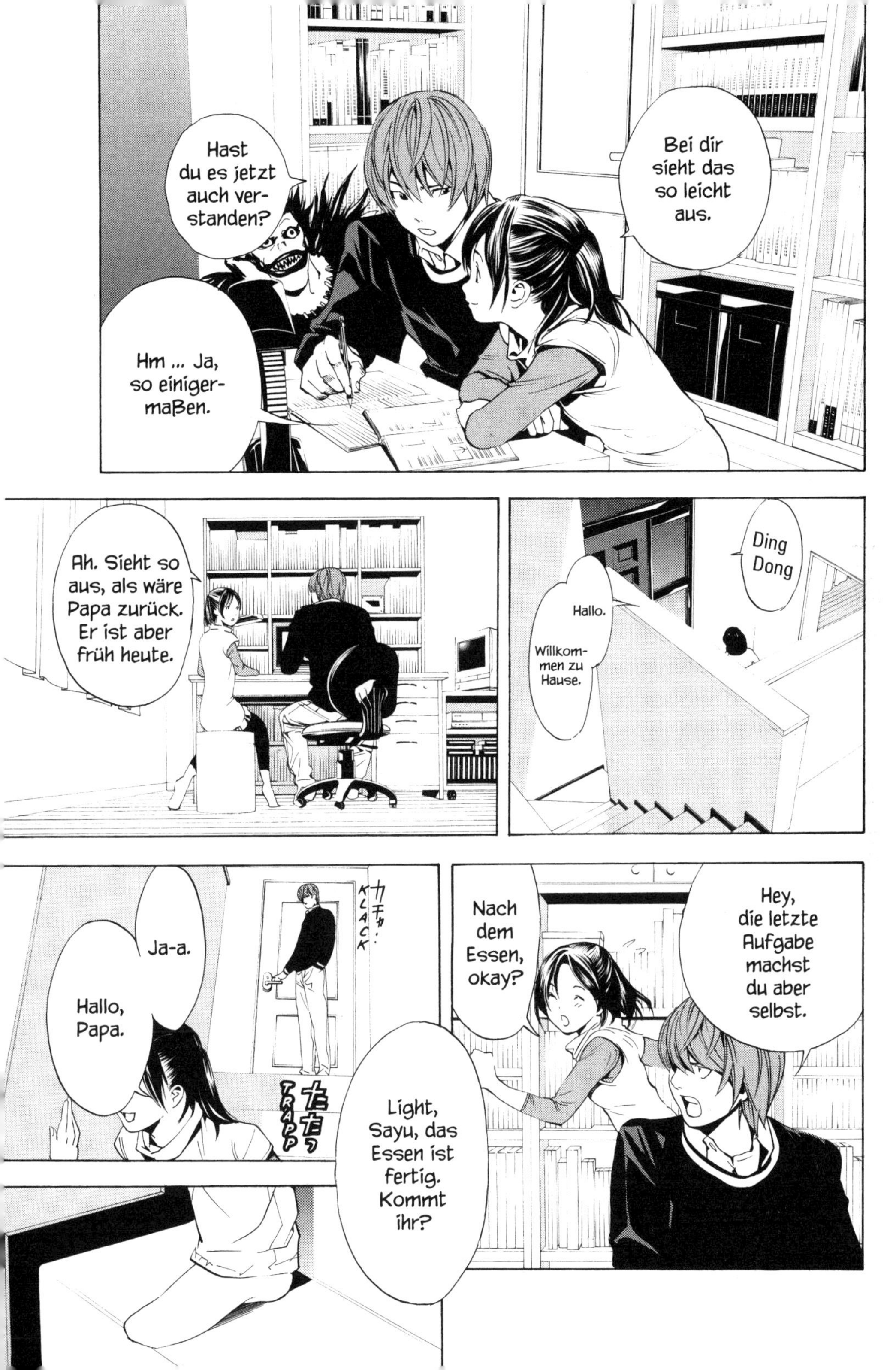
Bei dir sieht das so leicht aus.
Hast du es jetzt auch verstanden?
Hm ... Ja, so einigermaßen.
Ding Dong
Hallo.
Willkommen zu Hause.
Ah. Sieht so aus, als wäre Papa zurück. Er ist aber früh heute.
Hey, die letzte Aufgabe machst du aber selbst.
Nach dem Essen, okay?
Light, Sayu, das Essen ist fertig. Kommt ihr?
KLACK
TRAPP
Ja-a.
Hallo, Papa.

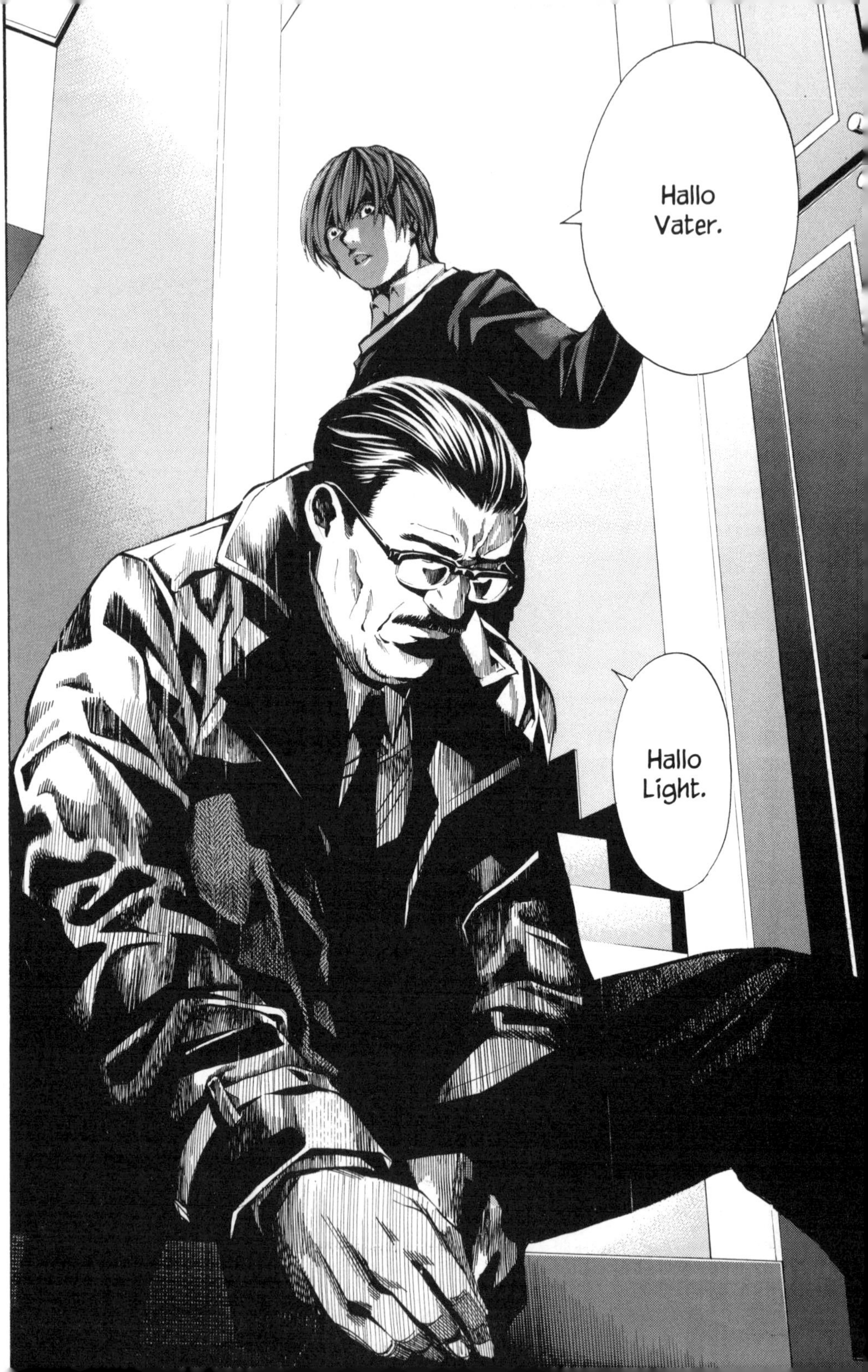
Hallo Vater.
Hallo Light.

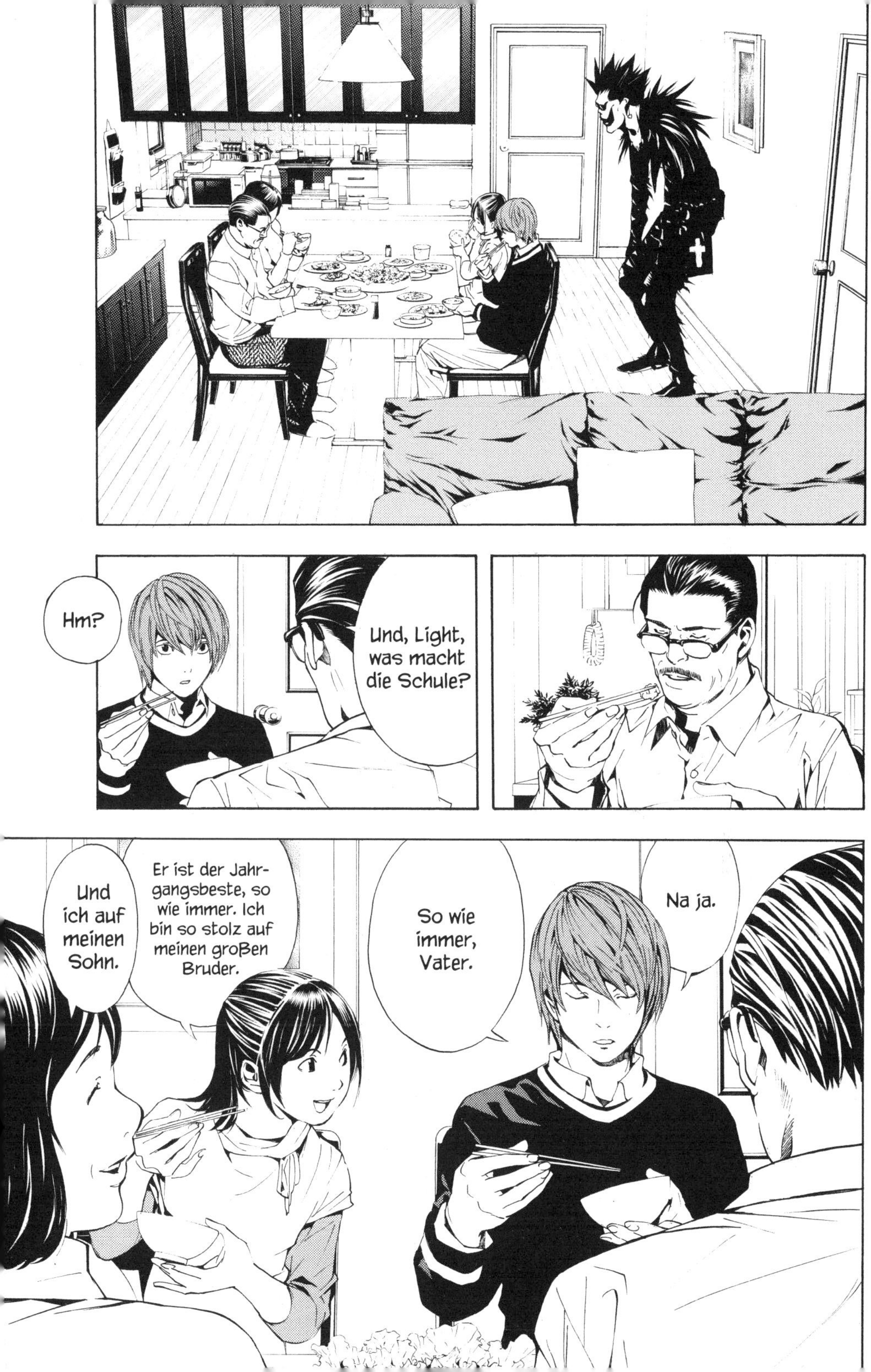

Und, Light, was macht die Schule?
Hm?
Na ja.
So wie immer, Vater.
Er ist der Jahrgangsbeste, so wie immer. Ich bin so stolz auf meinen großen Bruder.
Und ich auf meinen Sohn.

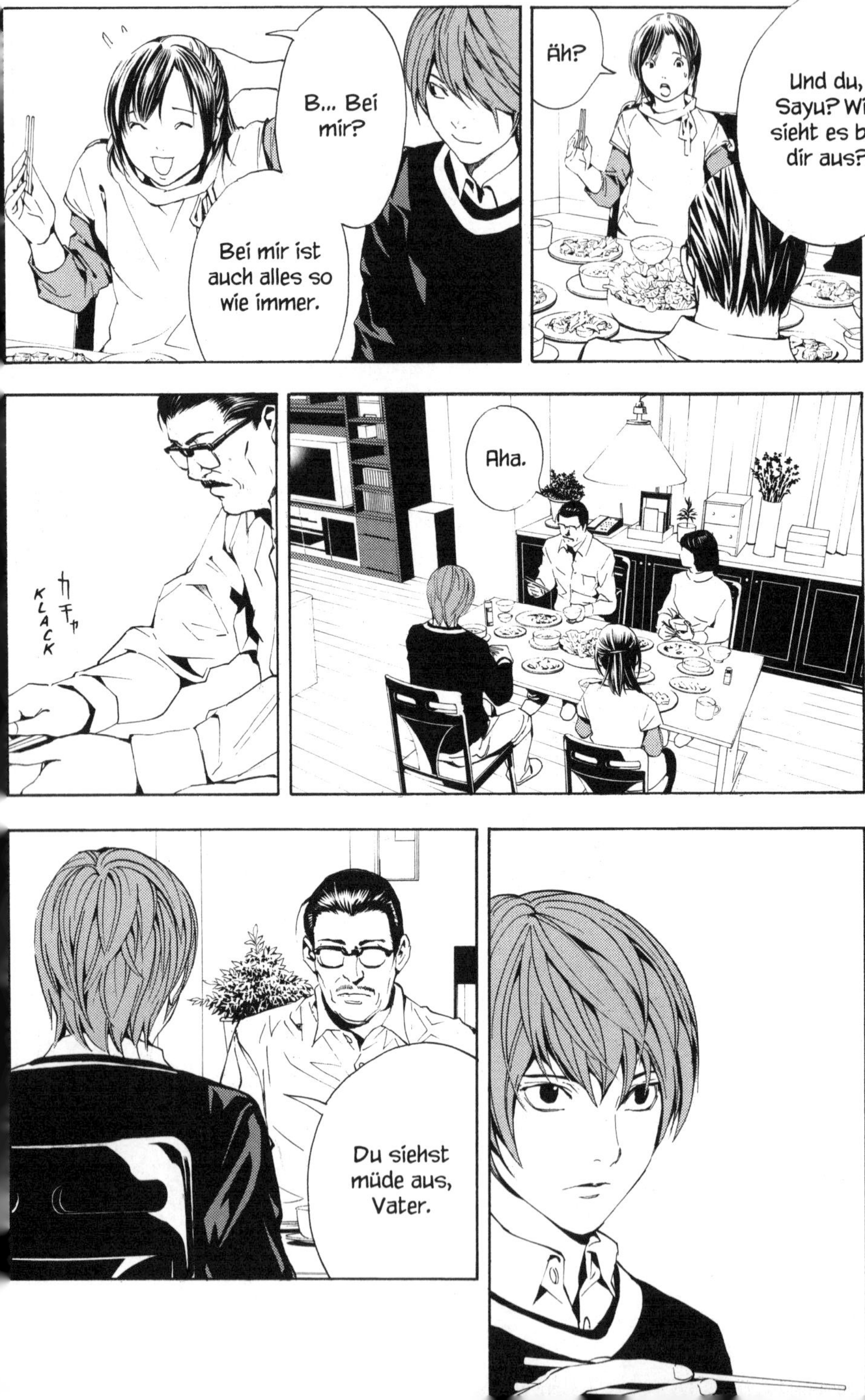
Und du, Sayu? Wie sieht es bei dir aus?
Äh?
B... Bei mir?
Bei mir ist auch alles so wie immer.
Aha.
カチャ
KLACK
Du siehst müde aus, Vater.

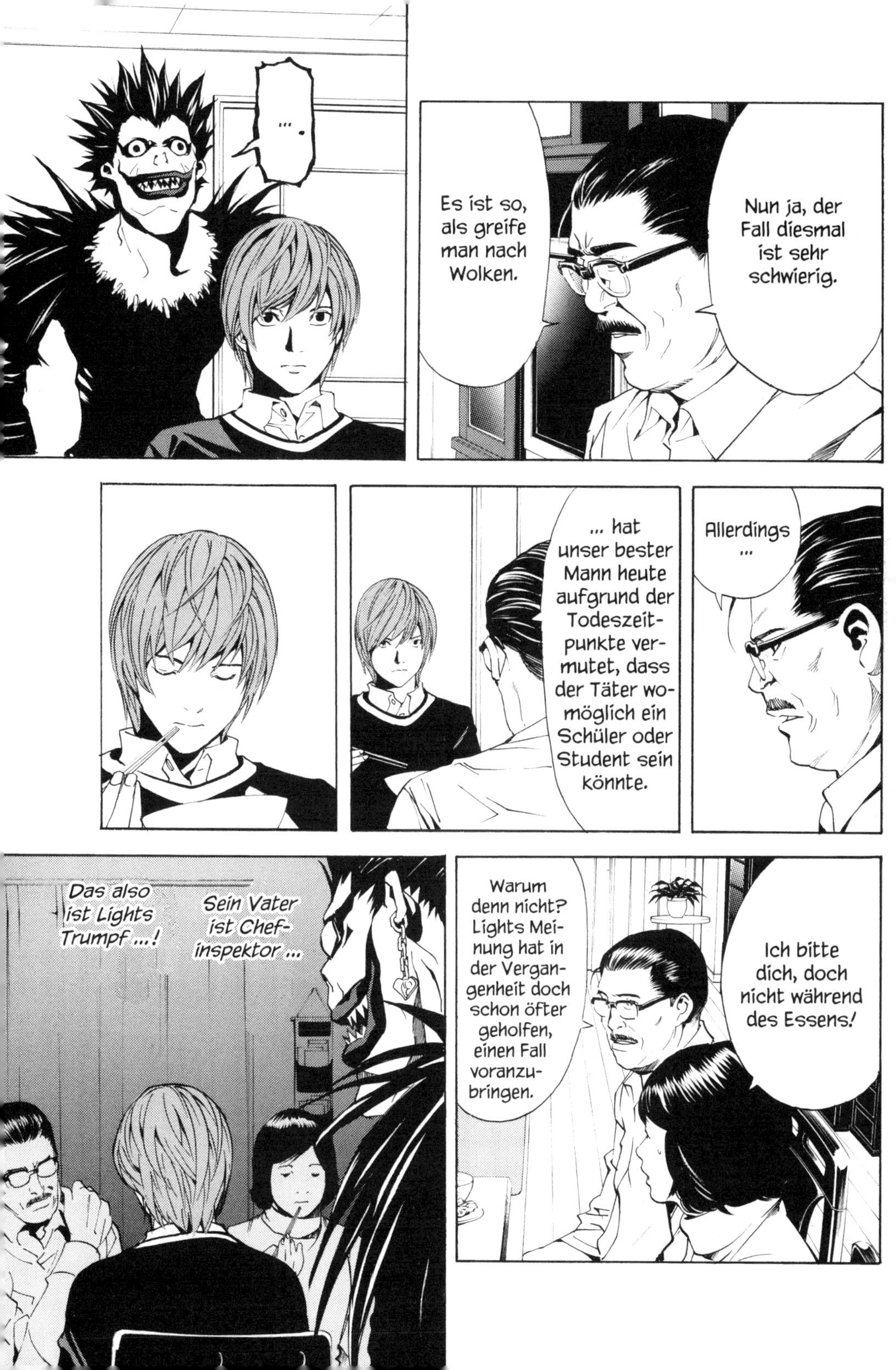
Nun ja, der Fall diesmal ist sehr schwierig.
Es ist so, als greife man nach Wolken.
...
Allerdings ...
... hat unser bester Mann heute aufgrund der Todeszeitpunkte vermutet, dass der Täter womöglich ein Schüler oder Student sein könnte.
Ich bitte dich, doch nicht während des Essens!
Warum denn nicht? Lights Meinung hat in der Vergangenheit doch schon öfter geholfen, einen Fall voranzubringen.
Sein Vater ist Chefinspektor ...
Das also ist Lights Trumpf ...!

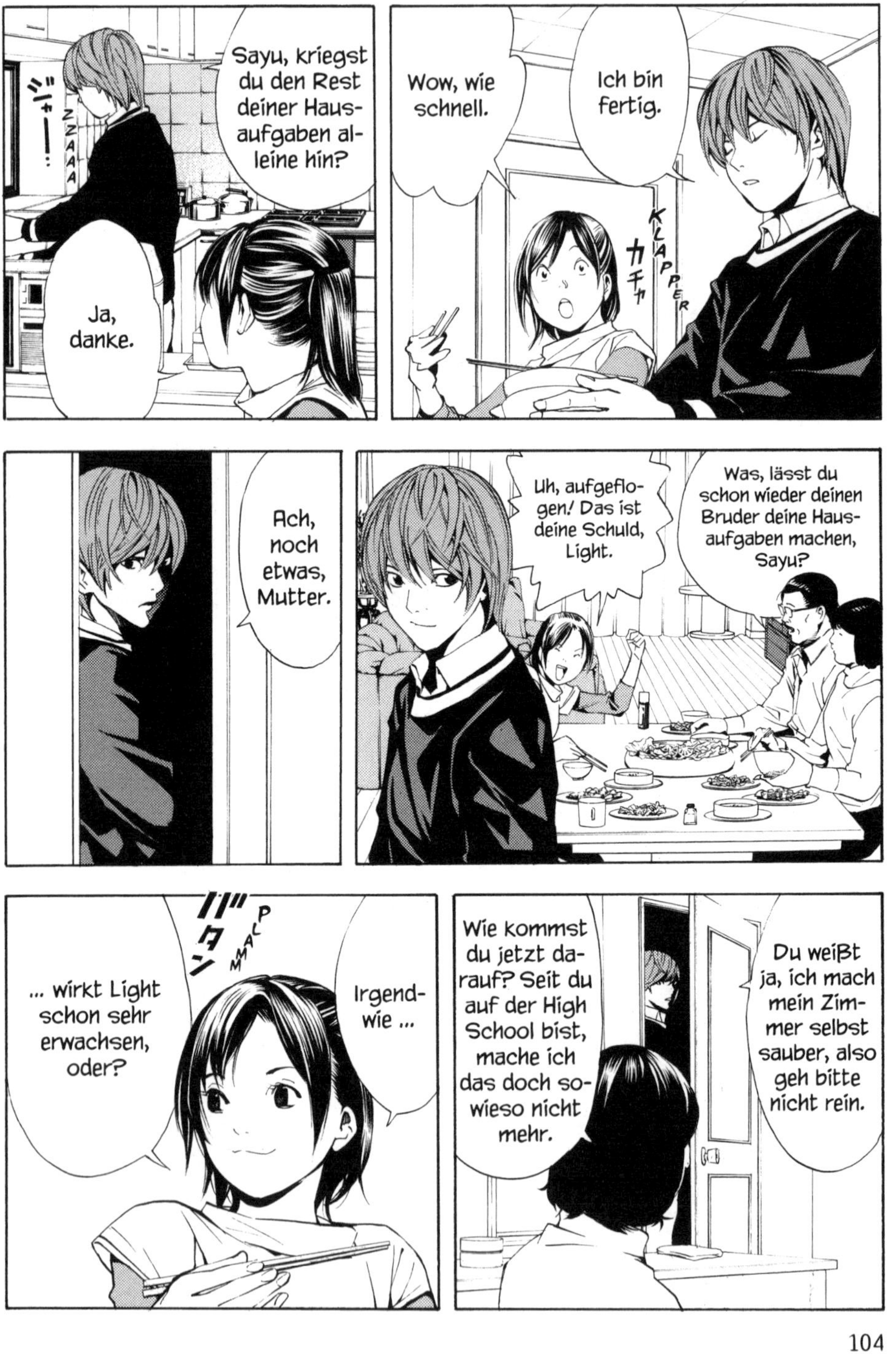
Ich bin fertig.
KLAPPER
カチャ
Wow, wie schnell.
Sayu, kriegst du den Rest deiner Hausaufgaben alleine hin?
ジャー…
ZZAAA
Ja, danke.
Was, lässt du schon wieder deinen Bruder deine Hausaufgaben machen, Sayu?
Uh, aufgeflogen! Das ist deine Schuld, Light.
Ach, noch etwas, Mutter.
Du weißt ja, ich mach mein Zimmer selbst sauber, also geh bitte nicht rein.
Wie kommst du jetzt darauf? Seit du auf der High School bist, mache ich das doch sowieso nicht mehr.
バタン
PLAMM
Irgendwie ...
... wirkt Light schon sehr erwachsen, oder?

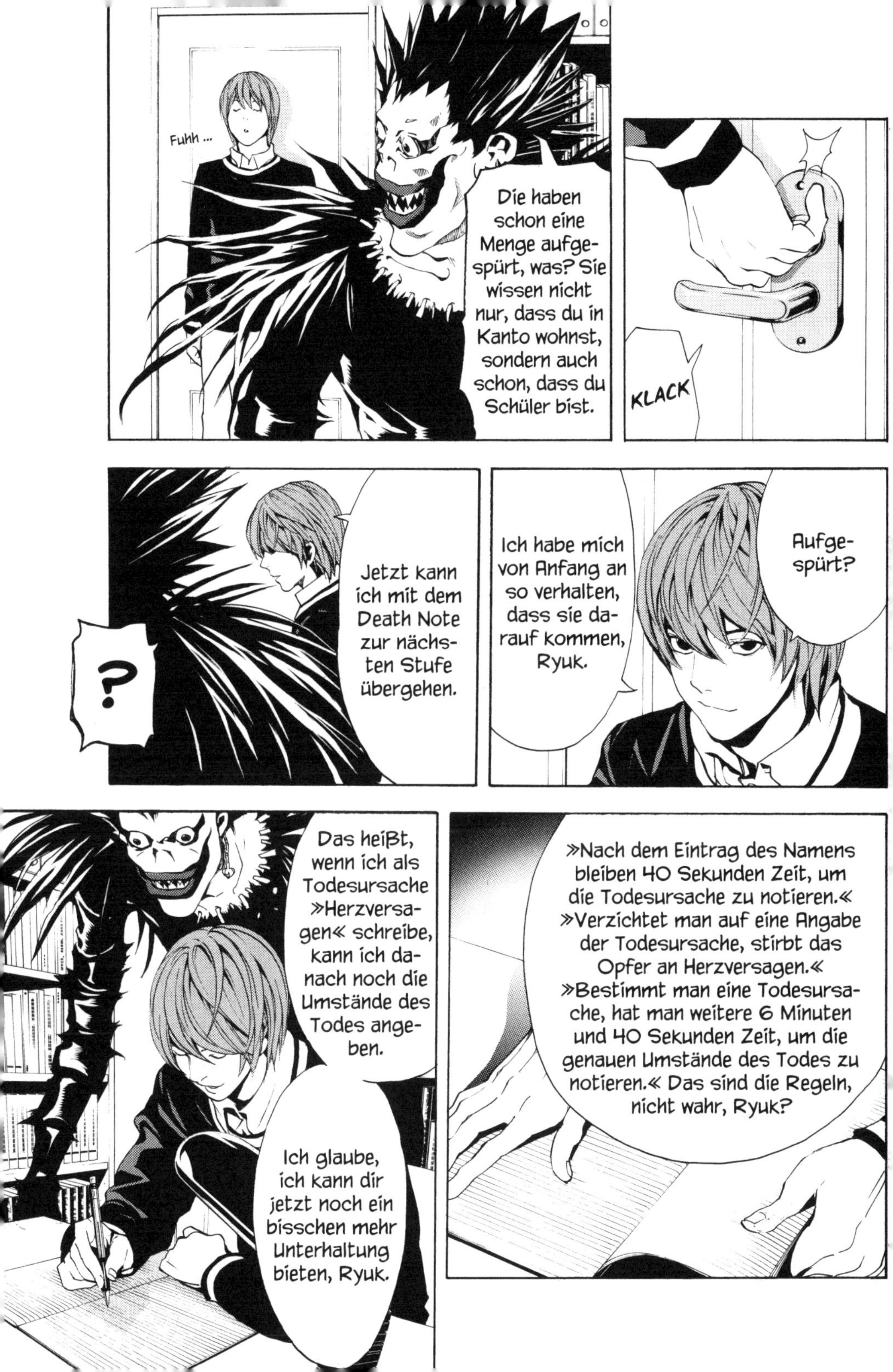
KLACK
Fuhh ...
Die haben schon eine Menge aufgespürt, was? Sie wissen nicht nur, dass du in Kanto wohnst, sondern auch schon, dass du Schüler bist.
Aufgespürt?
Ich habe mich von Anfang an so verhalten, dass sie darauf kommen, Ryuk.
Jetzt kann ich mit dem Death Note zur nächsten Stufe übergehen.
?
»Nach dem Eintrag des Namens bleiben 40 Sekunden Zeit, um die Todesursache zu notieren.« »Verzichtet man auf eine Angabe der Todesursache, stirbt das Opfer an Herzversagen.« »Bestimmt man eine Todesursache, hat man weitere 6 Minuten und 40 Sekunden Zeit, um die genauen Umstände des Todes zu notieren.« Das sind die Regeln, nicht wahr, Ryuk?
Das heißt, wenn ich als Todesursache »Herzversagen« schreibe, kann ich danach noch die Umstände des Todes angeben.
Ich glaube, ich kann dir jetzt noch ein bisschen mehr Unterhaltung bieten, Ryuk.

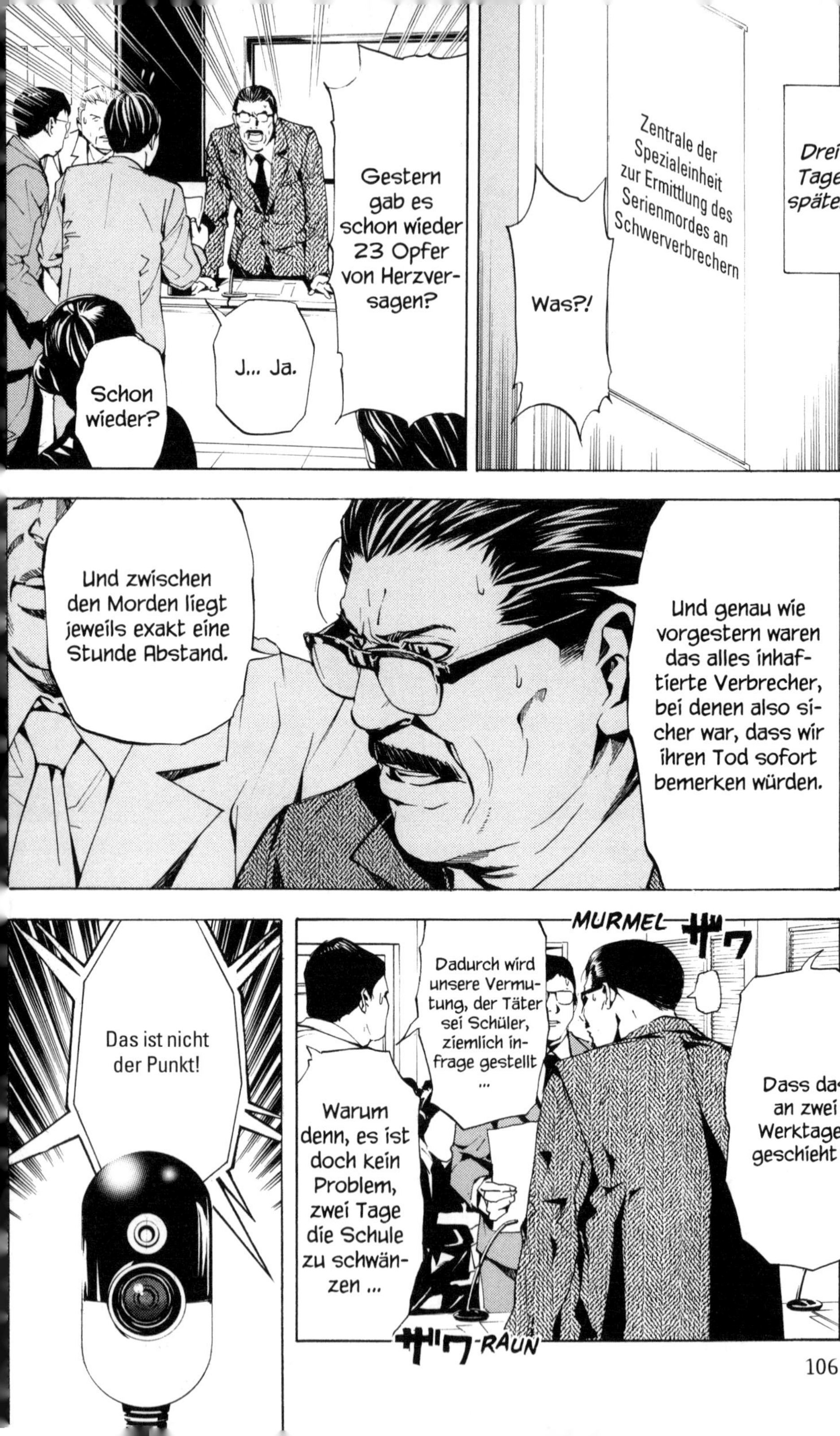
Drei Tage später.
Zentrale der Spezialeinheit zur Ermittlung des Serienmordes an Schwerverbrechern
Was?!
Gestern gab es schon wieder 23 Opfer von Herzversagen?
J... Ja.
Schon wieder?
Und genau wie vorgestern waren das alles inhaftierte Verbrecher, bei denen also sicher war, dass wir ihren Tod sofort bemerken würden.
Und zwischen den Morden liegt jeweils exakt eine Stunde Abstand.
MURMEL
Dass das an zwei Werktagen geschieht ...
Dadurch wird unsere Vermutung, der Täter sei Schüler, ziemlich infrage gestellt ...
Warum denn, es ist doch kein Problem, zwei Tage die Schule zu schwänzen ...
RAUN
Das ist nicht der Punkt!

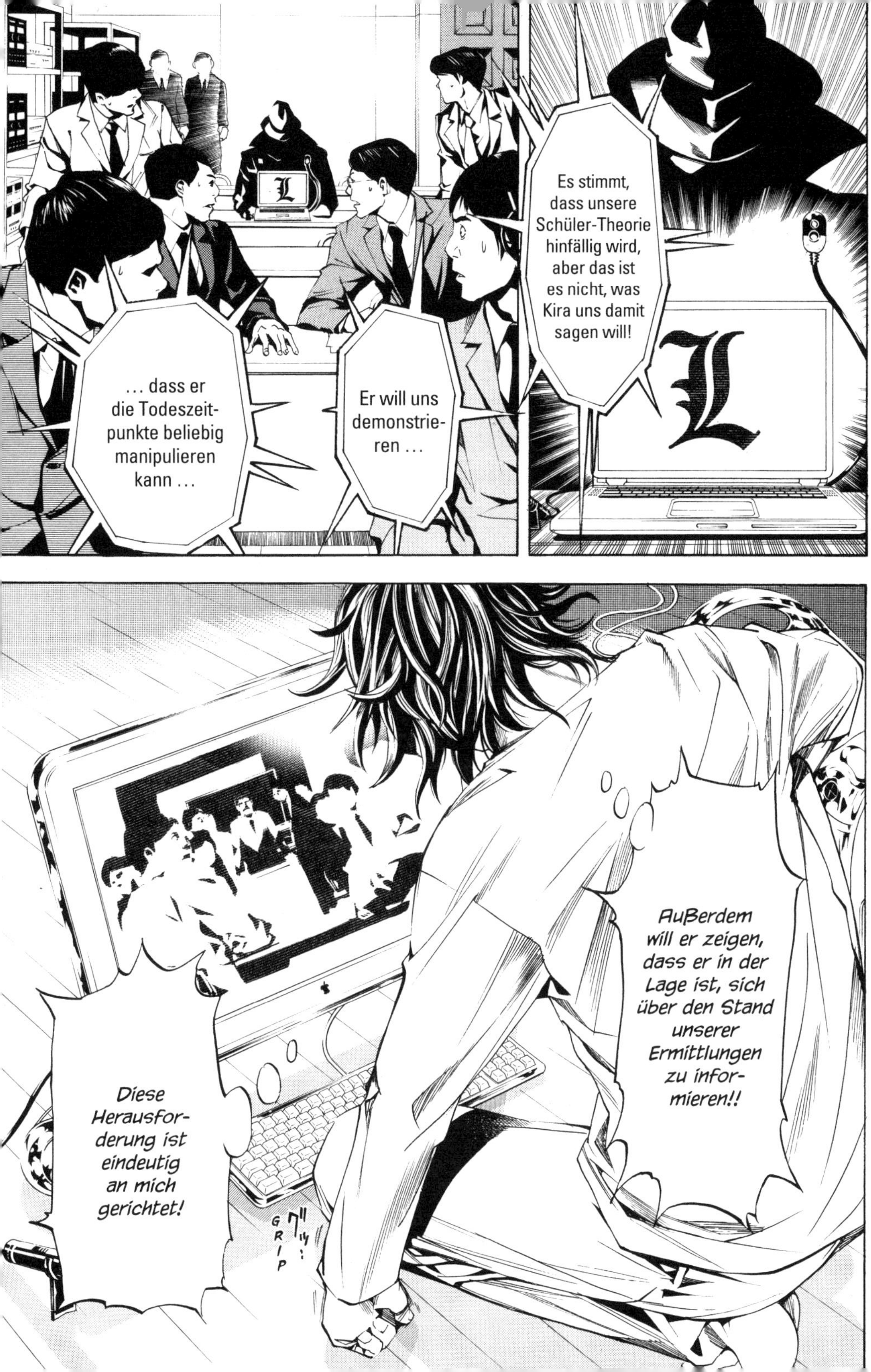
Es stimmt, dass unsere Schüler-Theorie hinfällig wird, aber das ist es nicht, was Kira uns damit sagen will!
Er will uns demonstrieren …
… dass er die Todeszeitpunkte beliebig manipulieren kann …
Außerdem will er zeigen, dass er in der Lage ist, sich über den Stand unserer Ermittlungen zu informieren!!
Diese Herausforderung ist eindeutig an mich gerichtet!
GRIP

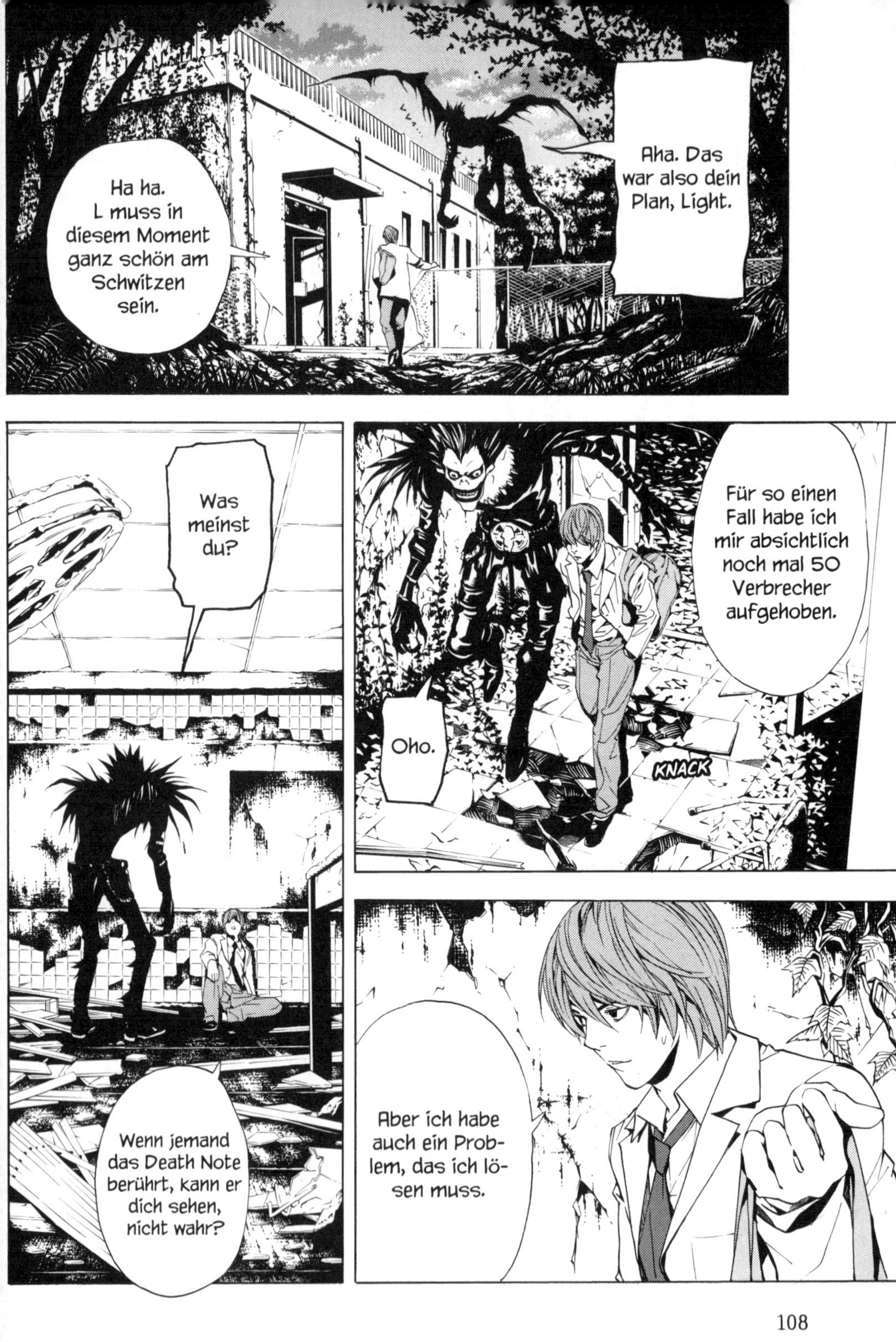
Aha. Das war also dein Plan, Light.
Ha ha. L muss in diesem Moment ganz schön am Schwitzen sein.
Für so einen Fall habe ich mir absichtlich noch mal 50 Verbrecher aufgehoben.
Oho.
KNACK
Aber ich habe auch ein Problem, das ich lösen muss.
Was meinst du?
Wenn jemand das Death Note berührt, kann er dich sehen, nicht wahr?

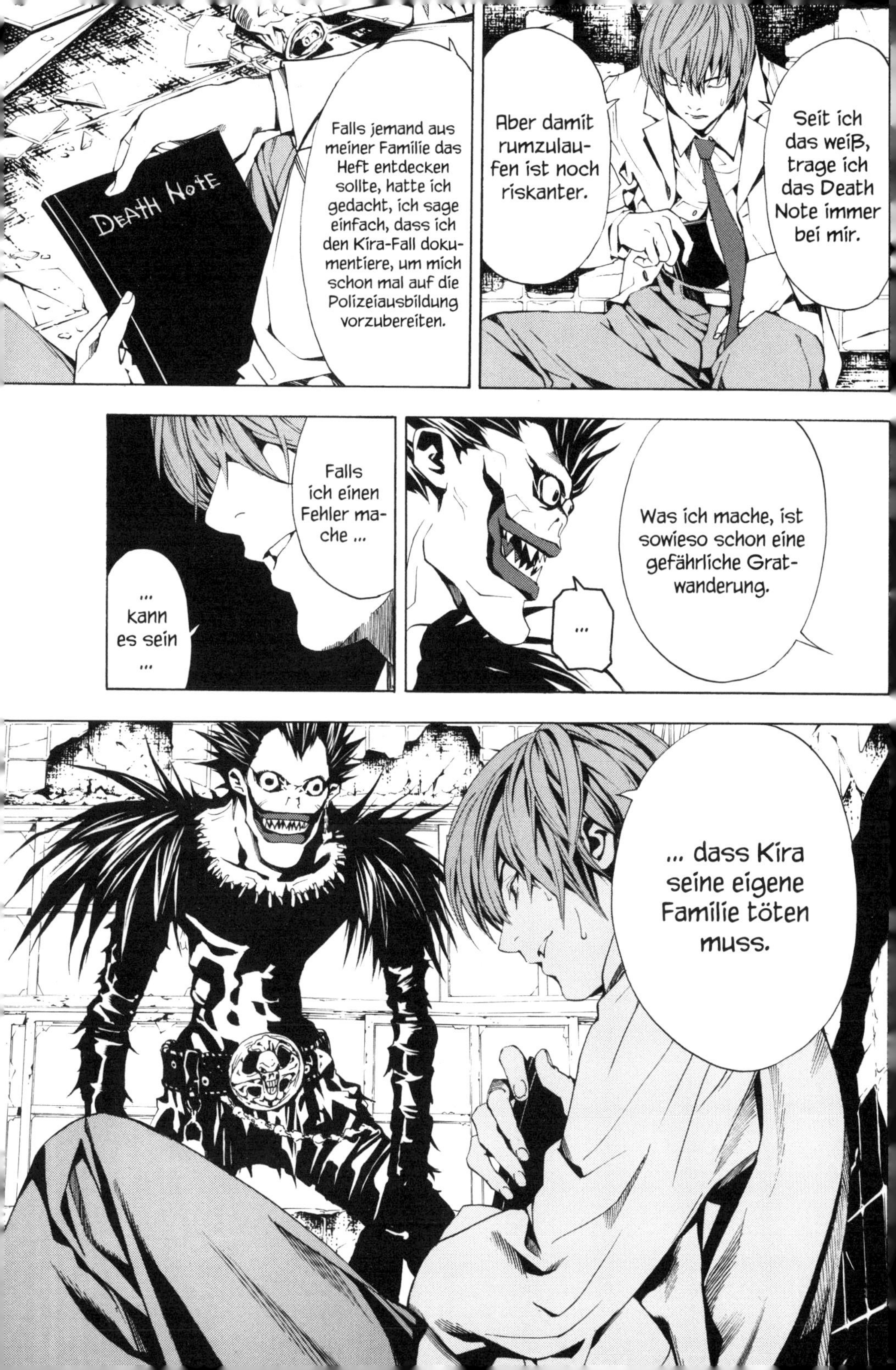
Seit ich das weiß, trage ich das Death Note immer bei mir.
Aber damit rumzulaufen ist noch riskanter.
Falls jemand aus meiner Familie das Heft entdecken sollte, hatte ich gedacht, ich sage einfach, dass ich den Kira-Fall dokumentiere, um mich schon mal auf die Polizeiausbildung vorzubereiten.
DEATH NOTE
Was ich mache, ist sowieso schon eine gefährliche Gratwanderung.
...
Falls ich einen Fehler mache ...
... kann es sein ...
... dass Kira seine eigene Familie töten muss.

DEATH NOTE

HOW TO USE IT

III

- If the time of death is written within 40 seconds after writing the cause of death as a heart attack, the time of death can be manipulated, and the time can go into effect within 40 seconds after writing the name.

WENN MAN INNERHALB VON 40 SEKUNDEN, NACHDEM MAN ALS TODESURSACHE HERZVERSAGEN NOTIERT HAT, ZUSÄTZLICH EINE TODESZEIT NOTIERT, KANN MAN AUCH FÜR DIESE TODESART DEN ZEITPUNKT DES TODES FESTLEGEN. DIESER TODESZEITPUNKT KANN AUCH INNERHALB DER 40 SEKUNDEN LIEGEN, NACHDEM MAN DEN NAMEN DES OPFERS NOTIERT HAT.

- The human who touches the DEATH NOTE can recognize the image and voice of its original owner, a god of death, even if the human is not the owner of the note.

AUSSER DEM BESITZER KANN AUCH JEDER ANDERE, DER DAS DEATH NOTE BERÜHRT HAT, DIE GESTALT UND DIE STIMME DES TODESGOTTES, DEM DAS DEATH NOTE ZUVOR GEHÖRT HAT, WAHRNEHMEN.

PAGE.4 STROM

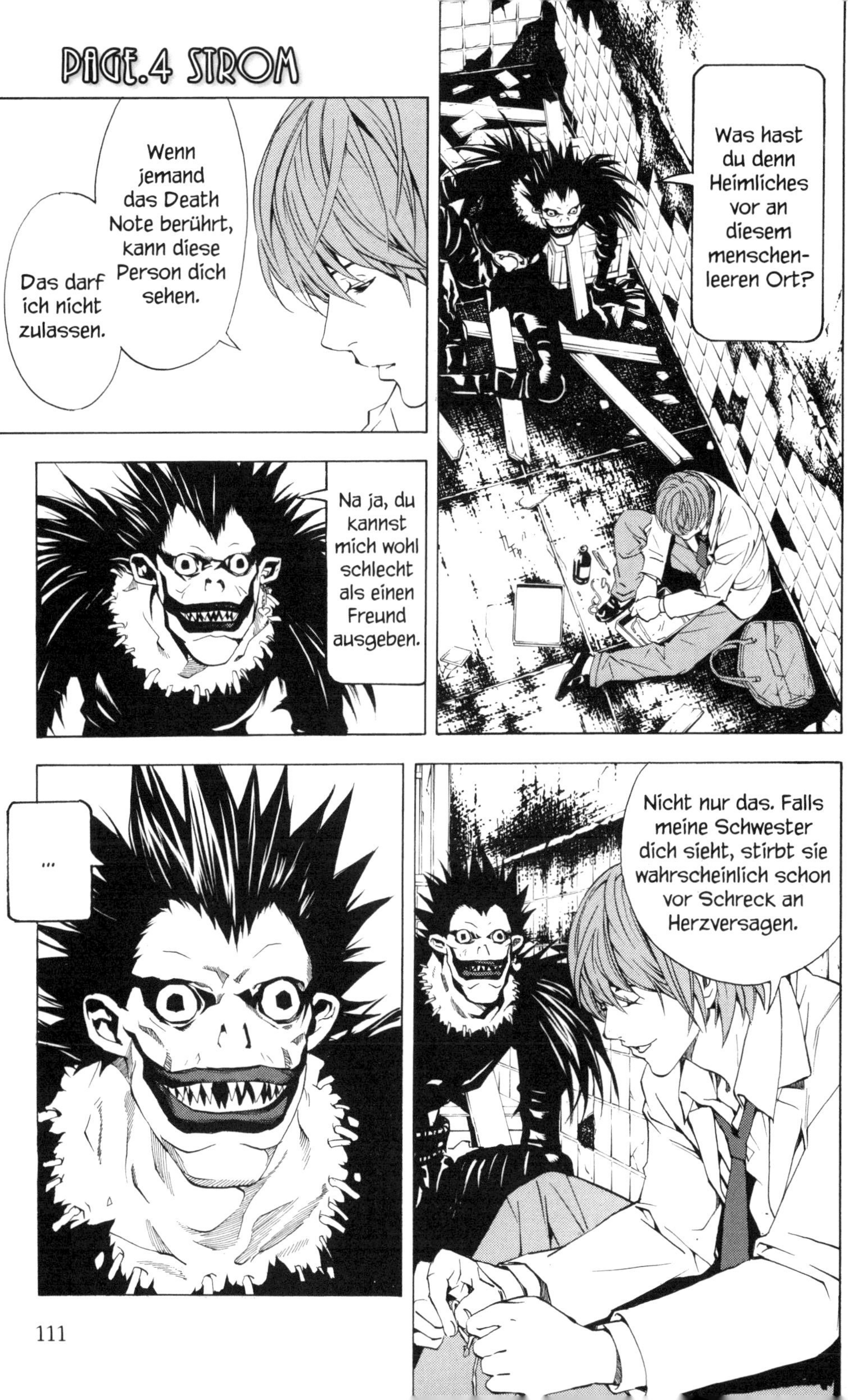

Was hast du denn Heimliches vor an diesem menschenleeren Ort?
Wenn jemand das Death Note berührt, kann diese Person dich sehen.
Das darf ich nicht zulassen.
Na ja, du kannst mich wohl schlecht als einen Freund ausgeben.
Nicht nur das. Falls meine Schwester dich sieht, stirbt sie wahrscheinlich schon vor Schreck an Herzversagen.
...

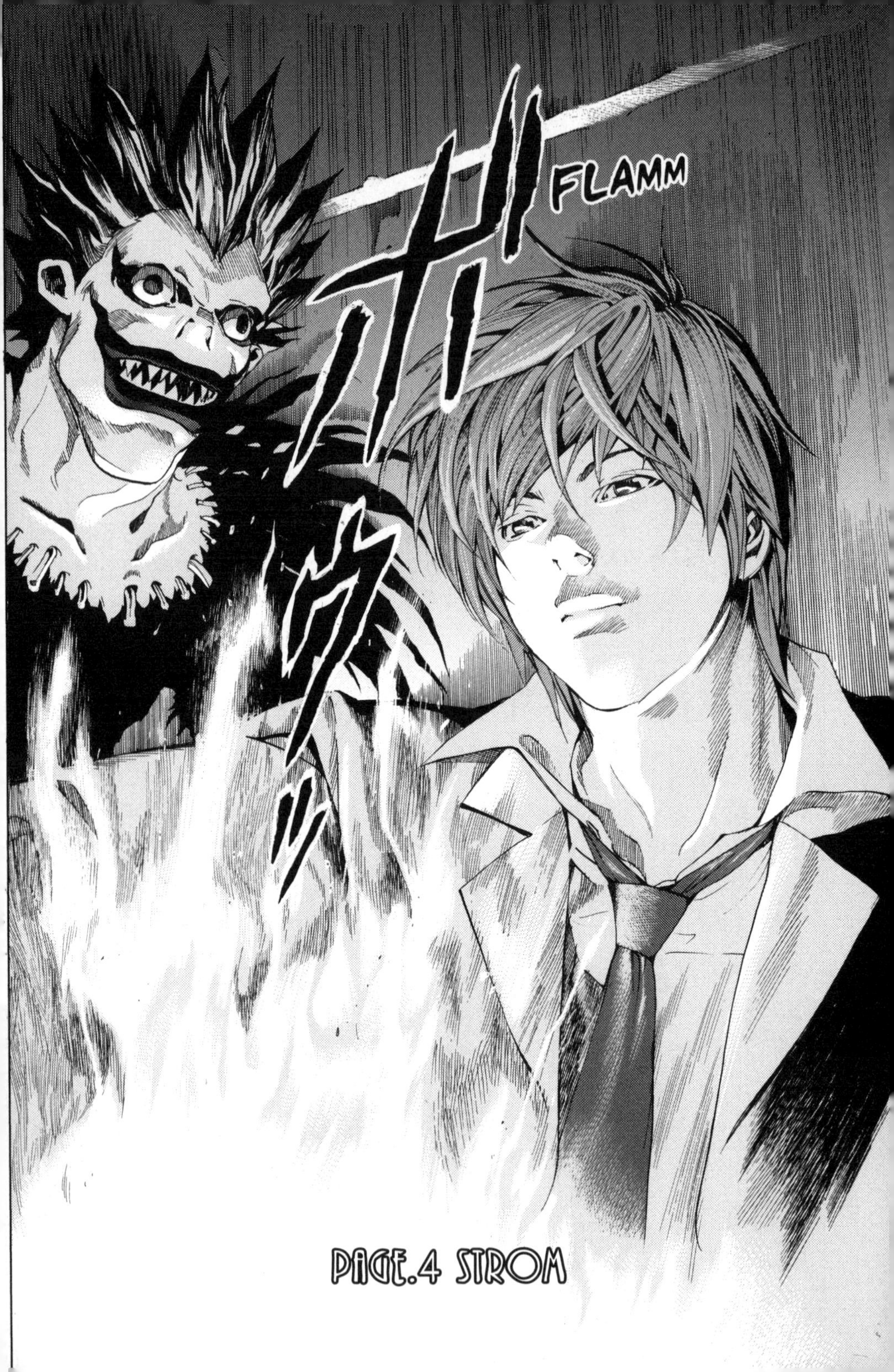
FLAMM
PAGE.4 STROM

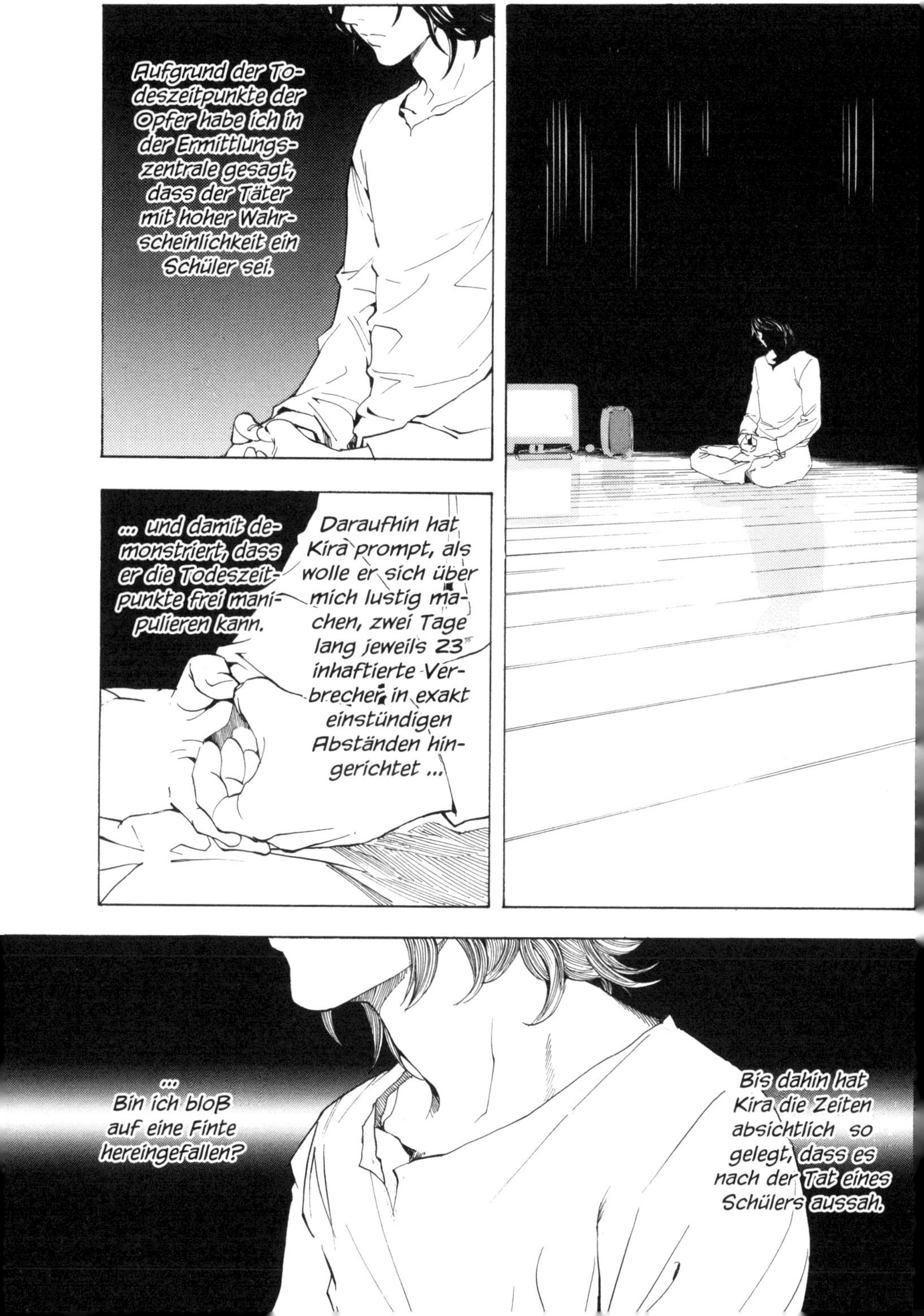
Aufgrund der Todeszeitpunkte der Opfer habe ich in der Ermittlungszentrale gesagt, dass der Täter mit hoher Wahrscheinlichkeit ein Schüler sei.
Daraufhin hat Kira prompt, als wolle er sich über mich lustig machen, zwei Tage lang jeweils 23 inhaftierte Verbrecher in exakt einstündigen Abständen hingerichtet ...
... und damit demonstriert, dass er die Todeszeitpunkte frei manipulieren kann.
Bis dahin hat Kira die Zeiten absichtlich so gelegt, dass es nach der Tat eines Schülers aussah.
...
Bin ich bloß auf eine Finte hereingefallen?

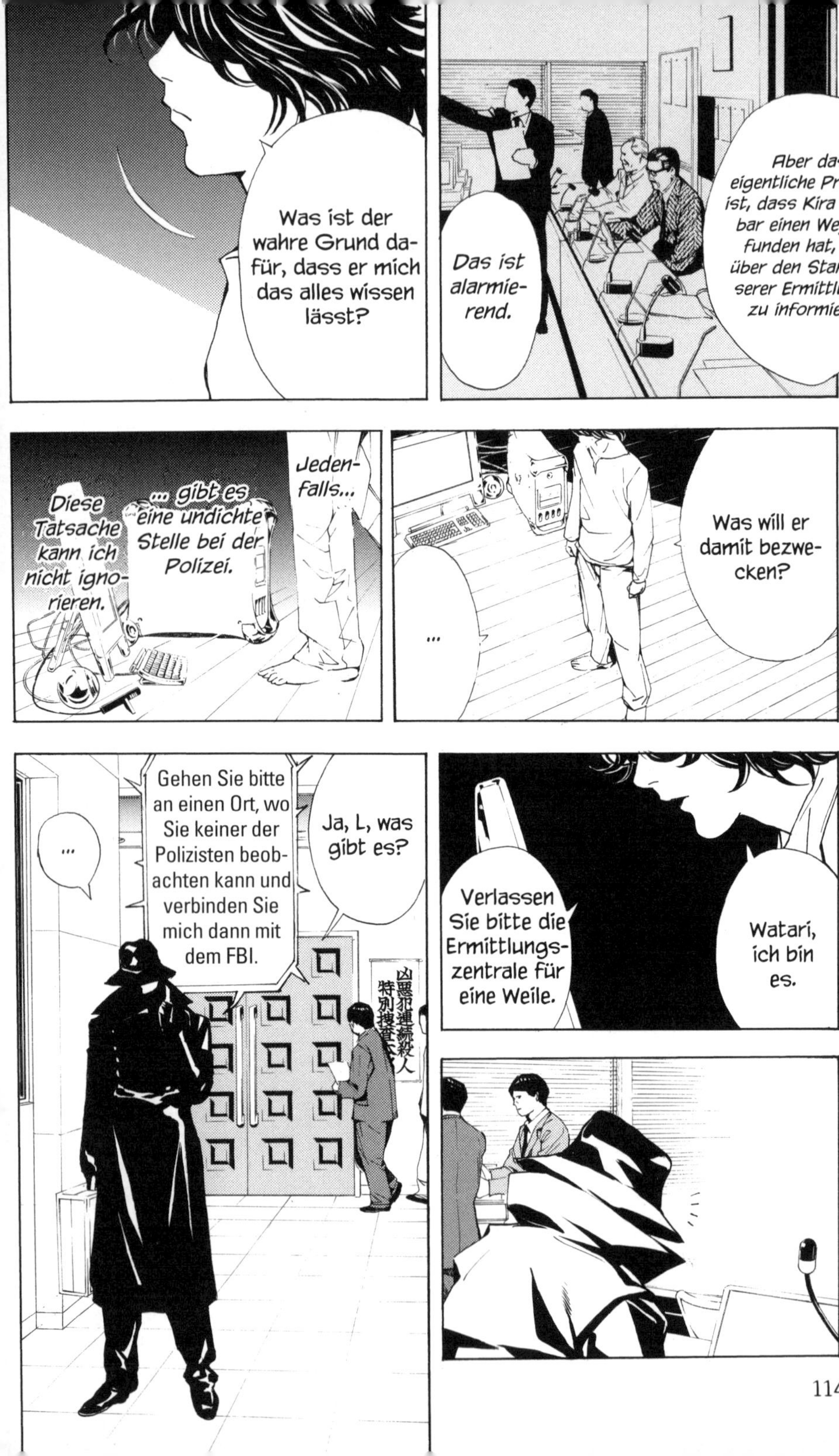
Aber das eigentliche Problem ist, dass Kira offenbar einen Weg gefunden hat, sich über den Stand unserer Ermittlungen zu informieren.
Das ist alarmierend.
Was ist der wahre Grund dafür, dass er mich das alles wissen lässt?
Was will er damit bezwecken?
...
Jedenfalls...
... gibt es eine undichte Stelle bei der Polizei.
Diese Tatsache kann ich nicht ignorieren.
Watari, ich bin es.
Verlassen Sie bitte die Ermittlungszentrale für eine Weile.
Ja, L, was gibt es?
Gehen Sie bitte an einen Ort, wo Sie keiner der Polizisten beobachten kann und verbinden Sie mich dann mit dem FBI.
...
凶悪犯連続殺人

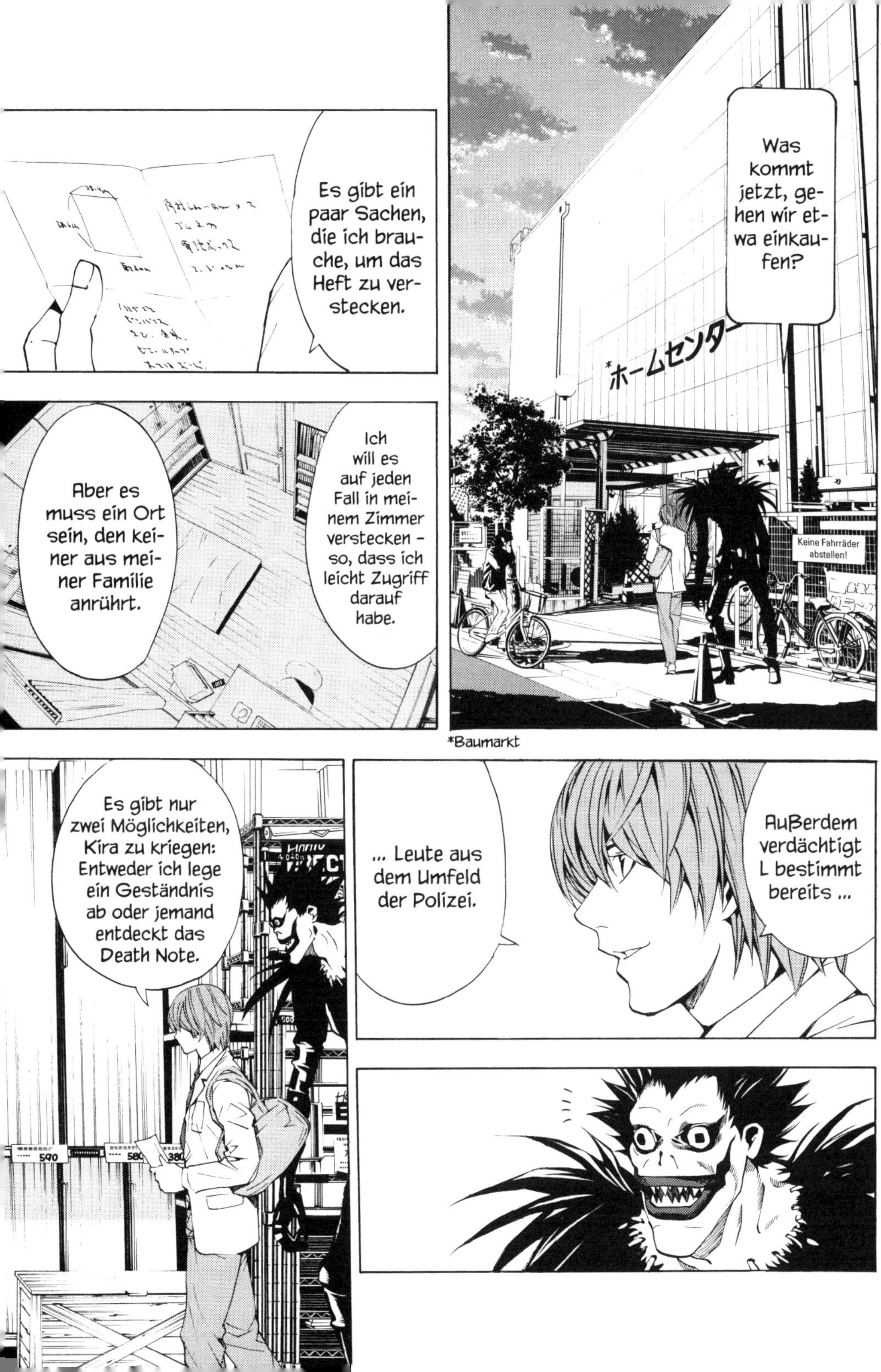
Was kommt jetzt, gehen wir etwa einkaufen?
*ホームセンター
Keine Fahrräder abstellen!
Es gibt ein paar Sachen, die ich brauche, um das Heft zu verstecken.
Ich will es auf jeden Fall in meinem Zimmer verstecken – so, dass ich leicht Zugriff darauf habe.
Aber es muss ein Ort sein, den keiner aus meiner Familie anrührt.
Es gibt nur zwei Möglichkeiten, Kira zu kriegen: Entweder ich lege ein Geständnis ab oder jemand entdeckt das Death Note.
Außerdem verdächtigt L bestimmt bereits ...
... Leute aus dem Umfeld der Polizei.

*Baumarkt

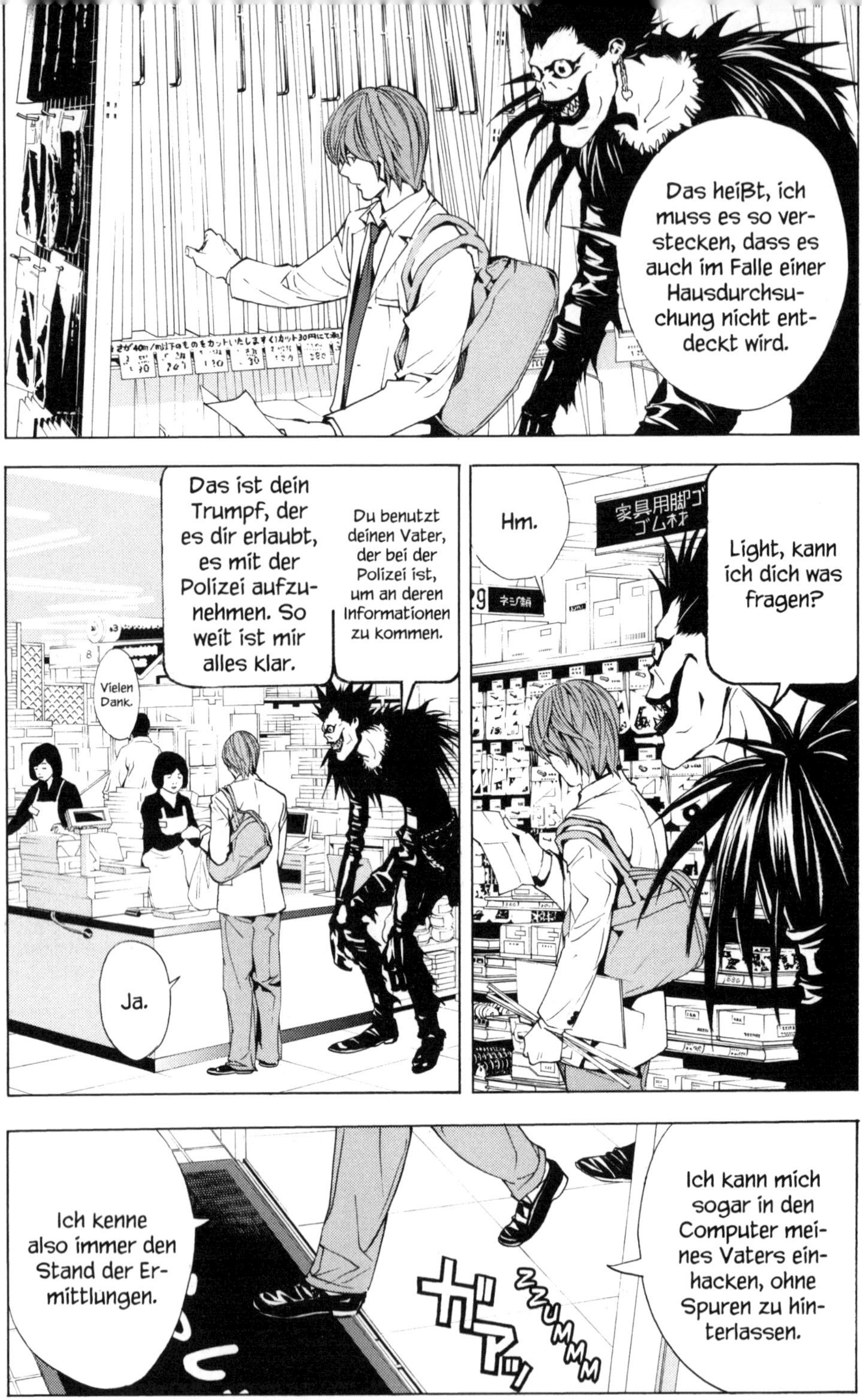
Das heißt, ich muss es so verstecken, dass es auch im Falle einer Hausdurchsuchung nicht entdeckt wird.
家具用脚ゴ
ゴム材
Light, kann ich dich was fragen?
Hm.
Du benutzt deinen Vater, der bei der Polizei ist, um an deren Informationen zu kommen.
Das ist dein Trumpf, der es dir erlaubt, es mit der Polizei aufzunehmen. So weit ist mir alles klar.
Vielen Dank.
Ja.
Ich kann mich sogar in den Computer meines Vaters einhacken, ohne Spuren zu hinterlassen.
ZZUMMM
Ich kenne also immer den Stand der Ermittlungen.

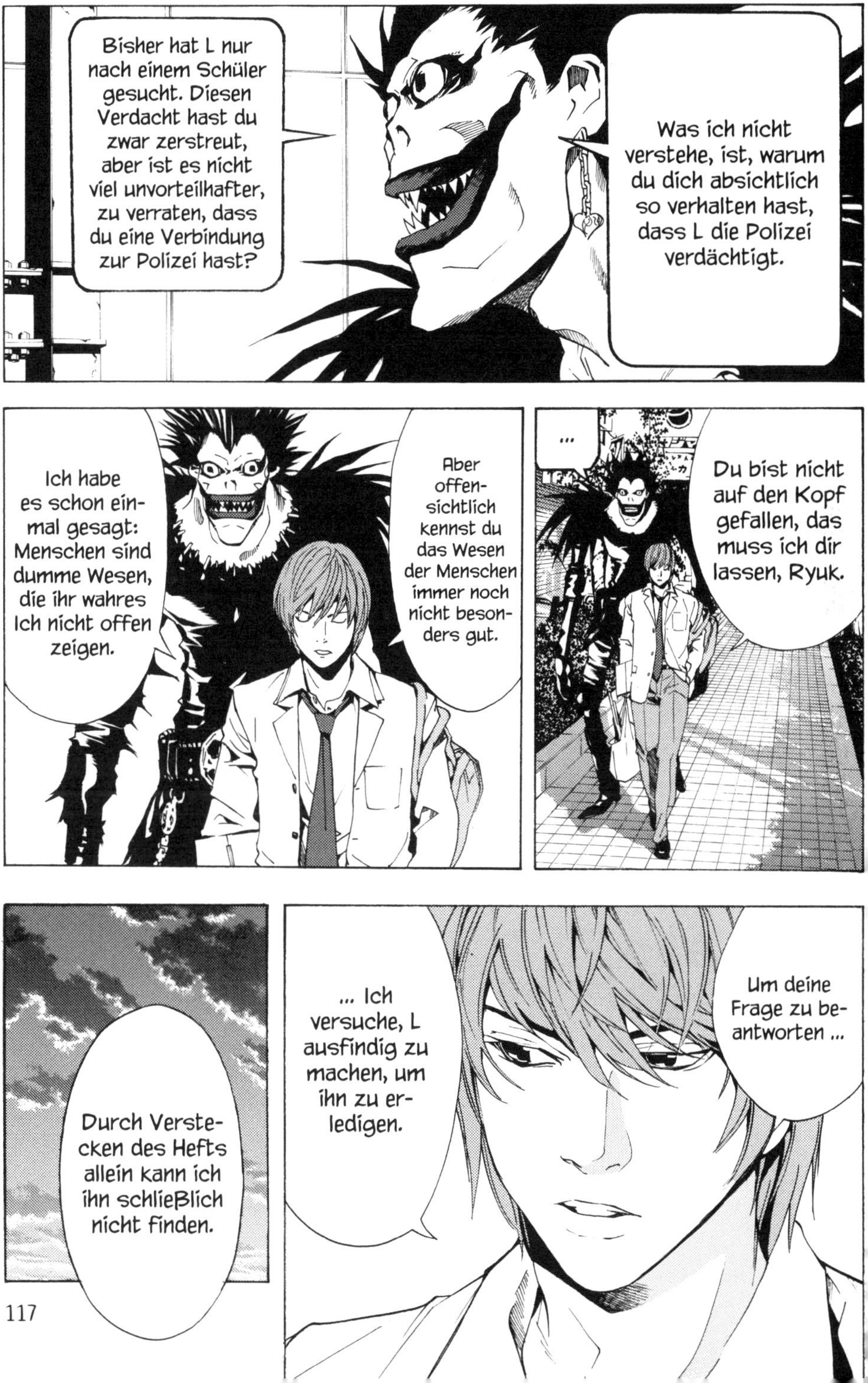
Was ich nicht verstehe, ist, warum du dich absichtlich so verhalten hast, dass L die Polizei verdächtigt.
Bisher hat L nur nach einem Schüler gesucht. Diesen Verdacht hast du zwar zerstreut, aber ist es nicht viel unvorteilhafter, zu verraten, dass du eine Verbindung zur Polizei hast?
Du bist nicht auf den Kopf gefallen, das muss ich dir lassen, Ryuk.
...
Aber offensichtlich kennst du das Wesen der Menschen immer noch nicht besonders gut.
Ich habe es schon einmal gesagt: Menschen sind dumme Wesen, die ihr wahres Ich nicht offen zeigen.
Um deine Frage zu beantworten ...
... Ich versuche, L ausfindig zu machen, um ihn zu erledigen.
Durch Verstecken des Hefts allein kann ich ihn schließlich nicht finden.

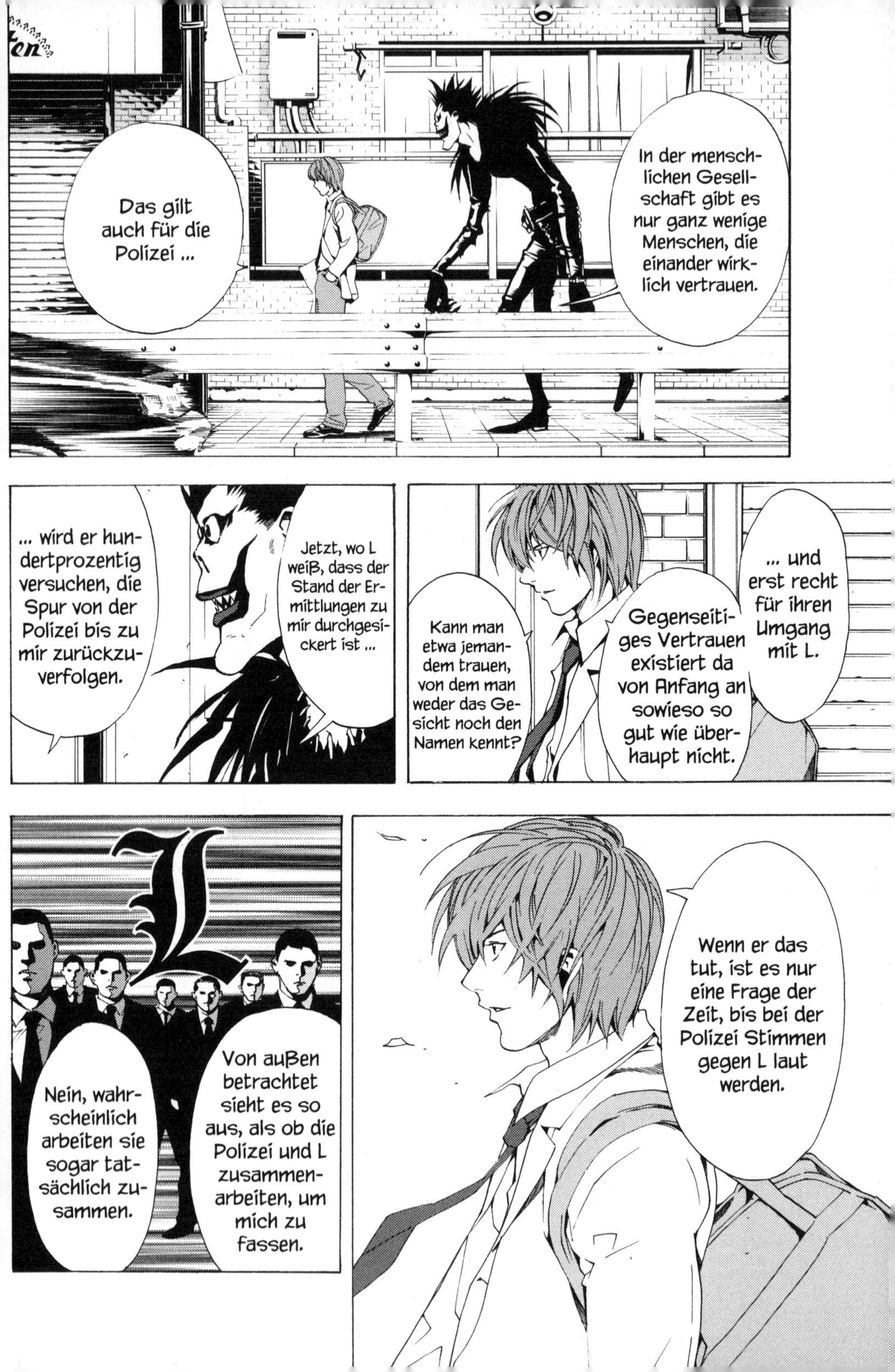
In der menschlichen Gesellschaft gibt es nur ganz wenige Menschen, die einander wirklich vertrauen.
Das gilt auch für die Polizei ...
... und erst recht für ihren Umgang mit L.
Gegenseitiges Vertrauen existiert da von Anfang an sowieso so gut wie überhaupt nicht.
Kann man etwa jemandem trauen, von dem man weder das Gesicht noch den Namen kennt?
Jetzt, wo L weiß, dass der Stand der Ermittlungen zu mir durchgesickert ist ...
... wird er hundertprozentig versuchen, die Spur von der Polizei bis zu mir zurückzuverfolgen.
Wenn er das tut, ist es nur eine Frage der Zeit, bis bei der Polizei Stimmen gegen L laut werden.
Von außen betrachtet sieht es so aus, als ob die Polizei und L zusammenarbeiten, um mich zu fassen.
Nein, wahrscheinlich arbeiten sie sogar tatsächlich zusammen.

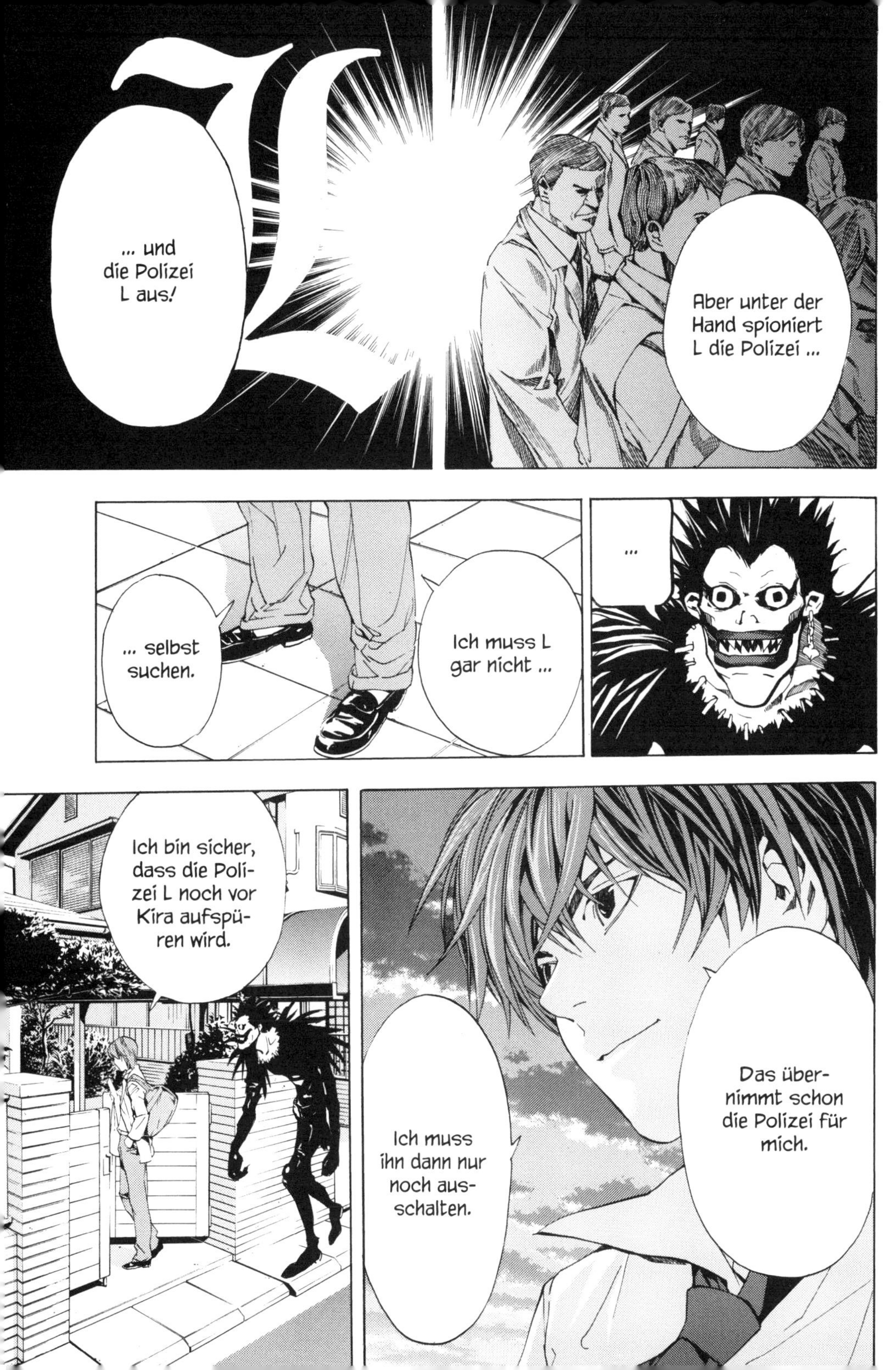
Aber unter der Hand spioniert L die Polizei ...
... und die Polizei L aus!
...
Ich muss L gar nicht ...
... selbst suchen.
Das übernimmt schon die Polizei für mich.
Ich muss ihn dann nur noch ausschalten.
Ich bin sicher, dass die Polizei L noch vor Kira aufspüren wird.

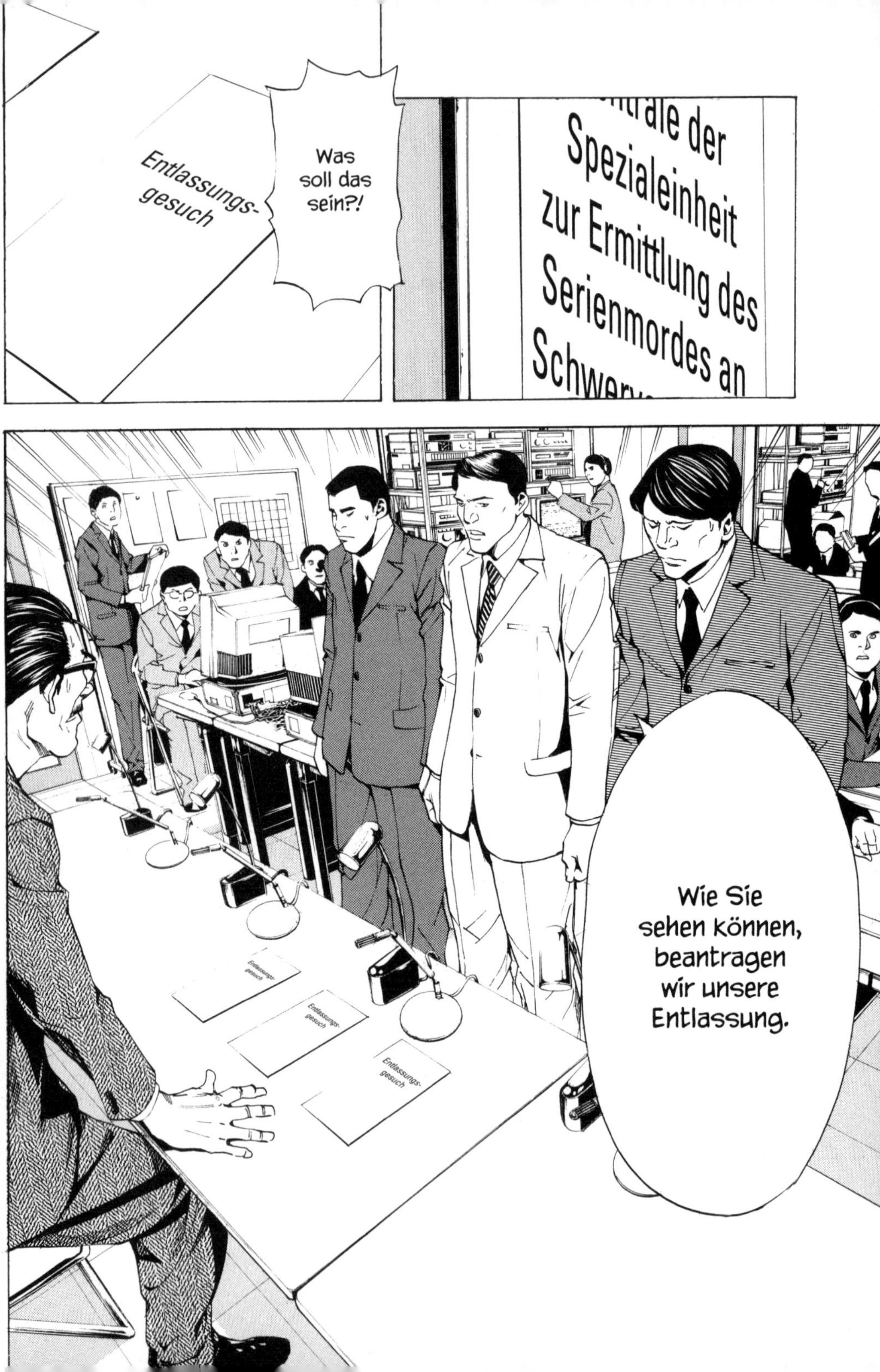
ntrale der
Spezialeinheit
zur Ermittlung des
Serienmordes an
Schwer
Was soll das sein?!
Entlassungsgesuch
Wie Sie sehen können, beantragen wir unsere Entlassung.
Entlassungsgesuch
Entlassungsgesuch
Entlassungsgesuch

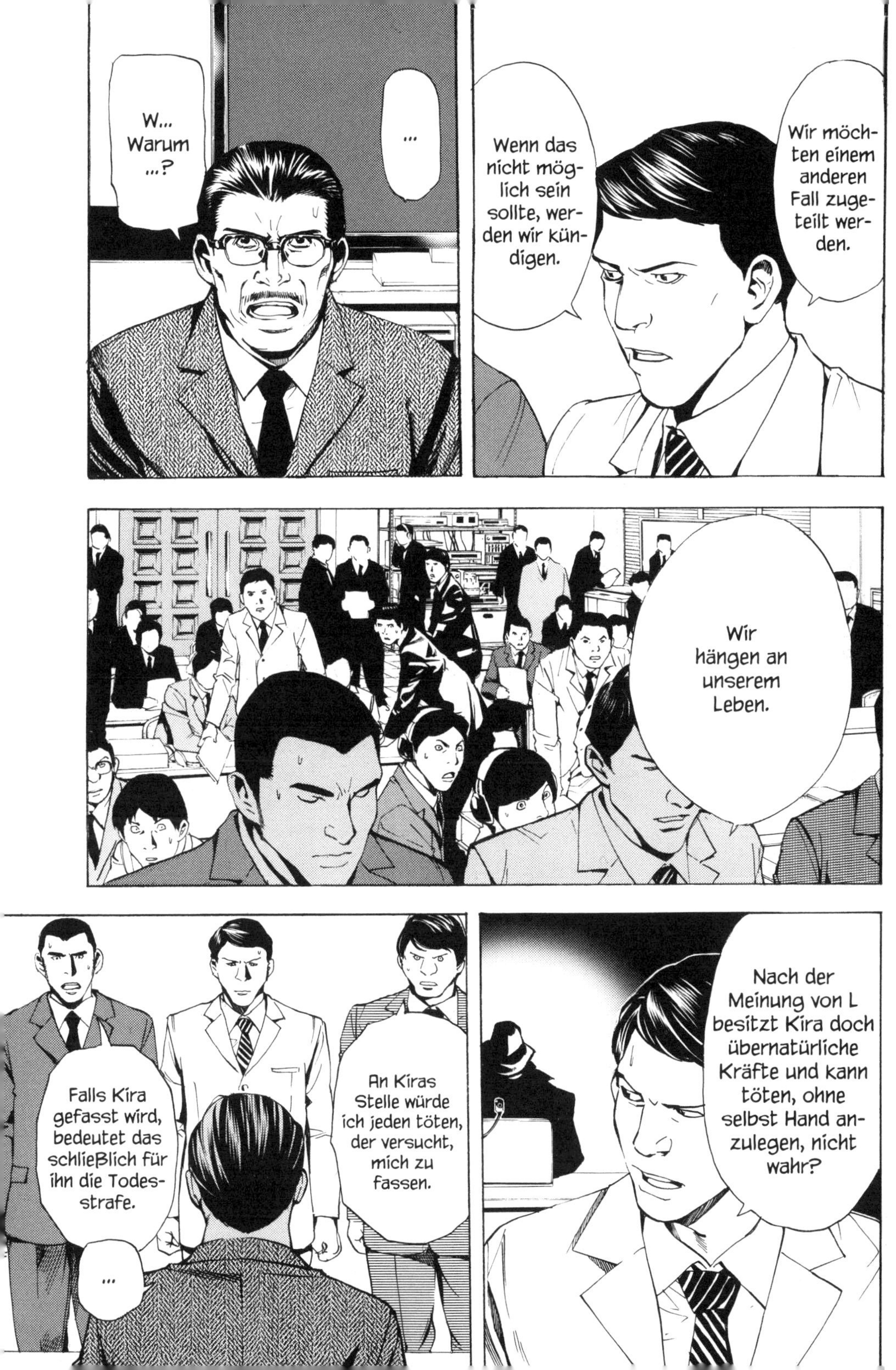
Wir möchten einem anderen Fall zugeteilt werden.
Wenn das nicht möglich sein sollte, werden wir kündigen.
...
W... Warum ...?
Wir hängen an unserem Leben.
Nach der Meinung von L besitzt Kira doch übernatürliche Kräfte und kann töten, ohne selbst Hand anzulegen, nicht wahr?
An Kiras Stelle würde ich jeden töten, der versucht, mich zu fassen.
Falls Kira gefasst wird, bedeutet das schließlich für ihn die Todesstrafe.
...

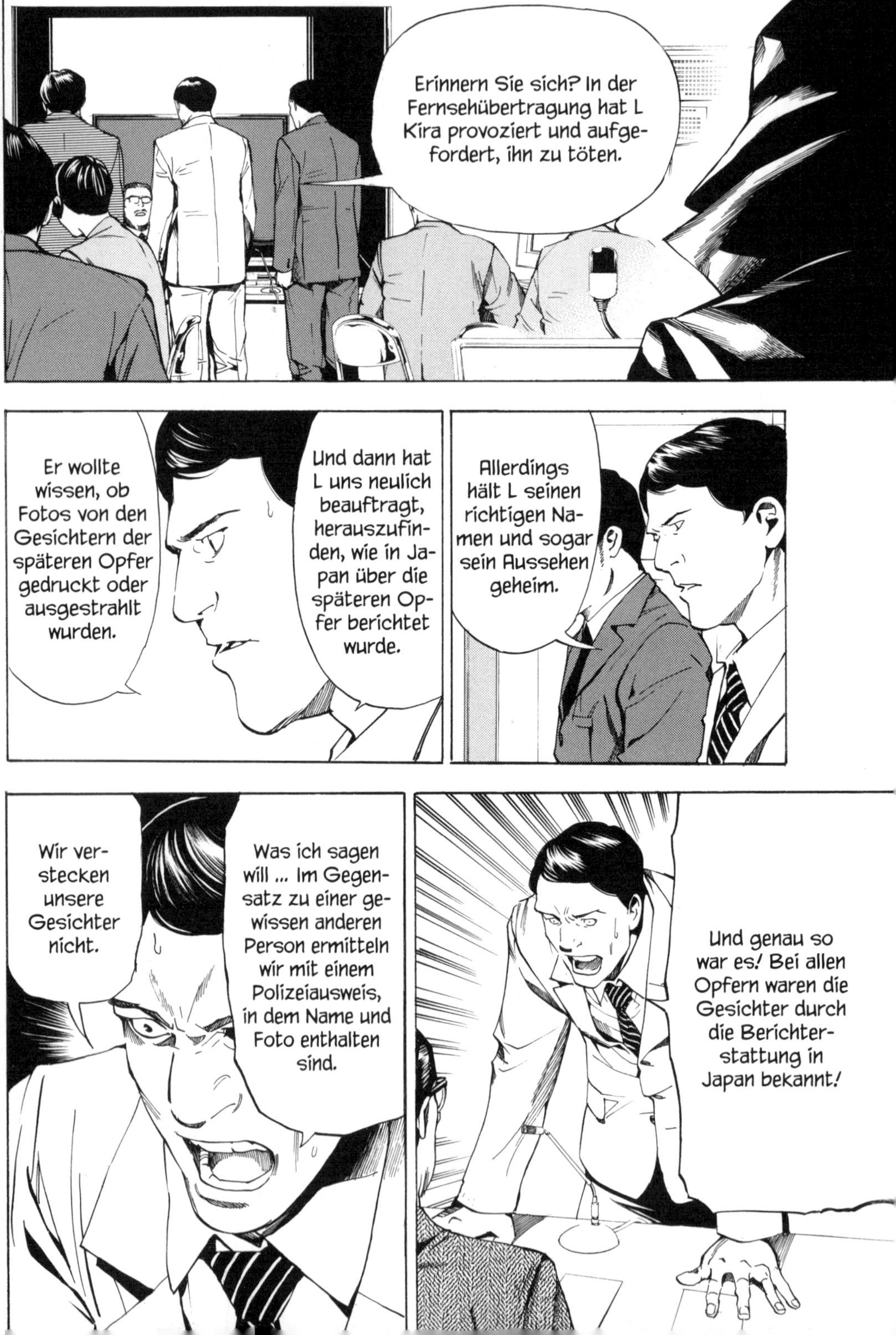
Erinnern Sie sich? In der Fernsehübertragung hat L Kira provoziert und aufgefordert, ihn zu töten.
Allerdings hält L seinen richtigen Namen und sogar sein Aussehen geheim.
Und dann hat L uns neulich beauftragt, herauszufinden, wie in Japan über die späteren Opfer berichtet wurde.
Er wollte wissen, ob Fotos von den Gesichtern der späteren Opfer gedruckt oder ausgestrahlt wurden.
Und genau so war es! Bei allen Opfern waren die Gesichter durch die Berichterstattung in Japan bekannt!
Was ich sagen will ... Im Gegensatz zu einer gewissen anderen Person ermitteln wir mit einem Polizeiausweis, in dem Name und Foto enthalten sind.
Wir verstecken unsere Gesichter nicht.

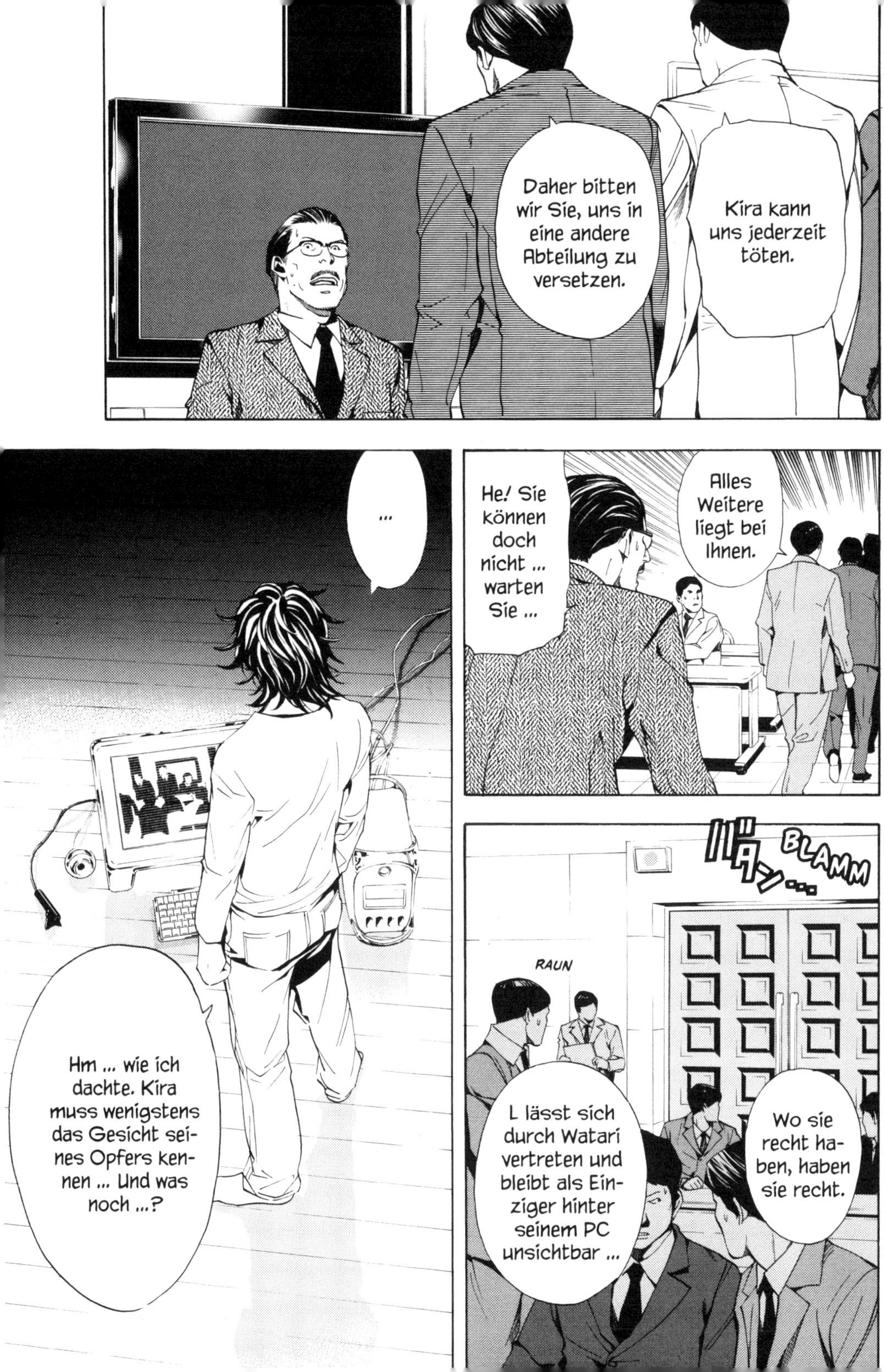
Kira kann uns jederzeit töten.
Daher bitten wir Sie, uns in eine andere Abteilung zu versetzen.
Alles Weitere liegt bei Ihnen.
He! Sie können doch nicht ... warten Sie ...
BLAMM
RAUN
Wo sie recht haben, haben sie recht.
L lässt sich durch Watari vertreten und bleibt als Einziger hinter seinem PC unsichtbar ...
...
Hm ... wie ich dachte. Kira muss wenigstens das Gesicht seines Opfers kennen ... Und was noch ...?

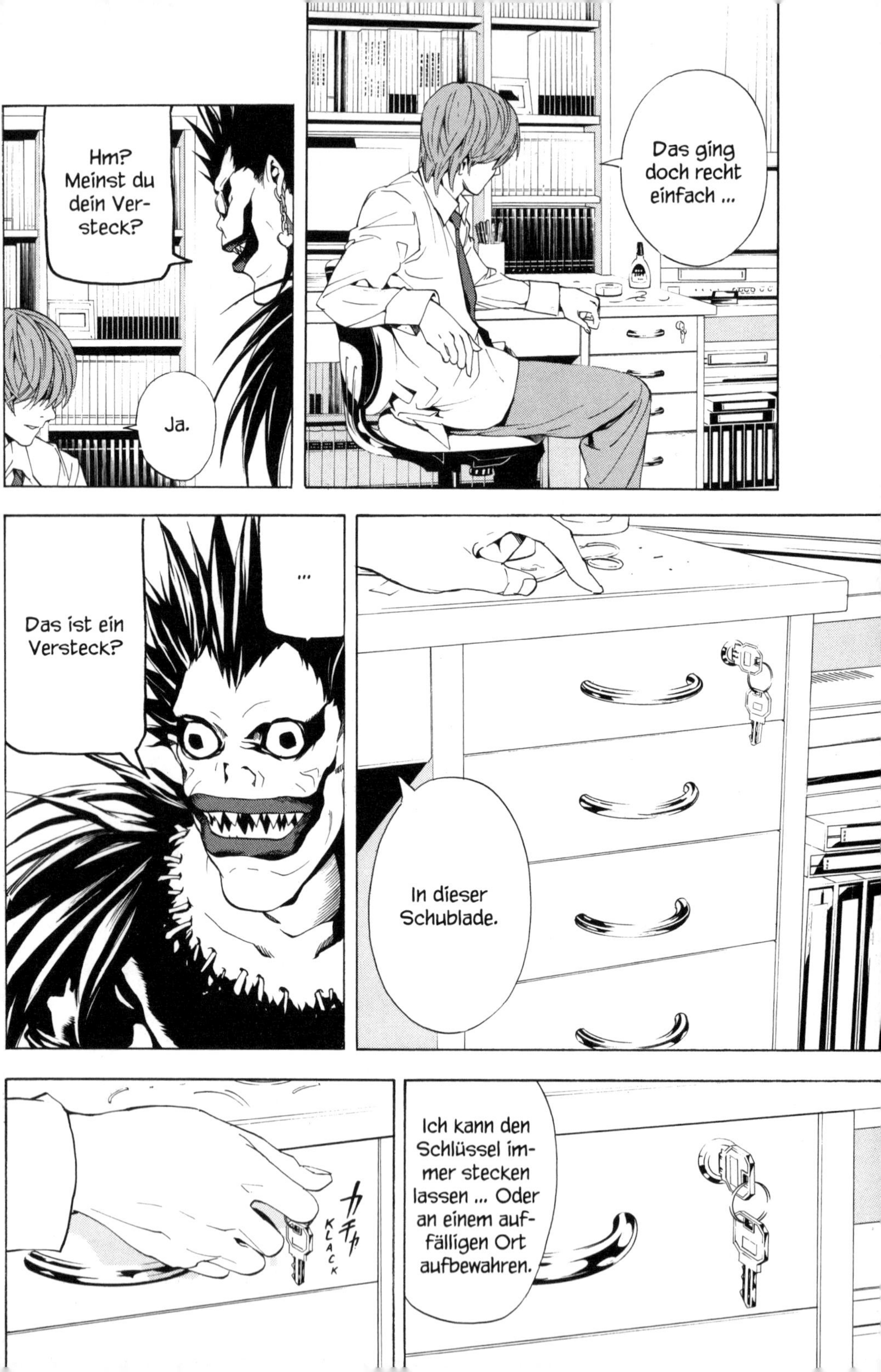
Das ging doch recht einfach ...
Hm? Meinst du dein Versteck?
Ja.
In dieser Schublade.
...
Das ist ein Versteck?
Ich kann den Schlüssel immer stecken lassen ... Oder an einem auffälligen Ort aufbewahren.
KLACK

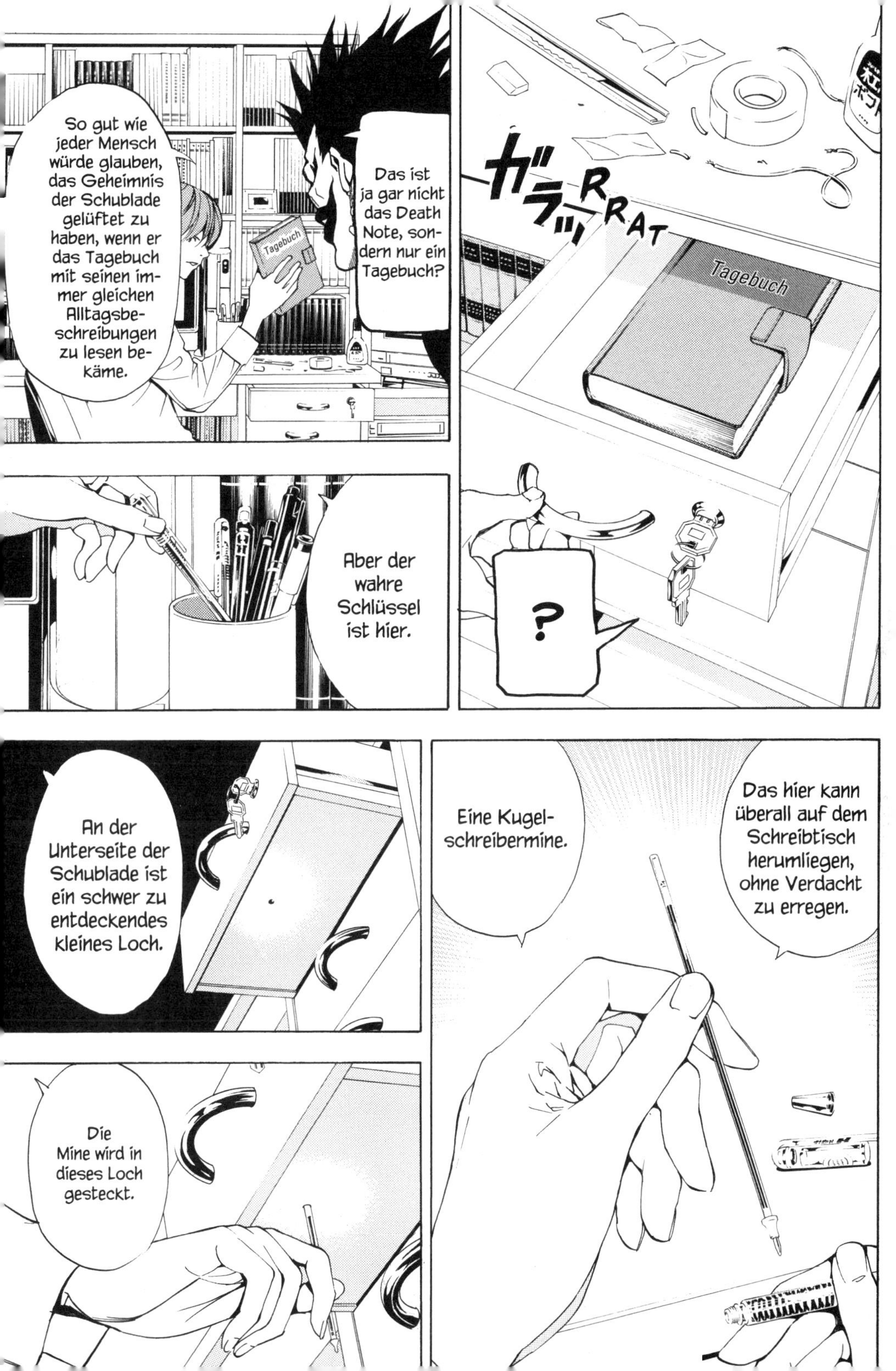

RRAT
Tagebuch
?
Das ist ja gar nicht das Death Note, sondern nur ein Tagebuch?
So gut wie jeder Mensch würde glauben, das Geheimnis der Schublade gelüftet zu haben, wenn er das Tagebuch mit seinen immer gleichen Alltagsbeschreibungen zu lesen bekäme.
Tagebuch
Aber der wahre Schlüssel ist hier.
Eine Kugelschreibermine.
Das hier kann überall auf dem Schreibtisch herumliegen, ohne Verdacht zu erregen.
An der Unterseite der Schublade ist ein schwer zu entdeckendes kleines Loch.
Die Mine wird in dieses Loch gesteckt.

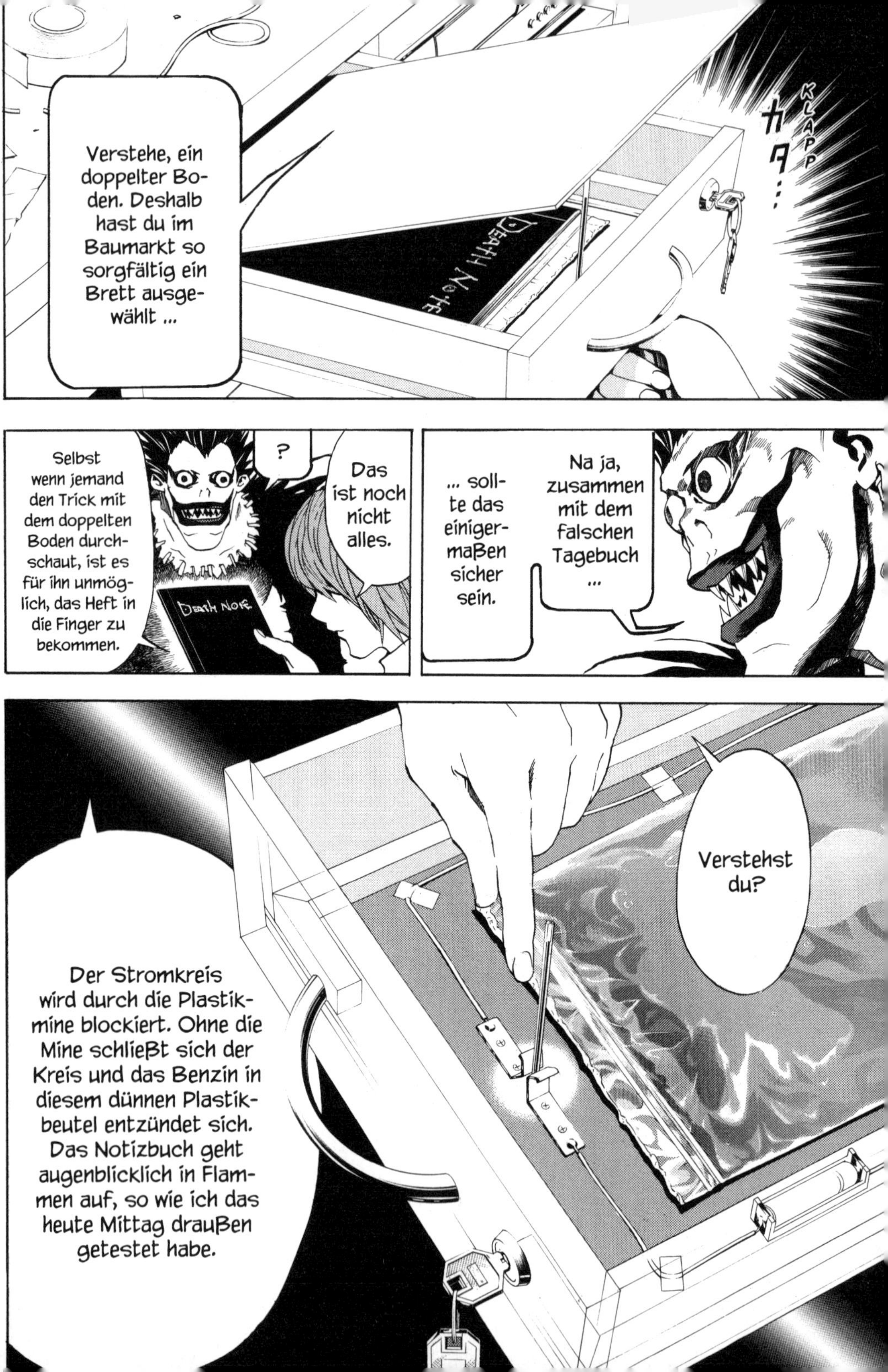
KLAPP
Verstehe, ein doppelter Boden. Deshalb hast du im Baumarkt so sorgfältig ein Brett ausgewählt ...
DEATH NOTE
Na ja, zusammen mit dem falschen Tagebuch ...
... sollte das einigermaßen sicher sein.
Das ist noch nicht alles.
?
Selbst wenn jemand den Trick mit dem doppelten Boden durchschaut, ist es für ihn unmöglich, das Heft in die Finger zu bekommen.
DEATH NOTE
Verstehst du?
Der Stromkreis wird durch die Plastikmine blockiert. Ohne die Mine schließt sich der Kreis und das Benzin in diesem dünnen Plastikbeutel entzündet sich. Das Notizbuch geht augenblicklich in Flammen auf, so wie ich das heute Mittag draußen getestet habe.

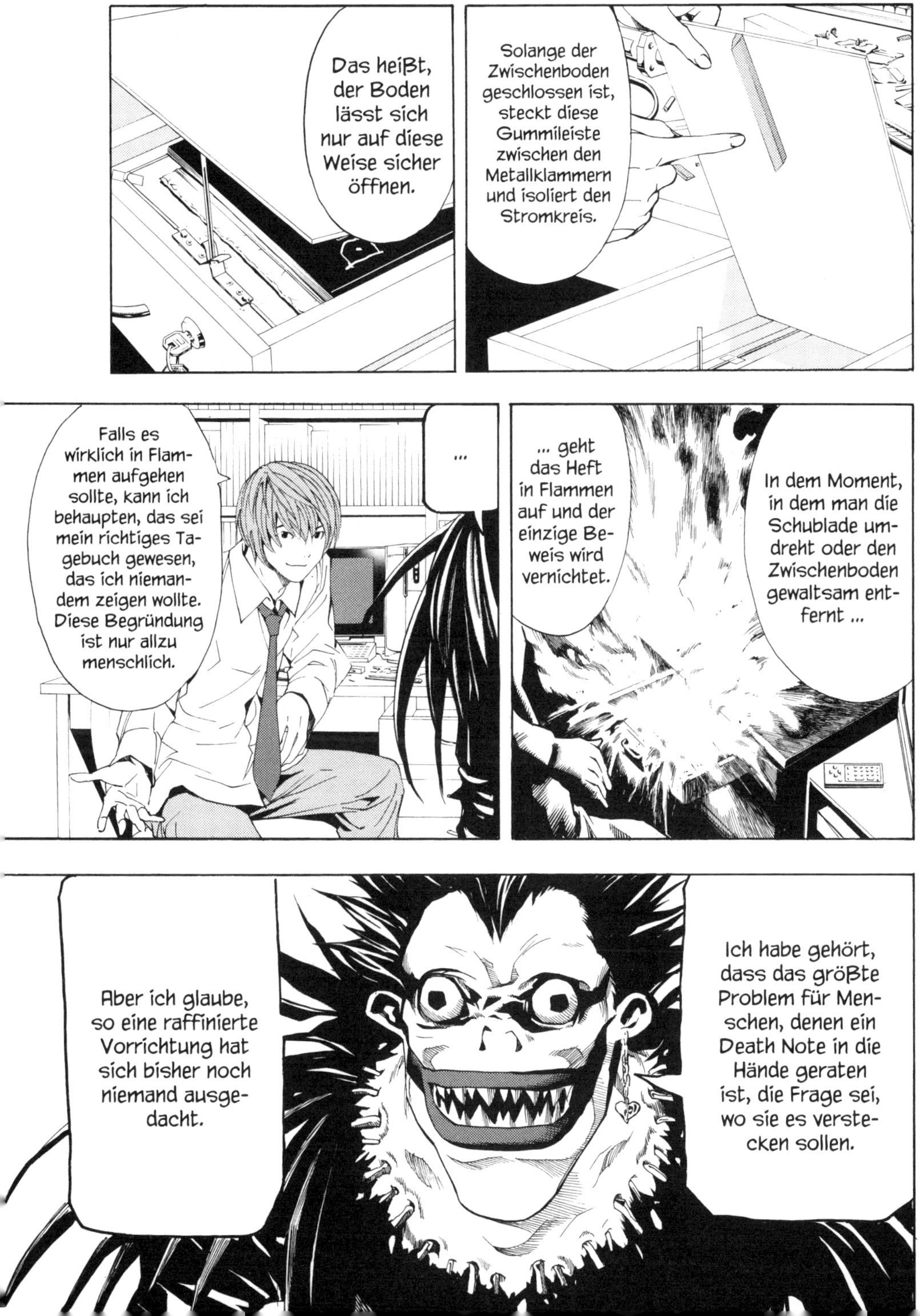
Solange der Zwischenboden geschlossen ist, steckt diese Gummileiste zwischen den Metallklammern und isoliert den Stromkreis.
Das heißt, der Boden lässt sich nur auf diese Weise sicher öffnen.
In dem Moment, in dem man die Schublade umdreht oder den Zwischenboden gewaltsam entfernt ...
... geht das Heft in Flammen auf und der einzige Beweis wird vernichtet.
...
Falls es wirklich in Flammen aufgehen sollte, kann ich behaupten, das sei mein richtiges Tagebuch gewesen, das ich niemandem zeigen wollte. Diese Begründung ist nur allzu menschlich.
Ich habe gehört, dass das größte Problem für Menschen, denen ein Death Note in die Hände geraten ist, die Frage sei, wo sie es verstecken sollen.
Aber ich glaube, so eine raffinierte Vorrichtung hat sich bisher noch niemand ausgedacht.

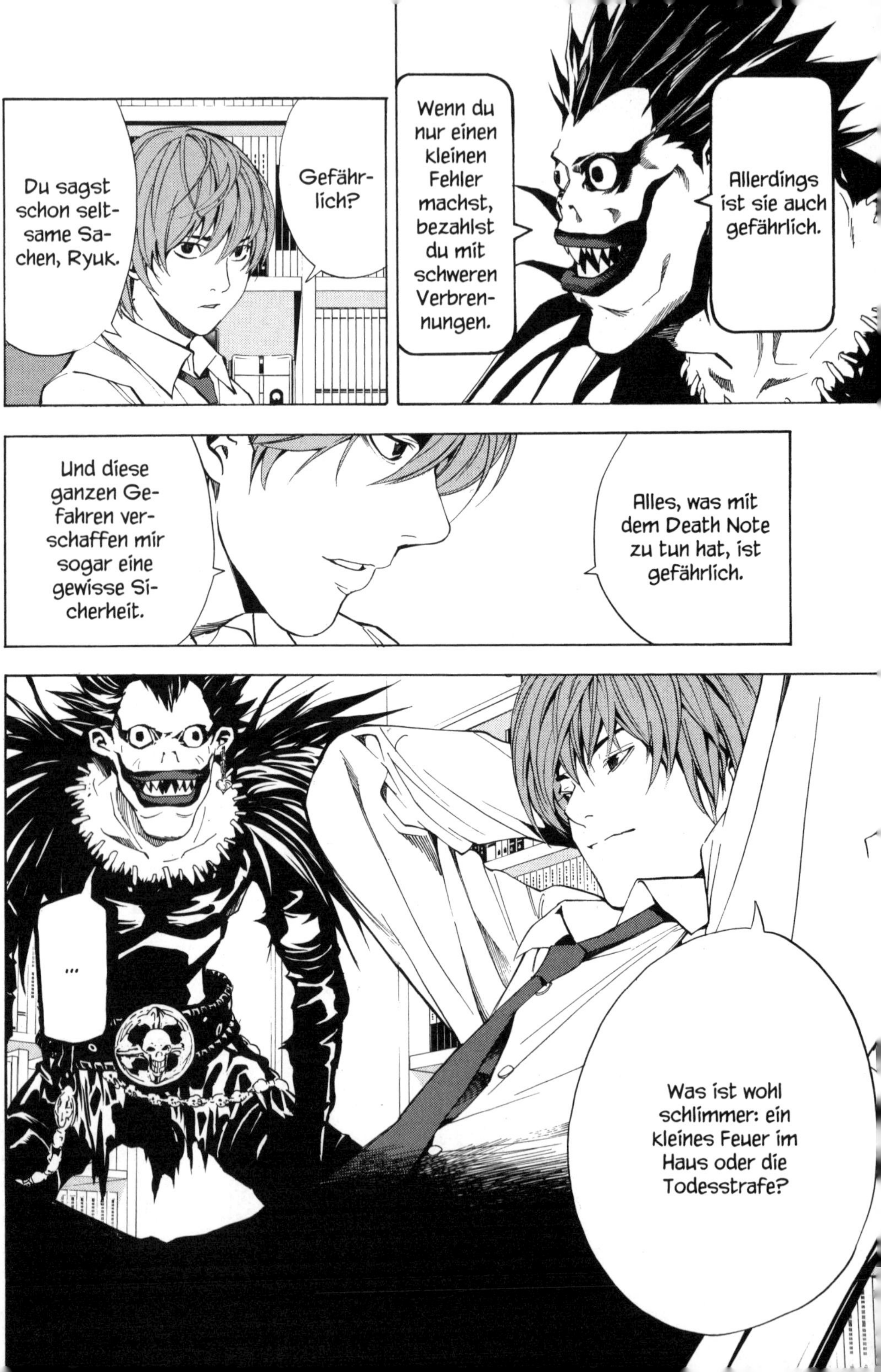

Allerdings ist sie auch gefährlich.
Wenn du nur einen kleinen Fehler machst, bezahlst du mit schweren Verbrennungen.
Gefährlich?
Du sagst schon seltsame Sachen, Ryuk.
Alles, was mit dem Death Note zu tun hat, ist gefährlich.
Und diese ganzen Gefahren verschaffen mir sogar eine gewisse Sicherheit.
Was ist wohl schlimmer: ein kleines Feuer im Haus oder die Todesstrafe?
...

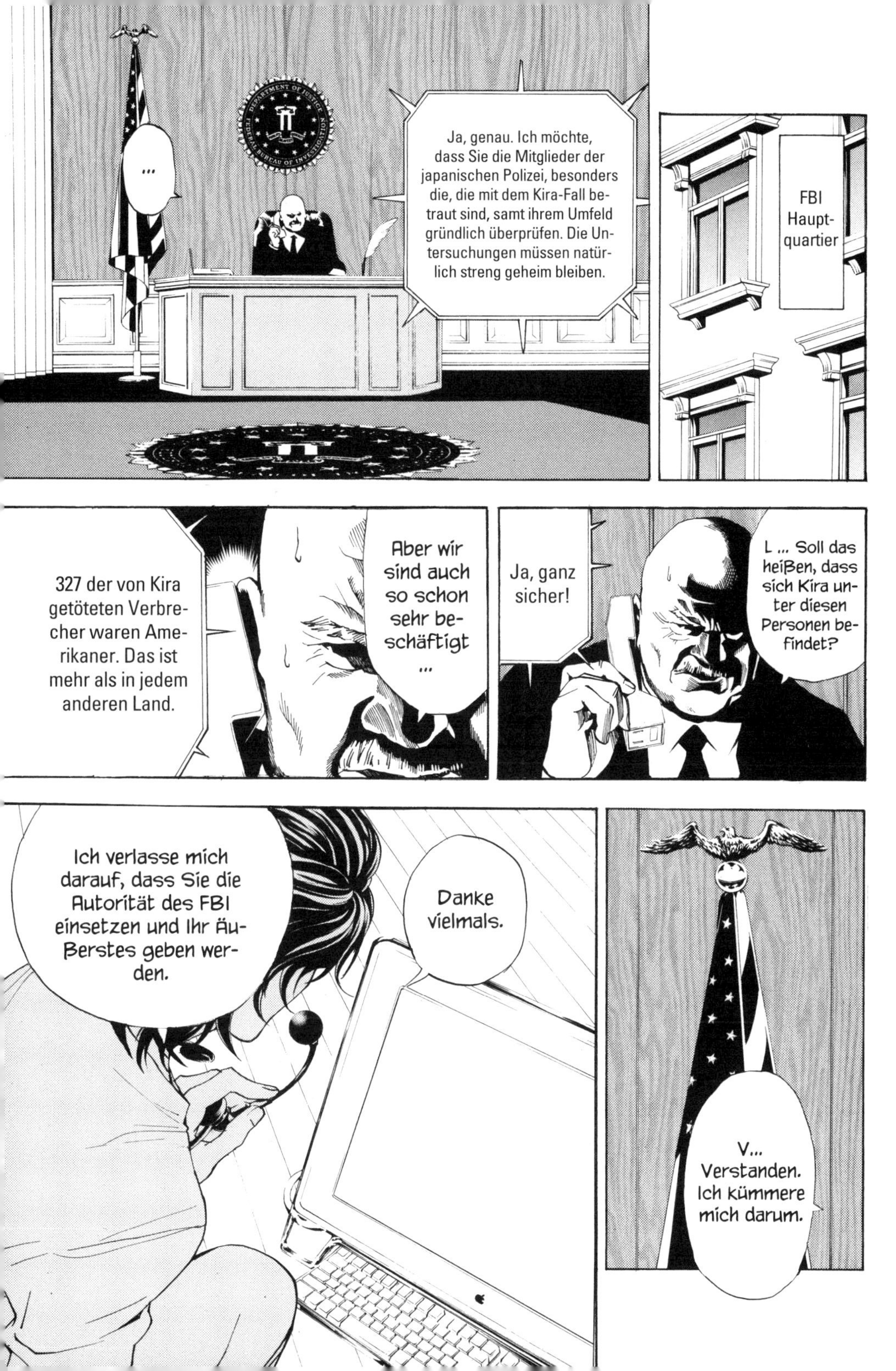
FBI Hauptquartier
Ja, genau. Ich möchte, dass Sie die Mitglieder der japanischen Polizei, besonders die, die mit dem Kira-Fall betraut sind, samt ihrem Umfeld gründlich überprüfen. Die Untersuchungen müssen natürlich streng geheim bleiben.
...
L ... Soll das heißen, dass sich Kira unter diesen Personen befindet?
Ja, ganz sicher!
Aber wir sind auch so schon sehr beschäftigt ...
327 der von Kira getöteten Verbrecher waren Amerikaner. Das ist mehr als in jedem anderen Land.
Ich verlasse mich darauf, dass Sie die Autorität des FBI einsetzen und Ihr Äußerstes geben werden.
V... Verstanden. Ich kümmere mich darum.
Danke vielmals.

DEATH NOTE

How to use it

IV

- The person in possession of the DEATH NOTE is possessed by a god of death, its original owner, until they die.

  WER DAS DEATH NOTE BESITZT, IST BIS ZU SEINEM TOD VON DEM TODESGOTT BESESSEN, DEM DAS HEFT URSPRÜNGLICH GEHÖRTE.

- If a human uses the note, a god of death usually appears in front of him/her within 39 days after he/she uses the note.

  DER TODESGOTT ERSCHEINT FÜR GEWÖHNLICH INNERHALB VON 39 TAGEN, NACHDEM DER MENSCH DAS HEFT ZUM ERSTEN MAL BENUTZT HAT.

- Gods of death, the original owners of the DEATH NOTE, do not do, in principle, anything which will help or prevent the deaths in the note.

  DER TODESGOTT, DEM DAS DEATH NOTE URSPRÜNGLICH GEHÖRTE, UNTERNIMMT GRUNDSÄTZLICH NICHTS, WAS DIE IN DEM HEFT AUFGEZEICHNETEN TODE UNTERSTÜTZEN ODER BEHINDERN KÖNNTE.

- A god of death has no obligation to completely explain how to use the note or rules which will apply to the human who owns it.

  DER TODESGOTT IST NICHT VERPFLICHTET, DIE GEBRAUCHSWEISE DES DEATH NOTE ODER DIE MIT DESSEN GEBRAUCH VERBUNDENEN REGELN VOLLSTÄNDIG ZU ERKLÄREN.

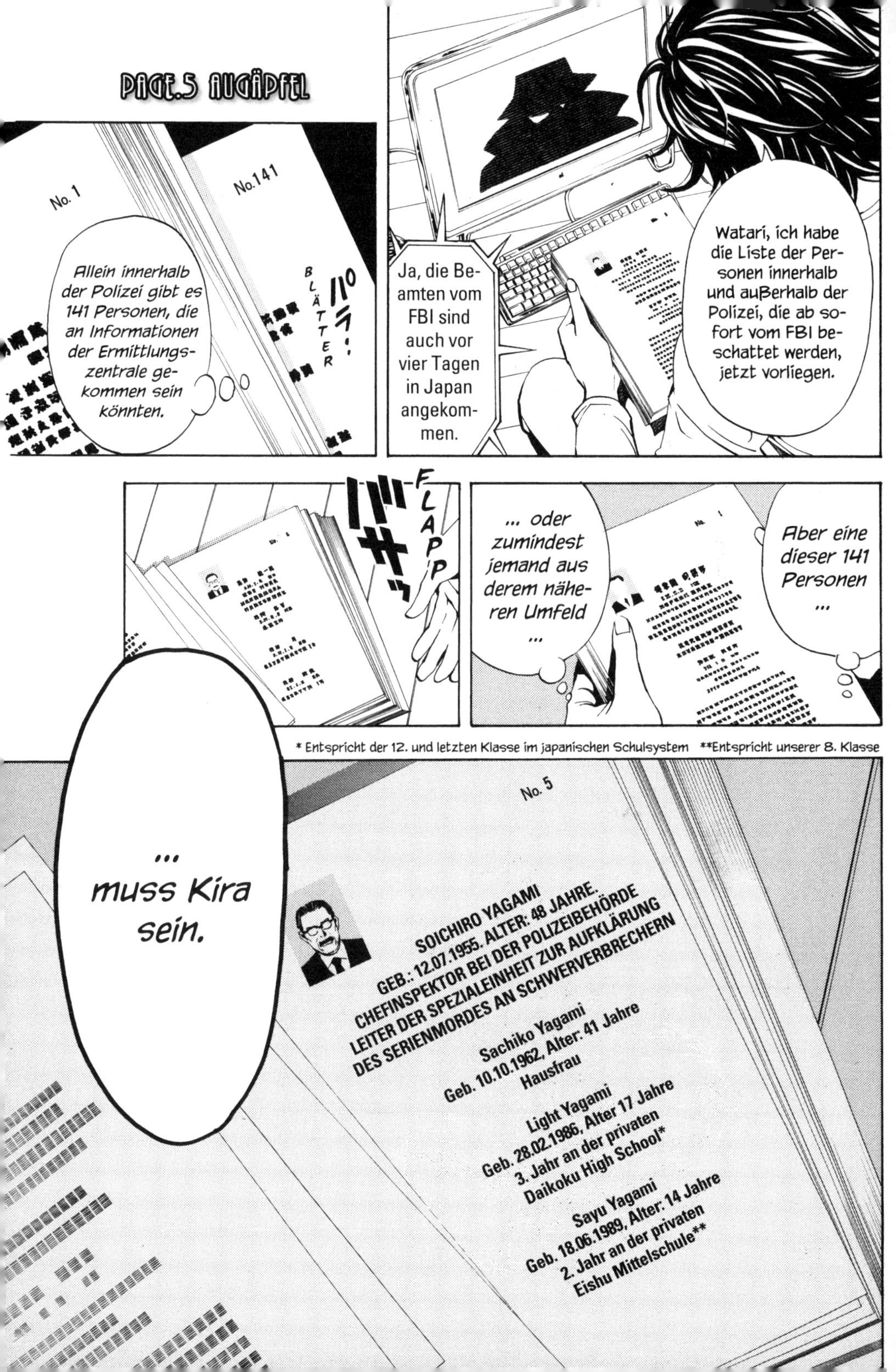

* Entspricht der 12. und letzten Klasse im japanischen Schulsystem **Entspricht unserer 8. Klasse

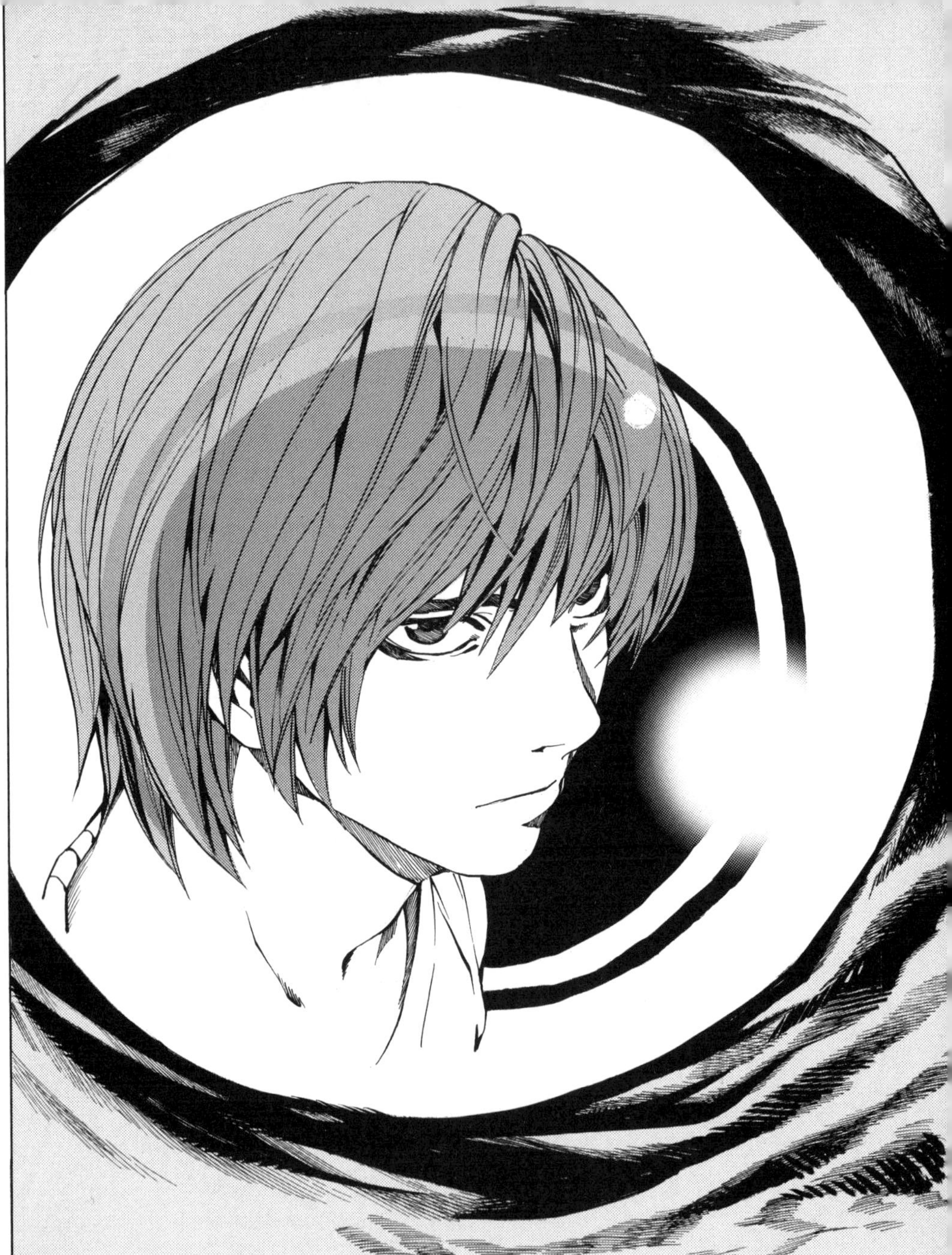

PAGE.5 AUGENLICHT

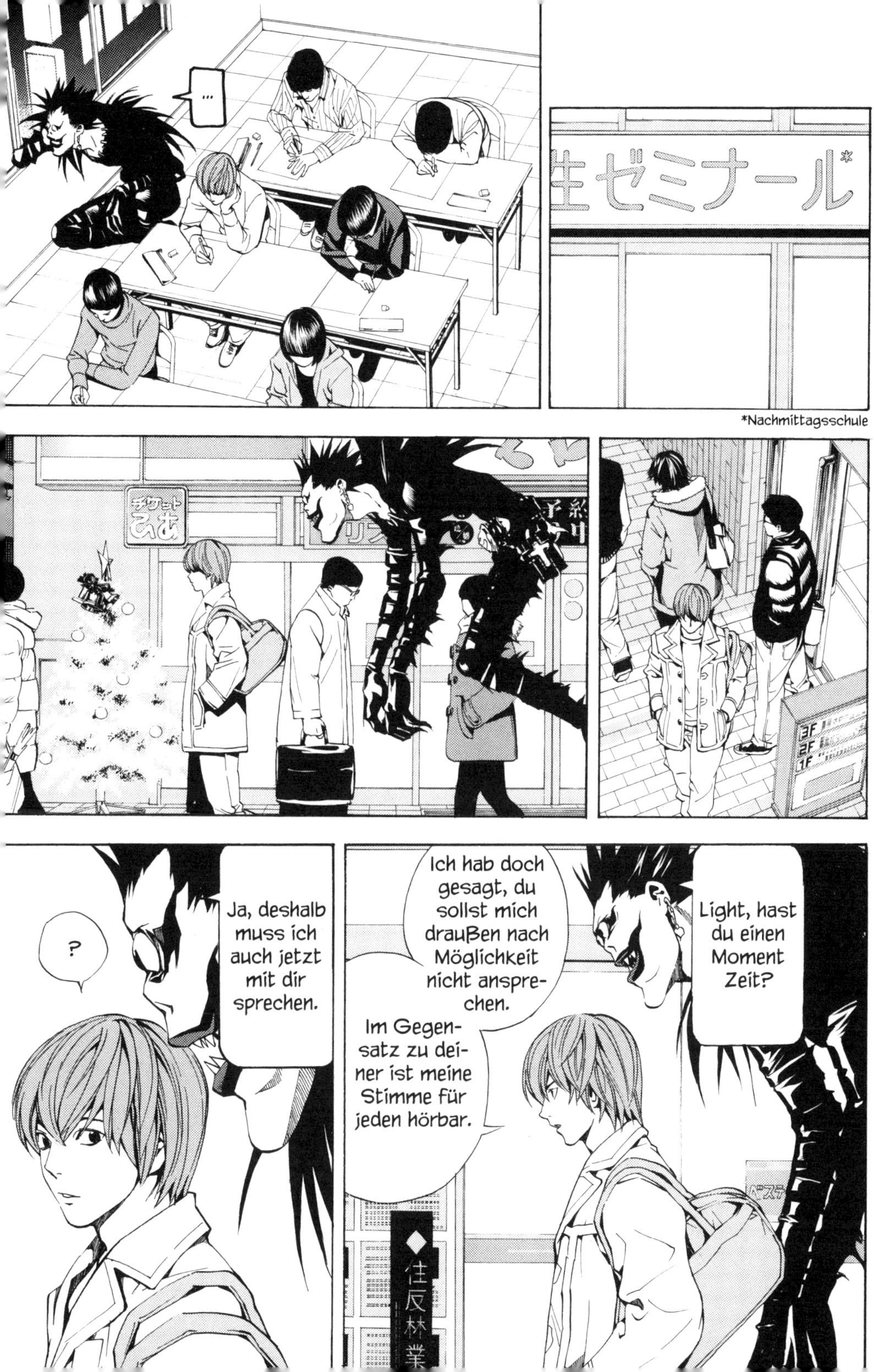

*Nachmittagsschule

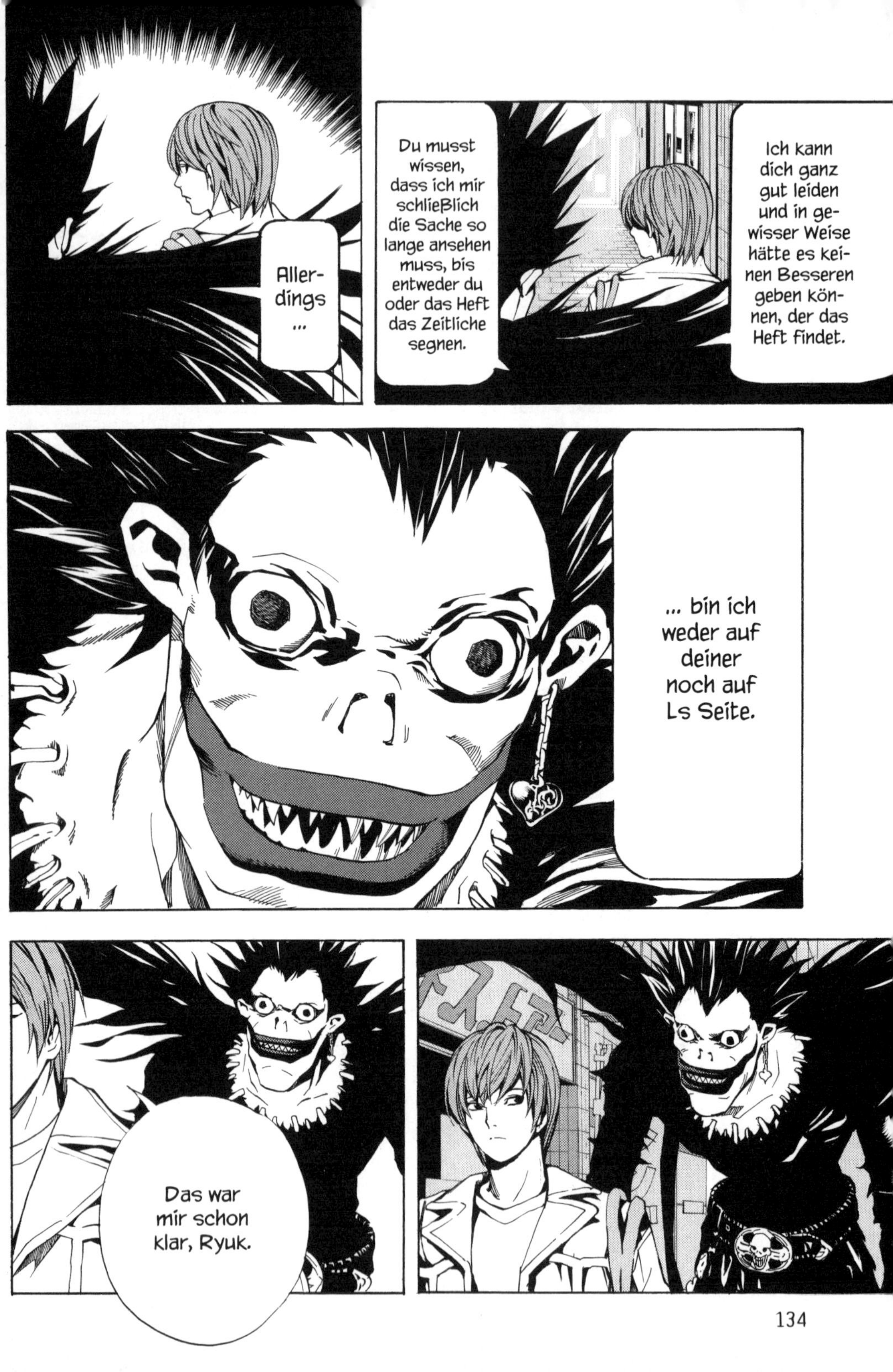
Ich kann dich ganz gut leiden und in gewisser Weise hätte es keinen Besseren geben können, der das Heft findet.
Du musst wissen, dass ich mir schließlich die Sache so lange ansehen muss, bis entweder du oder das Heft das Zeitliche segnen.
Allerdings ...
... bin ich weder auf deiner noch auf Ls Seite.
Das war mir schon klar, Ryuk.

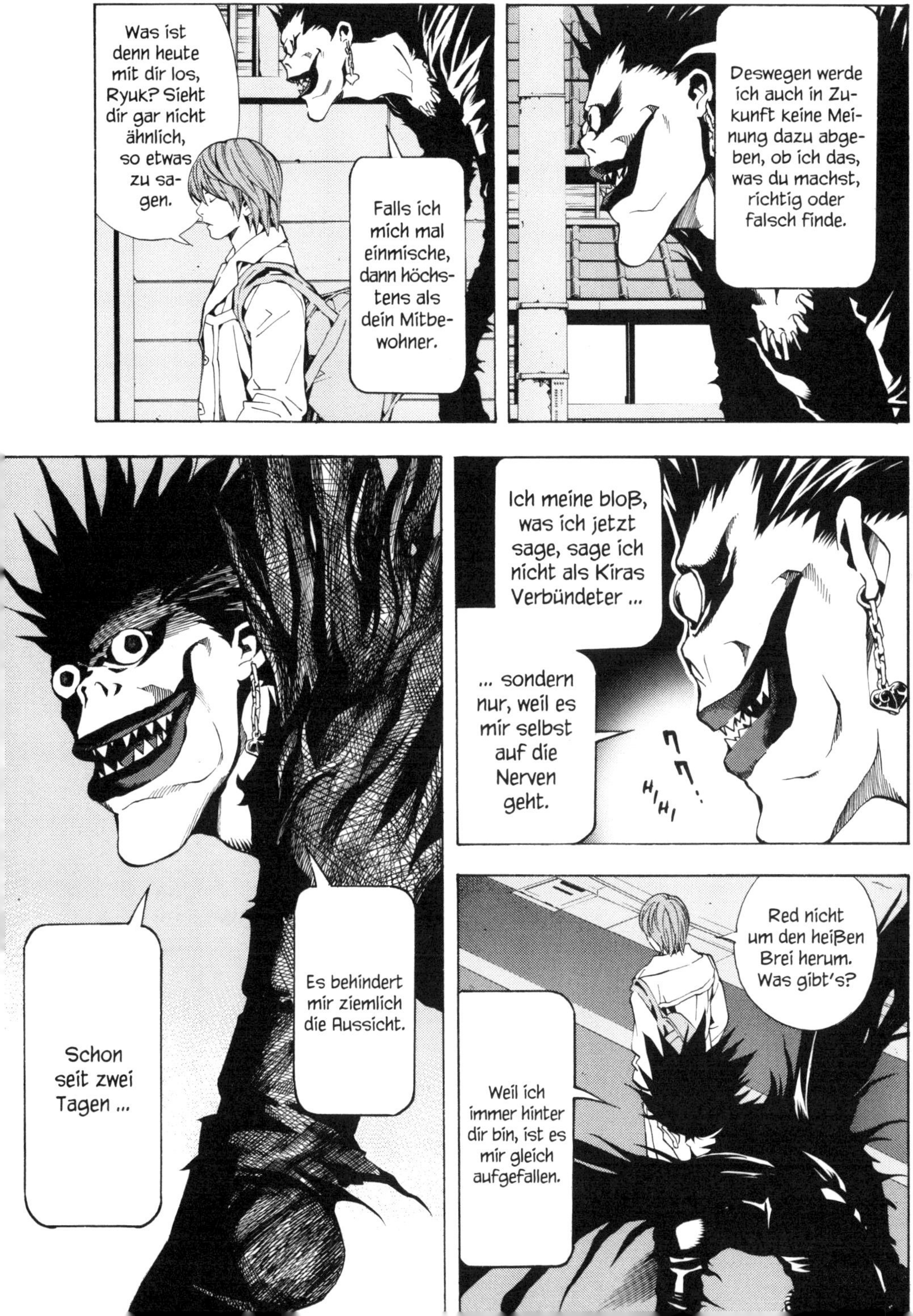
Deswegen werde ich auch in Zukunft keine Meinung dazu abgeben, ob ich das, was du machst, richtig oder falsch finde.
Was ist denn heute mit dir los, Ryuk? Sieht dir gar nicht ähnlich, so etwas zu sagen.
Falls ich mich mal einmische, dann höchstens als dein Mitbewohner.
Ich meine bloß, was ich jetzt sage, sage ich nicht als Kiras Verbündeter ...
... sondern nur, weil es mir selbst auf die Nerven geht.
HIHI
Red nicht um den heißen Brei herum. Was gibt's?
Weil ich immer hinter dir bin, ist es mir gleich aufgefallen.
Es behindert mir ziemlich die Aussicht.
Schon seit zwei Tagen ...

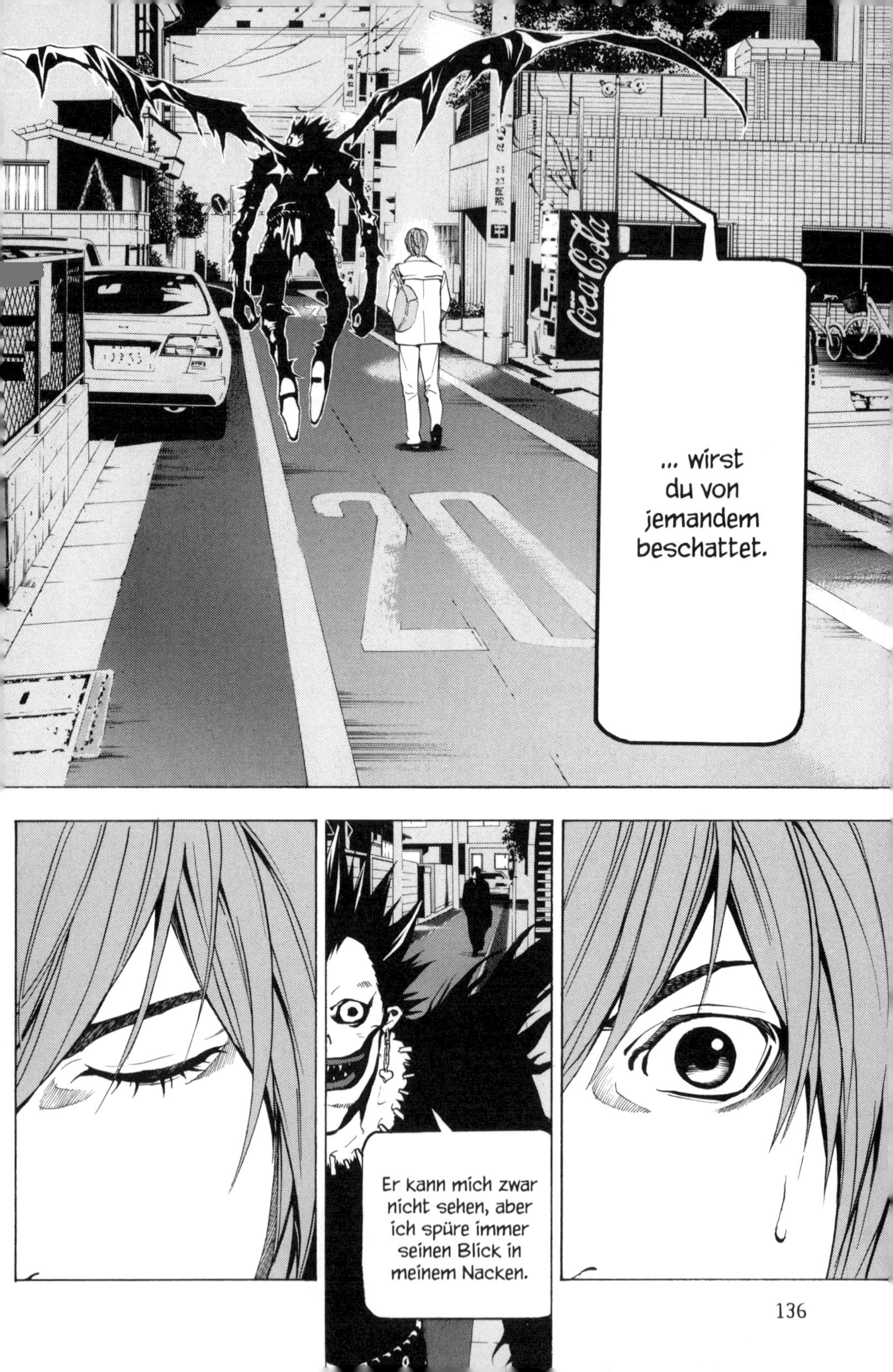
Coca-Cola
... wirst du von jemandem beschattet.
Er kann mich zwar nicht sehen, aber ich spüre immer seinen Blick in meinem Nacken.

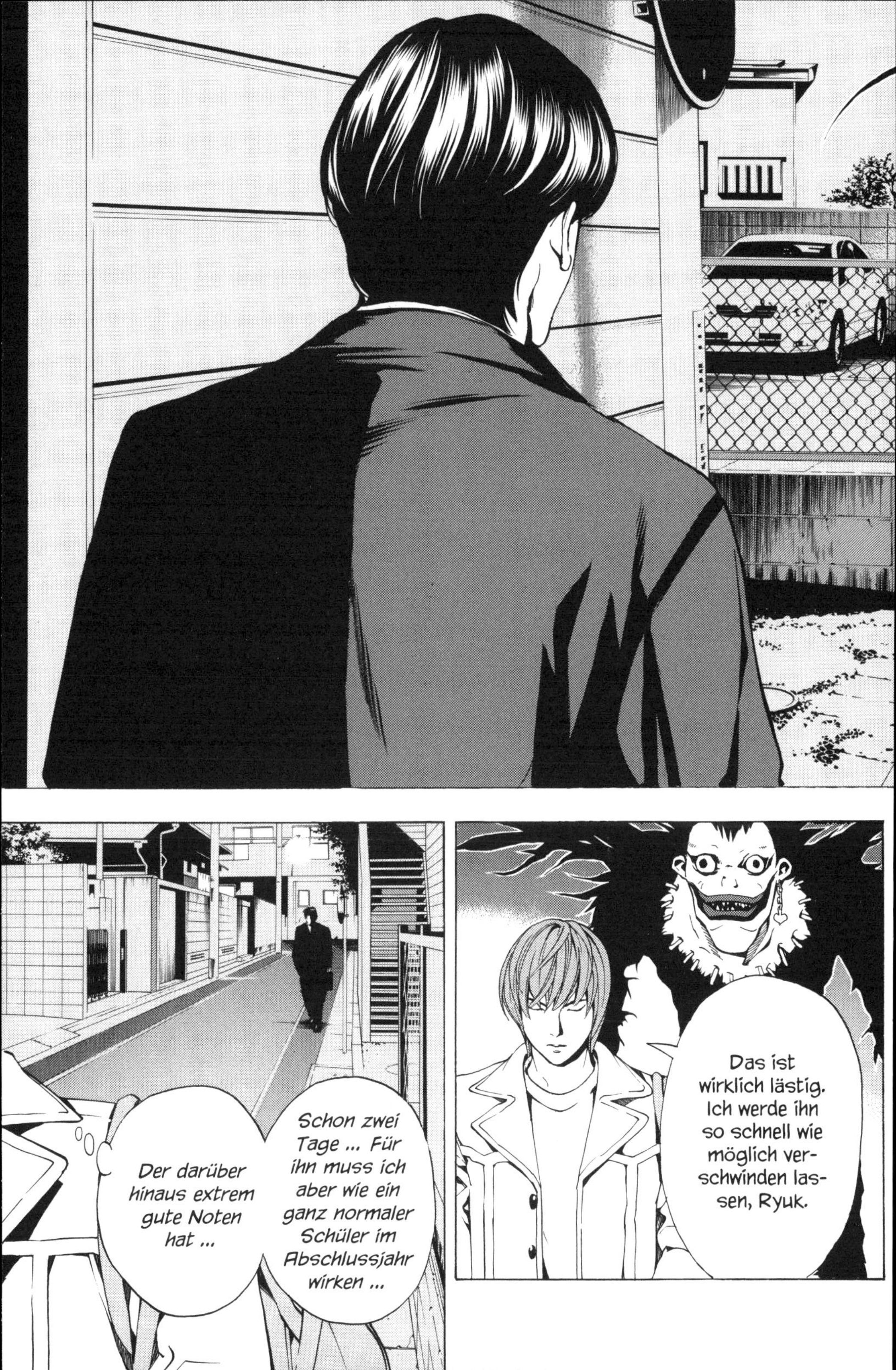

Das ist wirklich lästig. Ich werde ihn so schnell wie möglich verschwinden lassen, Ryuk.
Schon zwei Tage ... Für ihn muss ich aber wie ein ganz normaler Schüler im Abschlussjahr wirken ...
Der darüber hinaus extrem gute Noten hat ...

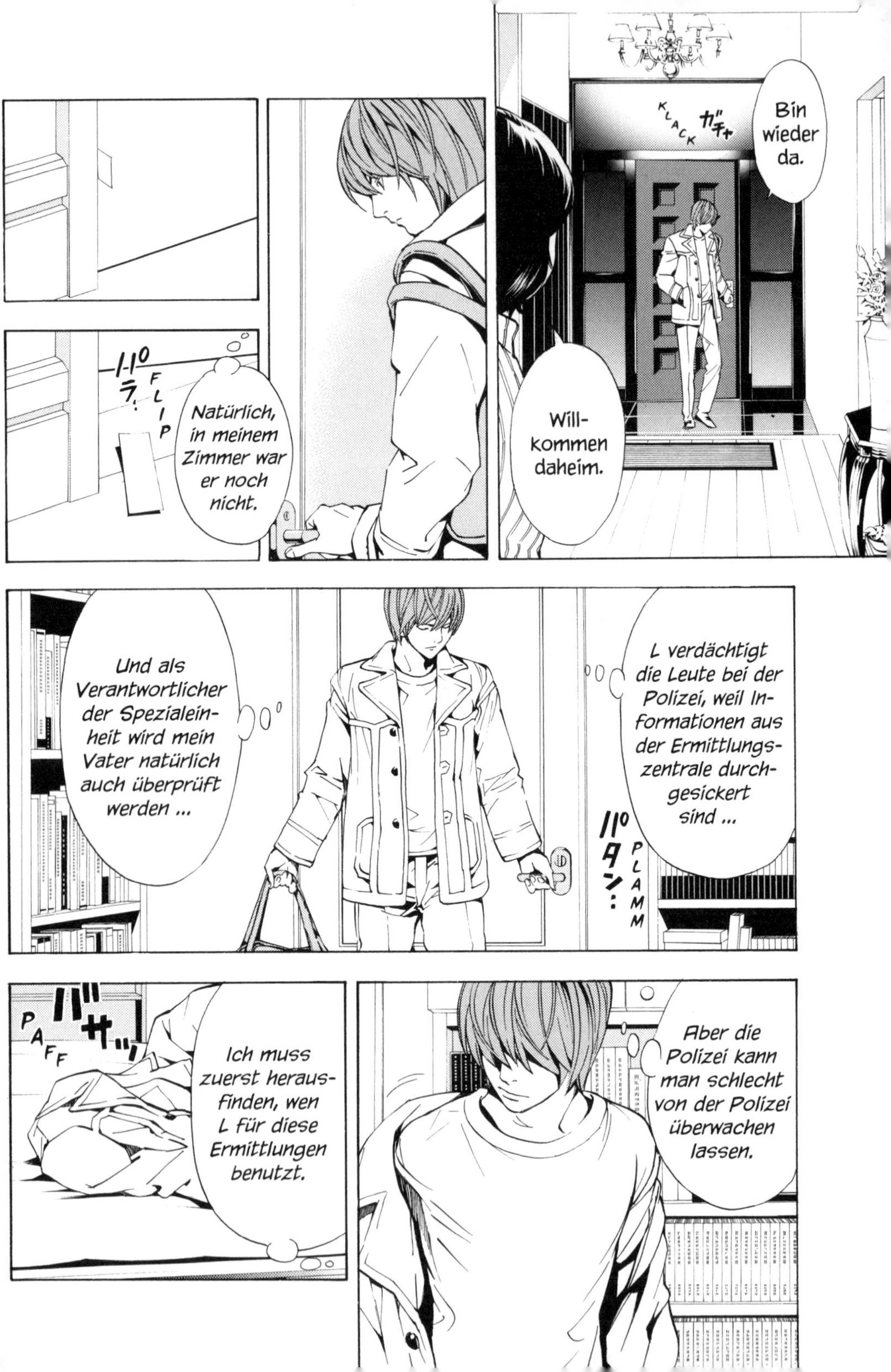

KLACK
Bin wieder da.
Willkommen daheim.
FLIP
Natürlich, in meinem Zimmer war er noch nicht.
L verdächtigt die Leute bei der Polizei, weil Informationen aus der Ermittlungszentrale durchgesickert sind ...
PLAMM
Und als Verantwortlicher der Spezialeinheit wird mein Vater natürlich auch überprüft werden ...
Aber die Polizei kann man schlecht von der Polizei überwachen lassen.
PAFF
Ich muss zuerst herausfinden, wen L für diese Ermittlungen benutzt.

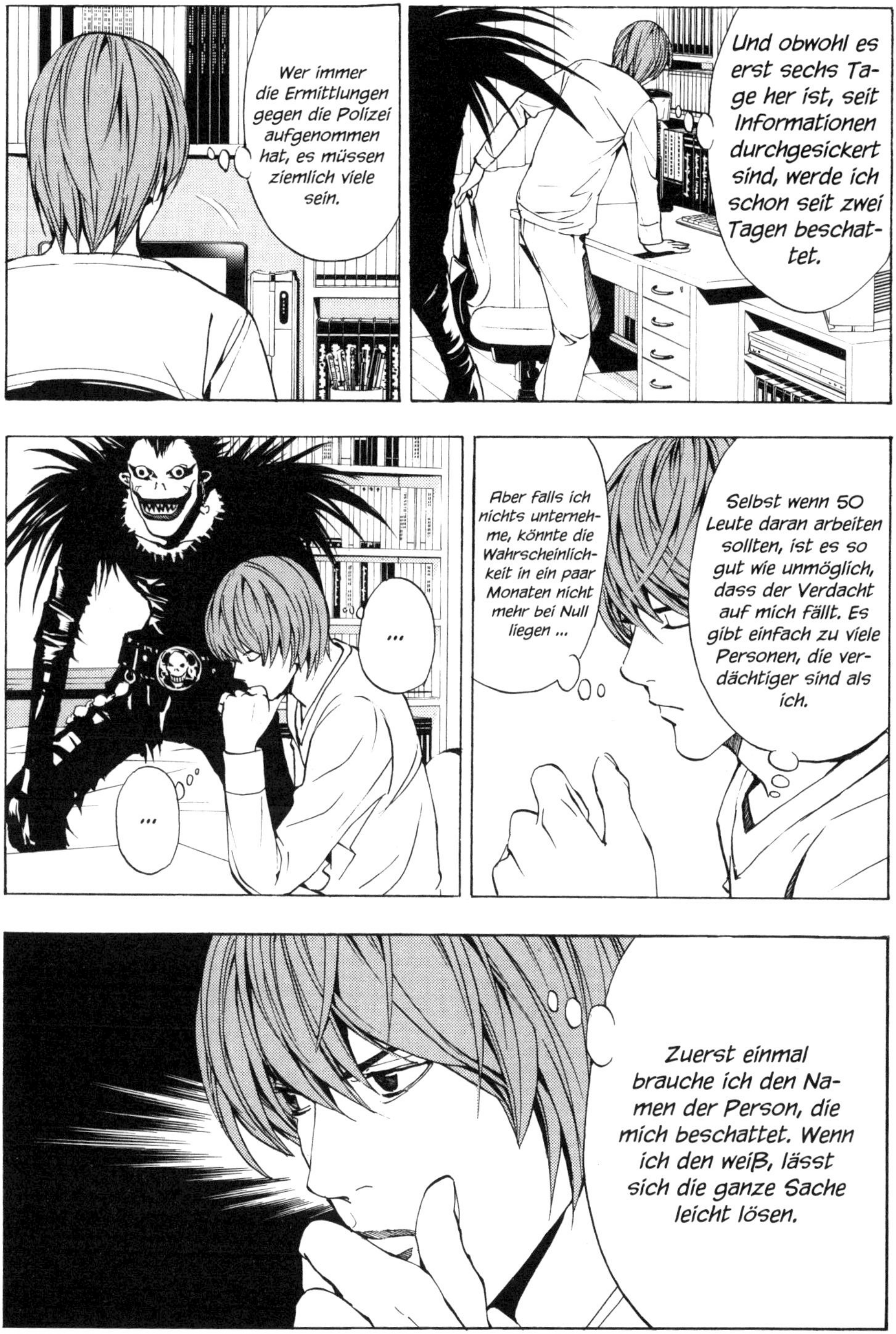
Und obwohl es erst sechs Tage her ist, seit Informationen durchgesickert sind, werde ich schon seit zwei Tagen beschattet.
Wer immer die Ermittlungen gegen die Polizei aufgenommen hat, es müssen ziemlich viele sein.
Selbst wenn 50 Leute daran arbeiten sollten, ist es so gut wie unmöglich, dass der Verdacht auf mich fällt. Es gibt einfach zu viele Personen, die verdächtiger sind als ich.
Aber falls ich nichts unternehme, könnte die Wahrscheinlichkeit in ein paar Monaten nicht mehr bei Null liegen …
…
…
Zuerst einmal brauche ich den Namen der Person, die mich beschattet. Wenn ich den weiß, lässt sich die ganze Sache leicht lösen.

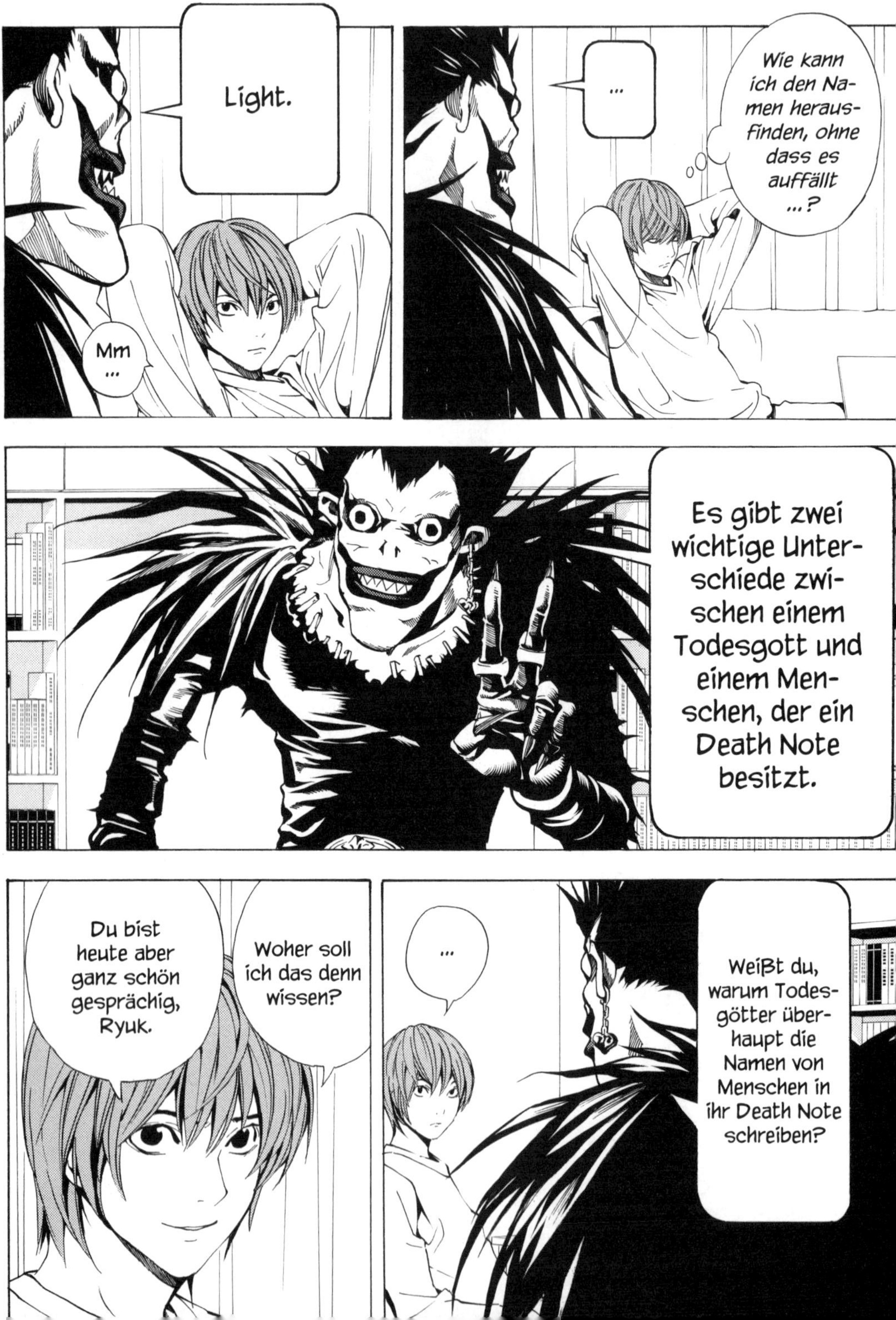

Wie kann ich den Namen herausfinden, ohne dass es auffällt ...?
...
Light.
Mm ...
Es gibt zwei wichtige Unterschiede zwischen einem Todesgott und einem Menschen, der ein Death Note besitzt.
Weißt du, warum Todesgötter überhaupt die Namen von Menschen in ihr Death Note schreiben?
...
Woher soll ich das denn wissen?
Du bist heute aber ganz schön gesprächig, Ryuk.

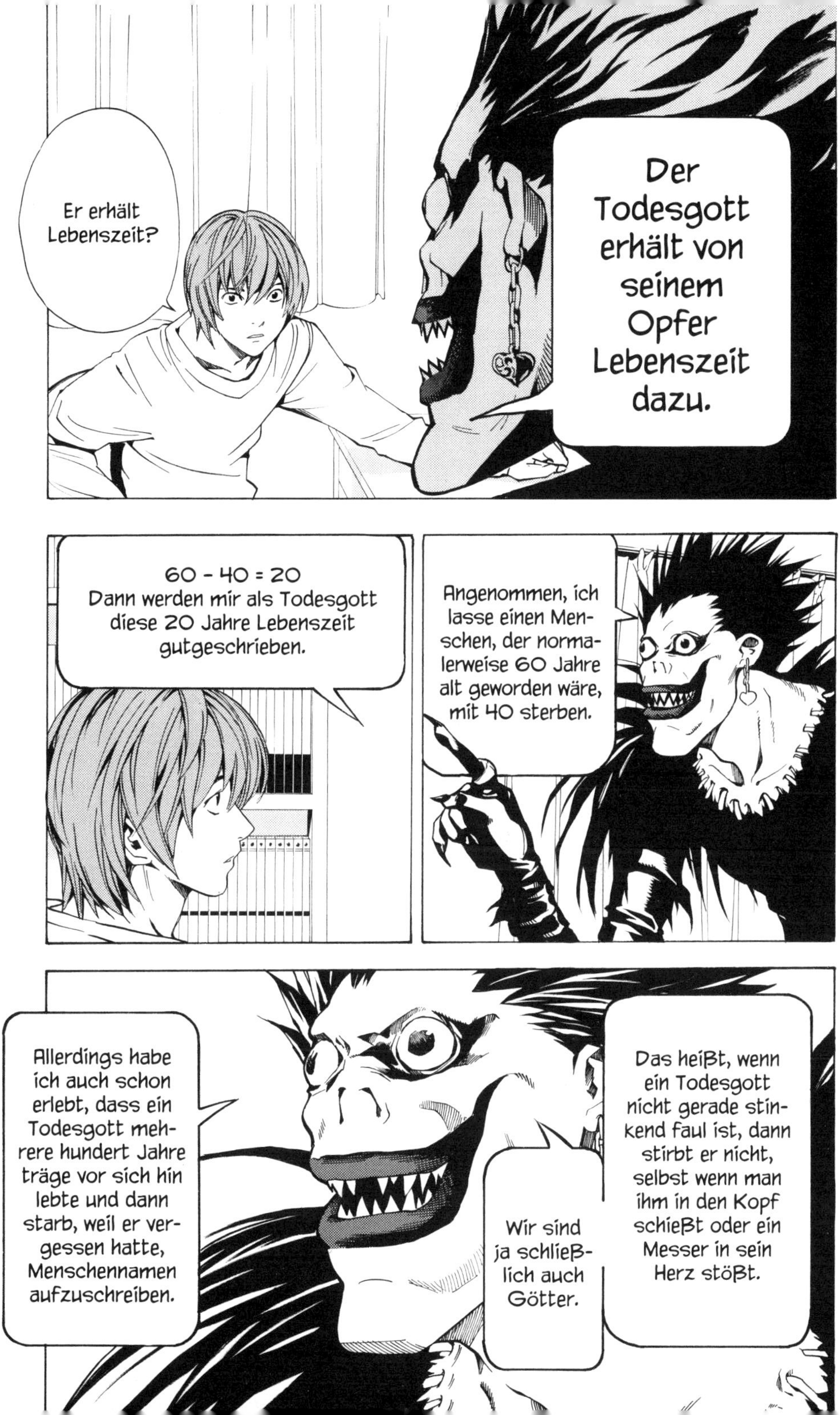
Der Todesgott erhält von seinem Opfer Lebenszeit dazu.
Er erhält Lebenszeit?
Angenommen, ich lasse einen Menschen, der normalerweise 60 Jahre alt geworden wäre, mit 40 sterben.
60 - 40 = 20 Dann werden mir als Todesgott diese 20 Jahre Lebenszeit gutgeschrieben.
Das heißt, wenn ein Todesgott nicht gerade stinkend faul ist, dann stirbt er nicht, selbst wenn man ihm in den Kopf schießt oder ein Messer in sein Herz stößt.
Wir sind ja schließlich auch Götter.
Allerdings habe ich auch schon erlebt, dass ein Todesgott mehrere hundert Jahre träge vor sich hin lebte und dann starb, weil er vergessen hatte, Menschennamen aufzuschreiben.

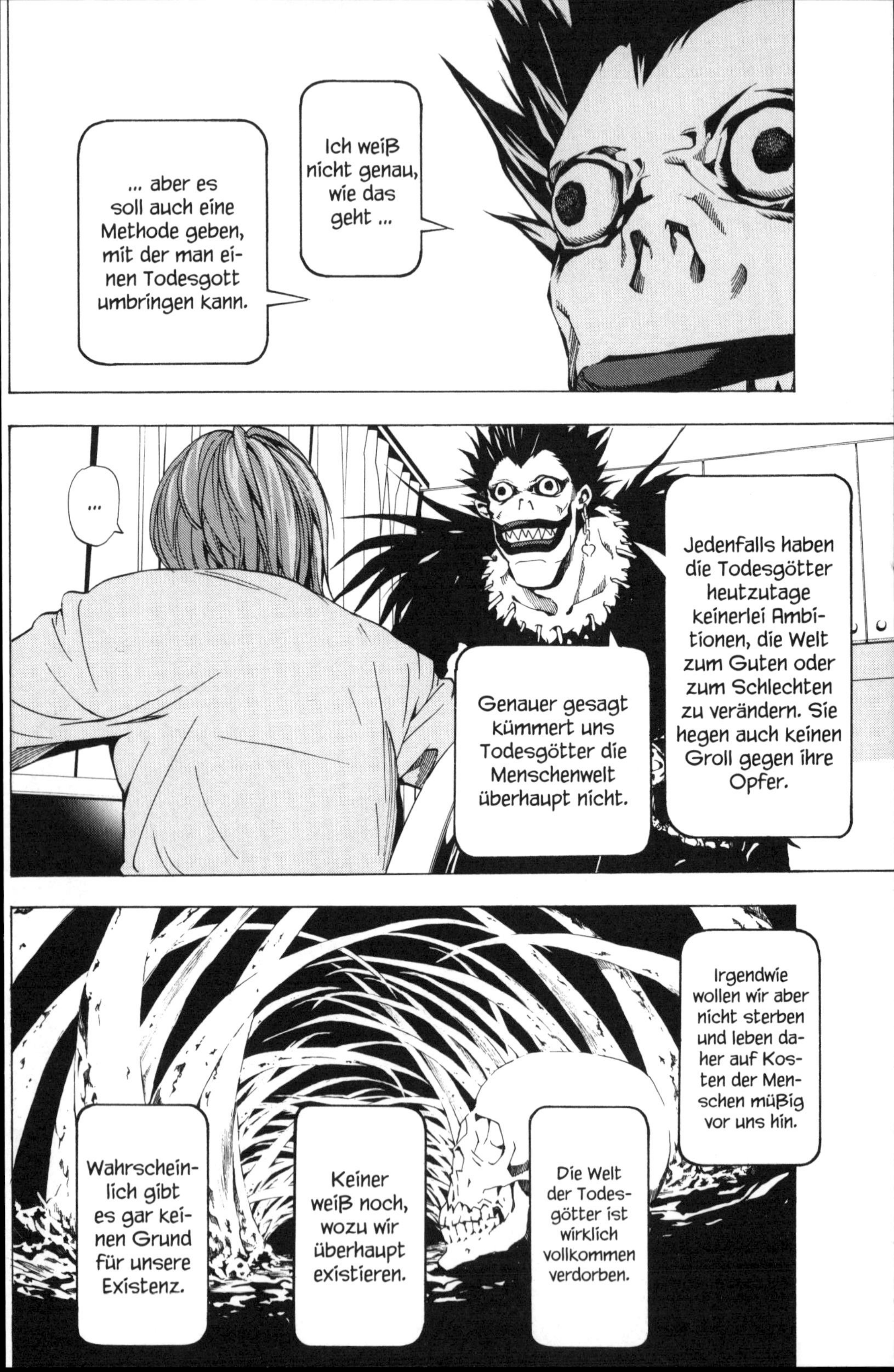
Ich weiß nicht genau, wie das geht ...
... aber es soll auch eine Methode geben, mit der man einen Todesgott umbringen kann.
Jedenfalls haben die Todesgötter heutzutage keinerlei Ambitionen, die Welt zum Guten oder zum Schlechten zu verändern. Sie hegen auch keinen Groll gegen ihre Opfer.
Genauer gesagt kümmert uns Todesgötter die Menschenwelt überhaupt nicht.
...
Irgendwie wollen wir aber nicht sterben und leben daher auf Kosten der Menschen müßig vor uns hin.
Die Welt der Todesgötter ist wirklich vollkommen verdorben.
Keiner weiß noch, wozu wir überhaupt existieren.
Wahrscheinlich gibt es gar keinen Grund für unsere Existenz.

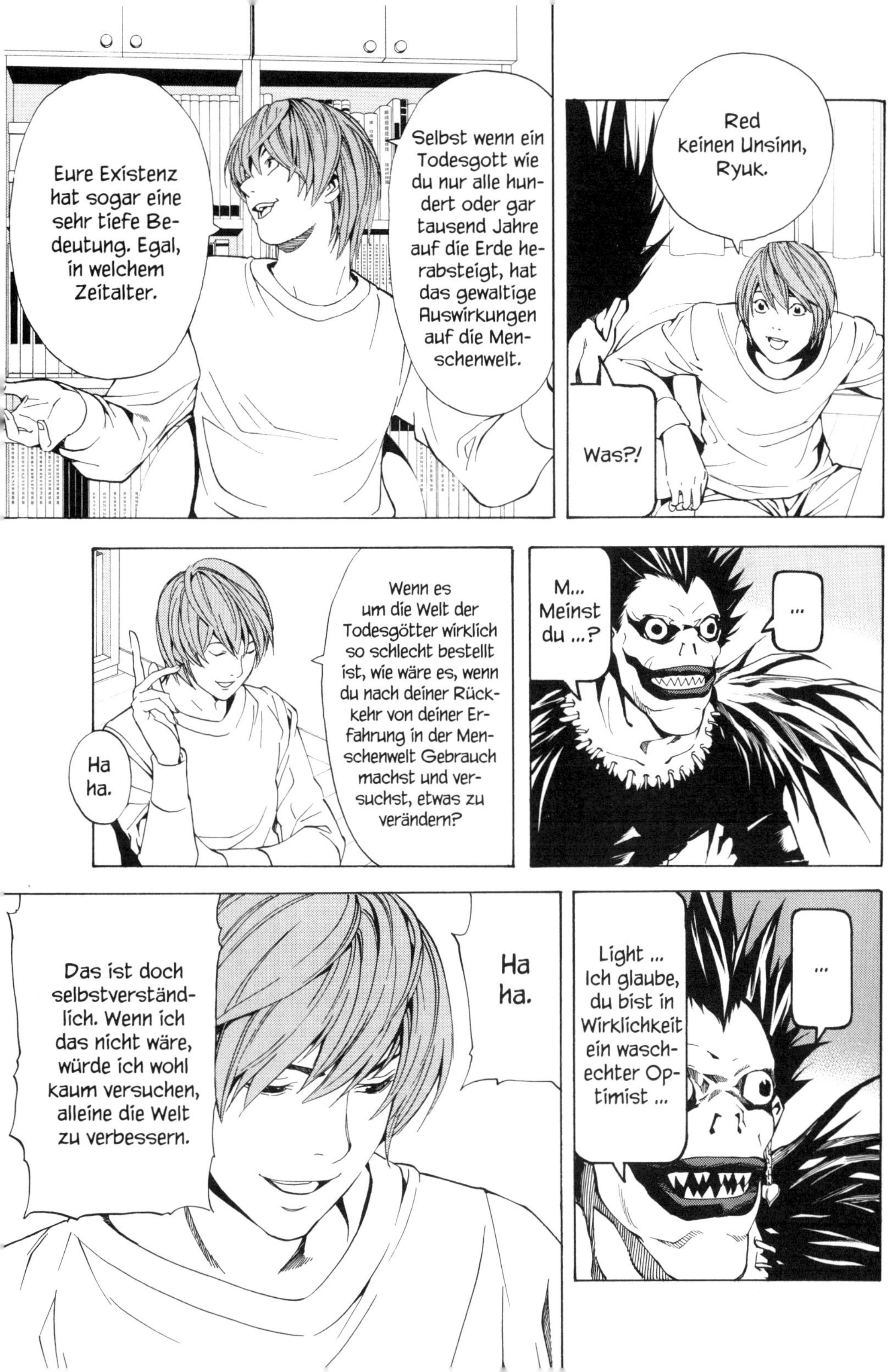

Red keinen Unsinn, Ryuk.
Was?!
Selbst wenn ein Todesgott wie du nur alle hundert oder gar tausend Jahre auf die Erde herabsteigt, hat das gewaltige Auswirkungen auf die Menschenwelt.
Eure Existenz hat sogar eine sehr tiefe Bedeutung. Egal, in welchem Zeitalter.
...
M... Meinst du ...?
Wenn es um die Welt der Todesgötter wirklich so schlecht bestellt ist, wie wäre es, wenn du nach deiner Rückkehr von deiner Erfahrung in der Menschenwelt Gebrauch machst und versuchst, etwas zu verändern?
Ha ha.
...
Light ... Ich glaube, du bist in Wirklichkeit ein waschechter Optimist ...
Ha ha.
Das ist doch selbstverständlich. Wenn ich das nicht wäre, würde ich wohl kaum versuchen, alleine die Welt zu verbessern.

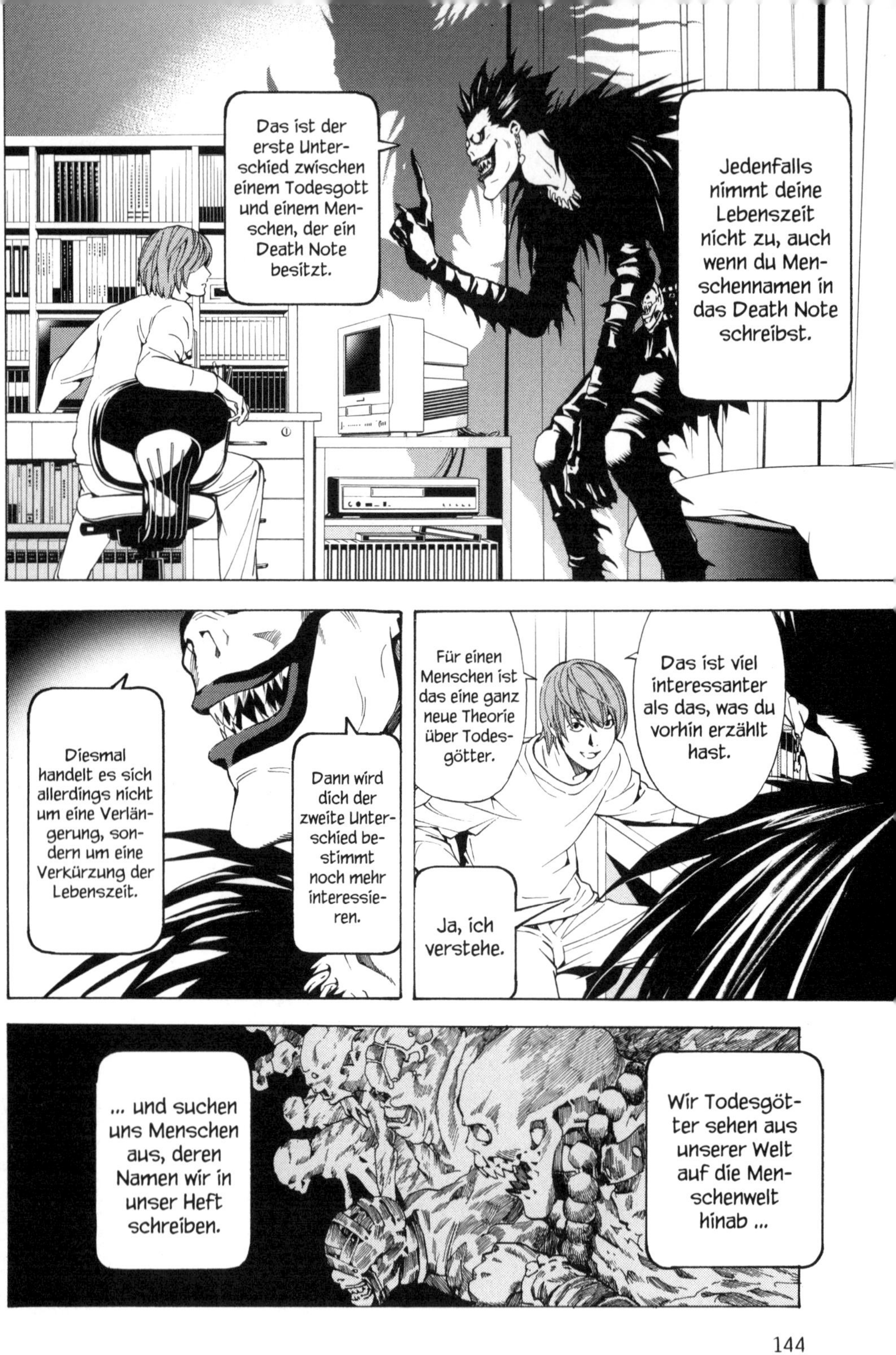
Jedenfalls nimmt deine Lebenszeit nicht zu, auch wenn du Menschennamen in das Death Note schreibst.
Das ist der erste Unterschied zwischen einem Todesgott und einem Menschen, der ein Death Note besitzt.
Das ist viel interessanter als das, was du vorhin erzählt hast.
Für einen Menschen ist das eine ganz neue Theorie über Todesgötter.
Ja, ich verstehe.
Dann wird dich der zweite Unterschied bestimmt noch mehr interessieren.
Diesmal handelt es sich allerdings nicht um eine Verlängerung, sondern um eine Verkürzung der Lebenszeit.
Wir Todesgötter sehen aus unserer Welt auf die Menschenwelt hinab ...
... und suchen uns Menschen aus, deren Namen wir in unser Heft schreiben.

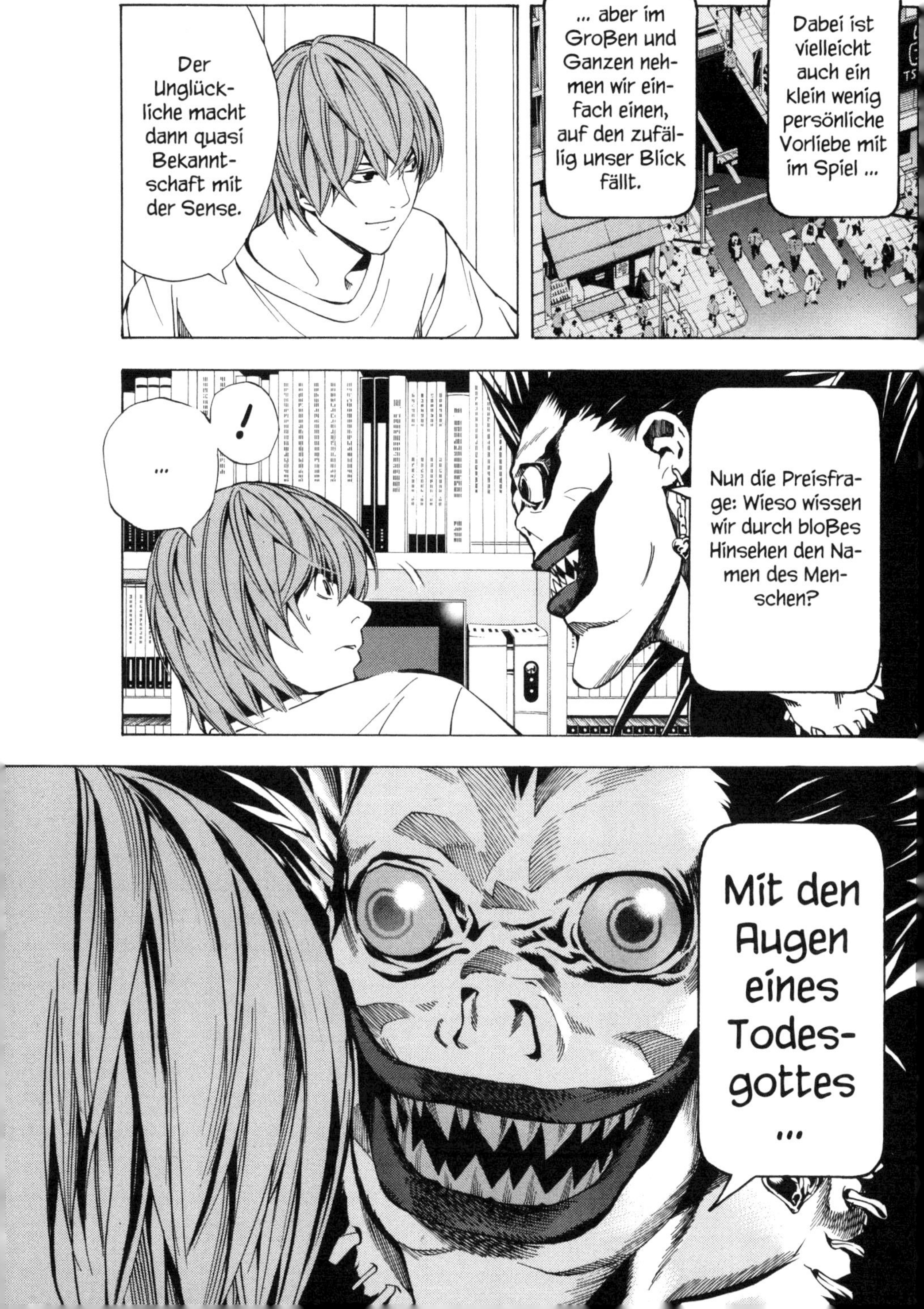
Dabei ist vielleicht auch ein klein wenig persönliche Vorliebe mit im Spiel ...
... aber im Großen und Ganzen nehmen wir einfach einen, auf den zufällig unser Blick fällt.
Der Unglückliche macht dann quasi Bekanntschaft mit der Sense.
Nun die Preisfrage: Wieso wissen wir durch bloßes Hinsehen den Namen des Menschen?
!
...
Mit den Augen eines Todesgottes ...

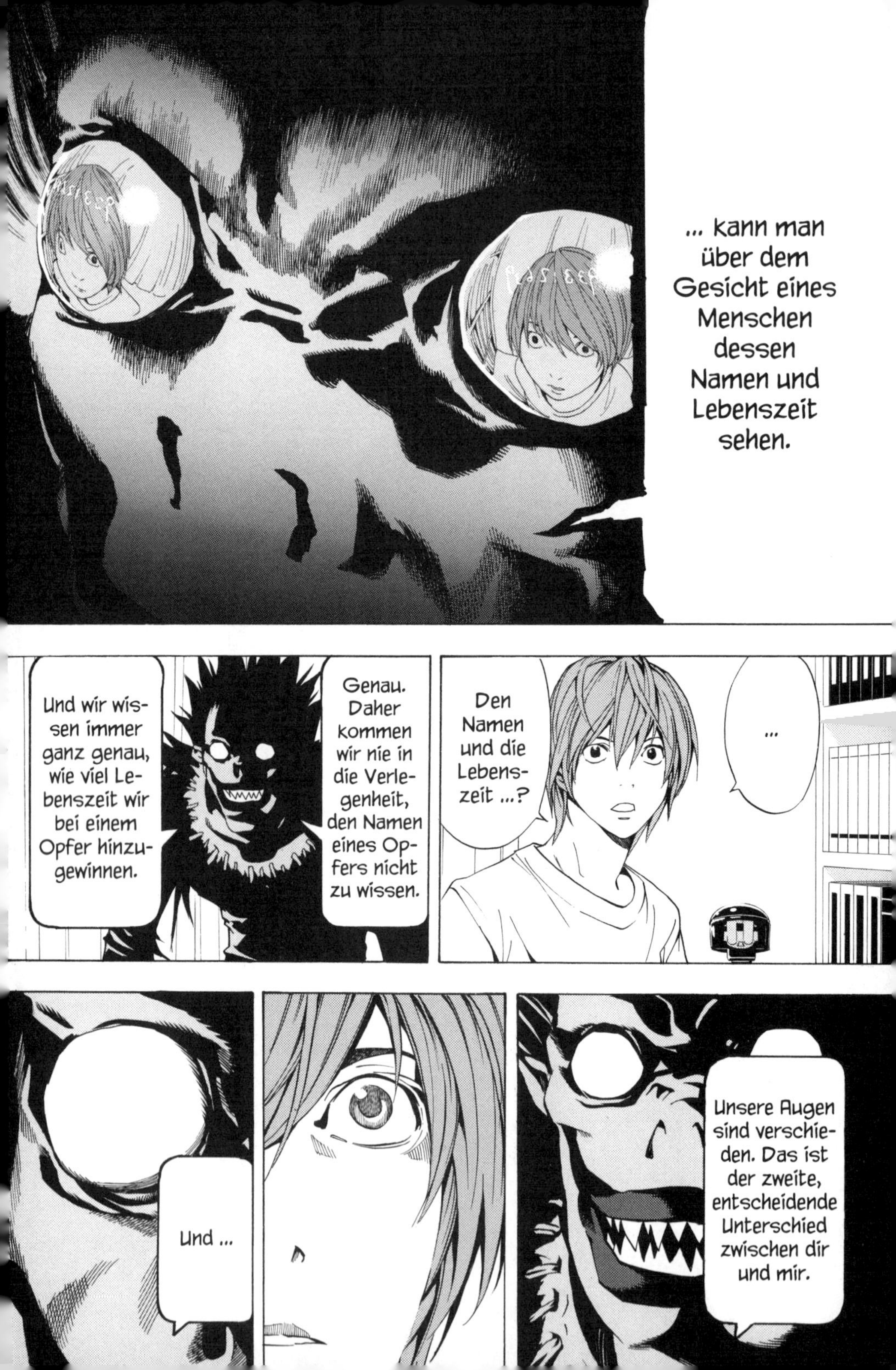
... kann man über dem Gesicht eines Menschen dessen Namen und Lebenszeit sehen.
...
Den Namen und die Lebens-zeit ...?
Genau. Daher kommen wir nie in die Verle-genheit, den Namen eines Op-fers nicht zu wissen.
Und wir wis-sen immer ganz genau, wie viel Le-benszeit wir bei einem Opfer hinzu-gewinnen.
Und ...
Unsere Augen sind verschie-den. Das ist der zweite, entscheidende Unterschied zwischen dir und mir.

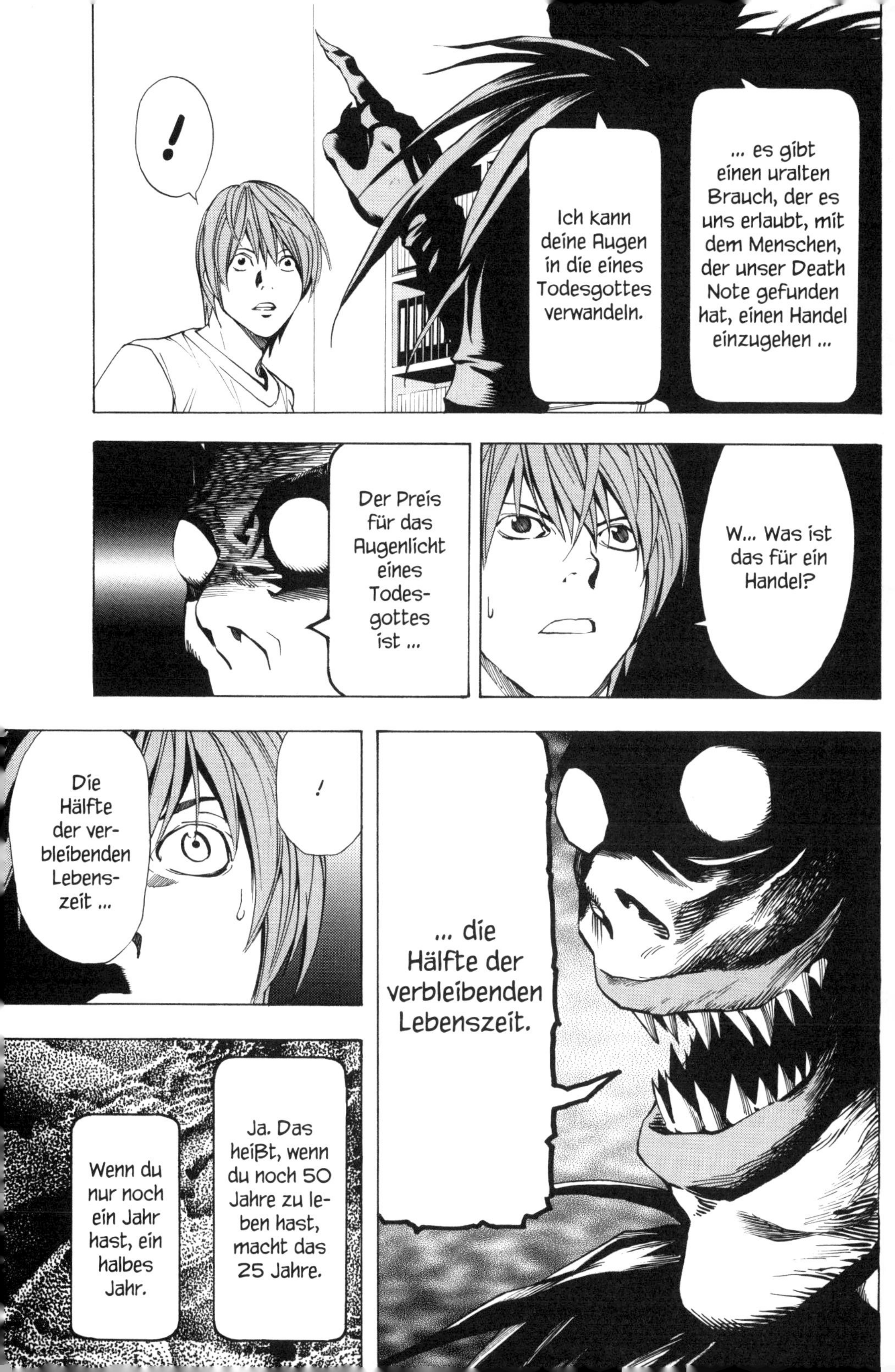

... es gibt einen uralten Brauch, der es uns erlaubt, mit dem Menschen, der unser Death Note gefunden hat, einen Handel einzugehen ...
Ich kann deine Augen in die eines Todesgottes verwandeln.
!
W... Was ist das für ein Handel?
Der Preis für das Augenlicht eines Todesgottes ist ...
... die Hälfte der verbleibenden Lebenszeit.
!
Die Hälfte der verbleibenden Lebenszeit ...
Ja. Das heißt, wenn du noch 50 Jahre zu leben hast, macht das 25 Jahre.
Wenn du nur noch ein Jahr hast, ein halbes Jahr.

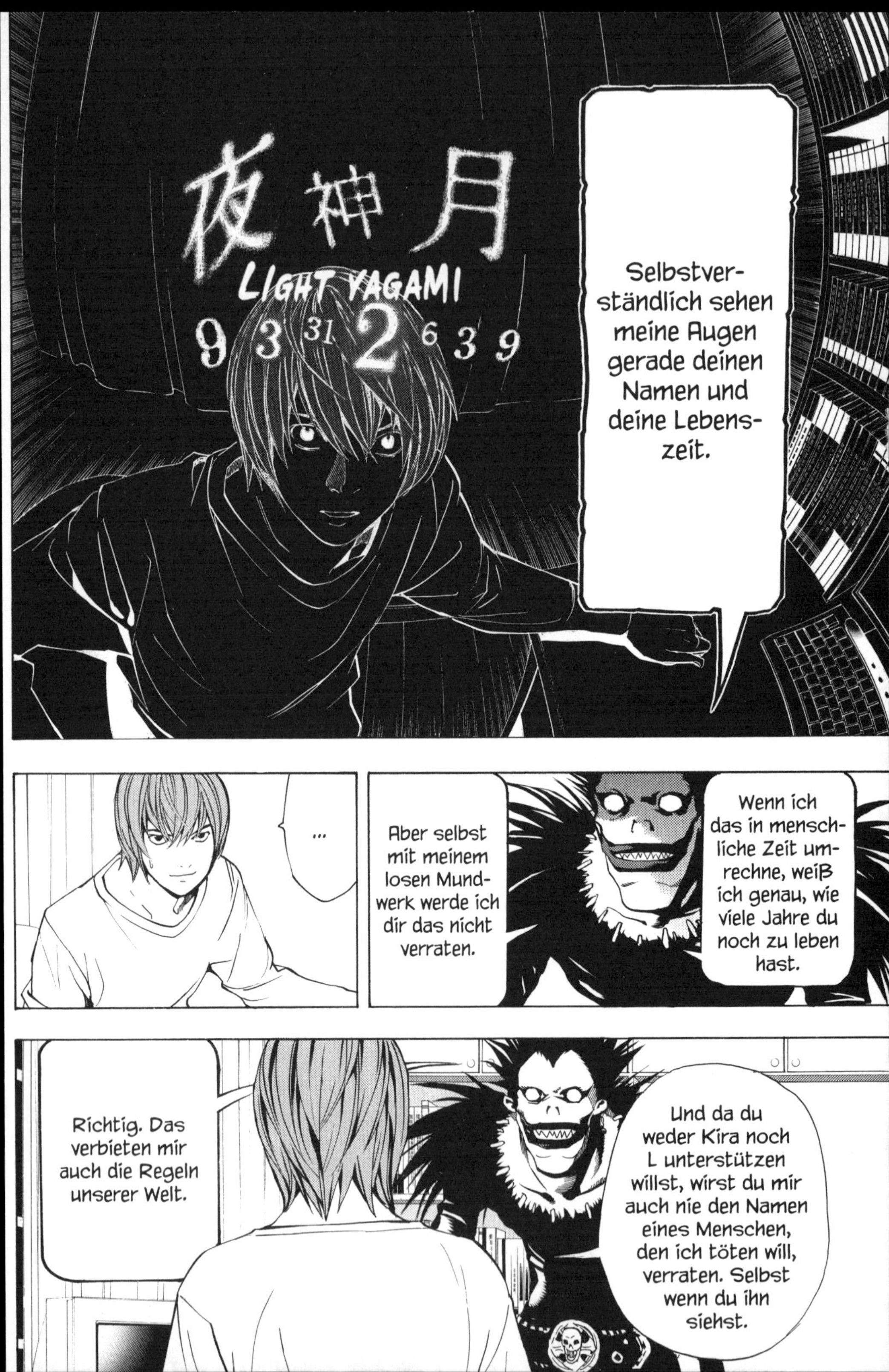
夜神月
LIGHT YAGAMI
9 3 31 2 6 3 9
Selbstverständlich sehen meine Augen gerade deinen Namen und deine Lebenszeit.
Wenn ich das in menschliche Zeit umrechne, weiß ich genau, wie viele Jahre du noch zu leben hast.
Aber selbst mit meinem losen Mundwerk werde ich dir das nicht verraten.
...
Und da du weder Kira noch L unterstützen willst, wirst du mir auch nie den Namen eines Menschen, den ich töten will, verraten. Selbst wenn du ihn siehst.
Richtig. Das verbieten mir auch die Regeln unserer Welt.

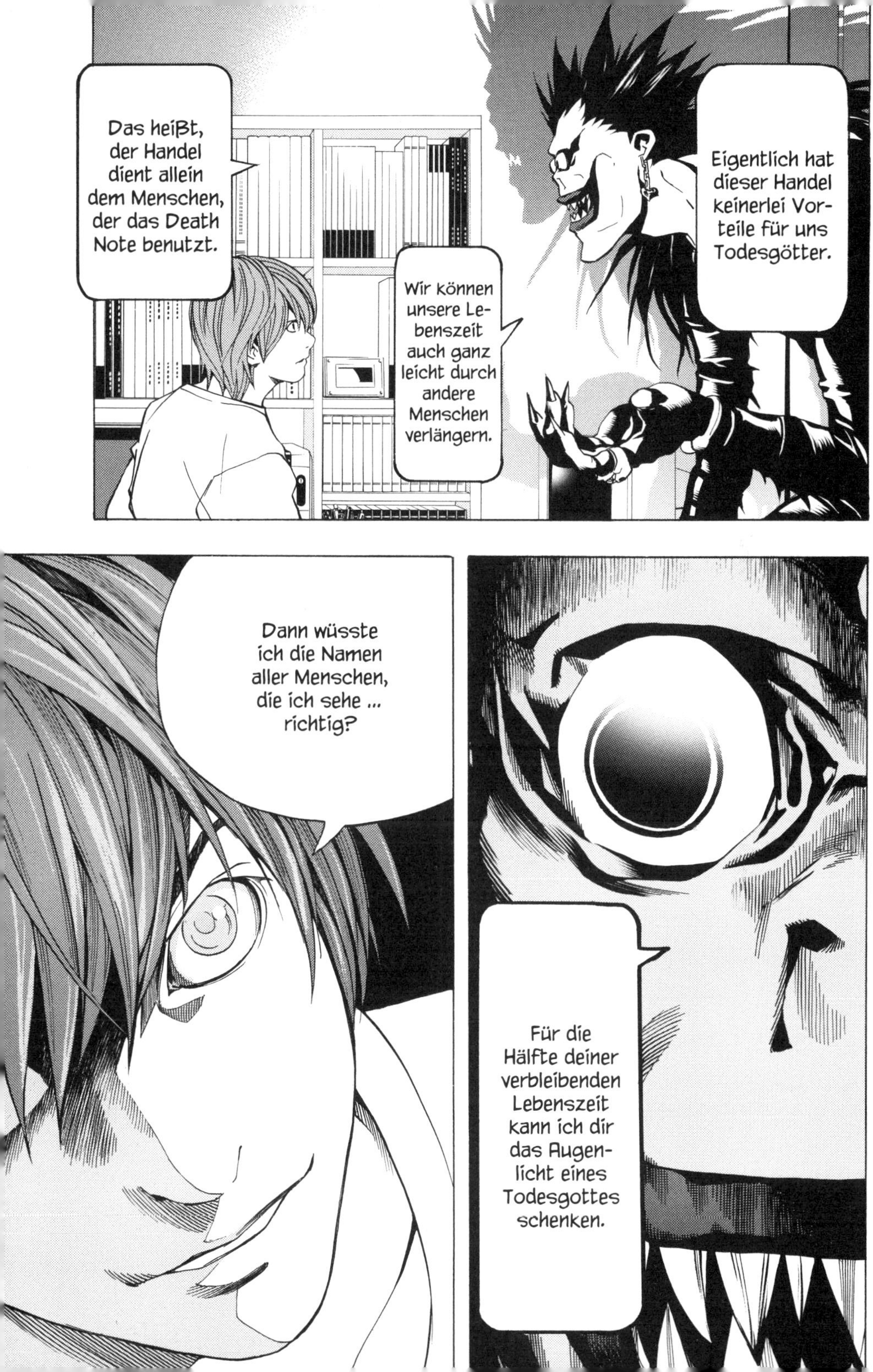
Eigentlich hat dieser Handel keinerlei Vorteile für uns Todesgötter.
Wir können unsere Lebenszeit auch ganz leicht durch andere Menschen verlängern.
Das heißt, der Handel dient allein dem Menschen, der das Death Note benutzt.
Für die Hälfte deiner verbleibenden Lebenszeit kann ich dir das Augenlicht eines Todesgottes schenken.
Dann wüsste ich die Namen aller Menschen, die ich sehe ... richtig?

DEATH NOTE

How to use it

- A god of death can extend his life by putting human names on the note, but humans cannot.
  TODESGÖTTER KÖNNEN IHRE EIGENE LEBENSZEIT VERLÄNGERN, INDEM SIE DEN NAMEN EINES MENSCHEN IN IHR DEATH NOTE SCHREIBEN. MENSCHEN KÖNNEN DAS NICHT.
- A person can shorten his or her own life by using the note.
  MAN KANN SEINE EIGENE LEBENSZEIT MITHILFE DES DEATH NOTE VERKÜRZEN.
- The human who becomes the owner of the DEATH NOTE can, in exchange of half of his/her remaining life, get the eyeballs of the god of death which will enable him/her to see a human's name and remaining lifetime when looking through them.
  EIN MENSCH, DER BESITZER EINES DEATH NOTE GEWORDEN IST, KANN IM AUSTAUSCH GEGEN DIE HÄLFTE SEINER VERBLEIBENDEN LEBENSZEIT DAS AUGENLICHT EINES TODESGOTTES ERHALTEN, WELCHES IHM ERLAUBT, DEN NAMEN UND DIE LEBENSZEIT EINES JEDEN MENSCHEN ZU SEHEN, IN DESSEN GESICHT ER SIEHT.
- A god of death cannot be killed even if stabbed in his heart with a knife or shot in the head with a gun. However, there are ways to kill a god of death, which are not generally known to the gods of death.
  EIN TODESGOTT KANN WEDER DURCH EINEN MESSERSTICH INS HERZ NOCH DURCH EINEN KOPFSCHUSS GETÖTET WERDEN. ES GIBT JEDOCH EINE MÖGLICHKEIT, EINEN TODESGOTT ZU TÖTEN, DIE DEN MEISTEN TODESGÖTTERN ALLERDINGS NICHT BEKANNT IST.

PAGE.6 MANIPULATION

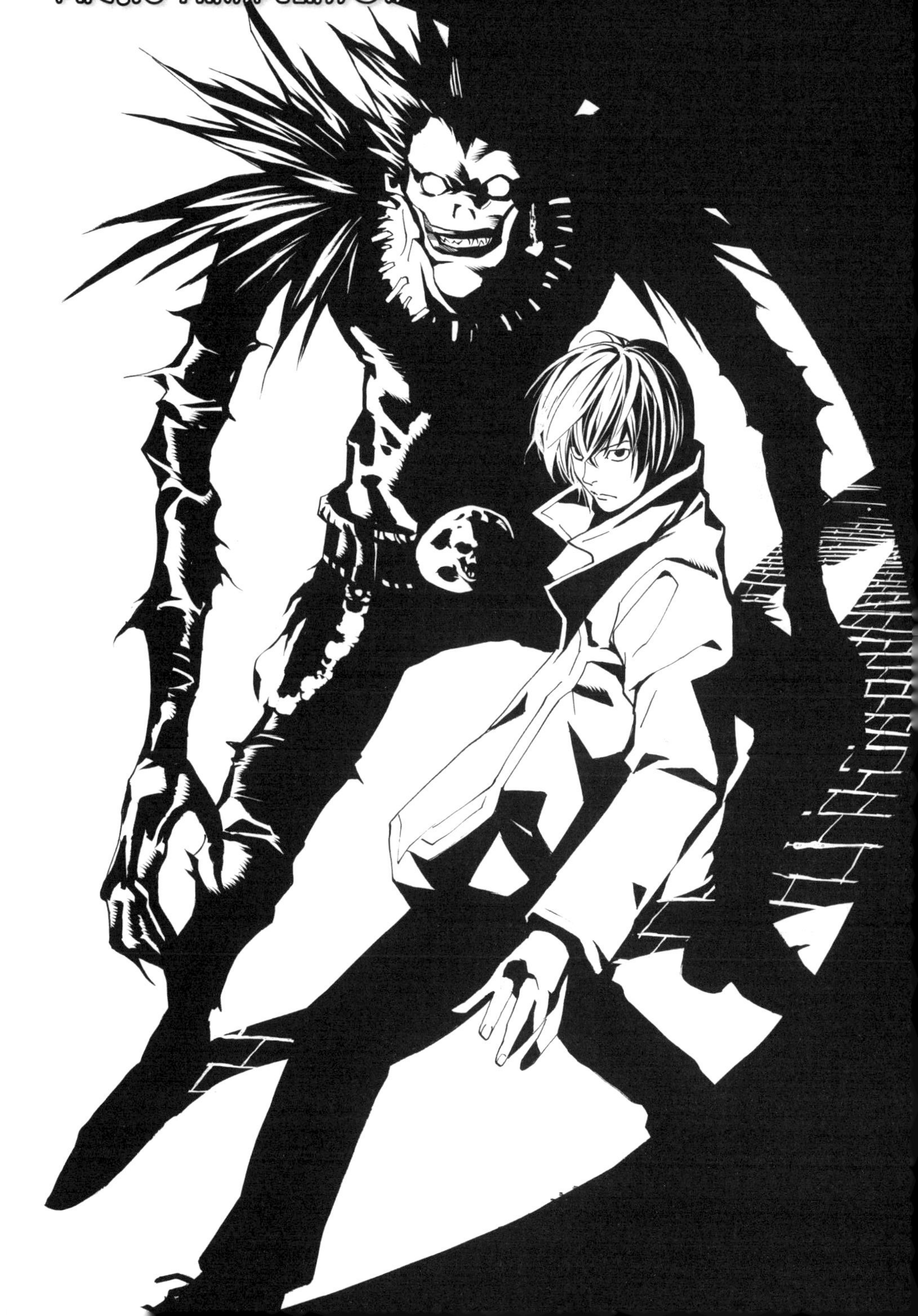

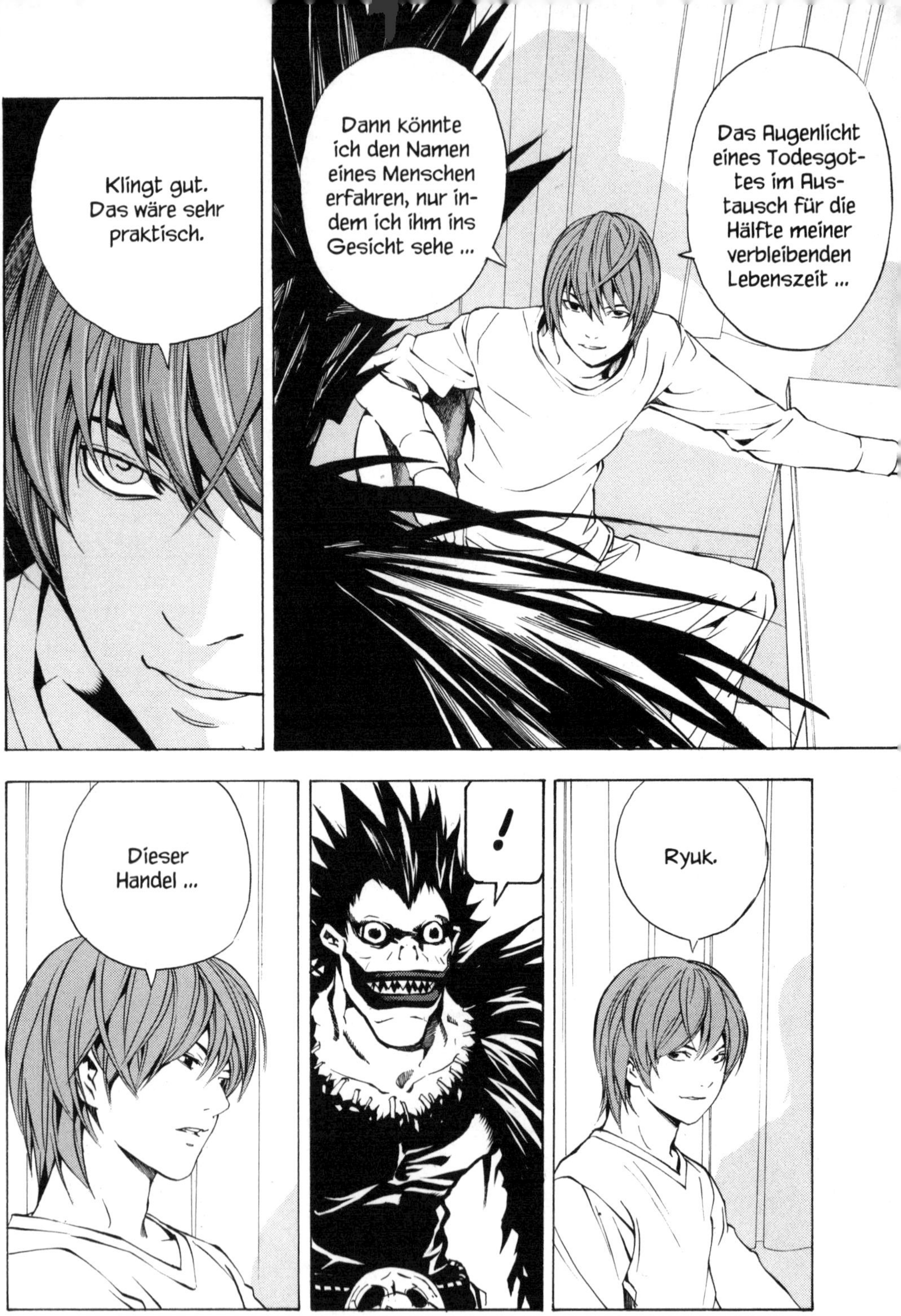
Das Augenlicht eines Todesgottes im Austausch für die Hälfte meiner verbleibenden Lebenszeit ...
Dann könnte ich den Namen eines Menschen erfahren, nur indem ich ihm ins Gesicht sehe ...
Klingt gut. Das wäre sehr praktisch.
Ryuk.
!
Dieser Handel ...

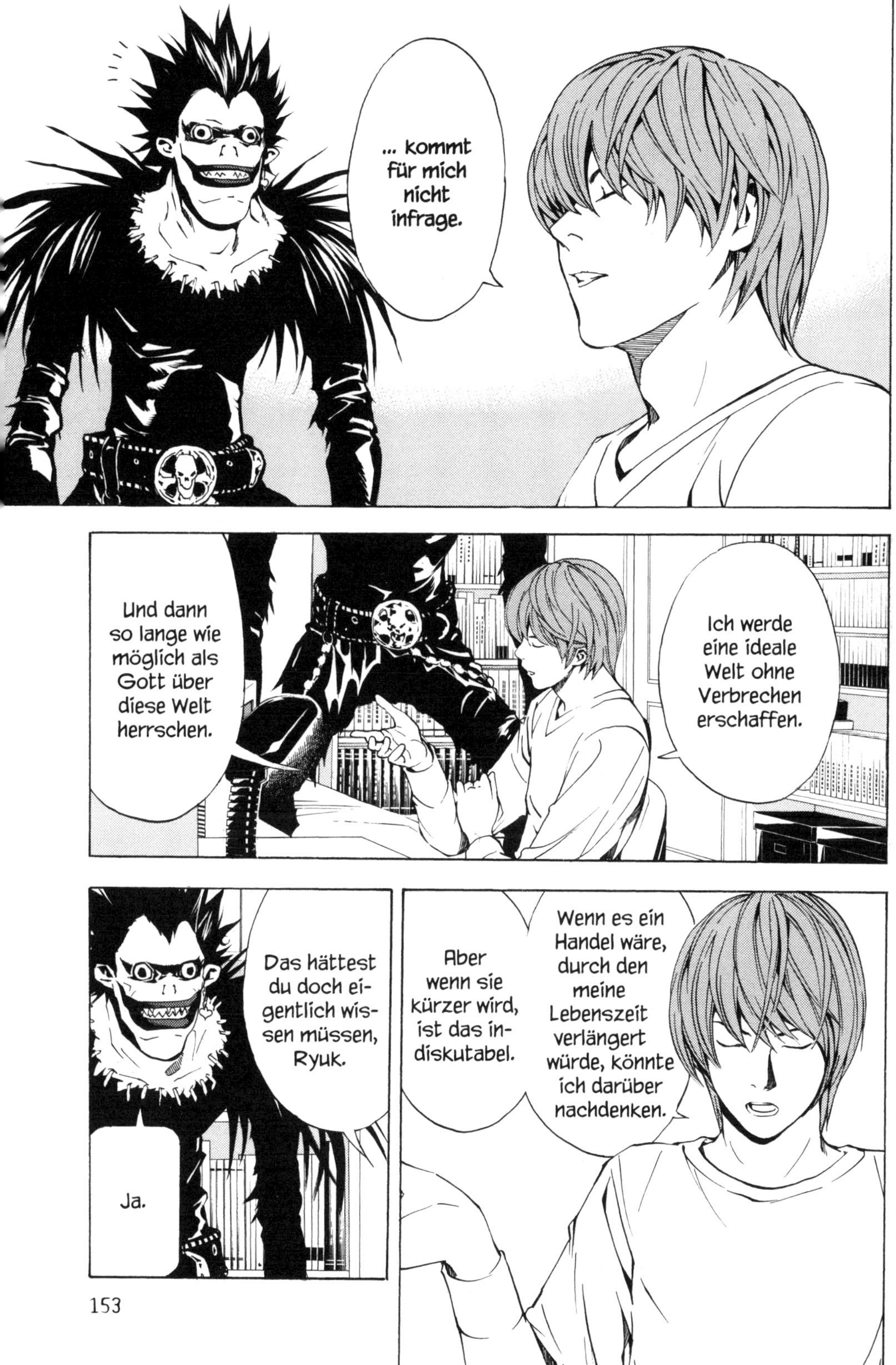
... kommt für mich nicht infrage.
Ich werde eine ideale Welt ohne Verbrechen erschaffen.
Und dann so lange wie möglich als Gott über diese Welt herrschen.
Wenn es ein Handel wäre, durch den meine Lebenszeit verlängert würde, könnte ich darüber nachdenken.
Aber wenn sie kürzer wird, ist das indiskutabel.
Das hättest du doch eigentlich wissen müssen, Ryuk.
Ja.

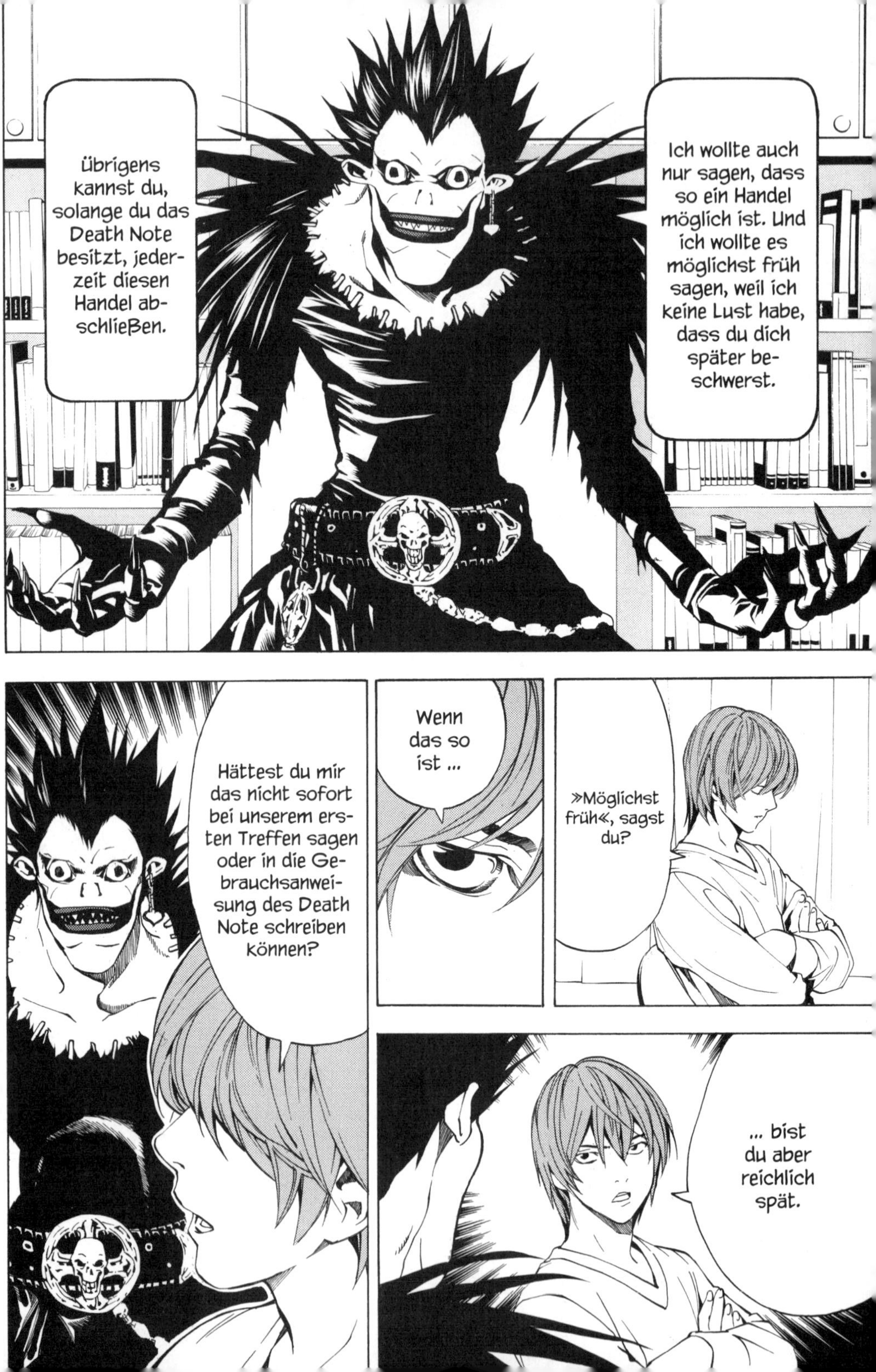

Ich wollte auch nur sagen, dass so ein Handel möglich ist. Und ich wollte es möglichst früh sagen, weil ich keine Lust habe, dass du dich später beschwerst.
übrigens kannst du, solange du das Death Note besitzt, jederzeit diesen Handel abschließen.
»Möglichst früh«, sagst du?
Wenn das so ist ...
... bist du aber reichlich spät.
Hättest du mir das nicht sofort bei unserem ersten Treffen sagen oder in die Gebrauchsanweisung des Death Note schreiben können?

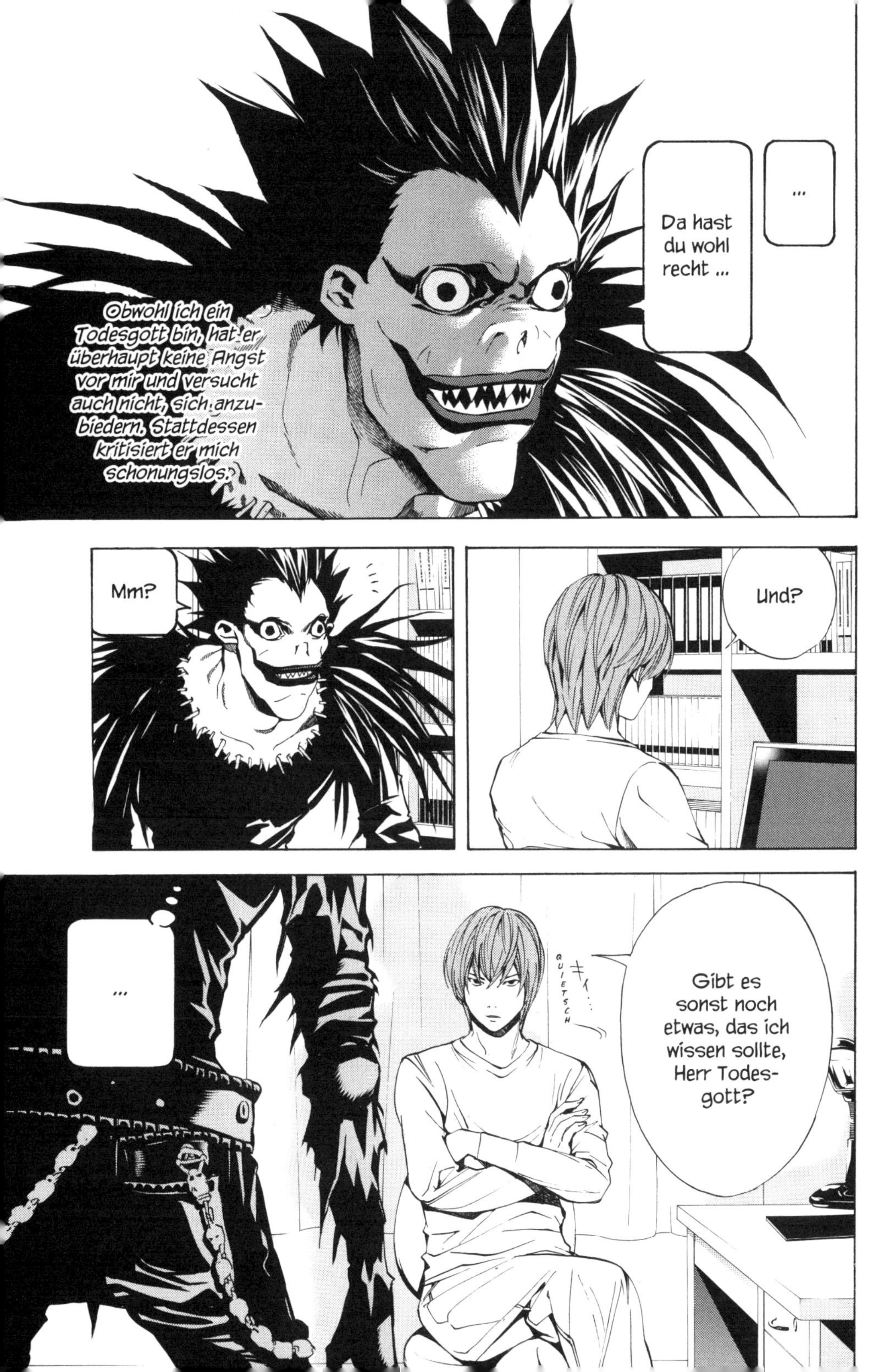
...
Da hast du wohl recht ...
Obwohl ich ein Todesgott bin, hat er überhaupt keine Angst vor mir und versucht auch nicht, sich anzubiedern. Stattdessen kritisiert er mich schonungslos.
Und?
Mm?
Gibt es sonst noch etwas, das ich wissen sollte, Herr Todesgott?
QUIETSCH
...

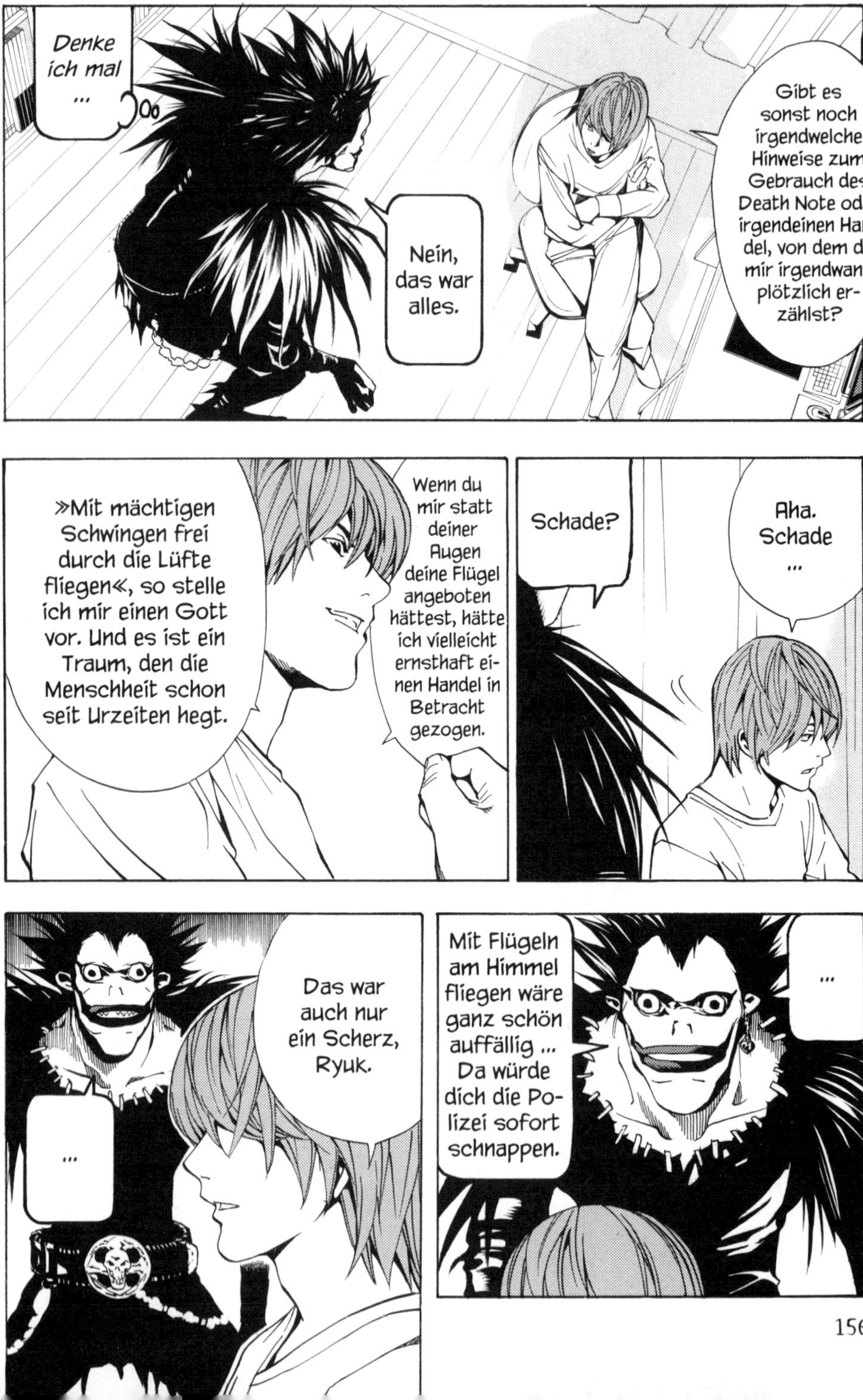
Gibt es sonst noch irgendwelche Hinweise zum Gebrauch des Death Note oder irgendeinen Handel, von dem du mir irgendwann plötzlich erzählst?
Nein, das war alles.
Denke ich mal ...
Aha. Schade ...
Schade?
Wenn du mir statt deiner Augen deine Flügel angeboten hättest, hätte ich vielleicht ernsthaft einen Handel in Betracht gezogen.
»Mit mächtigen Schwingen frei durch die Lüfte fliegen«, so stelle ich mir einen Gott vor. Und es ist ein Traum, den die Menschheit schon seit Urzeiten hegt.
...
Mit Flügeln am Himmel fliegen wäre ganz schön auffällig ... Da würde dich die Polizei sofort schnappen.
Das war auch nur ein Scherz, Ryuk.
...

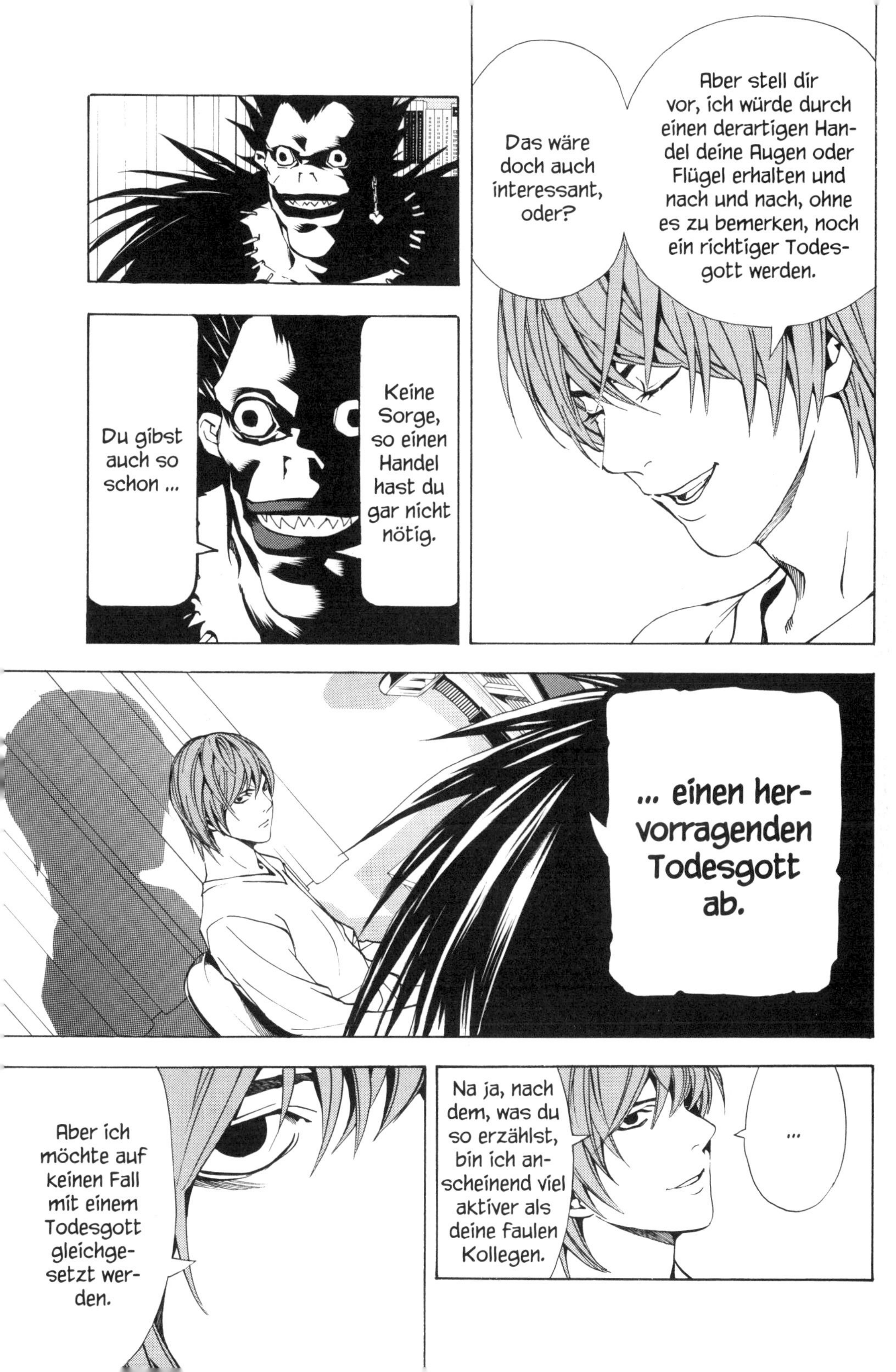
Aber stell dir vor, ich würde durch einen derartigen Handel deine Augen oder Flügel erhalten und nach und nach, ohne es zu bemerken, noch ein richtiger Todesgott werden.
Das wäre doch auch interessant, oder?
Keine Sorge, so einen Handel hast du gar nicht nötig.
Du gibst auch so schon ...
... einen hervorragenden Todesgott ab.
...
Na ja, nach dem, was du so erzählst, bin ich anscheinend viel aktiver als deine faulen Kollegen.
Aber ich möchte auf keinen Fall mit einem Todesgott gleichgesetzt werden.

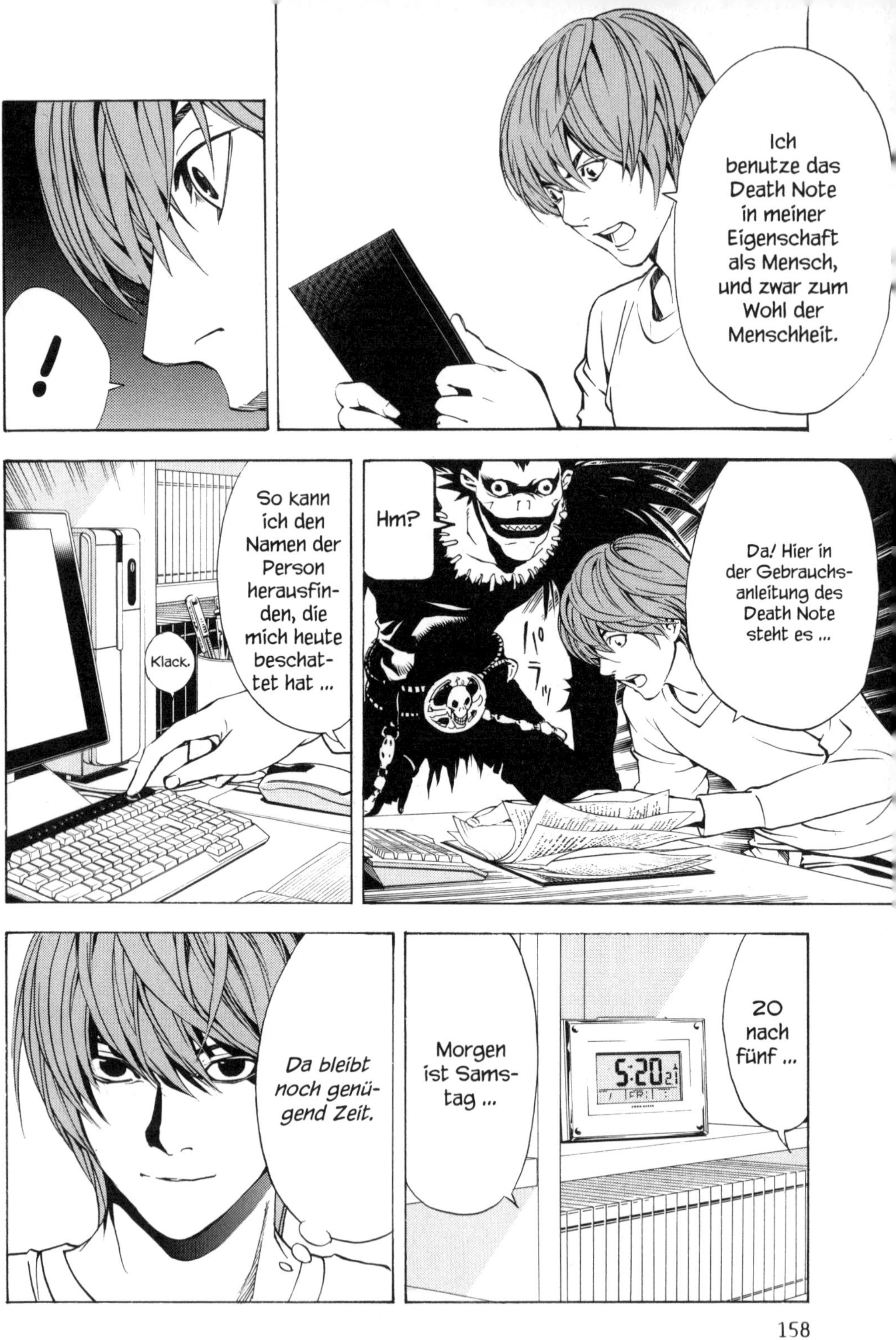
Ich benutze das Death Note in meiner Eigenschaft als Mensch, und zwar zum Wohl der Menschheit.
!
Da! Hier in der Gebrauchsanleitung des Death Note steht es ...
Hm?
So kann ich den Namen der Person herausfinden, die mich heute beschattet hat ...
Klack.
20 nach fünf ...
Morgen ist Samstag ...
Da bleibt noch genügend Zeit.

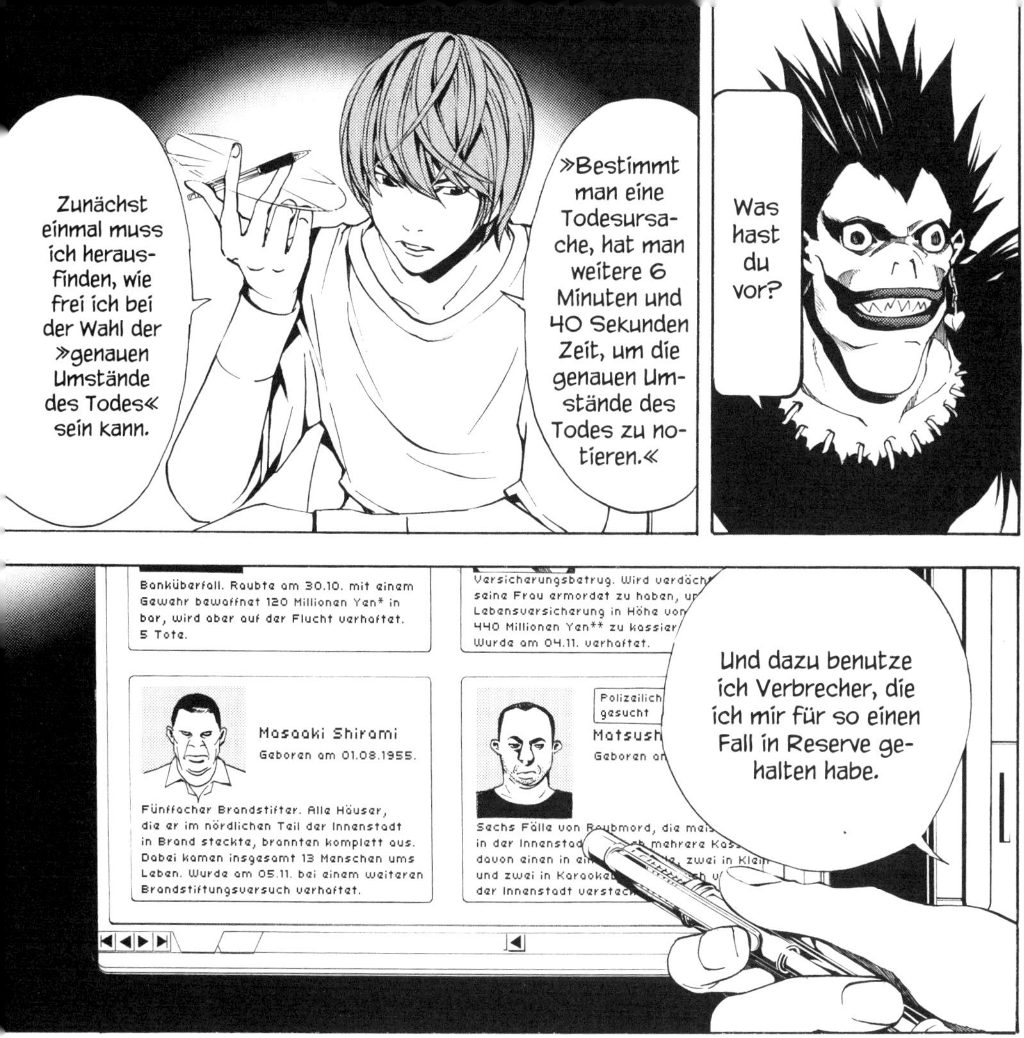

*etwa 900.000 Euro

**etwa 3,2 Millionen Euro

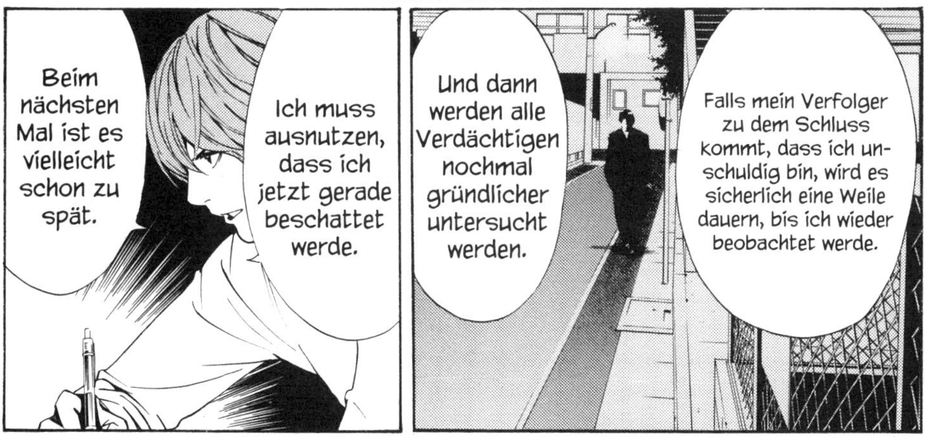

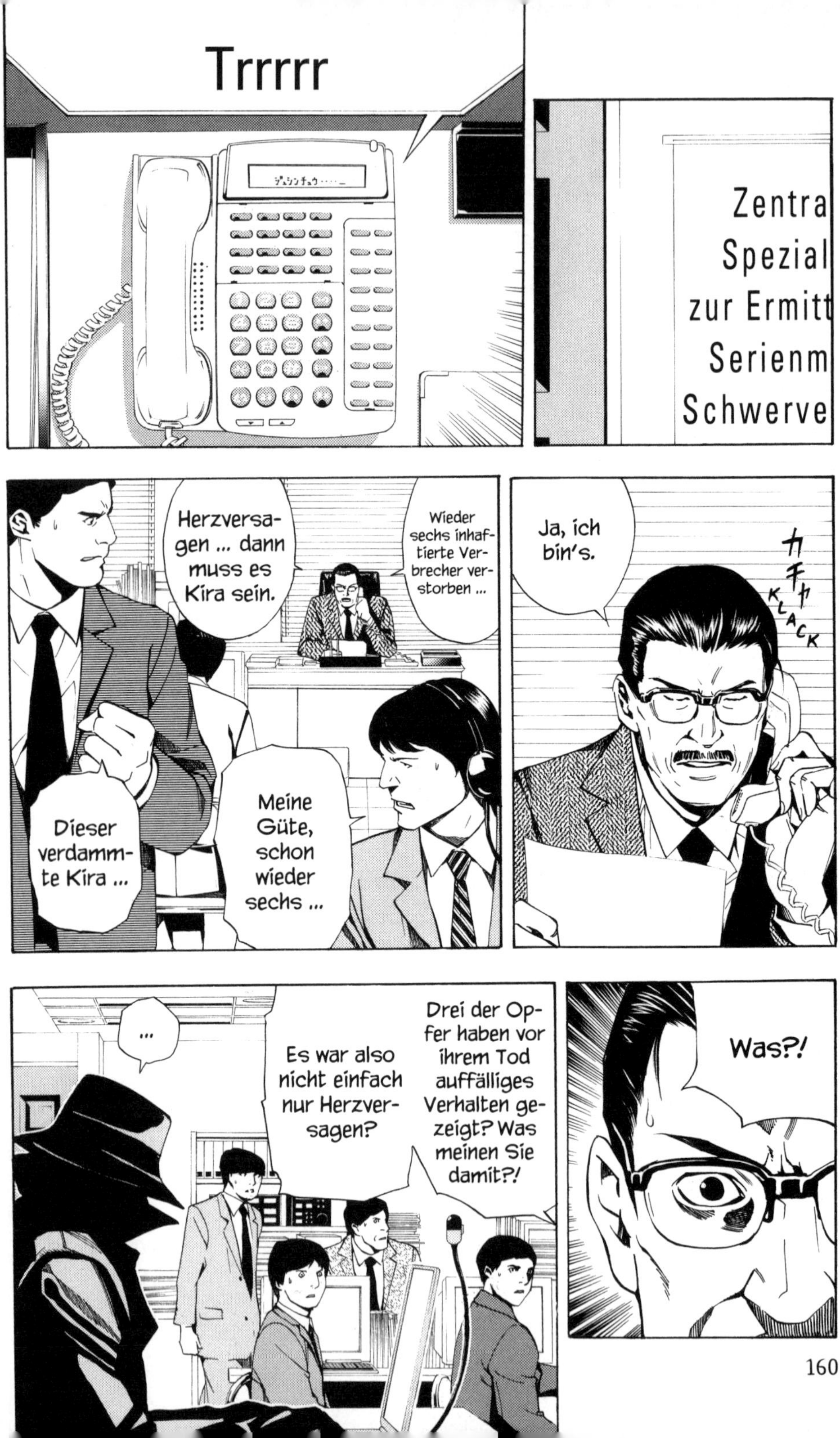
Trrrrr
Zentra
Spezial
zur Ermitt
Serienm
Schwerve
Ja, ich bin's.
KLACK
Wieder sechs inhaftierte Verbrecher verstorben ...
Herzversagen ... dann muss es Kira sein.
Meine Güte, schon wieder sechs ...
Dieser verdammte Kira ...
Was?!
Drei der Opfer haben vor ihrem Tod auffälliges Verhalten gezeigt? Was meinen Sie damit?!
Es war also nicht einfach nur Herzversagen?
...

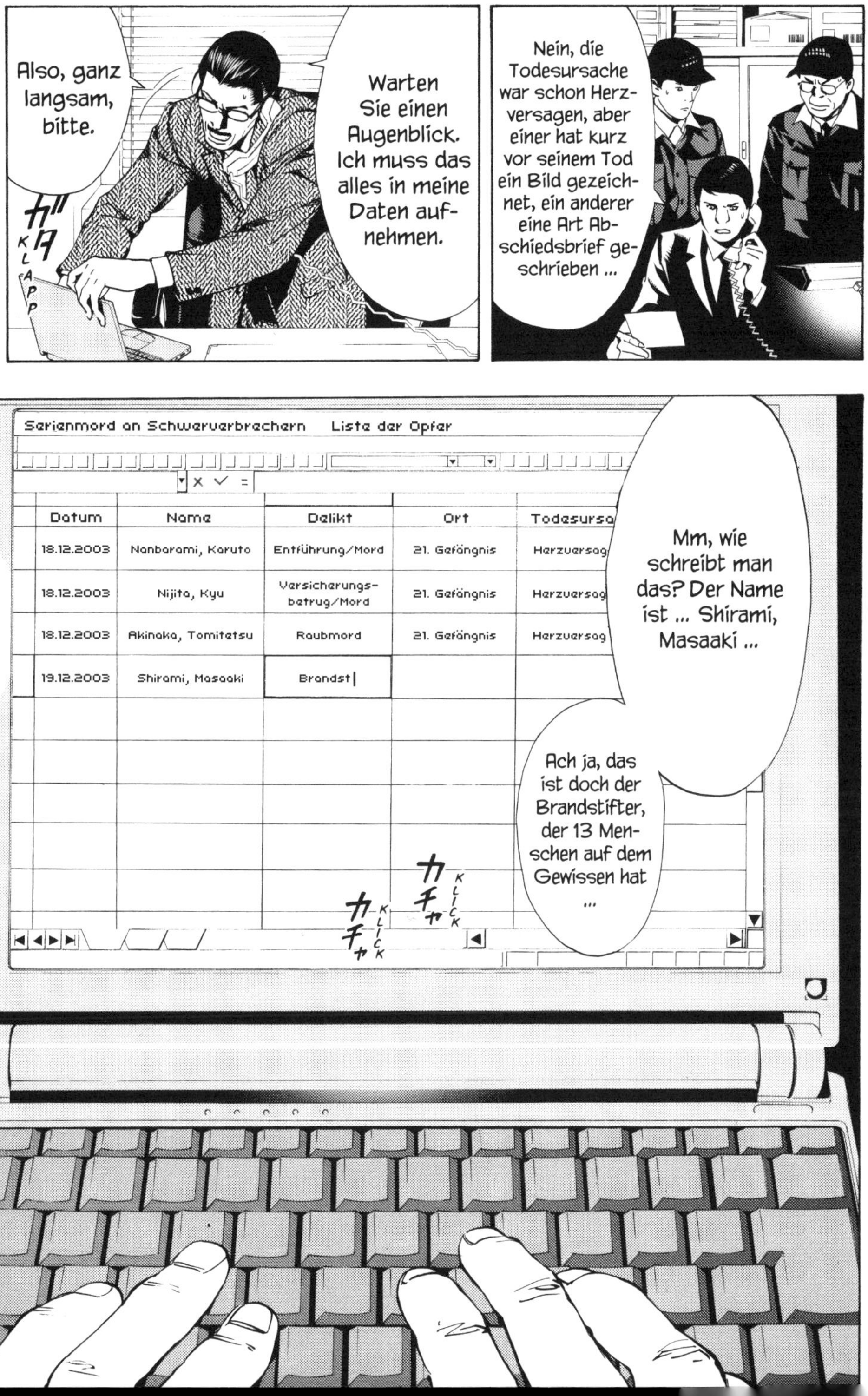
Nein, die Todesursache war schon Herzversagen, aber einer hat kurz vor seinem Tod ein Bild gezeichnet, ein anderer eine Art Abschiedsbrief geschrieben ...
Warten Sie einen Augenblick. Ich muss das alles in meine Daten aufnehmen.
Also, ganz langsam, bitte.
カガ
KLAPP
Serienmord an Schwerverbrechern Liste der Opfer
Datum
Name
Delikt
Ort
Todesursa
18.12.2003
Nanbarami, Karuto
Entführung/Mord
21. Gefängnis
Herzversag
18.12.2003
Nijita, Kyu
Versicherungs-betrug/Mord
21. Gefängnis
Herzversag
18.12.2003
Akinaka, Tomitetsu
Raubmord
21. Gefängnis
Herzversag
19.12.2003
Shirami, Masaaki
Brandst
Mm, wie schreibt man das? Der Name ist ... Shirami, Masaaki ...
Ach ja, das ist doch der Brandstifter, der 13 Menschen auf dem Gewissen hat ...
カチャ
KLICK
カチャ
KLICK

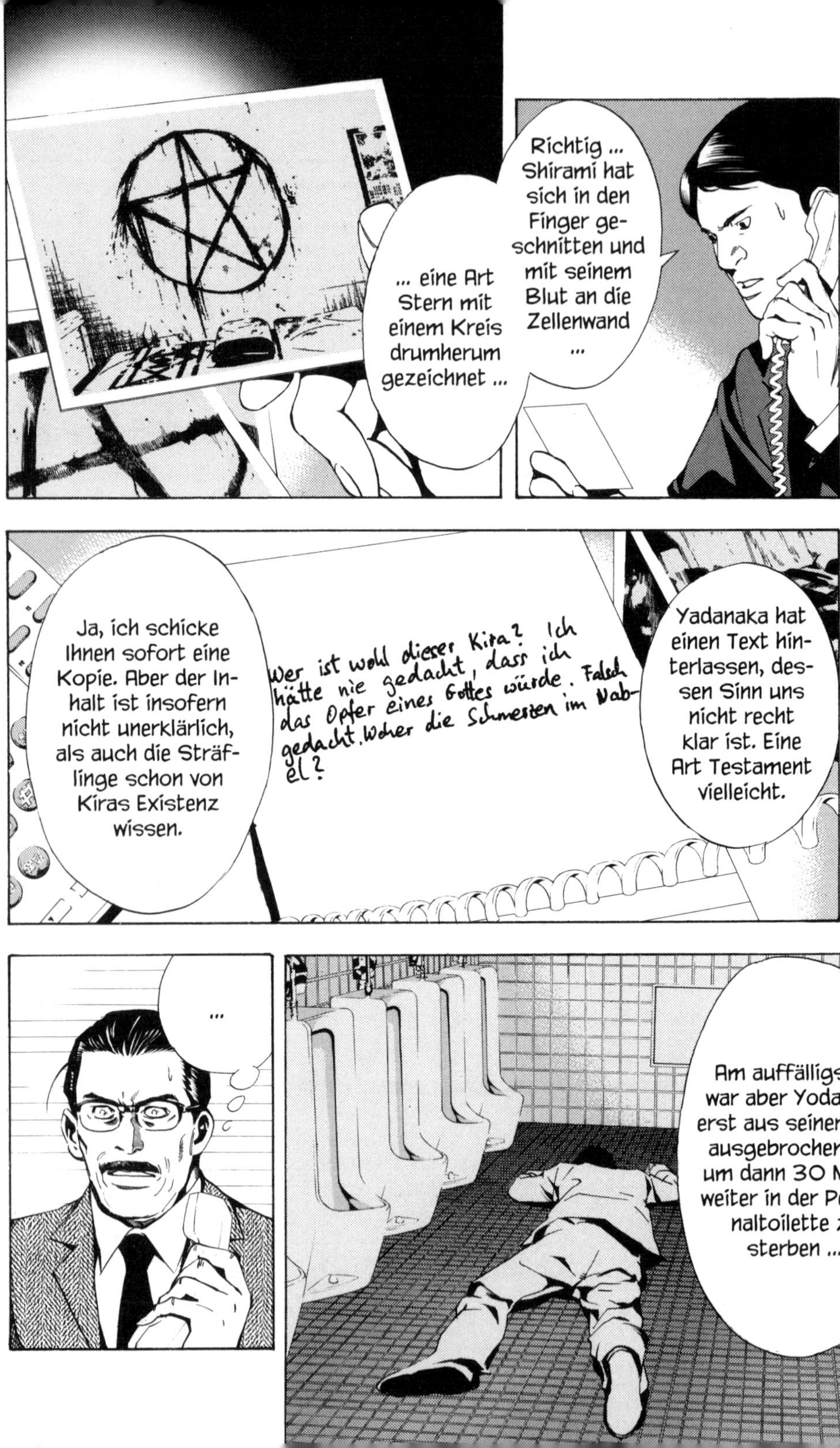
Richtig ... Shirami hat sich in den Finger geschnitten und mit seinem Blut an die Zellenwand ...
... eine Art Stern mit einem Kreis drumherum gezeichnet ...
Yadanaka hat einen Text hinterlassen, dessen Sinn uns nicht recht klar ist. Eine Art Testament vielleicht.
Wer ist wohl dieser Kira? Ich hätte nie gedacht, dass ich das Opfer eines Gottes würde. Falsch gedacht. Woher die Schwestern im Nabel?
Ja, ich schicke Ihnen sofort eine Kopie. Aber der Inhalt ist insofern nicht unerklärlich, als auch die Sträflinge schon von Kiras Existenz wissen.
Am auffälligsten war aber Yoda, der erst aus seiner Zelle ausgebrochen ist, um dann 30 Meter weiter in der Personaltoilette zu sterben ...
...

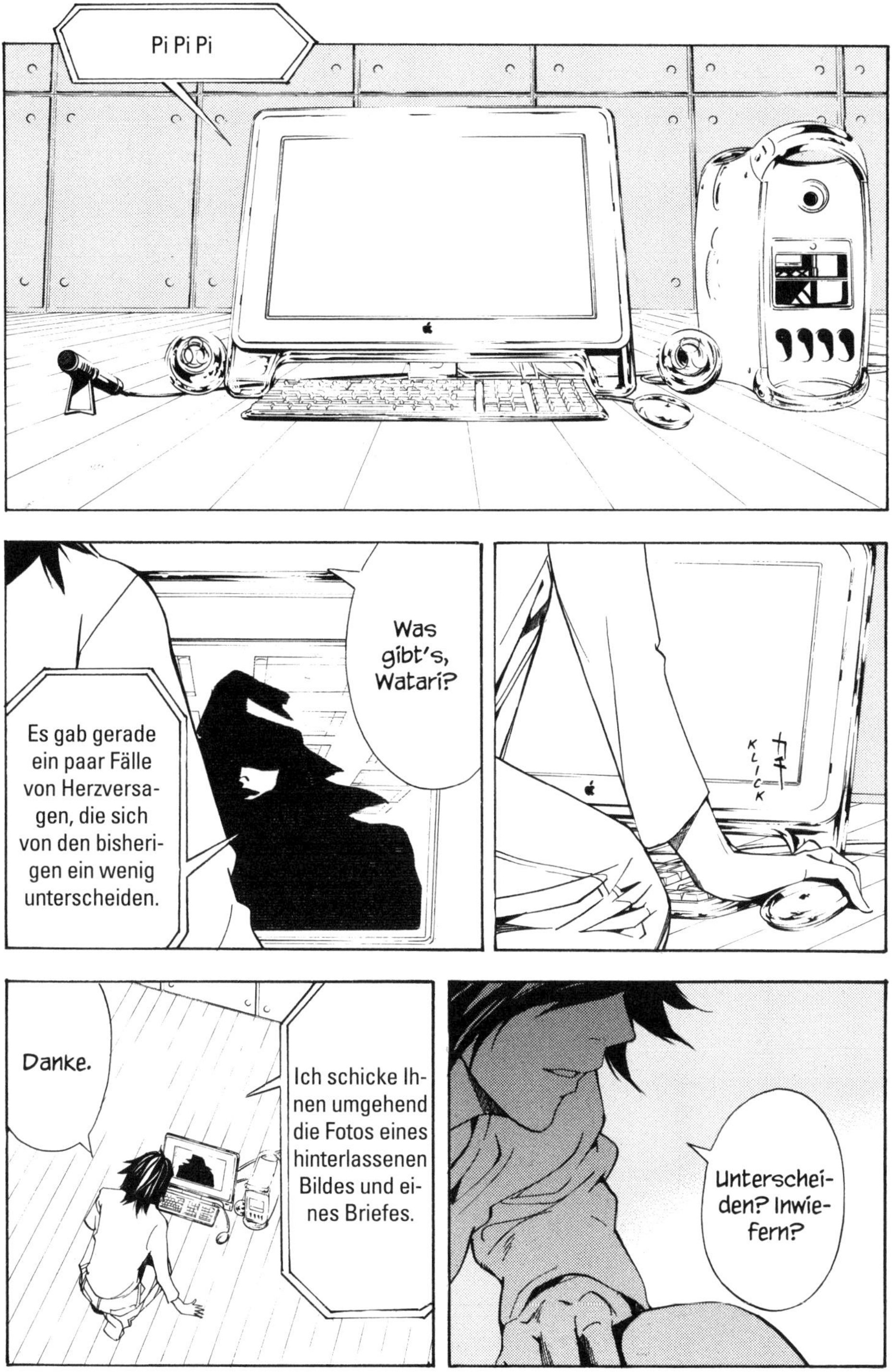
Pi Pi Pi
KLICK
Was gibt's, Watari?
Es gab gerade ein paar Fälle von Herzversagen, die sich von den bisherigen ein wenig unterscheiden.
Unterscheiden? Inwiefern?
Ich schicke Ihnen umgehend die Fotos eines hinterlassenen Bildes und eines Briefes.
Danke.

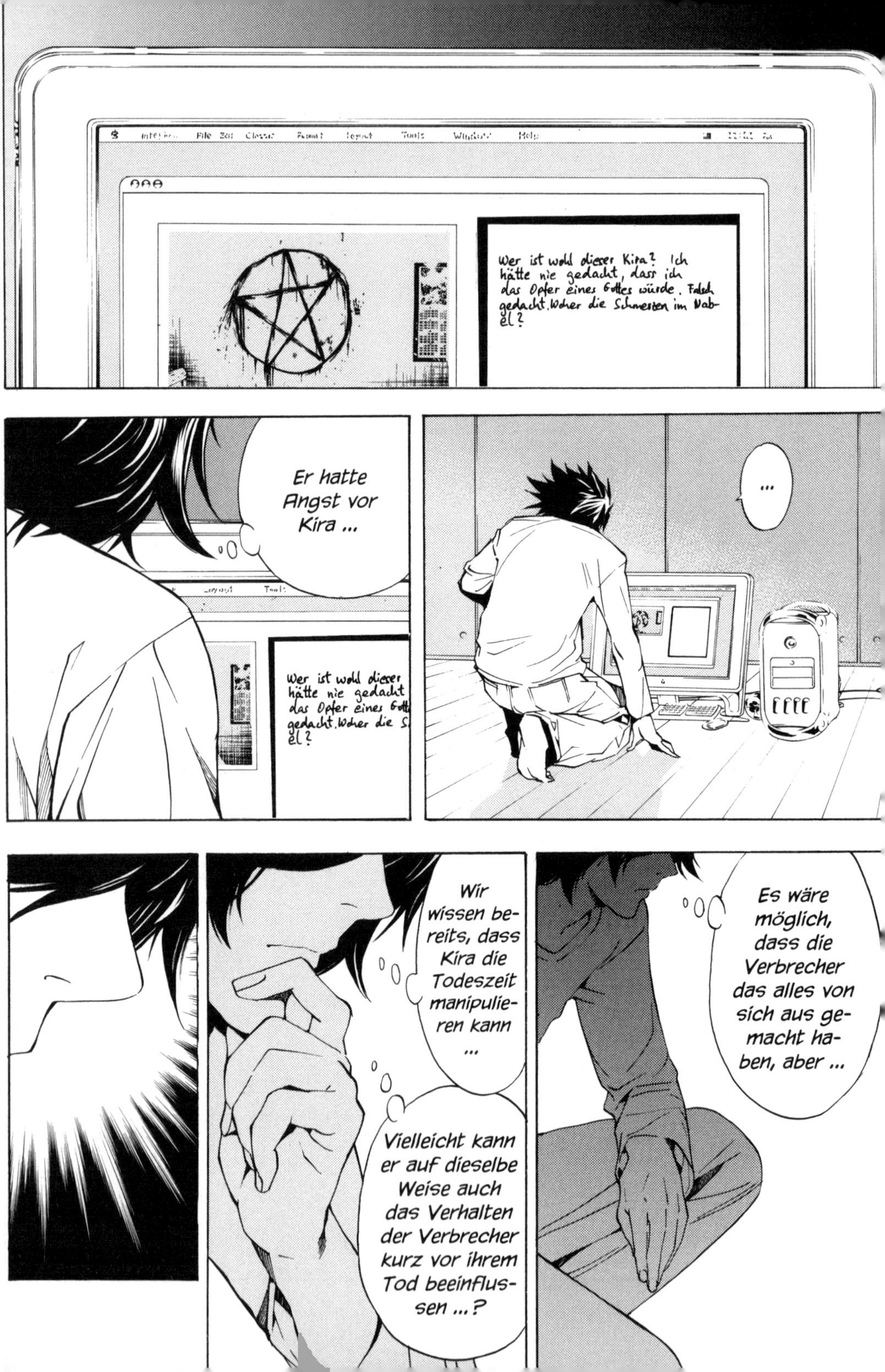
Wer ist wohl dieser Kira? Ich hätte nie gedacht, dass ich das Opfer eines Gottes würde. Falsch gedacht. Woher die Schmerzen im Nabel?
...
Er hatte Angst vor Kira ...
Es wäre möglich, dass die Verbrecher das alles von sich aus gemacht haben, aber ...
Wir wissen bereits, dass Kira die Todeszeit manipulieren kann ...
Vielleicht kann er auf dieselbe Weise auch das Verhalten der Verbrecher kurz vor ihrem Tod beeinflussen ...?

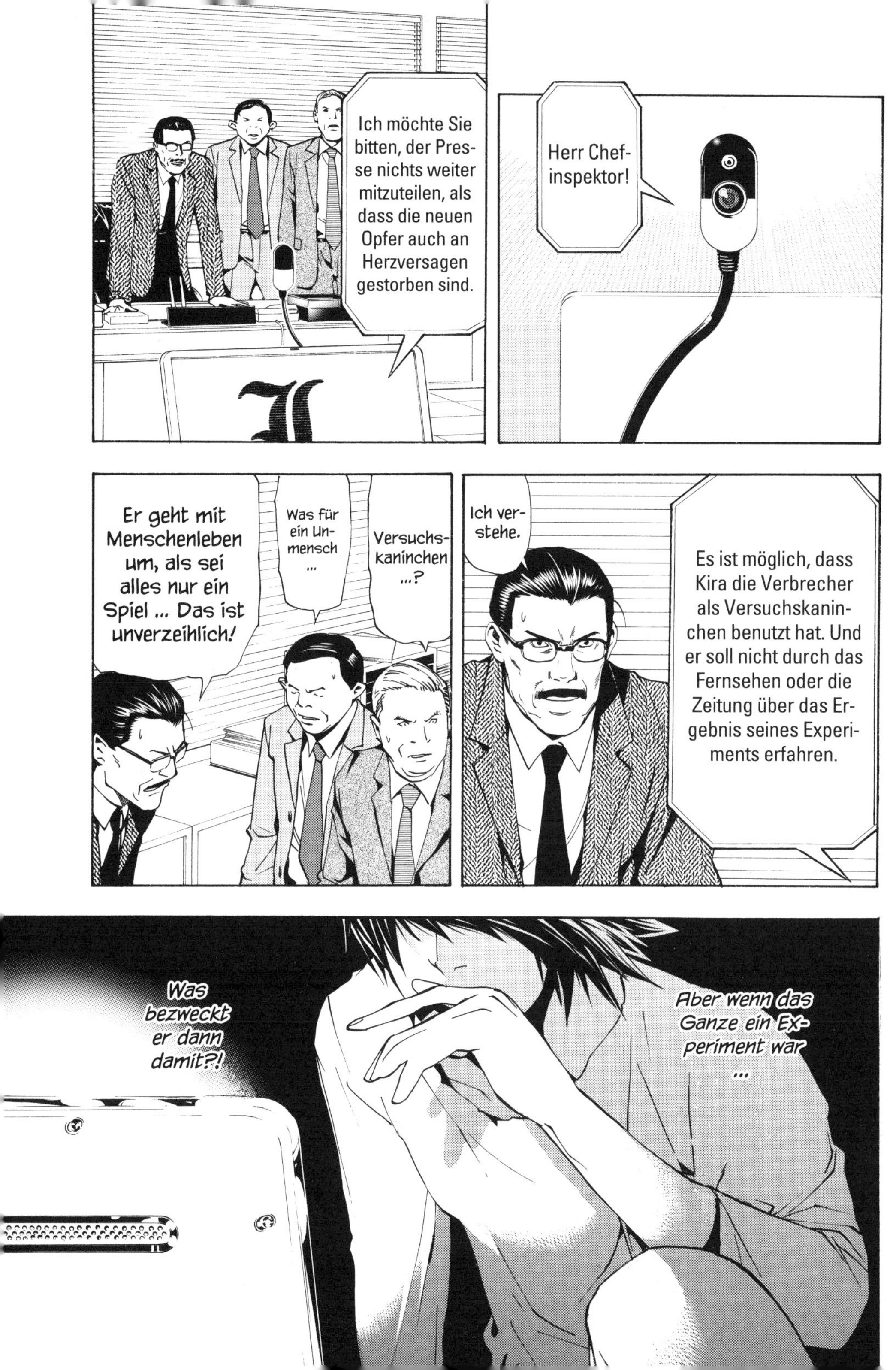
Herr Chefinspektor!
Ich möchte Sie bitten, der Presse nichts weiter mitzuteilen, als dass die neuen Opfer auch an Herzversagen gestorben sind.
Es ist möglich, dass Kira die Verbrecher als Versuchskaninchen benutzt hat. Und er soll nicht durch das Fernsehen oder die Zeitung über das Ergebnis seines Experiments erfahren.
Ich verstehe.
Versuchskaninchen ...?
Was für ein Unmensch ...
Er geht mit Menschenleben um, als sei alles nur ein Spiel ... Das ist unverzeihlich!
Aber wenn das Ganze ein Experiment war ...
Was bezweckt er dann damit?!

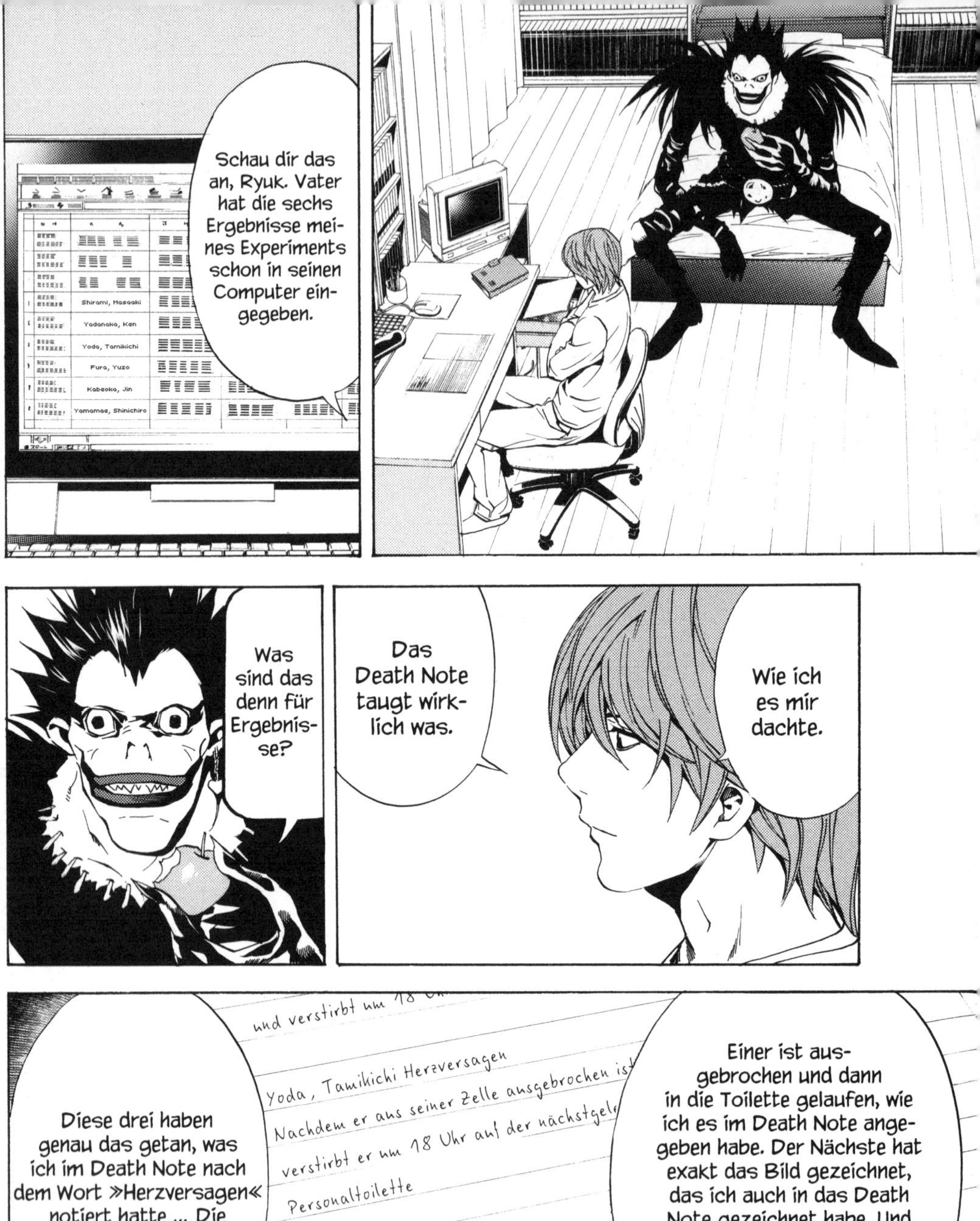
Schau dir das an, Ryuk. Vater hat die sechs Ergebnisse meines Experiments schon in seinen Computer eingegeben.
Shirami, Masaaki
Yadanaka, Ken
Yoda, Tamikichi
Fura, Yuzo
Kabeoka, Jin
Yamamae, Shinichiro
Wie ich es mir dachte.
Das Death Note taugt wirklich was.
Was sind das denn für Ergebnisse?
Einer ist ausgebrochen und dann in die Toilette gelaufen, wie ich es im Death Note angegeben habe. Der Nächste hat exakt das Bild gezeichnet, das ich auch in das Death Note gezeichnet habe. Und der Dritte hat genau den Text geschrieben, den ich ins Death Note eingetragen habe.
und verstirbt um 18 Uhr
Yoda, Tamikichi Herzversagen
Nachdem er aus seiner Zelle ausgebrochen ist
verstirbt er um 18 Uhr auf der nächstgel
Personaltoilette
Shirami, Masaaki Herzversagen
malt ein an die Zellenwand und
verstirbt um 18 Uhr.
Diese drei haben genau das getan, was ich im Death Note nach dem Wort »Herzversagen« notiert hatte ... Die Todeszeiten dürften auch stimmen.

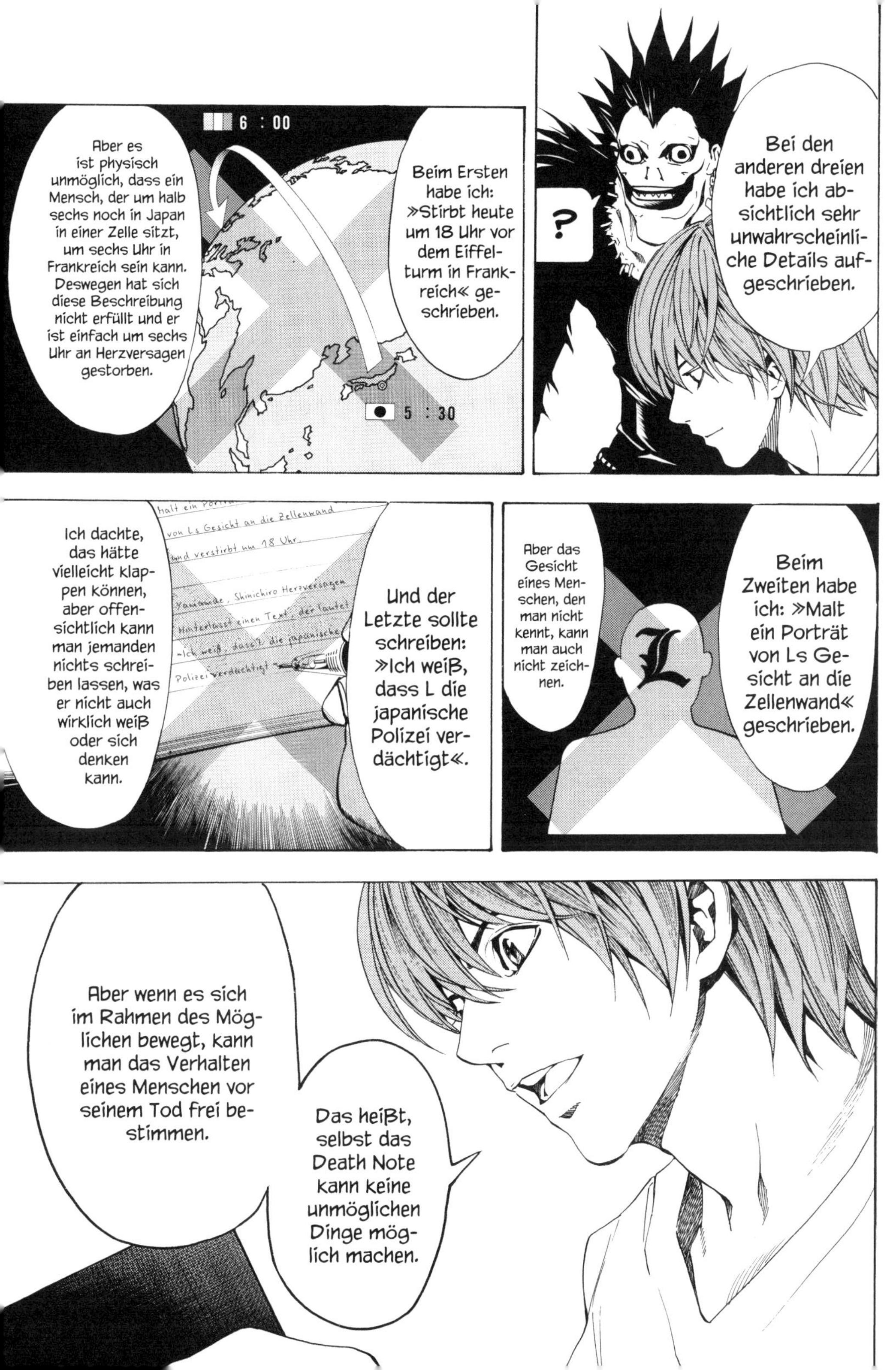
?
Bei den anderen dreien habe ich absichtlich sehr unwahrscheinliche Details aufgeschrieben.
6 : 00
5 : 30
Beim Ersten habe ich: »Stirbt heute um 18 Uhr vor dem Eiffelturm in Frankreich« geschrieben.
Aber es ist physisch unmöglich, dass ein Mensch, der um halb sechs noch in Japan in einer Zelle sitzt, um sechs Uhr in Frankreich sein kann. Deswegen hat sich diese Beschreibung nicht erfüllt und er ist einfach um sechs Uhr an Herzversagen gestorben.
Beim Zweiten habe ich: »Malt ein Porträt von Ls Gesicht an die Zellenwand« geschrieben.
Aber das Gesicht eines Menschen, den man nicht kennt, kann man auch nicht zeichnen.
von Ls Gesicht an die Zellenwand
und verstirbt um 18 Uhr.
Hinterlässt einen Text, der lautet
»Ich weiß, dass L die japanische
Polizei verdächtigt«
Und der Letzte sollte schreiben: »Ich weiß, dass L die japanische Polizei verdächtigt«.
Ich dachte, das hätte vielleicht klappen können, aber offensichtlich kann man jemanden nichts schreiben lassen, was er nicht auch wirklich weiß oder sich denken kann.
Aber wenn es sich im Rahmen des Möglichen bewegt, kann man das Verhalten eines Menschen vor seinem Tod frei bestimmen.
Das heißt, selbst das Death Note kann keine unmöglichen Dinge möglich machen.

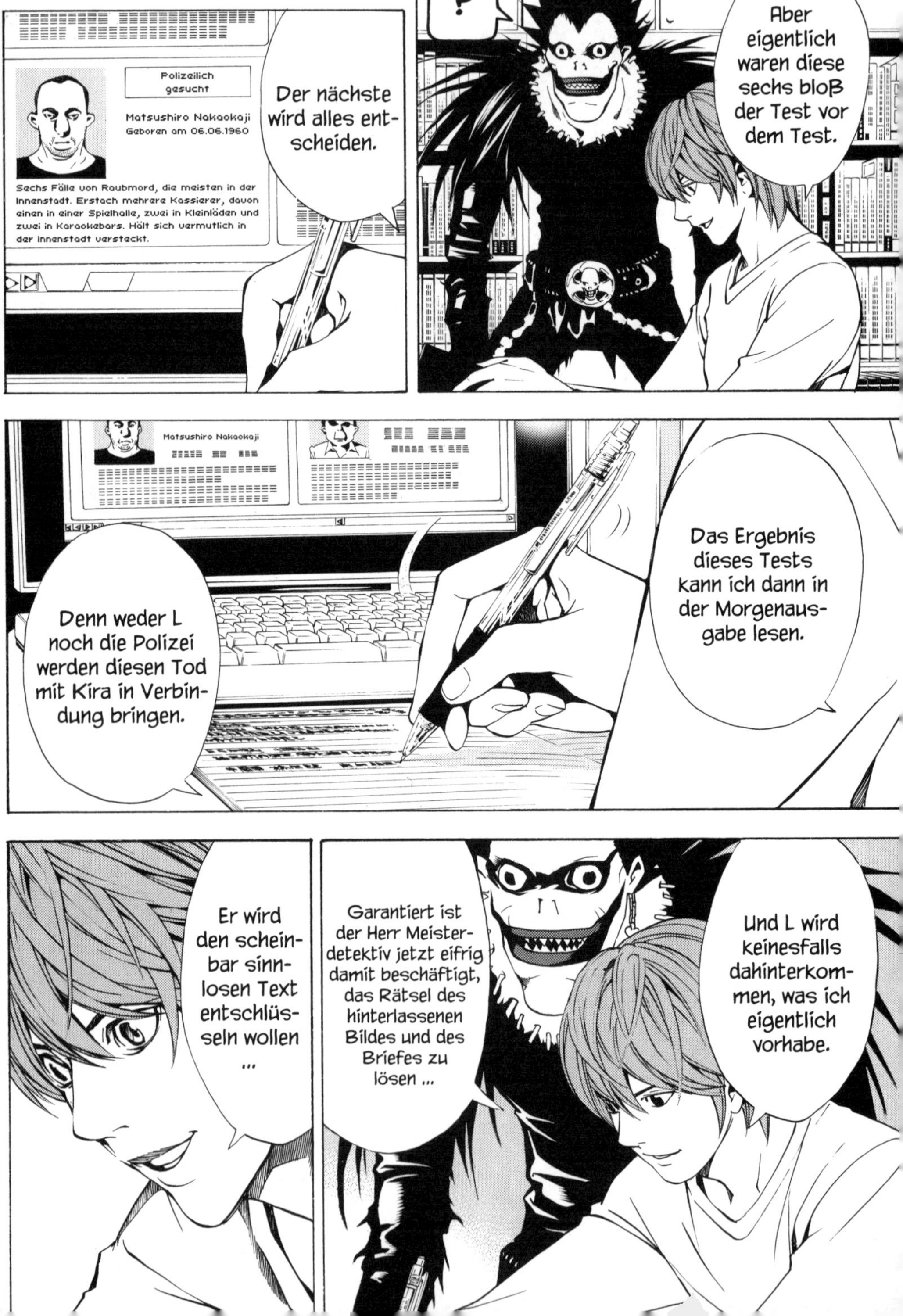
?
Aber eigentlich waren diese sechs bloß der Test vor dem Test.
Polizeilich gesucht
Matsushiro Nakaokaji
Geboren am 06.06.1960
Sechs Fälle von Raubmord, die meisten in der Innenstadt. Erstach mehrere Kassierer, davon einen in einer Spielhalle, zwei in Kleinläden und zwei in Karaokebars. Hält sich vermutlich in der Innenstadt versteckt.
Der nächste wird alles entscheiden.
Das Ergebnis dieses Tests kann ich dann in der Morgenausgabe lesen.
Matsushiro Nakaokaji
Denn weder L noch die Polizei werden diesen Tod mit Kira in Verbindung bringen.
Und L wird keinesfalls dahinterkommen, was ich eigentlich vorhabe.
Garantiert ist der Herr Meisterdetektiv jetzt eifrig damit beschäftigt, das Rätsel des hinterlassenen Bildes und des Briefes zu lösen …
Er wird den scheinbar sinnlosen Text entschlüsseln wollen …

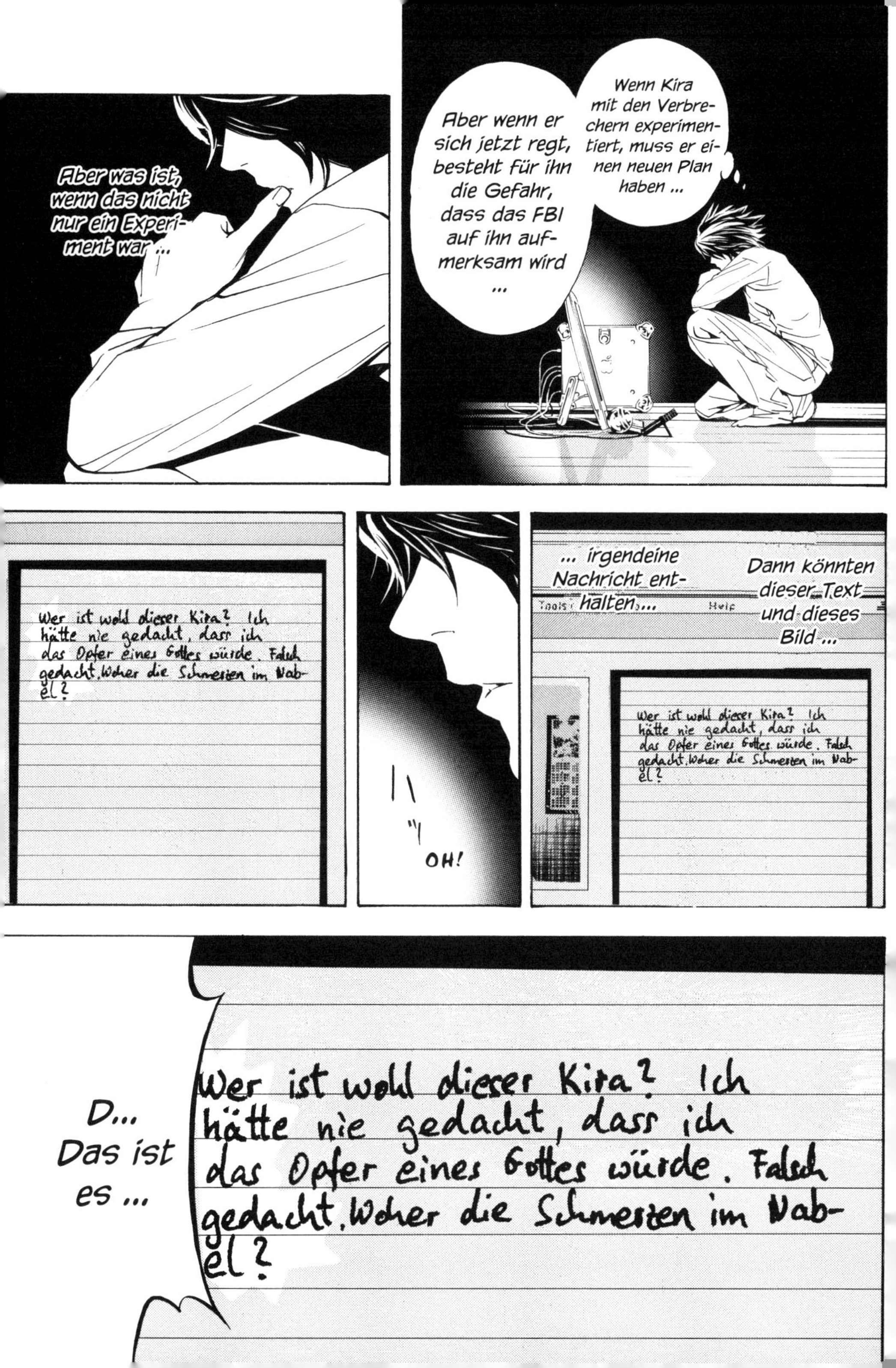

Wenn Kira mit den Verbrechern experimentiert, muss er einen neuen Plan haben ...
Aber wenn er sich jetzt regt, besteht für ihn die Gefahr, dass das FBI auf ihn aufmerksam wird ...
Aber was ist, wenn das nicht nur ein Experiment war ...
Dann könnten dieser Text und dieses Bild ...
... irgendeine Nachricht enthalten ...
Wer ist wohl dieser Kira? Ich hätte nie gedacht, dass ich das Opfer eines Gottes würde. Falsch gedacht. Woher die Schmerzen im Nabel?
OH!
Wer ist wohl dieser Kira? Ich hätte nie gedacht, dass ich das Opfer eines Gottes würde. Falsch gedacht. Woher die Schmerzen im Nabel?
D... Das ist es ...
Wer ist wohl dieser Kira? Ich hätte nie gedacht, dass ich das Opfer eines Gottes würde. Falsch gedacht. Woher die Schmerzen im Nabel?

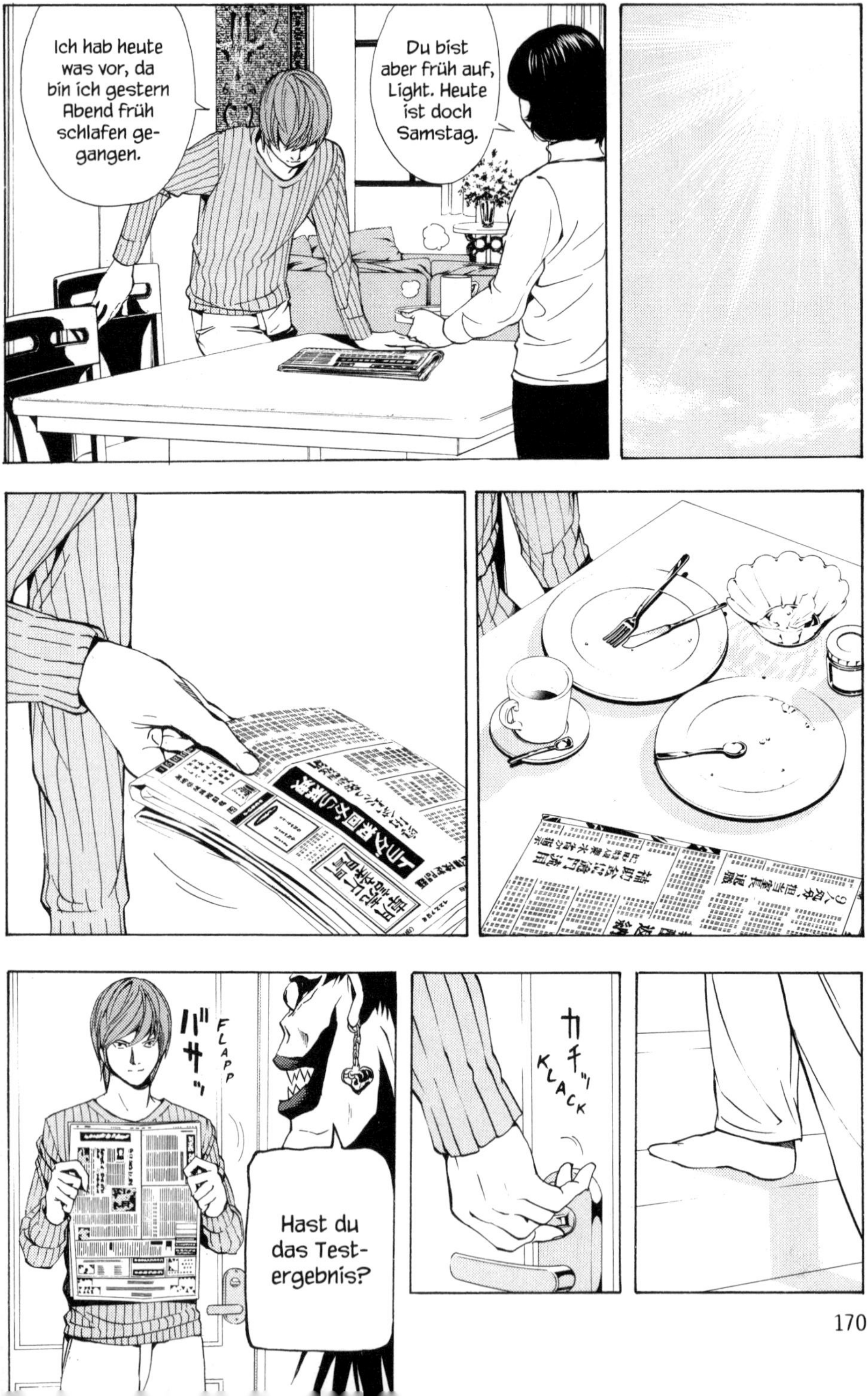
Du bist aber früh auf, Light. Heute ist doch Samstag.
Ich hab heute was vor, da bin ich gestern Abend früh schlafen gegangen.
カチッ
KLACK
バサッ
FLAPP
Hast du das Testergebnis?

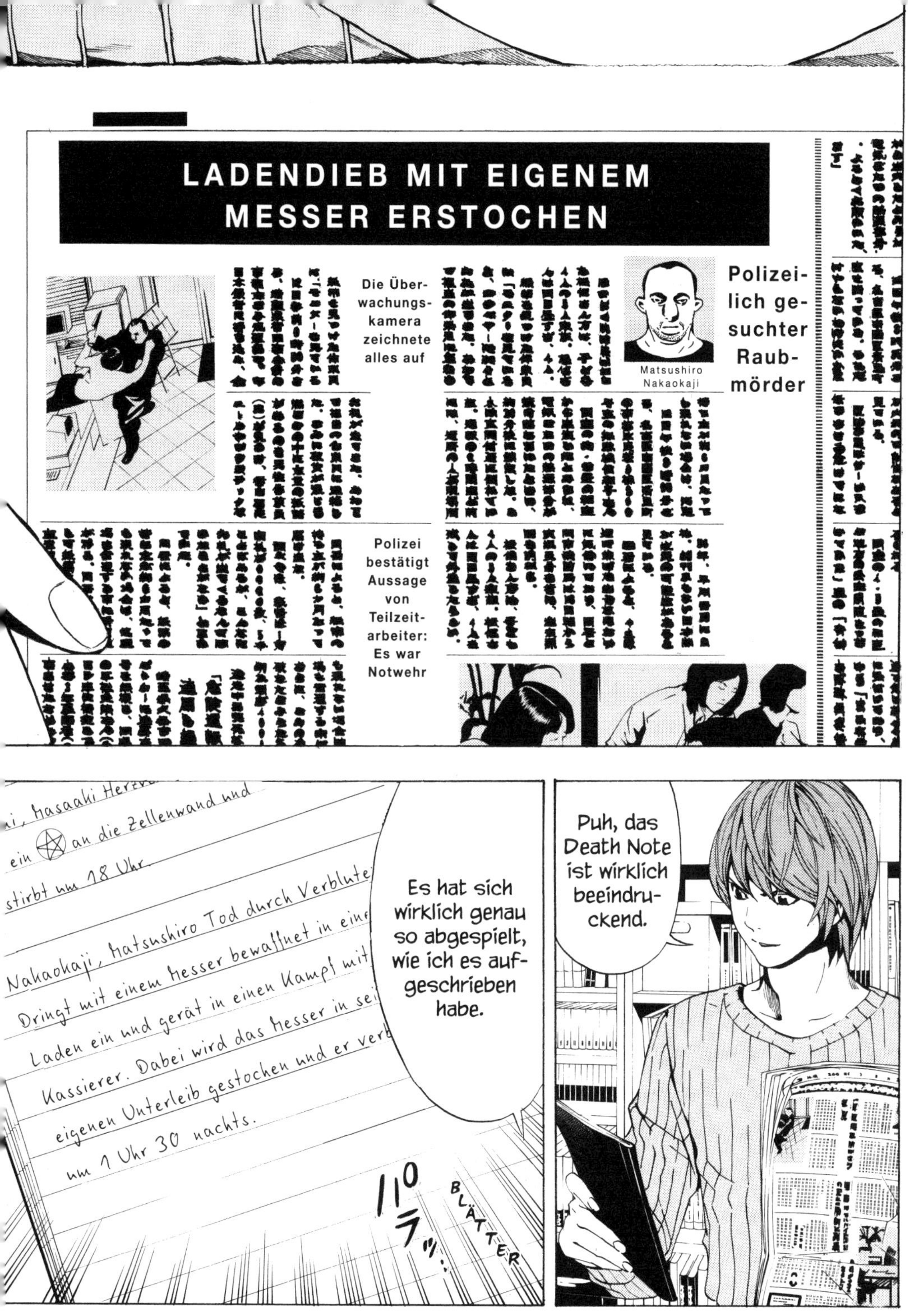

LADENDIEB MIT EIGENEM MESSER ERSTOCHEN
Polizeilich gesuchter Raubmörder
Matsushiro Nakaokaji
Die Überwachungskamera zeichnete alles auf
Polizei bestätigt Aussage von Teilzeitarbeiter: Es war Notwehr
Puh, das Death Note ist wirklich beeindruckend.
Es hat sich wirklich genau so abgespielt, wie ich es aufgeschrieben habe.
an die Zellenwand und
stirbt um 18 Uhr.
Nakaokaji, Matsushiro Tod durch Verblute
Dringt mit einem Messer bewaffnet in eine
Laden ein und gerät in einen Kampf mit
Kassierer. Dabei wird das Messer in sei
eigenen Unterleib gestochen und er ver
um 1 Uhr 30 nachts.
BLÄTTER

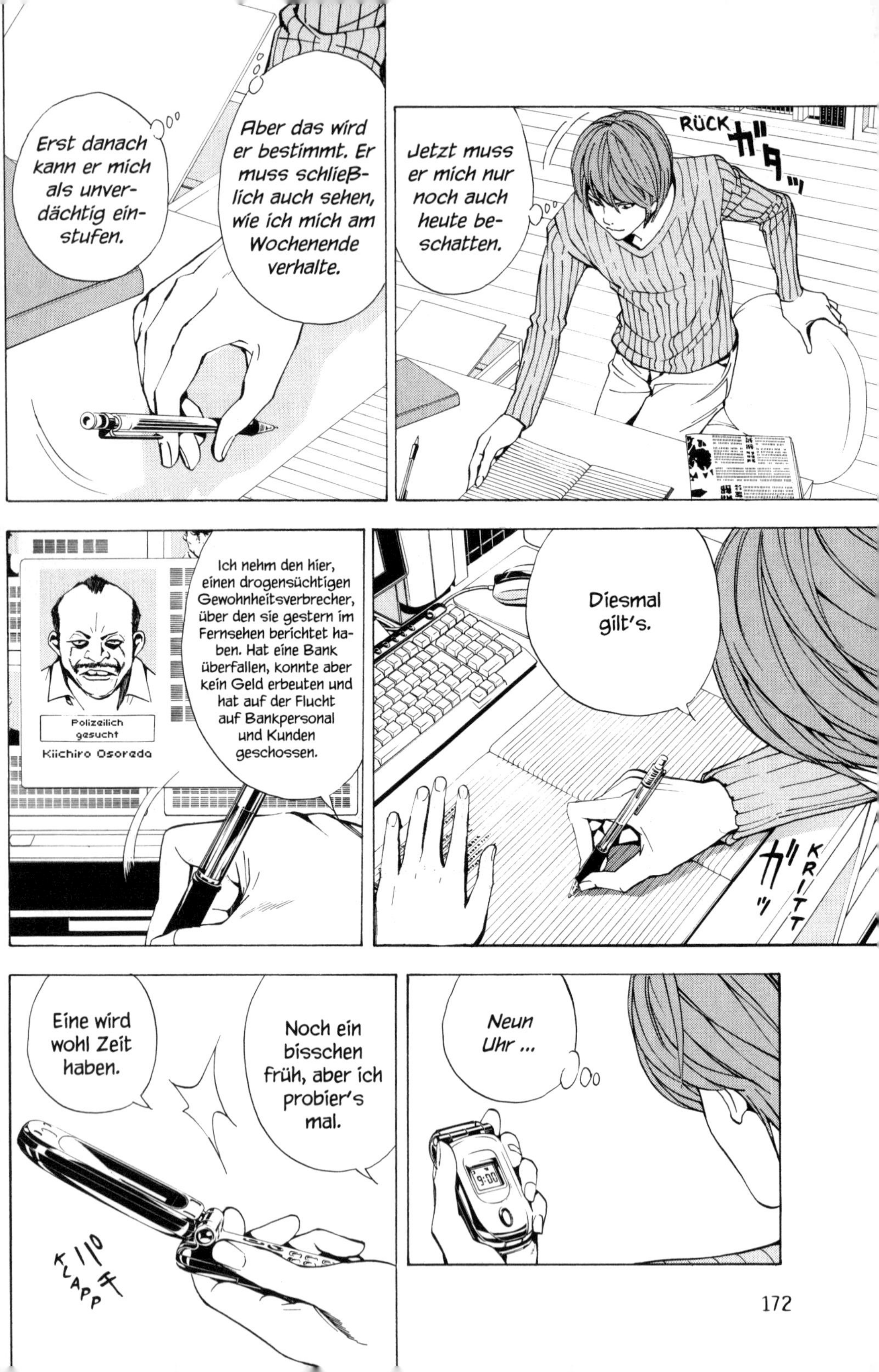
RÜCK
Jetzt muss er mich nur noch auch heute beschatten.
Aber das wird er bestimmt. Er muss schließlich auch sehen, wie ich mich am Wochenende verhalte.
Erst danach kann er mich als unverdächtig einstufen.
Diesmal gilt's.
KRITT
Ich nehm den hier, einen drogensüchtigen Gewohnheitsverbrecher, über den sie gestern im Fernsehen berichtet haben. Hat eine Bank überfallen, konnte aber kein Geld erbeuten und hat auf der Flucht auf Bankpersonal und Kunden geschossen.
Polizeilich gesucht
Kiichiro Osoreda
Neun Uhr ...
9:00
Noch ein bisschen früh, aber ich probier's mal.
Eine wird wohl Zeit haben.
KLAPP

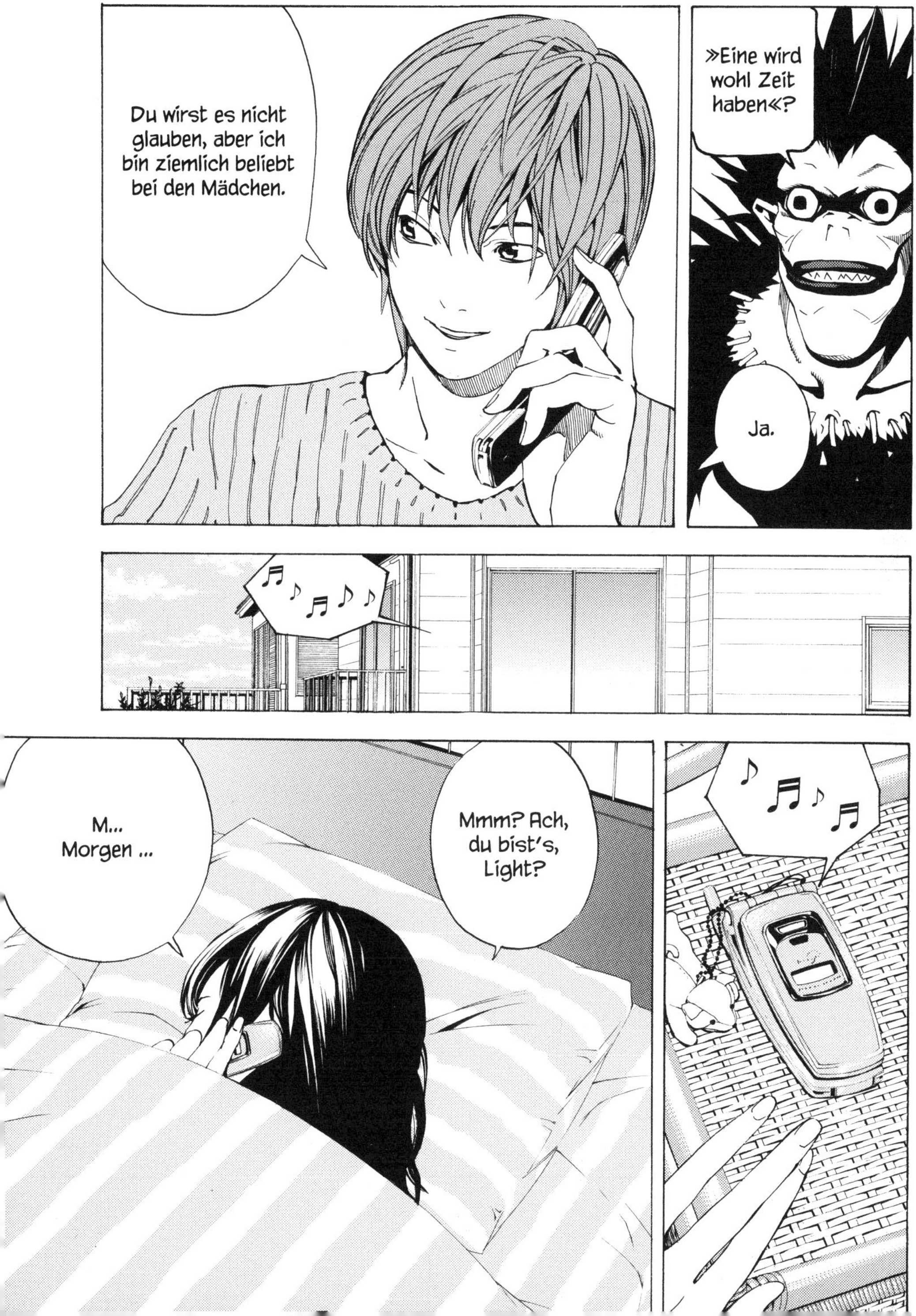
»Eine wird wohl Zeit haben«?
Ja.
Du wirst es nicht glauben, aber ich bin ziemlich beliebt bei den Mädchen.
♬ ♪ ♬ ♪ ♪
♪ ♬ ♪ ♬
Mmm? Ach, du bist's, Light?
M... Morgen ...

DEATH NOTE

How to use it

VI

- The conditions for death will not be realized unless it is physically possible for that human or it is reasonably assumed to be carried out by that human.

  DIE NOTIERTEN TODESUMSTÄNDE BEWAHRHEITEN SICH NUR, WENN SIE FÜR DIE BETREFFENDE PERSON PHYSISCH MÖGLICH SIND UND SICH IM RAHMEN DES FÜR DIESE PERSON PLAUSIBLEN VERHALTENS BEWEGEN.

- The specific scope of the condition for death is not known to the gods of death, either. So, you must examine and find out.

  AUCH DIE TODESGÖTTER WISSEN NICHT, WO DIE GENAUEN GRENZEN BEI DER FORMULIERUNG VON TODESUMSTÄNDEN LIEGEN. DAHER MUSS DIESE JEDER SELBST ÜBERPRÜFEN UND HERAUSFINDEN.

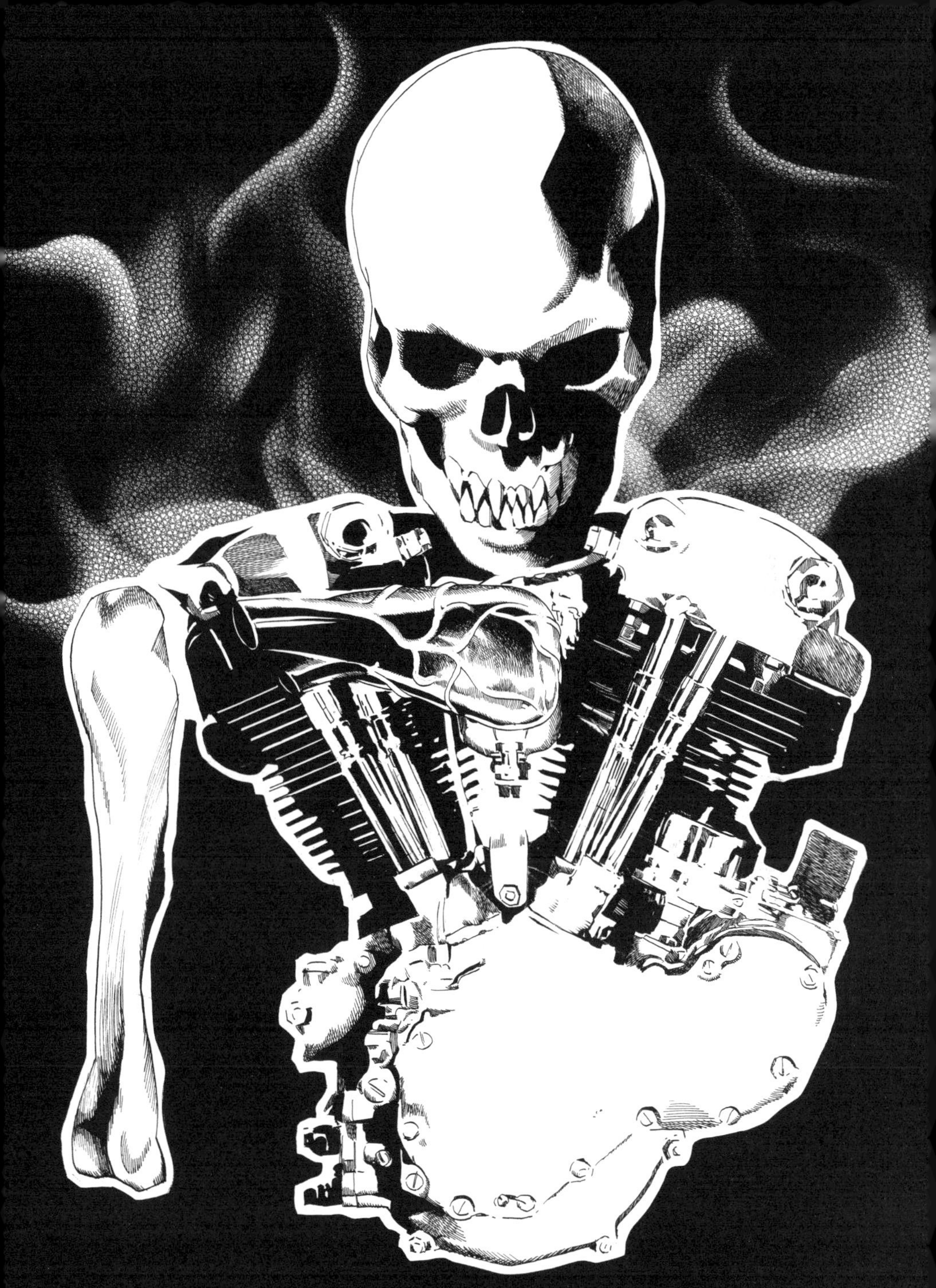

PAGE.7 ZIELSCHEIBE

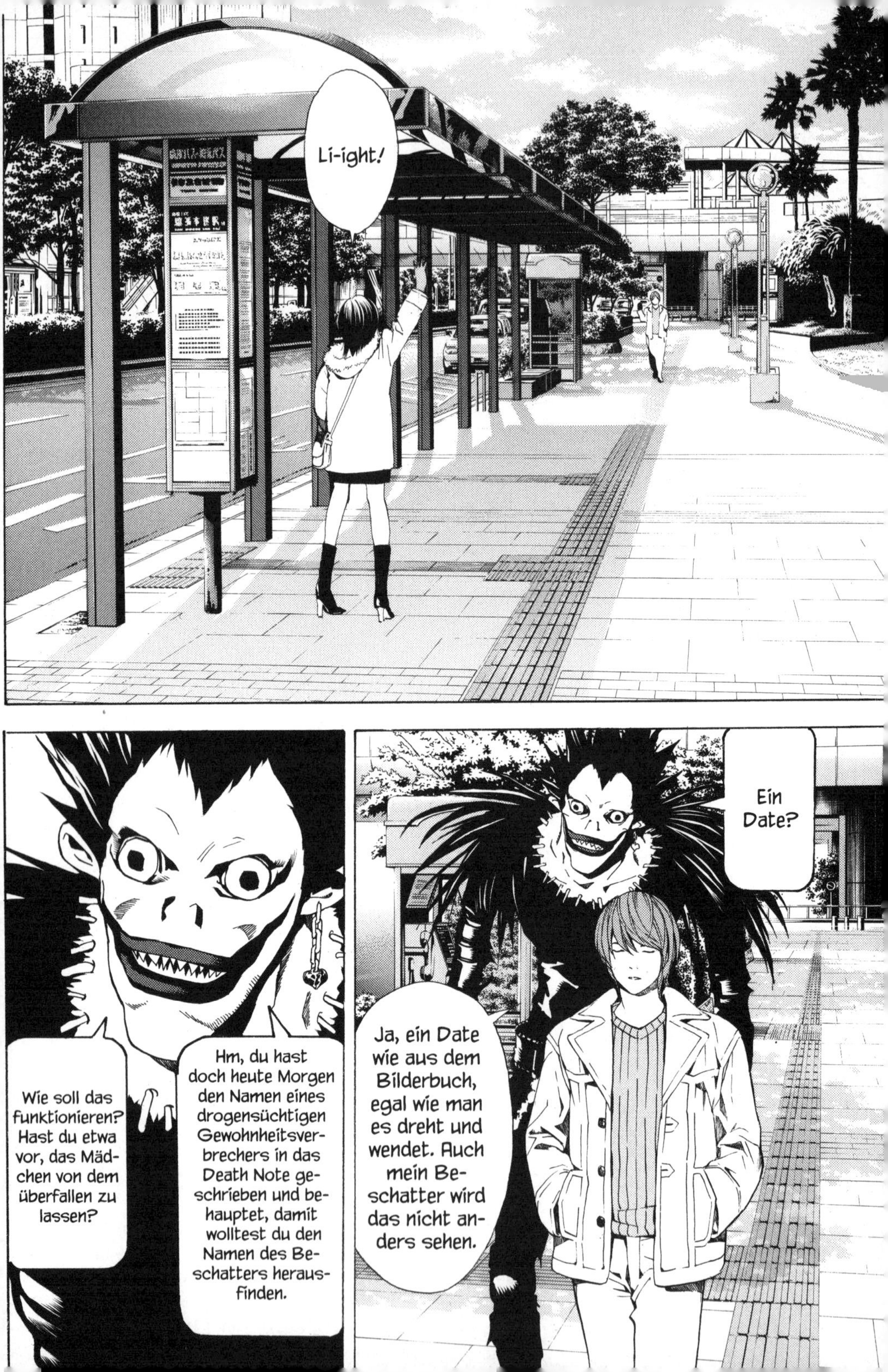
Li-ight!
Ein Date?
Ja, ein Date wie aus dem Bilderbuch, egal wie man es dreht und wendet. Auch mein Beschatter wird das nicht anders sehen.
Hm, du hast doch heute Morgen den Namen eines drogensüchtigen Gewohnheitsverbrechers in das Death Note geschrieben und behauptet, damit wolltest du den Namen des Beschatters herausfinden.
Wie soll das funktionieren? Hast du etwa vor, das Mädchen von dem überfallen zu lassen?

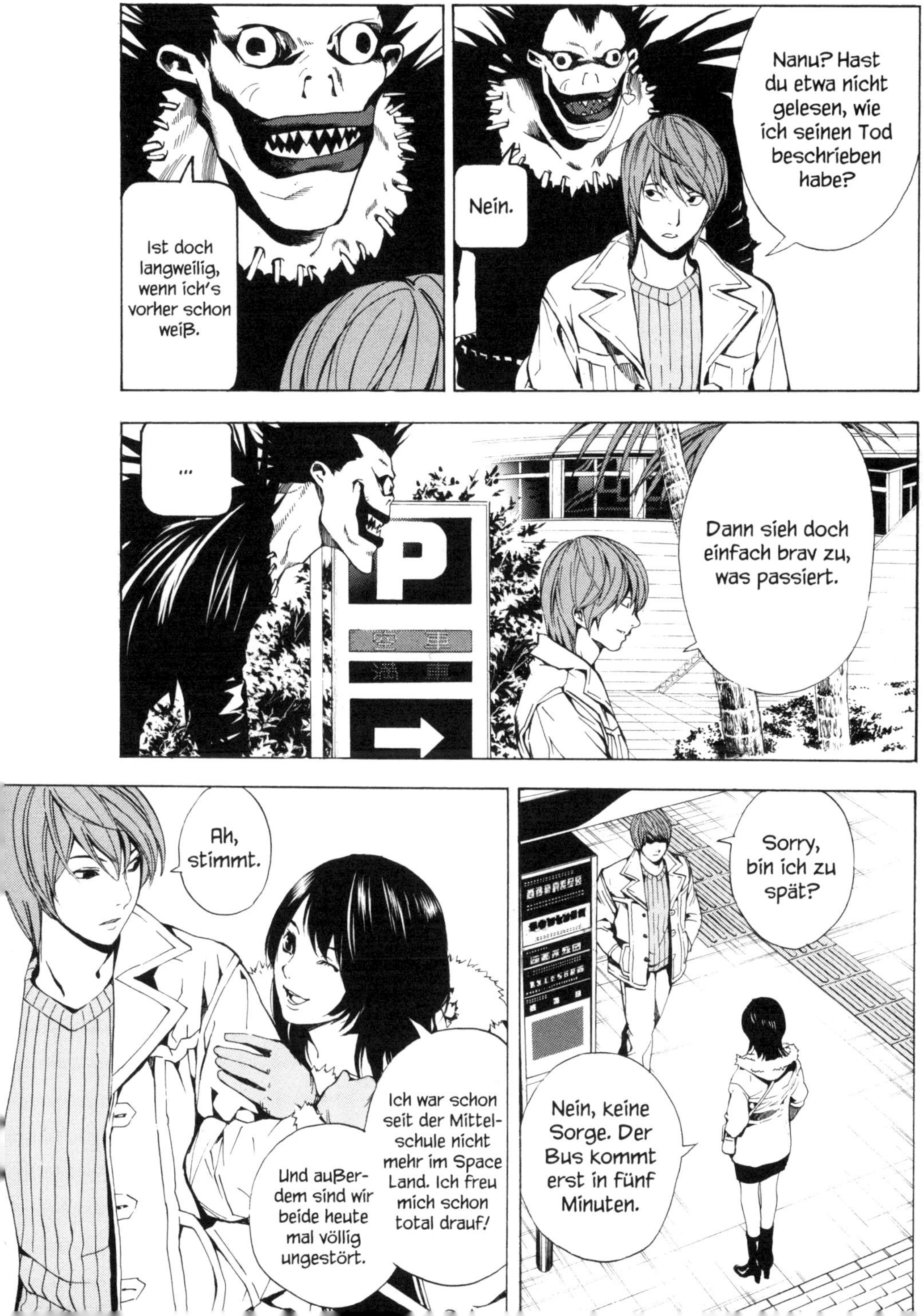

Nanu? Hast du etwa nicht gelesen, wie ich seinen Tod beschrieben habe?
Nein.
Ist doch langweilig, wenn ich's vorher schon weiß.
Dann sieh doch einfach brav zu, was passiert.
...
Sorry, bin ich zu spät?
Nein, keine Sorge. Der Bus kommt erst in fünf Minuten.
Ich war schon seit der Mittelschule nicht mehr im Space Land. Ich freu mich schon total drauf!
Und außerdem sind wir beide heute mal völlig ungestört.
Ah, stimmt.

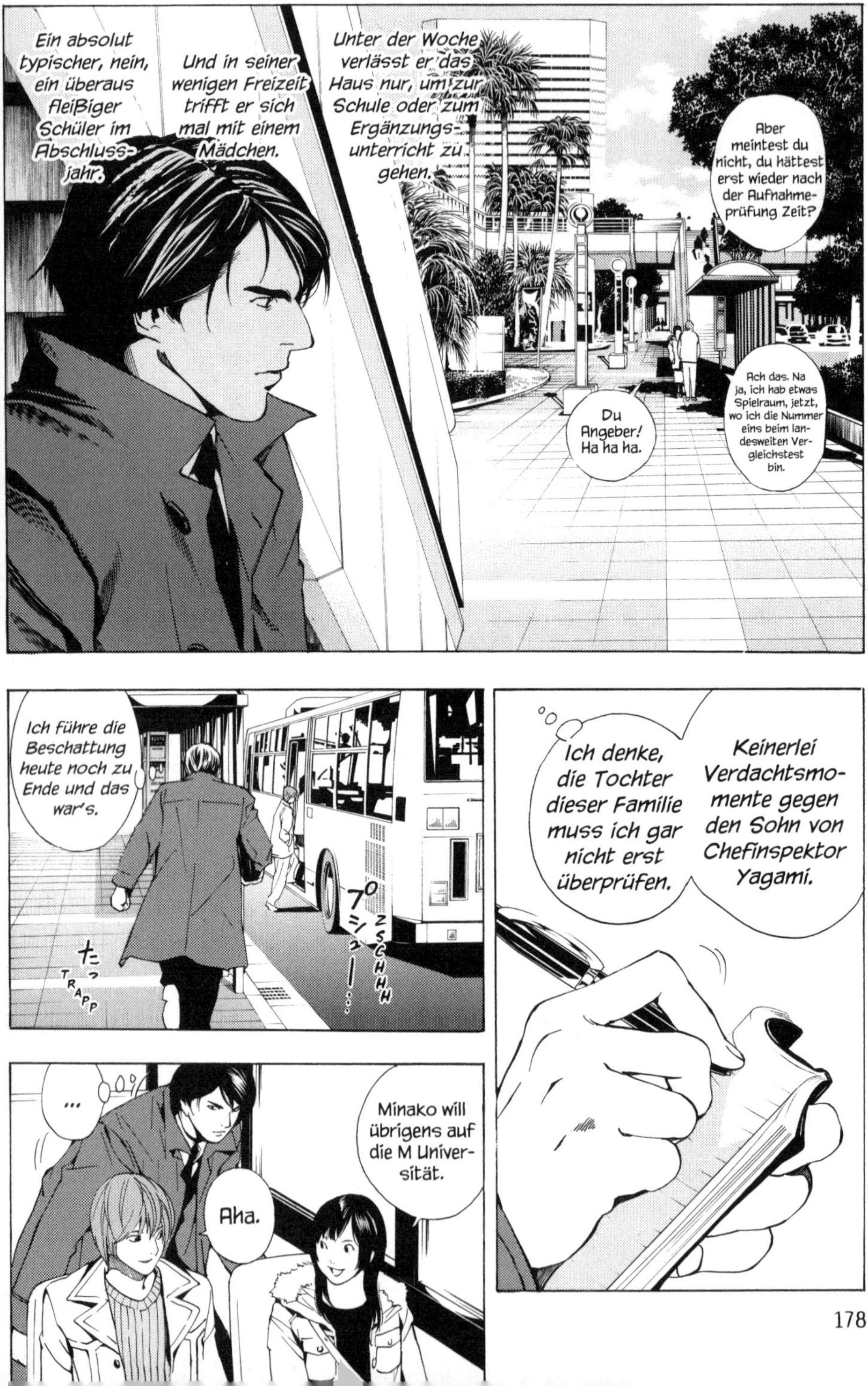
Aber meintest du nicht, du hättest erst wieder nach der Aufnahmeprüfung Zeit?
Ach das. Na ja, ich hab etwas Spielraum, jetzt, wo ich die Nummer eins beim landesweiten Vergleichstest bin.
Du Angeber! Ha ha ha.
Unter der Woche verlässt er das Haus nur, um zur Schule oder zum Ergänzungsunterricht zu gehen.
Und in seiner wenigen Freizeit trifft er sich mal mit einem Mädchen.
Ein absolut typischer, nein, ein überaus fleißiger Schüler im Abschlussjahr.
Keinerlei Verdachtsmomente gegen den Sohn von Chefinspektor Yagami.
Ich denke, die Tochter dieser Familie muss ich gar nicht erst überprüfen.
Ich führe die Beschattung heute noch zu Ende und das war's.
ZSCHHH
TRAPP
Minako will übrigens auf die M Universität.
Aha.
...

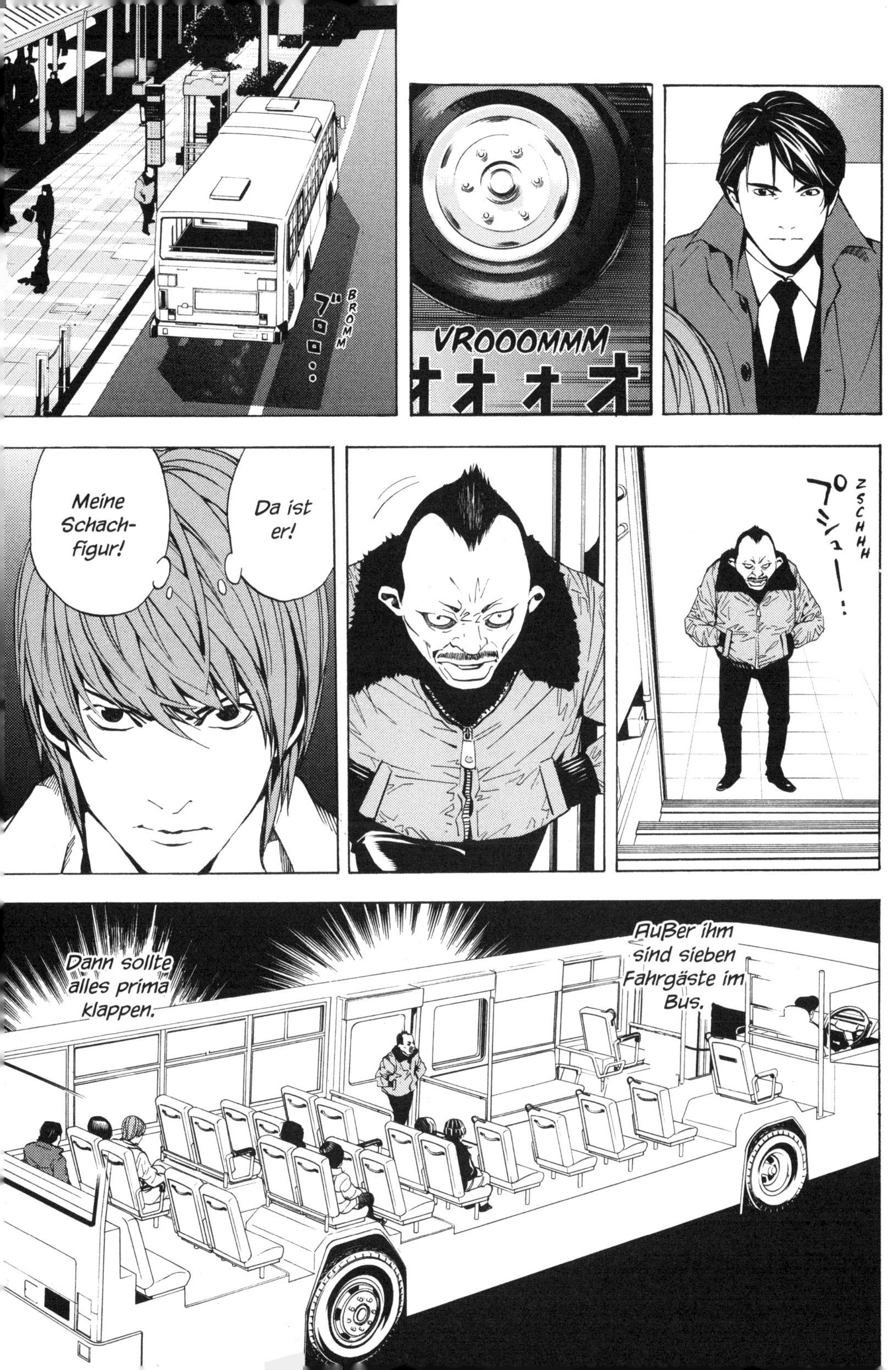
VROOOMMM
オォォオ
BROMM
ブロロ…
ZSCHHH
プシュー…
Da ist er!
Meine Schach-figur!
Außer ihm sind sieben Fahrgäste im Bus.
Dann sollte alles prima klappen.

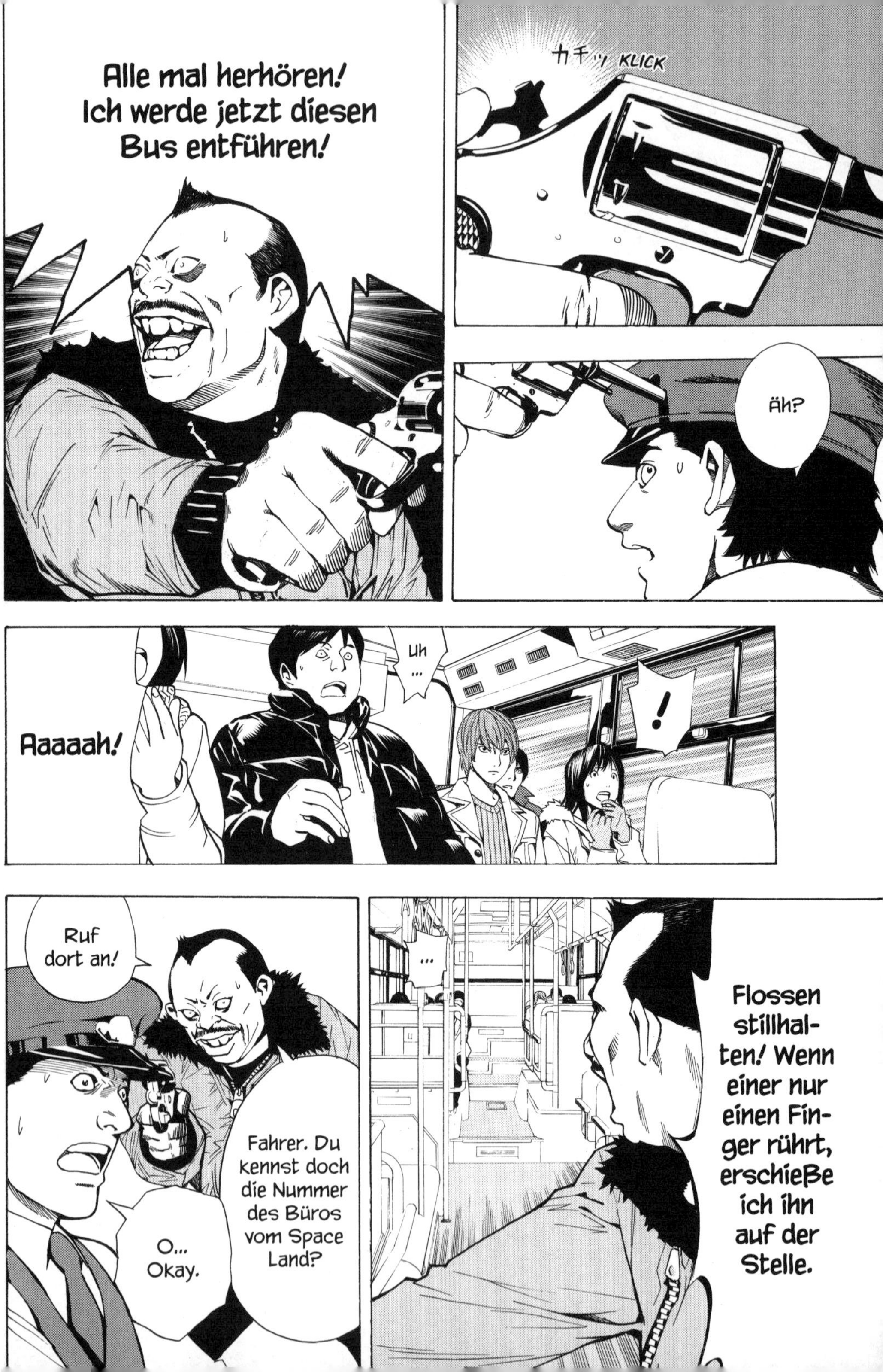

カチッ KLICK
Alle mal herhören! Ich werde jetzt diesen Bus entführen!
Äh?
!
Uh ...
Aaaaah!
Flossen stillhal- ten! Wenn einer nur einen Fin- ger rührt, erschieße ich ihn auf der Stelle.
...
Ruf dort an!
Fahrer. Du kennst doch die Nummer des Büros vom Space Land?
O... Okay.

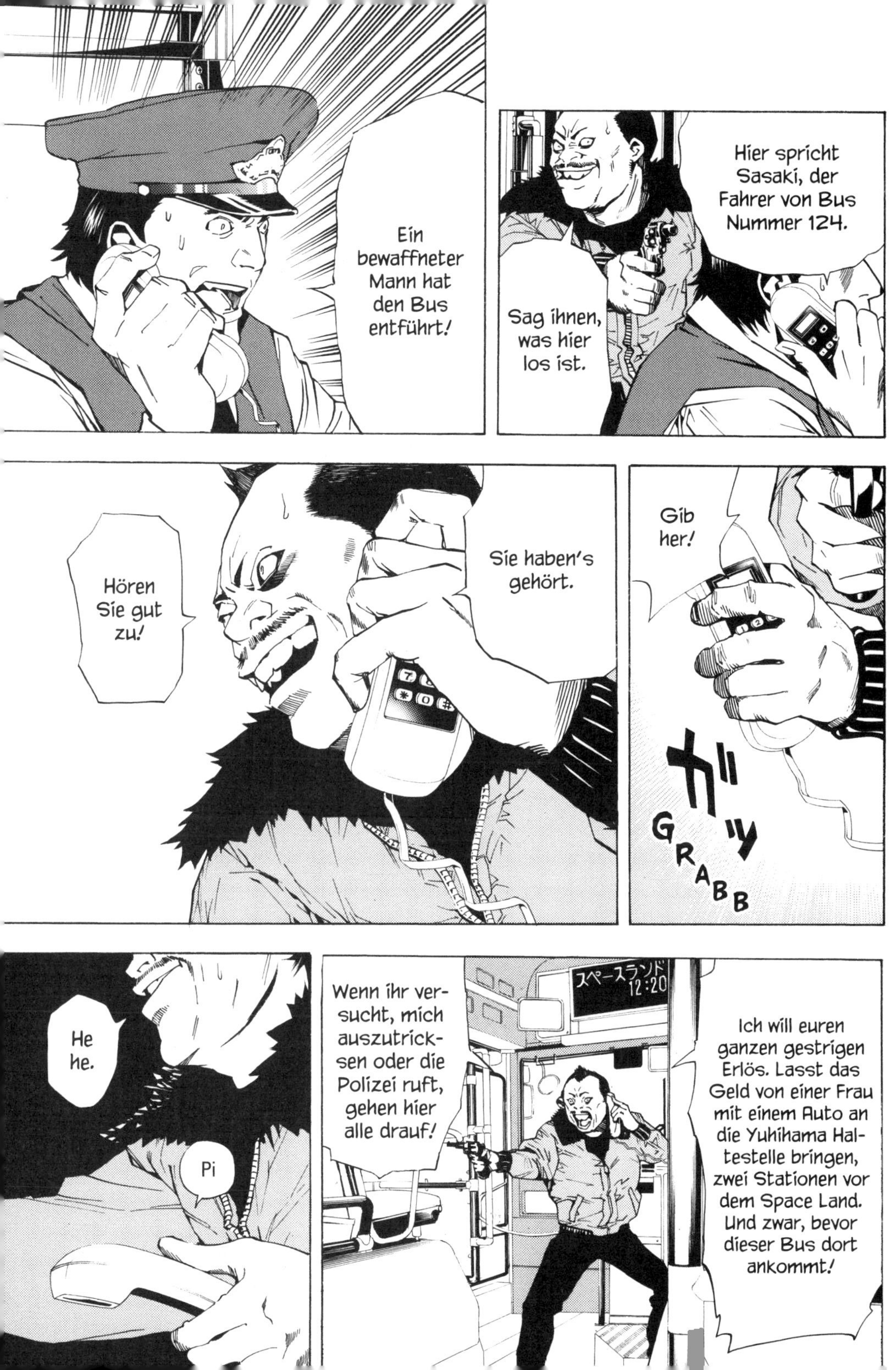

Hier spricht Sasaki, der Fahrer von Bus Nummer 124.
Sag ihnen, was hier los ist.
Ein bewaffneter Mann hat den Bus entführt!
Gib her!
ガッ
GRABB
Sie haben's gehört.
Hören Sie gut zu!
Ich will euren ganzen gestrigen Erlös. Lasst das Geld von einer Frau mit einem Auto an die Yuhihama Haltestelle bringen, zwei Stationen vor dem Space Land. Und zwar, bevor dieser Bus dort ankommt!
スペースランド 12:20
Wenn ihr versucht, mich auszutricksen oder die Polizei ruft, gehen hier alle drauf!
He he.
Pi

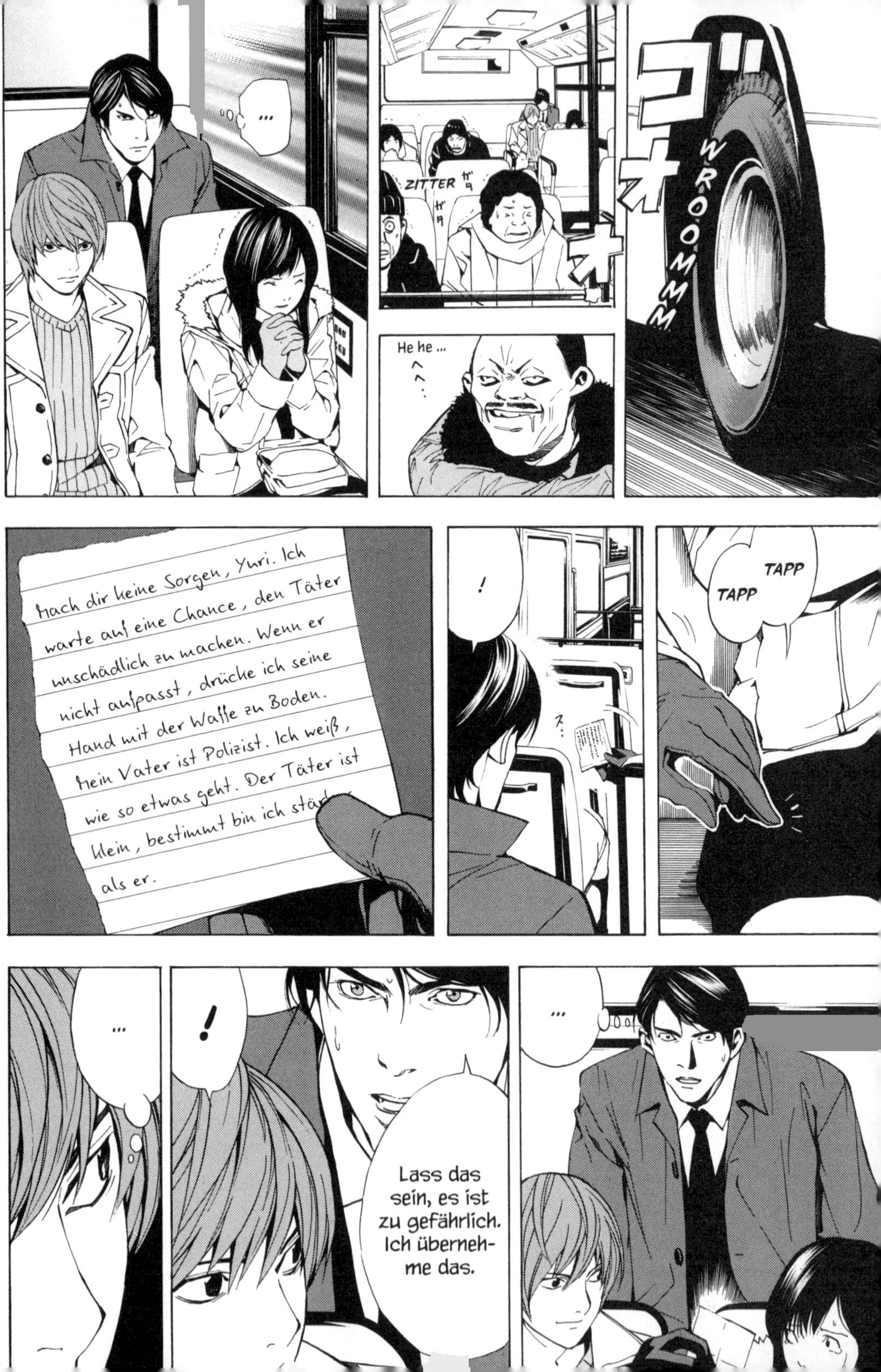
WROOMMM
ZITTER
He he ...
...
TAPP
TAPP
!
Mach dir keine Sorgen, Yuri. Ich
warte auf eine Chance, den Täter
unschädlich zu machen. Wenn er
nicht aufpasst, drücke ich seine
Hand mit der Waffe zu Boden.
Mein Vater ist Polizist. Ich weiß,
wie so etwas geht. Der Täter ist
klein, bestimmt bin ich stär
als er.
...
!
Lass das sein, es ist zu gefährlich. Ich überneh-me das.
...

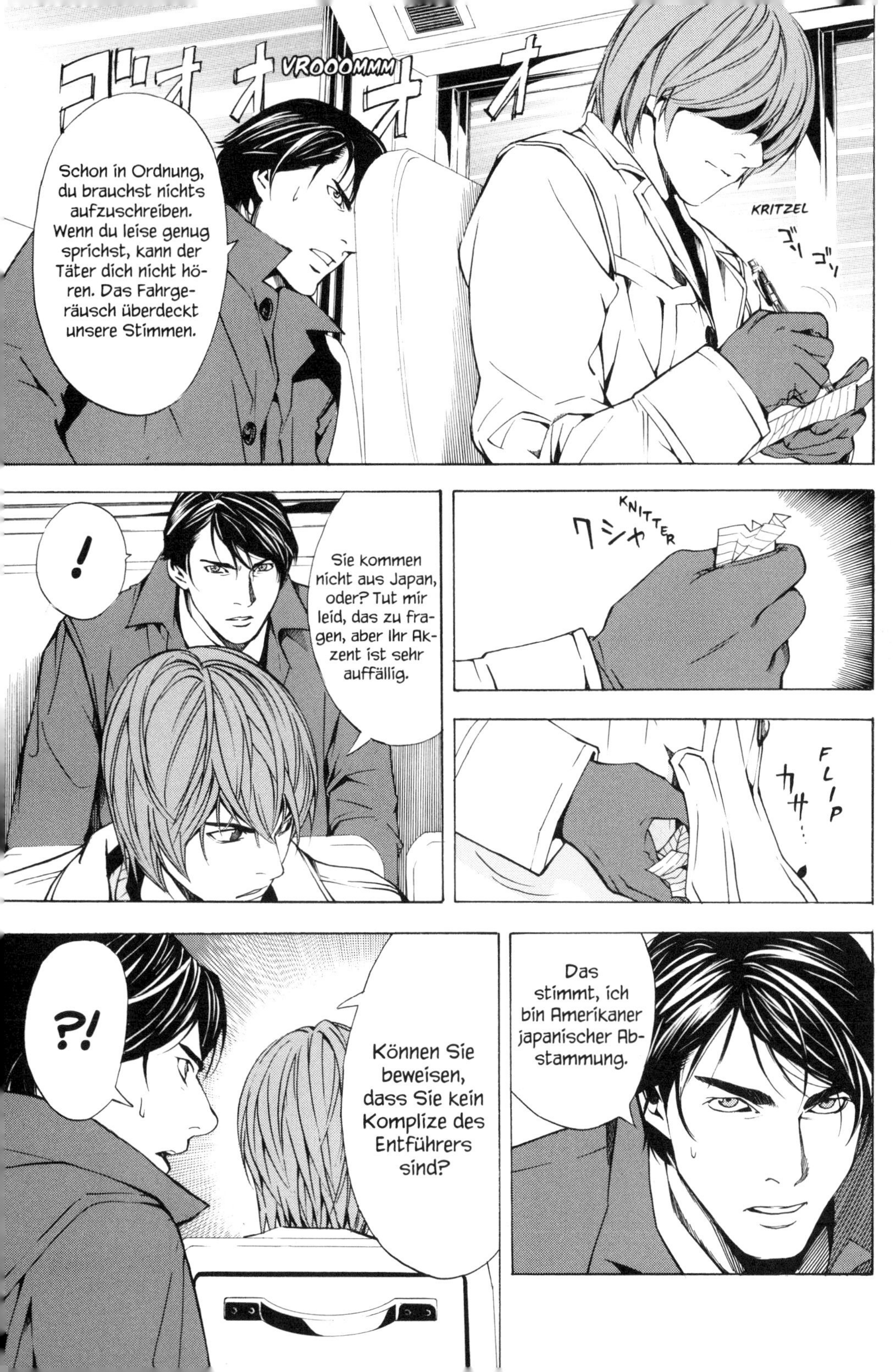
VROOOMMM
ゴオオオオ
Schon in Ordnung, du brauchst nichts aufzuschreiben. Wenn du leise genug sprichst, kann der Täter dich nicht hören. Das Fahrgeräusch überdeckt unsere Stimmen.
KRITZEL
!
Sie kommen nicht aus Japan, oder? Tut mir leid, das zu fragen, aber Ihr Akzent ist sehr auffällig.
KNITTER
クシャ
FLIP
カサ…
Das stimmt, ich bin Amerikaner japanischer Abstammung.
Können Sie beweisen, dass Sie kein Komplize des Entführers sind?
?!

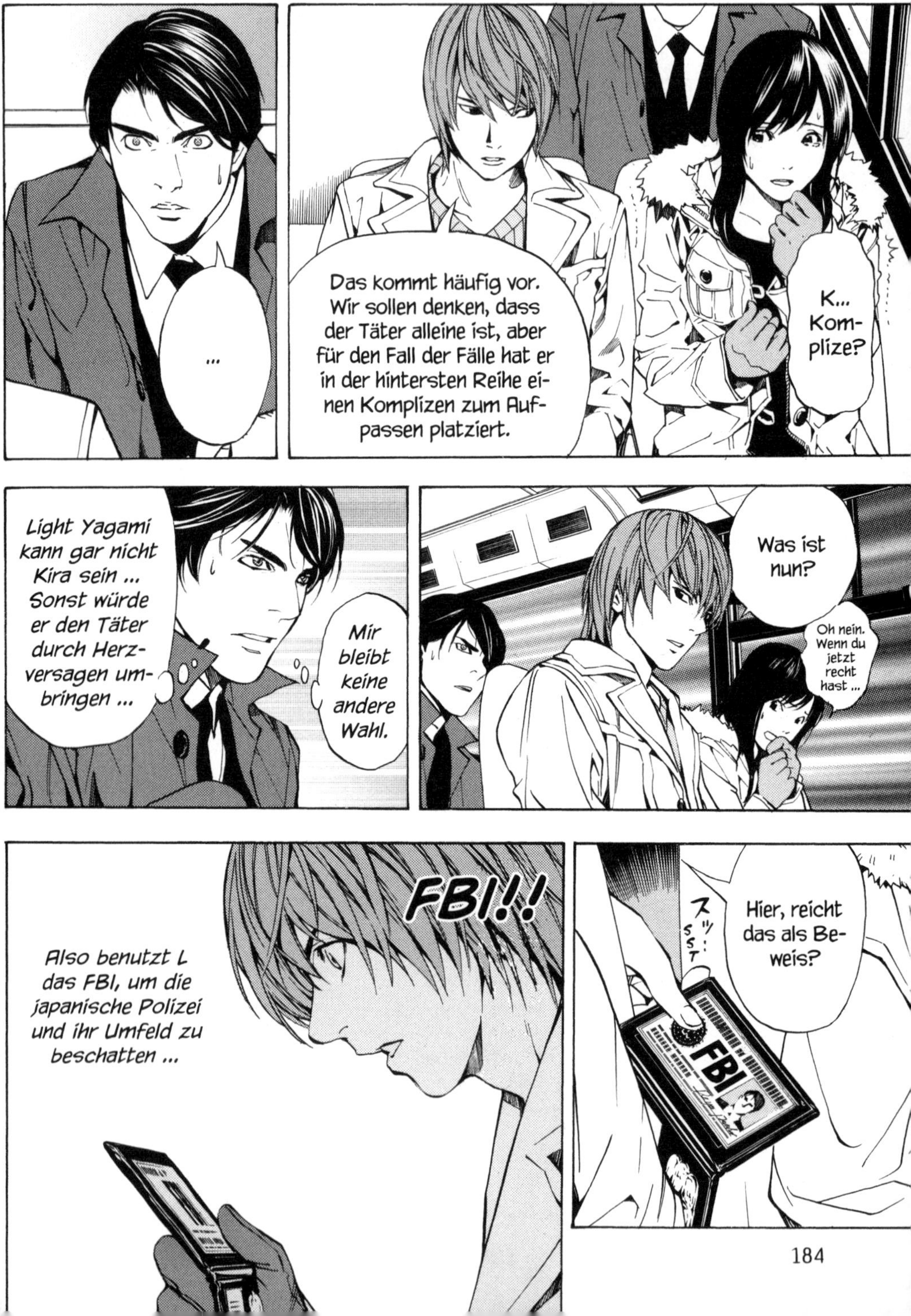
K... Komplize?
Das kommt häufig vor. Wir sollen denken, dass der Täter alleine ist, aber für den Fall der Fälle hat er in der hintersten Reihe einen Komplizen zum Aufpassen platziert.
...
Was ist nun?
Oh nein. Wenn du jetzt recht hast ...
Mir bleibt keine andere Wahl.
Light Yagami kann gar nicht Kira sein ... Sonst würde er den Täter durch Herzversagen umbringen ...
スッ
SST
Hier, reicht das als Beweis?
FBI
FBI!!
Also benutzt L das FBI, um die japanische Polizei und ihr Umfeld zu beschatten ...

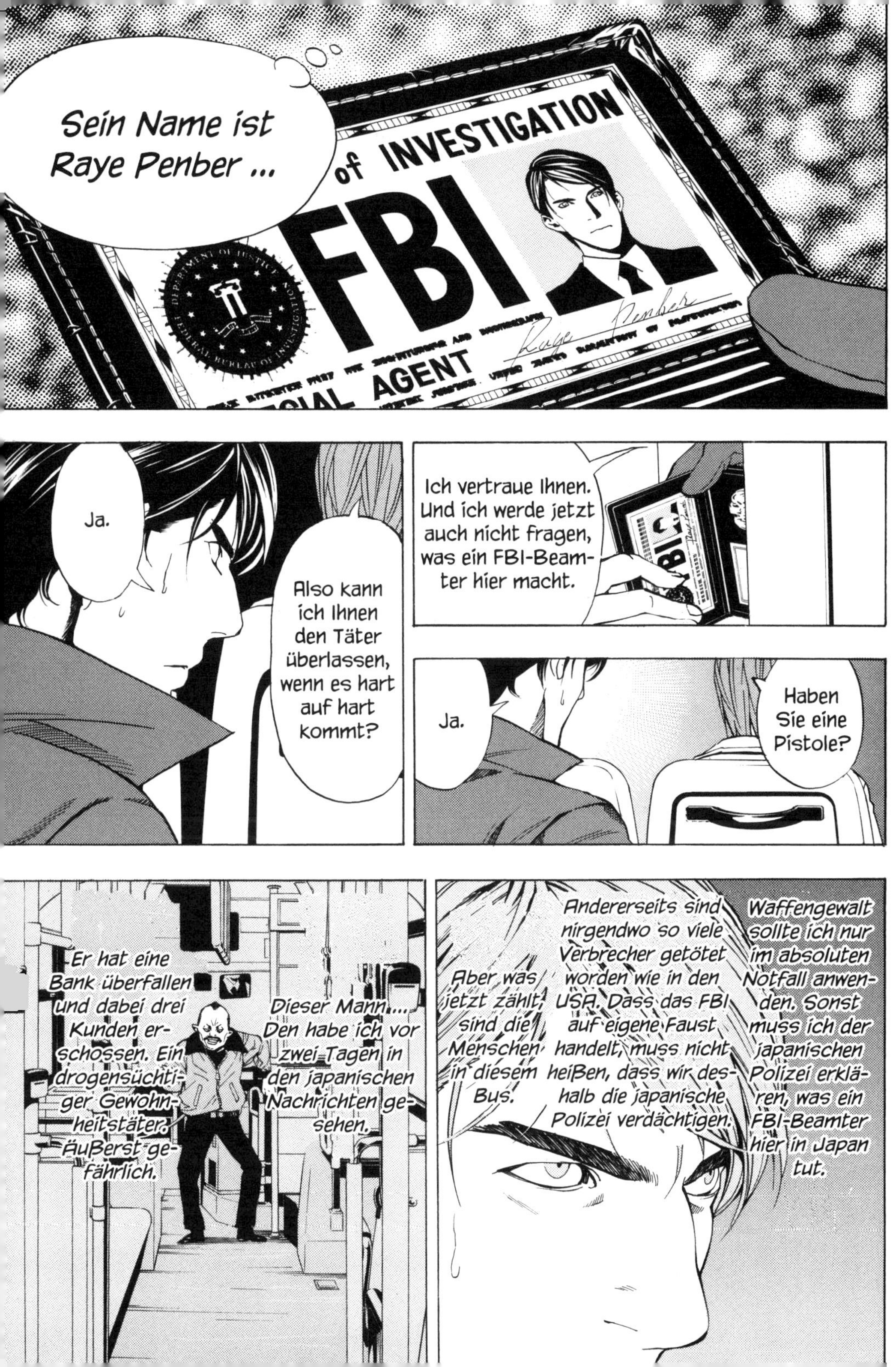
Sein Name ist Raye Penber ...
of INVESTIGATION
FBI
AGENT
Ich vertraue Ihnen. Und ich werde jetzt auch nicht fragen, was ein FBI-Beamter hier macht.
Haben Sie eine Pistole?
Ja.
Also kann ich Ihnen den Täter überlassen, wenn es hart auf hart kommt?
Ja.
Waffengewalt sollte ich nur im absoluten Notfall anwenden. Sonst muss ich der japanischen Polizei erklären, was ein FBI-Beamter hier in Japan tut.
Andererseits sind nirgendwo so viele Verbrecher getötet worden wie in den USA. Dass das FBI auf eigene Faust handelt, muss nicht heißen, dass wir deshalb die japanische Polizei verdächtigen.
Aber was jetzt zählt, sind die Menschen in diesem Bus.
Dieser Mann ... Den habe ich vor zwei Tagen in den japanischen Nachrichten gesehen.
Er hat eine Bank überfallen und dabei drei Kunden erschossen. Ein drogensüchtiger Gewohnheitstäter. Äußerst gefährlich.

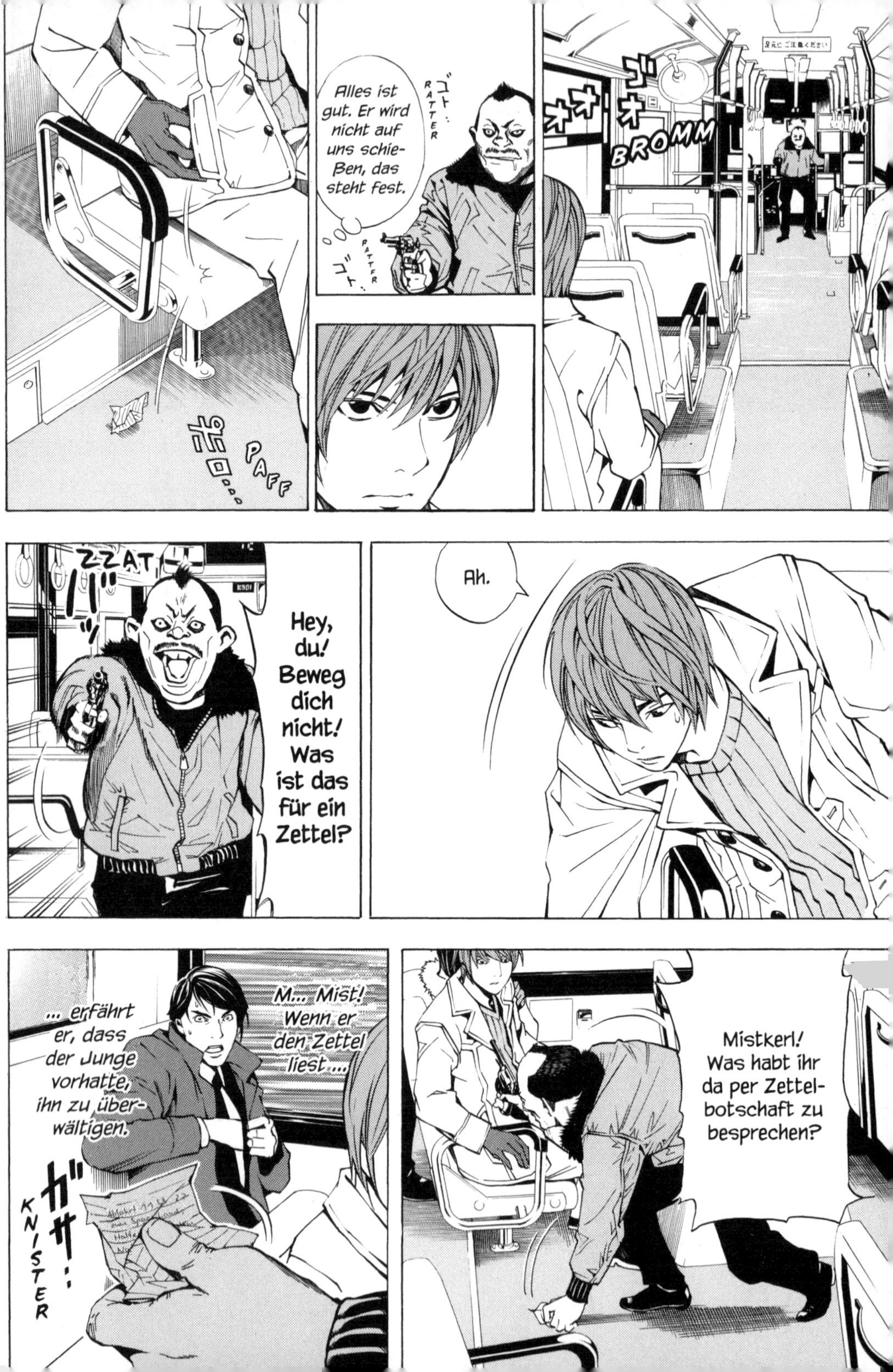

ゴオオ
BROMM
ゴト…
RATTER
Alles ist gut. Er wird nicht auf uns schie-ßen, das steht fest.
ゴト…
RATTER
ポロ…
PAFF
Ah.
バッ
ZZAT
Hey, du! Beweg dich nicht! Was ist das für ein Zettel?
Mistkerl! Was habt ihr da per Zettel-botschaft zu besprechen?
M... Mist! Wenn er den Zettel liest ...
... erfährt er, dass der Junge vorhatte, ihn zu über-wältigen.
ガサ…
KNISTER

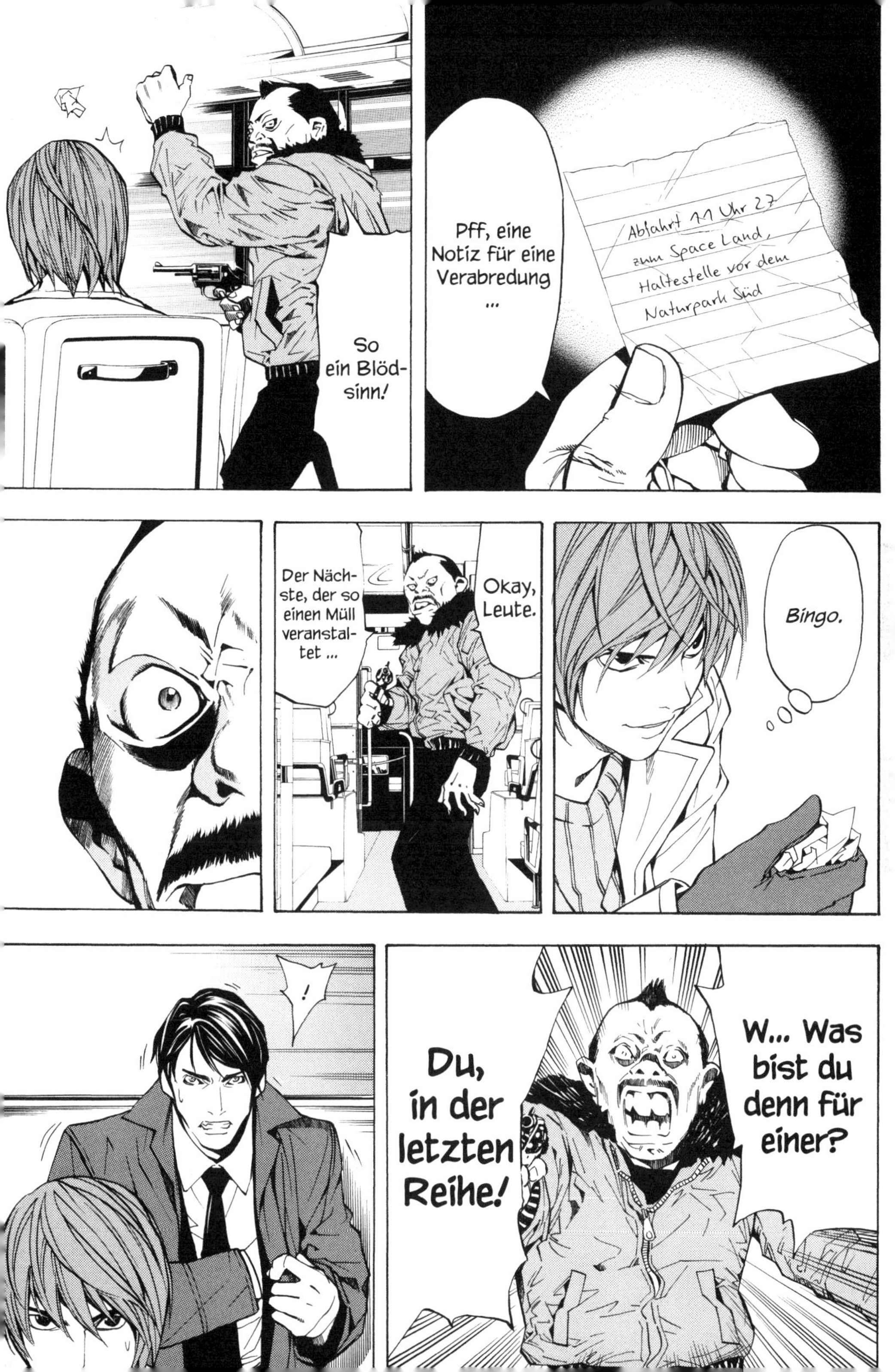
Abfahrt 11 Uhr 27
zum Space Land,
Haltestelle vor dem
Naturpark Süd
Pff, eine Notiz für eine Verabredung ...
So ein Blöd-sinn!
Bingo.
Okay, Leute.
Der Nächste, der so einen Müll veranstaltet ...
W... Was bist du denn für einer?
Du, in der letzten Reihe!
!

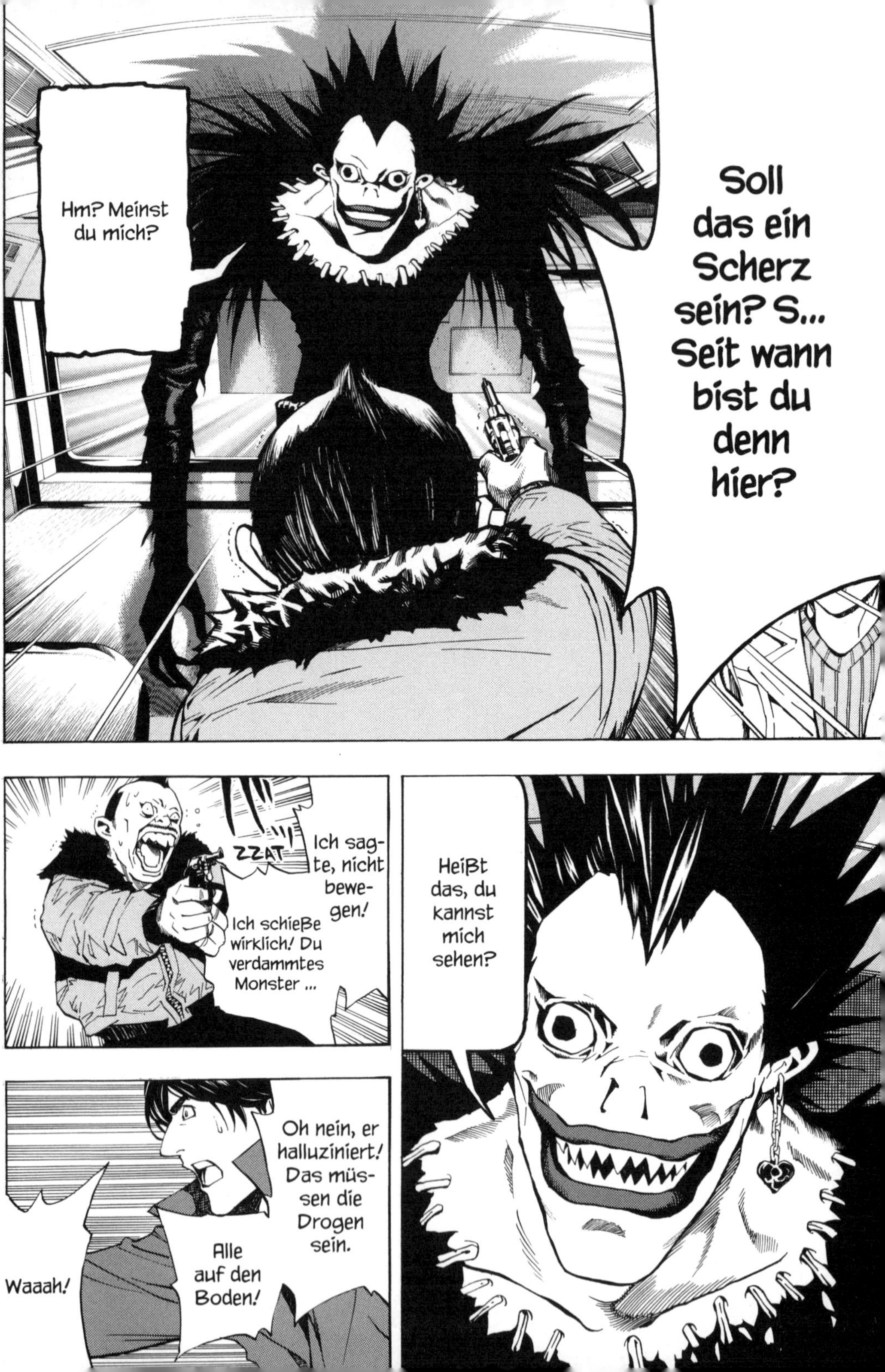
Soll das ein Scherz sein? S... Seit wann bist du denn hier?
Hm? Meinst du mich?
Heißt das, du kannst mich sehen?
Ich sagte, nicht bewegen!
ZZAT
Ich schieße wirklich! Du verdammtes Monster ...
Oh nein, er halluziniert! Das müssen die Drogen sein.
Alle auf den Boden!
Waaah!

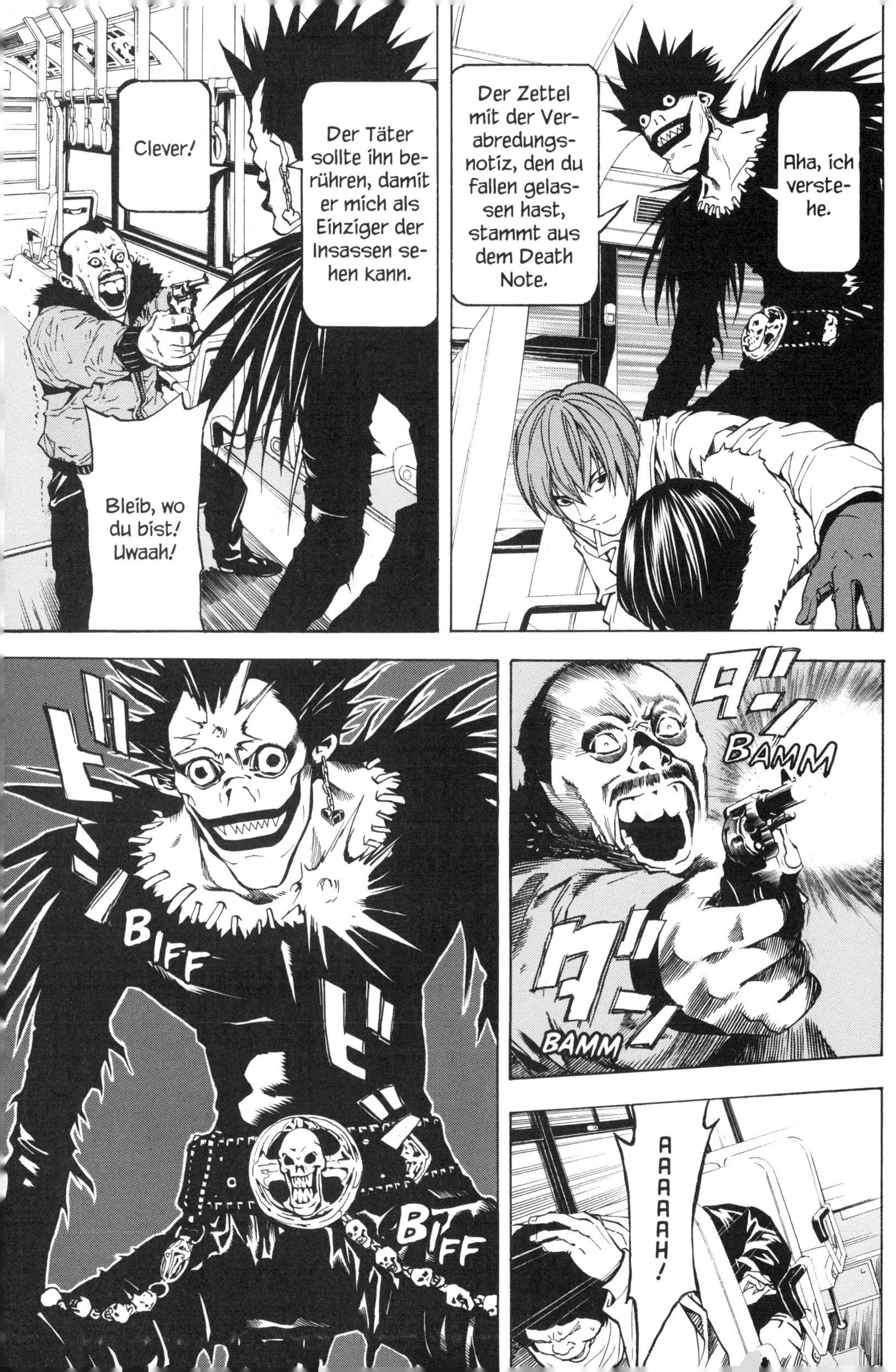
Aha, ich verstehe.
Der Zettel mit der Verabredungsnotiz, den du fallen gelassen hast, stammt aus dem Death Note.
Der Täter sollte ihn berühren, damit er mich als Einziger der Insassen sehen kann.
Clever!
Bleib, wo du bist! Uwaah!
BAMM
BAMM
AAAAAAH!
BIFF
BIFF

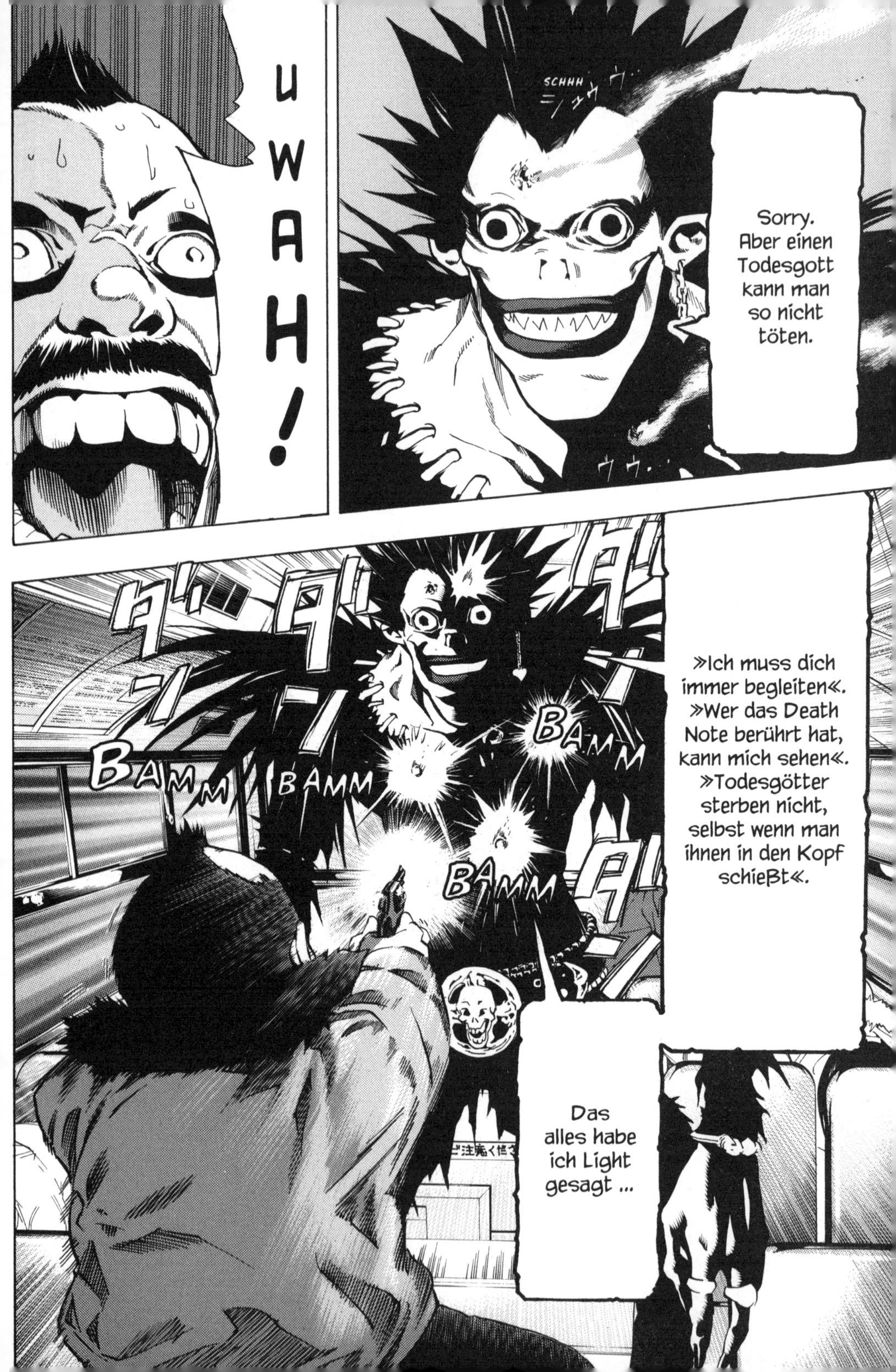
SCHHH
Sorry. Aber einen Todesgott kann man so nicht töten.
UWAH!
»Ich muss dich immer begleiten«. »Wer das Death Note berührt hat, kann mich sehen«. »Todesgötter sterben nicht, selbst wenn man ihnen in den Kopf schießt«.
BAMM
BAMM
BAMM
BAMM
Das alles habe ich Light gesagt ...

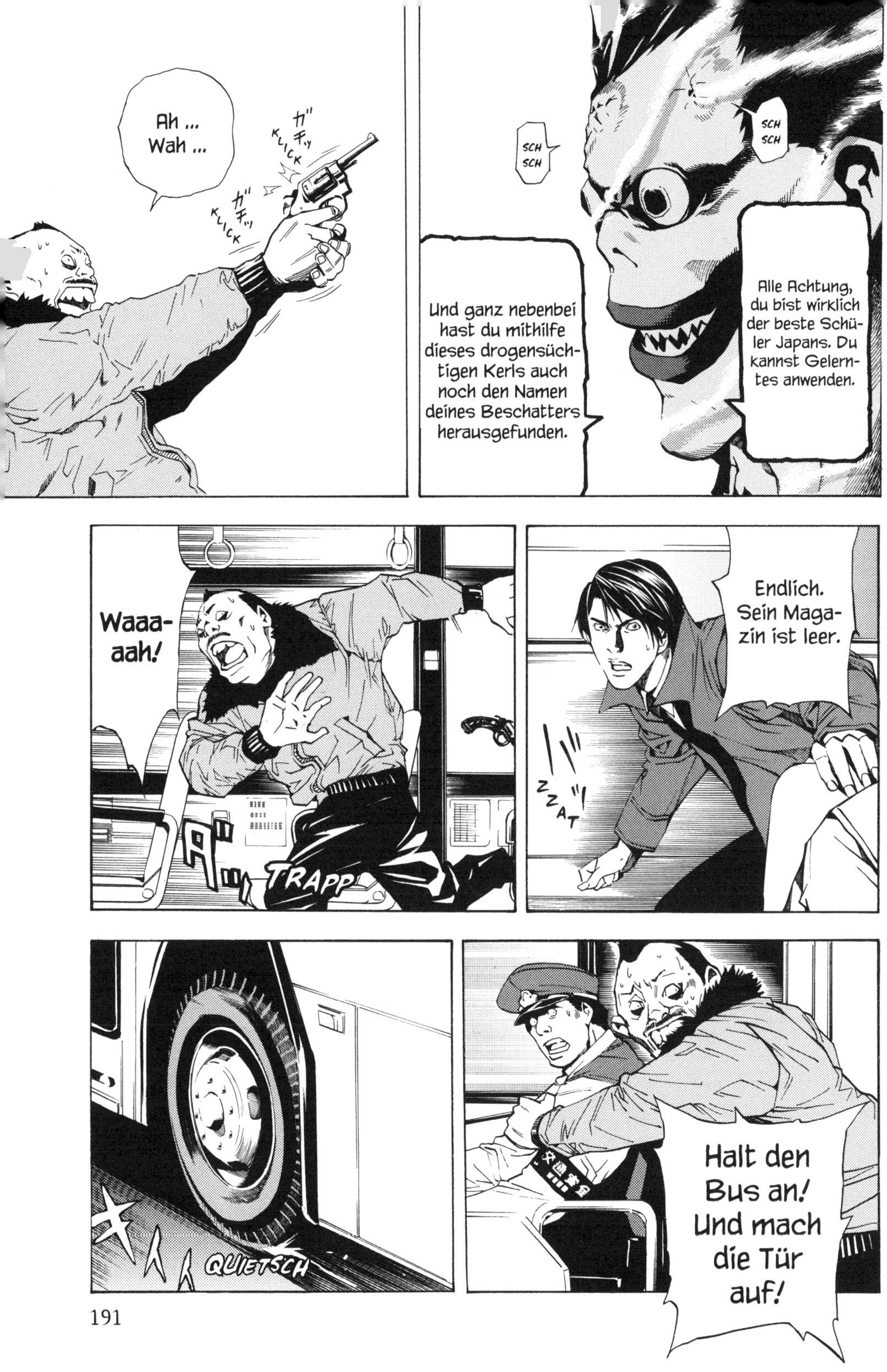
SCH
SCH
Alle Achtung, du bist wirklich der beste Schüler Japans. Du kannst Gelerntes anwenden.
SCH
SCH
Und ganz nebenbei hast du mithilfe dieses drogensüchtigen Kerls auch noch den Namen deines Beschatters herausgefunden.
KLICK
KLICK
Ah ... Wah ...
Endlich. Sein Magazin ist leer.
ZZAT
Waaa-aah!
TRAPP
Halt den Bus an! Und mach die Tür auf!
QUIETSCH

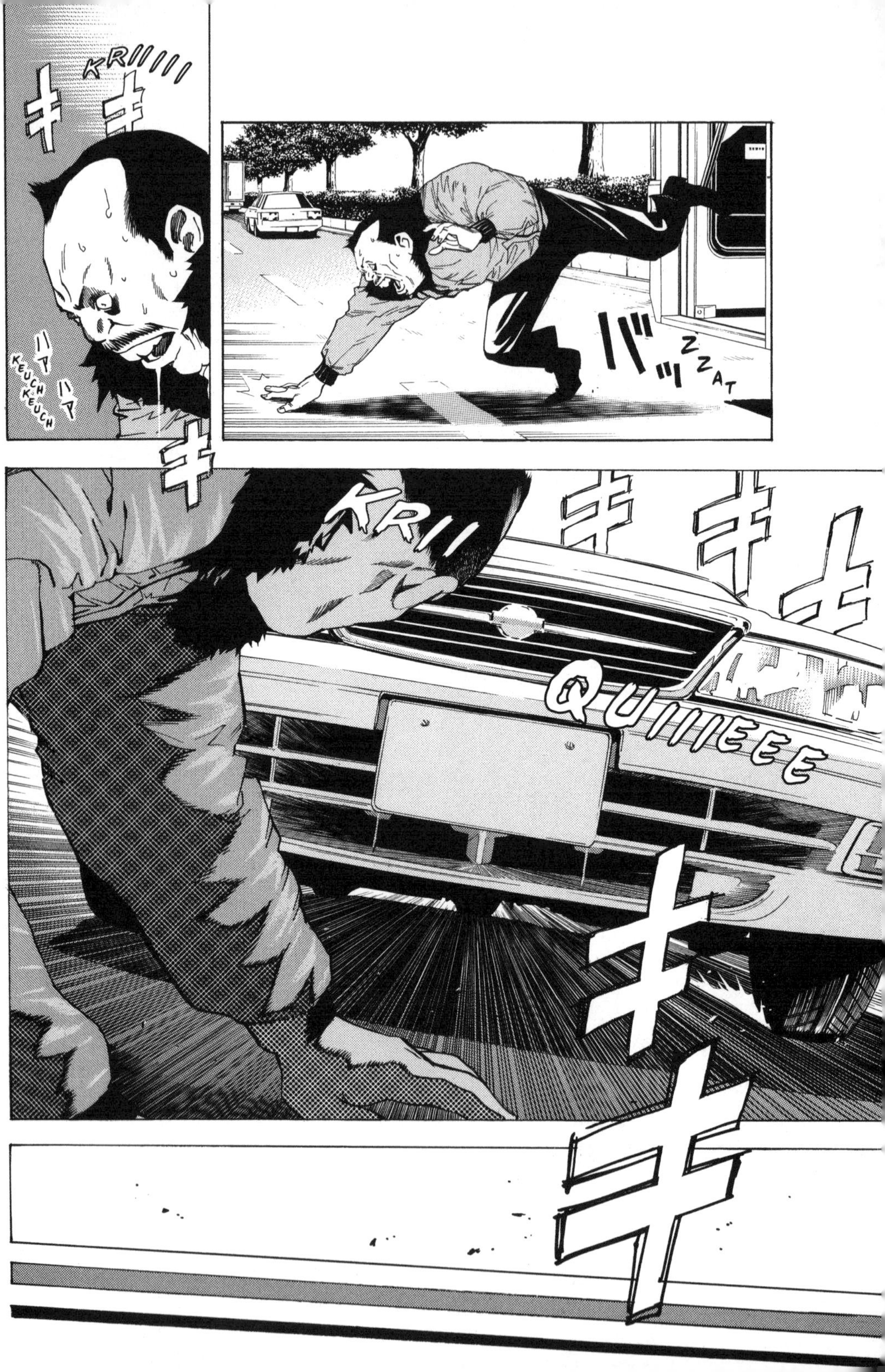

バッ
ZZZAT
キキ
KRIIIIII
ハァ ハァ
KEUCH KEUCH
キ
KRIII
キキキ
QUIIIIEEE
キキ

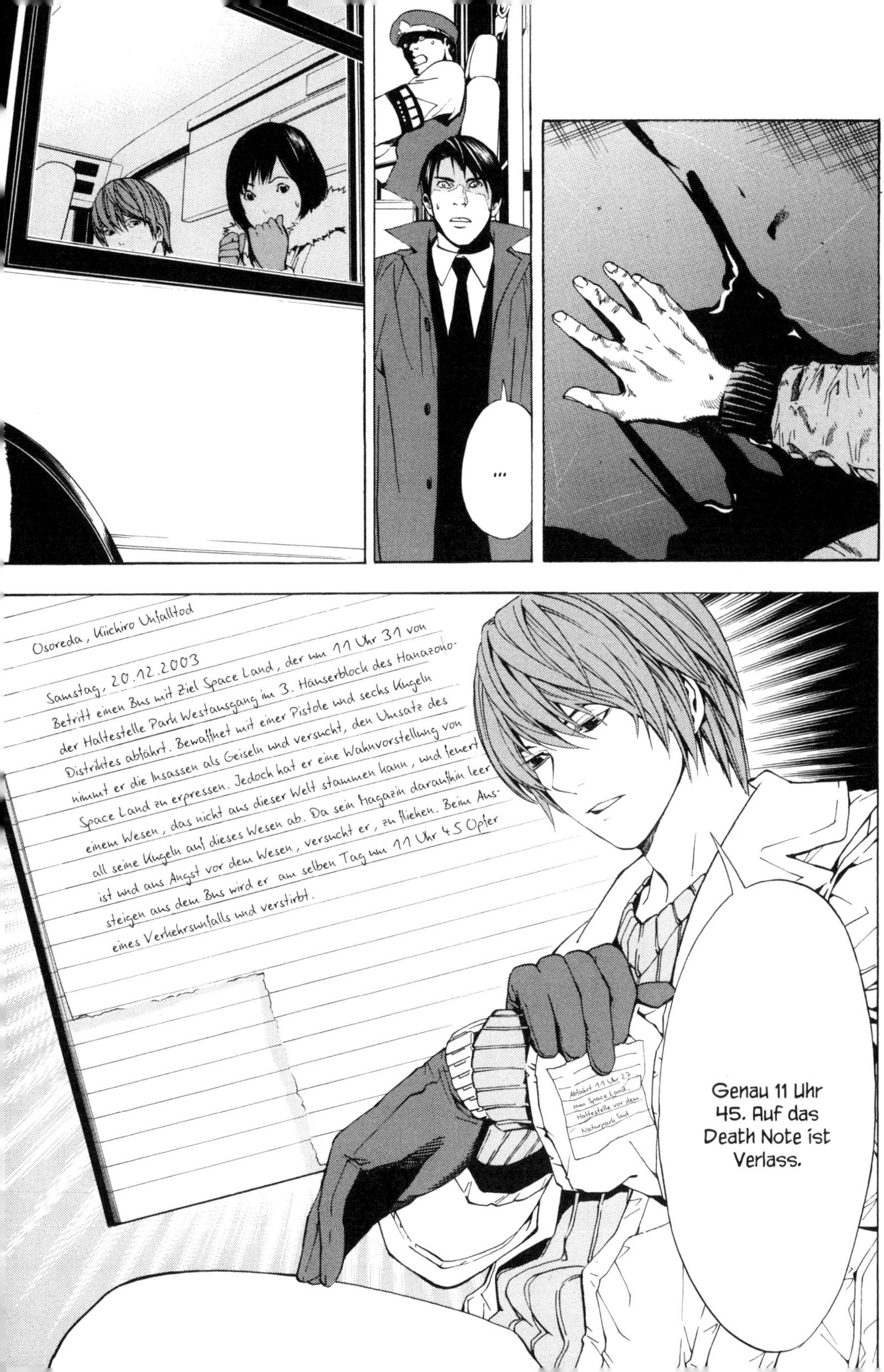
...
Osoreda, Kiichiro Unfalltod
Samstag, 20.12.2003
Betritt einen Bus mit Ziel Space Land, der um 11 Uhr 31 von der Haltestelle Park Westausgang im 3. Häuserblock des Hanazono-Distriktes abfährt. Bewaffnet mit einer Pistole und sechs Kugeln nimmt er die Insassen als Geiseln und versucht, den Umsatz des Space Land zu erpressen. Jedoch hat er eine Wahnvorstellung von einem Wesen, das nicht aus dieser Welt stammen kann, und feuert all seine Kugeln auf dieses Wesen ab. Da sein Magazin daraufhin leer ist und aus Angst vor dem Wesen, versucht er, zu fliehen. Beim Aussteigen aus dem Bus wird er am selben Tag um 11 Uhr 45 Opfer eines Verkehrsunfalls und verstirbt.
Abfahrt 11 Uhr 27 zum Space Land, Haltestelle vor dem Naturpark Süd
Genau 11 Uhr 45. Auf das Death Note ist Verlass.

DEATH NOTE

How to use it

VII

- One page taken from the DEATH NOTE, or even a fragment of the page, contains the full effects of the note.

  AUS DEM DEATH NOTE ENTNOMMENE SEITEN UND SELBST PAPIERFETZEN DARAUS HABEN DIESELBEN EIGENSCHAFTEN WIE DAS DEATH NOTE.

- The instrument to write with can be anything, (e.g. cosmetics, blood, etc) as long as it can write directly onto the note and remains as legible letters.

  WAS DAS SCHREIBWERKZEUG ANGEHT, SO IST ALLES ZULÄSSIG, SOLANGE ES NUR BUCHSTABEN HINTERLÄSST UND MAN DAMIT DIREKT IN DAS DEATH NOTE SCHREIBT. Z.B. SIND AUCH SCHMINKE ODER BLUT ZULÄSSIG.

- Even the original owners of the DEATH NOTE, gods of death, do not know much about the note.

  ES GIBT VIELE DINGE, DIE AUCH DIE URSPRÜNGLICHEN BESITZER, DIE TODESGÖTTER, NICHT ÜBER DAS DEATH NOTE WISSEN.

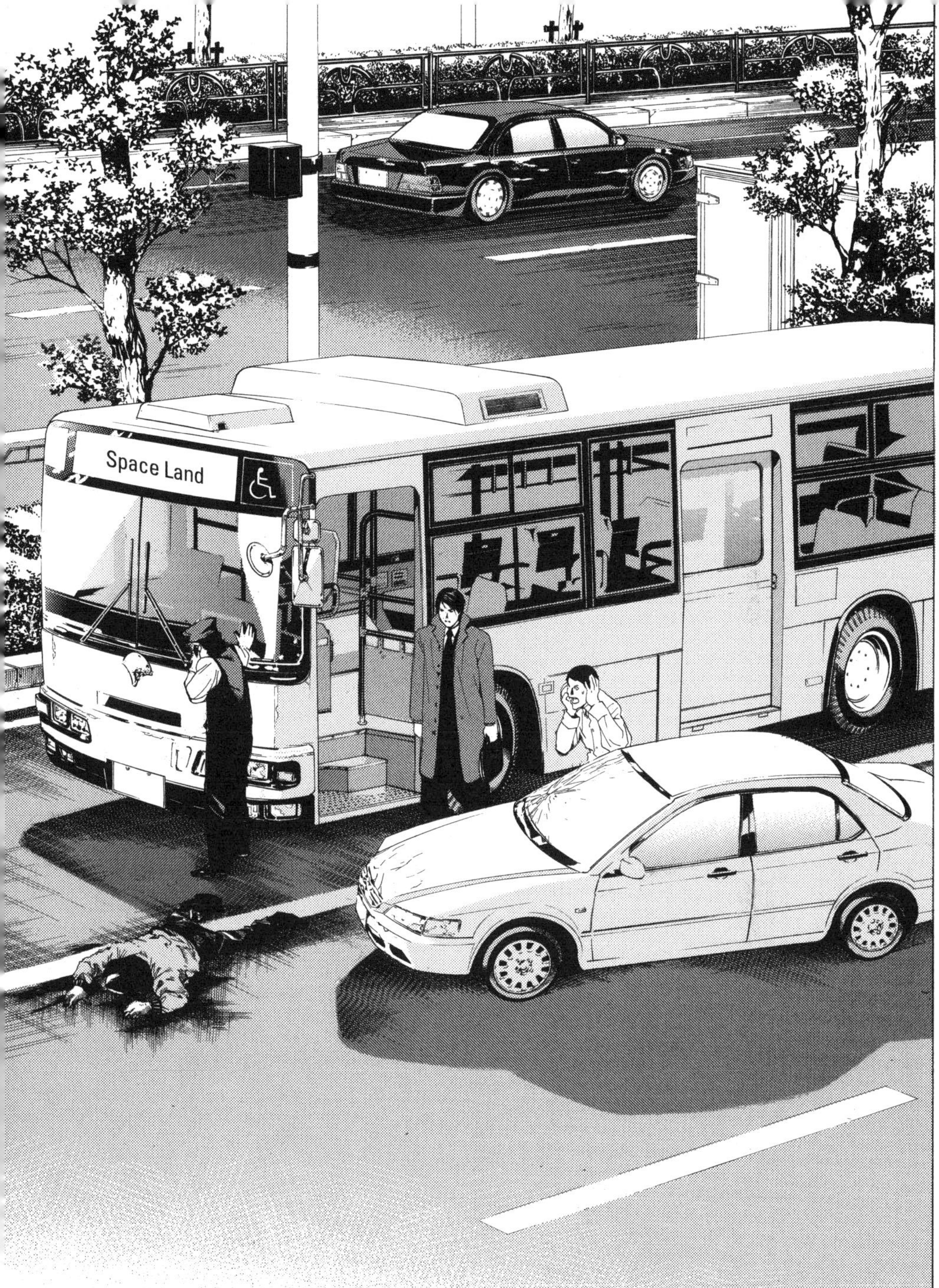

PAGE.8 DIE FRAU

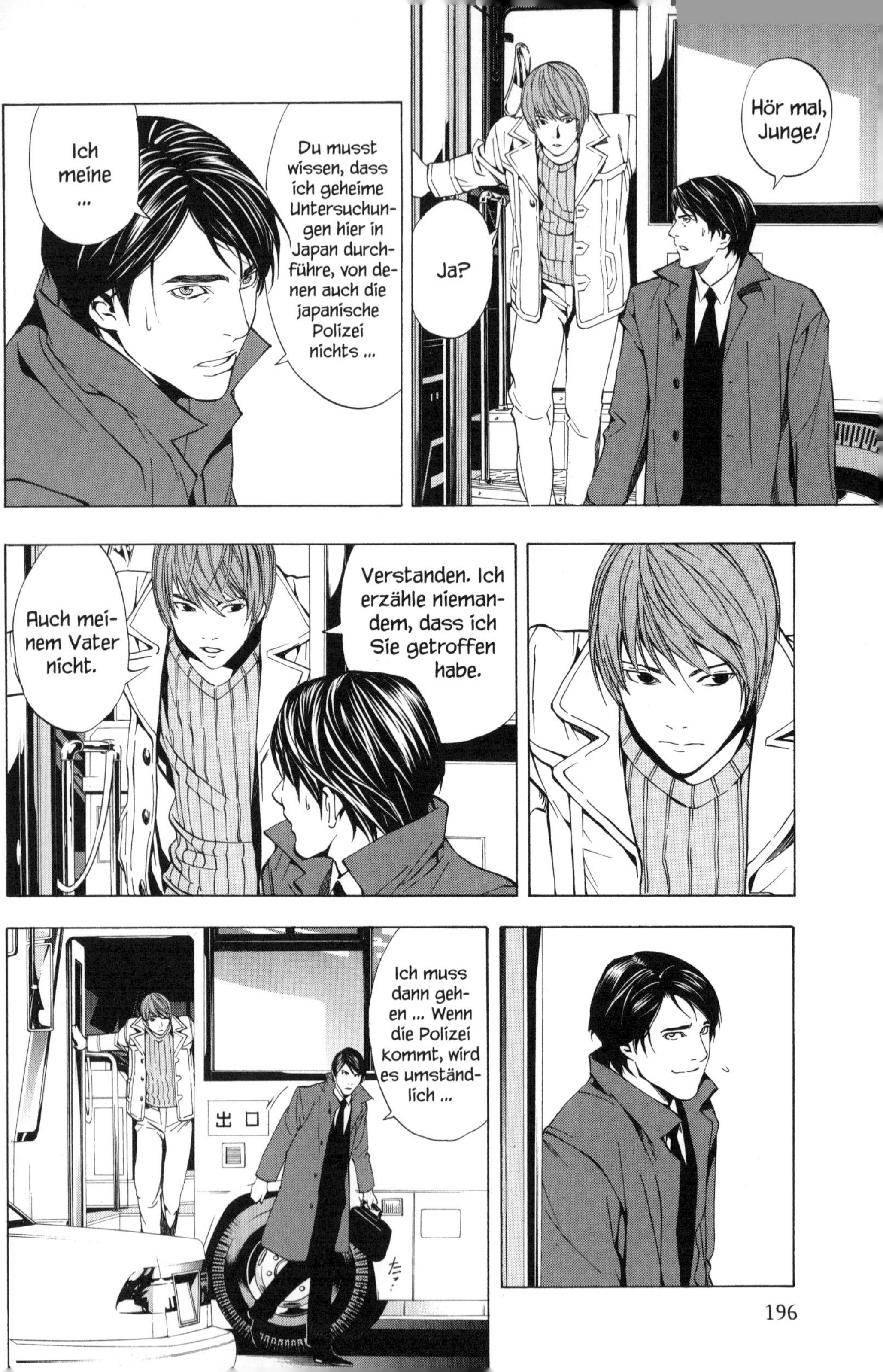
Hör mal, Junge!
Ja?
Du musst wissen, dass ich geheime Untersuchungen hier in Japan durchführe, von denen auch die japanische Polizei nichts ...
Ich meine ...
Verstanden. Ich erzähle niemandem, dass ich Sie getroffen habe.
Auch meinem Vater nicht.
Ich muss dann gehen ... Wenn die Polizei kommt, wird es umständlich ...
出口

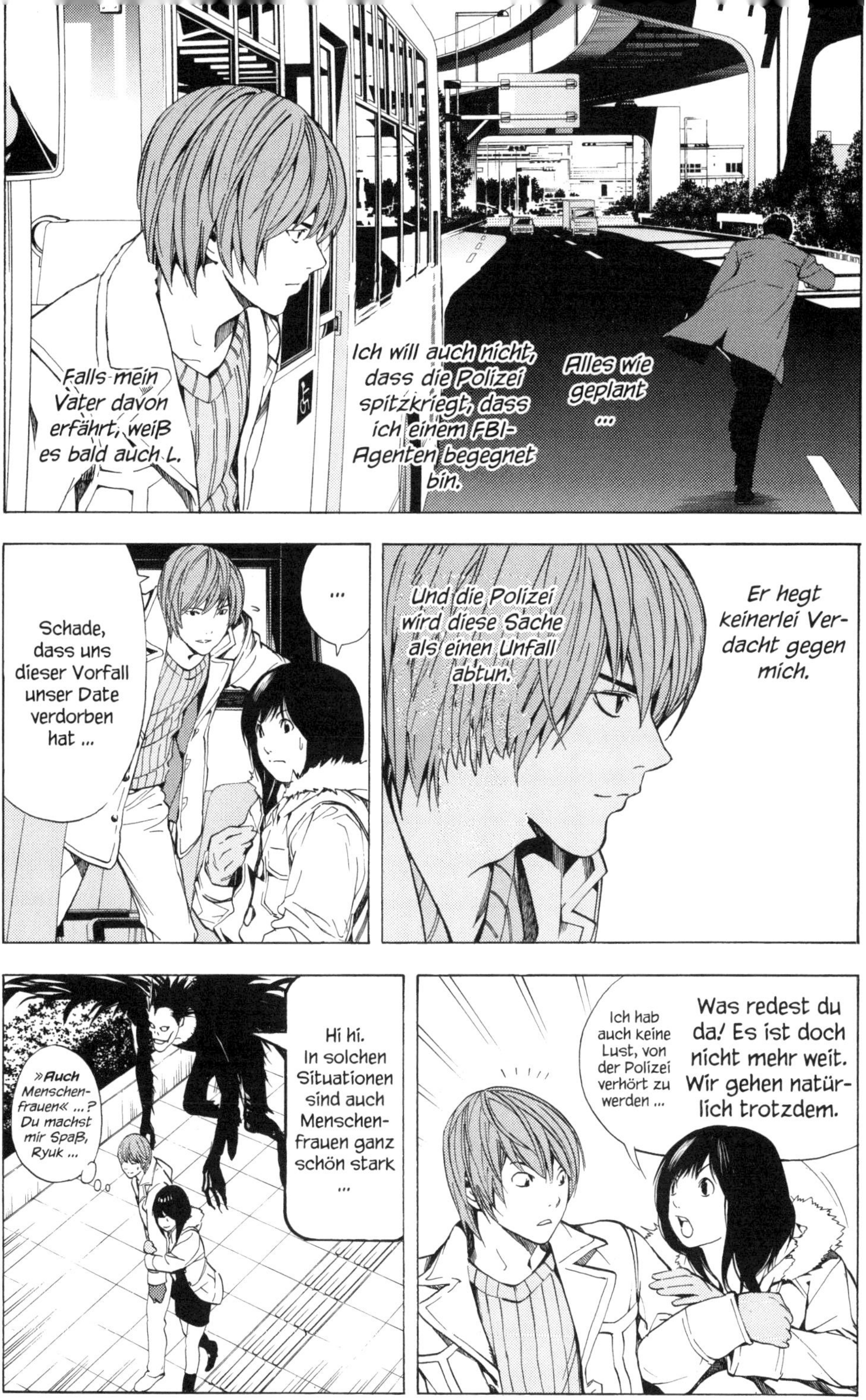
Alles wie geplant ...
Ich will auch nicht, dass die Polizei spitzkriegt, dass ich einem FBI-Agenten begegnet bin.
Falls mein Vater davon erfährt, weiß es bald auch L.
Er hegt keinerlei Verdacht gegen mich.
Und die Polizei wird diese Sache als einen Unfall abtun.
...
Schade, dass uns dieser Vorfall unser Date verdorben hat ...
Ich hab auch keine Lust, von der Polizei verhört zu werden ...
Was redest du da! Es ist doch nicht mehr weit. Wir gehen natürlich trotzdem.
Hi hi. In solchen Situationen sind auch Menschenfrauen ganz schön stark ...
»Auch Menschenfrauen« ...? Du machst mir Spaß, Ryuk ...

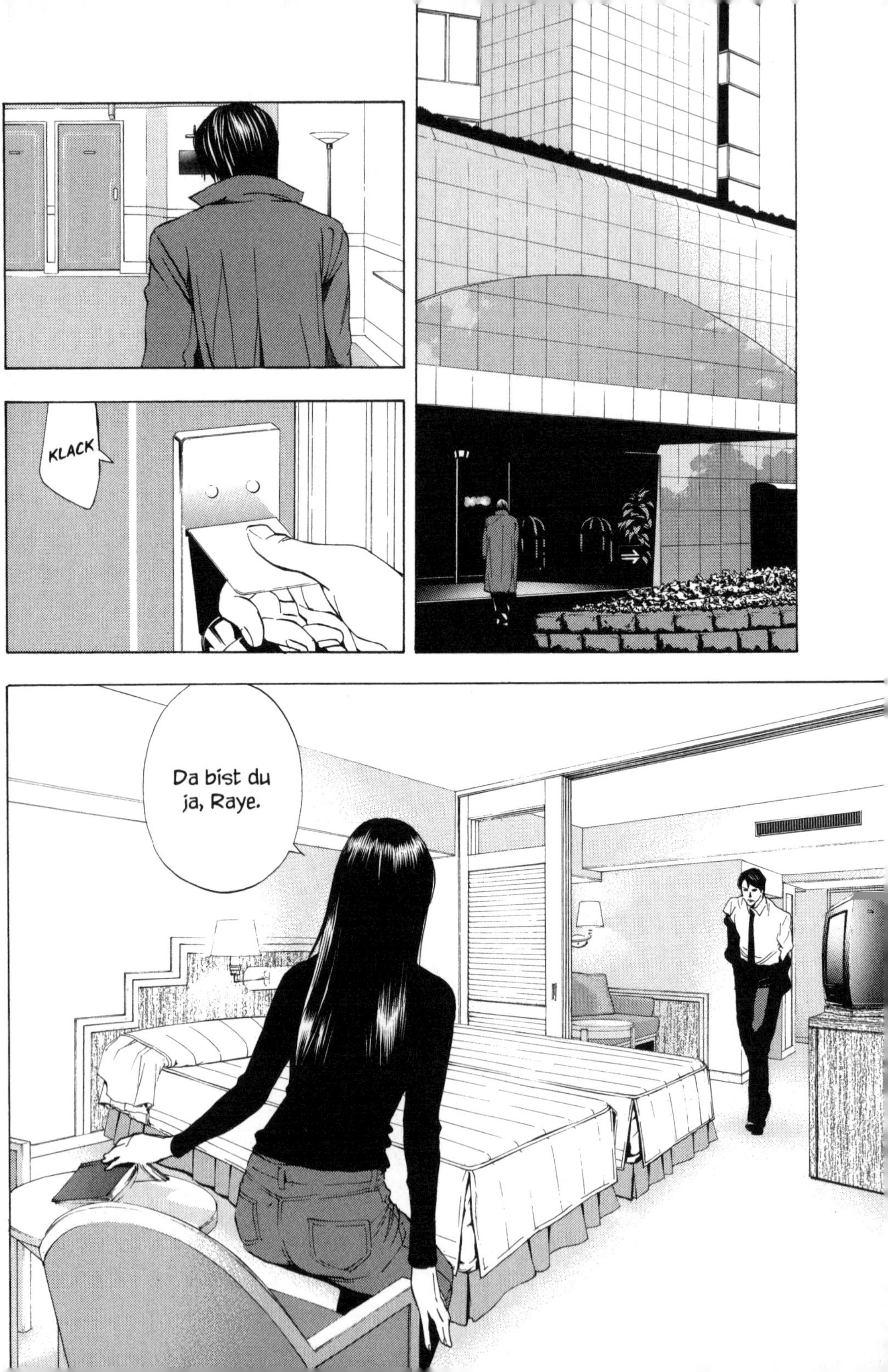
KLACK
Da bist du ja, Raye.

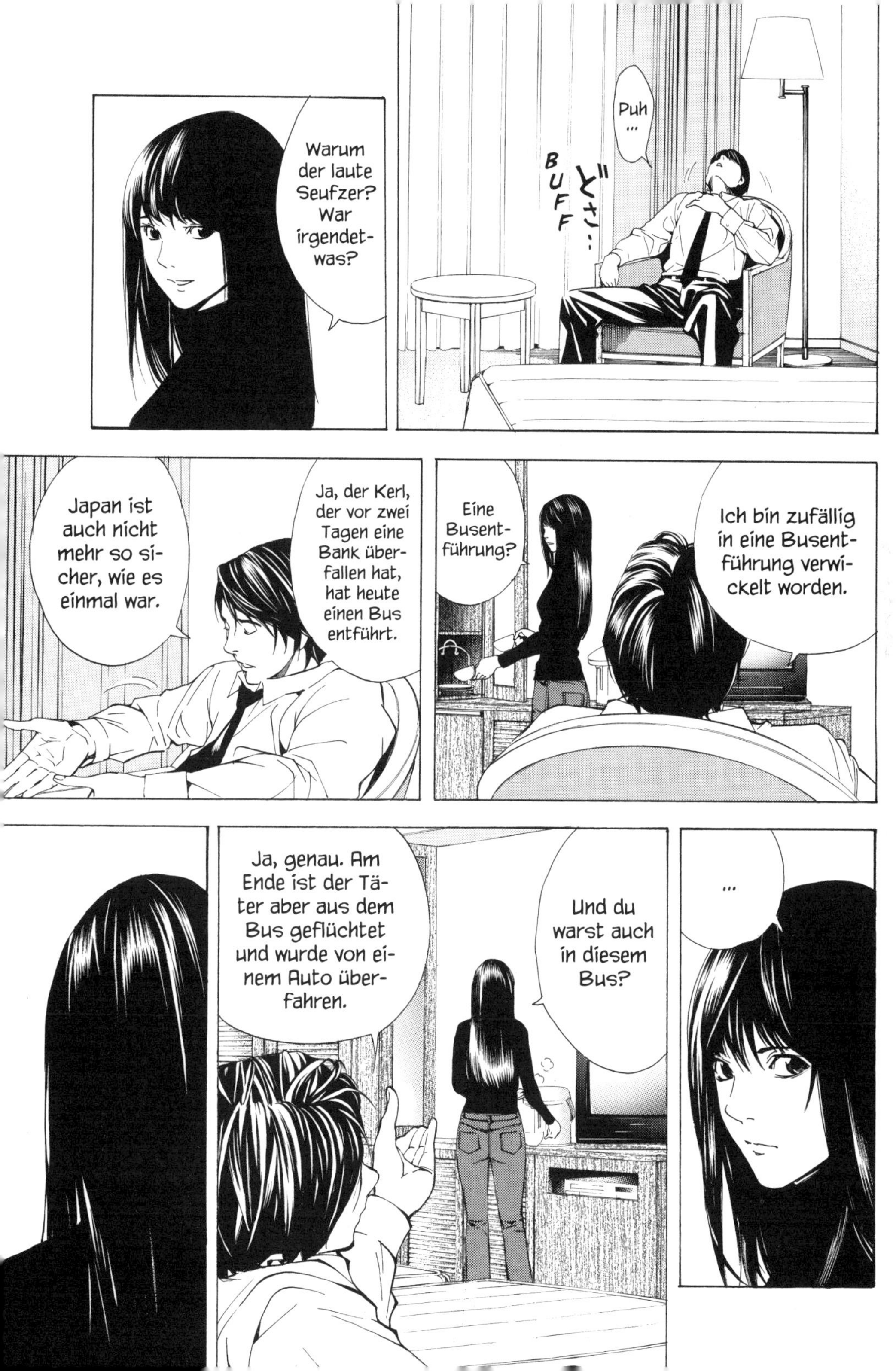
Puh ...
BUFF
どさっ
Warum der laute Seufzer? War irgendetwas?
Ja, der Kerl, der vor zwei Tagen eine Bank überfallen hat, hat heute einen Bus entführt.
Japan ist auch nicht mehr so sicher, wie es einmal war.
Ich bin zufällig in eine Busentführung verwickelt worden.
Eine Busentführung?
...
Und du warst auch in diesem Bus?
Ja, genau. Am Ende ist der Täter aber aus dem Bus geflüchtet und wurde von einem Auto überfahren.

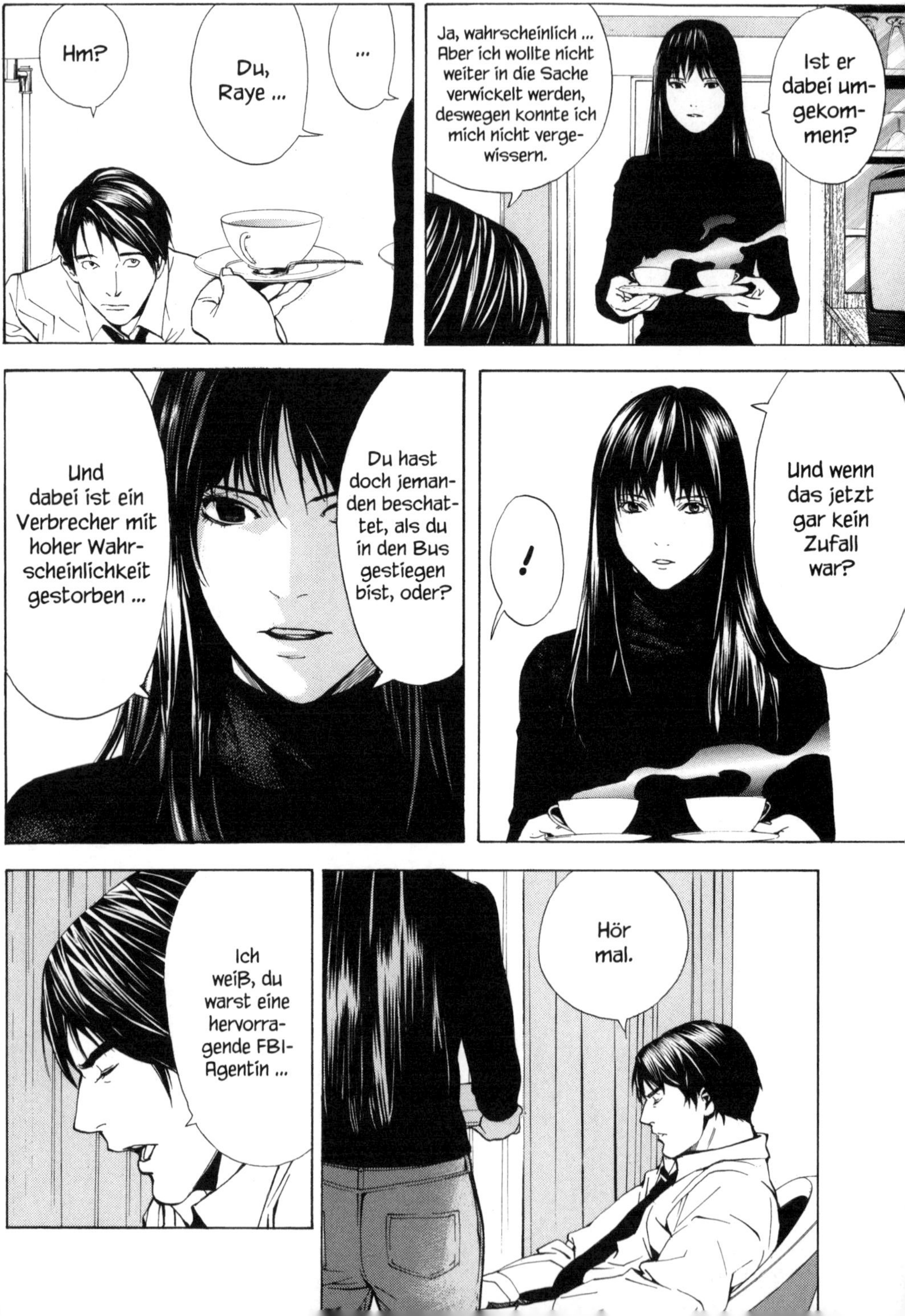
Ist er dabei umgekommen?
Ja, wahrscheinlich ... Aber ich wollte nicht weiter in die Sache verwickelt werden, deswegen konnte ich mich nicht vergewissern.
...
Du, Raye ...
Hm?
Und wenn das jetzt gar kein Zufall war?
!
Du hast doch jemanden beschattet, als du in den Bus gestiegen bist, oder?
Und dabei ist ein Verbrecher mit hoher Wahrscheinlichkeit gestorben ...
Hör mal.
Ich weiß, du warst eine hervorragende FBI-Agentin ...

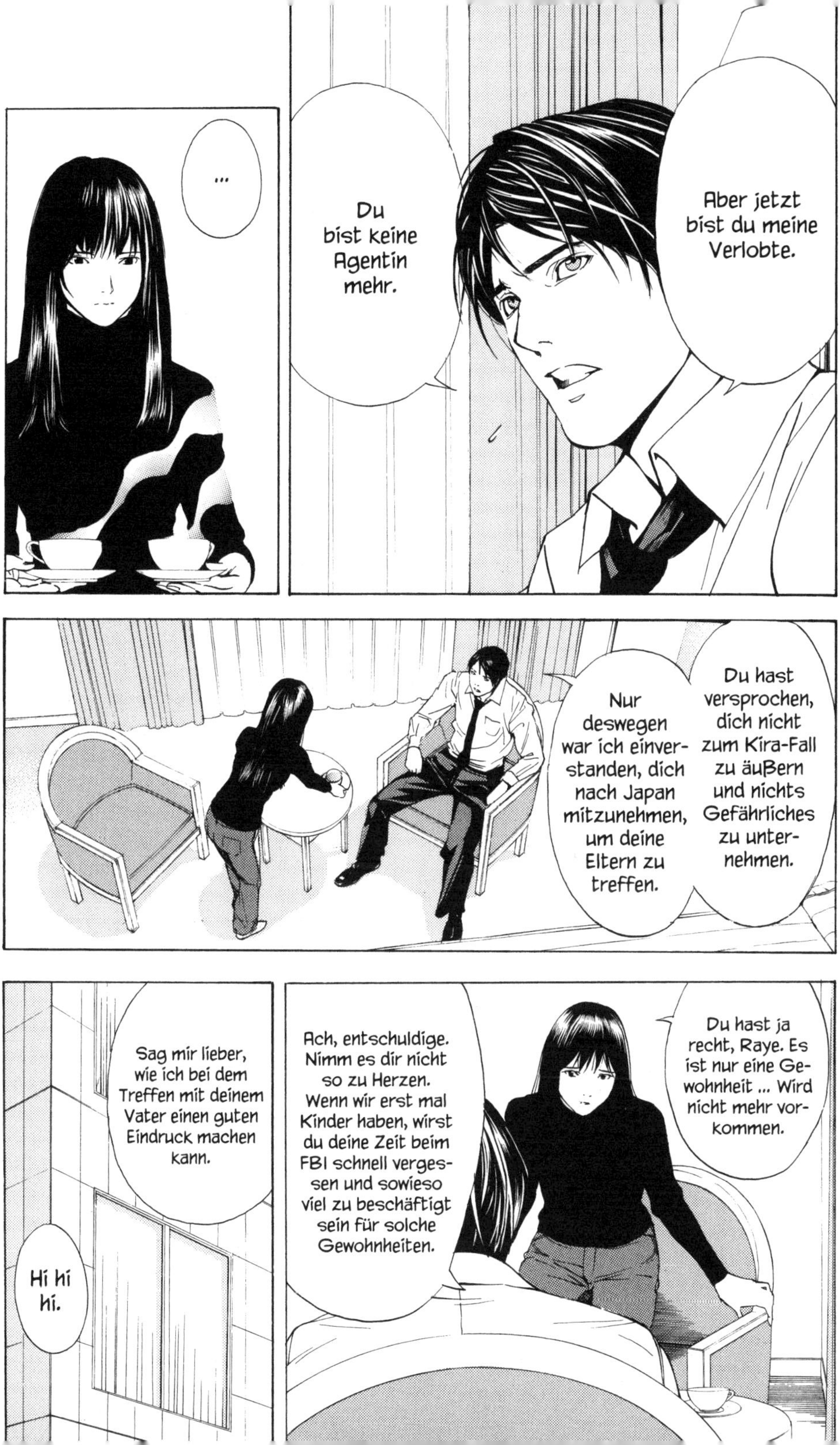
Aber jetzt bist du meine Verlobte.
Du bist keine Agentin mehr.
...
Du hast versprochen, dich nicht zum Kira-Fall zu äußern und nichts Gefährliches zu unternehmen.
Nur deswegen war ich einverstanden, dich nach Japan mitzunehmen, um deine Eltern zu treffen.
Du hast ja recht, Raye. Es ist nur eine Gewohnheit ... Wird nicht mehr vorkommen.
Ach, entschuldige. Nimm es dir nicht so zu Herzen. Wenn wir erst mal Kinder haben, wirst du deine Zeit beim FBI schnell vergessen und sowieso viel zu beschäftigt sein für solche Gewohnheiten.
Sag mir lieber, wie ich bei dem Treffen mit deinem Vater einen guten Eindruck machen kann.
Hi hi hi.

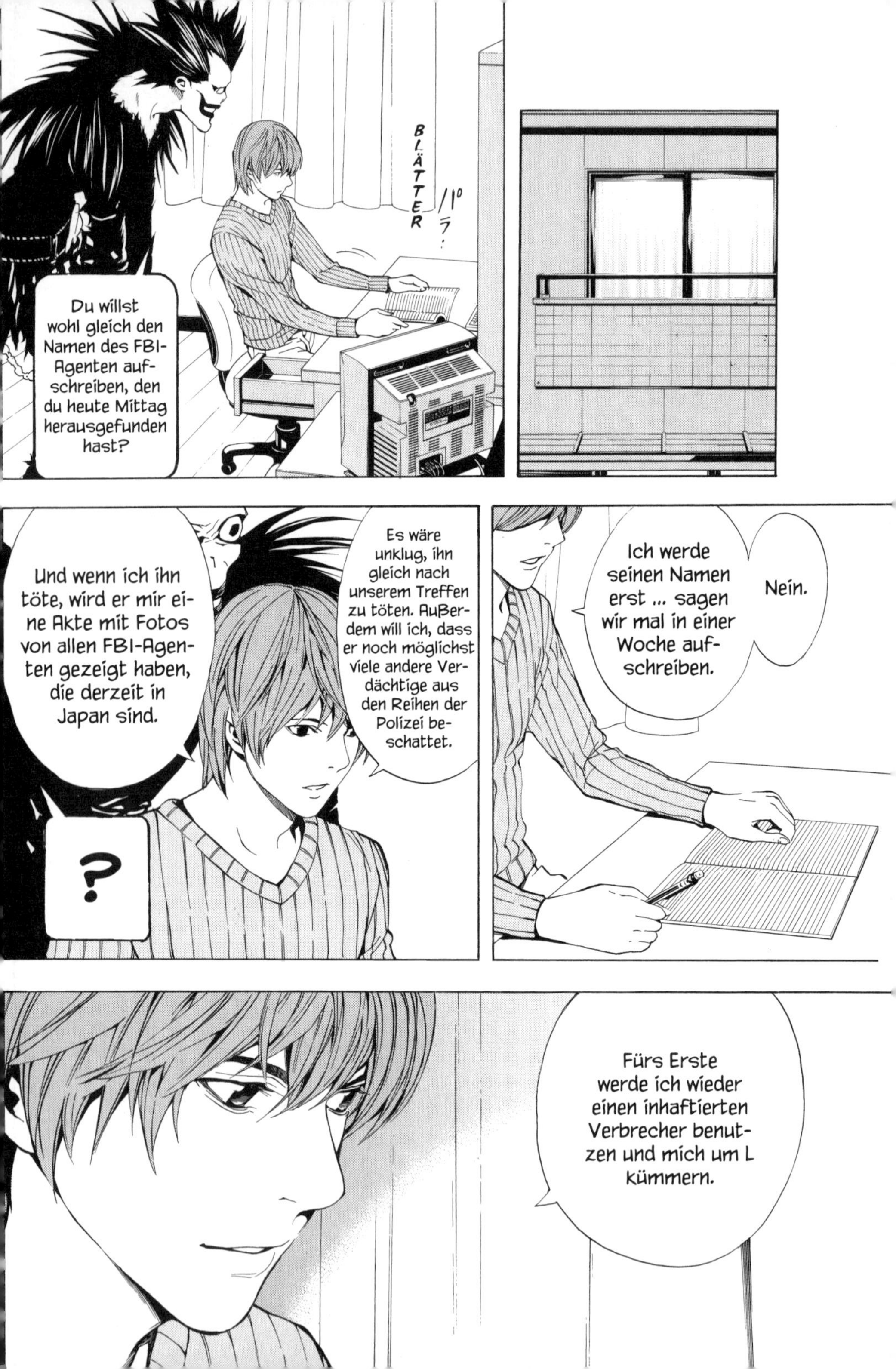
BLÄTTER
Du willst wohl gleich den Namen des FBI-Agenten aufschreiben, den du heute Mittag herausgefunden hast?
Nein.
Ich werde seinen Namen erst ... sagen wir mal in einer Woche aufschreiben.
Es wäre unklug, ihn gleich nach unserem Treffen zu töten. Außerdem will ich, dass er noch möglichst viele andere Verdächtige aus den Reihen der Polizei beschattet.
Und wenn ich ihn töte, wird er mir eine Akte mit Fotos von allen FBI-Agenten gezeigt haben, die derzeit in Japan sind.
?
Fürs Erste werde ich wieder einen inhaftierten Verbrecher benutzen und mich um L kümmern.

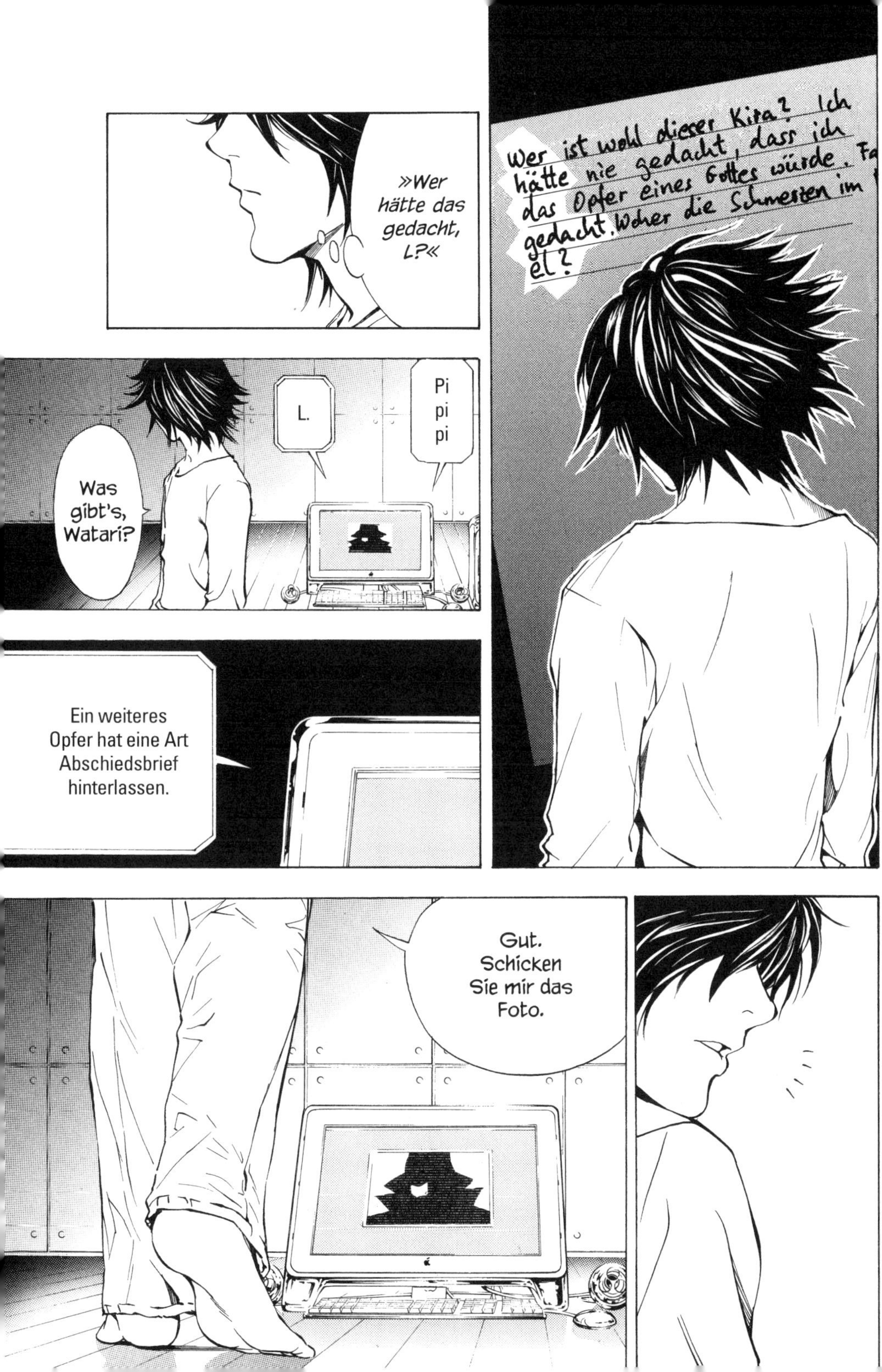

Wer ist wohl dieser Kira? Ich
hätte nie gedacht, dass ich
das Opfer eines Gottes würde. Fa
gedacht, Woher die Schwestern im
el?
»Wer hätte das gedacht, L?«
Pi pi pi
L.
Was gibt's, Watari?
Ein weiteres Opfer hat eine Art Abschiedsbrief hinterlassen.
Gut. Schicken Sie mir das Foto.

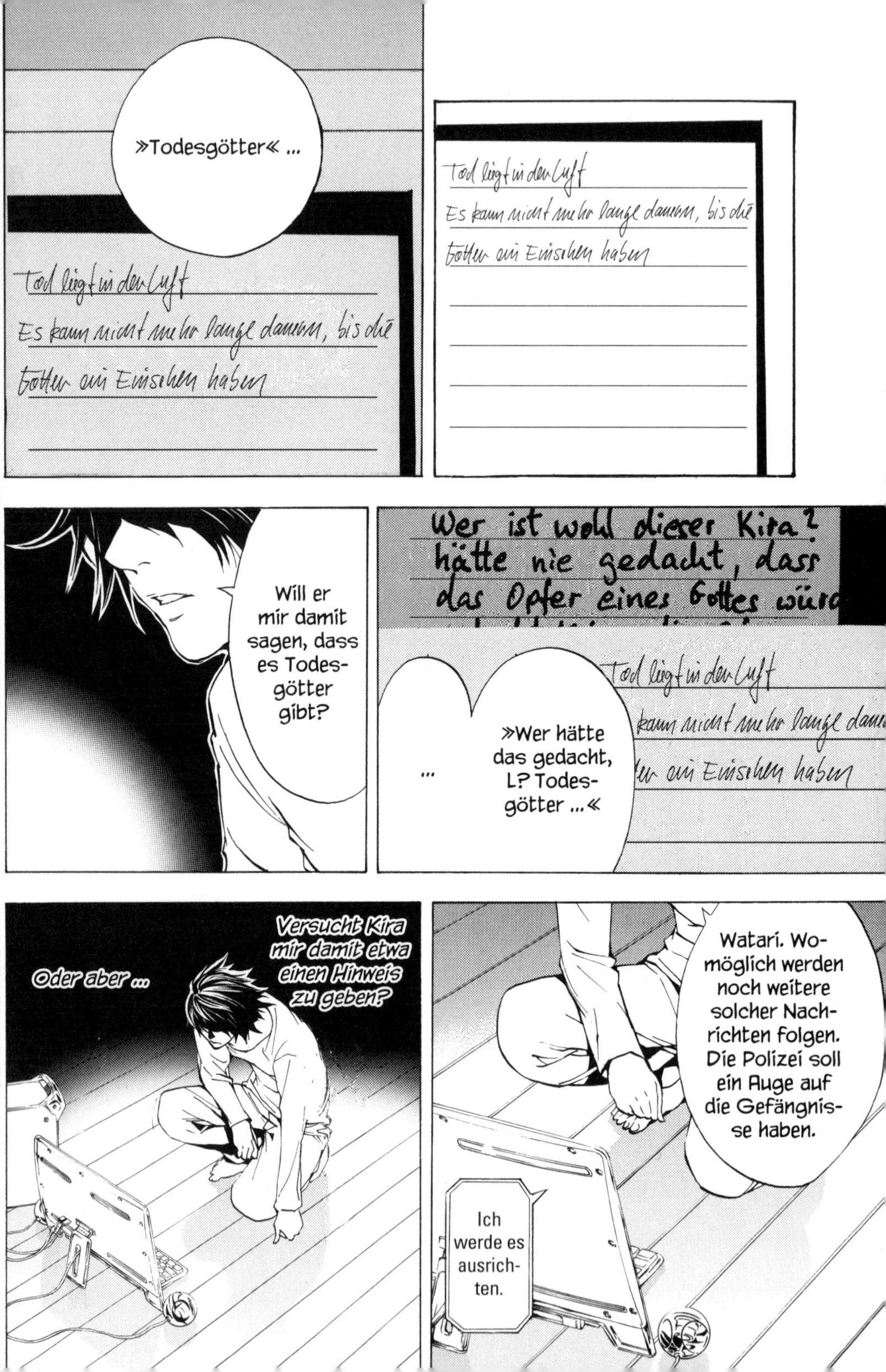

Tod liegt in der Luft
Es kann nicht mehr lange dauern, bis die Götter ein Einsehen haben
»Todesgötter« ...
Wer ist wohl dieser Kira?
hätte nie gedacht, dass
das Opfer eines Gottes
»Wer hätte das gedacht, L? Todesgötter ...«
...
Will er mir damit sagen, dass es Todesgötter gibt?
Watari. Womöglich werden noch weitere solcher Nachrichten folgen. Die Polizei soll ein Auge auf die Gefängnisse haben.
Ich werde es ausrichten.
Versucht Kira mir damit etwa einen Hinweis zu geben?
Oder aber ...

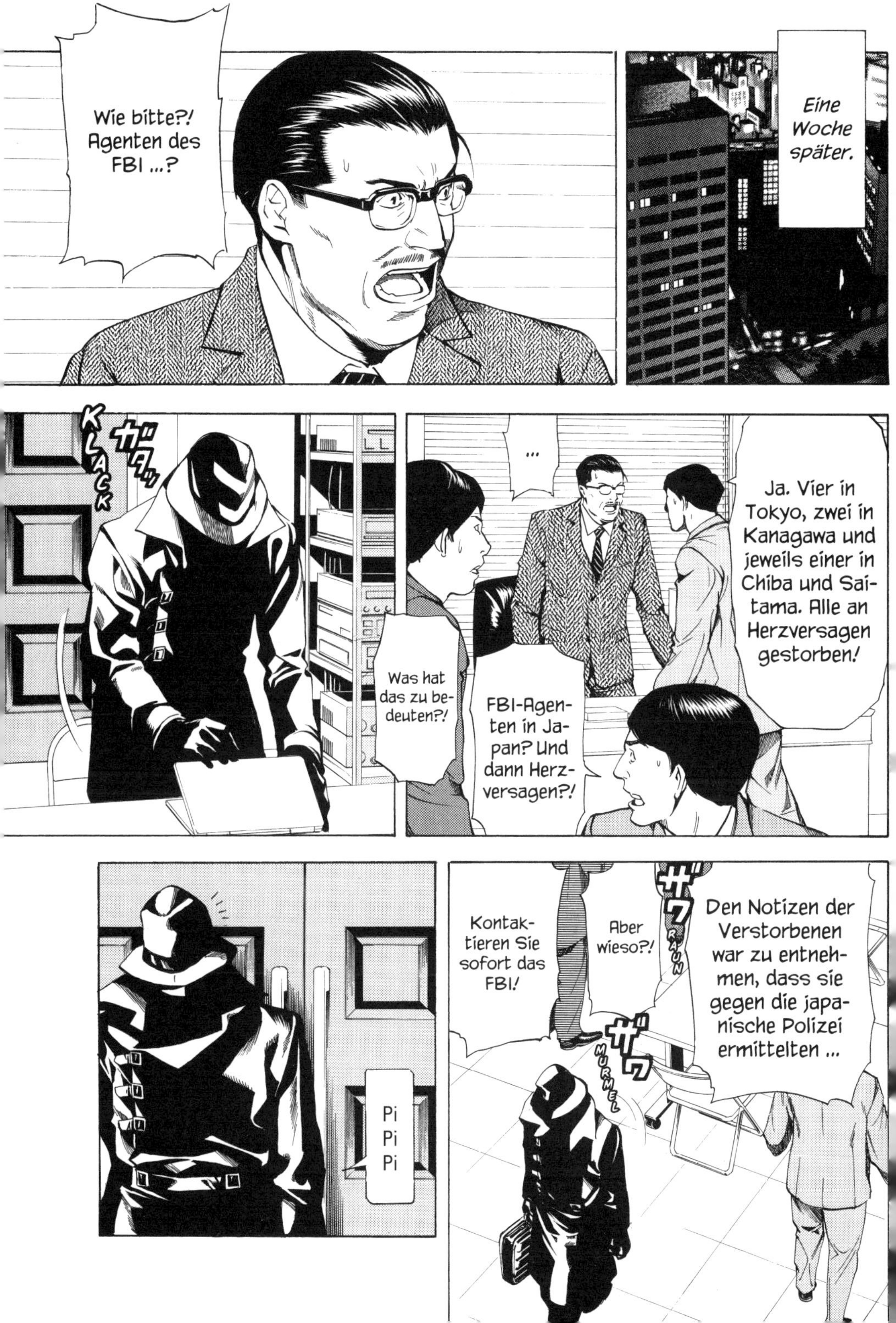
Eine Woche später.
Wie bitte?! Agenten des FBI ...?
Ja. Vier in Tokyo, zwei in Kanagawa und jeweils einer in Chiba und Saitama. Alle an Herzversagen gestorben!
...
FBI-Agenten in Japan? Und dann Herzversagen?!
Was hat das zu bedeuten?!
KLACK
Den Notizen der Verstorbenen war zu entnehmen, dass sie gegen die japanische Polizei ermittelten ...
RAUN
Aber wieso?!
MURMEL
Kontaktieren Sie sofort das FBI!
Pi Pi Pi

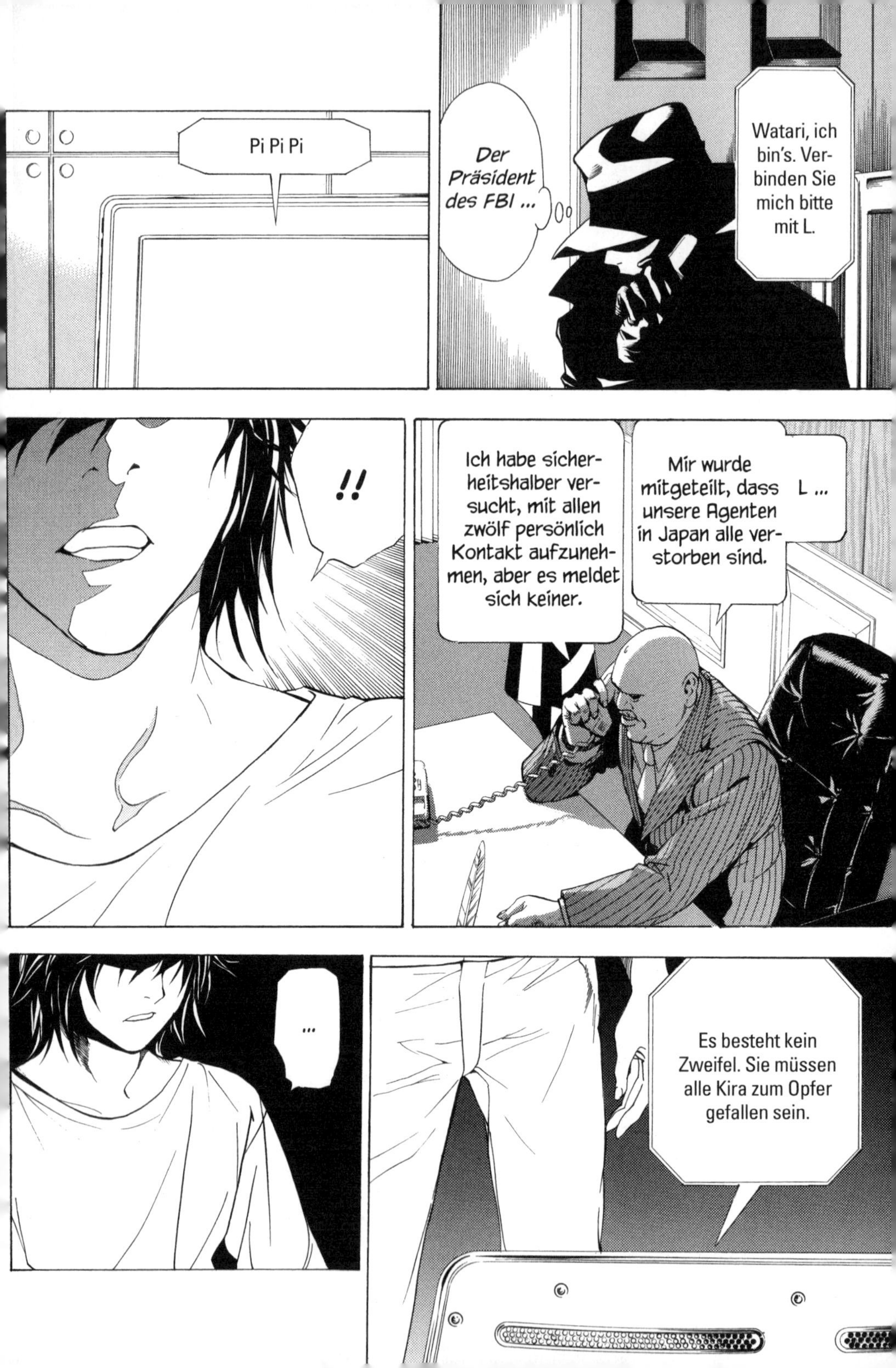
Watari, ich bin's. Verbinden Sie mich bitte mit L.
Der Präsident des FBI ...
Pi Pi Pi
L ...
Mir wurde mitgeteilt, dass unsere Agenten in Japan alle verstorben sind.
Ich habe sicherheitshalber versucht, mit allen zwölf persönlich Kontakt aufzunehmen, aber es meldet sich keiner.
!!
Es besteht kein Zweifel. Sie müssen alle Kira zum Opfer gefallen sein.
...

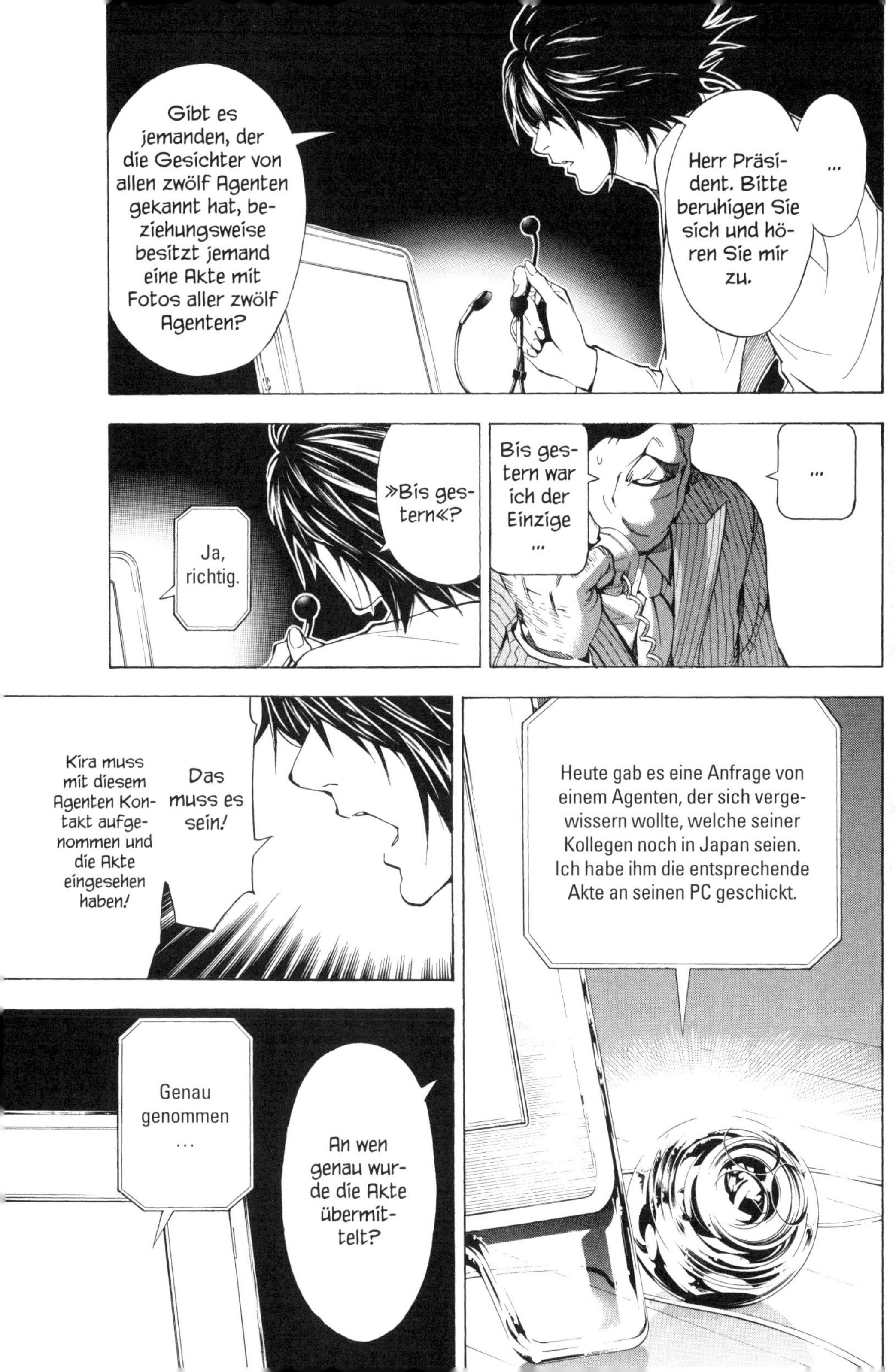
...
Herr Präsident. Bitte beruhigen Sie sich und hören Sie mir zu.
Gibt es jemanden, der die Gesichter von allen zwölf Agenten gekannt hat, beziehungsweise besitzt jemand eine Akte mit Fotos aller zwölf Agenten?
...
Bis gestern war ich der Einzige ...
»Bis gestern«?
Ja, richtig.
Heute gab es eine Anfrage von einem Agenten, der sich vergewissern wollte, welche seiner Kollegen noch in Japan seien. Ich habe ihm die entsprechende Akte an seinen PC geschickt.
Das muss es sein!
Kira muss mit diesem Agenten Kontakt aufgenommen und die Akte eingesehen haben!
An wen genau wurde die Akte übermittelt?
Genau genommen ...

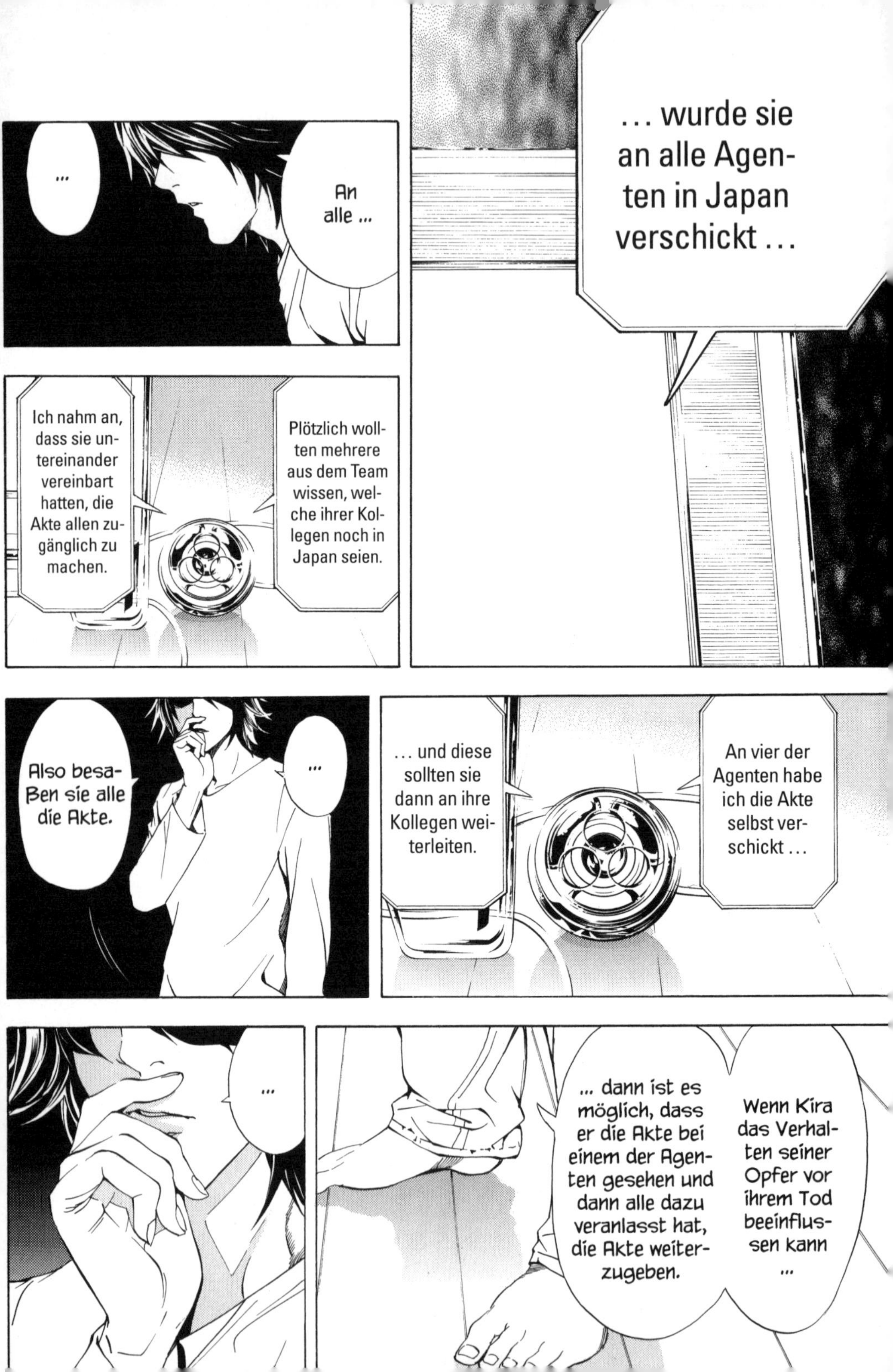
… wurde sie an alle Agenten in Japan verschickt …
An alle …
…
Plötzlich wollten mehrere aus dem Team wissen, welche ihrer Kollegen noch in Japan seien.
Ich nahm an, dass sie untereinander vereinbart hatten, die Akte allen zugänglich zu machen.
An vier der Agenten habe ich die Akte selbst verschickt …
… und diese sollten sie dann an ihre Kollegen weiterleiten.
…
Also besaßen sie alle die Akte.
Wenn Kira das Verhalten seiner Opfer vor ihrem Tod beeinflussen kann …
… dann ist es möglich, dass er die Akte bei einem der Agenten gesehen und dann alle dazu veranlasst hat, die Akte weiterzugeben.
…

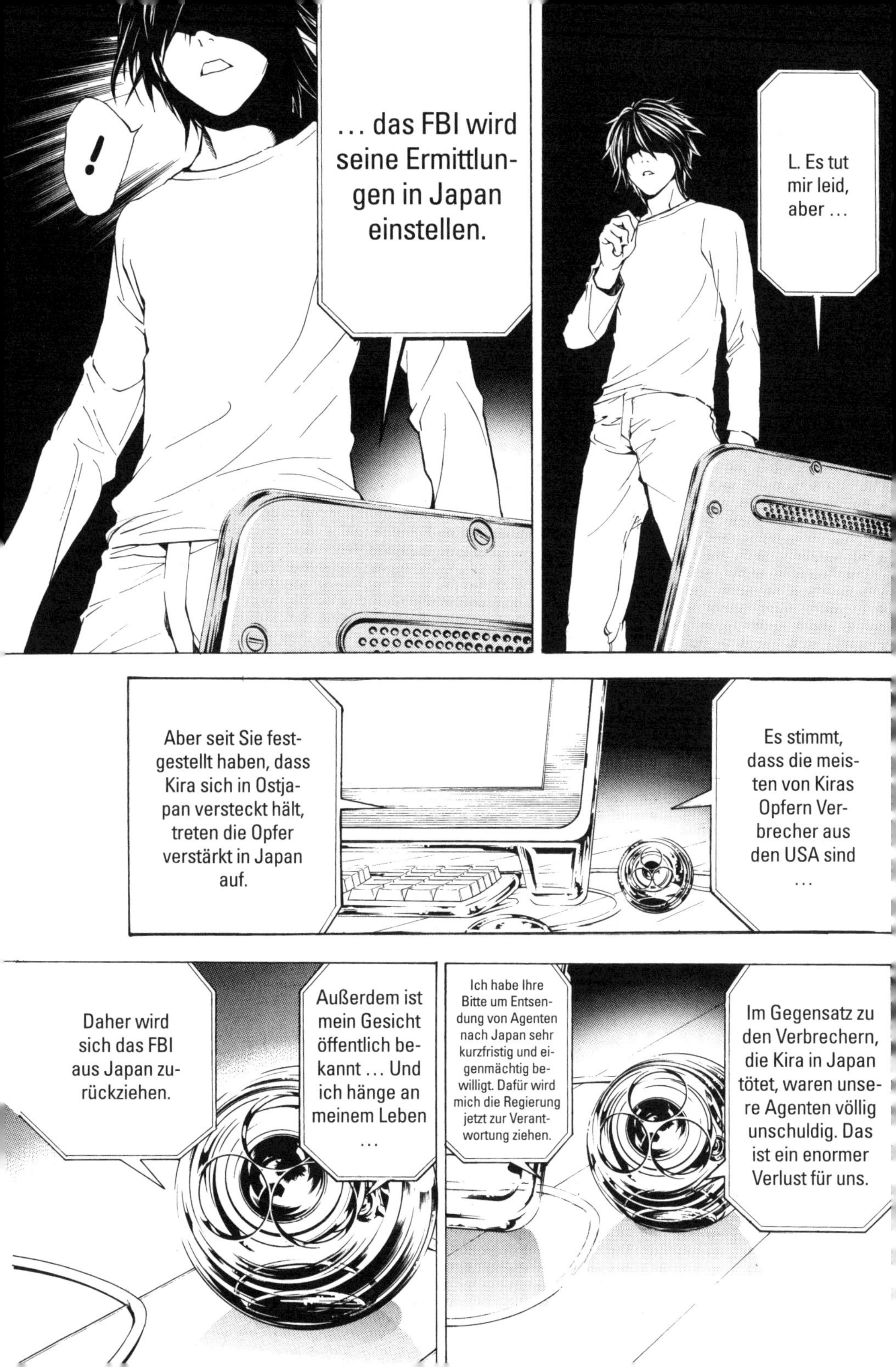
L. Es tut mir leid, aber …
… das FBI wird seine Ermittlungen in Japan einstellen.
!
Es stimmt, dass die meisten von Kiras Opfern Verbrecher aus den USA sind …
Aber seit Sie festgestellt haben, dass Kira sich in Ostjapan versteckt hält, treten die Opfer verstärkt in Japan auf.
Im Gegensatz zu den Verbrechern, die Kira in Japan tötet, waren unsere Agenten völlig unschuldig. Das ist ein enormer Verlust für uns.
Ich habe Ihre Bitte um Entsendung von Agenten nach Japan sehr kurzfristig und eigenmächtig bewilligt. Dafür wird mich die Regierung jetzt zur Verantwortung ziehen.
Außerdem ist mein Gesicht öffentlich bekannt … Und ich hänge an meinem Leben …
Daher wird sich das FBI aus Japan zurückziehen.

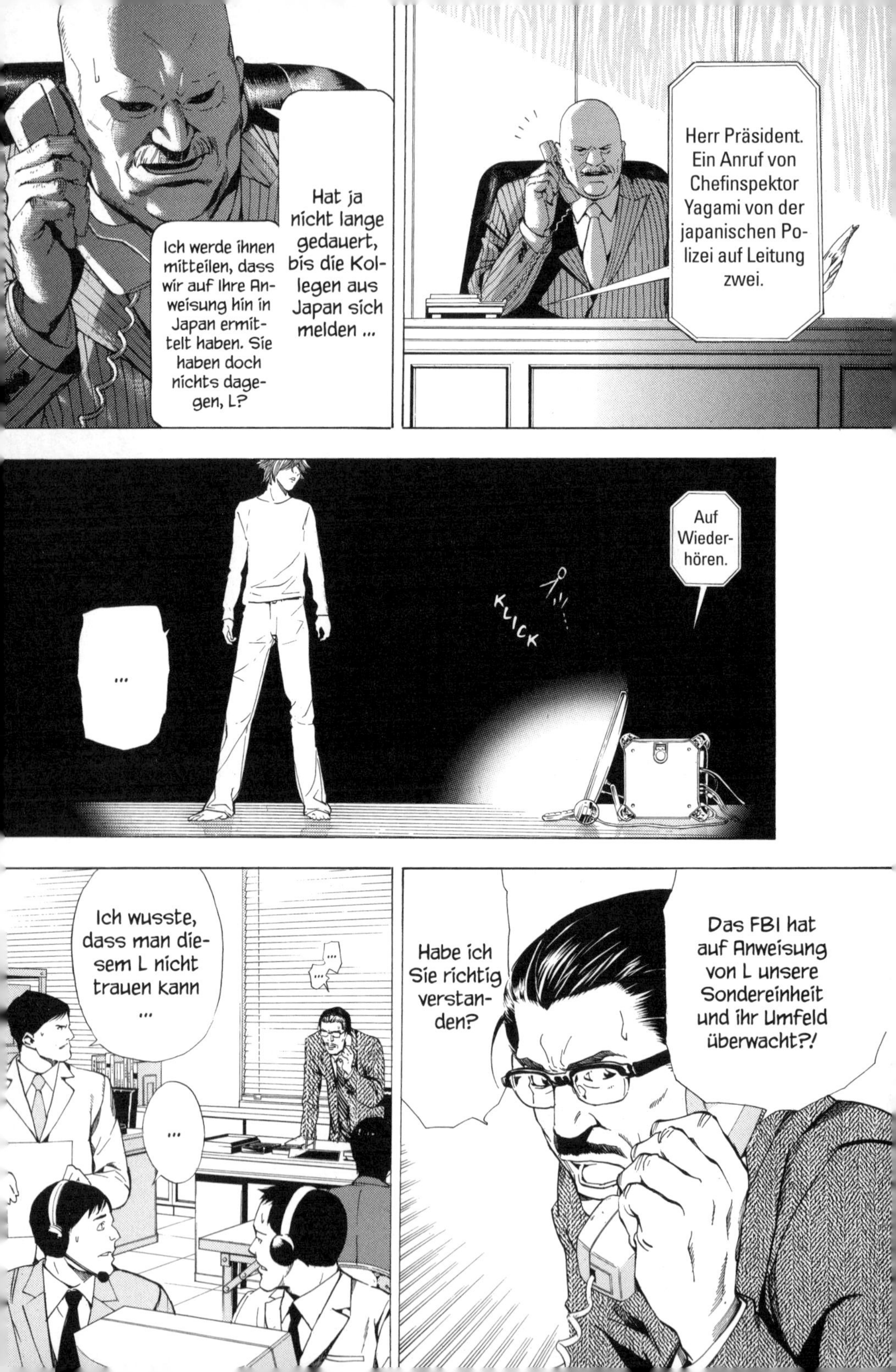

Herr Präsident. Ein Anruf von Chefinspektor Yagami von der japanischen Polizei auf Leitung zwei.
Hat ja nicht lange gedauert, bis die Kollegen aus Japan sich melden ...
Ich werde ihnen mitteilen, dass wir auf Ihre Anweisung hin in Japan ermittelt haben. Sie haben doch nichts dagegen, L?
Auf Wiederhören.
KLICK
...
Das FBI hat auf Anweisung von L unsere Sondereinheit und ihr Umfeld überwacht?!
Habe ich Sie richtig verstanden?
Ich wusste, dass man diesem L nicht trauen kann ...
...
...
...

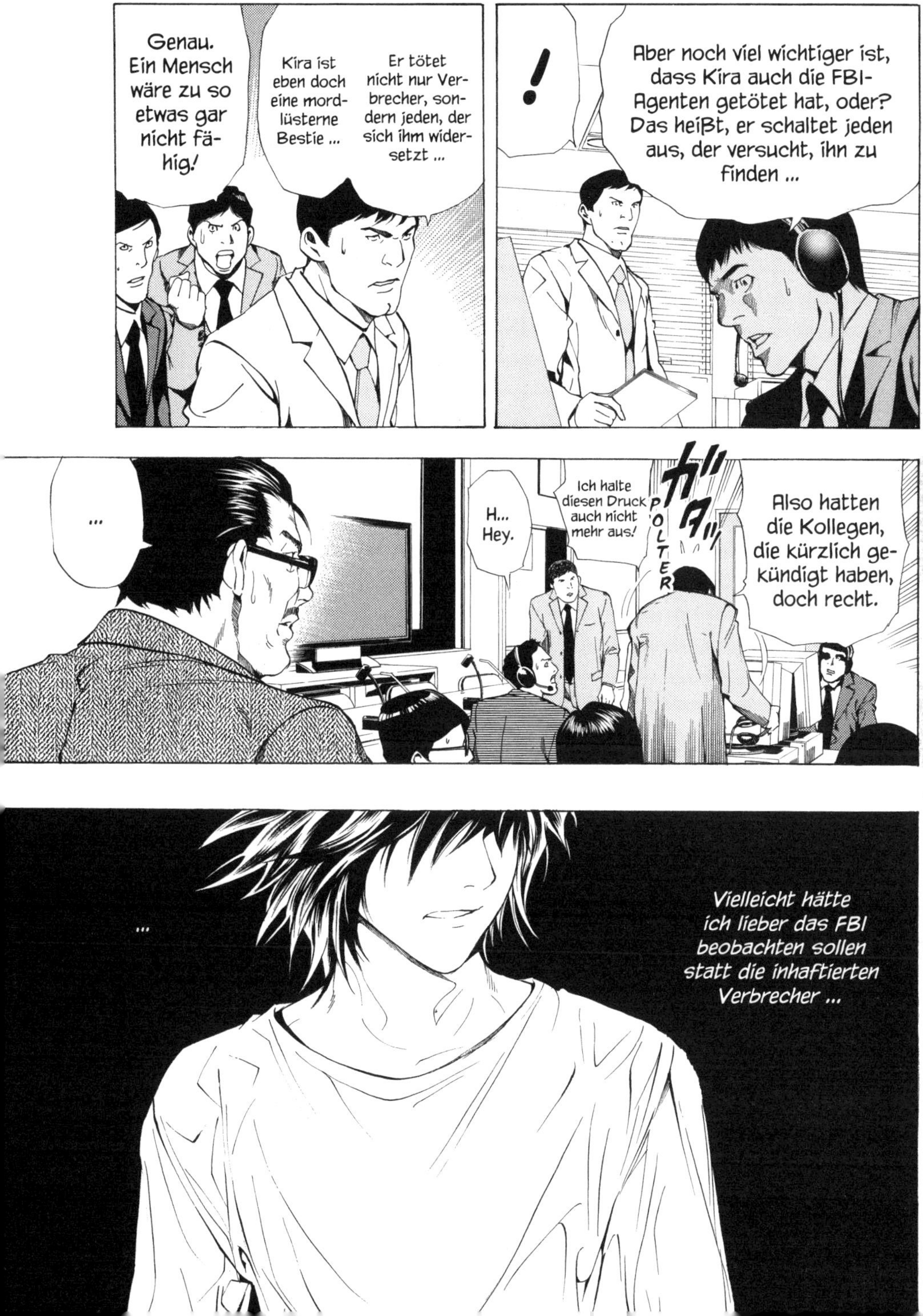
!
Aber noch viel wichtiger ist, dass Kira auch die FBI-Agenten getötet hat, oder? Das heißt, er schaltet jeden aus, der versucht, ihn zu finden ...
Er tötet nicht nur Verbrecher, sondern jeden, der sich ihm widersetzt ...
Kira ist eben doch eine mordlüsterne Bestie ...
Genau. Ein Mensch wäre zu so etwas gar nicht fähig!
Also hatten die Kollegen, die kürzlich gekündigt haben, doch recht.
POLTER
Ich halte diesen Druck auch nicht mehr aus!
H... Hey.
...
Vielleicht hätte ich lieber das FBI beobachten sollen statt die inhaftierten Verbrecher ...
...

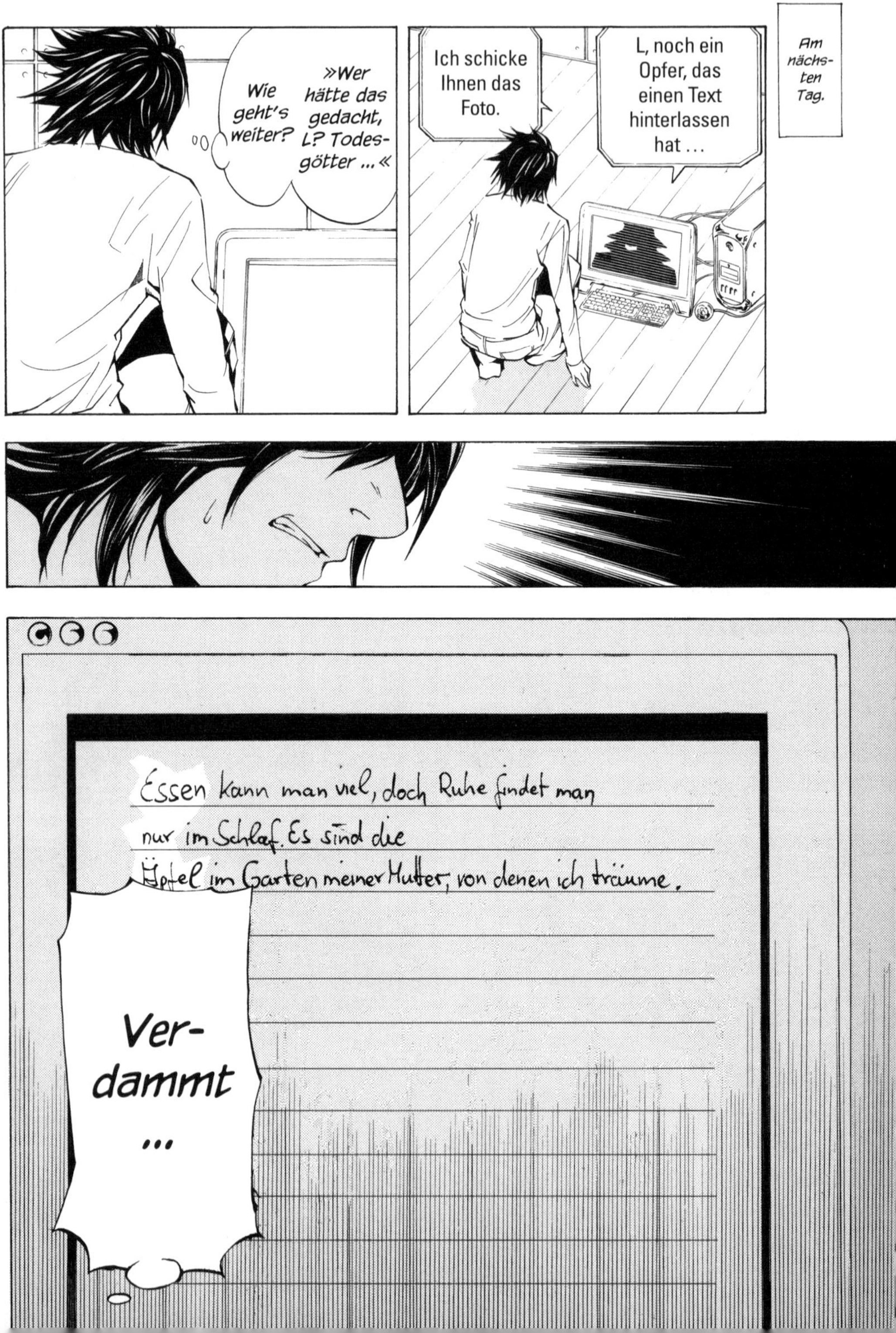

Am nächsten Tag.
L, noch ein Opfer, das einen Text hinterlassen hat …
Ich schicke Ihnen das Foto.
»Wer hätte das gedacht, L? Todesgötter …«
Wie geht's weiter?
Essen kann man viel, doch Ruhe findet man nur im Schlaf. Es sind die Äpfel im Garten meiner Mutter, von denen ich träume.
Verdammt …

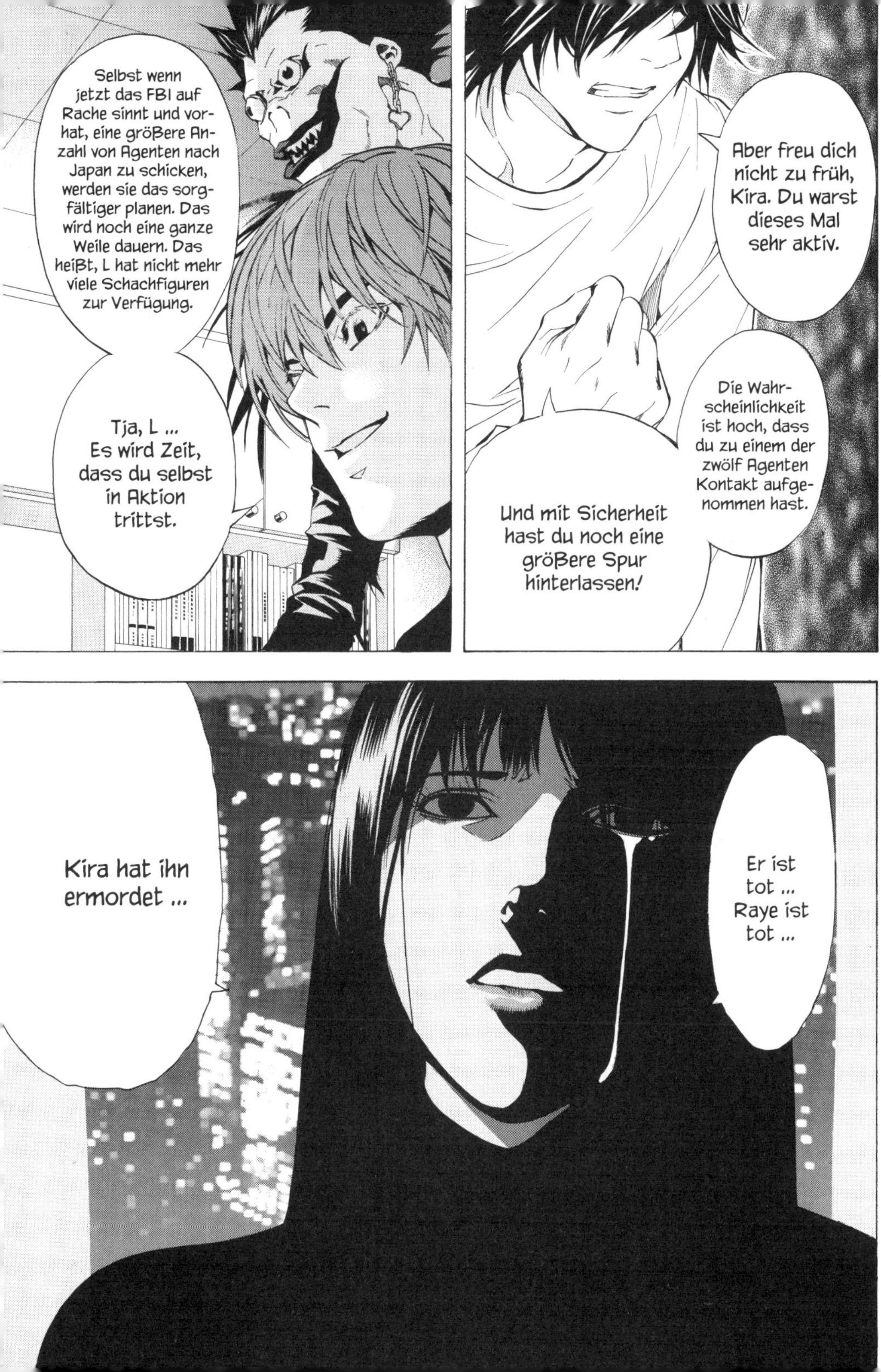

Aber freu dich nicht zu früh, Kira. Du warst dieses Mal sehr aktiv.
Die Wahrscheinlichkeit ist hoch, dass du zu einem der zwölf Agenten Kontakt aufgenommen hast.
Und mit Sicherheit hast du noch eine größere Spur hinterlassen!
Selbst wenn jetzt das FBI auf Rache sinnt und vorhat, eine größere Anzahl von Agenten nach Japan zu schicken, werden sie das sorgfältiger planen. Das wird noch eine ganze Weile dauern. Das heißt, L hat nicht mehr viele Schachfiguren zur Verfügung.
Tja, L ... Es wird Zeit, dass du selbst in Aktion trittst.
Er ist tot ... Raye ist tot ...
Kira hat ihn ermordet ...

DEATH NOTE

PAGE.9 LÖCHER

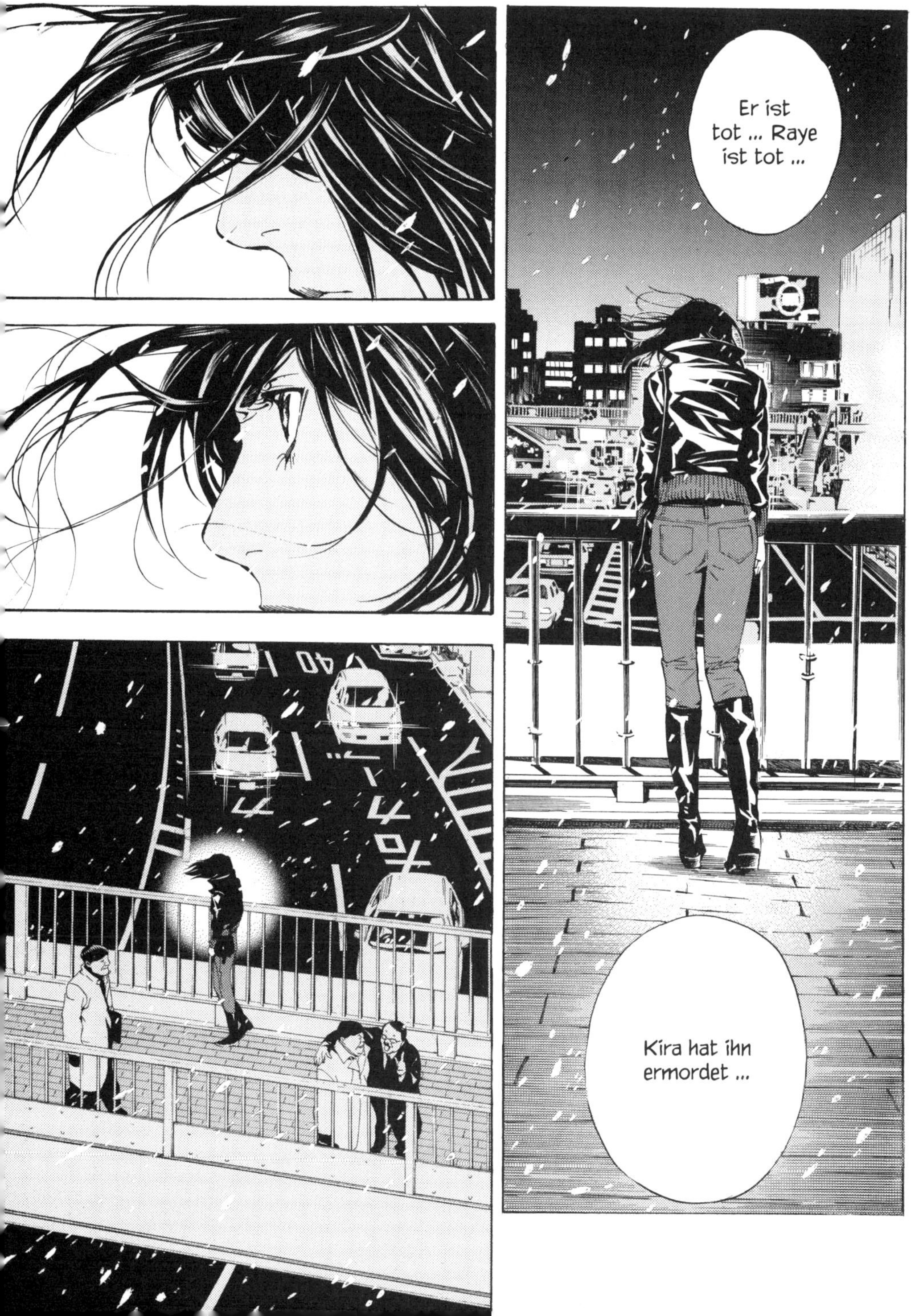

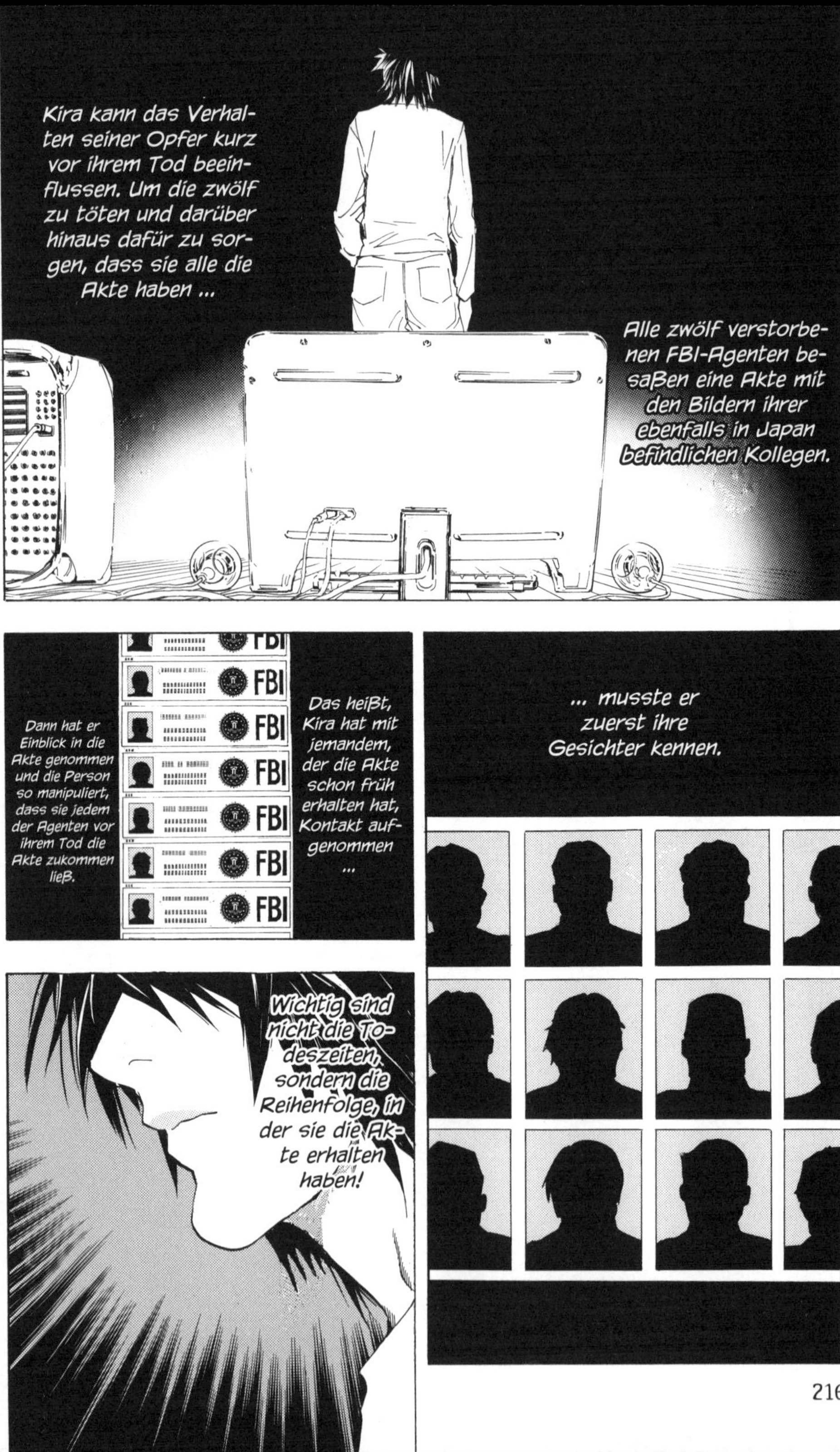
Alle zwölf verstorbenen FBI-Agenten besaßen eine Akte mit den Bildern ihrer ebenfalls in Japan befindlichen Kollegen.
Kira kann das Verhalten seiner Opfer kurz vor ihrem Tod beeinflussen. Um die zwölf zu töten und darüber hinaus dafür zu sorgen, dass sie alle die Akte haben ...
... musste er zuerst ihre Gesichter kennen.
FBI
Das heißt, Kira hat mit jemandem, der die Akte schon früh erhalten hat, Kontakt aufgenommen ...
Dann hat er Einblick in die Akte genommen und die Person so manipuliert, dass sie jedem der Agenten vor ihrem Tod die Akte zukommen ließ.
Wichtig sind nicht die Todeszeiten, sondern die Reihenfolge, in der sie die Akte erhalten haben!

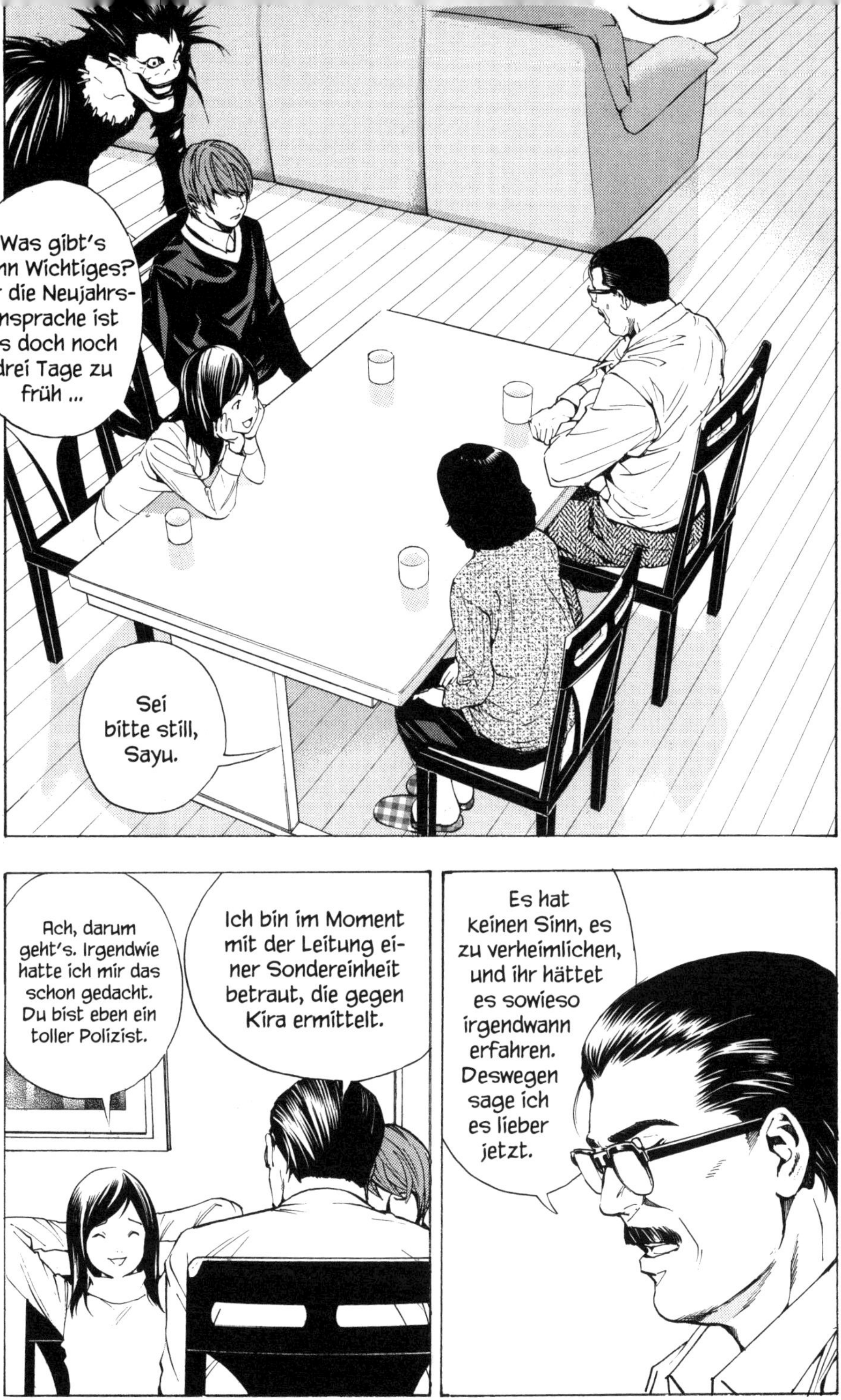
Was gibt's denn Wichtiges? Für die Neujahrs-ansprache ist es doch noch drei Tage zu früh ...
Sei bitte still, Sayu.
Es hat keinen Sinn, es zu verheimlichen, und ihr hättet es sowieso irgendwann erfahren. Deswegen sage ich es lieber jetzt.
Ich bin im Moment mit der Leitung einer Sondereinheit betraut, die gegen Kira ermittelt.
Ach, darum geht's. Irgendwie hatte ich mir das schon gedacht. Du bist eben ein toller Polizist.

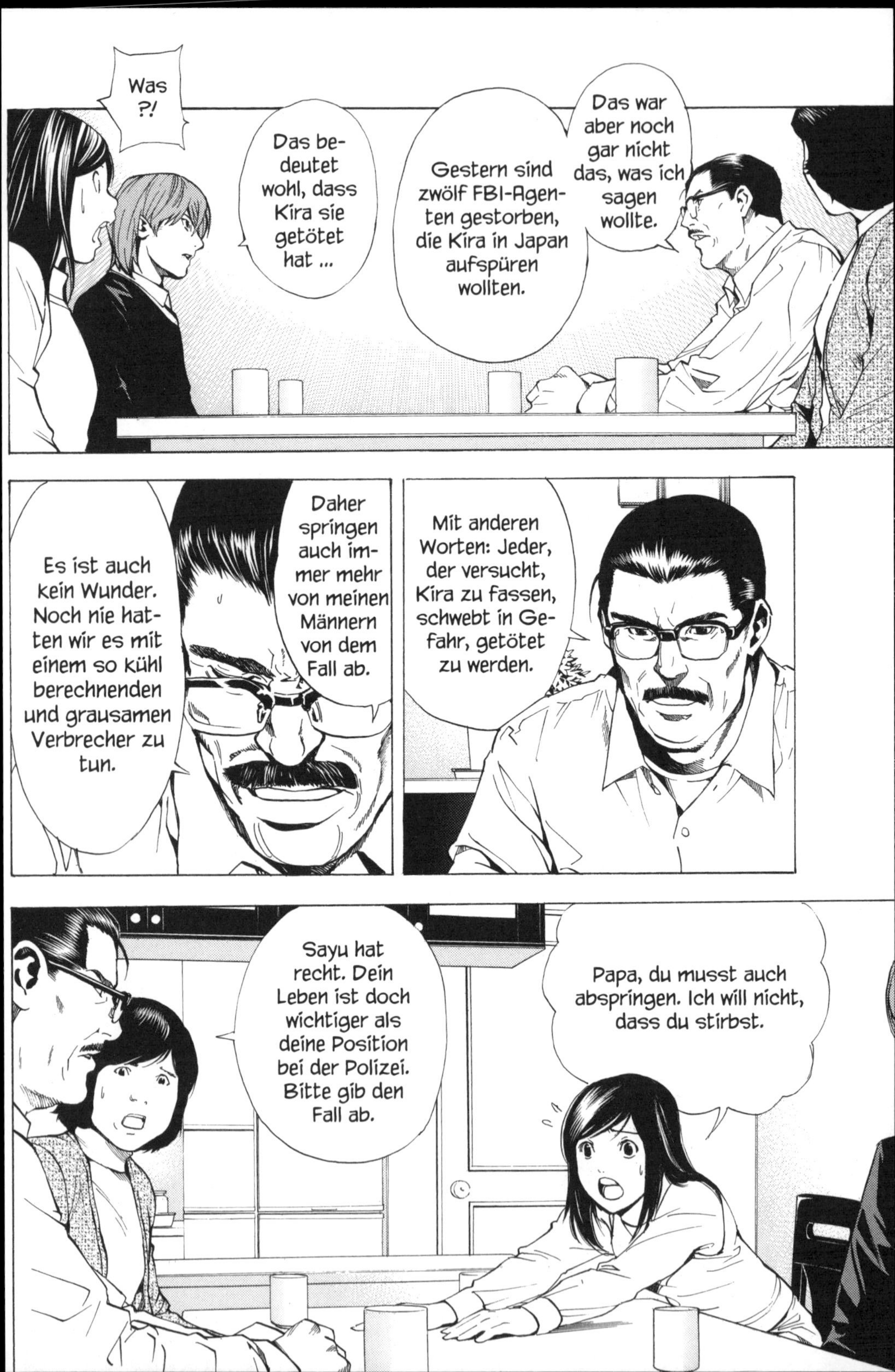
Das war aber noch gar nicht das, was ich sagen wollte.
Gestern sind zwölf FBI-Agenten gestorben, die Kira in Japan aufspüren wollten.
Das bedeutet wohl, dass Kira sie getötet hat ...
Was ?!
Mit anderen Worten: Jeder, der versucht, Kira zu fassen, schwebt in Gefahr, getötet zu werden.
Daher springen auch immer mehr von meinen Männern von dem Fall ab.
Es ist auch kein Wunder. Noch nie hatten wir es mit einem so kühl berechnenden und grausamen Verbrecher zu tun.
Papa, du musst auch abspringen. Ich will nicht, dass du stirbst.
Sayu hat recht. Dein Leben ist doch wichtiger als deine Position bei der Polizei. Bitte gib den Fall ab.

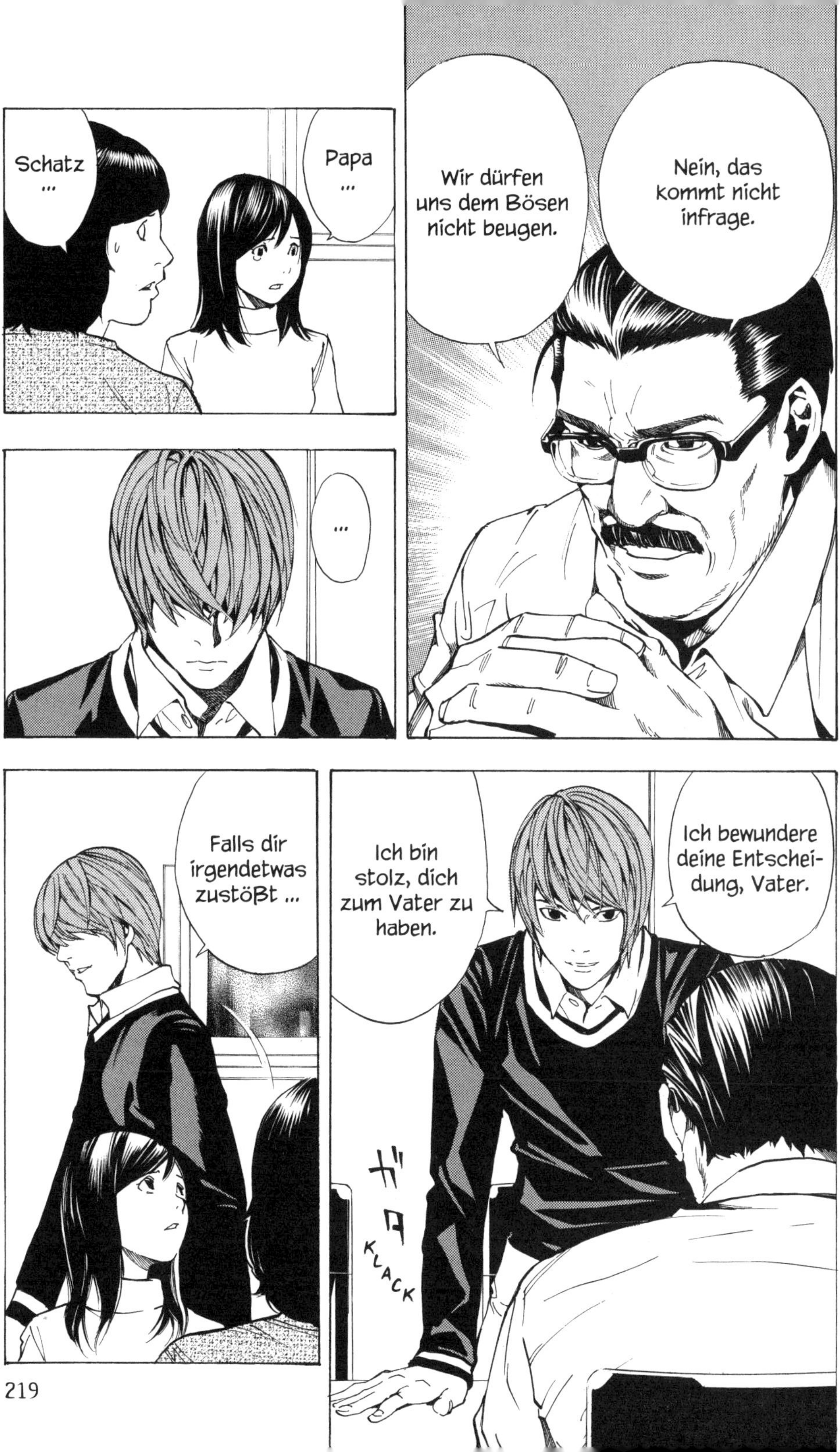
Nein, das kommt nicht infrage.
Wir dürfen uns dem Bösen nicht beugen.
Papa ...
Schatz ...
...
Ich bewundere deine Entscheidung, Vater.
Ich bin stolz, dich zum Vater zu haben.
KLACK
Falls dir irgendetwas zustößt ...

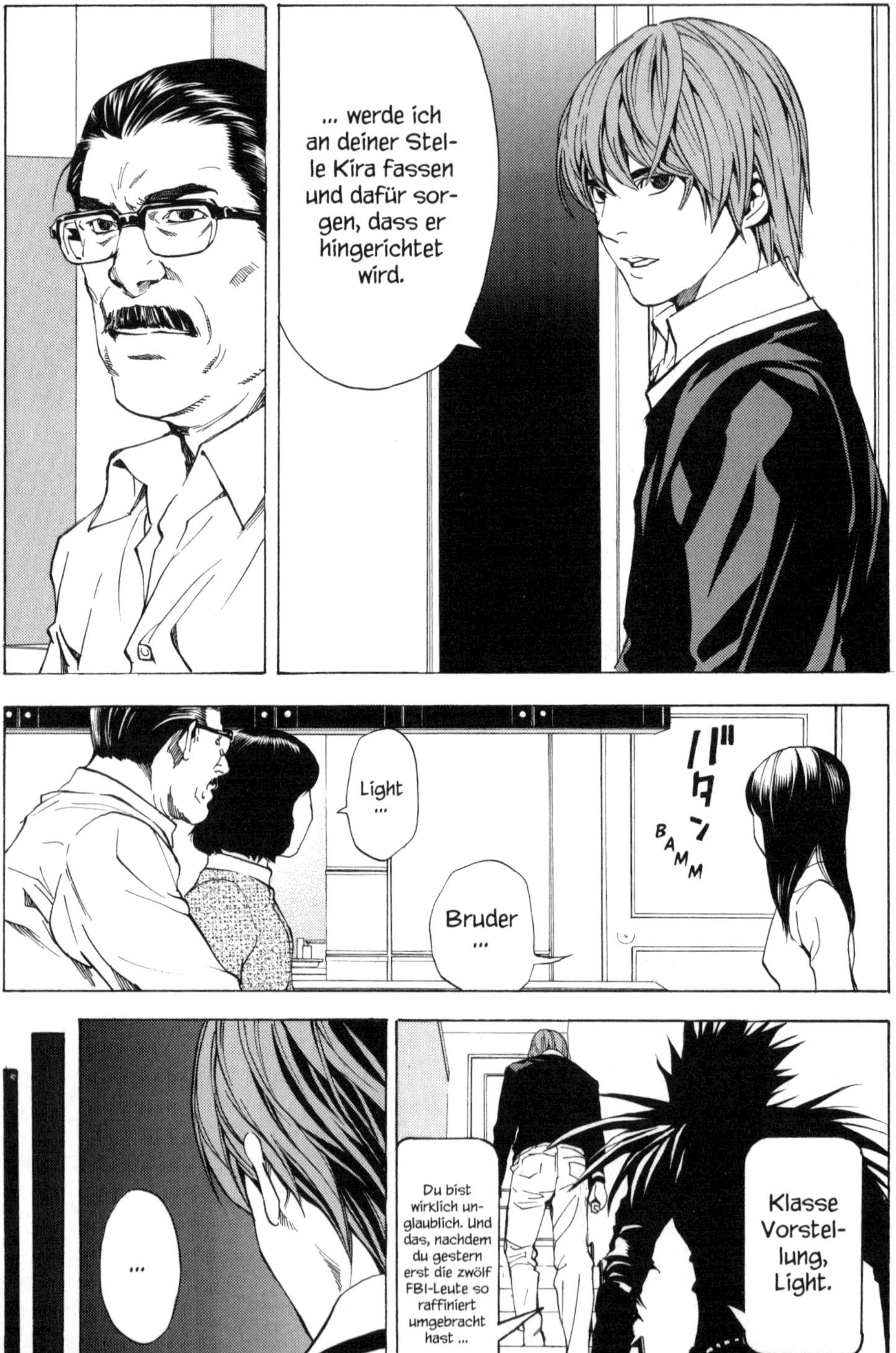
... werde ich an deiner Stelle Kira fassen und dafür sorgen, dass er hingerichtet wird.
バタン
BAMM
Light ...
Bruder ...
Klasse Vorstellung, Light.
Du bist wirklich unglaublich. Und das, nachdem du gestern erst die zwölf FBI-Leute so raffiniert umgebracht hast ...
...

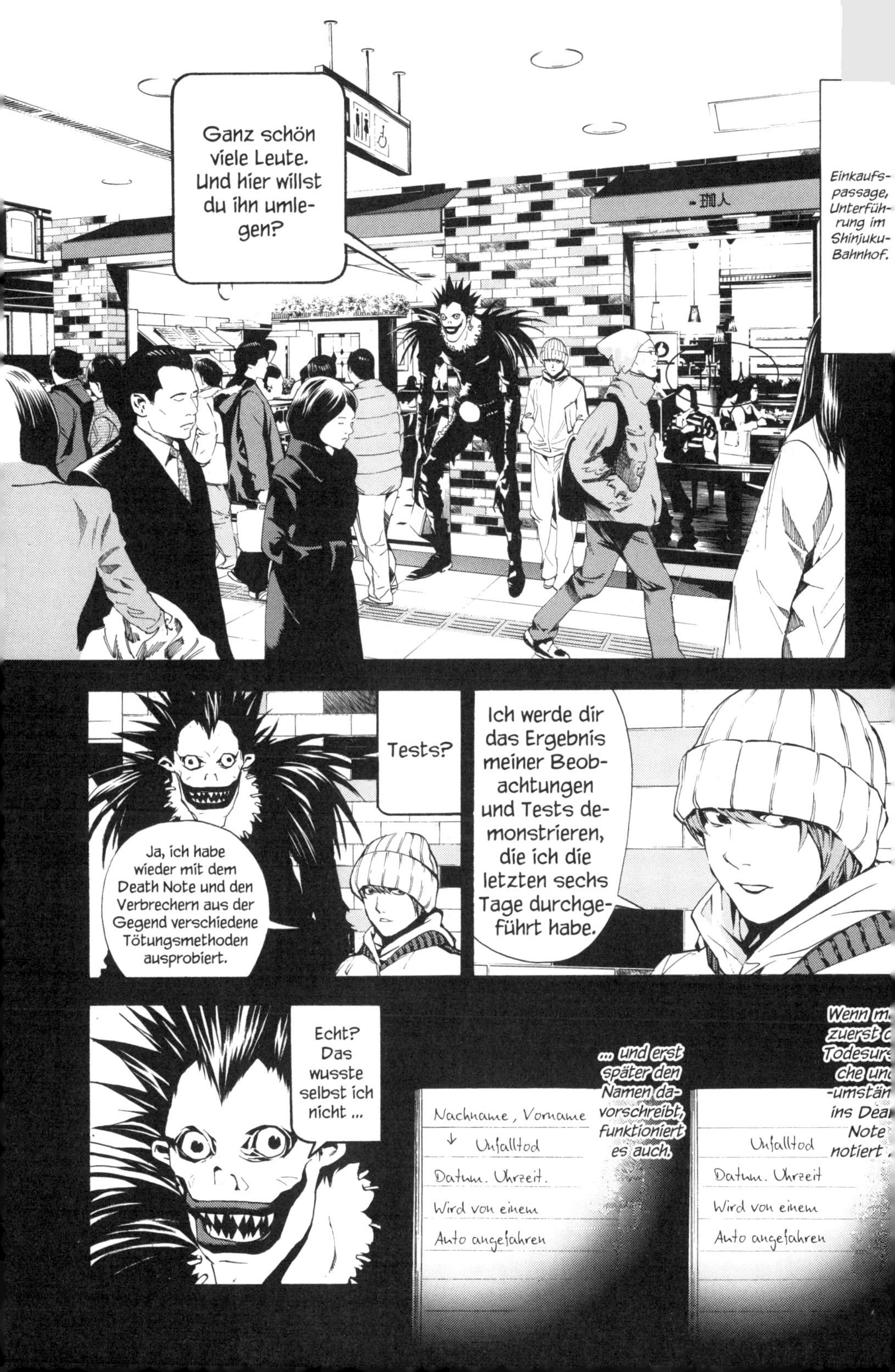
Einkaufspassage, Unterführung im Shinjuku-Bahnhof.
Ganz schön viele Leute. Und hier willst du ihn umlegen?
Ich werde dir das Ergebnis meiner Beobachtungen und Tests demonstrieren, die ich die letzten sechs Tage durchgeführt habe.
Tests?
Ja, ich habe wieder mit dem Death Note und den Verbrechern aus der Gegend verschiedene Tötungsmethoden ausprobiert.
... und erst später den Namen davorschreibt, funktioniert es auch.
Unfalltod
Datum. Uhrzeit
Wird von einem
Auto angefahren
Nachname, Vorname
↓ Unfalltod
Datum. Uhrzeit.
Wird von einem
Auto angefahren
Echt? Das wusste selbst ich nicht ...

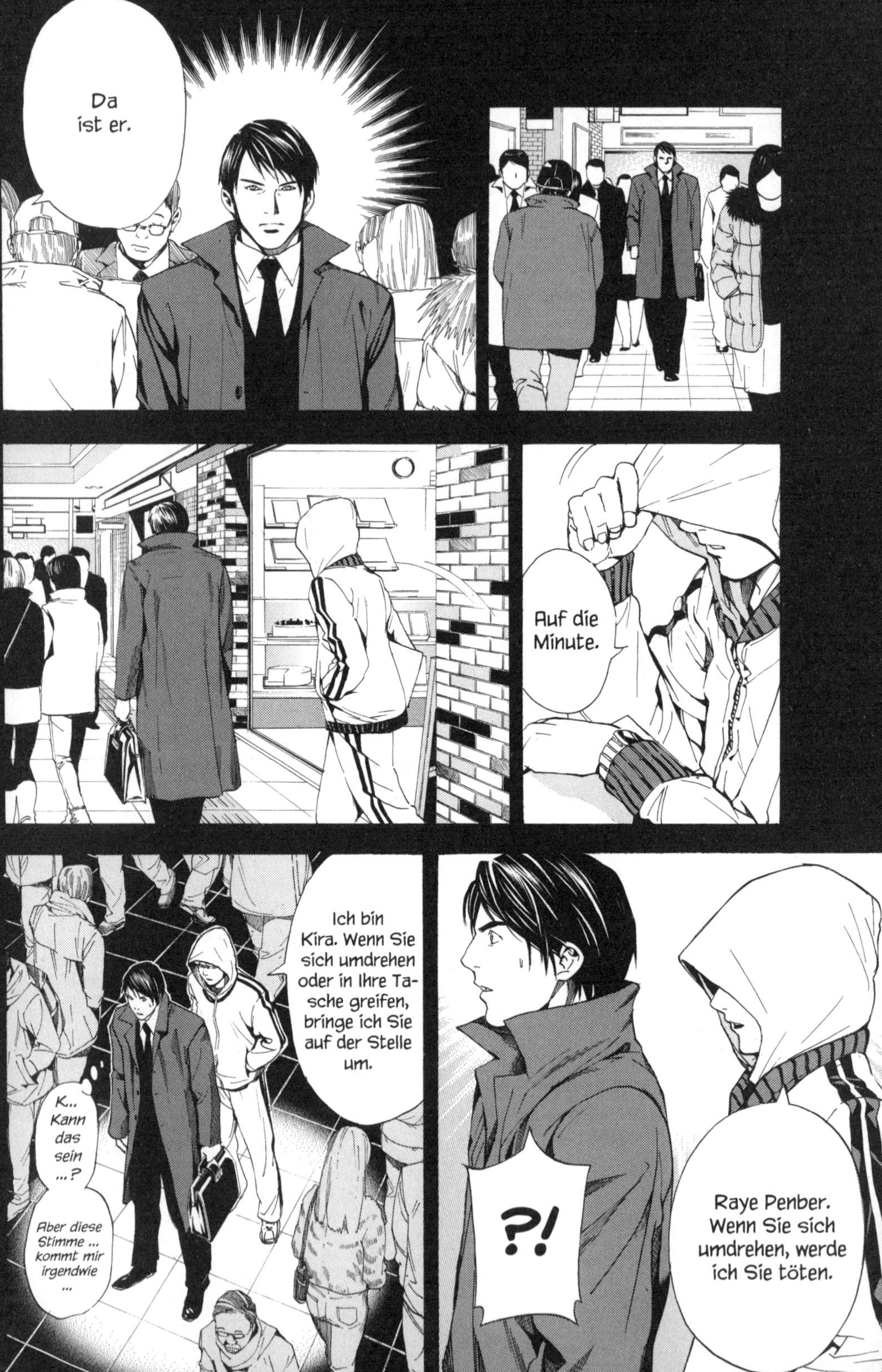
Da ist er.
Auf die Minute.
Ich bin Kira. Wenn Sie sich umdrehen oder in Ihre Tasche greifen, bringe ich Sie auf der Stelle um.
K... Kann das sein ...?
Aber diese Stimme ... kommt mir irgendwie ...
Raye Penber. Wenn Sie sich umdrehen, werde ich Sie töten.
?!

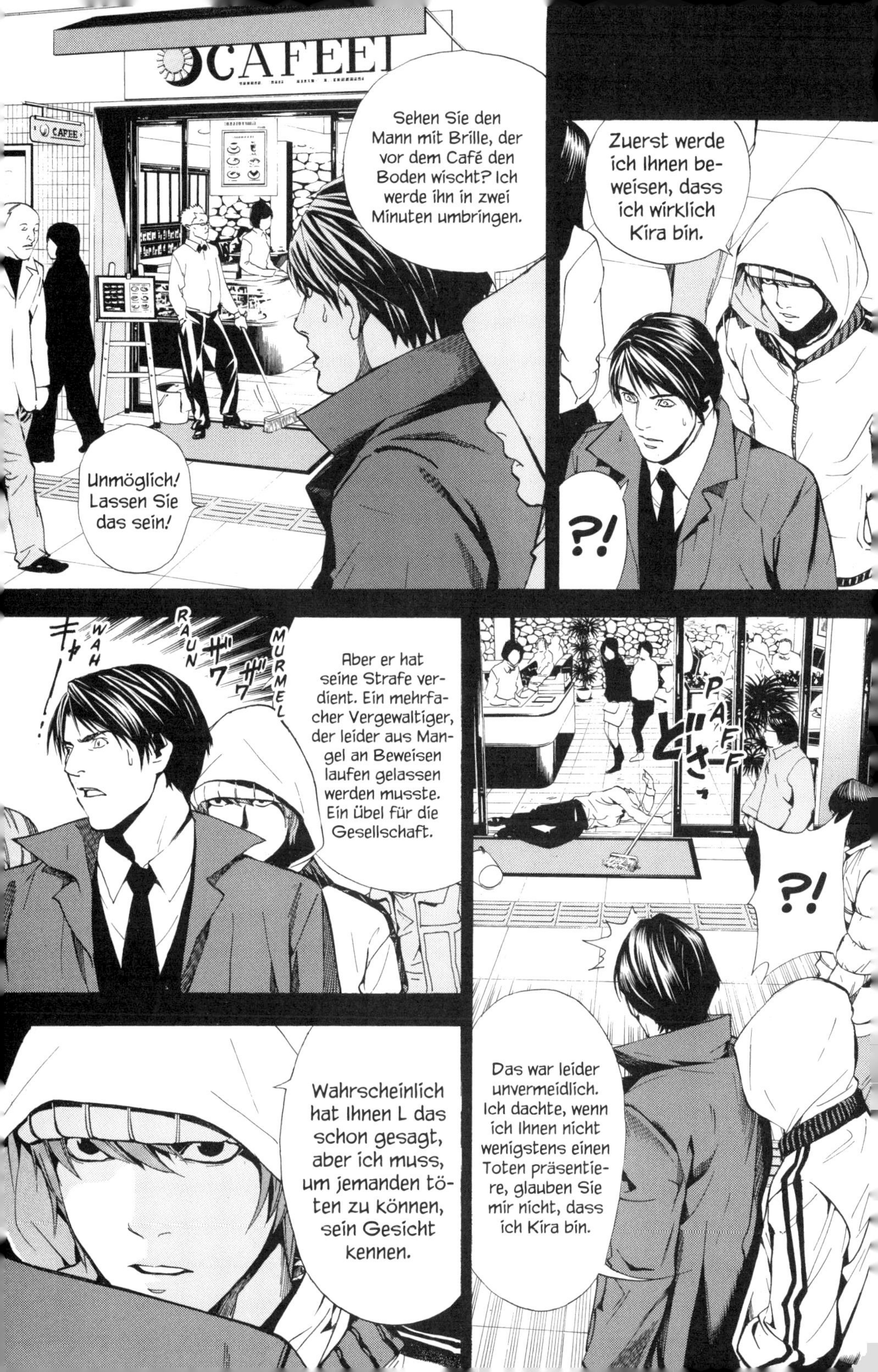

CAFEE
Zuerst werde ich Ihnen beweisen, dass ich wirklich Kira bin.
?!
Sehen Sie den Mann mit Brille, der vor dem Café den Boden wischt? Ich werde ihn in zwei Minuten umbringen.
Unmöglich! Lassen Sie das sein!
PAFF
?!
Das war leider unvermeidlich. Ich dachte, wenn ich Ihnen nicht wenigstens einen Toten präsentiere, glauben Sie mir nicht, dass ich Kira bin.
MURMEL
RAUN
WAH
Aber er hat seine Strafe verdient. Ein mehrfacher Vergewaltiger, der leider aus Mangel an Beweisen laufen gelassen werden musste. Ein Übel für die Gesellschaft.
Wahrscheinlich hat Ihnen L das schon gesagt, aber ich muss, um jemanden töten zu können, sein Gesicht kennen.

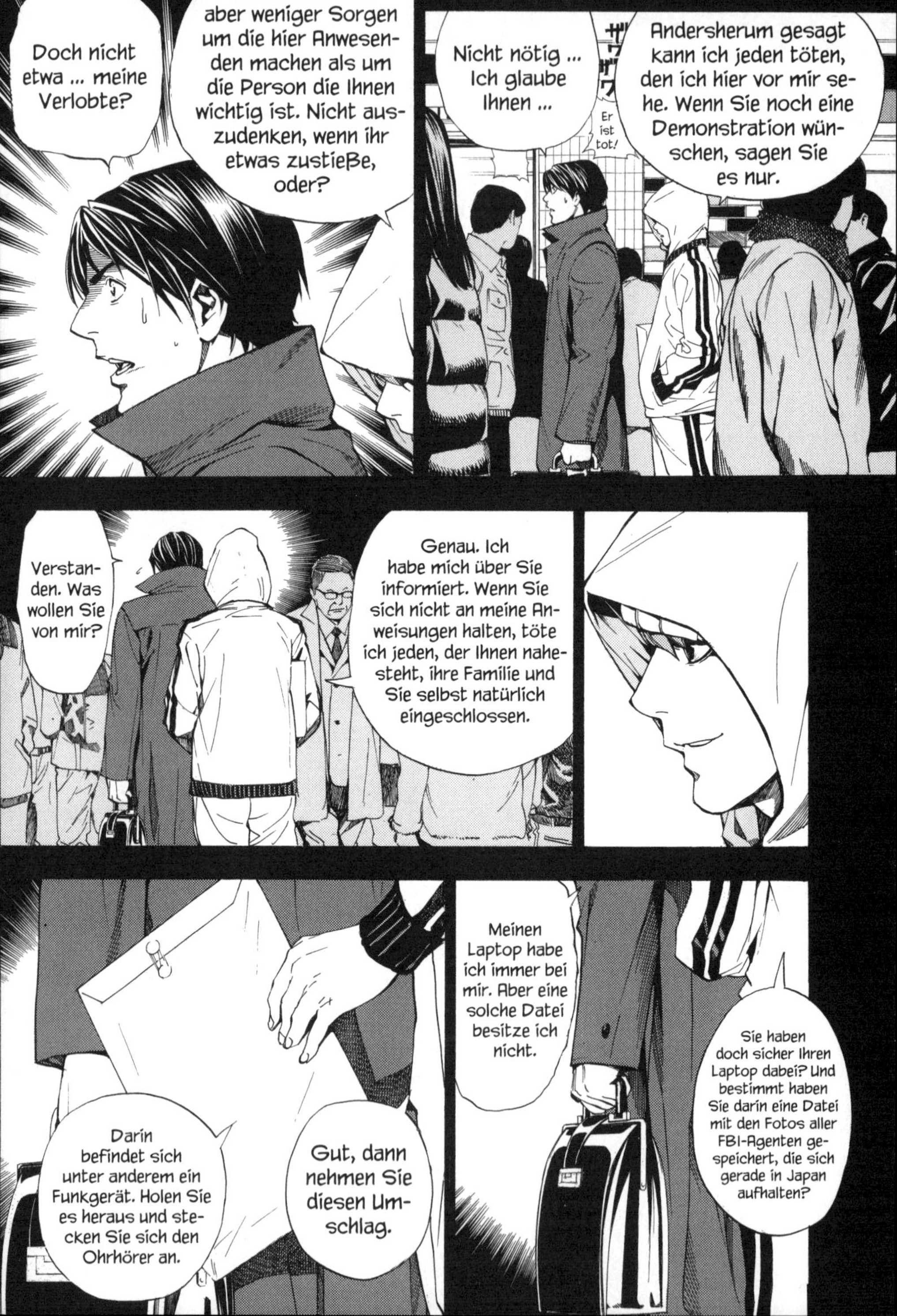
Andersherum gesagt kann ich jeden töten, den ich hier vor mir sehe. Wenn Sie noch eine Demonstration wünschen, sagen Sie es nur.
Er ist tot!
Nicht nötig ... Ich glaube Ihnen ...
Sie sollten sich aber weniger Sorgen um die hier Anwesenden machen als um die Person die Ihnen wichtig ist. Nicht auszudenken, wenn ihr etwas zustieße, oder?
Doch nicht etwa ... meine Verlobte?
Genau. Ich habe mich über Sie informiert. Wenn Sie sich nicht an meine Anweisungen halten, töte ich jeden, der Ihnen nahesteht, ihre Familie und Sie selbst natürlich eingeschlossen.
Verstanden. Was wollen Sie von mir?
Sie haben doch sicher Ihren Laptop dabei? Und bestimmt haben Sie darin eine Datei mit den Fotos aller FBI-Agenten gespeichert, die sich gerade in Japan aufhalten?
Meinen Laptop habe ich immer bei mir. Aber eine solche Datei besitze ich nicht.
Gut, dann nehmen Sie diesen Umschlag.
Darin befindet sich unter anderem ein Funkgerät. Holen Sie es heraus und stecken Sie sich den Ohrhörer an.

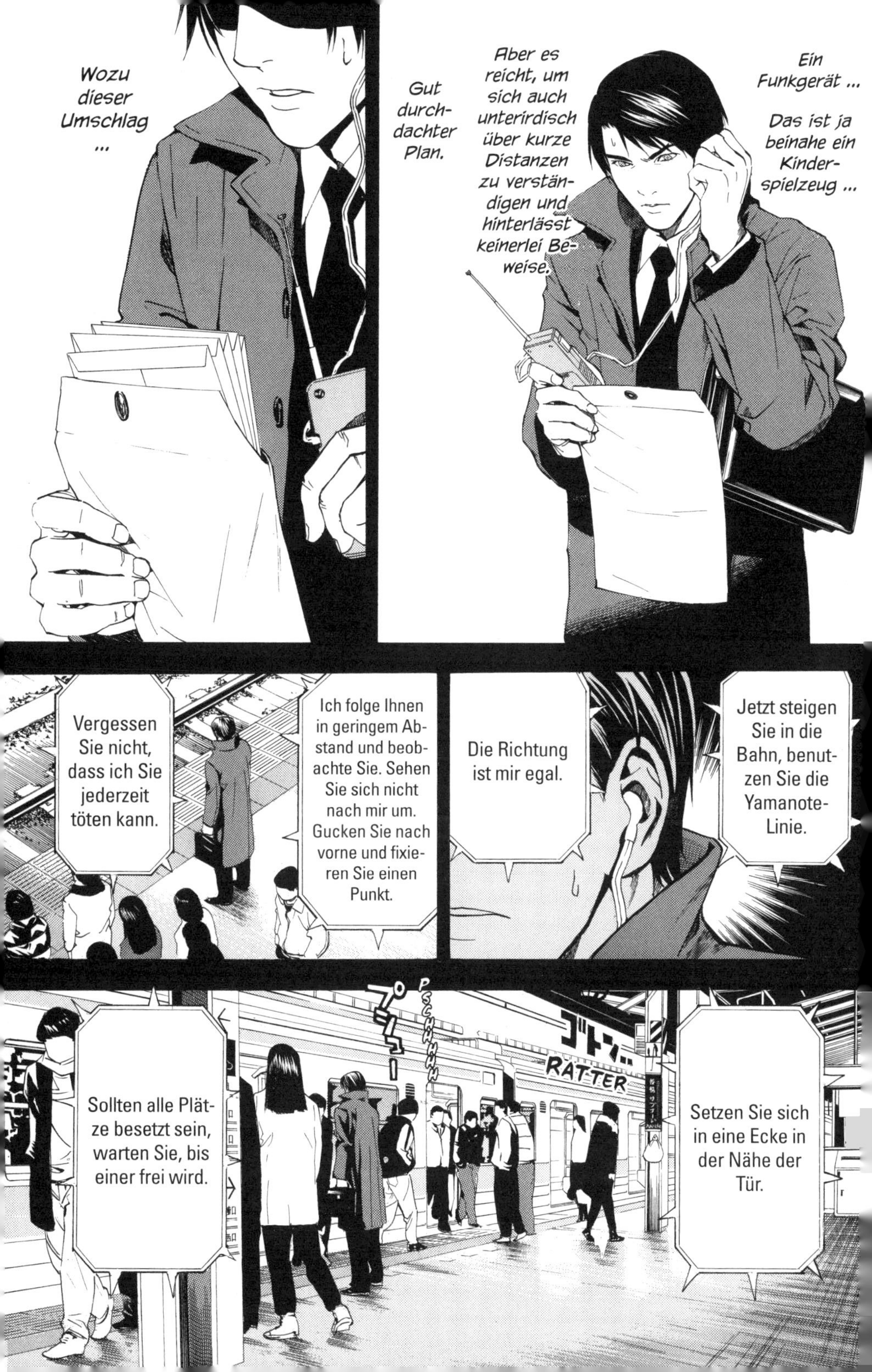

Ein Funkgerät ...
Das ist ja beinahe ein Kinderspielzeug ...
Aber es reicht, um sich auch unterirdisch über kurze Distanzen zu verständigen und hinterlässt keinerlei Beweise.
Gut durchdachter Plan.
Wozu dieser Umschlag ...
Jetzt steigen Sie in die Bahn, benutzen Sie die Yamanote-Linie.
Die Richtung ist mir egal.
Ich folge Ihnen in geringem Abstand und beobachte Sie. Sehen Sie sich nicht nach mir um. Gucken Sie nach vorne und fixieren Sie einen Punkt.
Vergessen Sie nicht, dass ich Sie jederzeit töten kann.
Setzen Sie sich in eine Ecke in der Nähe der Tür.
RATTER
PSCHHHH
Sollten alle Plätze besetzt sein, warten Sie, bis einer frei wird.

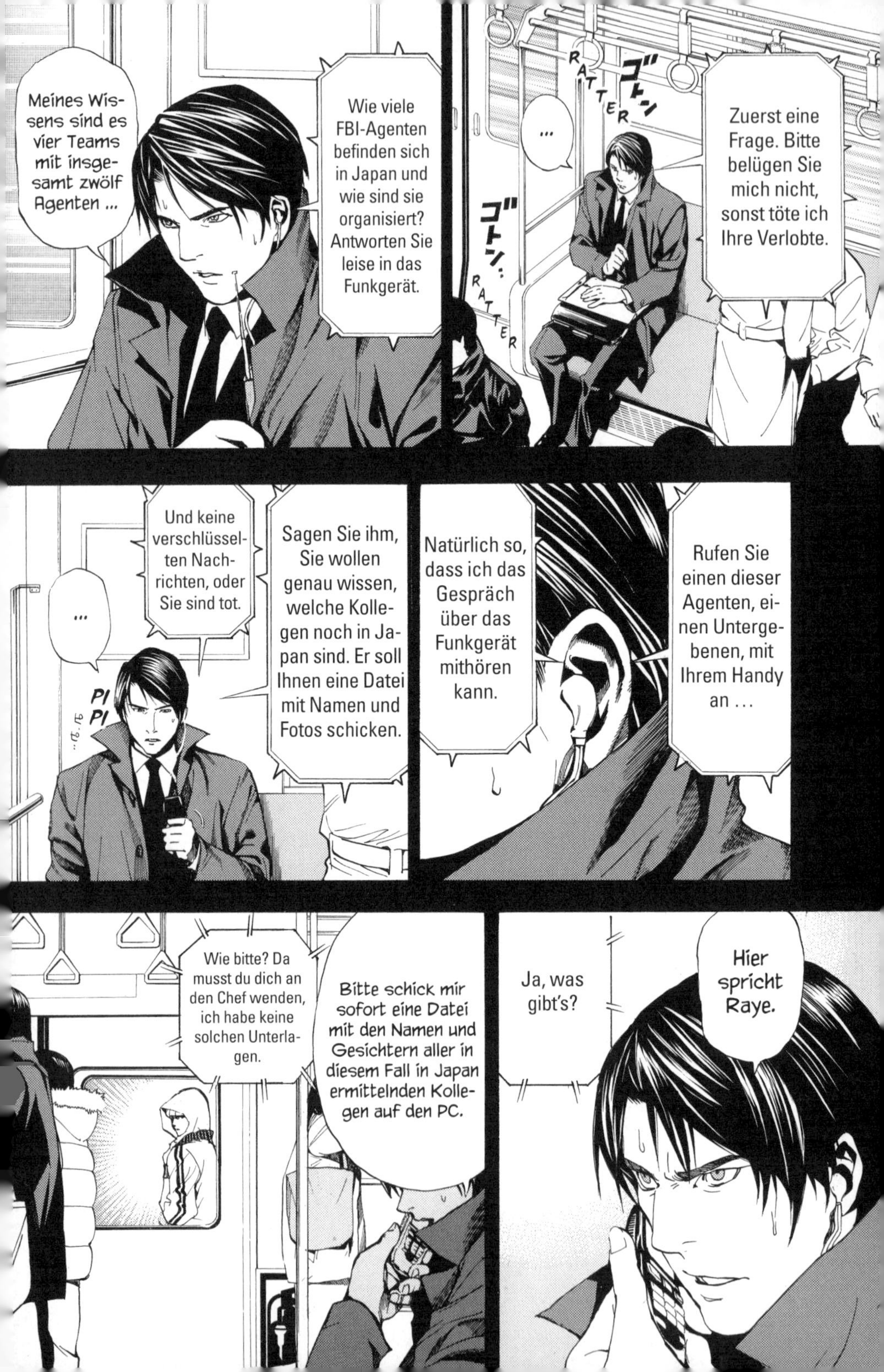

Zuerst eine Frage. Bitte belügen Sie mich nicht, sonst töte ich Ihre Verlobte.
...
RATTER
RATTER
Wie viele FBI-Agenten befinden sich in Japan und wie sind sie organisiert? Antworten Sie leise in das Funkgerät.
Meines Wissens sind es vier Teams mit insgesamt zwölf Agenten ...
Rufen Sie einen dieser Agenten, einen Untergebenen, mit Ihrem Handy an ...
Natürlich so, dass ich das Gespräch über das Funkgerät mithören kann.
Sagen Sie ihm, Sie wollen genau wissen, welche Kollegen noch in Japan sind. Er soll Ihnen eine Datei mit Namen und Fotos schicken.
Und keine verschlüsselten Nachrichten, oder Sie sind tot.
...
PI PI
Hier spricht Raye.
Ja, was gibt's?
Bitte schick mir sofort eine Datei mit den Namen und Gesichtern aller in diesem Fall in Japan ermittelnden Kollegen auf den PC.
Wie bitte? Da musst du dich an den Chef wenden, ich habe keine solchen Unterlagen.

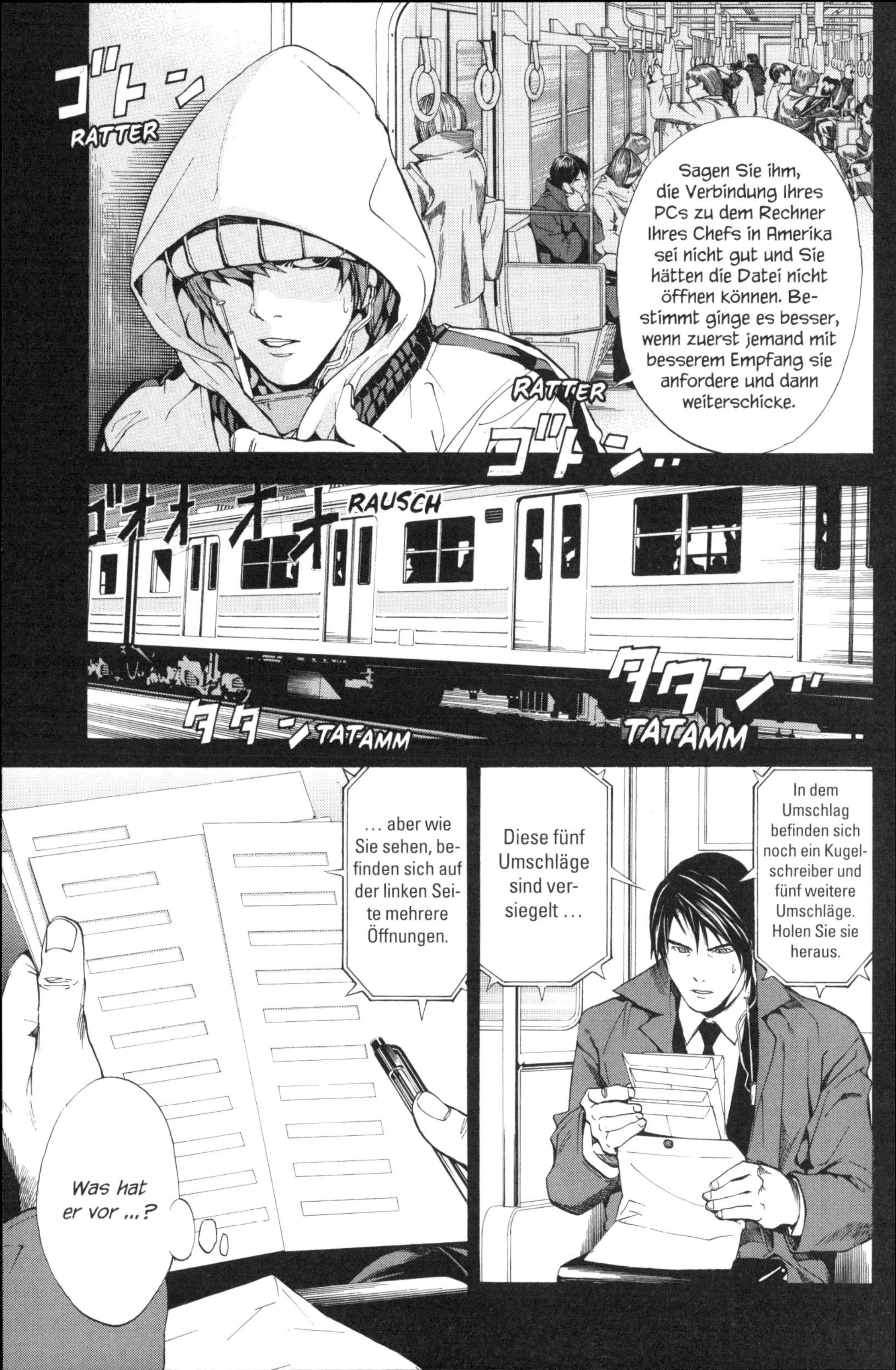
ゴトン
RATTER
Sagen Sie ihm, die Verbindung Ihres PCs zu dem Rechner Ihres Chefs in Amerika sei nicht gut und Sie hätten die Datei nicht öffnen können. Bestimmt ginge es besser, wenn zuerst jemand mit besserem Empfang sie anfordere und dann weiterschicke.
RATTER
ゴトン‥
ゴオオオ
RAUSCH
タタン‥
TATAMM
タタン
TATAMM
In dem Umschlag befinden sich noch ein Kugelschreiber und fünf weitere Umschläge. Holen Sie sie heraus.
Diese fünf Umschläge sind versiegelt …
… aber wie Sie sehen, befinden sich auf der linken Seite mehrere Öffnungen.
Was hat er vor …?

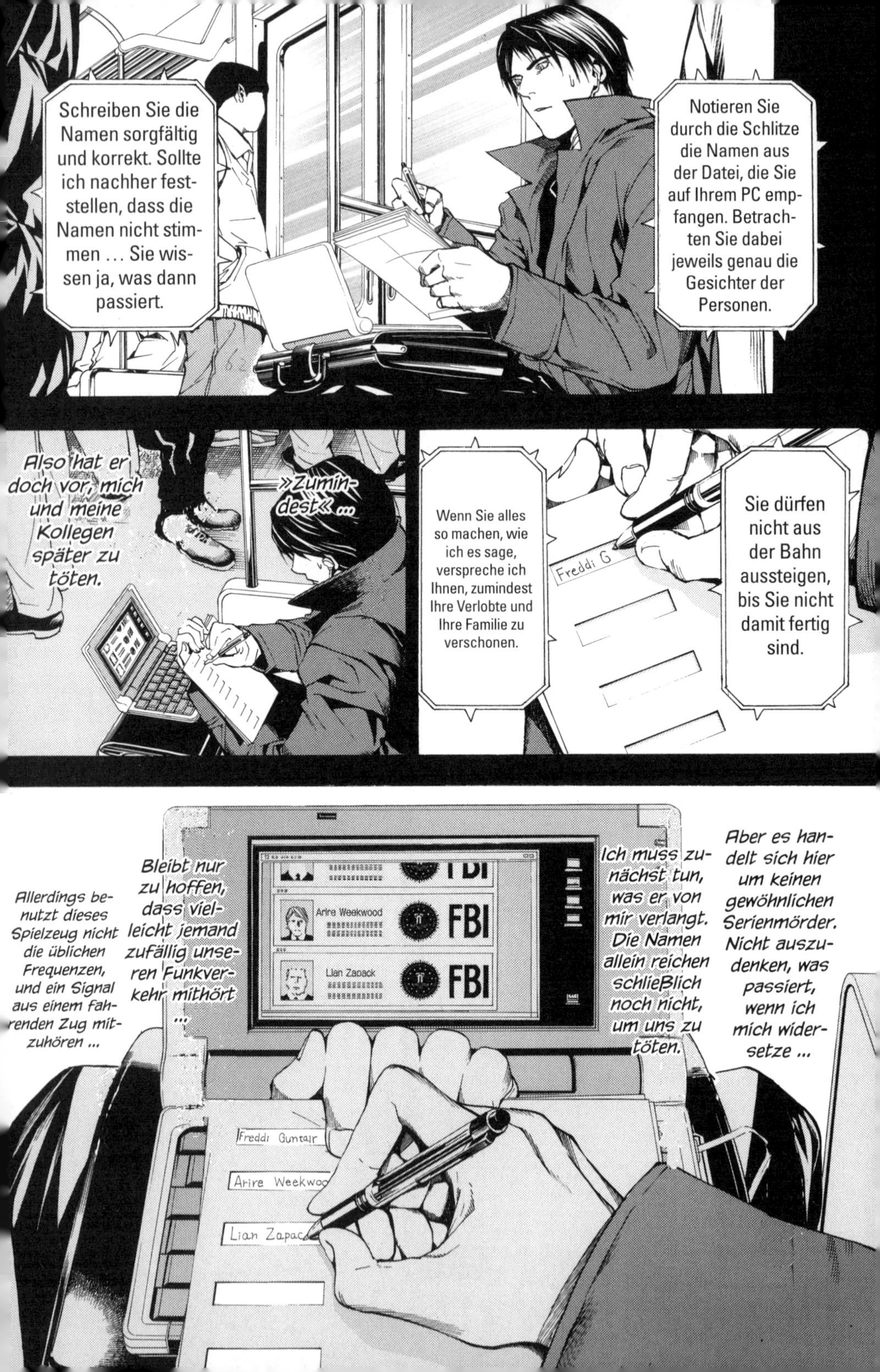

Notieren Sie durch die Schlitze die Namen aus der Datei, die Sie auf Ihrem PC empfangen. Betrachten Sie dabei jeweils genau die Gesichter der Personen.
Schreiben Sie die Namen sorgfältig und korrekt. Sollte ich nachher feststellen, dass die Namen nicht stimmen … Sie wissen ja, was dann passiert.
Sie dürfen nicht aus der Bahn aussteigen, bis Sie nicht damit fertig sind.
Wenn Sie alles so machen, wie ich es sage, verspreche ich Ihnen, zumindest Ihre Verlobte und Ihre Familie zu verschonen.
Freddi G
»Zumindest« …
Also hat er doch vor, mich und meine Kollegen später zu töten.
Aber es handelt sich hier um keinen gewöhnlichen Serienmörder. Nicht auszudenken, was passiert, wenn ich mich widersetze …
Ich muss zunächst tun, was er von mir verlangt. Die Namen allein reichen schließlich noch nicht, um uns zu töten.
Arire Weekwood
FBI
Lian Zapack
FBI
Bleibt nur zu hoffen, dass vielleicht jemand zufällig unseren Funkverkehr mithört …
Allerdings benutzt dieses Spielzeug nicht die üblichen Frequenzen, und ein Signal aus einem fahrenden Zug mitzuhören …
Freddi Guntair
Arire Weekwoo
Lian Zapac

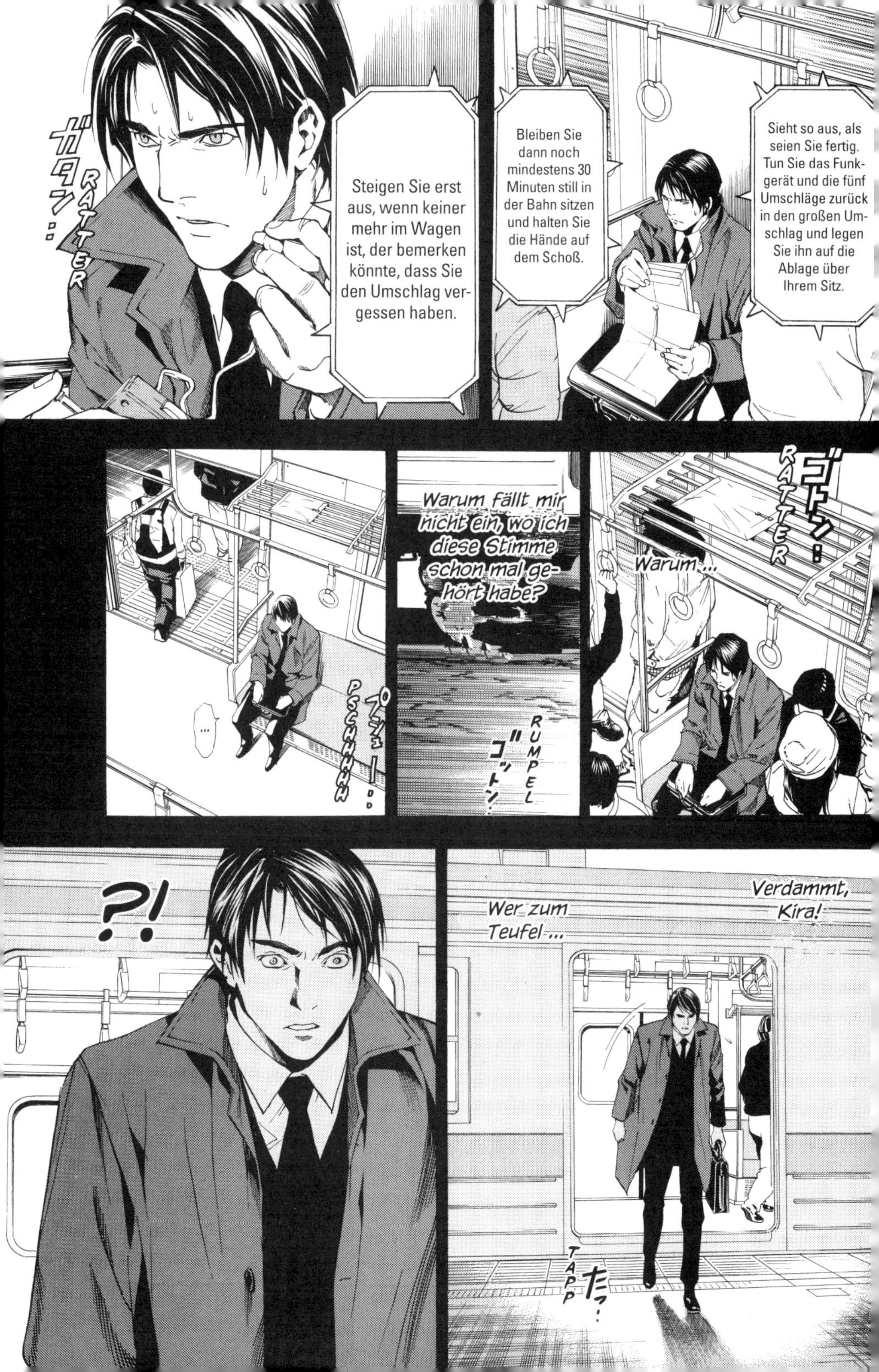

Sieht so aus, als seien Sie fertig. Tun Sie das Funkgerät und die fünf Umschläge zurück in den großen Umschlag und legen Sie ihn auf die Ablage über Ihrem Sitz.
Bleiben Sie dann noch mindestens 30 Minuten still in der Bahn sitzen und halten Sie die Hände auf dem Schoß.
Steigen Sie erst aus, wenn keiner mehr im Wagen ist, der bemerken könnte, dass Sie den Umschlag vergessen haben.
RATTER
RATTER
Warum ...
Warum fällt mir nicht ein, wo ich diese Stimme schon mal gehört habe?
RUMPEL
PSCHHHHH
...
Verdammt, Kira!
Wer zum Teufel ...
TAPP
?!

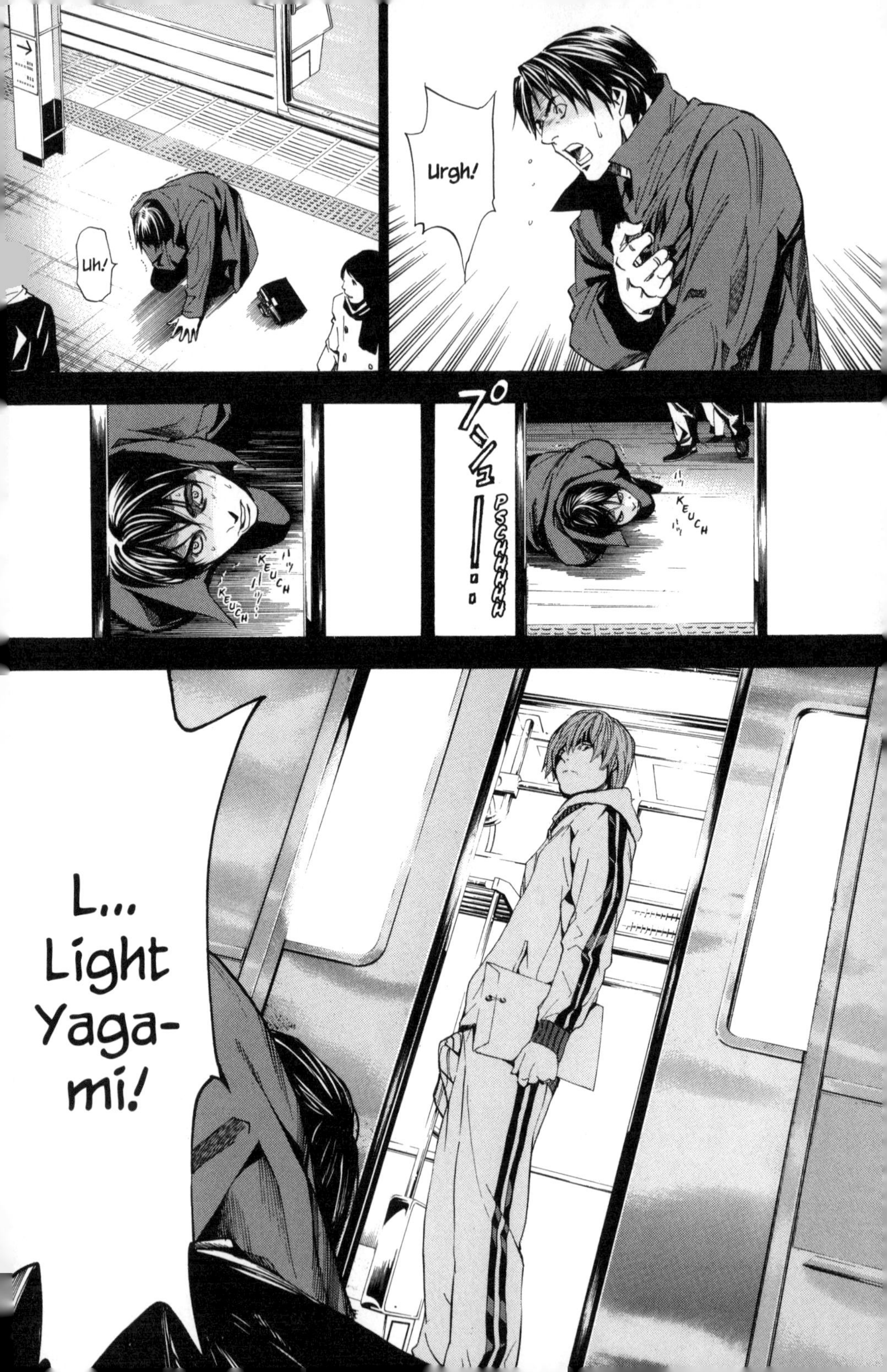

Urgh!
Uh!
KEUCH
KEUCH
PSCHHHHH
KEUCH
KEUCH
L... Light Yaga-mi!

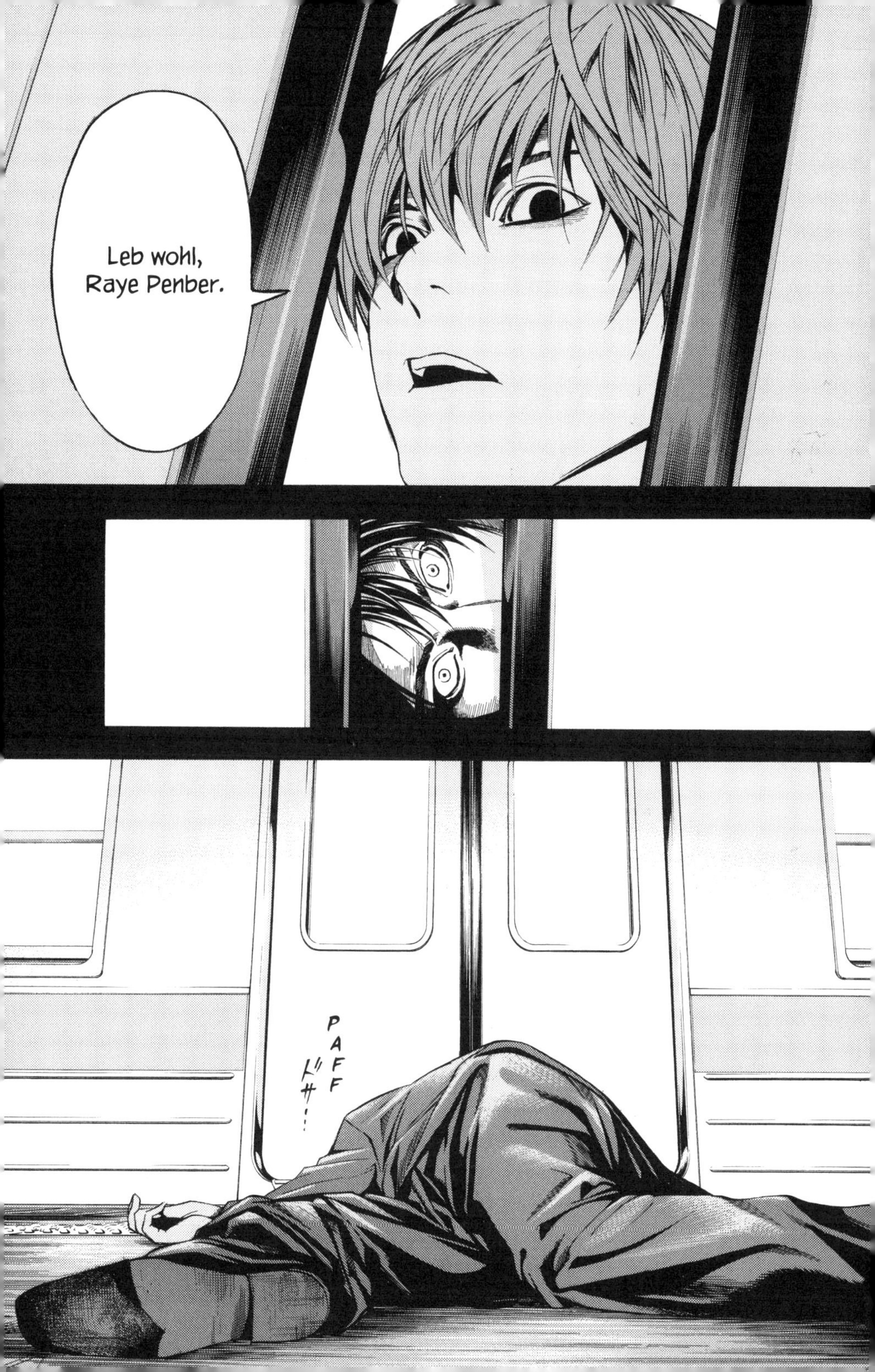
Leb wohl,
Raye Penber.
PAFF
ドサ!!

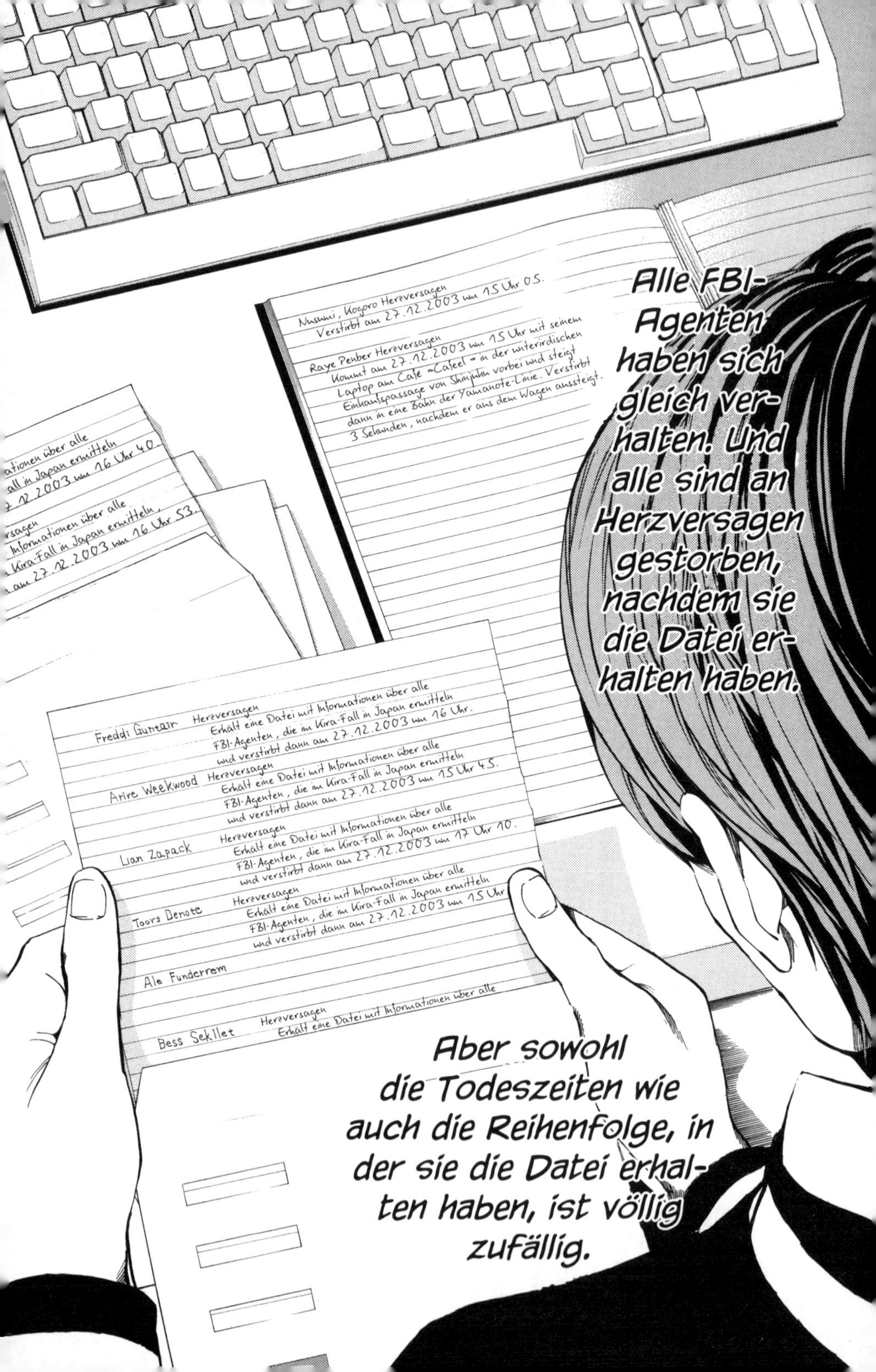
Alle FBI-Agenten haben sich gleich verhalten. Und alle sind an Herzversagen gestorben, nachdem sie die Datei erhalten haben.
Aber sowohl die Todeszeiten wie auch die Reihenfolge, in der sie die Datei erhalten haben, ist völlig zufällig.
Nusumi, Kogoro Herzversagen
Verstirbt am 27.12.2003 um 15 Uhr 05.
Raye Penber Herzversagen
Kommt am 27.12.2003 um 15 Uhr mit seinem Laptop am Café »Cafeel« in der unterirdischen Einkaufspassage von Shinjuku vorbei und steigt dann in eine Bahn der Yamanote-Linie. Verstirbt 3 Sekunden, nachdem er aus dem Wagen aussteigt.
Freddi Guntair Herzversagen
Erhält eine Datei mit Informationen über alle FBI-Agenten, die im Kira-Fall in Japan ermitteln und verstirbt dann am 27.12.2003 um 16 Uhr.
Arire Weekwood Herzversagen
Erhält eine Datei mit Informationen über alle FBI-Agenten, die im Kira-Fall in Japan ermitteln und verstirbt dann am 27.12.2003 um 15 Uhr 45.
Lian Zapack Herzversagen
Erhält eine Datei mit Informationen über alle FBI-Agenten, die im Kira-Fall in Japan ermitteln und verstirbt dann am 27.12.2003 um 17 Uhr 10.
Toors Denote Herzversagen
Erhält eine Datei mit Informationen über alle FBI-Agenten, die im Kira-Fall in Japan ermitteln und verstirbt dann am 27.12.2003 um 15 Uhr
Ale Funderrem
Bess Sekllet Herzversagen
Erhält eine Datei mit Informationen über alle

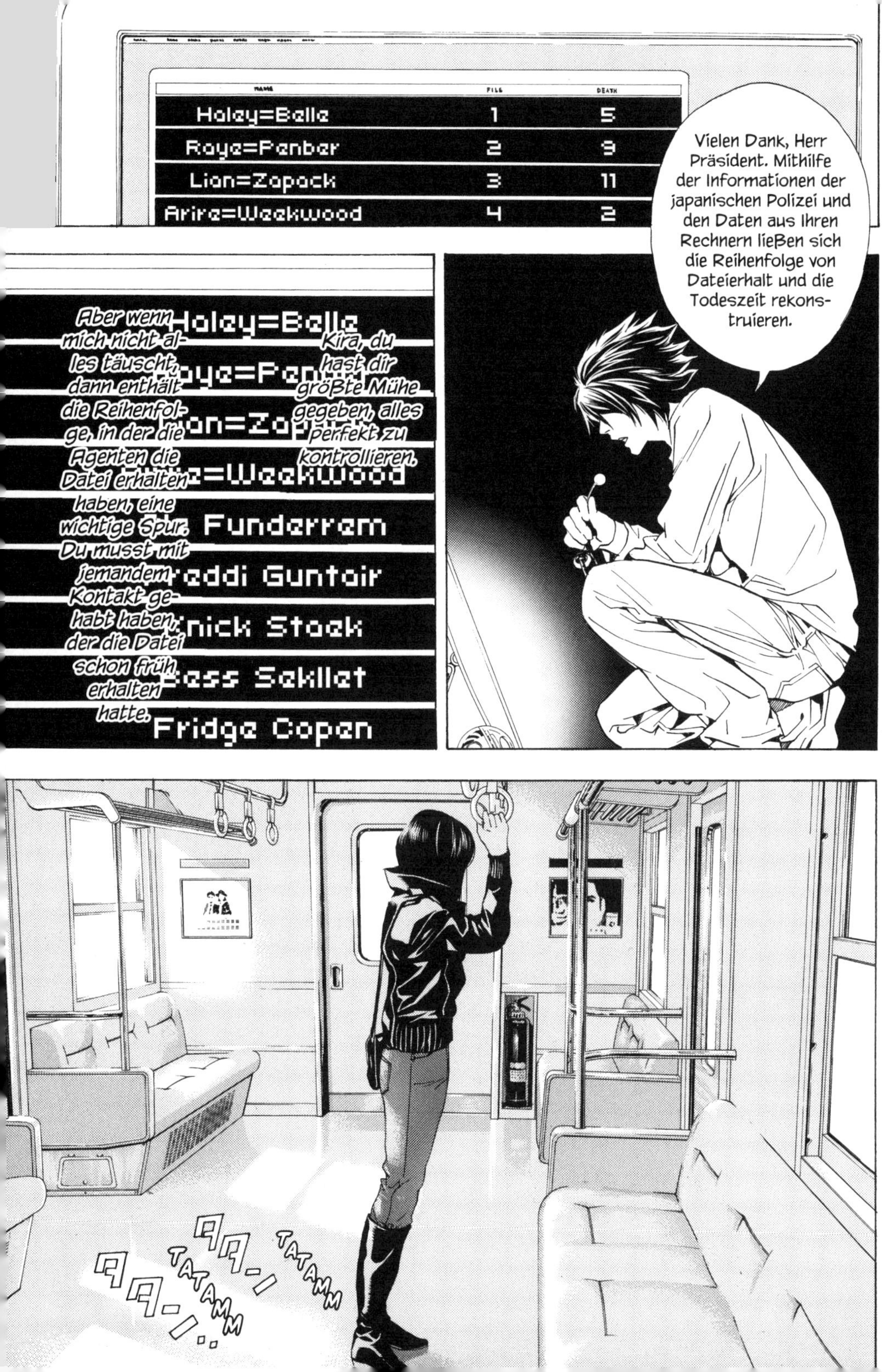
NAME FILE DEATH
Holey=Belle 1 5
Raye=Penber 2 9
Lion=Zapack 3 11
Arire=Weekwood 4 2
Vielen Dank, Herr Präsident. Mithilfe der Informationen der japanischen Polizei und den Daten aus Ihren Rechnern ließen sich die Reihenfolge von Dateierhalt und die Todeszeit rekonstruieren.
Kira, du hast dir größte Mühe gegeben, alles perfekt zu kontrollieren.
Aber wenn mich nicht alles täuscht, dann enthält die Reihenfolge, in der die Agenten die Datei erhalten haben, eine wichtige Spur. Du musst mit jemandem Kontakt gehabt haben, der die Datei schon früh erhalten hatte.
Holey=Belle
Funderrem
Fridge Copen
TATAMM
TATAMM

DEATH NOTE

How to use it

VIII

- You may also write the cause and/or details of death prior to filling in the name of the individual. Be sure to insert the name in front of the written cause of death.
  You have about 19 days (according to the human calendar) in order to fill in a name.

  ES IST MÖGLICH, ZUERST DIE TODESURSACHE UND DIE GENAUEN UMSTÄNDE ZU NOTIEREN UND DEN NAMEN NACHTRÄGLICH VOR DIESEN EINTRAG ZU SCHREIBEN. NACH DEM IRDISCHEN KALENDER BLEIBEN DAFÜR 19 TAGE ZEIT.

- Even if you do not actually possess the DEATH NOTE, the effect will be the same if you can recognize the person and his/her name to place in the blank.

  DAS DEATH NOTE ENTFALTET SEINE WIRKUNG, SELBST WENN MAN NICHT DER EIGENTLICHE BESITZER IST, SOLANGE MAN NUR GESICHT UND NAMEN DER PERSON KENNT, DEREN NAMEN MAN AUFSCHREIBT.

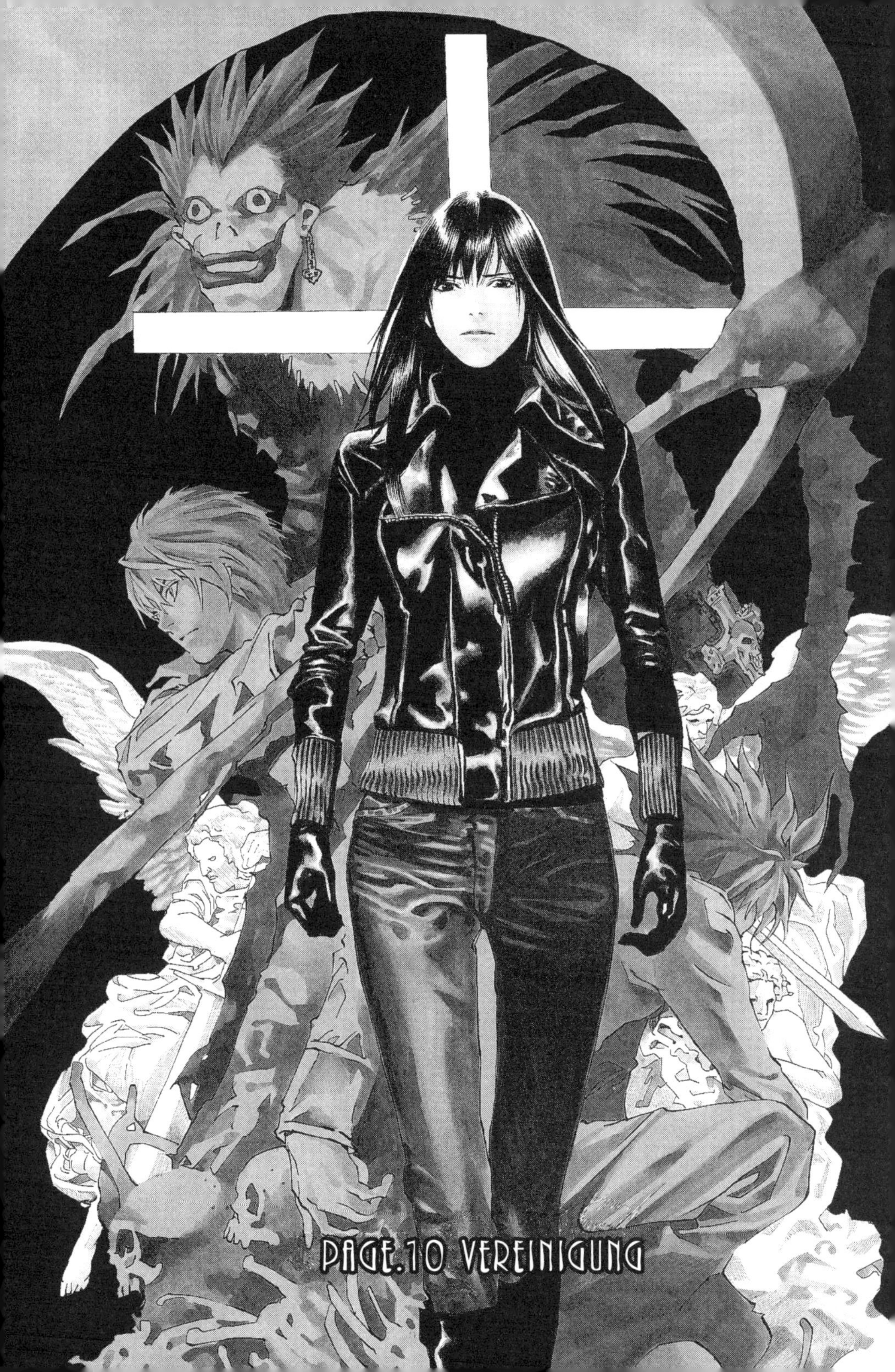
PAGE.10 VEREINIGUNG

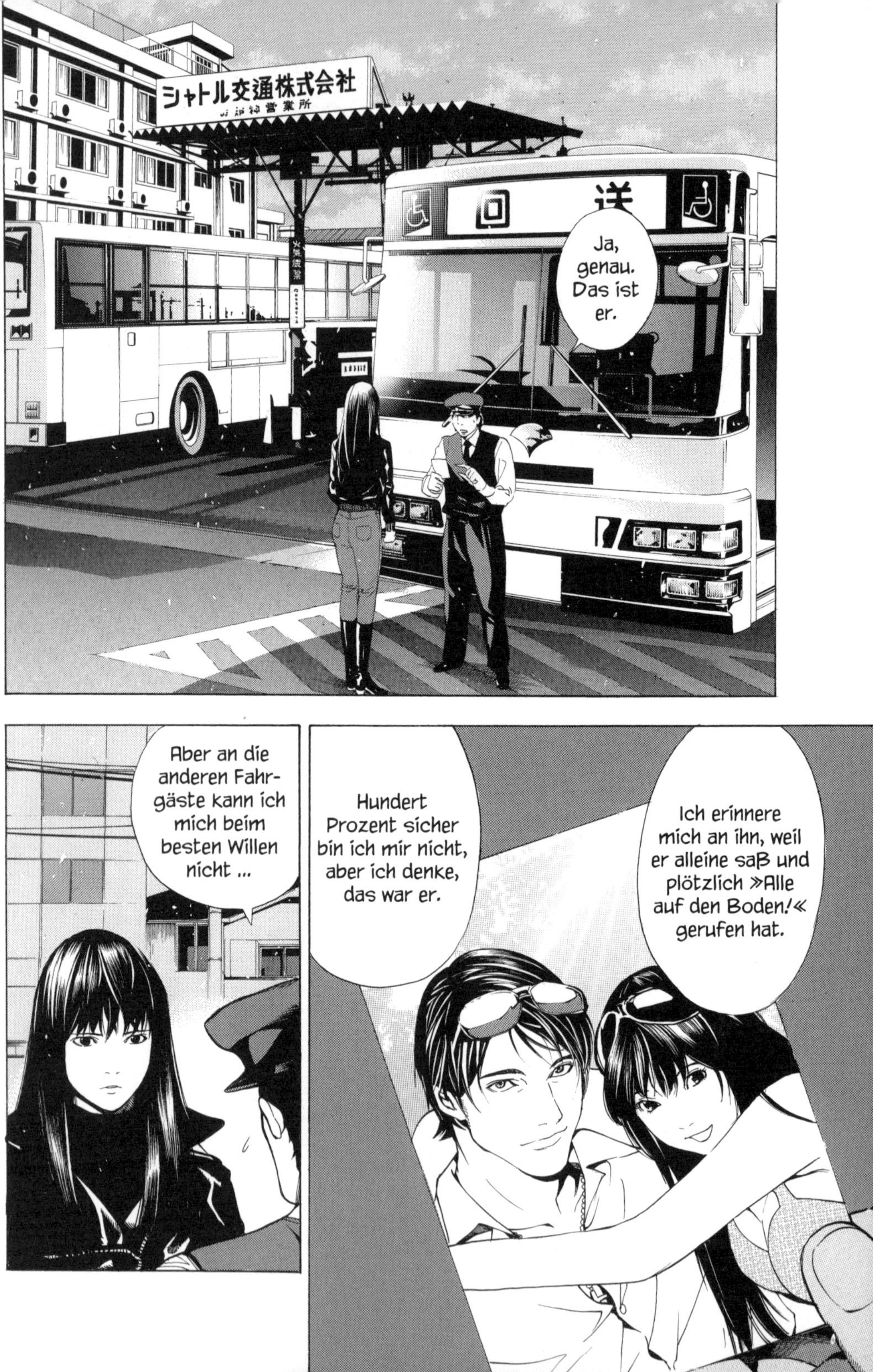
シャトル交通株式会社
回送
Ja, genau. Das ist er.
Ich erinnere mich an ihn, weil er alleine saß und plötzlich »Alle auf den Boden!« gerufen hat.
Hundert Prozent sicher bin ich mir nicht, aber ich denke, das war er.
Aber an die anderen Fahrgäste kann ich mich beim besten Willen nicht ...

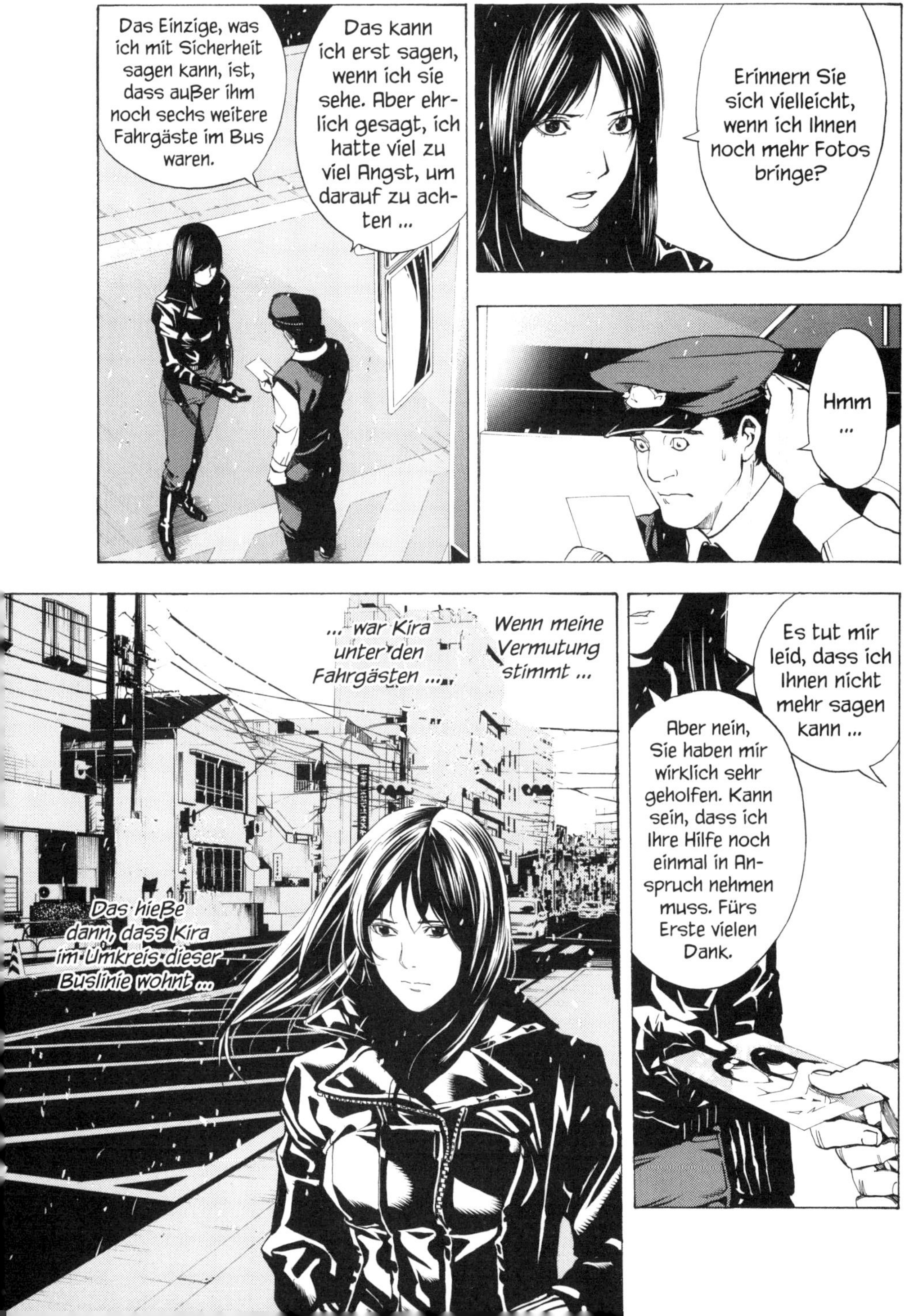
Erinnern Sie sich vielleicht, wenn ich Ihnen noch mehr Fotos bringe?
Hmm …
Das kann ich erst sagen, wenn ich sie sehe. Aber ehrlich gesagt, ich hatte viel zu viel Angst, um darauf zu achten …
Das Einzige, was ich mit Sicherheit sagen kann, ist, dass außer ihm noch sechs weitere Fahrgäste im Bus waren.
Es tut mir leid, dass ich Ihnen nicht mehr sagen kann …
Aber nein, Sie haben mir wirklich sehr geholfen. Kann sein, dass ich Ihre Hilfe noch einmal in Anspruch nehmen muss. Fürs Erste vielen Dank.
Wenn meine Vermutung stimmt …
… war Kira unter den Fahrgästen …
Das hieße dann, dass Kira im Umkreis dieser Buslinie wohnt …

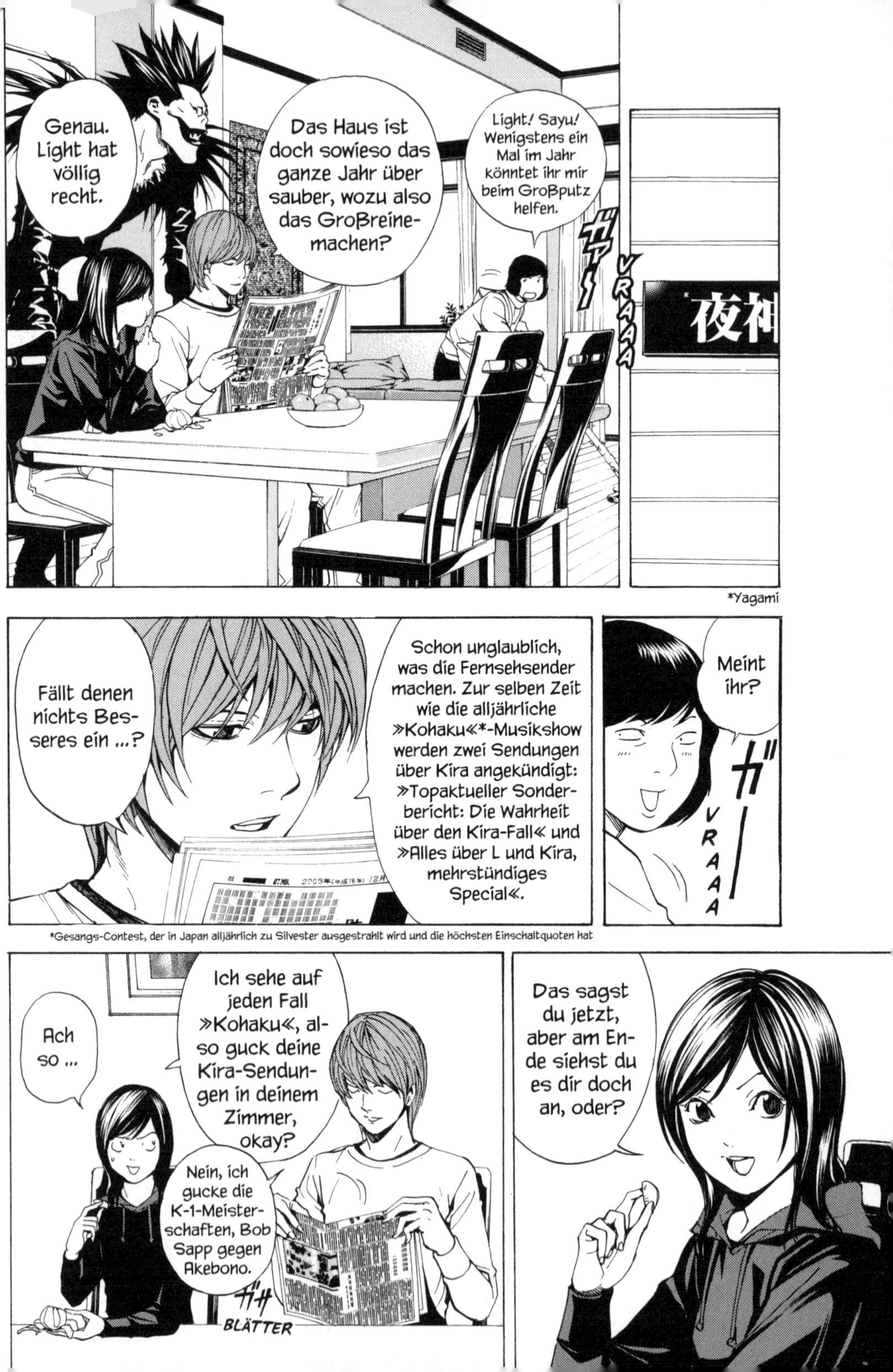

*Yagami

*Gesangs-Contest, der in Japan alljährlich zu Silvester ausgestrahlt wird und die höchsten Einschaltquoten hat

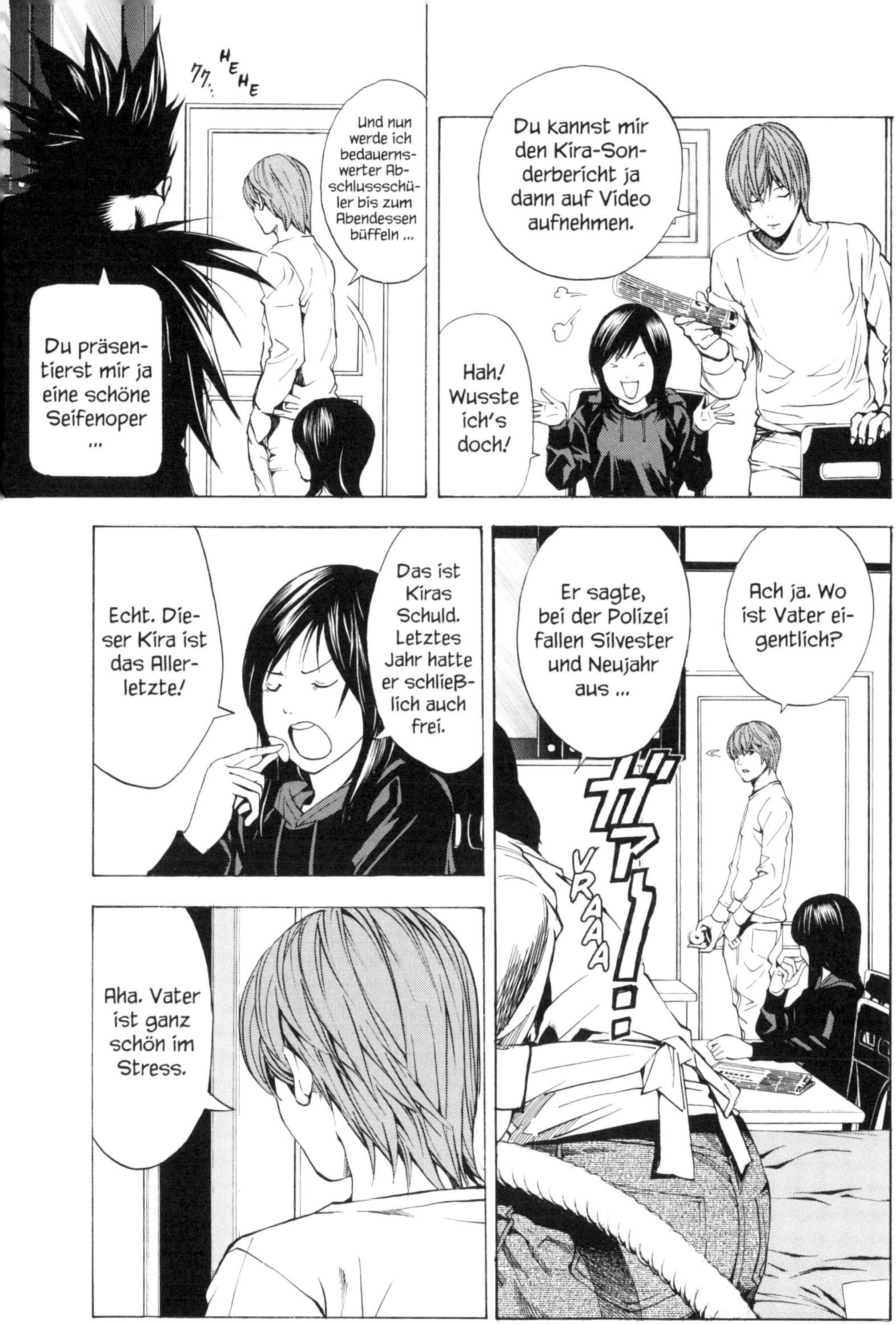
Du kannst mir den Kira-Sonderbericht ja dann auf Video aufnehmen.
Hah! Wusste ich's doch!
HEHE
Und nun werde ich bedauernswerter Abschlussschüler bis zum Abendessen büffeln ...
Du präsentierst mir ja eine schöne Seifenoper ...
Ach ja. Wo ist Vater eigentlich?
Er sagte, bei der Polizei fallen Silvester und Neujahr aus ...
VRAAA
Das ist Kiras Schuld. Letztes Jahr hatte er schließlich auch frei.
Echt. Dieser Kira ist das Allerletzte!
Aha. Vater ist ganz schön im Stress.

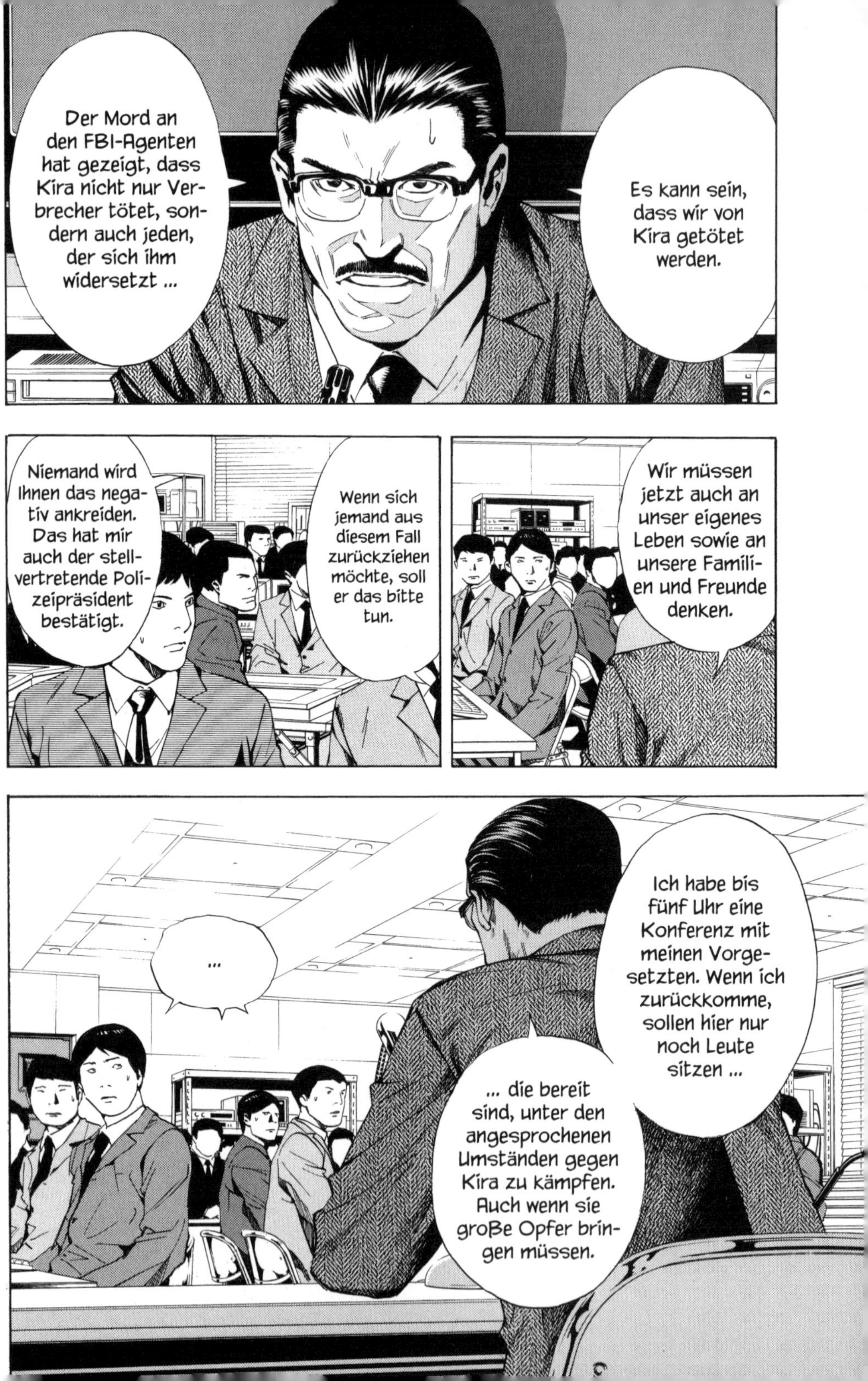

Der Mord an den FBI-Agenten hat gezeigt, dass Kira nicht nur Verbrecher tötet, sondern auch jeden, der sich ihm widersetzt ...
Es kann sein, dass wir von Kira getötet werden.
Wir müssen jetzt auch an unser eigenes Leben sowie an unsere Familien und Freunde denken.
Wenn sich jemand aus diesem Fall zurückziehen möchte, soll er das bitte tun.
Niemand wird Ihnen das negativ ankreiden. Das hat mir auch der stellvertretende Polizeipräsident bestätigt.
Ich habe bis fünf Uhr eine Konferenz mit meinen Vorgesetzten. Wenn ich zurückkomme, sollen hier nur noch Leute sitzen ...
... die bereit sind, unter den angesprochenen Umständen gegen Kira zu kämpfen. Auch wenn sie große Opfer bringen müssen.
...

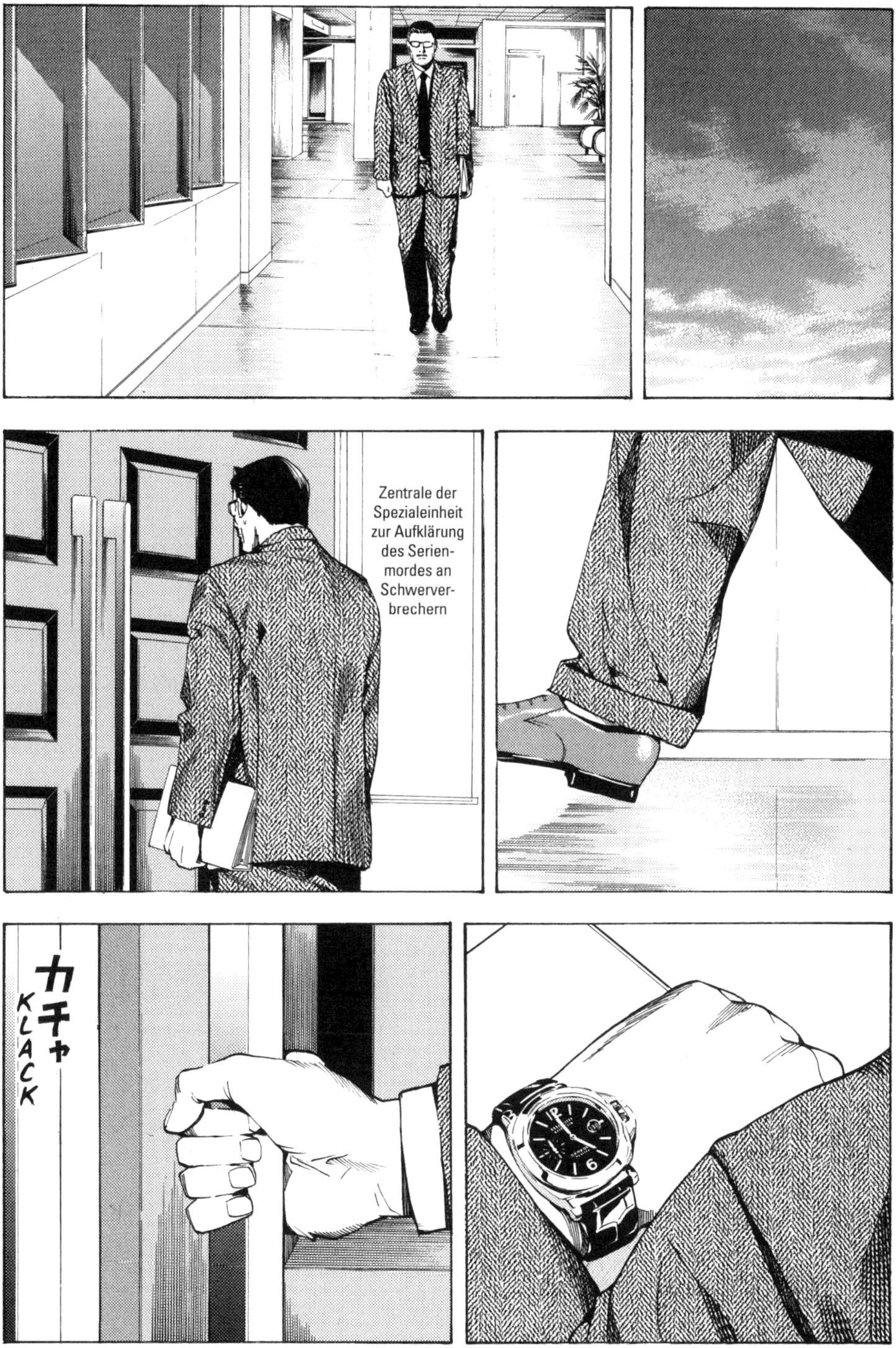
Zentrale der Spezialeinheit zur Aufklärung des Serienmordes an Schwerverbrechern
カチャ
KLACK

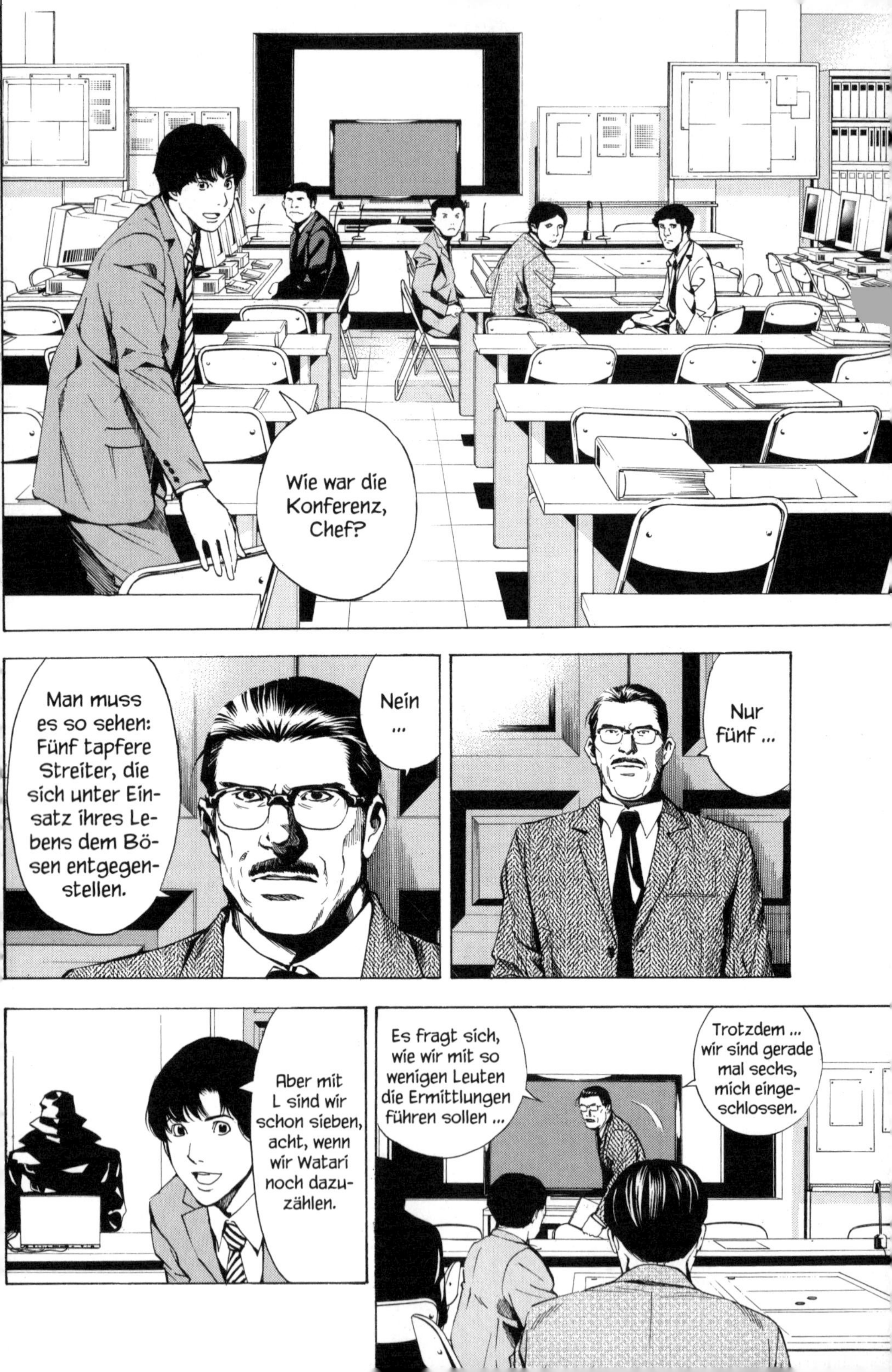
Wie war die Konferenz, Chef?
Nur fünf ...
Nein ...
Man muss es so sehen: Fünf tapfere Streiter, die sich unter Einsatz ihres Lebens dem Bösen entgegenstellen.
Trotzdem ... wir sind gerade mal sechs, mich eingeschlossen.
Es fragt sich, wie wir mit so wenigen Leuten die Ermittlungen führen sollen ...
Aber mit L sind wir schon sieben, acht, wenn wir Watari noch dazuzählen.

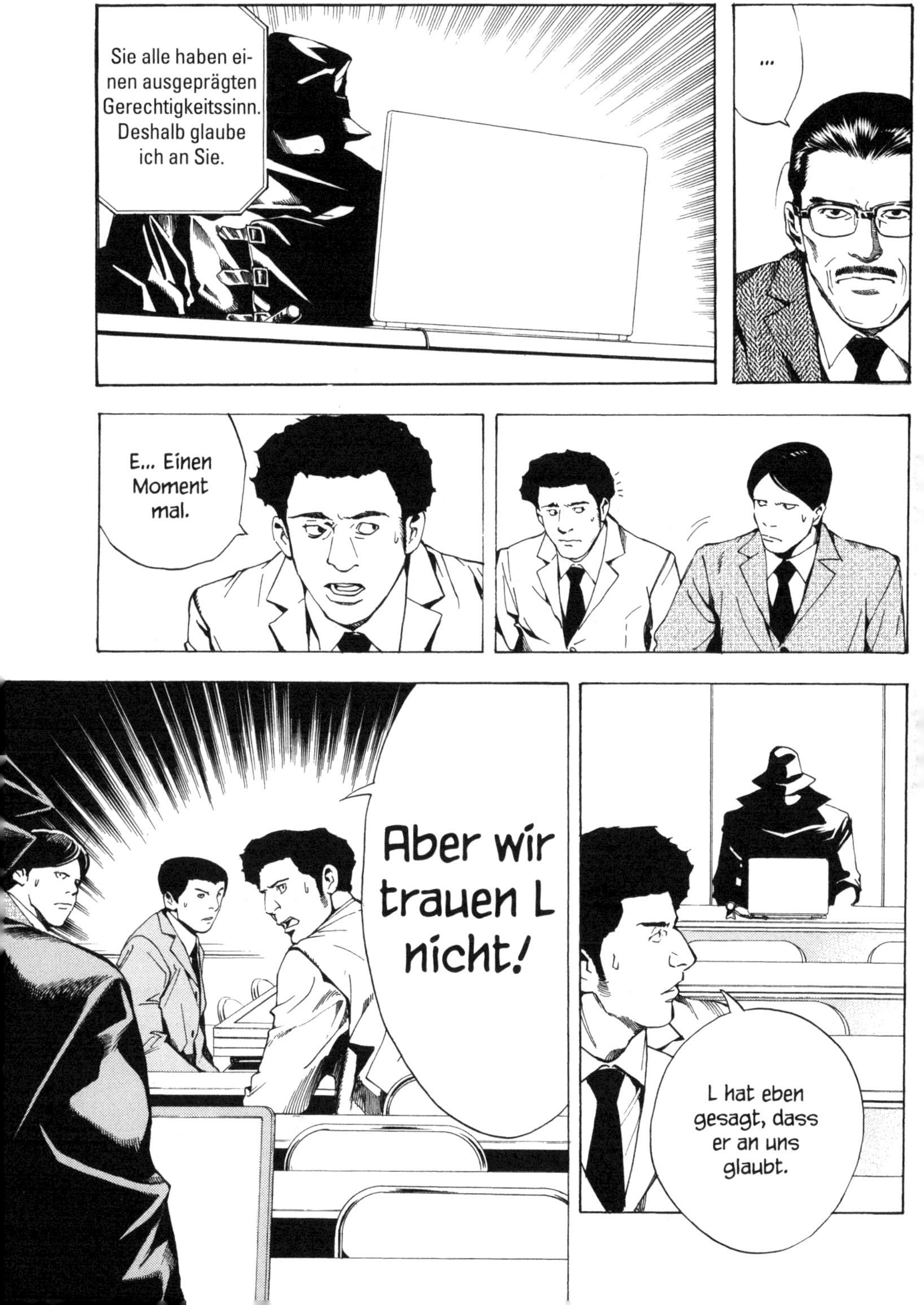
...
Sie alle haben einen ausgeprägten Gerechtigkeitssinn. Deshalb glaube ich an Sie.
E... Einen Moment mal.
L hat eben gesagt, dass er an uns glaubt.
Aber wir trauen L nicht!

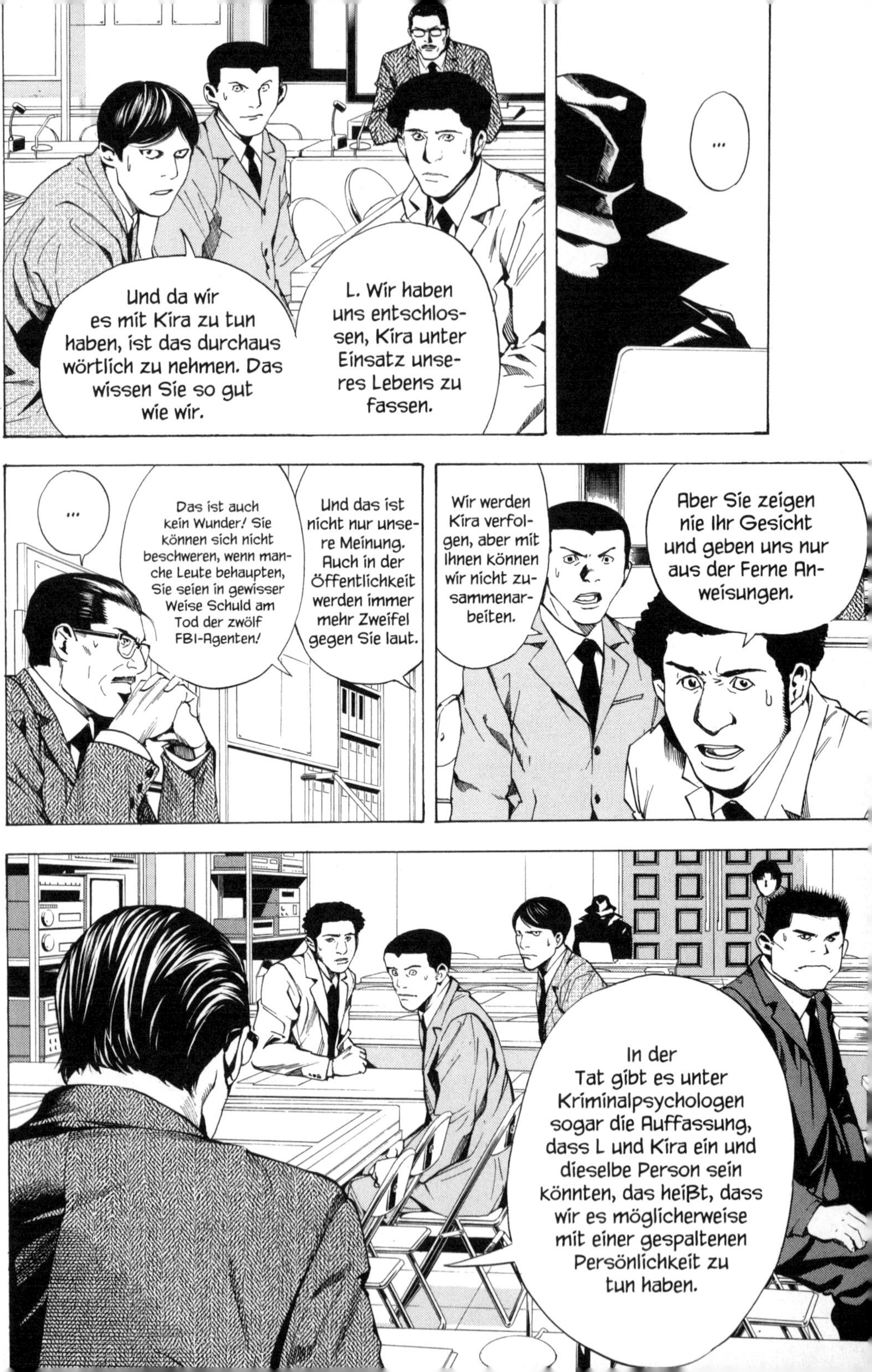
...
L. Wir haben uns entschlossen, Kira unter Einsatz unseres Lebens zu fassen.
Und da wir es mit Kira zu tun haben, ist das durchaus wörtlich zu nehmen. Das wissen Sie so gut wie wir.
Aber Sie zeigen nie Ihr Gesicht und geben uns nur aus der Ferne Anweisungen.
Wir werden Kira verfolgen, aber mit Ihnen können wir nicht zusammenarbeiten.
Und das ist nicht nur unsere Meinung. Auch in der Öffentlichkeit werden immer mehr Zweifel gegen Sie laut.
Das ist auch kein Wunder! Sie können sich nicht beschweren, wenn manche Leute behaupten, Sie seien in gewisser Weise Schuld am Tod der zwölf FBI-Agenten!
...
In der Tat gibt es unter Kriminalpsychologen sogar die Auffassung, dass L und Kira ein und dieselbe Person sein könnten, das heißt, dass wir es möglicherweise mit einer gespaltenen Persönlichkeit zu tun haben.

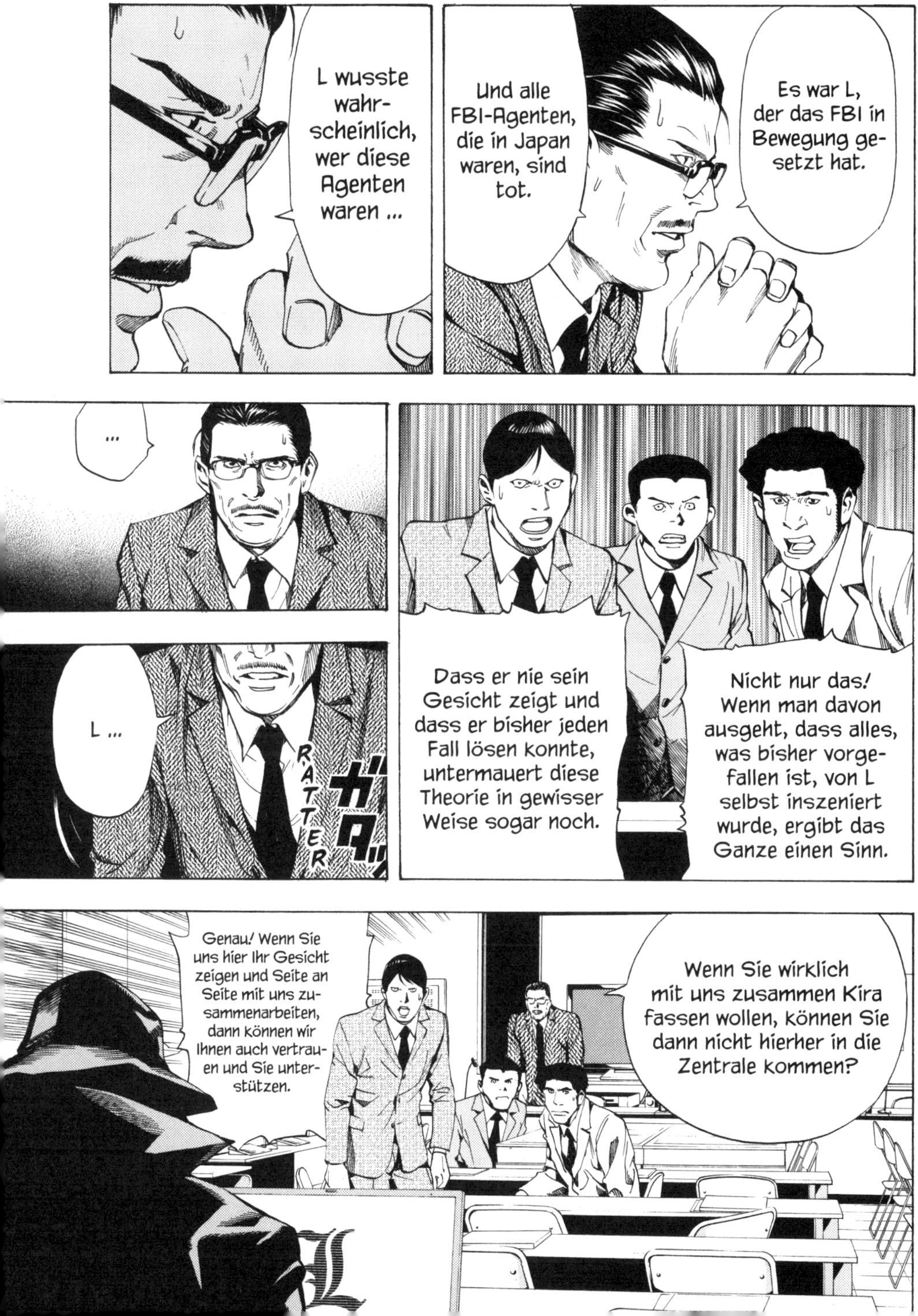
Es war L, der das FBI in Bewegung gesetzt hat.
Und alle FBI-Agenten, die in Japan waren, sind tot.
L wusste wahrscheinlich, wer diese Agenten waren ...
Nicht nur das! Wenn man davon ausgeht, dass alles, was bisher vorgefallen ist, von L selbst inszeniert wurde, ergibt das Ganze einen Sinn.
Dass er nie sein Gesicht zeigt und dass er bisher jeden Fall lösen konnte, untermauert diese Theorie in gewisser Weise sogar noch.
...
RATTER
L ...
Wenn Sie wirklich mit uns zusammen Kira fassen wollen, können Sie dann nicht hierher in die Zentrale kommen?
Genau! Wenn Sie uns hier Ihr Gesicht zeigen und Seite an Seite mit uns zusammenarbeiten, dann können wir Ihnen auch vertrauen und Sie unterstützen.
L

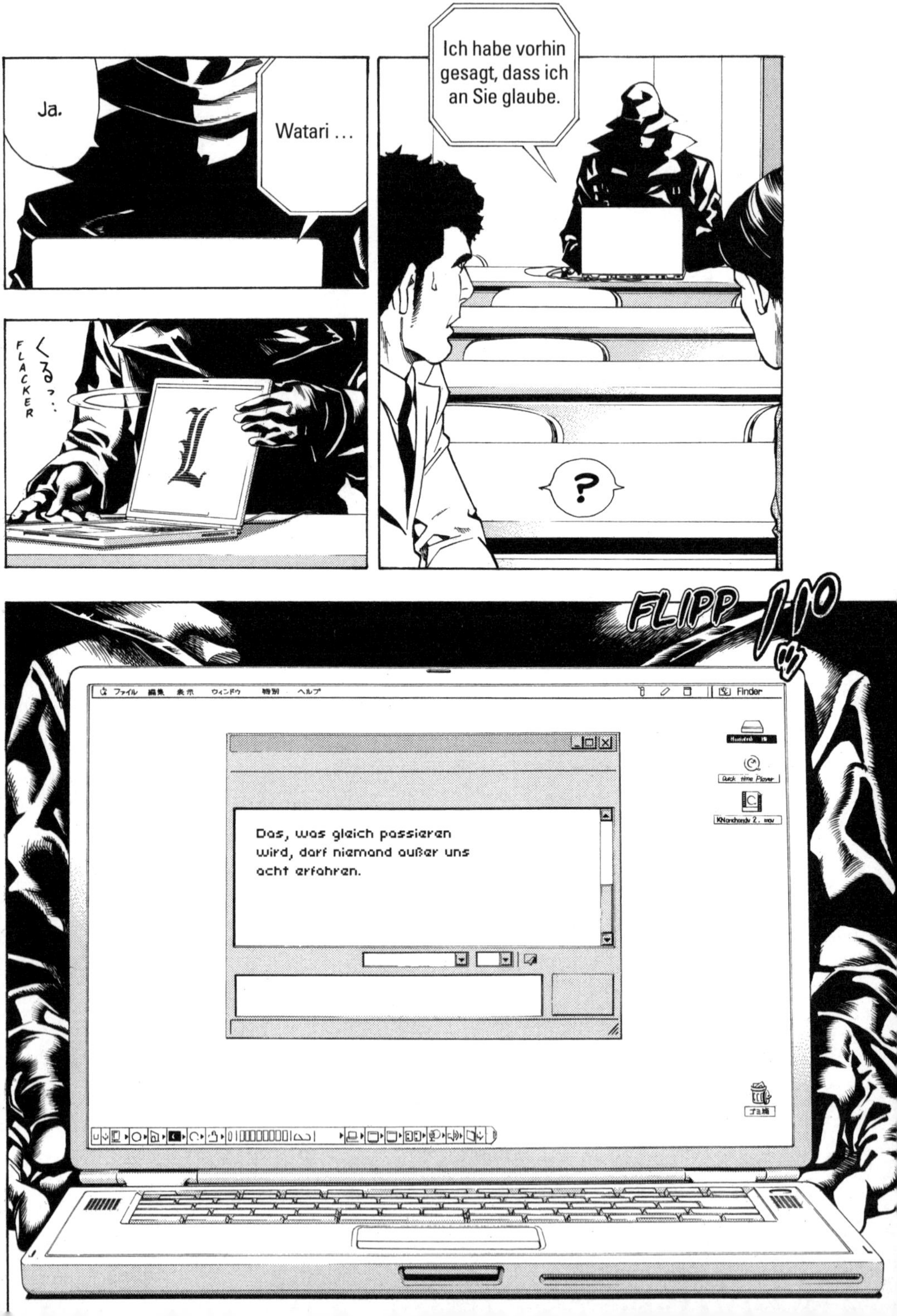
Ich habe vorhin gesagt, dass ich an Sie glaube.
?
Watari …
Ja.
くるっ
FLACKER
FLIPP
Finder
Quick time Player
Das, was gleich passieren wird, darf niemand außer uns acht erfahren.

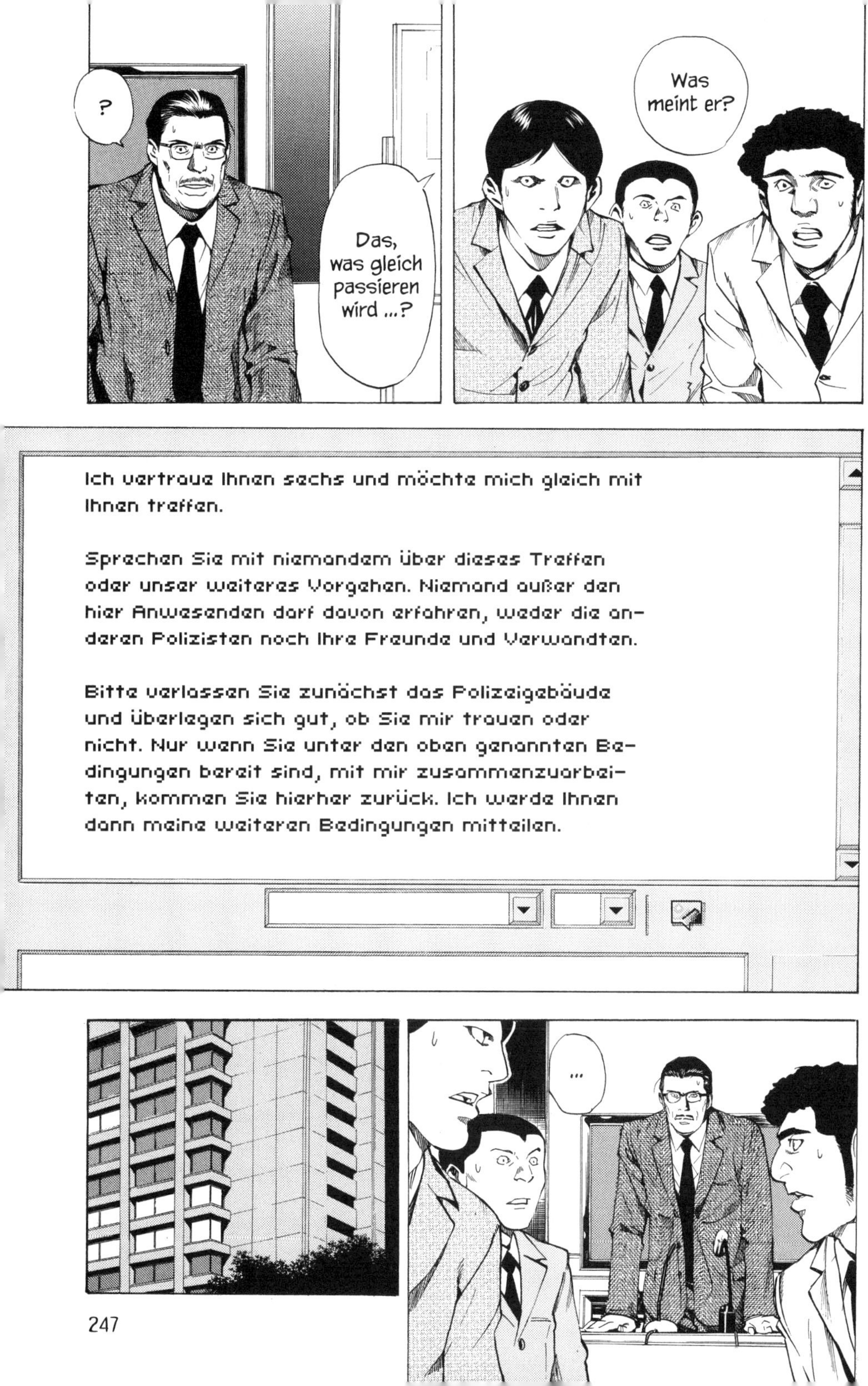
Was meint er?
Das, was gleich passieren wird ...?
?
Ich vertraue Ihnen sechs und möchte mich gleich mit Ihnen treffen.
Sprechen Sie mit niemandem über dieses Treffen oder unser weiteres Vorgehen. Niemand außer den hier Anwesenden darf davon erfahren, weder die anderen Polizisten noch Ihre Freunde und Verwandten.
Bitte verlassen Sie zunächst das Polizeigebäude und überlegen sich gut, ob Sie mir trauen oder nicht. Nur wenn Sie unter den oben genannten Bedingungen bereit sind, mit mir zusammenzuarbeiten, kommen Sie hierher zurück. Ich werde Ihnen dann meine weiteren Bedingungen mitteilen.
...

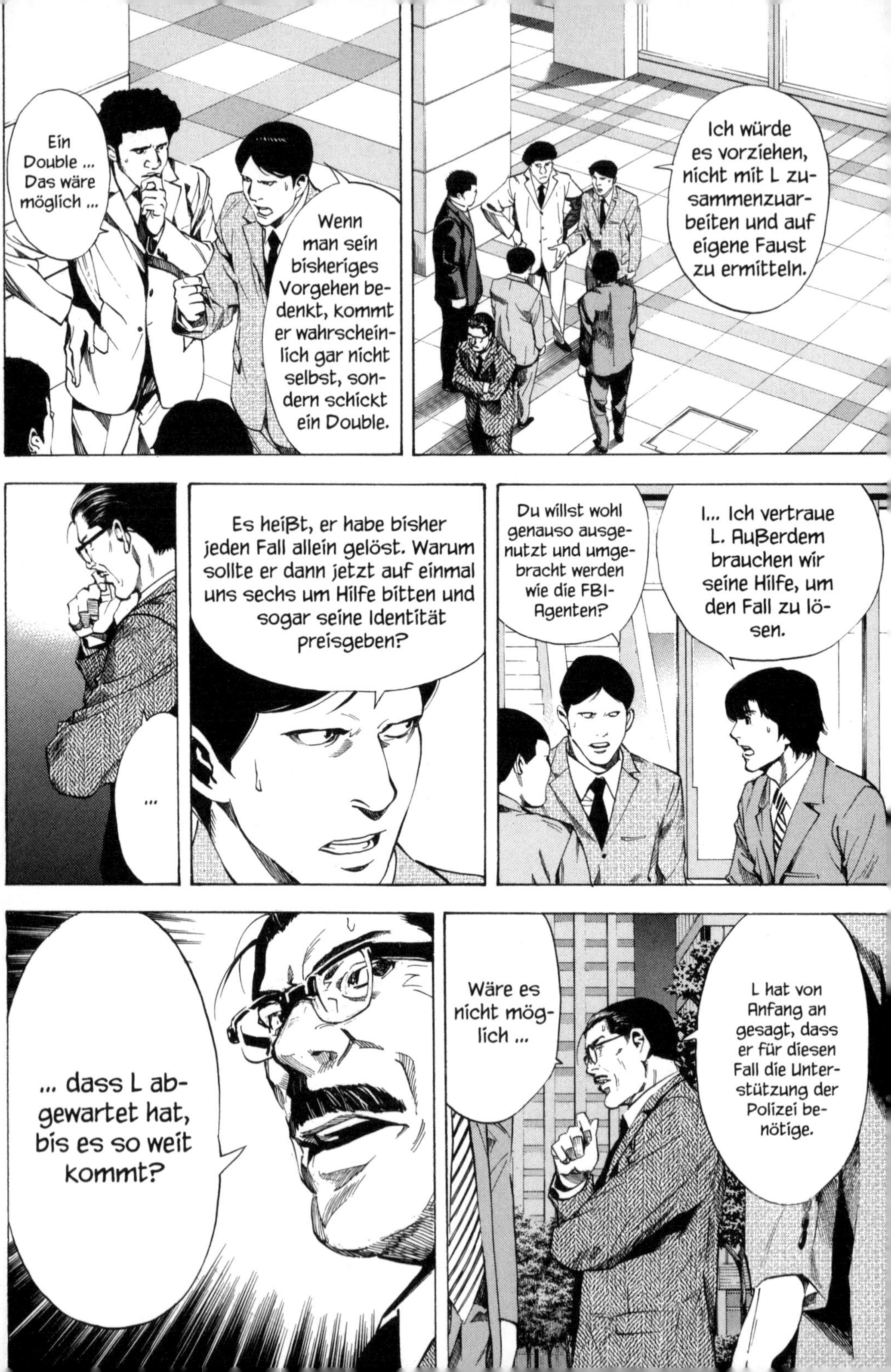

Ich würde es vorziehen, nicht mit L zusammenzuarbeiten und auf eigene Faust zu ermitteln.
Wenn man sein bisheriges Vorgehen bedenkt, kommt er wahrscheinlich gar nicht selbst, sondern schickt ein Double.
Ein Double ... Das wäre möglich ...
I... Ich vertraue L. Außerdem brauchen wir seine Hilfe, um den Fall zu lösen.
Du willst wohl genauso ausgenutzt und umgebracht werden wie die FBI-Agenten?
Es heißt, er habe bisher jeden Fall allein gelöst. Warum sollte er dann jetzt auf einmal uns sechs um Hilfe bitten und sogar seine Identität preisgeben?
...
L hat von Anfang an gesagt, dass er für diesen Fall die Unterstützung der Polizei benötige.
Wäre es nicht möglich ...
... dass L abgewartet hat, bis es so weit kommt?

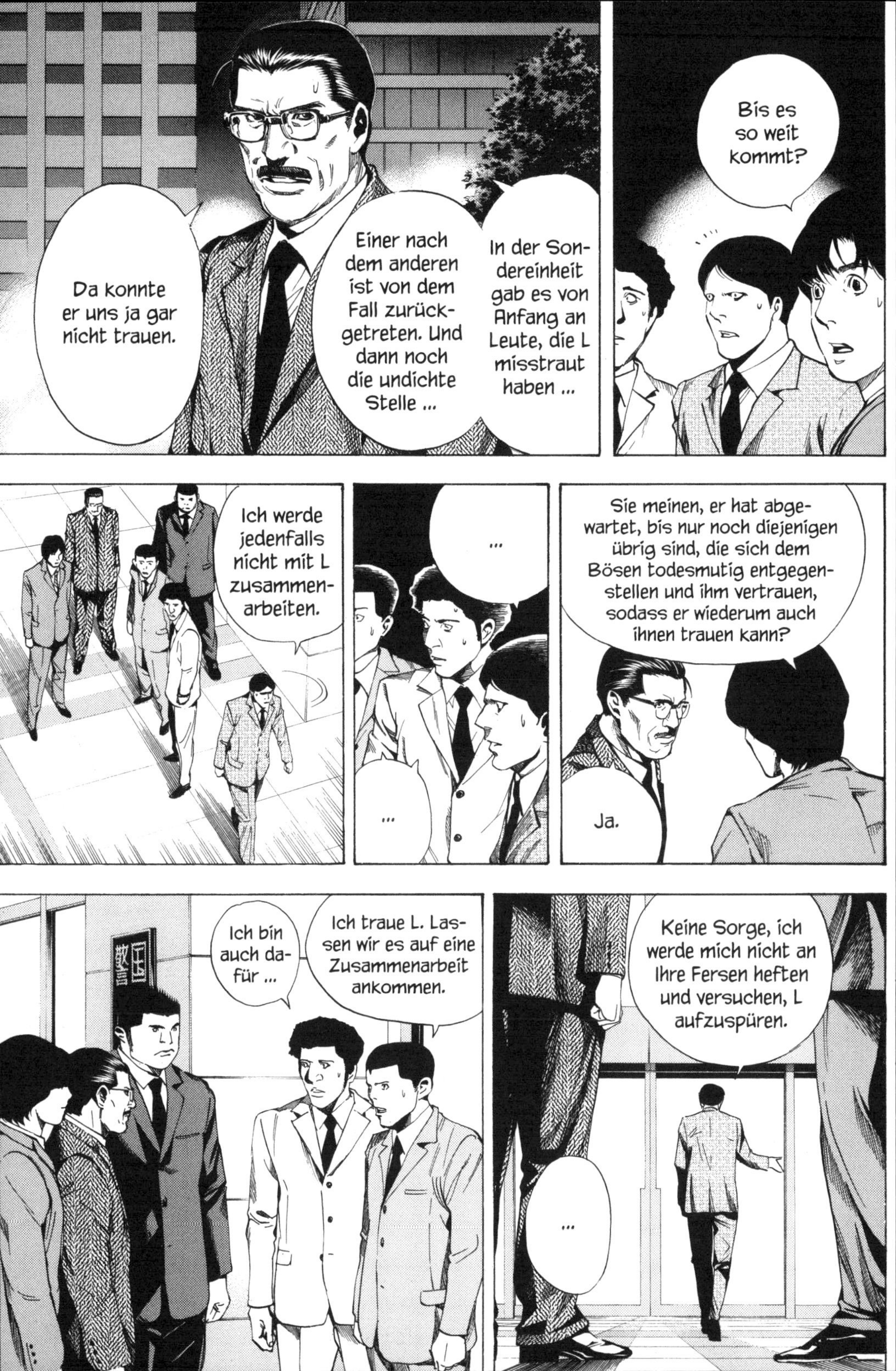

Bis es so weit kommt?
In der Sondereinheit gab es von Anfang an Leute, die L misstraut haben ...
Einer nach dem anderen ist von dem Fall zurückgetreten. Und dann noch die undichte Stelle ...
Da konnte er uns ja gar nicht trauen.
Sie meinen, er hat abgewartet, bis nur noch diejenigen übrig sind, die sich dem Bösen todesmutig entgegenstellen und ihm vertrauen, sodass er wiederum auch ihnen trauen kann?
Ja.
...
...
Ich werde jedenfalls nicht mit L zusammenarbeiten.
Keine Sorge, ich werde mich nicht an Ihre Fersen heften und versuchen, L aufzuspüren.
...
Ich traue L. Lassen wir es auf eine Zusammenarbeit ankommen.
Ich bin auch dafür ...

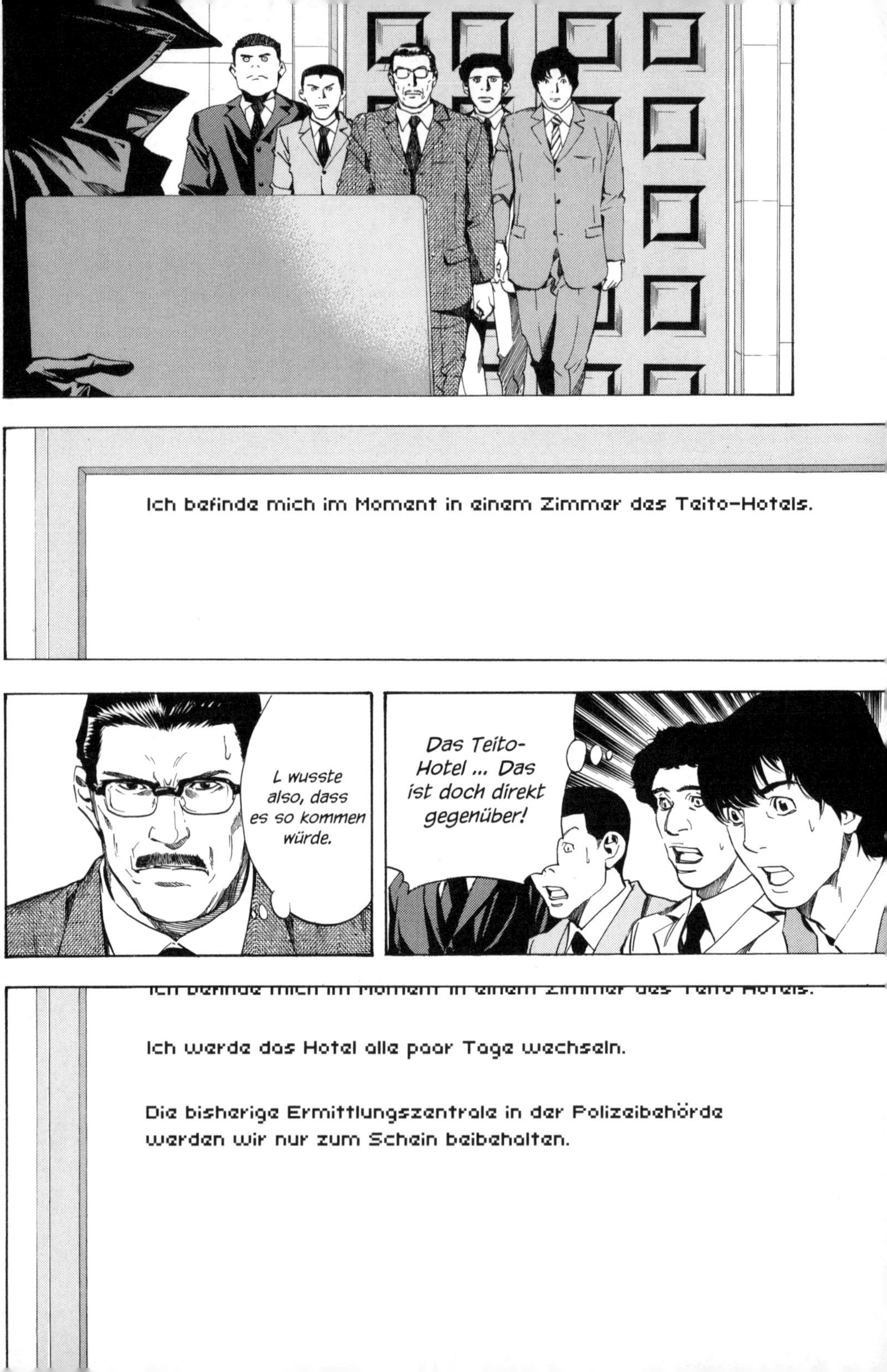
Ich befinde mich im Moment in einem Zimmer des Teito-Hotels.
Das Teito-Hotel ... Das ist doch direkt gegenüber!
L wusste also, dass es so kommen würde.
Ich werde das Hotel alle paar Tage wechseln.
Die bisherige Ermittlungszentrale in der Polizeibehörde werden wir nur zum Schein beibehalten.

Die tatsächliche Zentrale wird in meinem Hotelzimmer sein.

Das ist selbstverständlich eine Vorsichtsmaßnahme, um mein Gesicht vor Kira geheim zu halten. Somit trete ich immer noch nicht unter exakt denselben Voraussetzungen wie Sie in den Ring, aber es ist das Äußerste, was ich Ihnen anbieten kann, um Ihr Vertrauen zu gewinnen.

Wenn Sie unter diesen Bedingungen zur Zusammenarbeit bereit sind, dann teilen Sie sich bitte in zwei Gruppen auf und kommen Sie in mindestens 30-minütigem Abstand in das Zimmer mit der Nummer, die Ihnen Watari per Memo mitteilen wird. Sie sollten bis 0 Uhr, das heißt bis zum Anbruch des neuen Jahres 2004, in meinem Zimmer sein.

Also dann, bis gleich.

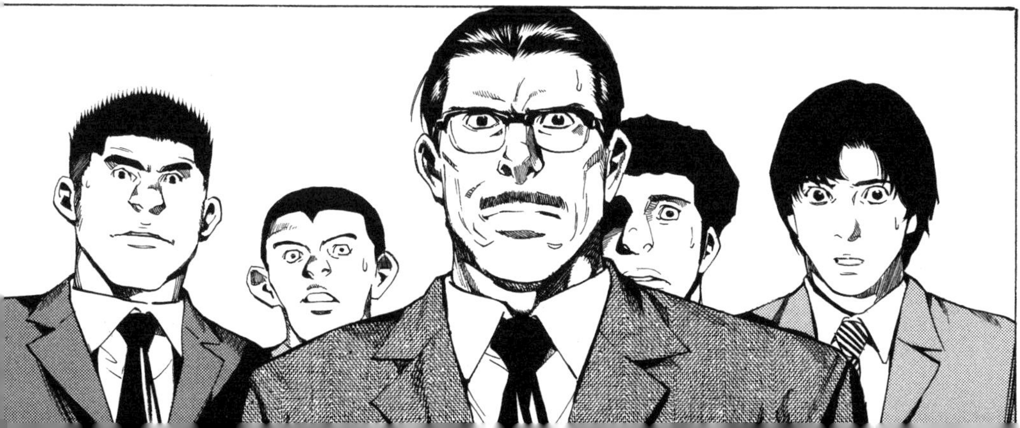

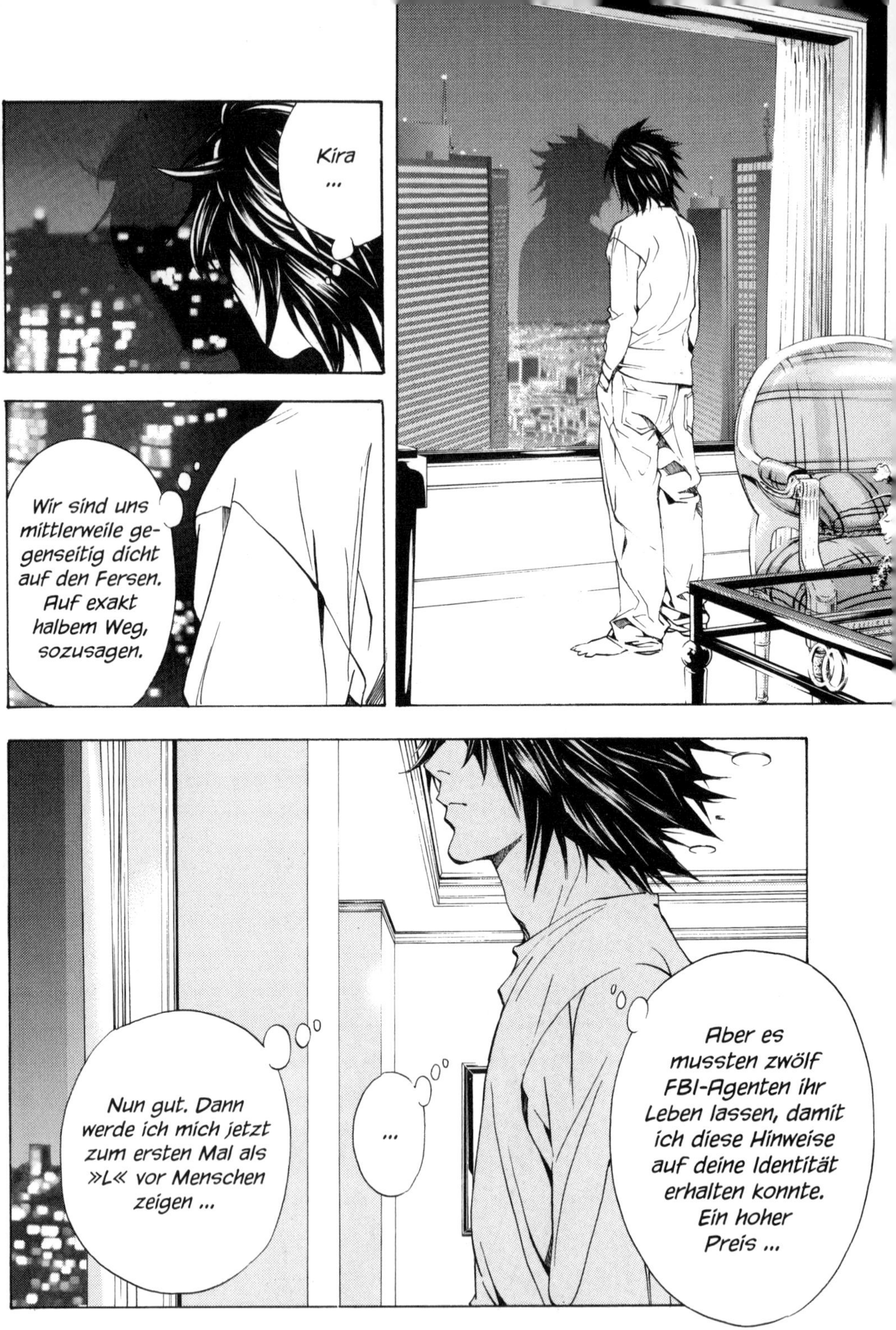
Kira ...
Wir sind uns mittlerweile gegenseitig dicht auf den Fersen. Auf exakt halbem Weg, sozusagen.
Aber es mussten zwölf FBI-Agenten ihr Leben lassen, damit ich diese Hinweise auf deine Identität erhalten konnte. Ein hoher Preis ...
...
Nun gut. Dann werde ich mich jetzt zum ersten Mal als »L« vor Menschen zeigen ...

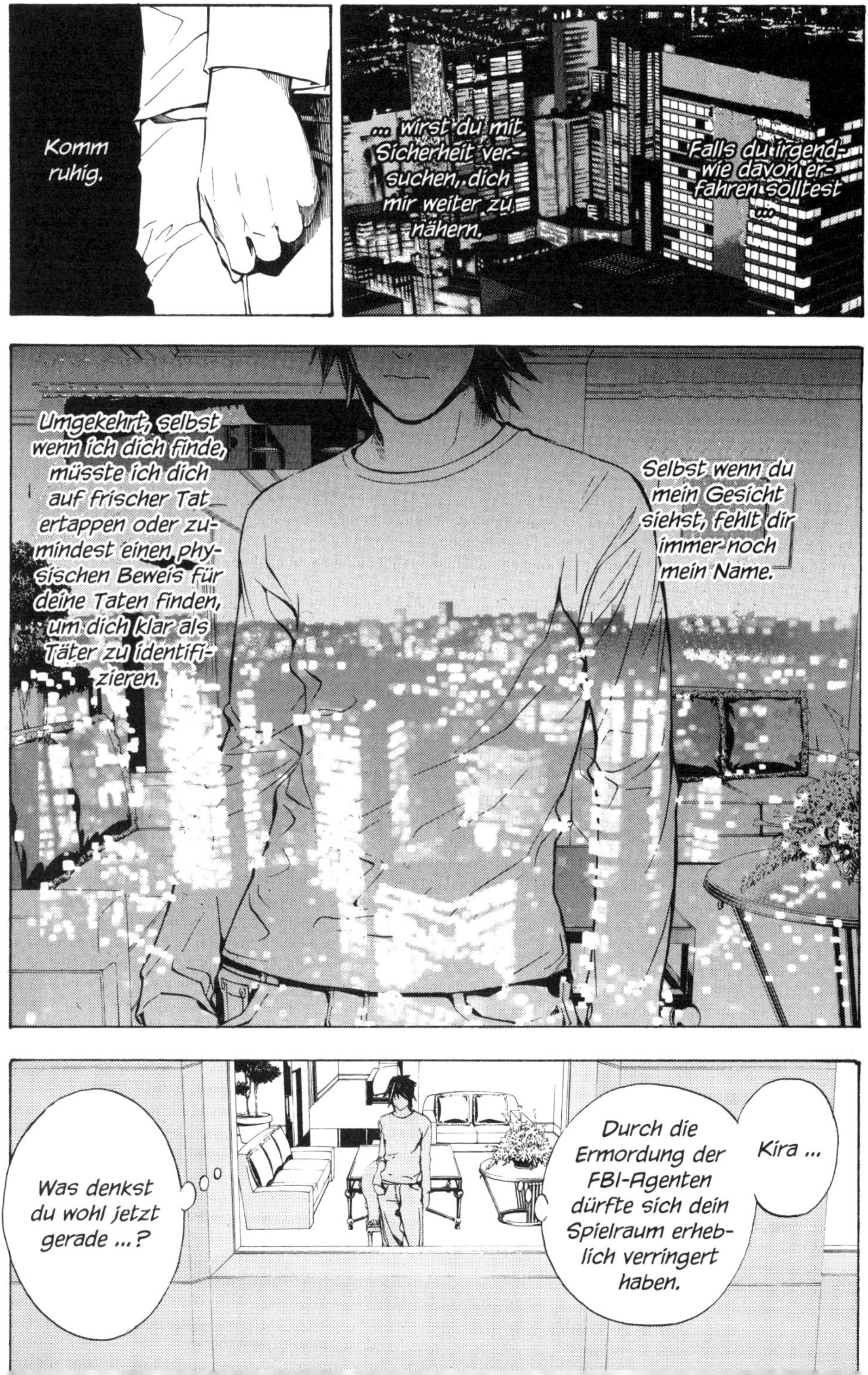
Falls du irgendwie davon erfahren solltest ...
... wirst du mit Sicherheit versuchen, dich mir weiter zu nähern.
Komm ruhig.
Selbst wenn du mein Gesicht siehst, fehlt dir immer noch mein Name.
Umgekehrt, selbst wenn ich dich finde, müsste ich dich auf frischer Tat ertappen oder zumindest einen physischen Beweis für deine Taten finden, um dich klar als Täter zu identifizieren.
Kira ...
Durch die Ermordung der FBI-Agenten dürfte sich dein Spielraum erheblich verringert haben.
Was denkst du wohl jetzt gerade ...?

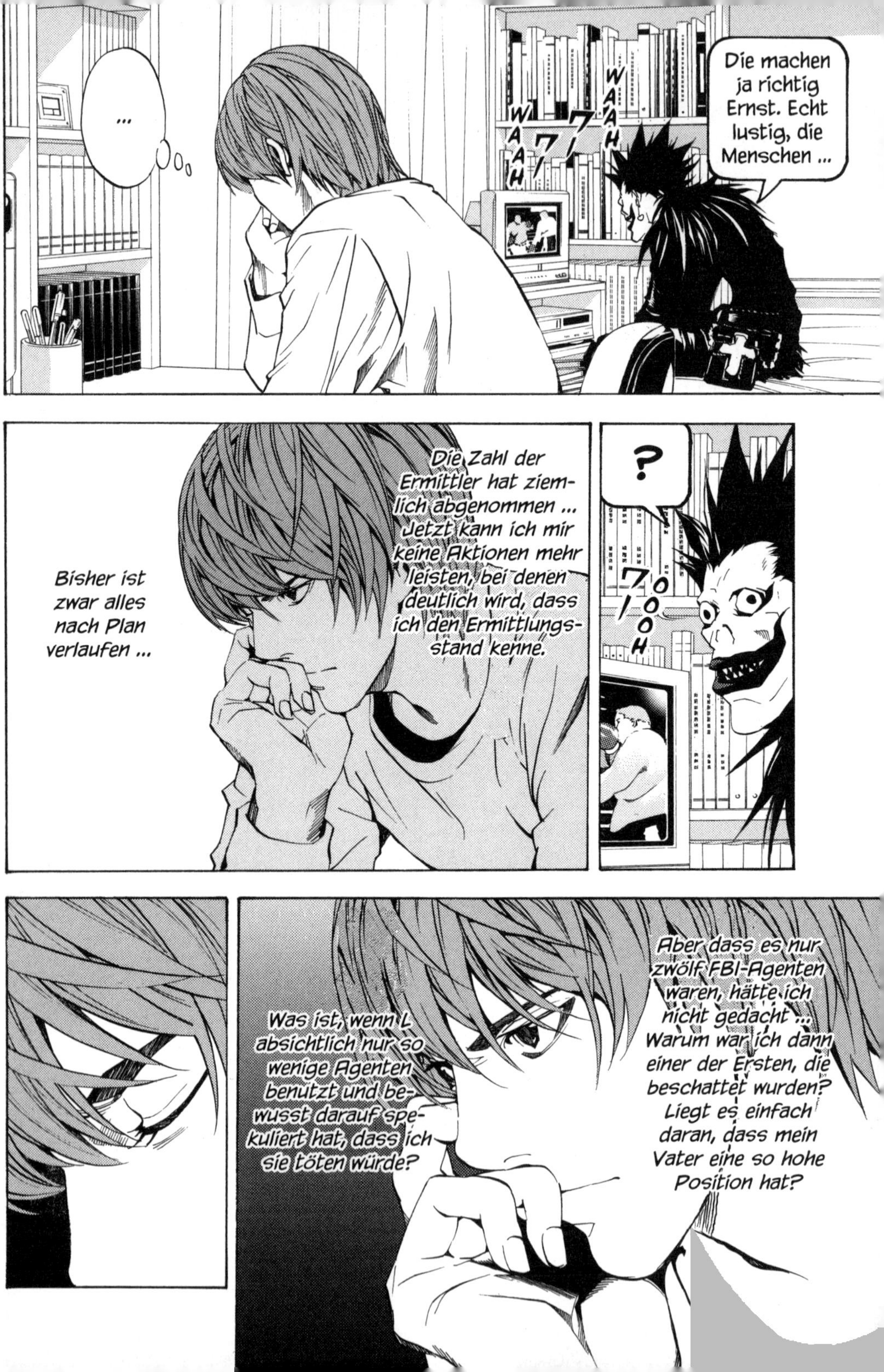
Die machen ja richtig Ernst. Echt lustig, die Menschen ...
WAAAH
WAAAH
...
?
OOOOH
Die Zahl der Ermittler hat ziemlich abgenommen ... Jetzt kann ich mir keine Aktionen mehr leisten, bei denen deutlich wird, dass ich den Ermittlungsstand kenne.
Bisher ist zwar alles nach Plan verlaufen ...
Aber dass es nur zwölf FBI-Agenten waren, hätte ich nicht gedacht ... Warum war ich dann einer der Ersten, die beschattet wurden? Liegt es einfach daran, dass mein Vater eine so hohe Position hat?
Was ist, wenn L absichtlich nur so wenige Agenten benutzt und bewusst darauf spekuliert hat, dass ich sie töten würde?

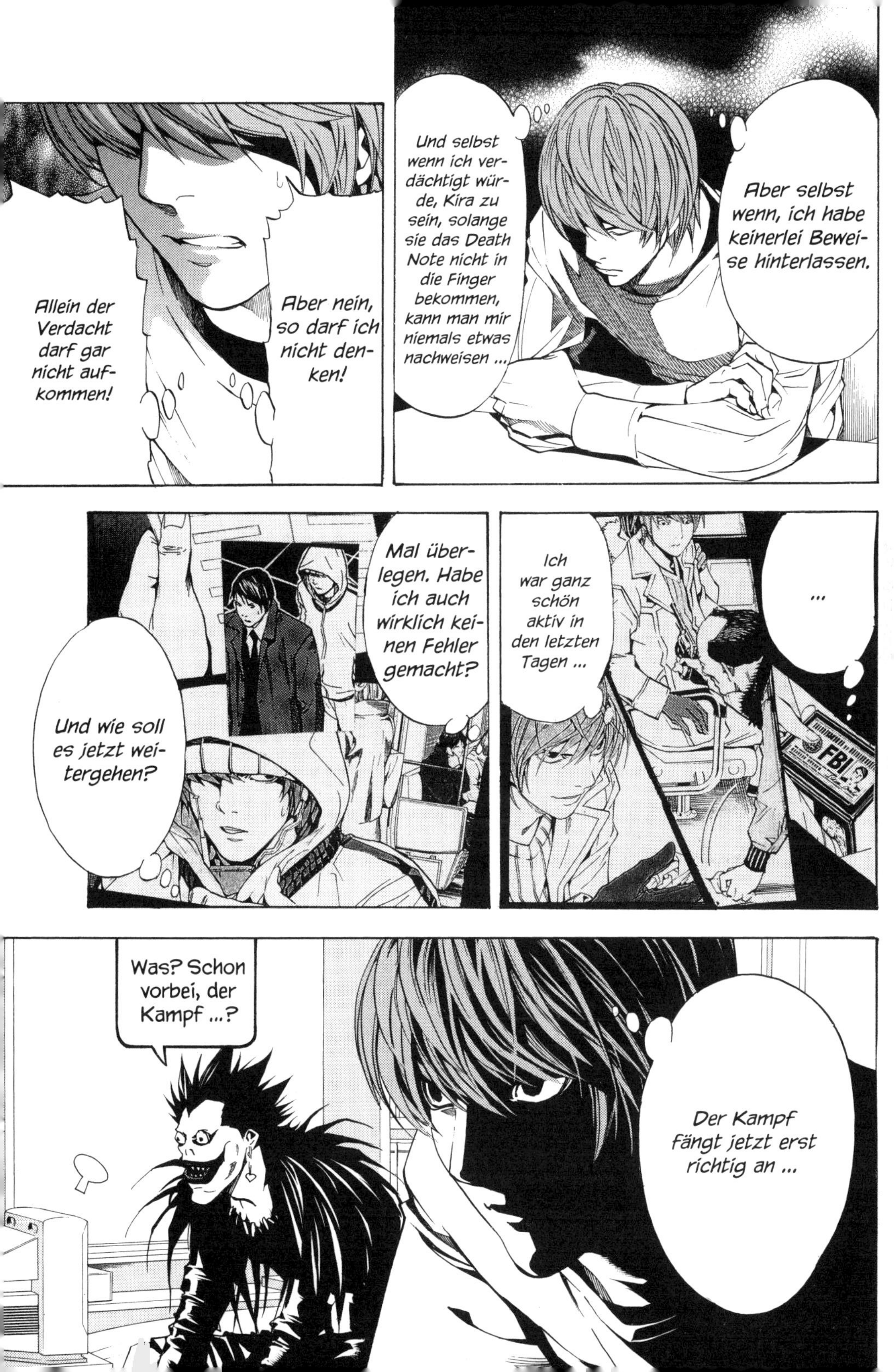
Aber selbst wenn, ich habe keinerlei Beweise hinterlassen.
Und selbst wenn ich verdächtigt würde, Kira zu sein, solange sie das Death Note nicht in die Finger bekommen, kann man mir niemals etwas nachweisen ...
Aber nein, so darf ich nicht denken!
Allein der Verdacht darf gar nicht aufkommen!
...
Ich war ganz schön aktiv in den letzten Tagen ...
FBI
Mal überlegen. Habe ich auch wirklich keinen Fehler gemacht?
Und wie soll es jetzt weitergehen?
Was? Schon vorbei, der Kampf ...?
Der Kampf fängt jetzt erst richtig an ...

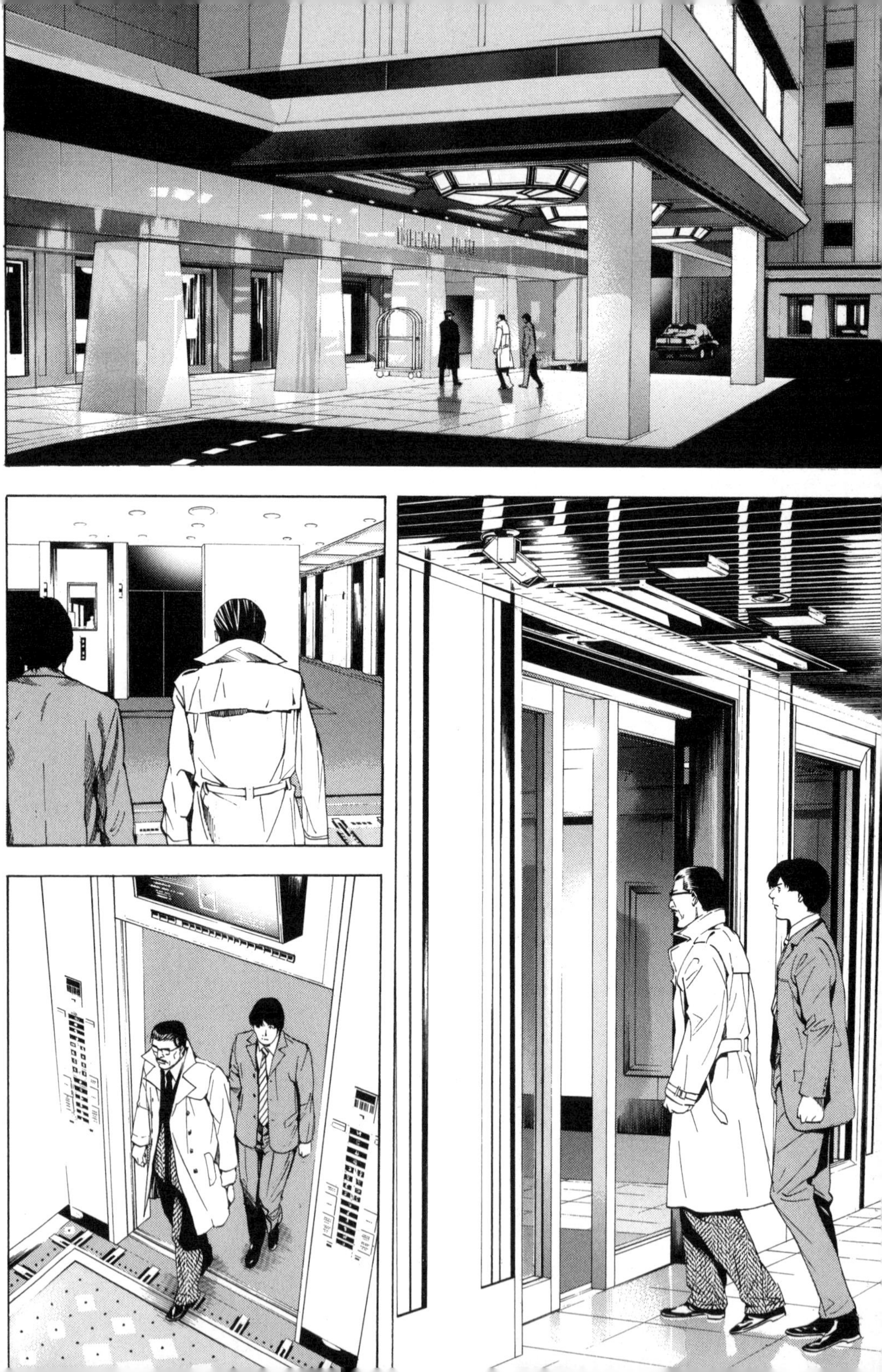

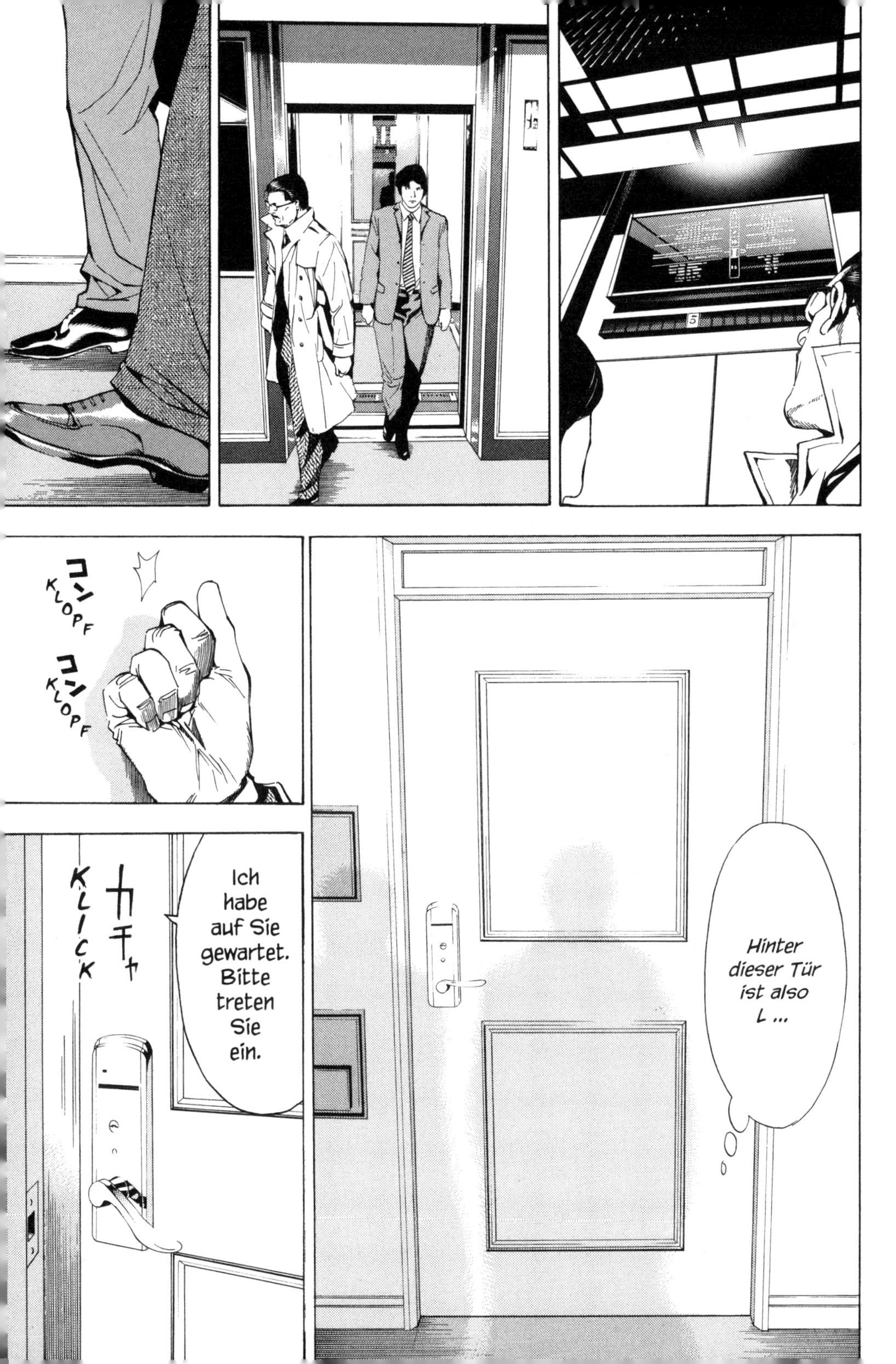
コン KLOPF
コン KLOPF
Hinter dieser Tür ist also L ...
カチャ KLICK
Ich habe auf Sie gewartet. Bitte treten Sie ein.

PAGE.11 EINS

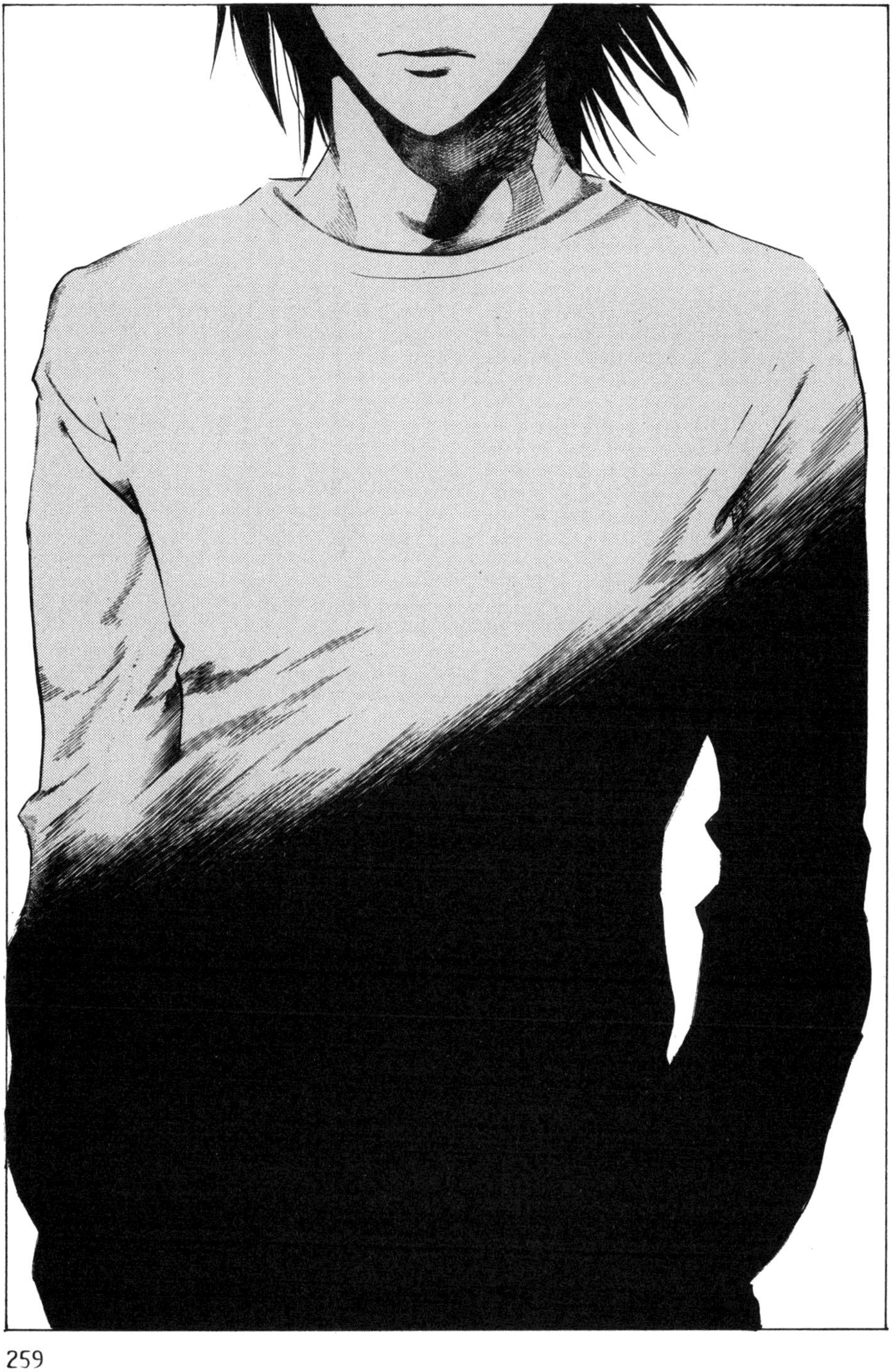

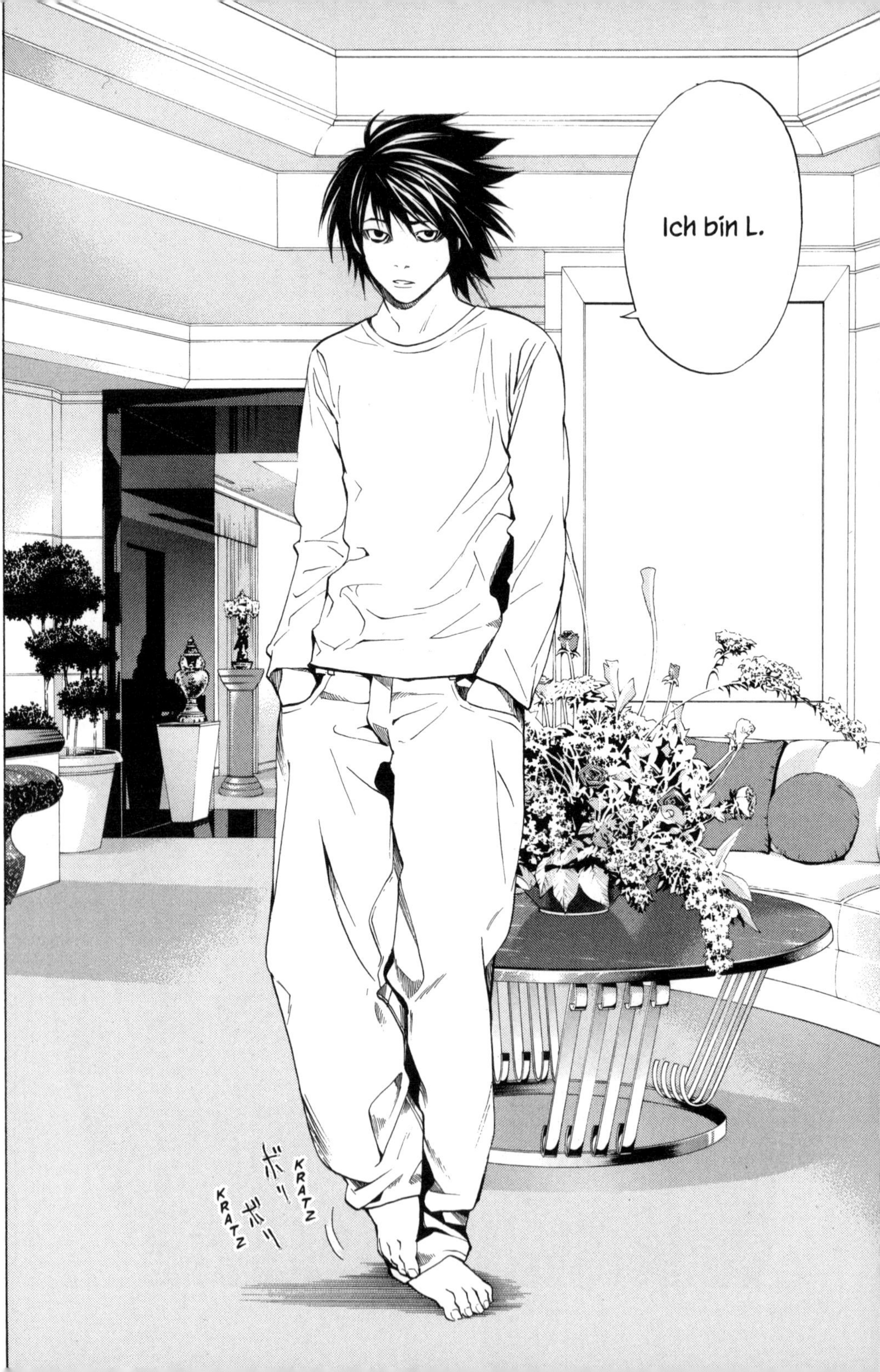
Ich bin L.
ボリ KRATZ
ボリ KRATZ

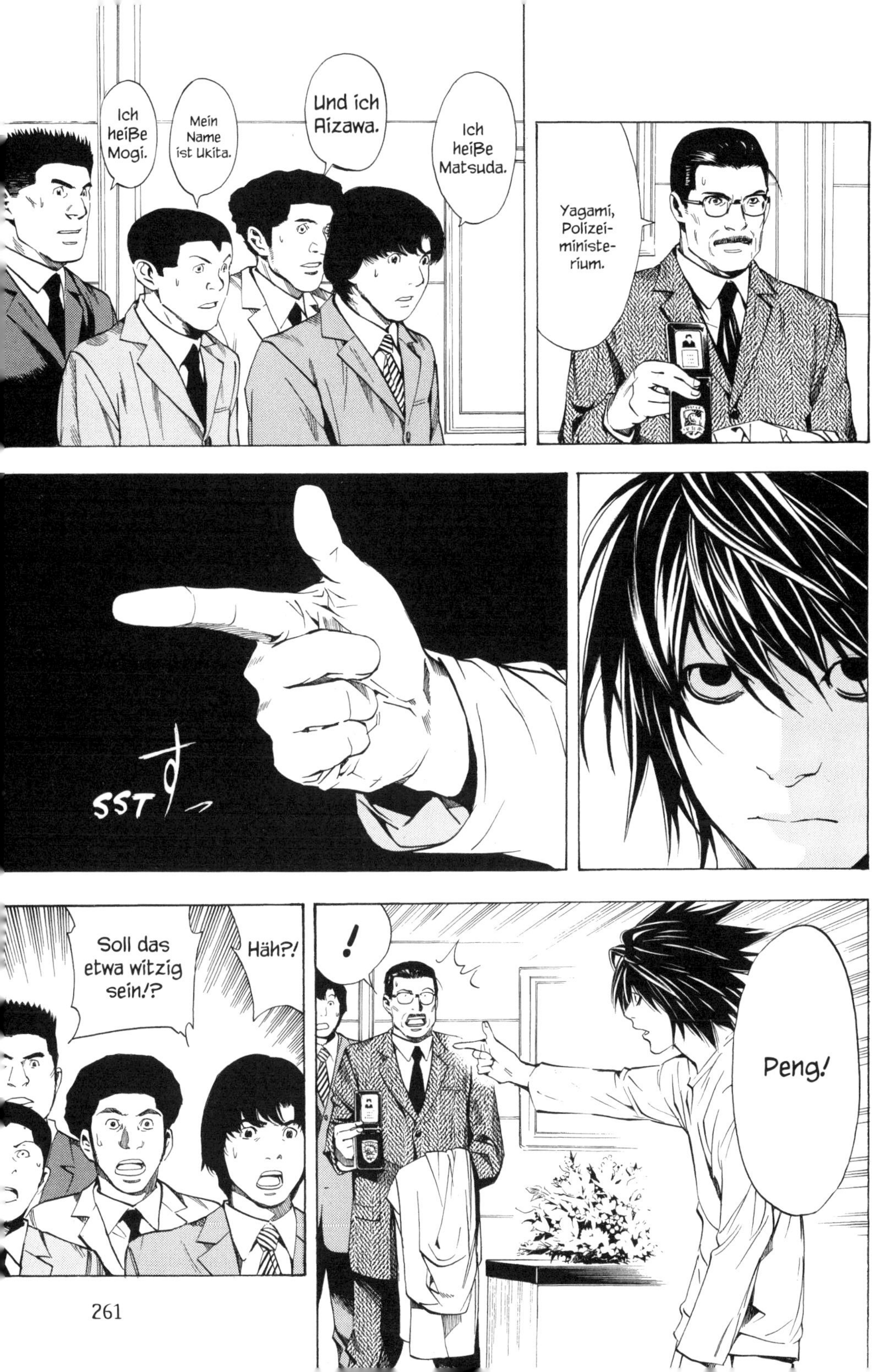
Yagami, Polizeiministerium.
Ich heiße Matsuda.
Und ich Aizawa.
Mein Name ist Ukita.
Ich heiße Mogi.
SST
Peng!
!
Häh?!
Soll das etwa witzig sein!?

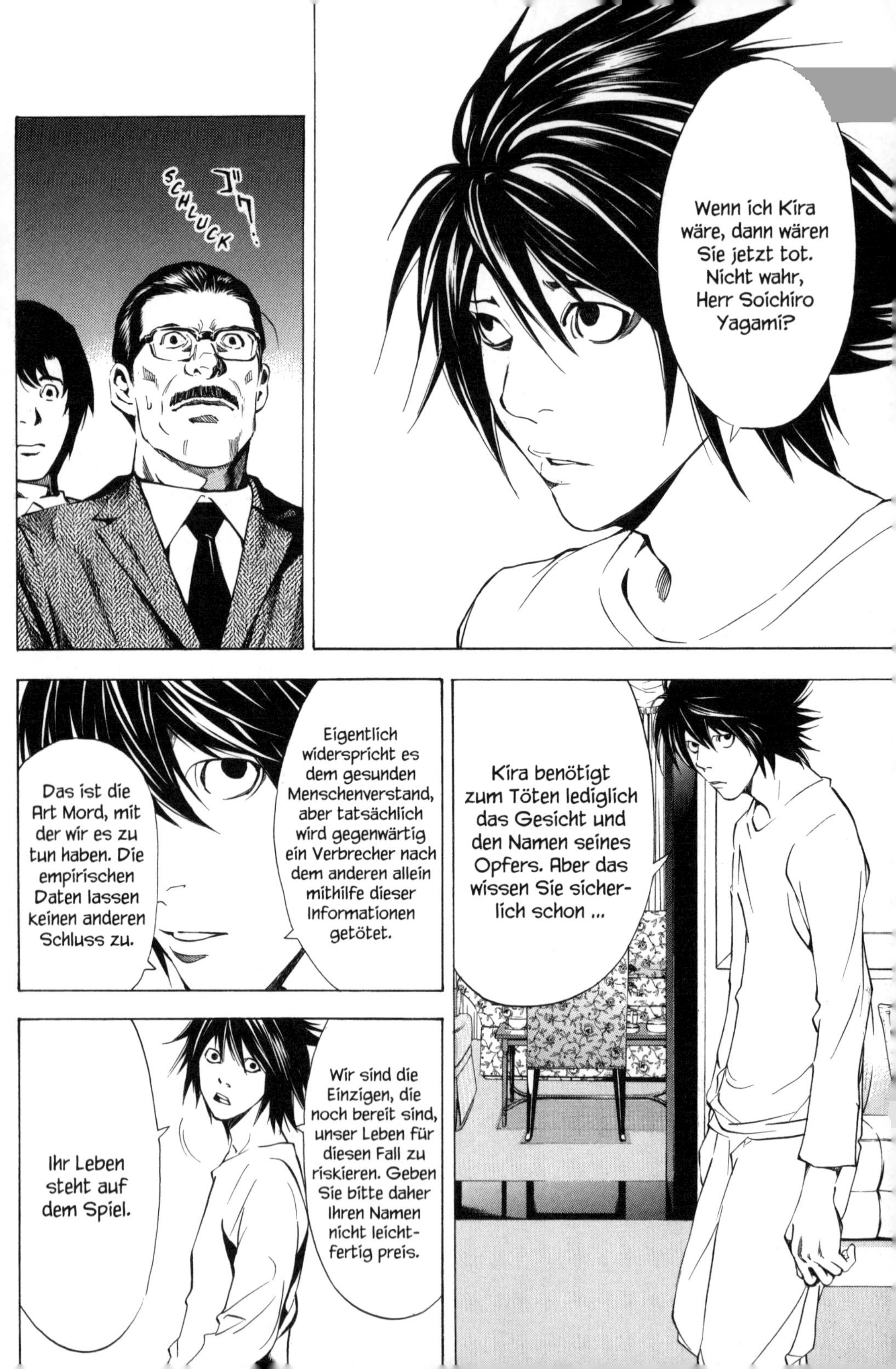
Wenn ich Kira wäre, dann wären Sie jetzt tot. Nicht wahr, Herr Soichiro Yagami?
SCHLUCK
Kira benötigt zum Töten lediglich das Gesicht und den Namen seines Opfers. Aber das wissen Sie sicherlich schon ...
Eigentlich widerspricht es dem gesunden Menschenverstand, aber tatsächlich wird gegenwärtig ein Verbrecher nach dem anderen allein mithilfe dieser Informationen getötet.
Das ist die Art Mord, mit der wir es zu tun haben. Die empirischen Daten lassen keinen anderen Schluss zu.
Wir sind die Einzigen, die noch bereit sind, unser Leben für diesen Fall zu riskieren. Geben Sie bitte daher Ihren Namen nicht leichtfertig preis.
Ihr Leben steht auf dem Spiel.

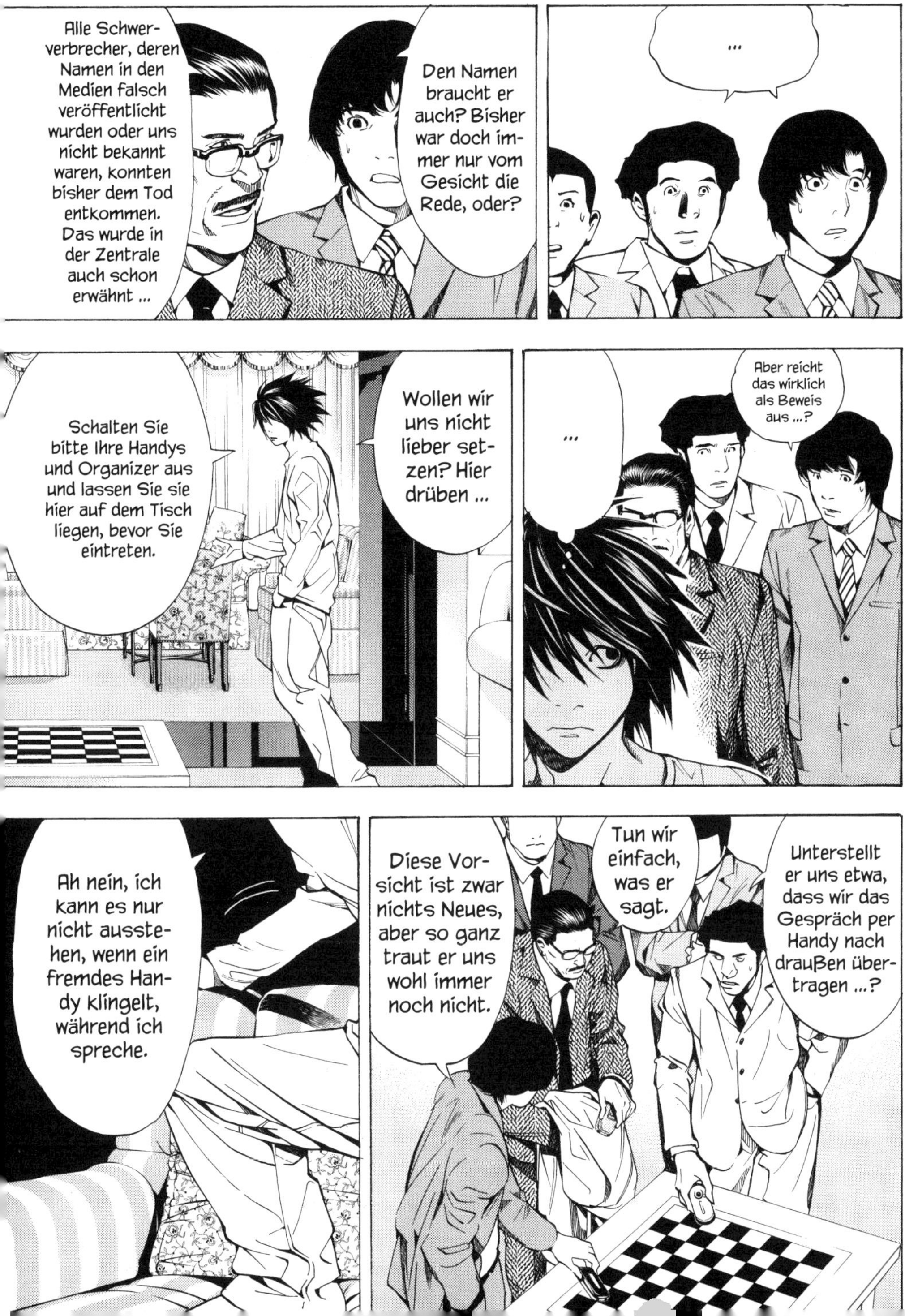
...
Den Namen braucht er auch? Bisher war doch immer nur vom Gesicht die Rede, oder?
Alle Schwerverbrecher, deren Namen in den Medien falsch veröffentlicht wurden oder uns nicht bekannt waren, konnten bisher dem Tod entkommen. Das wurde in der Zentrale auch schon erwähnt ...
Aber reicht das wirklich als Beweis aus ...?
...
Wollen wir uns nicht lieber setzen? Hier drüben ...
Schalten Sie bitte Ihre Handys und Organizer aus und lassen Sie sie hier auf dem Tisch liegen, bevor Sie eintreten.
Unterstellt er uns etwa, dass wir das Gespräch per Handy nach draußen übertragen ...?
Tun wir einfach, was er sagt.
Diese Vorsicht ist zwar nichts Neues, aber so ganz traut er uns wohl immer noch nicht.
Ah nein, ich kann es nur nicht ausstehen, wenn ein fremdes Handy klingelt, während ich spreche.

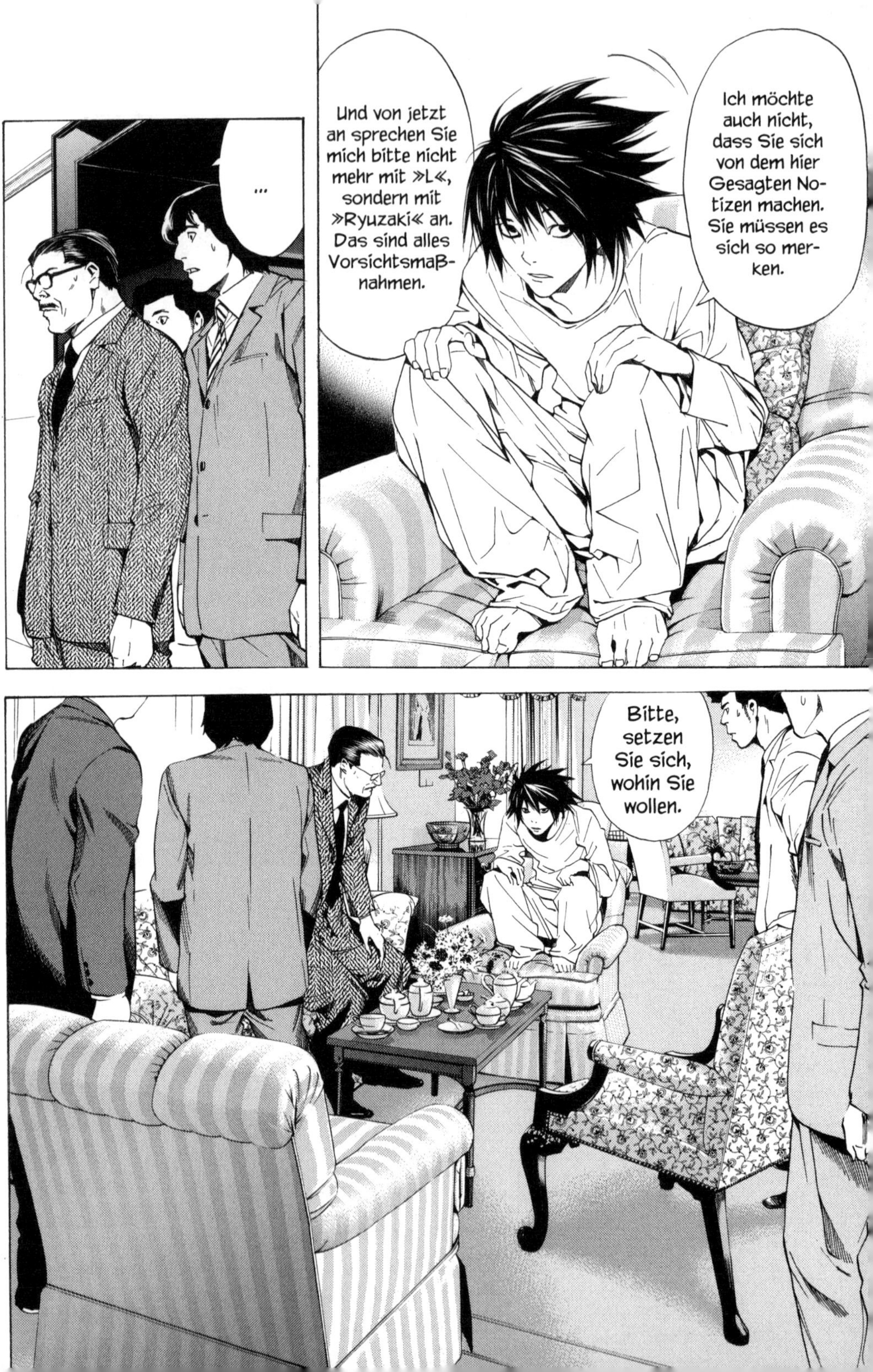
Ich möchte auch nicht, dass Sie sich von dem hier Gesagten Notizen machen. Sie müssen es sich so merken.
Und von jetzt an sprechen Sie mich bitte nicht mehr mit »L«, sondern mit »Ryuzaki« an. Das sind alles Vorsichtsmaßnahmen.
...
Bitte, setzen Sie sich, wohin Sie wollen.

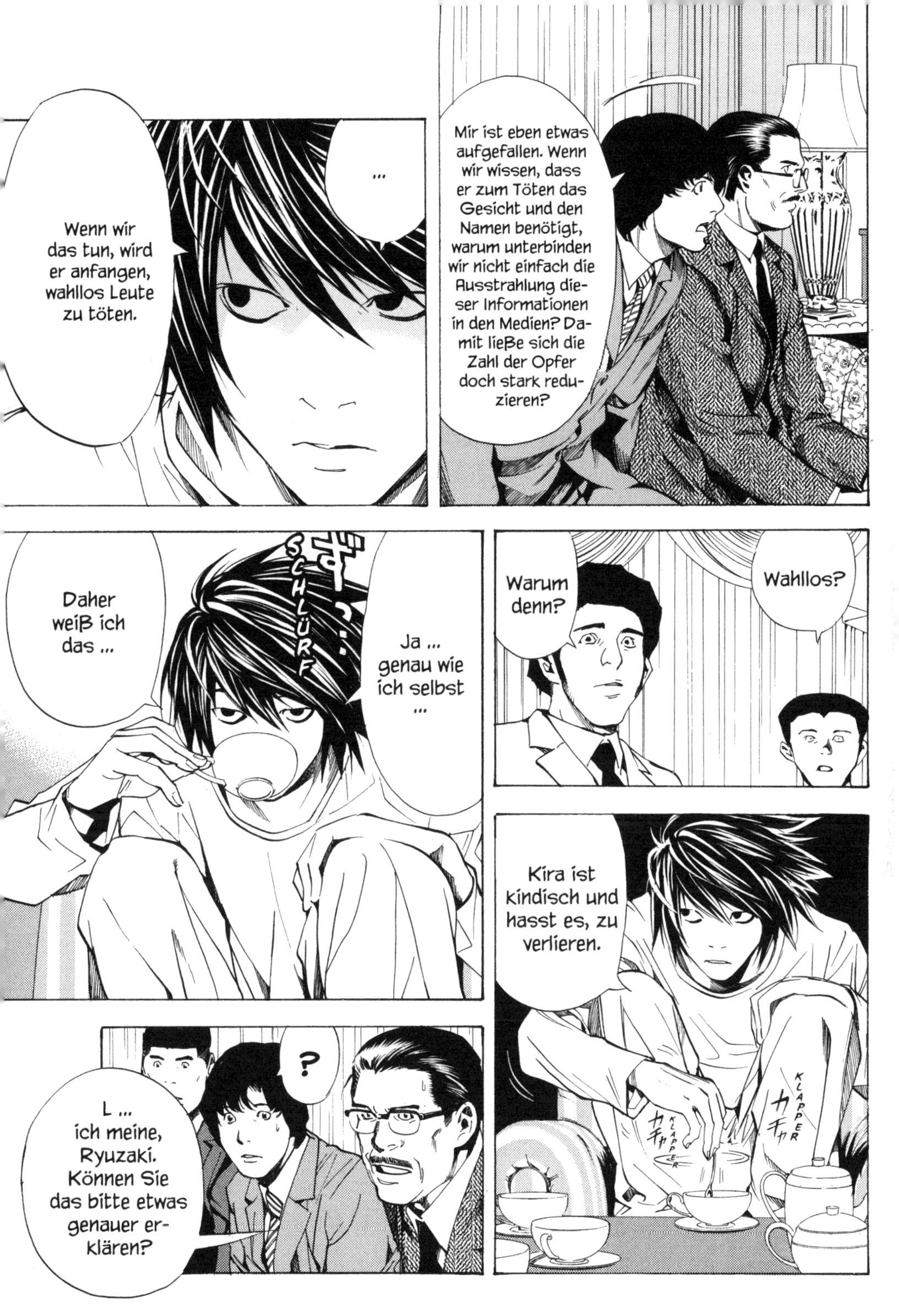
Mir ist eben etwas aufgefallen. Wenn wir wissen, dass er zum Töten das Gesicht und den Namen benötigt, warum unterbinden wir nicht einfach die Ausstrahlung dieser Informationen in den Medien? Damit ließe sich die Zahl der Opfer doch stark reduzieren?
...
Wenn wir das tun, wird er anfangen, wahllos Leute zu töten.
Wahllos?
Warum denn?
SCHLÜRF
Ja ... genau wie ich selbst ...
Daher weiß ich das ...
Kira ist kindisch und hasst es, zu verlieren.
KLAPPER
KLAPPER
?
L ... ich meine, Ryuzaki. Können Sie das bitte etwas genauer erklären?

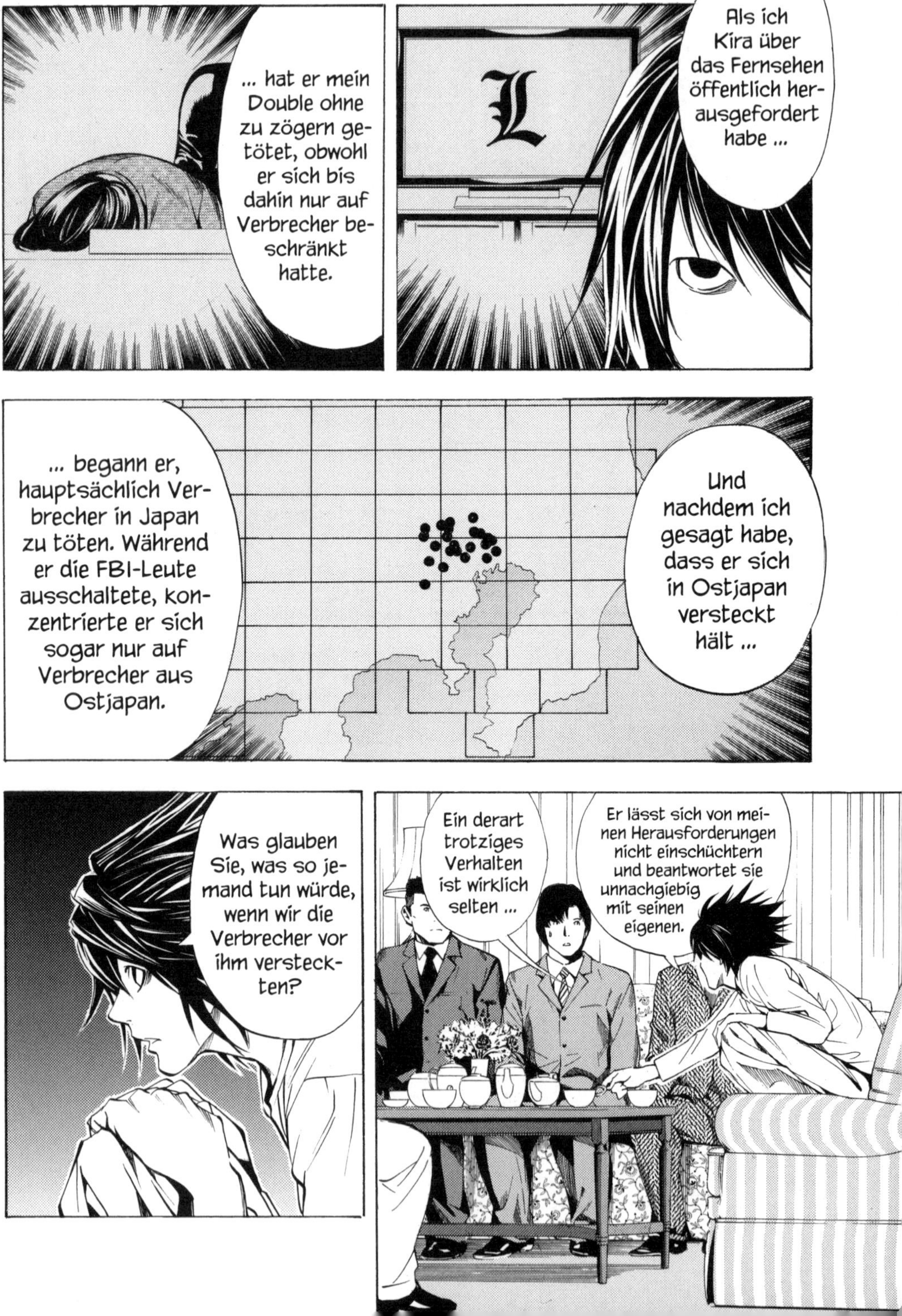
Als ich Kira über das Fernsehen öffentlich her-ausgefordert habe ...
... hat er mein Double ohne zu zögern ge-tötet, obwohl er sich bis dahin nur auf Verbrecher be-schränkt hatte.
Und nachdem ich gesagt habe, dass er sich in Ostjapan versteckt hält ...
... begann er, hauptsächlich Ver-brecher in Japan zu töten. Während er die FBI-Leute ausschaltete, kon-zentrierte er sich sogar nur auf Verbrecher aus Ostjapan.
Er lässt sich von mei-nen Herausforderungen nicht einschüchtern und beantwortet sie unnachgiebig mit seinen eigenen.
Ein derart trotziges Verhalten ist wirklich selten ...
Was glauben Sie, was so je-mand tun würde, wenn wir die Verbrecher vor ihm versteck-ten?

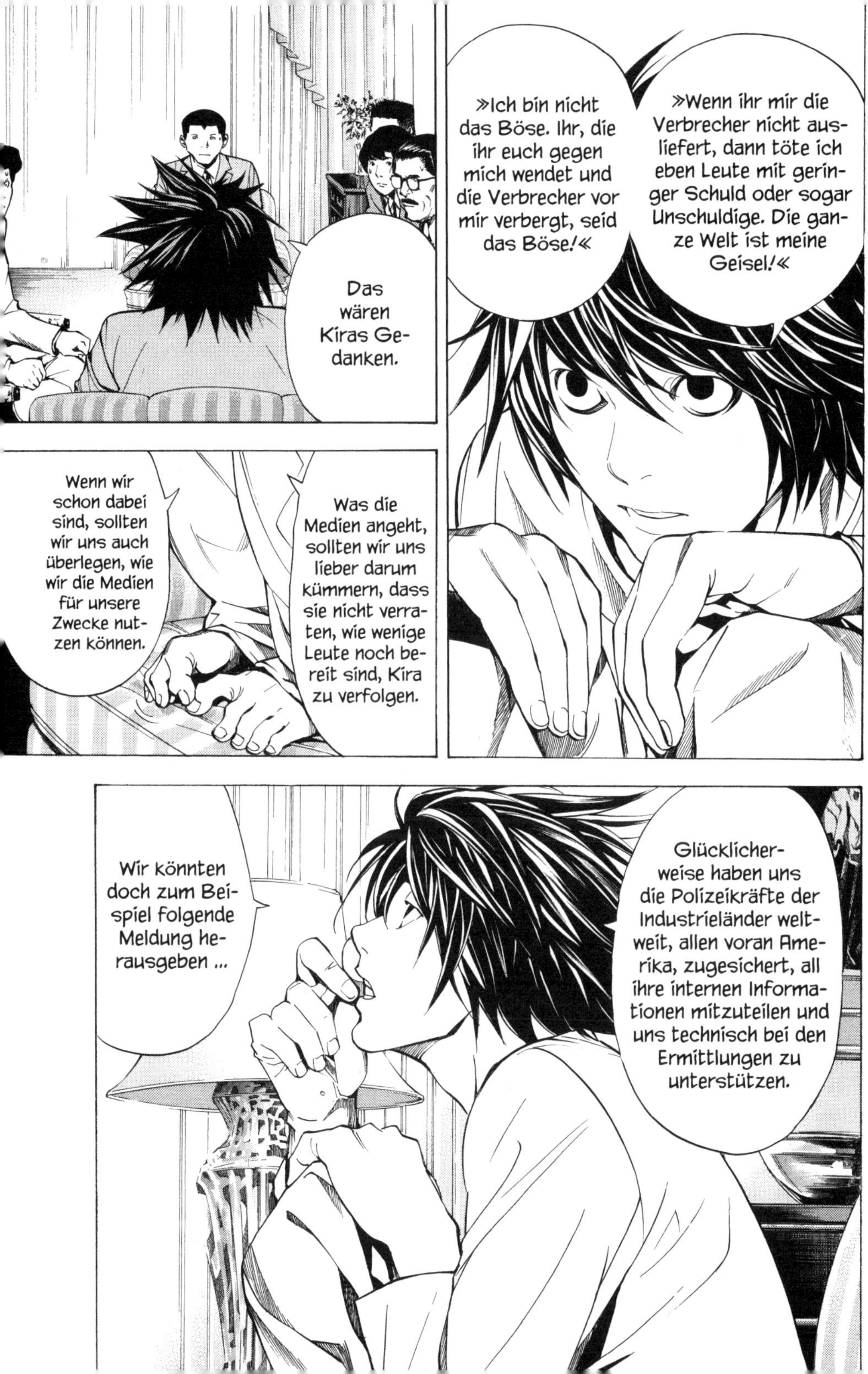
»Wenn ihr mir die Verbrecher nicht ausliefert, dann töte ich eben Leute mit geringer Schuld oder sogar Unschuldige. Die ganze Welt ist meine Geisel!«
»Ich bin nicht das Böse. Ihr, die ihr euch gegen mich wendet und die Verbrecher vor mir verbergt, seid das Böse!«
Das wären Kiras Gedanken.
Was die Medien angeht, sollten wir uns lieber darum kümmern, dass sie nicht verraten, wie wenige Leute noch bereit sind, Kira zu verfolgen.
Wenn wir schon dabei sind, sollten wir uns auch überlegen, wie wir die Medien für unsere Zwecke nutzen können.
Glücklicherweise haben uns die Polizeikräfte der Industrieländer weltweit, allen voran Amerika, zugesichert, all ihre internen Informationen mitzuteilen und uns technisch bei den Ermittlungen zu unterstützen.
Wir könnten doch zum Beispiel folgende Meldung herausgeben ...

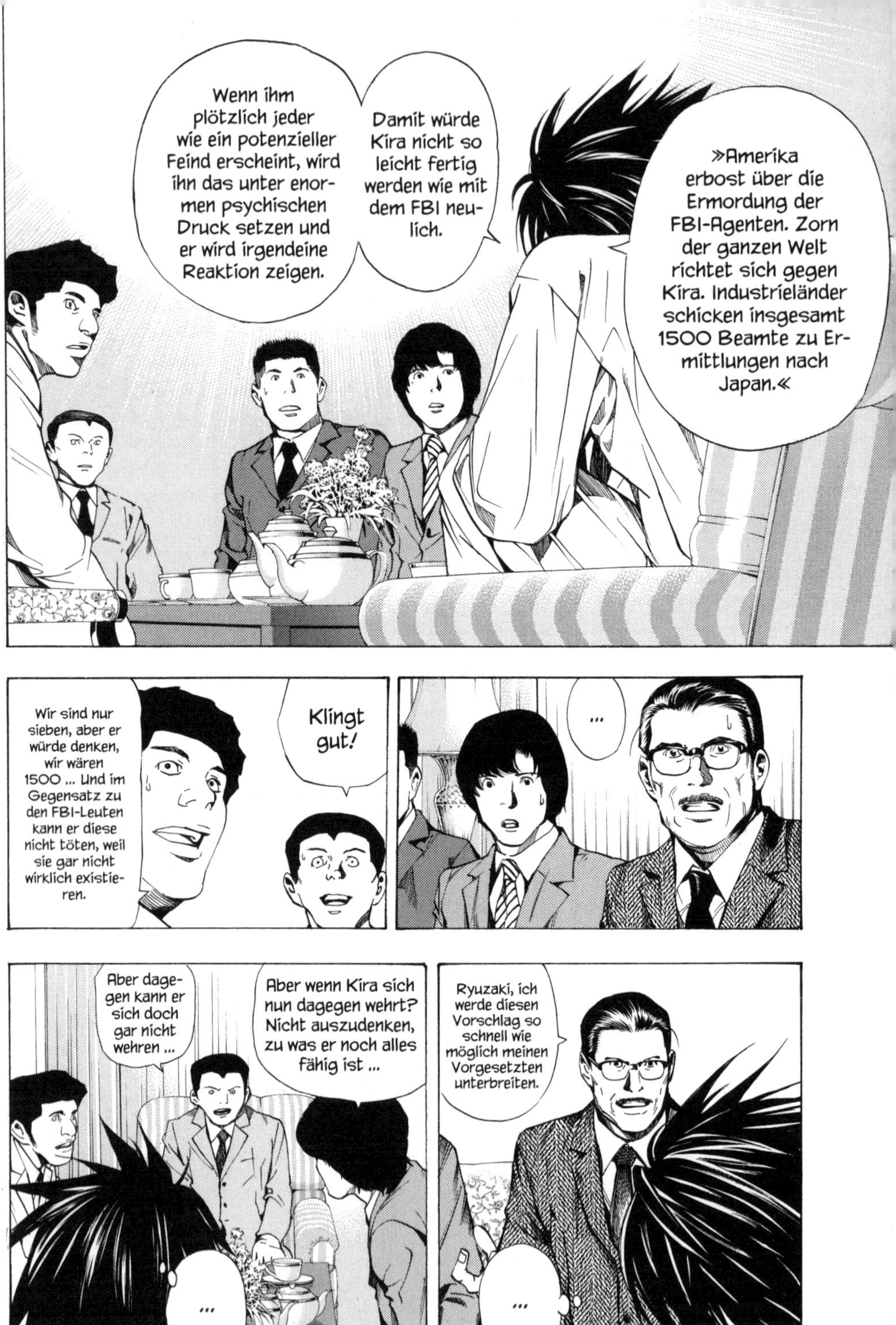
»Amerika erbost über die Ermordung der FBI-Agenten. Zorn der ganzen Welt richtet sich gegen Kira. Industrieländer schicken insgesamt 1500 Beamte zu Ermittlungen nach Japan.«
Damit würde Kira nicht so leicht fertig werden wie mit dem FBI neulich.
Wenn ihm plötzlich jeder wie ein potenzieller Feind erscheint, wird ihn das unter enormen psychischen Druck setzen und er wird irgendeine Reaktion zeigen.
…
Klingt gut!
Wir sind nur sieben, aber er würde denken, wir wären 1500 … Und im Gegensatz zu den FBI-Leuten kann er diese nicht töten, weil sie gar nicht wirklich existieren.
Ryuzaki, ich werde diesen Vorschlag so schnell wie möglich meinen Vorgesetzten unterbreiten.
…
Aber wenn Kira sich nun dagegen wehrt? Nicht auszudenken, zu was er noch alles fähig ist …
Aber dagegen kann er sich doch gar nicht wehren …
…

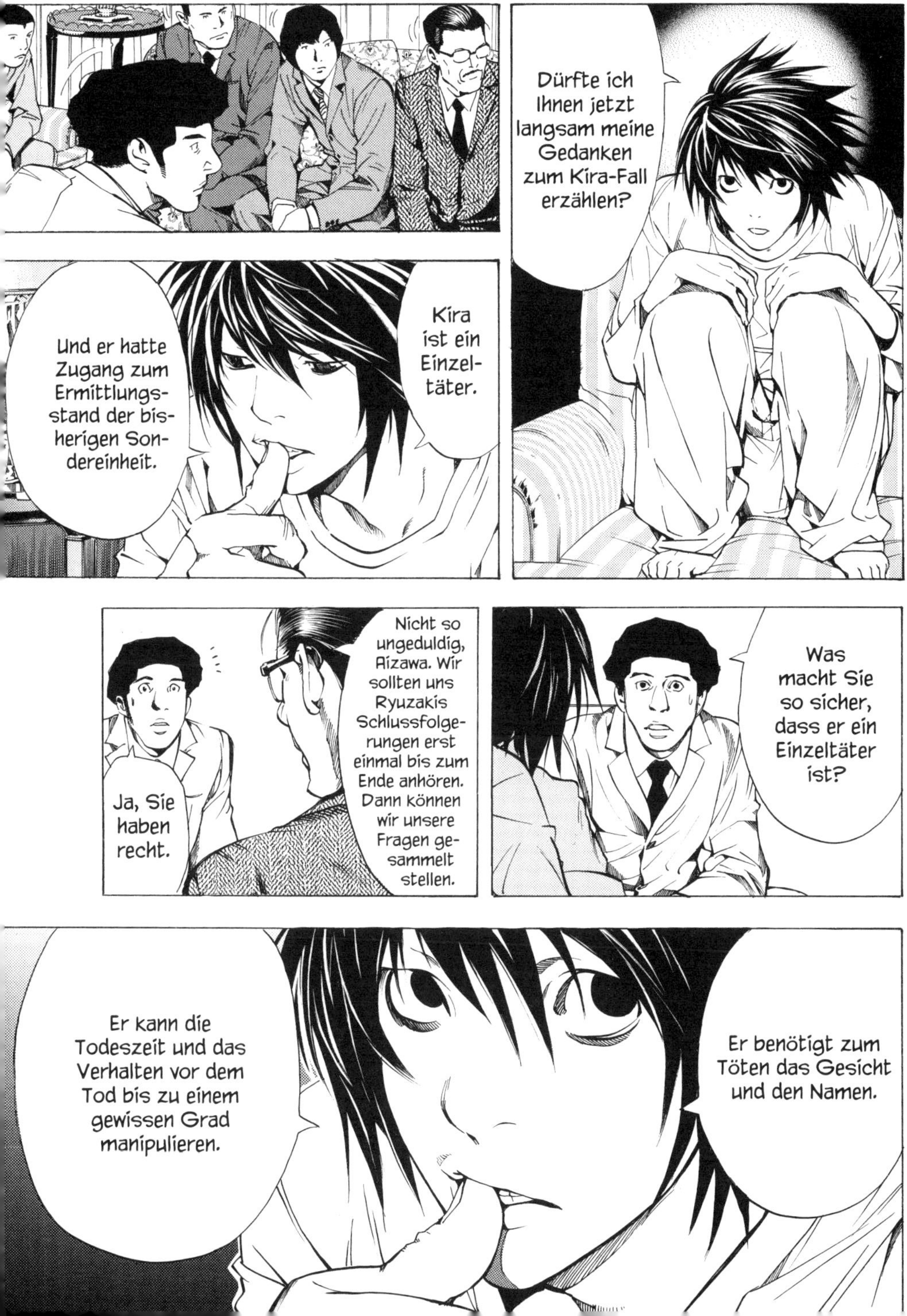
Dürfte ich Ihnen jetzt langsam meine Gedanken zum Kira-Fall erzählen?
Kira ist ein Einzeltäter.
Und er hatte Zugang zum Ermittlungsstand der bisherigen Sondereinheit.
Was macht Sie so sicher, dass er ein Einzeltäter ist?
Nicht so ungeduldig, Aizawa. Wir sollten uns Ryuzakis Schlussfolgerungen erst einmal bis zum Ende anhören. Dann können wir unsere Fragen gesammelt stellen.
Ja, Sie haben recht.
Er benötigt zum Töten das Gesicht und den Namen.
Er kann die Todeszeit und das Verhalten vor dem Tod bis zu einem gewissen Grad manipulieren.

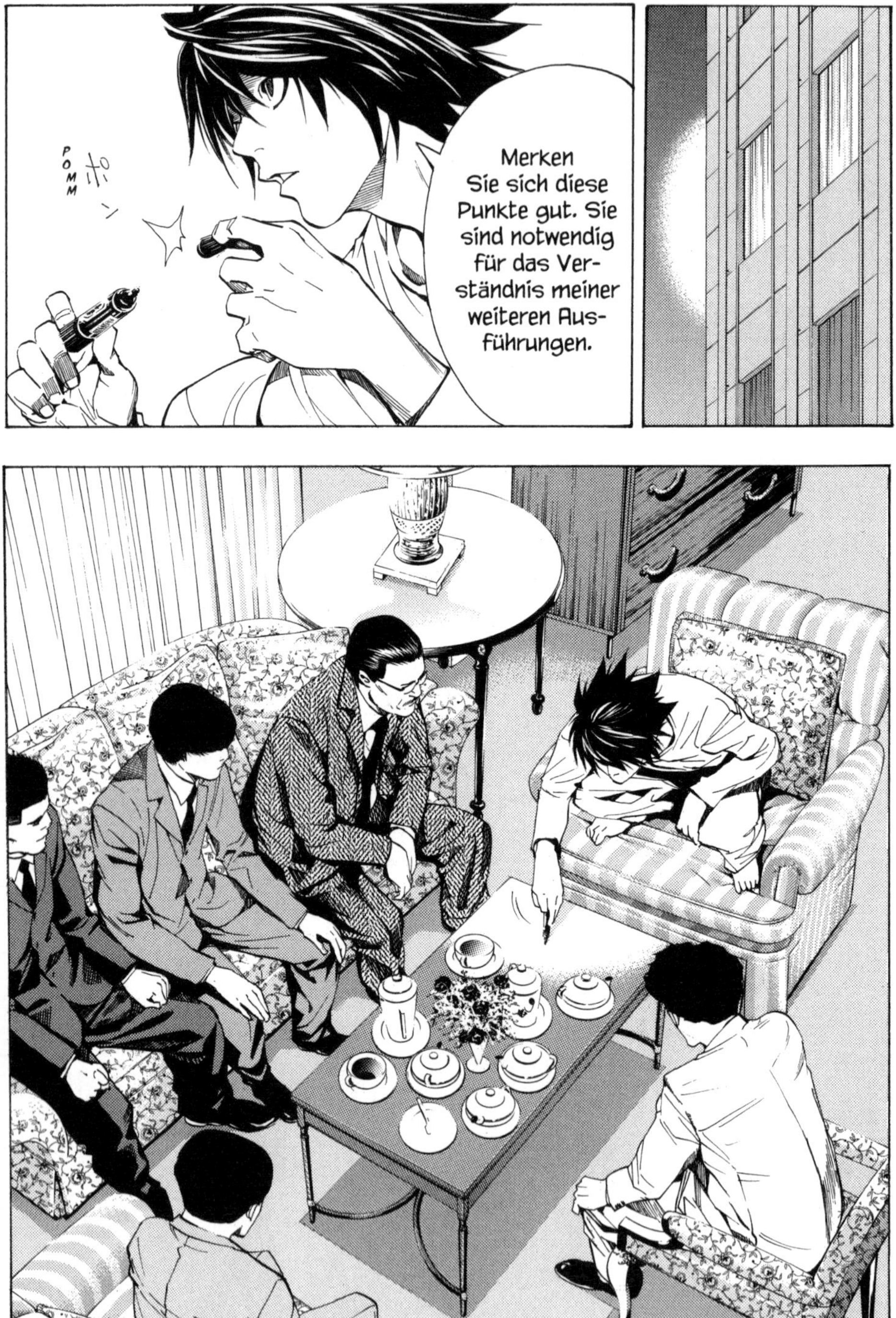
POMM
Merken Sie sich diese Punkte gut. Sie sind notwendig für das Verständnis meiner weiteren Ausführungen.

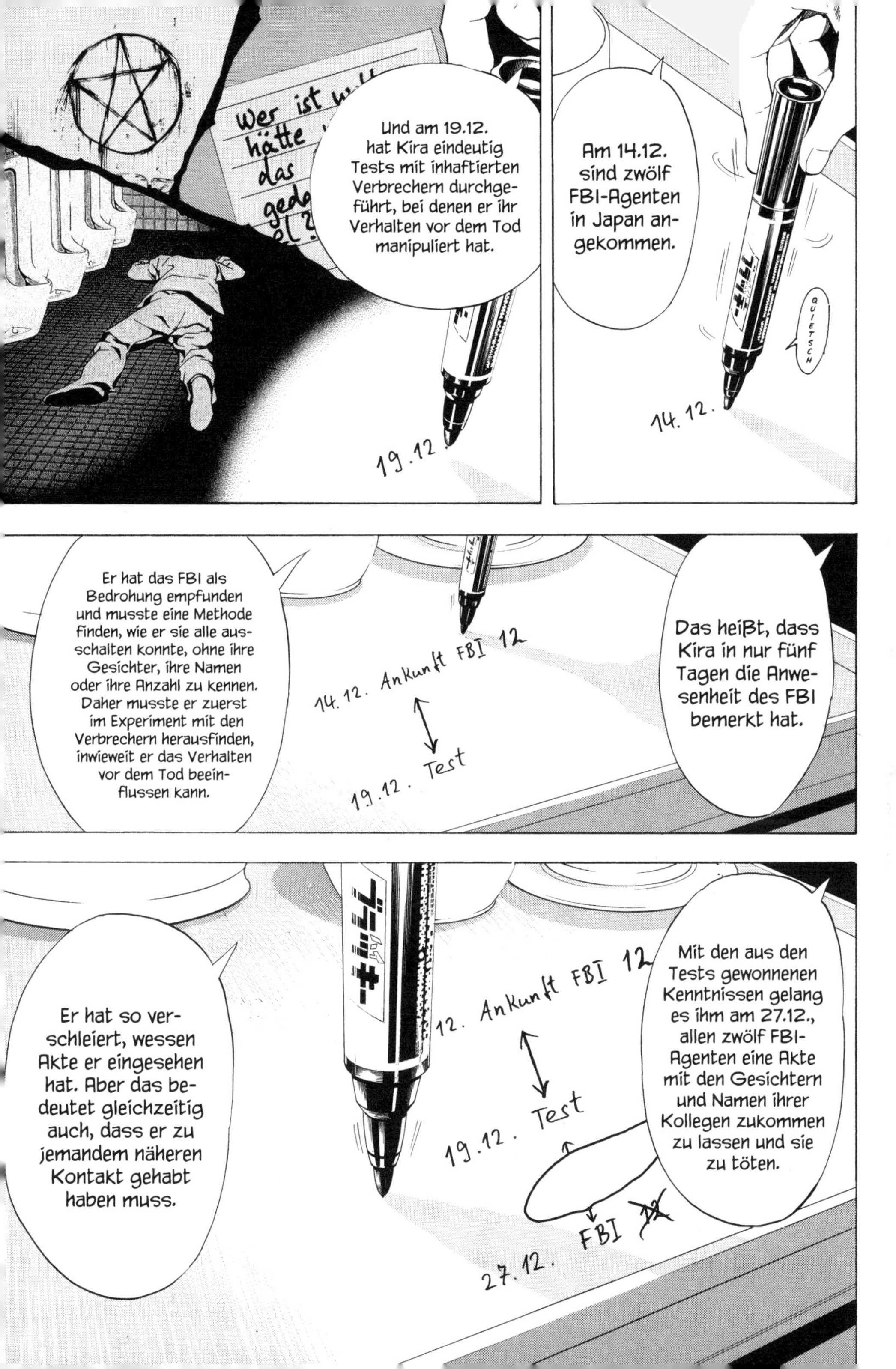
Am 14.12. sind zwölf FBI-Agenten in Japan angekommen.
QUIETSCH
14.12.
Und am 19.12. hat Kira eindeutig Tests mit inhaftierten Verbrechern durchgeführt, bei denen er ihr Verhalten vor dem Tod manipuliert hat.
19.12.
Das heißt, dass Kira in nur fünf Tagen die Anwesenheit des FBI bemerkt hat.
Er hat das FBI als Bedrohung empfunden und musste eine Methode finden, wie er sie alle ausschalten konnte, ohne ihre Gesichter, ihre Namen oder ihre Anzahl zu kennen. Daher musste er zuerst im Experiment mit den Verbrechern herausfinden, inwieweit er das Verhalten vor dem Tod beeinflussen kann.
14.12. Ankunft FBI 12
19.12. Test
Mit den aus den Tests gewonnenen Kenntnissen gelang es ihm am 27.12., allen zwölf FBI-Agenten eine Akte mit den Gesichtern und Namen ihrer Kollegen zukommen zu lassen und sie zu töten.
Er hat so verschleiert, wessen Akte er eingesehen hat. Aber das bedeutet gleichzeitig auch, dass er zu jemandem näheren Kontakt gehabt haben muss.
12. Ankunft FBI 12
19.12. Test
27.12. FBI 12

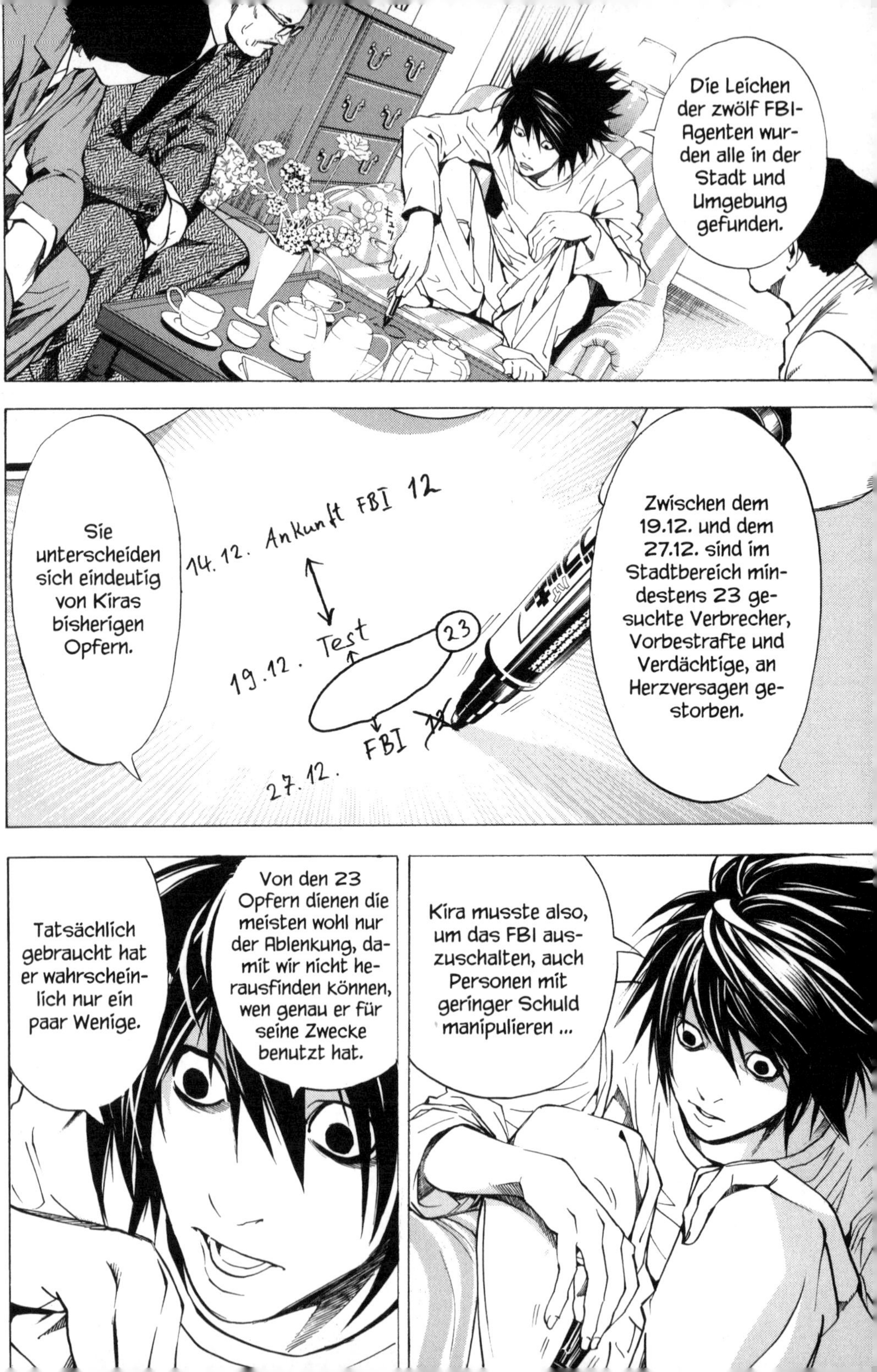

Die Leichen der zwölf FBI-Agenten wurden alle in der Stadt und Umgebung gefunden.
Zwischen dem 19.12. und dem 27.12. sind im Stadtbereich mindestens 23 gesuchte Verbrecher, Vorbestrafte und Verdächtige, an Herzversagen gestorben.
14.12. Ankunft FBI 12
19.12. Test
23
27.12. FBI
Sie unterscheiden sich eindeutig von Kiras bisherigen Opfern.
Kira musste also, um das FBI auszuschalten, auch Personen mit geringer Schuld manipulieren ...
Von den 23 Opfern dienen die meisten wohl nur der Ablenkung, damit wir nicht herausfinden können, wen genau er für seine Zwecke benutzt hat.
Tatsächlich gebraucht hat er wahrscheinlich nur ein paar Wenige.

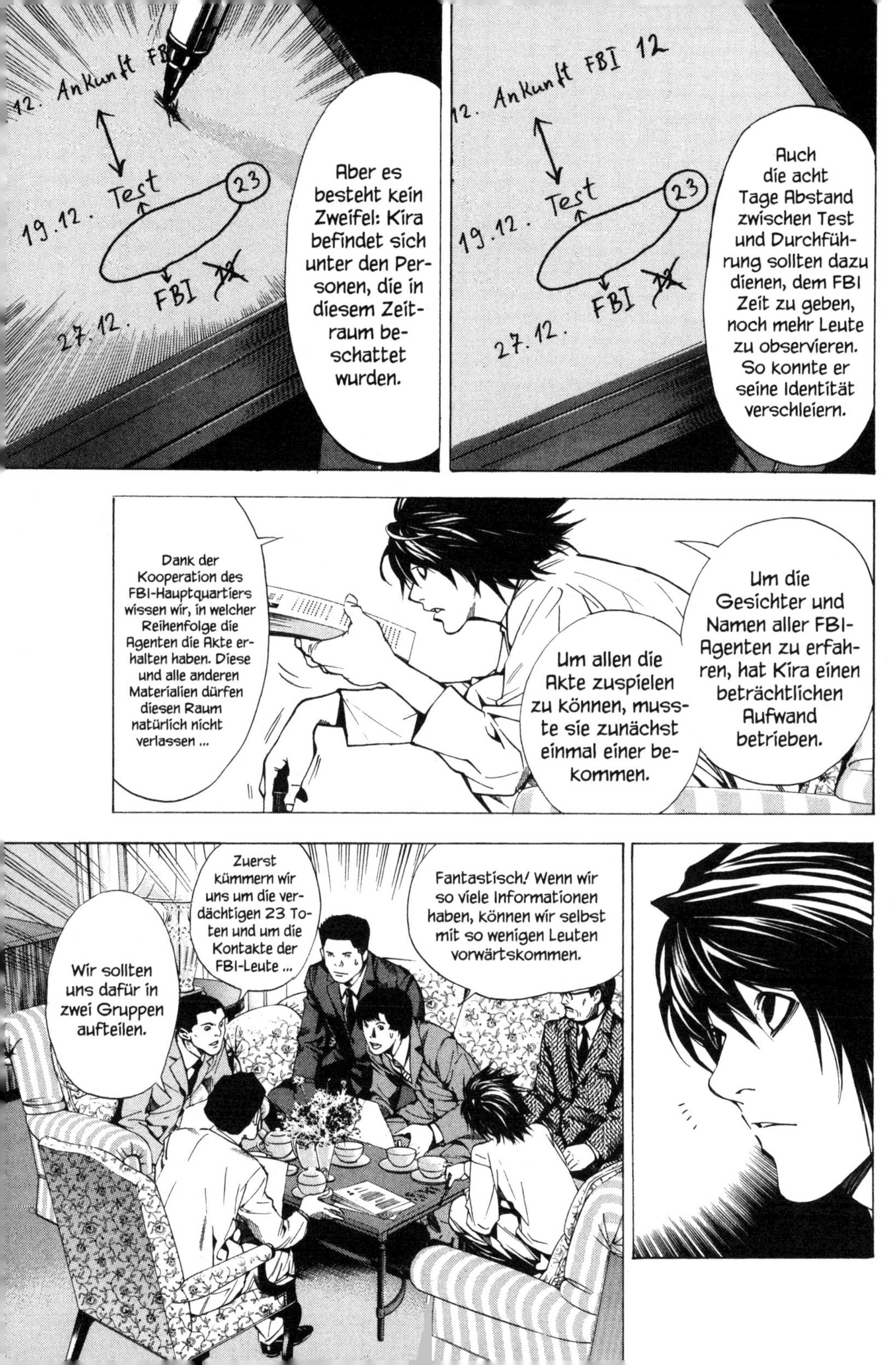

12. Ankunft FBI 12
19.12. Test
23
27.12. FBI
Auch die acht Tage Abstand zwischen Test und Durchführung sollten dazu dienen, dem FBI Zeit zu geben, noch mehr Leute zu observieren. So konnte er seine Identität verschleiern.
Aber es besteht kein Zweifel: Kira befindet sich unter den Personen, die in diesem Zeitraum beschattet wurden.
Um die Gesichter und Namen aller FBI-Agenten zu erfahren, hat Kira einen beträchtlichen Aufwand betrieben.
Um allen die Akte zuspielen zu können, musste sie zunächst einmal einer bekommen.
Dank der Kooperation des FBI-Hauptquartiers wissen wir, in welcher Reihenfolge die Agenten die Akte erhalten haben. Diese und alle anderen Materialien dürfen diesen Raum natürlich nicht verlassen ...
Fantastisch! Wenn wir so viele Informationen haben, können wir selbst mit so wenigen Leuten vorwärtskommen.
Zuerst kümmern wir uns um die verdächtigen 23 Toten und um die Kontakte der FBI-Leute ...
Wir sollten uns dafür in zwei Gruppen aufteilen.

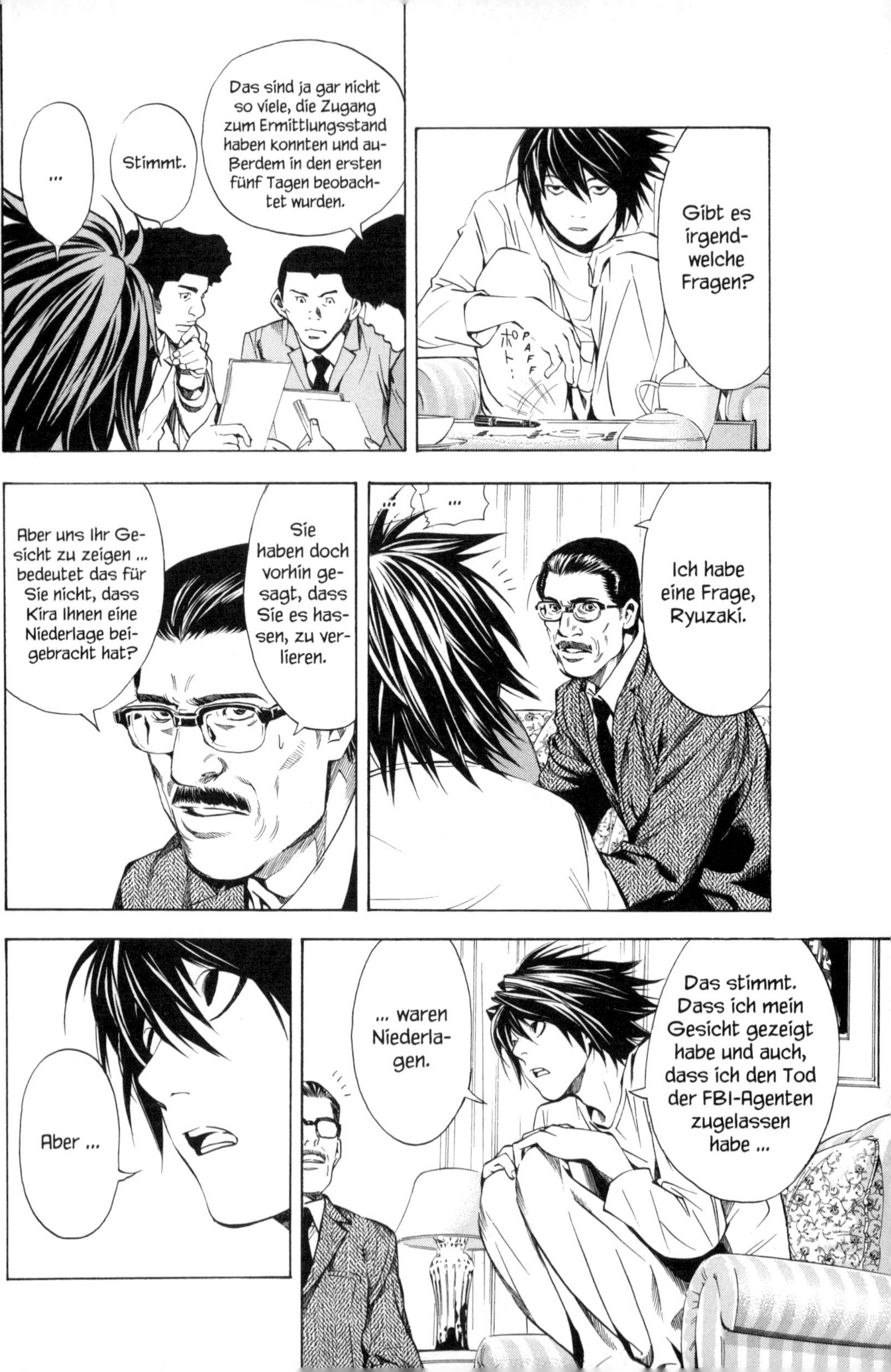
Gibt es irgendwelche Fragen?
PAFF
Das sind ja gar nicht so viele, die Zugang zum Ermittlungsstand haben konnten und außerdem in den ersten fünf Tagen beobachtet wurden.
Stimmt.
...
... ...
Ich habe eine Frage, Ryuzaki.
Sie haben doch vorhin gesagt, dass Sie es hassen, zu verlieren.
Aber uns Ihr Gesicht zu zeigen ... bedeutet das für Sie nicht, dass Kira Ihnen eine Niederlage beigebracht hat?
Das stimmt. Dass ich mein Gesicht gezeigt habe und auch, dass ich den Tod der FBI-Agenten zugelassen habe ...
... waren Niederlagen.
Aber ...

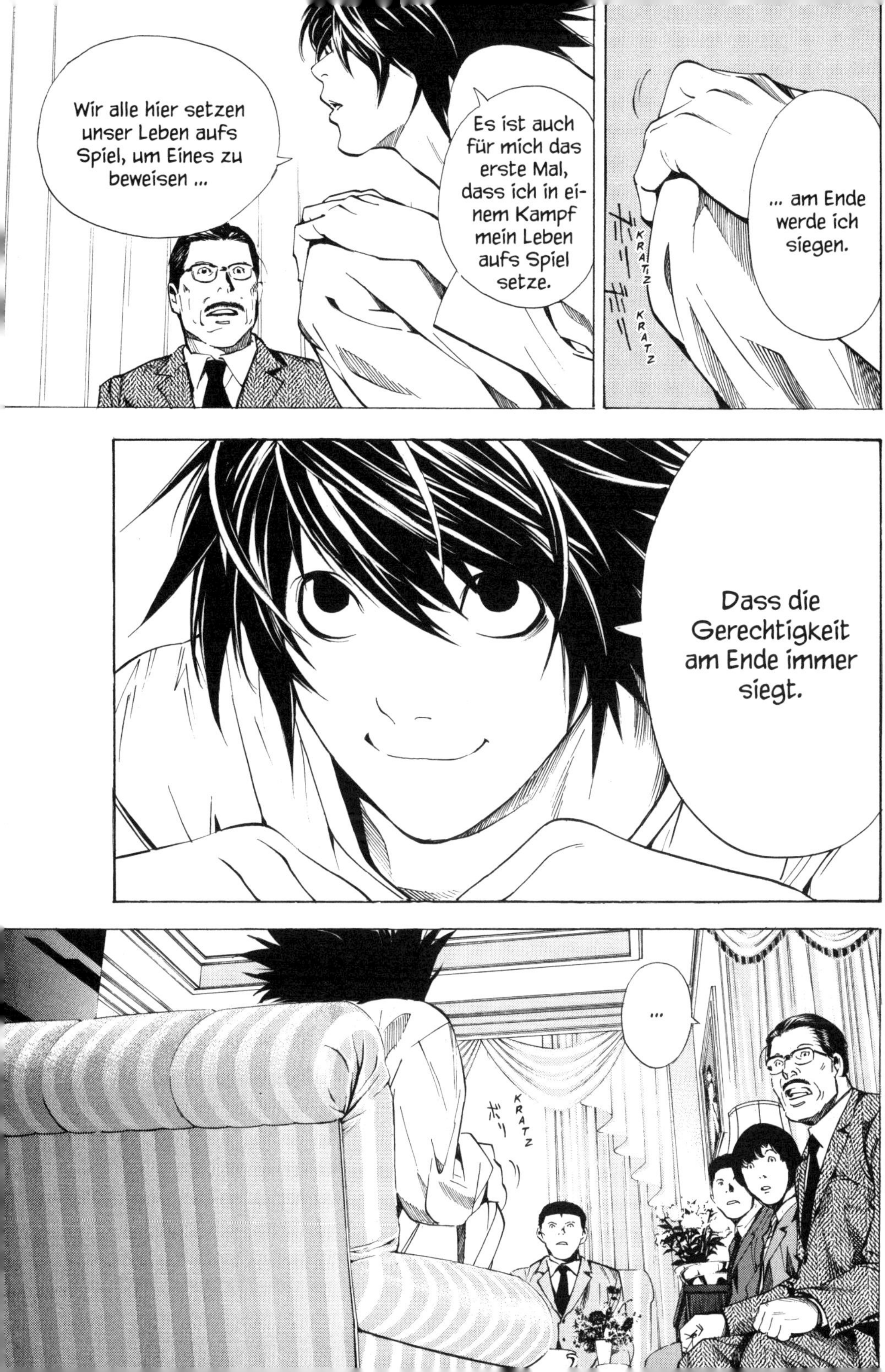
... am Ende werde ich siegen.
KRATZ KRATZ
Es ist auch für mich das erste Mal, dass ich in einem Kampf mein Leben aufs Spiel setze.
Wir alle hier setzen unser Leben aufs Spiel, um Eines zu beweisen ...
Dass die Gerechtigkeit am Ende immer siegt.
...
KRATZ

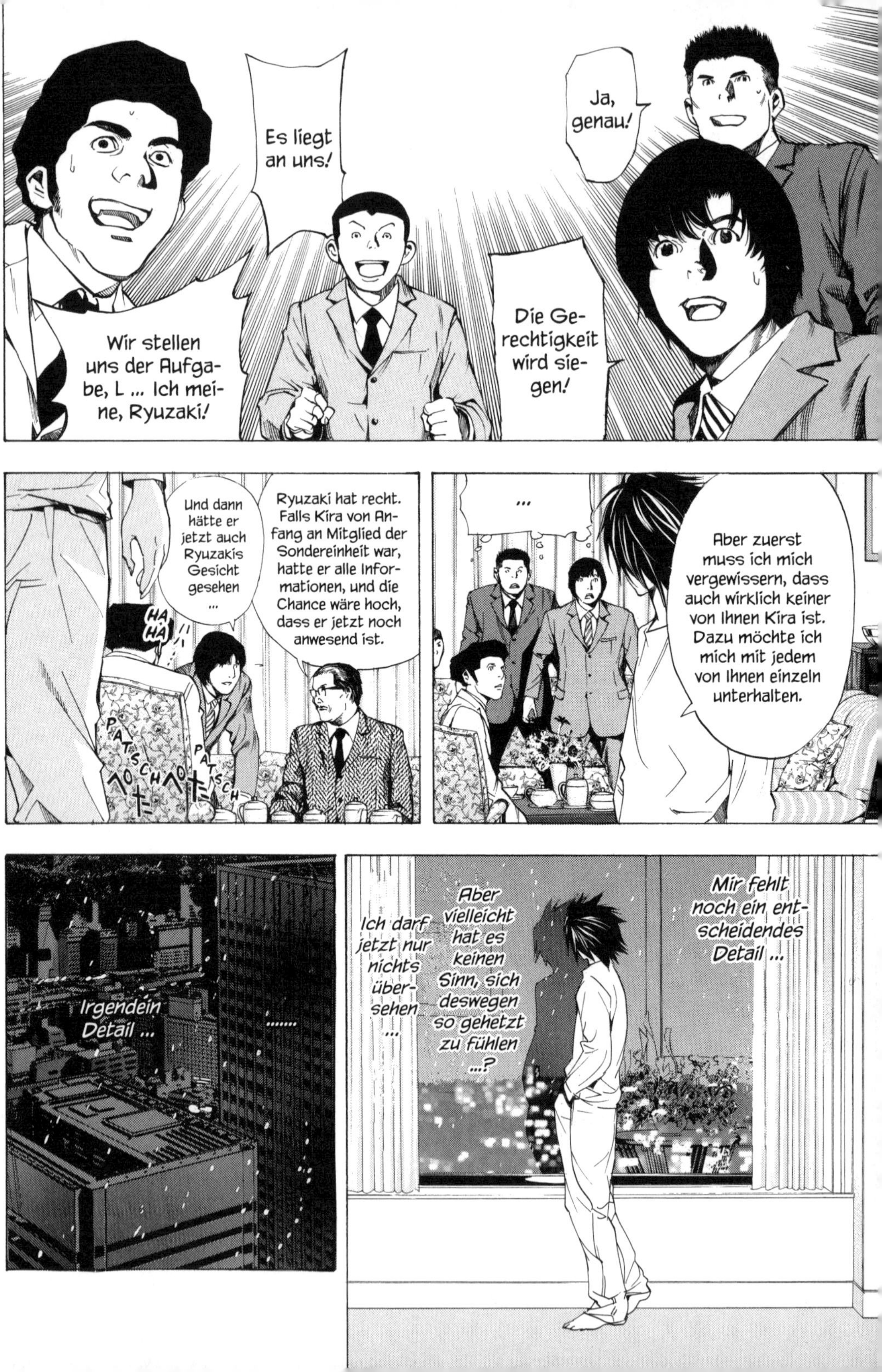
Ja, genau!
Die Gerechtigkeit wird siegen!
Es liegt an uns!
Wir stellen uns der Aufgabe, L ... Ich meine, Ryuzaki!
...
Aber zuerst muss ich mich vergewissern, dass auch wirklich keiner von Ihnen Kira ist. Dazu möchte ich mich mit jedem von Ihnen einzeln unterhalten.
Ryuzaki hat recht. Falls Kira von Anfang an Mitglied der Sondereinheit war, hatte er alle Informationen, und die Chance wäre hoch, dass er jetzt noch anwesend ist.
Und dann hätte er jetzt auch Ryuzakis Gesicht gesehen ...
HA HA
PATSCH
PATSCH
Mir fehlt noch ein entscheidendes Detail ...
Aber vielleicht hat es keinen Sinn, sich deswegen so gehetzt zu fühlen ...?
Ich darf jetzt nur nichts übersehen ...
......
Irgendein Detail ...

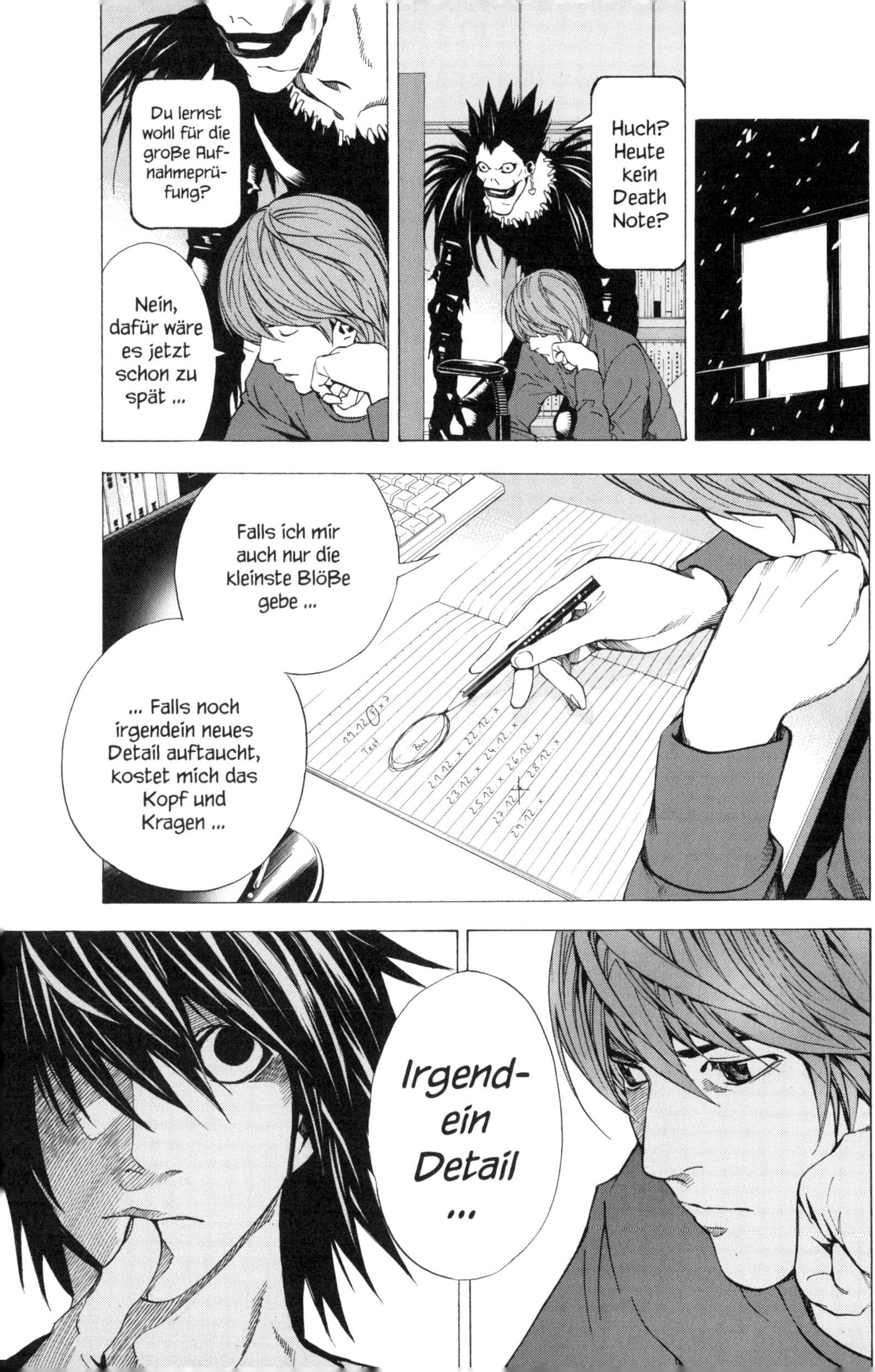
Huch? Heute kein Death Note?
Du lernst wohl für die große Aufnahmeprüfung?
Nein, dafür wäre es jetzt schon zu spät ...
Falls ich mir auch nur die kleinste Blöße gebe ...
... Falls noch irgendein neues Detail auftaucht, kostet mich das Kopf und Kragen ...
Irgend-ein Detail ...

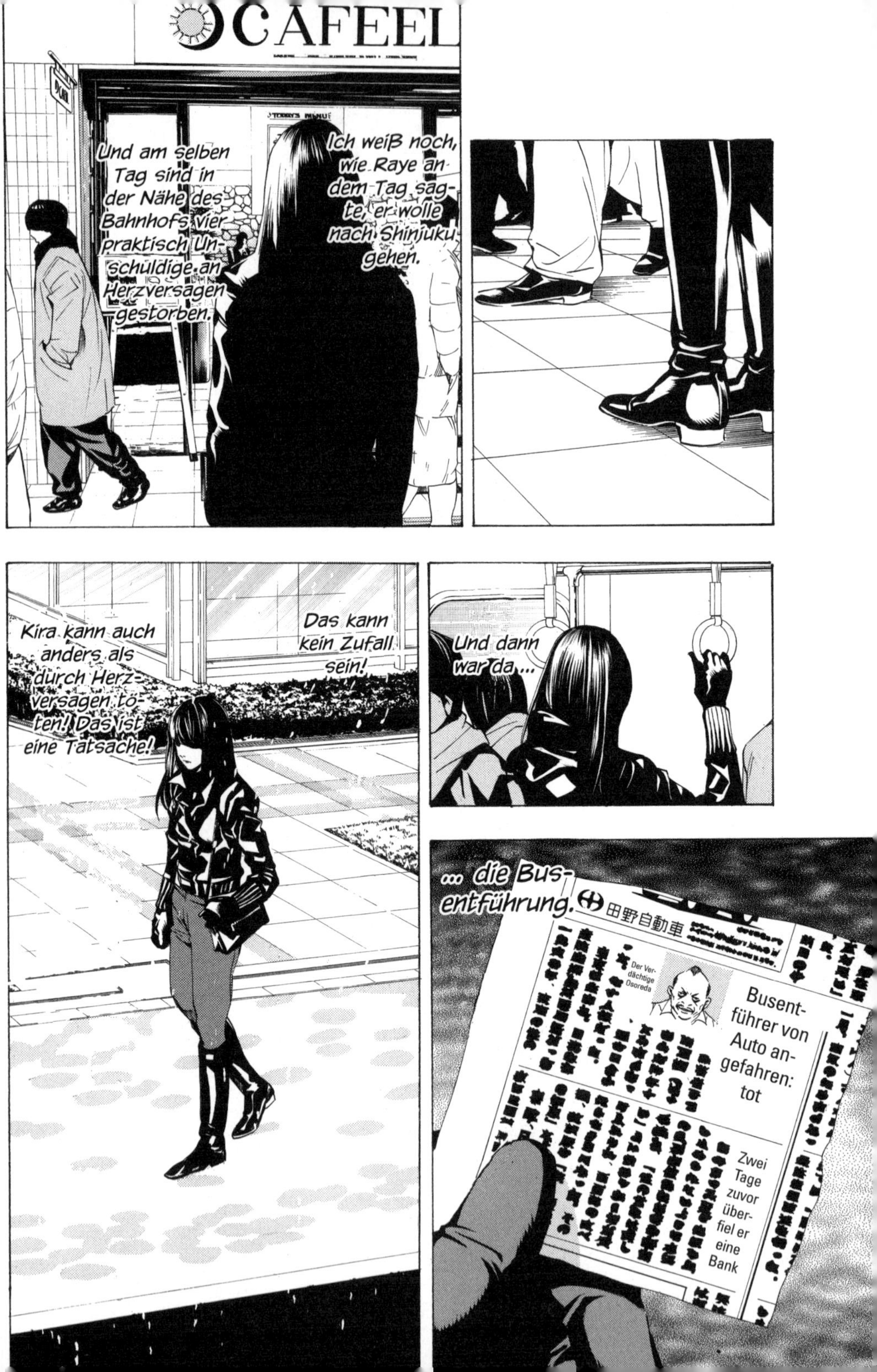

CAFEEL
Ich weiß noch, wie Raye an dem Tag sagte, er wolle nach Shinjuku gehen.
Und am selben Tag sind in der Nähe des Bahnhofs vier praktisch Unschuldige an Herzversagen gestorben.
Und dann war da ...
... die Busentführung.
田野自動車
Der Verdächtige Osoreda
Busentführer von Auto angefahren: tot
Zwei Tage zuvor überfiel er eine Bank
Das kann kein Zufall sein!
Kira kann auch anders als durch Herzversagen töten! Das ist eine Tatsache!

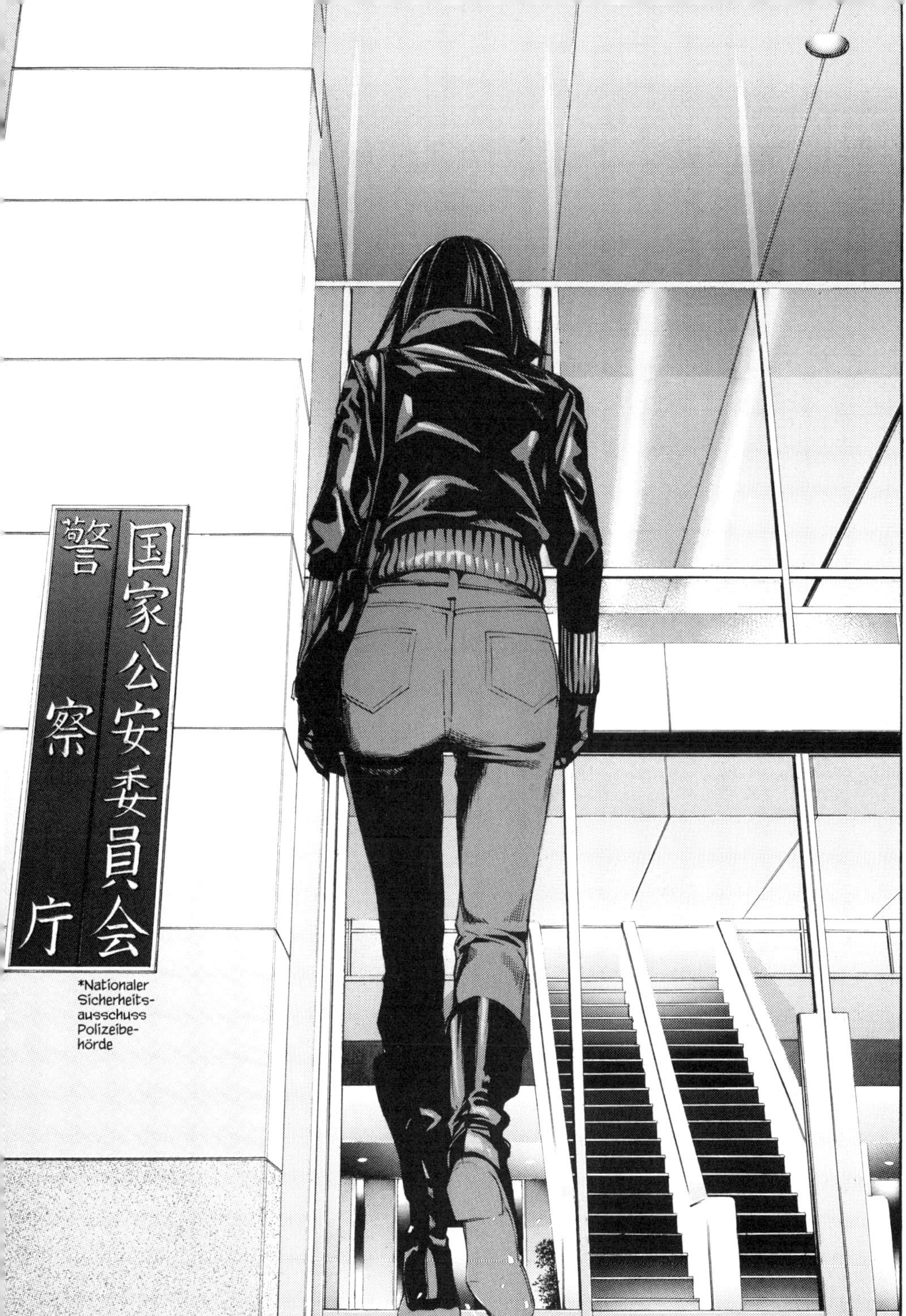

DEATH NOTE DIAMOND EDITION ① † ENDE

DEATH NOTE

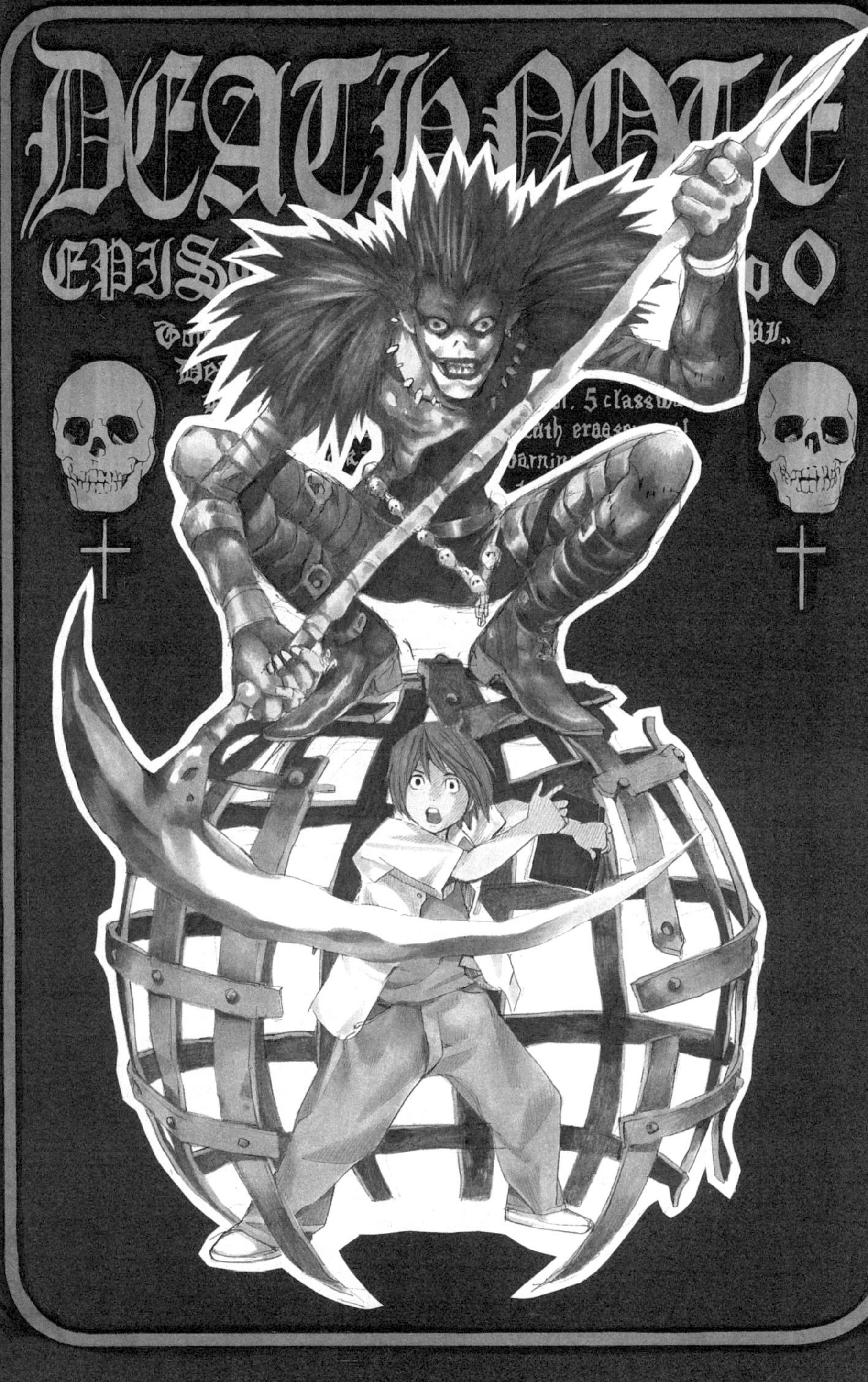
DEATH NOTE

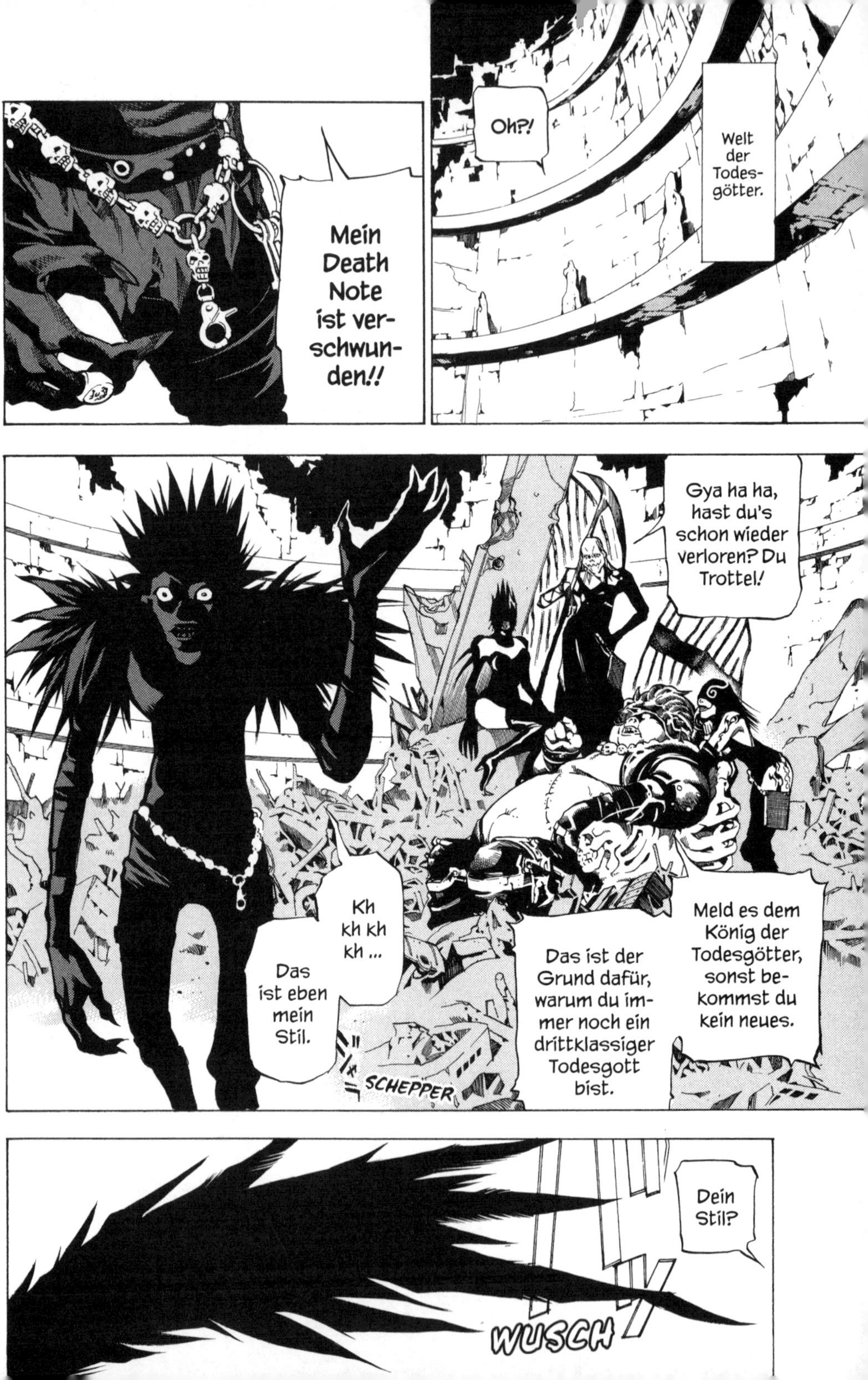
Welt der Todesgötter.
Oh?!
Mein Death Note ist verschwunden!!
Gya ha ha, hast du's schon wieder verloren? Du Trottel!
Meld es dem König der Todesgötter, sonst bekommst du kein neues.
Das ist der Grund dafür, warum du immer noch ein drittklassiger Todesgott bist.
Kh kh kh kh ...
Das ist eben mein Stil.
SCHEPPER
Dein Stil?
WUSCH

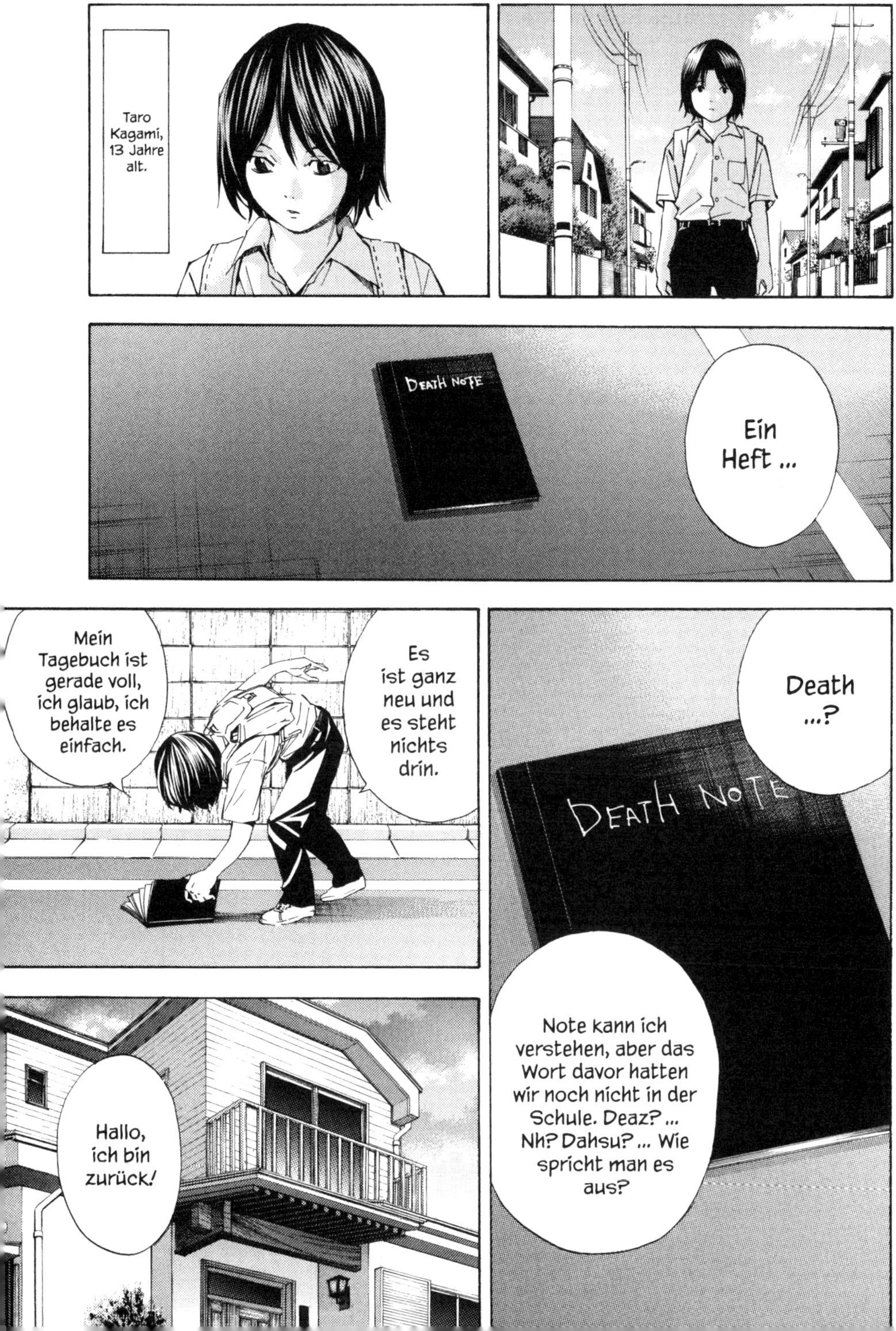
Taro Kagami, 13 Jahre alt.
DEATH NOTE
Ein Heft ...
Death ...?
DEATH NOTE
Note kann ich verstehen, aber das Wort davor hatten wir noch nicht in der Schule. Deaz? ... Nh? Dahsu? ... Wie spricht man es aus?
Es ist ganz neu und es steht nichts drin.
Mein Tagebuch ist gerade voll, ich glaub, ich behalte es einfach.
Hallo, ich bin zurück!

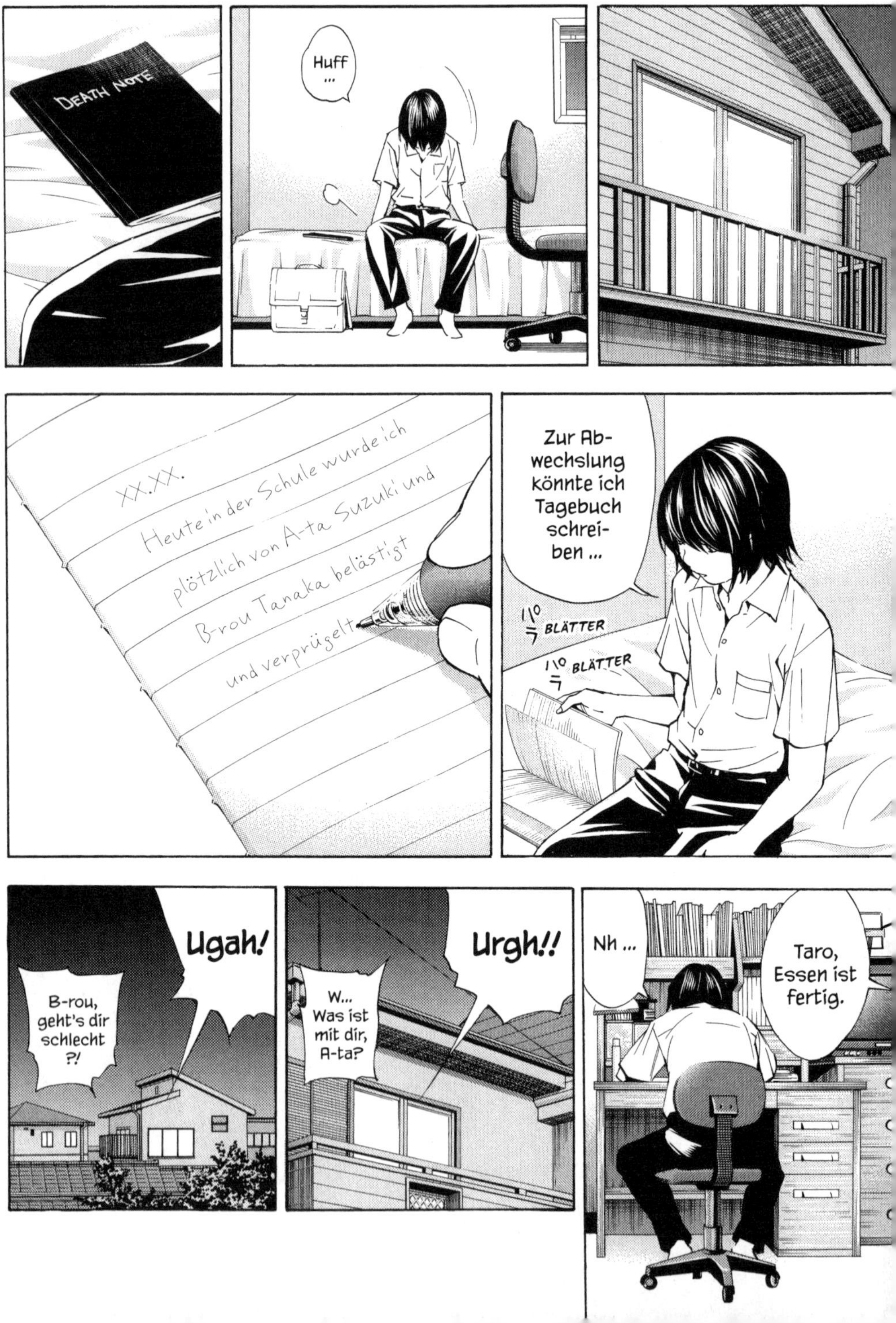
DEATH NOTE
Huff ...
Zur Abwechslung könnte ich Tagebuch schreiben ...
BLÄTTER
BLÄTTER
XX.XX.
Heute in der Schule wurde ich plötzlich von A-ta Suzuki und B-rou Tanaka belästigt und verprügelt
Taro, Essen ist fertig.
Nh ...
Urgh!!
W... Was ist mit dir, A-ta?
Ugah!
B-rou, geht's dir schlecht ?!

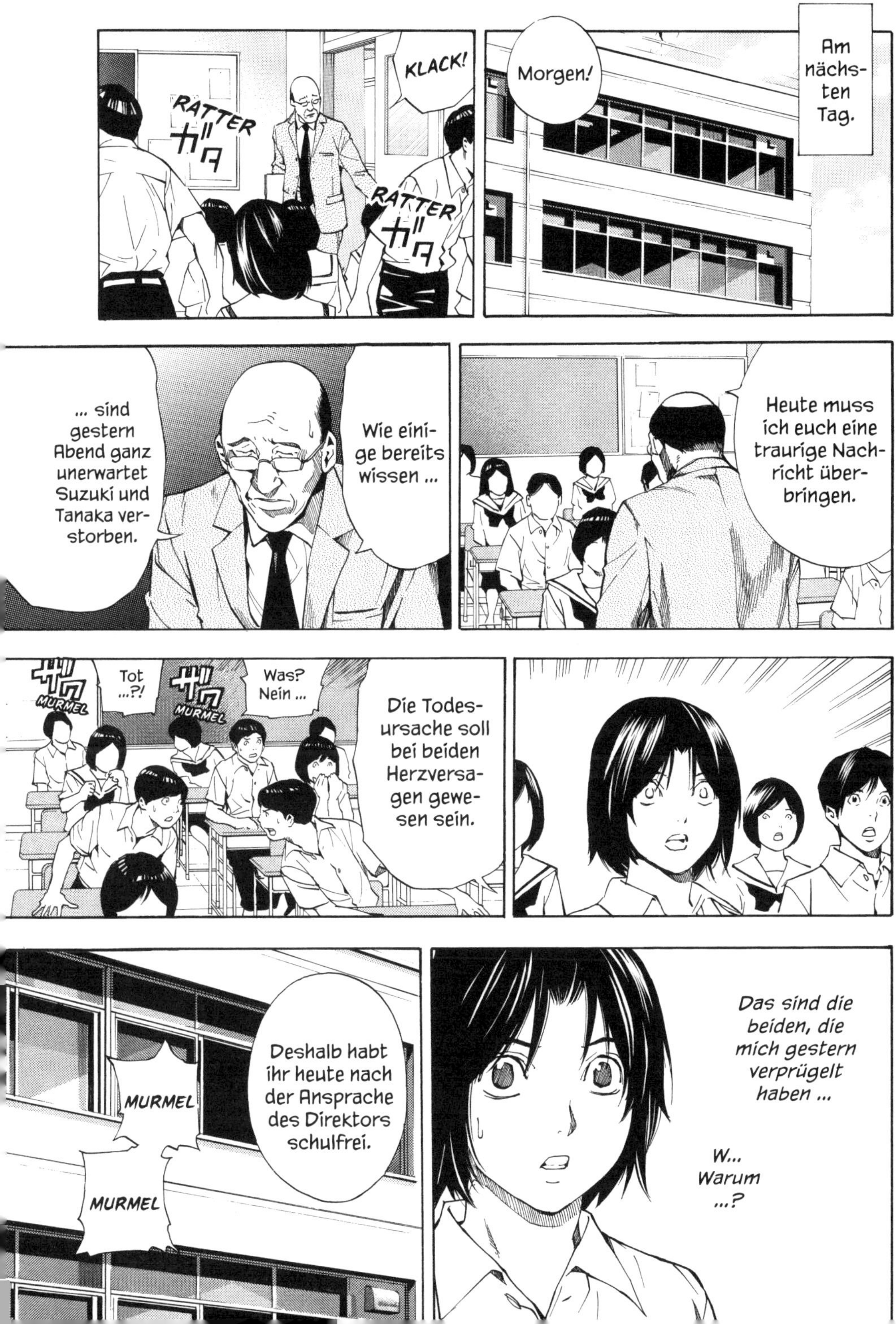
Am nächsten Tag.
Morgen!
KLACK!
RATTER
ガタ
RATTER
ガタ
Heute muss ich euch eine traurige Nachricht überbringen.
Wie einige bereits wissen ...
... sind gestern Abend ganz unerwartet Suzuki und Tanaka verstorben.
Die Todesursache soll bei beiden Herzversagen gewesen sein.
Was? Nein ...
MURMEL
Tot ...?!
MURMEL
Das sind die beiden, die mich gestern verprügelt haben ...
W... Warum ...?
Deshalb habt ihr heute nach der Ansprache des Direktors schulfrei.
MURMEL
MURMEL

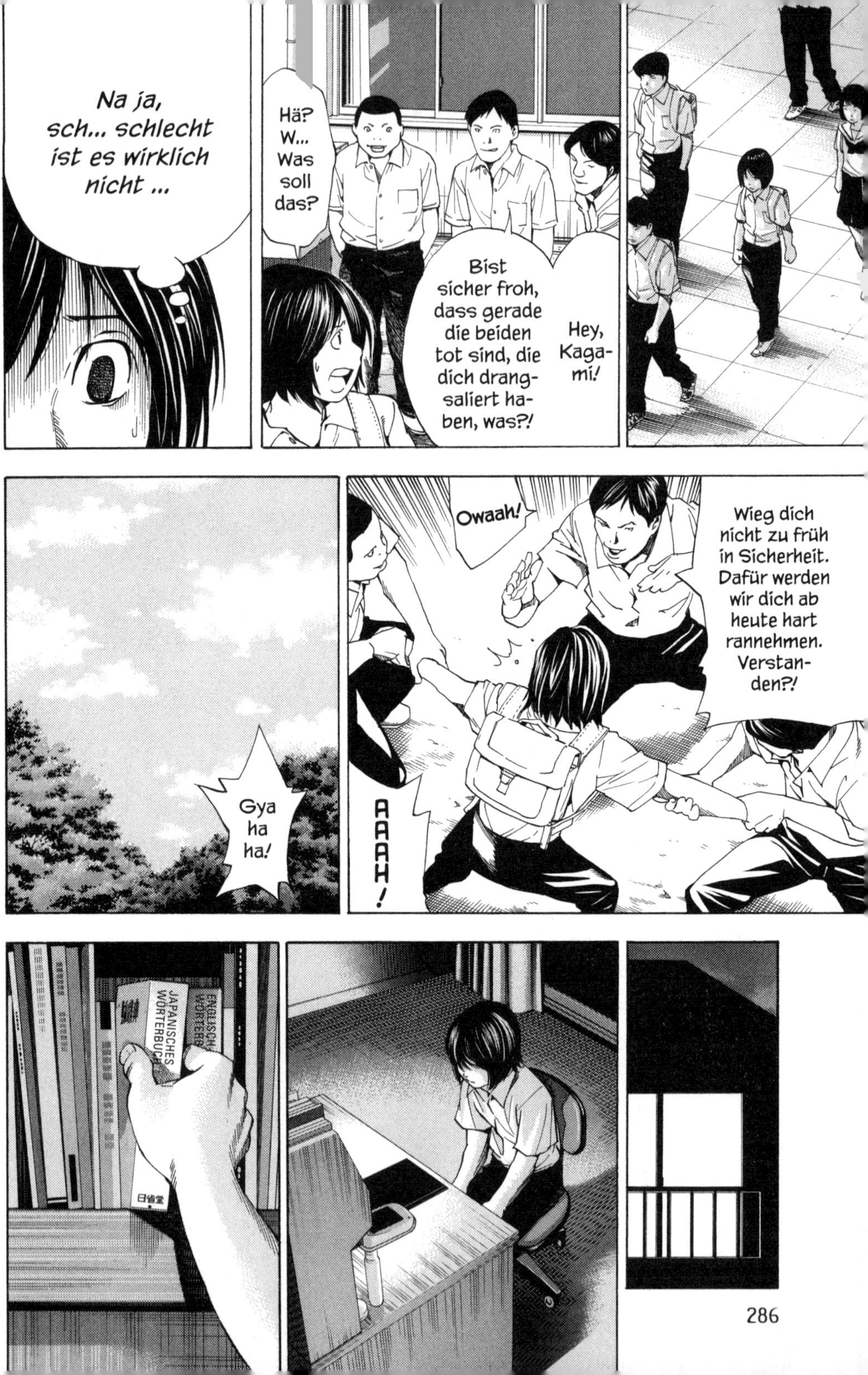
Na ja, sch... schlecht ist es wirklich nicht ...
Hä? W... Was soll das?
Hey, Kagami!
Bist sicher froh, dass gerade die beiden tot sind, die dich drangsaliert haben, was?!
Wieg dich nicht zu früh in Sicherheit. Dafür werden wir dich ab heute hart rannehmen. Verstanden?!
Owaah!
AAAAH!
Gya ha ha!
JAPANISCHES WÖRTERBUCH
ENGLISCH WÖRTERB

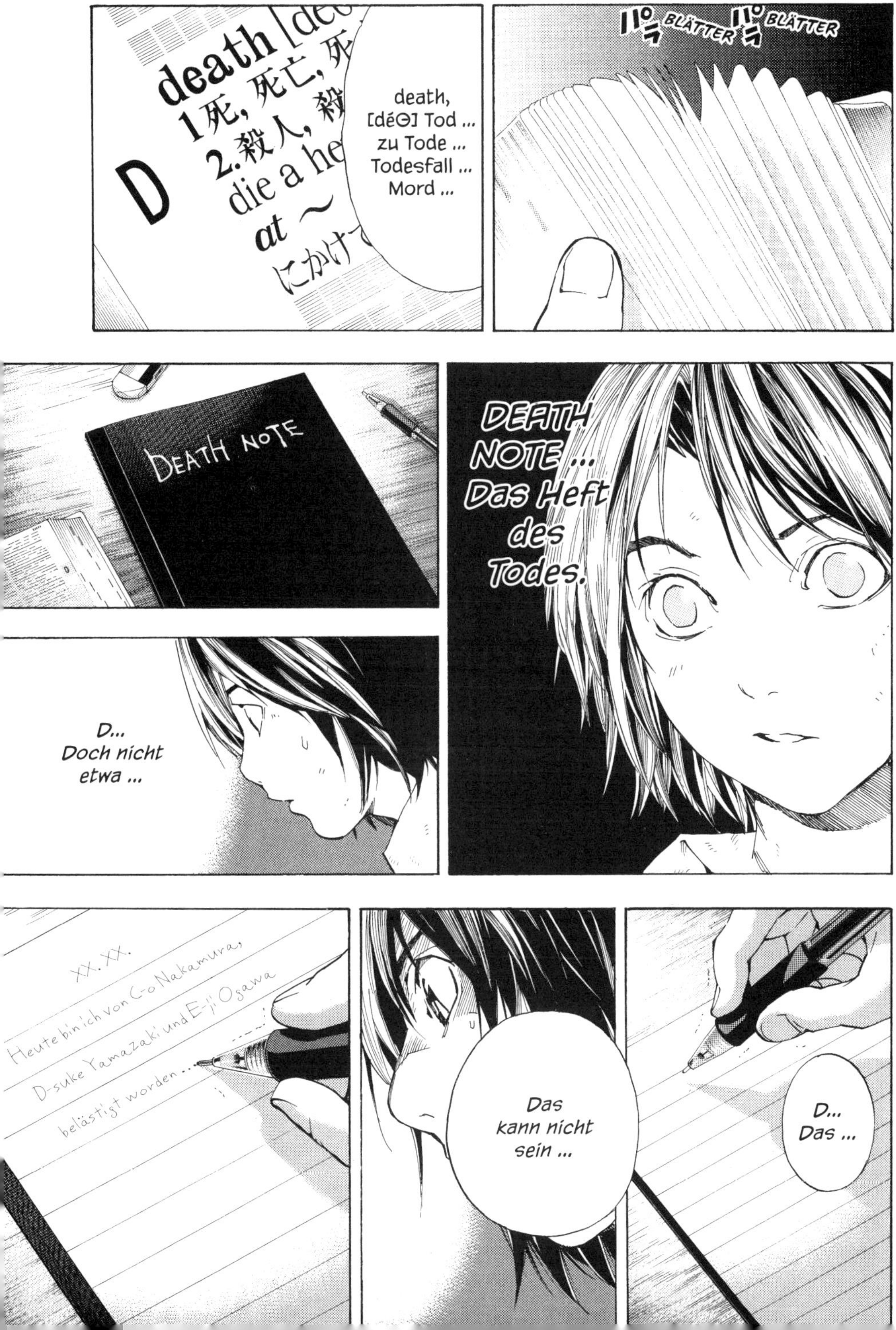

パラ BLÄTTER パラ BLÄTTER
death,
[déΘ] Tod ...
zu Tode ...
Todesfall ...
Mord ...
DEATH NOTE ... Das Heft des Todes.
DEATH NOTE
D... Doch nicht etwa ...
D... Das ...
Das kann nicht sein ...
XX. XX.
Heute bin ich von C-o Nakamura,
D-suke Yamazaki und E-ji Ogawa
belästigt worden ...

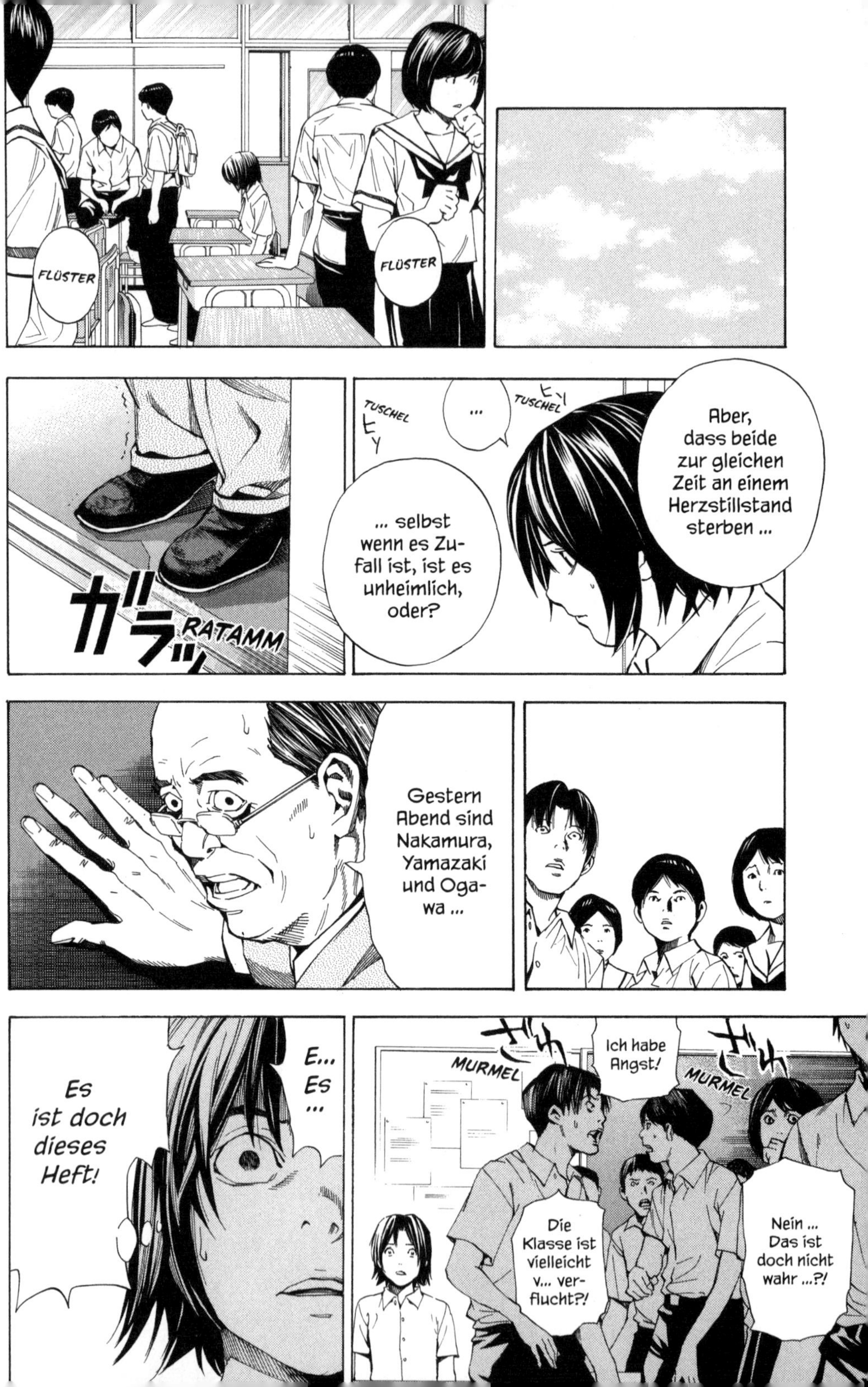

FLÜSTER
FLÜSTER
Aber, dass beide zur gleichen Zeit an einem Herzstillstand sterben ...
TUSCHEL
TUSCHEL
...
... selbst wenn es Zufall ist, ist es unheimlich, oder?
RATAMM
Gestern Abend sind Nakamura, Yamazaki und Ogawa ...
MURMEL
MURMEL
Ich habe Angst!
Nein ... Das ist doch nicht wahr ...?!
Die Klasse ist vielleicht v... verflucht?!
E... Es ...
Es ist doch dieses Heft!

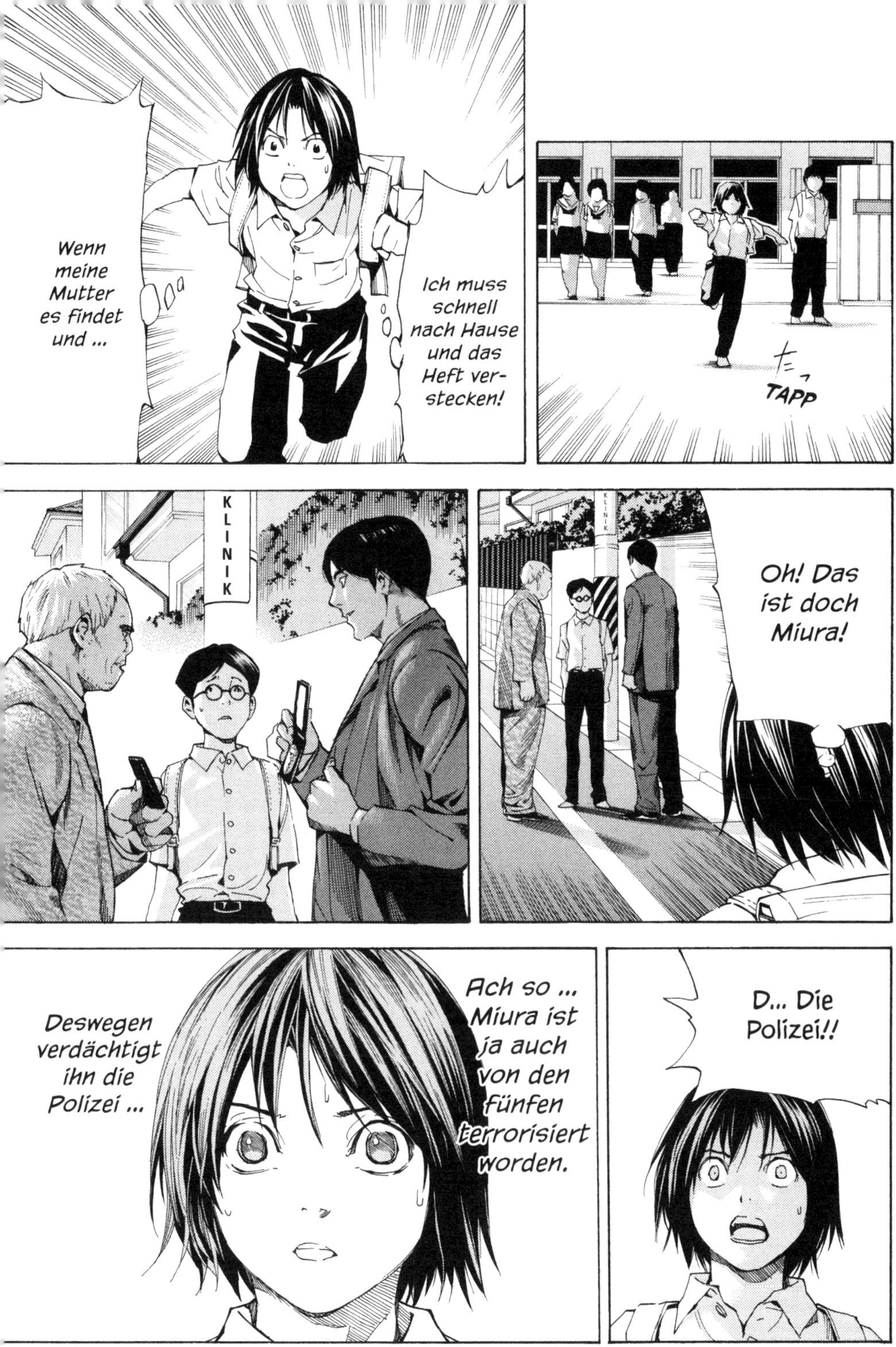
Ich muss schnell nach Hause und das Heft verstecken!
Wenn meine Mutter es findet und ...
TAPP
KLINIK
Oh! Das ist doch Miura!
KLINIK
D... Die Polizei!!
Ach so ... Miura ist ja auch von den fünfen terrorisiert worden.
Deswegen verdächtigt ihn die Polizei ...

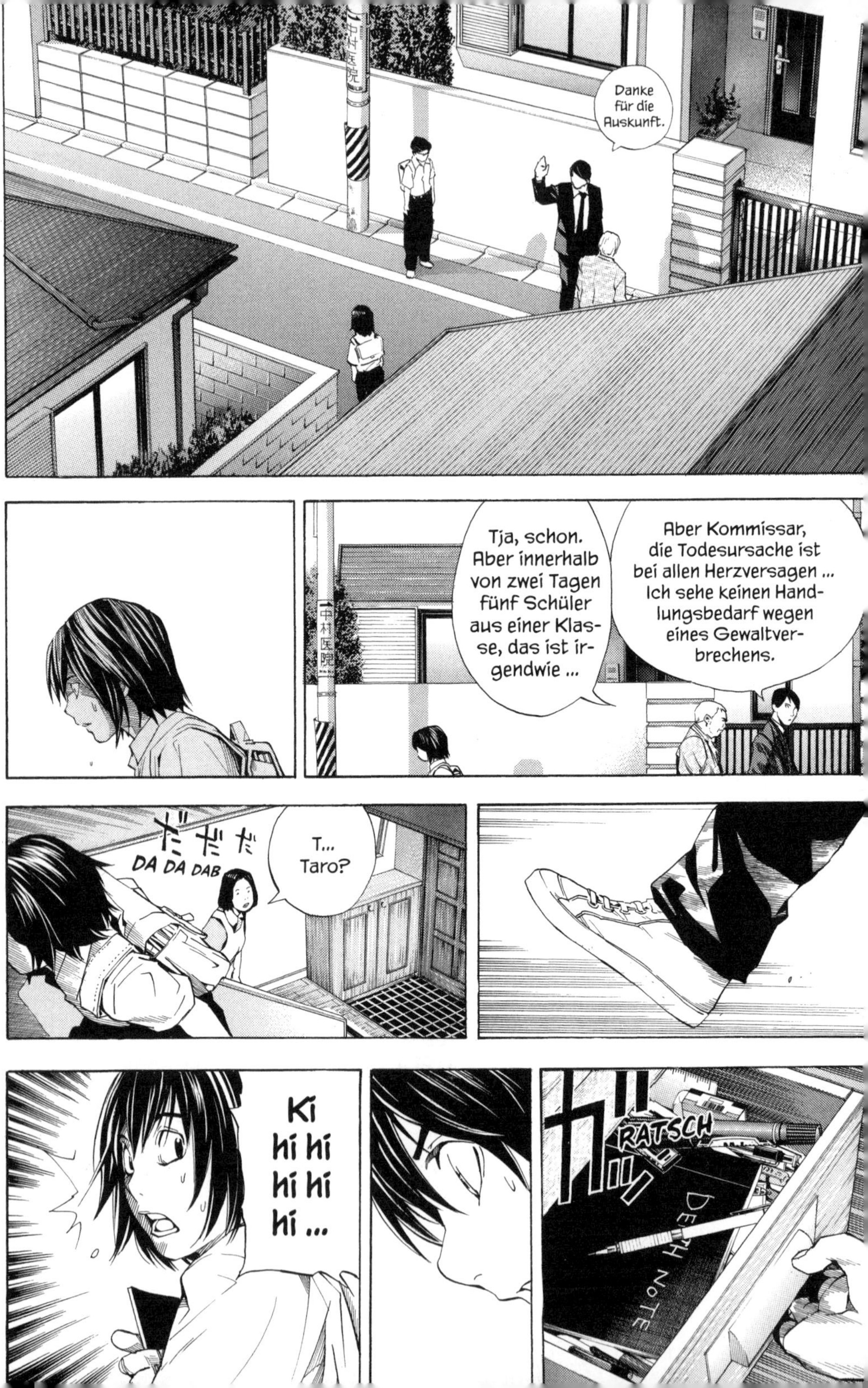

Danke für die Auskunft.
Aber Kommissar, die Todesursache ist bei allen Herzversagen ... Ich sehe keinen Handlungsbedarf wegen eines Gewaltverbrechens.
Tja, schon. Aber innerhalb von zwei Tagen fünf Schüler aus einer Klasse, das ist irgendwie ...
T... Taro?
DA DA DAB
RATSCH
DEATH NOTE
Ki hi hi hi hi hi ...

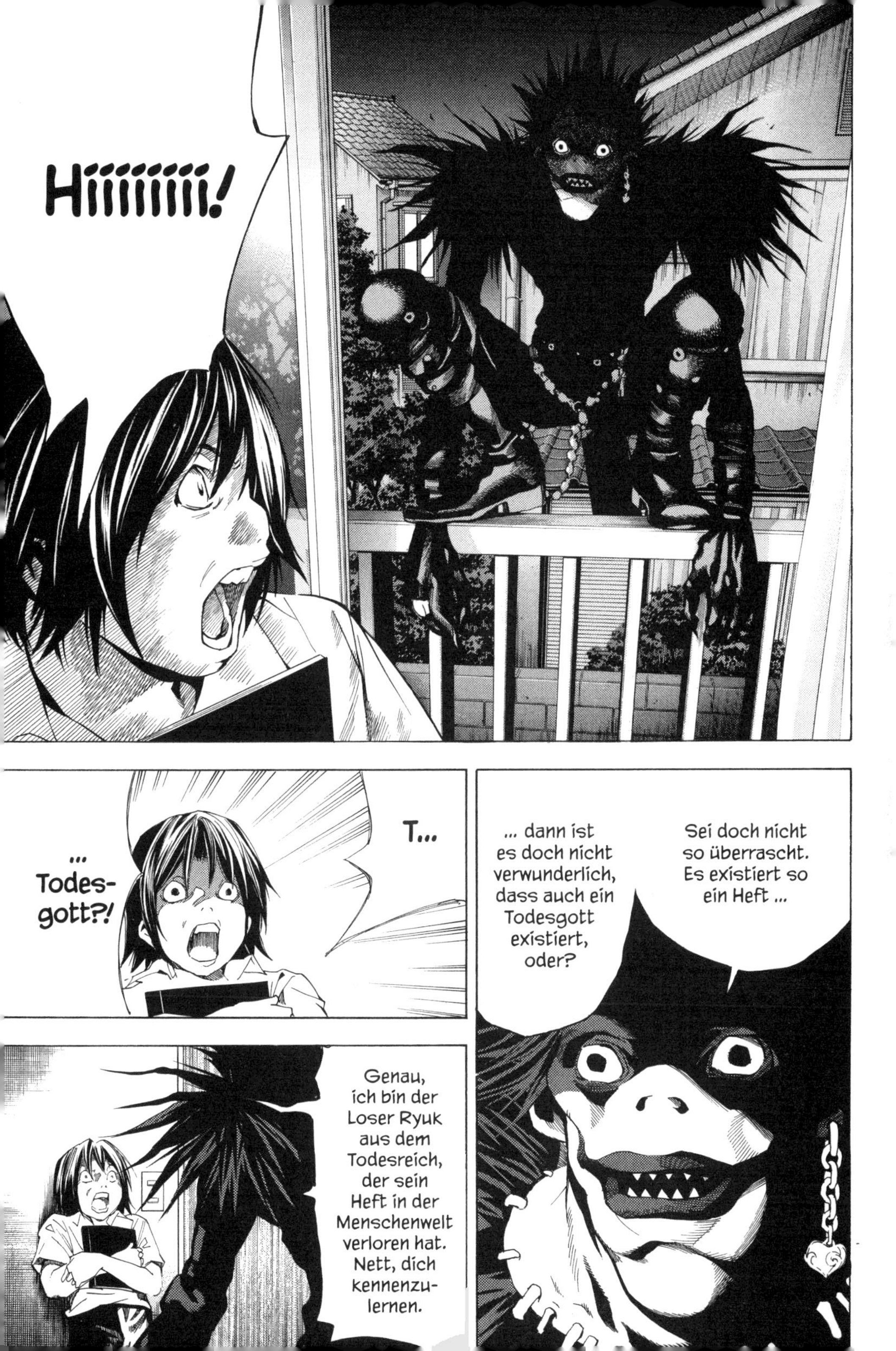
Hiiiiiiii!
Sei doch nicht so überrascht. Es existiert so ein Heft ...
... dann ist es doch nicht verwunderlich, dass auch ein Todesgott existiert, oder?
T...
... Todes-gott?!
Genau, ich bin der Loser Ryuk aus dem Todesreich, der sein Heft in der Menschenwelt verloren hat. Nett, dich kennenzu-lernen.

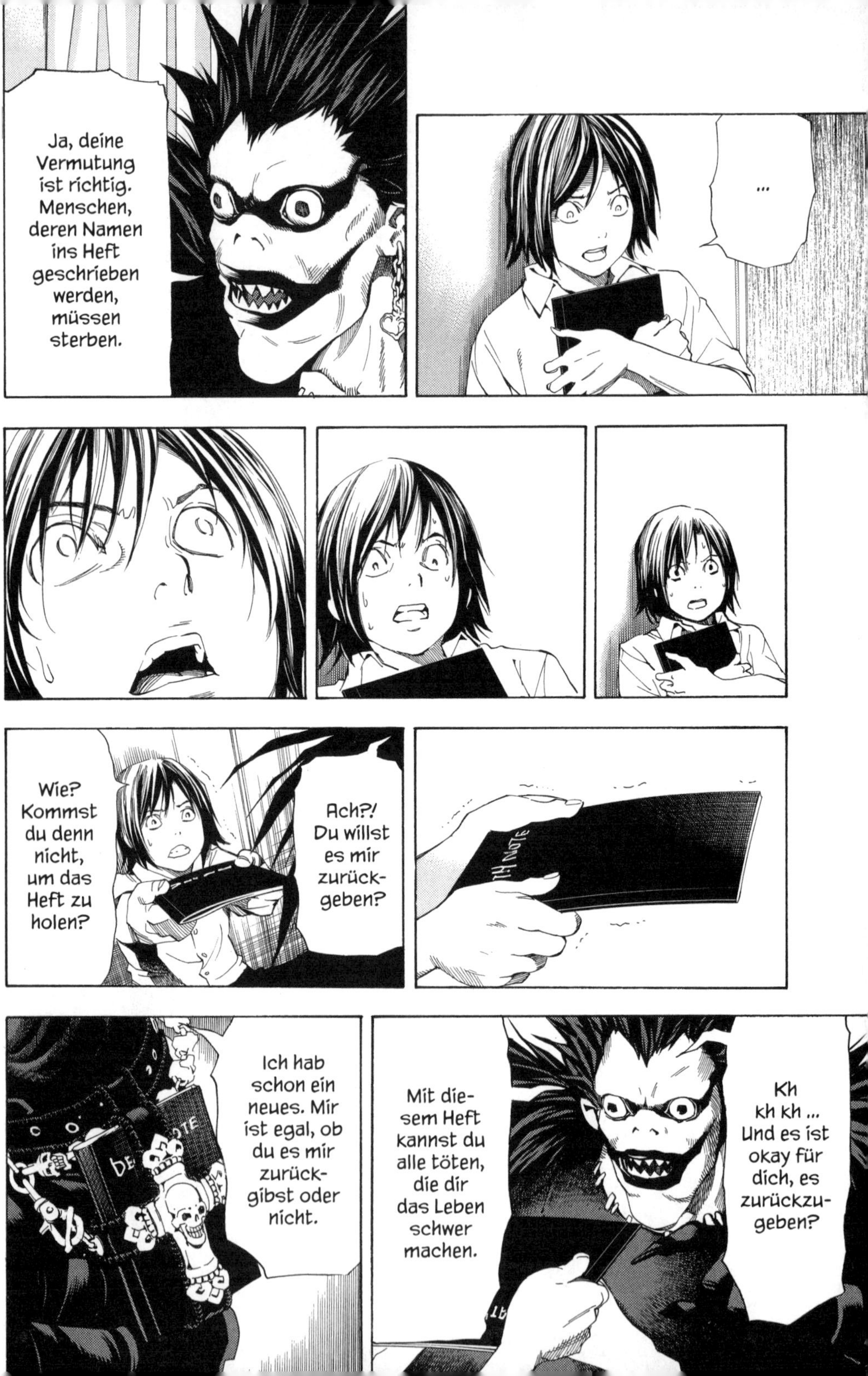
...
Ja, deine Vermutung ist richtig. Menschen, deren Namen ins Heft geschrieben werden, müssen sterben.
Ach?! Du willst es mir zurückgeben?
Wie? Kommst du denn nicht, um das Heft zu holen?
Kh kh kh ... Und es ist okay für dich, es zurückzugeben?
Mit diesem Heft kannst du alle töten, die dir das Leben schwer machen.
Ich hab schon ein neues. Mir ist egal, ob du es mir zurückgibst oder nicht.

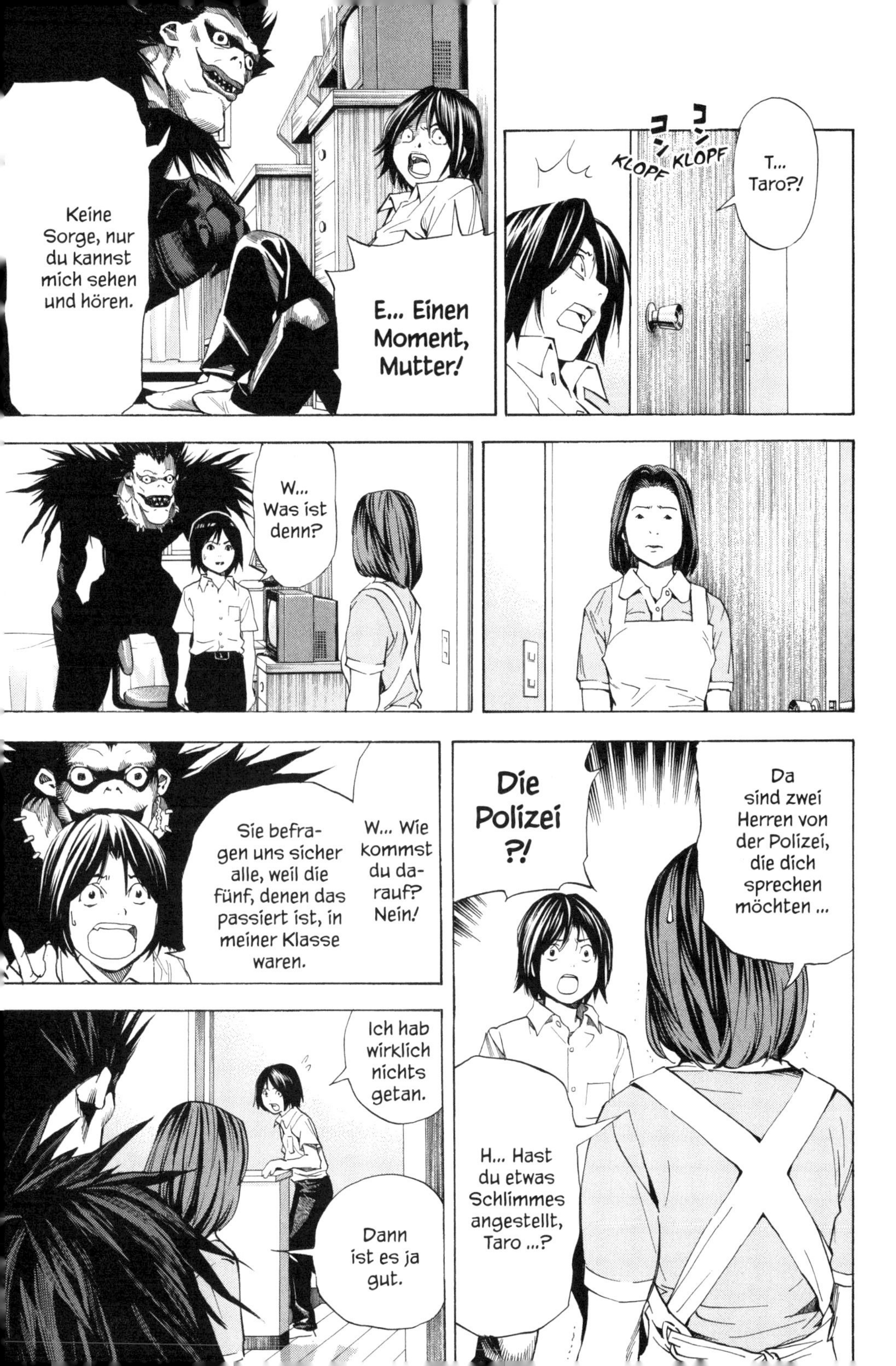
KLOPF
KLOPF
T... Taro?!
E... Einen Moment, Mutter!
Keine Sorge, nur du kannst mich sehen und hören.
W... Was ist denn?
Da sind zwei Herren von der Polizei, die dich sprechen möchten ...
Die Polizei ?!
H... Hast du etwas Schlimmes angestellt, Taro ...?
W... Wie kommst du darauf? Nein!
Sie befragen uns sicher alle, weil die fünf, denen das passiert ist, in meiner Klasse waren.
Ich hab wirklich nichts getan.
Dann ist es ja gut.

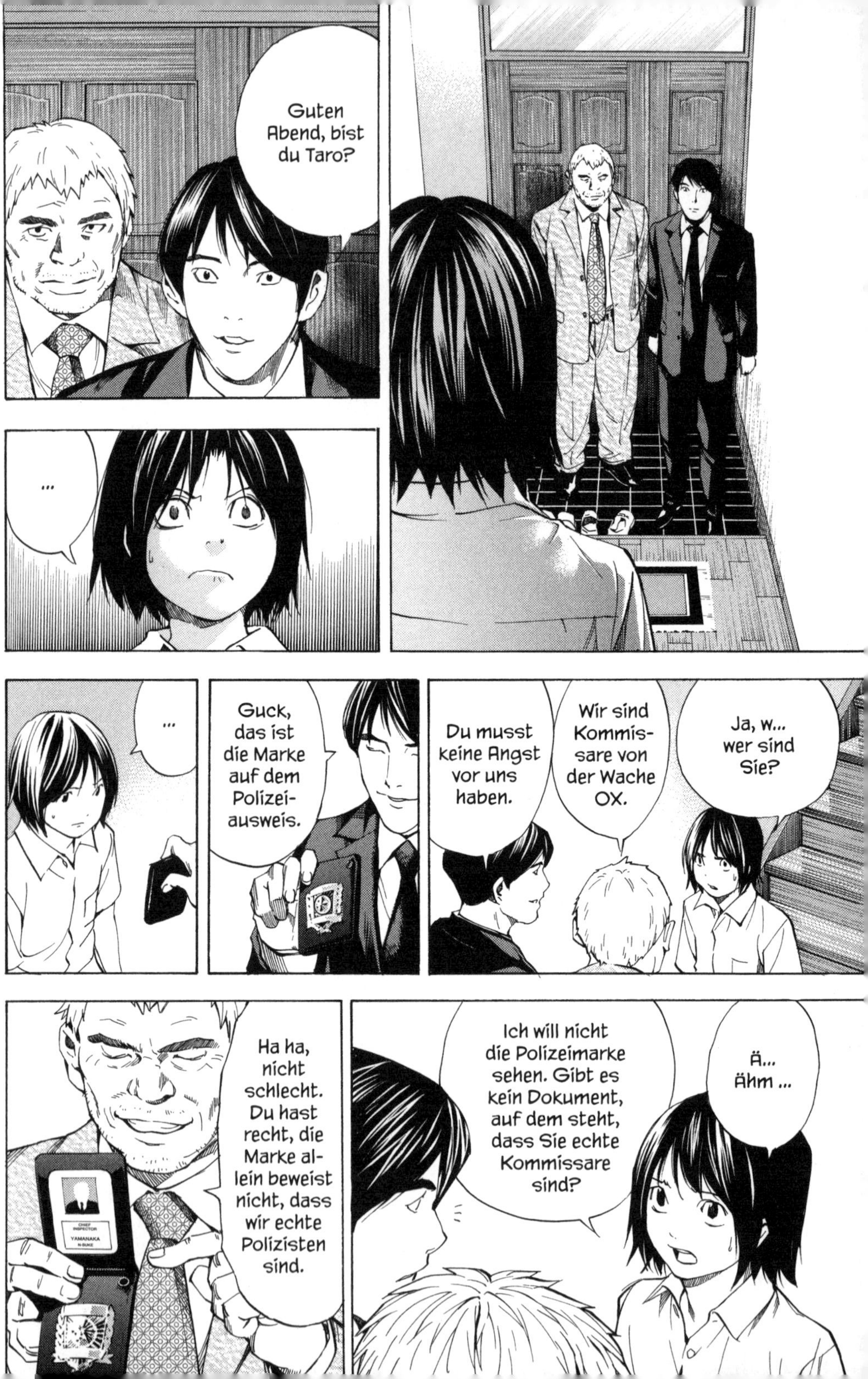
Guten Abend, bist du Taro?
...
Ja, w... wer sind Sie?
Wir sind Kommissare von der Wache OX.
Du musst keine Angst vor uns haben.
Guck, das ist die Marke auf dem Polizeiausweis.
...
Ä... Ähm ...
Ich will nicht die Polizeimarke sehen. Gibt es kein Dokument, auf dem steht, dass Sie echte Kommissare sind?
Ha ha, nicht schlecht. Du hast recht, die Marke allein beweist nicht, dass wir echte Polizisten sind.

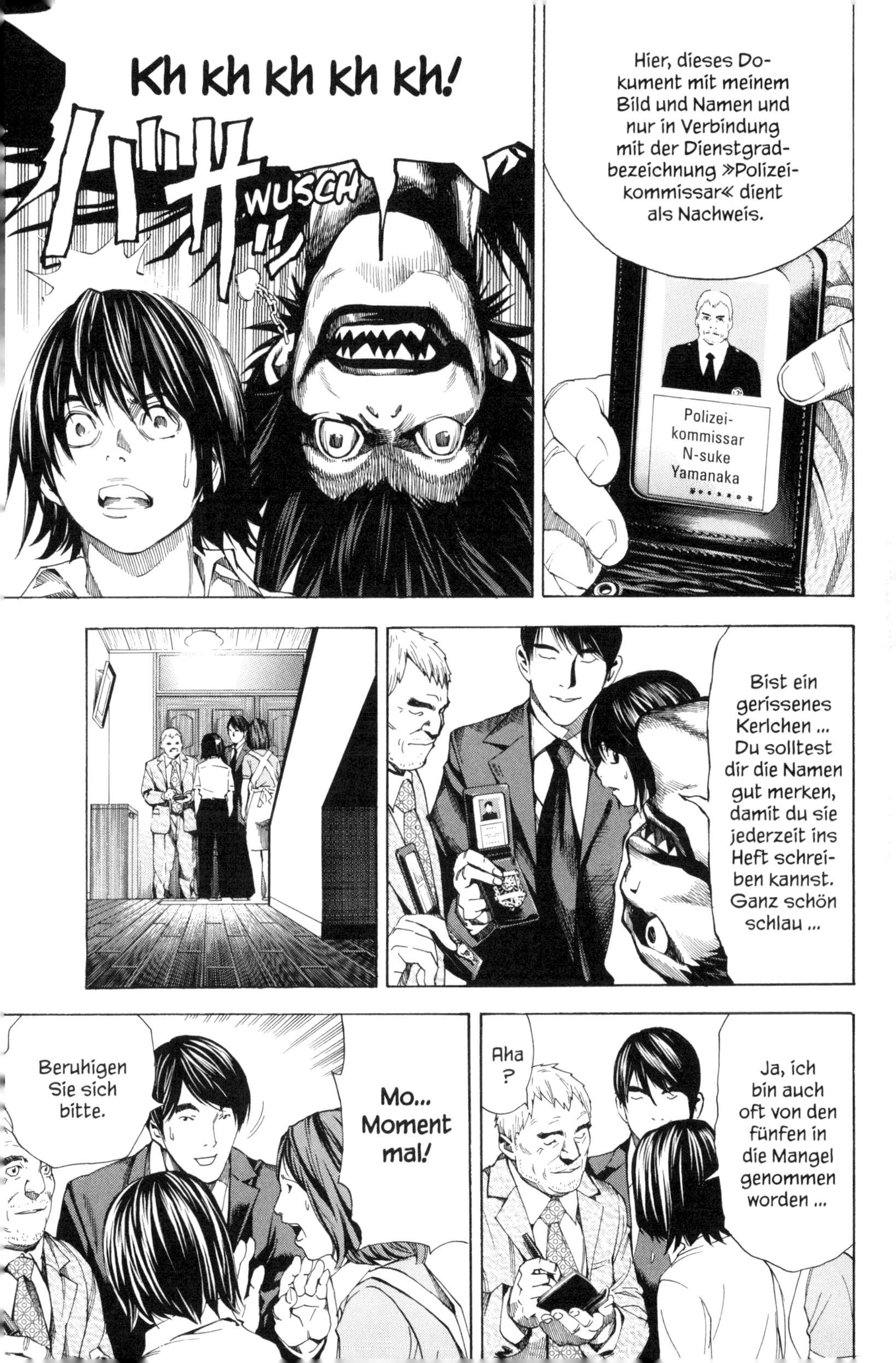
Hier, dieses Dokument mit meinem Bild und Namen und nur in Verbindung mit der Dienstgradbezeichnung »Polizeikommissar« dient als Nachweis.
Polizeikommissar N-suke Yamanaka
Kh kh kh kh kh!
WUSCH
Bist ein gerissenes Kerlchen … Du solltest dir die Namen gut merken, damit du sie jederzeit ins Heft schreiben kannst. Ganz schön schlau …
Ja, ich bin auch oft von den fünfen in die Mangel genommen worden …
Aha?
Mo… Moment mal!
Beruhigen Sie sich bitte.

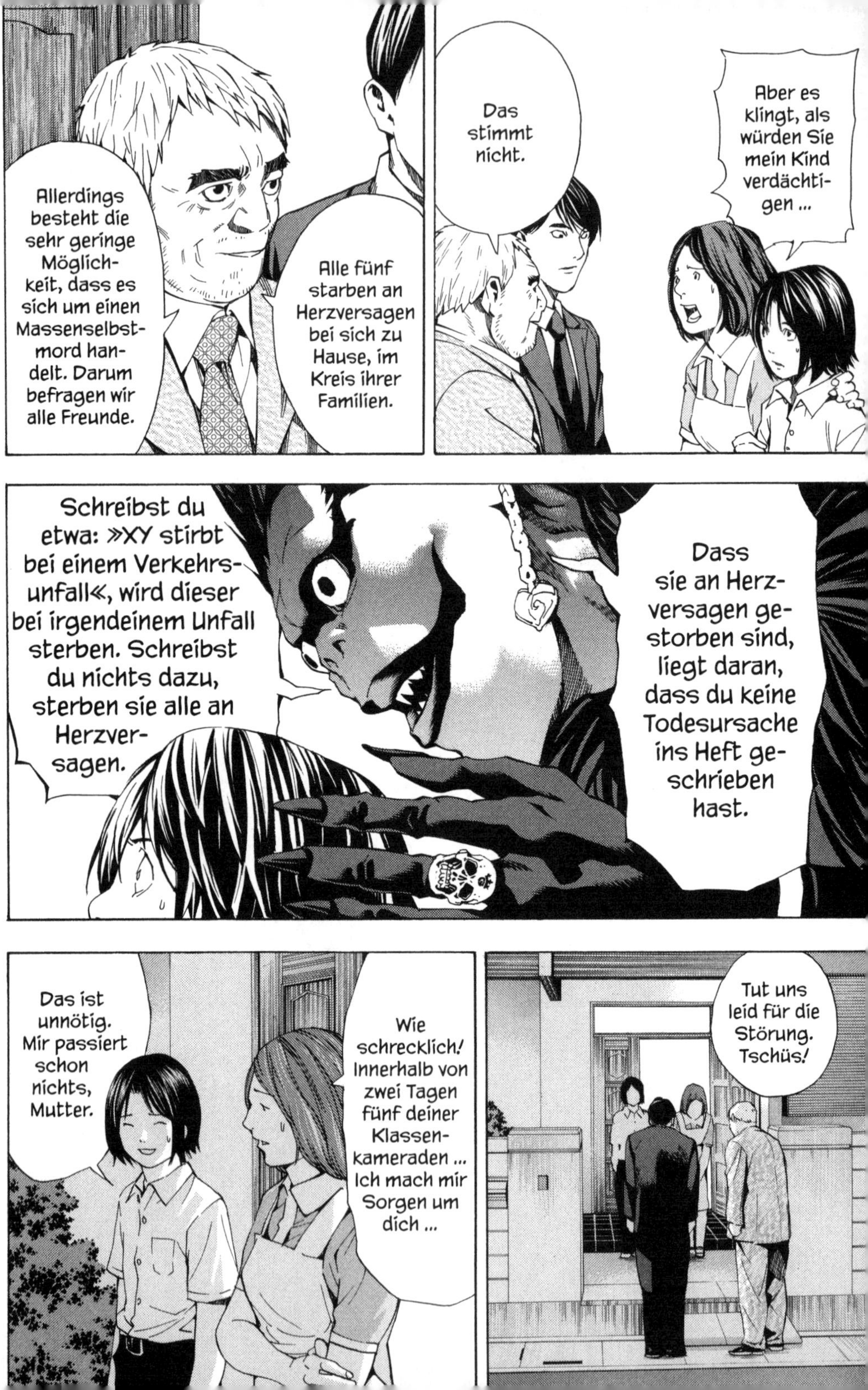
Aber es klingt, als würden Sie mein Kind verdächtigen ...
Das stimmt nicht.
Alle fünf starben an Herzversagen bei sich zu Hause, im Kreis ihrer Familien.
Allerdings besteht die sehr geringe Möglichkeit, dass es sich um einen Massenselbstmord handelt. Darum befragen wir alle Freunde.
Dass sie an Herzversagen gestorben sind, liegt daran, dass du keine Todesursache ins Heft geschrieben hast.
Schreibst du etwa: »XY stirbt bei einem Verkehrsunfall«, wird dieser bei irgendeinem Unfall sterben. Schreibst du nichts dazu, sterben sie alle an Herzversagen.
Tut uns leid für die Störung. Tschüs!
Wie schrecklich! Innerhalb von zwei Tagen fünf deiner Klassenkameraden ... Ich mach mir Sorgen um dich ...
Das ist unnötig. Mir passiert schon nichts, Mutter.

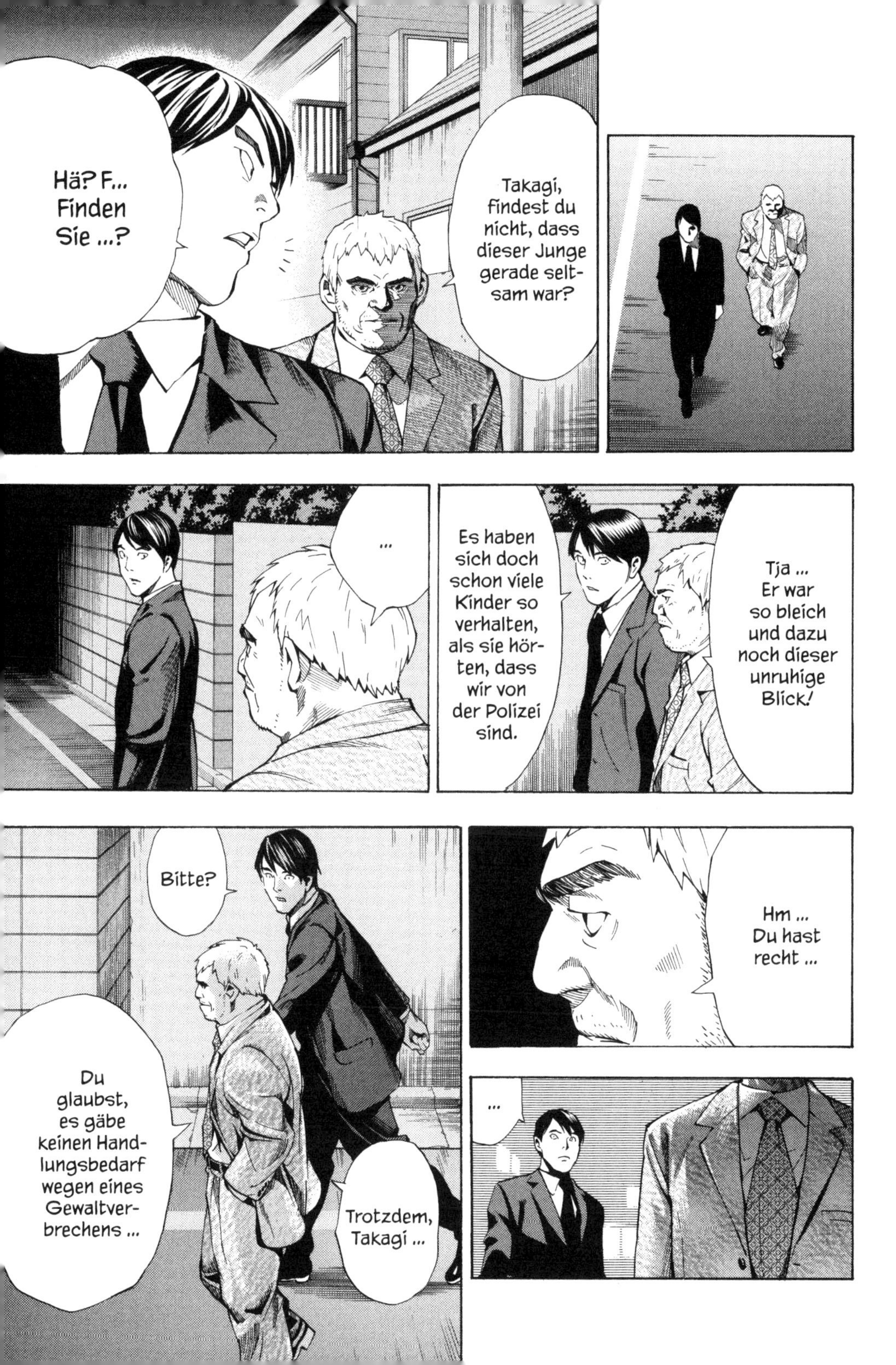
Takagi, findest du nicht, dass dieser Junge gerade seltsam war?
Hä? F... Finden Sie ...?
Tja ... Er war so bleich und dazu noch dieser unruhige Blick!
Es haben sich doch schon viele Kinder so verhalten, als sie hörten, dass wir von der Polizei sind.
...
Hm ... Du hast recht ...
...
Trotzdem, Takagi ...
Du glaubst, es gäbe keinen Handlungsbedarf wegen eines Gewaltverbrechens ...
Bitte?

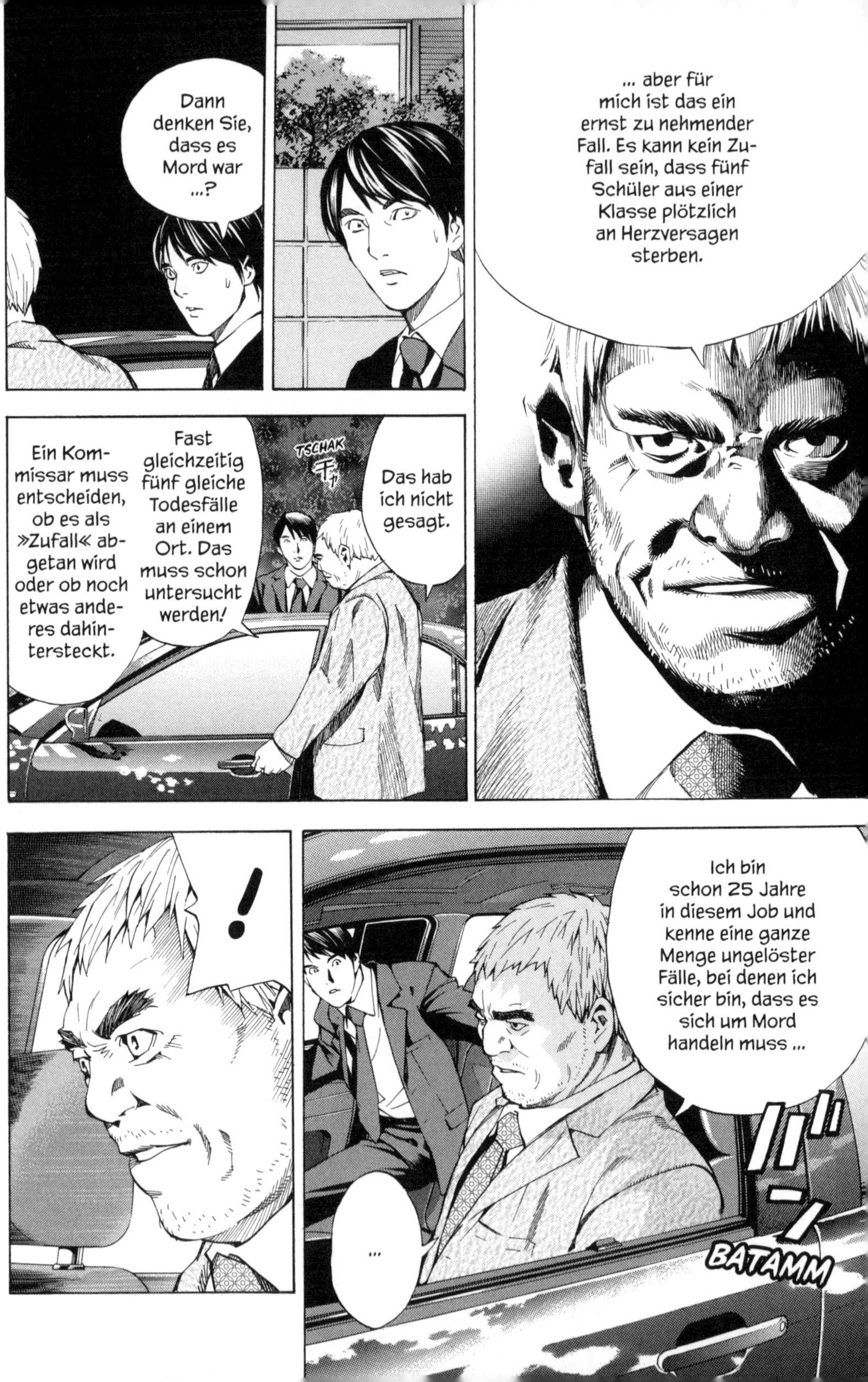
Dann denken Sie, dass es Mord war ...?
TSCHAK
Das hab ich nicht gesagt.
Fast gleichzeitig fünf gleiche Todesfälle an einem Ort. Das muss schon untersucht werden!
Ein Kommissar muss entscheiden, ob es als »Zufall« abgetan wird oder ob noch etwas anderes dahintersteckt.
... aber für mich ist das ein ernst zu nehmender Fall. Es kann kein Zufall sein, dass fünf Schüler aus einer Klasse plötzlich an Herzversagen sterben.
!
Ich bin schon 25 Jahre in diesem Job und kenne eine ganze Menge ungelöster Fälle, bei denen ich sicher bin, dass es sich um Mord handeln muss ...
...
BATAMM

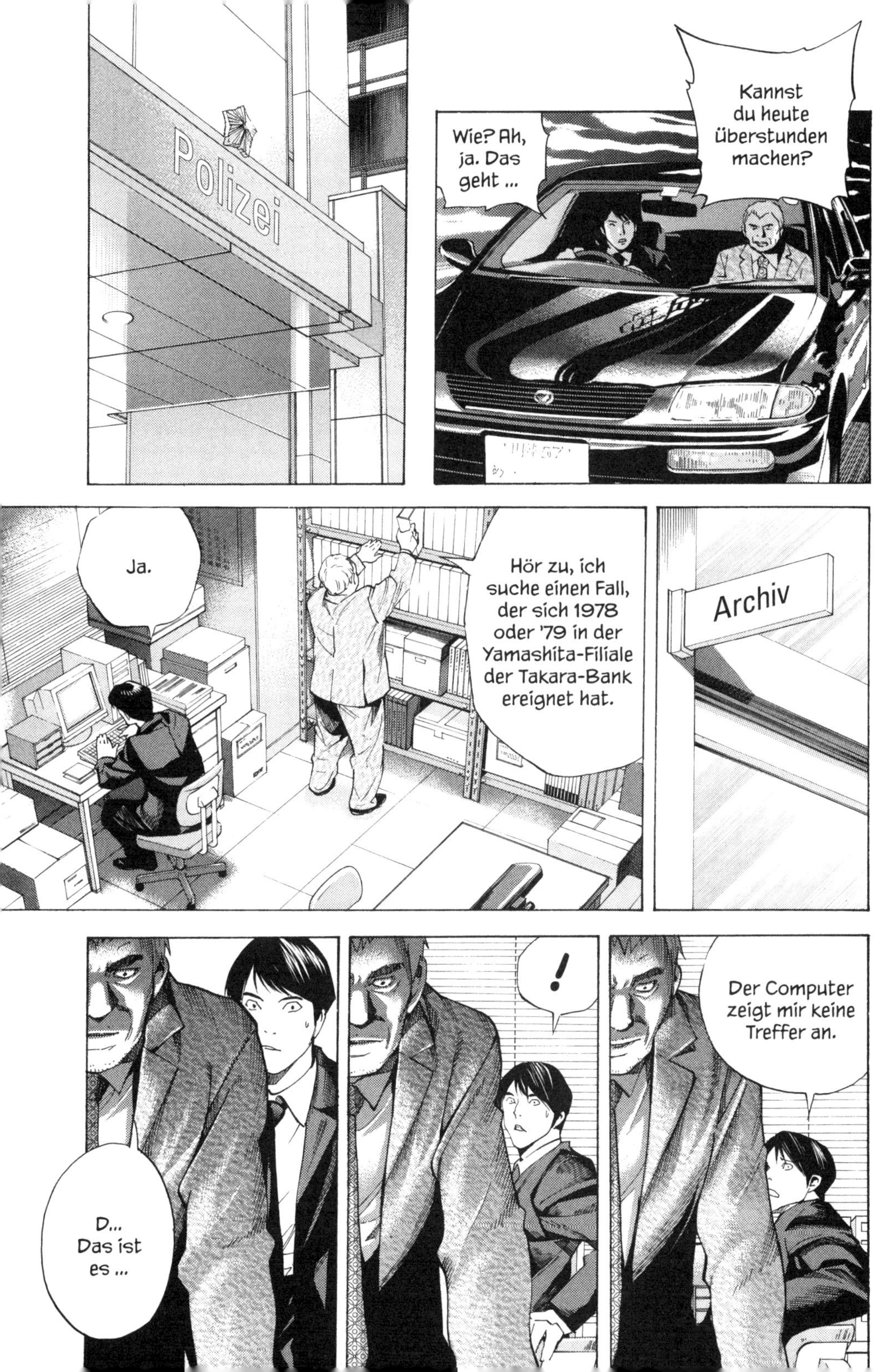
Kannst du heute überstunden machen?
Wie? Ah, ja. Das geht ...
Polizei
Archiv
Hör zu, ich suche einen Fall, der sich 1978 oder '79 in der Yamashita-Filiale der Takara-Bank ereignet hat.
Ja.
Der Computer zeigt mir keine Treffer an.
!
D... Das ist es ...

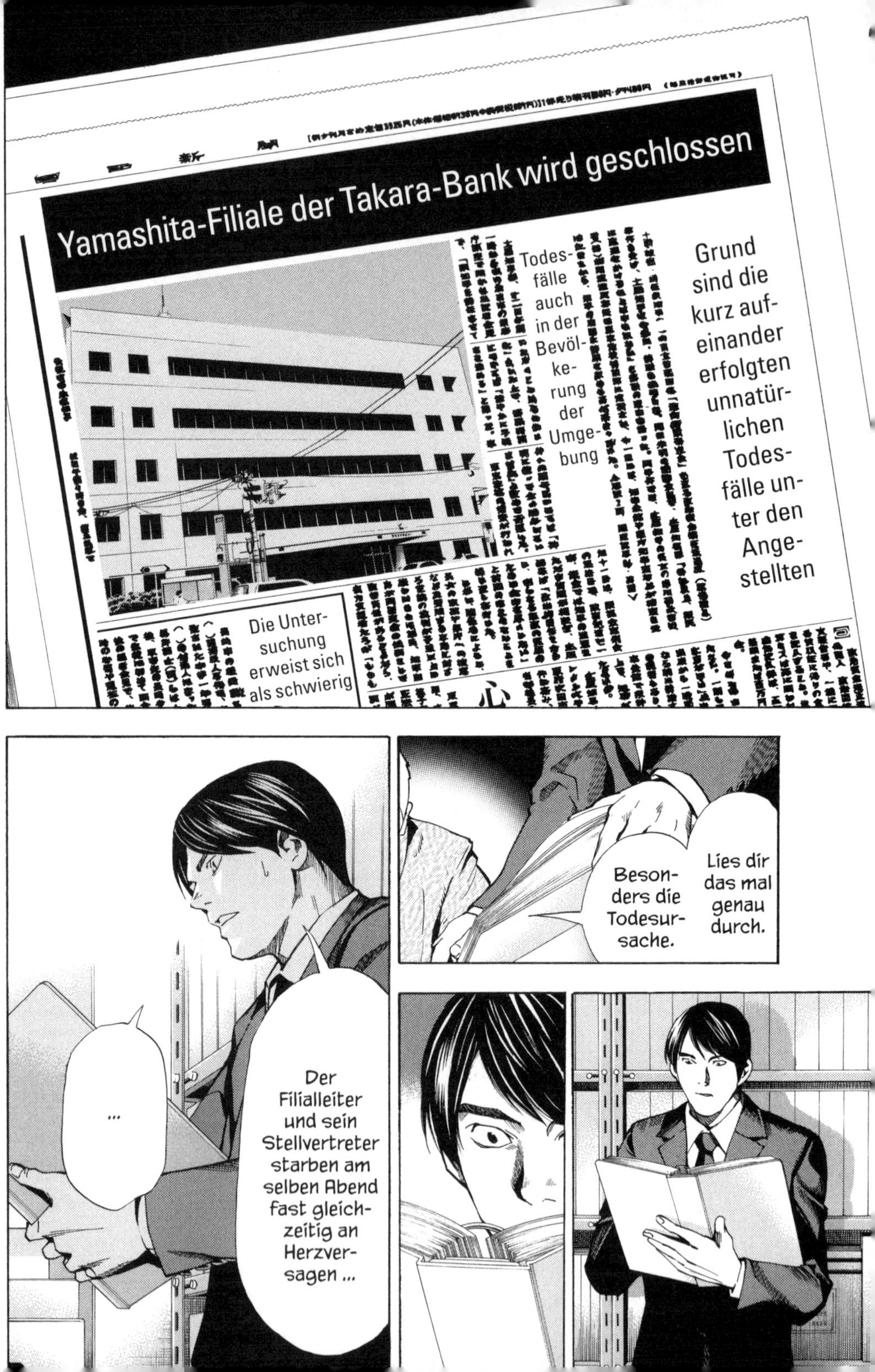
Yamashita-Filiale der Takara-Bank wird geschlossen
Grund sind die kurz aufeinander erfolgten unnatürlichen Todesfälle unter den Angestellten
Todesfälle auch in der Bevölkerung der Umgebung
Die Untersuchung erweist sich als schwierig
Lies dir das mal genau durch.
Besonders die Todesursache.
Der Filialleiter und sein Stellvertreter starben am selben Abend fast gleichzeitig an Herzversagen ...
...

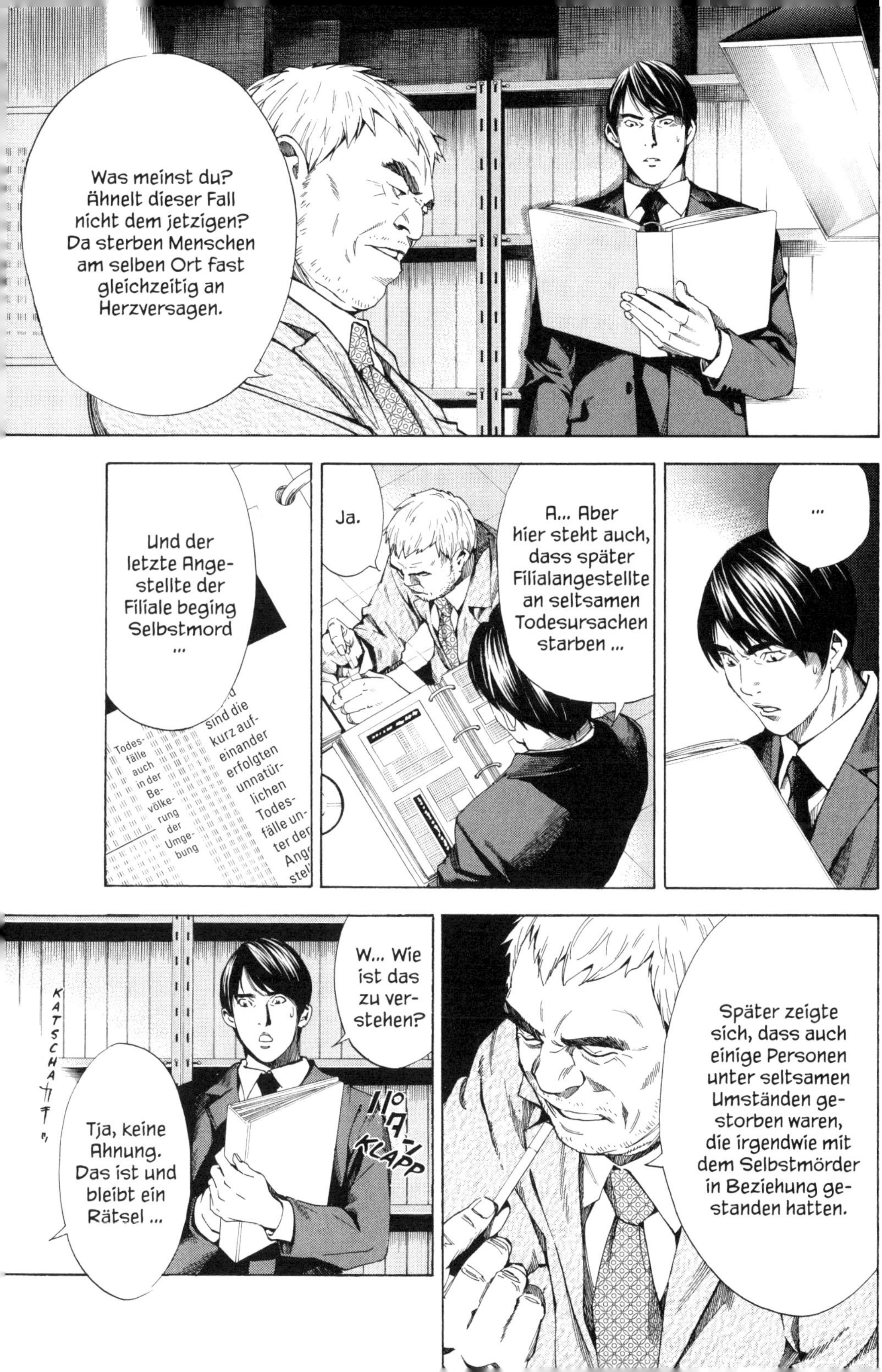
Was meinst du? Ähnelt dieser Fall nicht dem jetzigen? Da sterben Menschen am selben Ort fast gleichzeitig an Herzversagen.
...
A... Aber hier steht auch, dass später Filialangestellte an seltsamen Todesursachen starben ...
Ja.
Und der letzte Angestellte der Filiale beging Selbstmord ...
Todesfälle auch in der Bevölkerung der Umgebung
sind die kurz aufeinander erfolgten unnatürlichen Todesfälle unter der
Später zeigte sich, dass auch einige Personen unter seltsamen Umständen gestorben waren, die irgendwie mit dem Selbstmörder in Beziehung gestanden hatten.
W... Wie ist das zu verstehen?
KLAPP
Tja, keine Ahnung. Das ist und bleibt ein Rätsel ...
KATSCHA

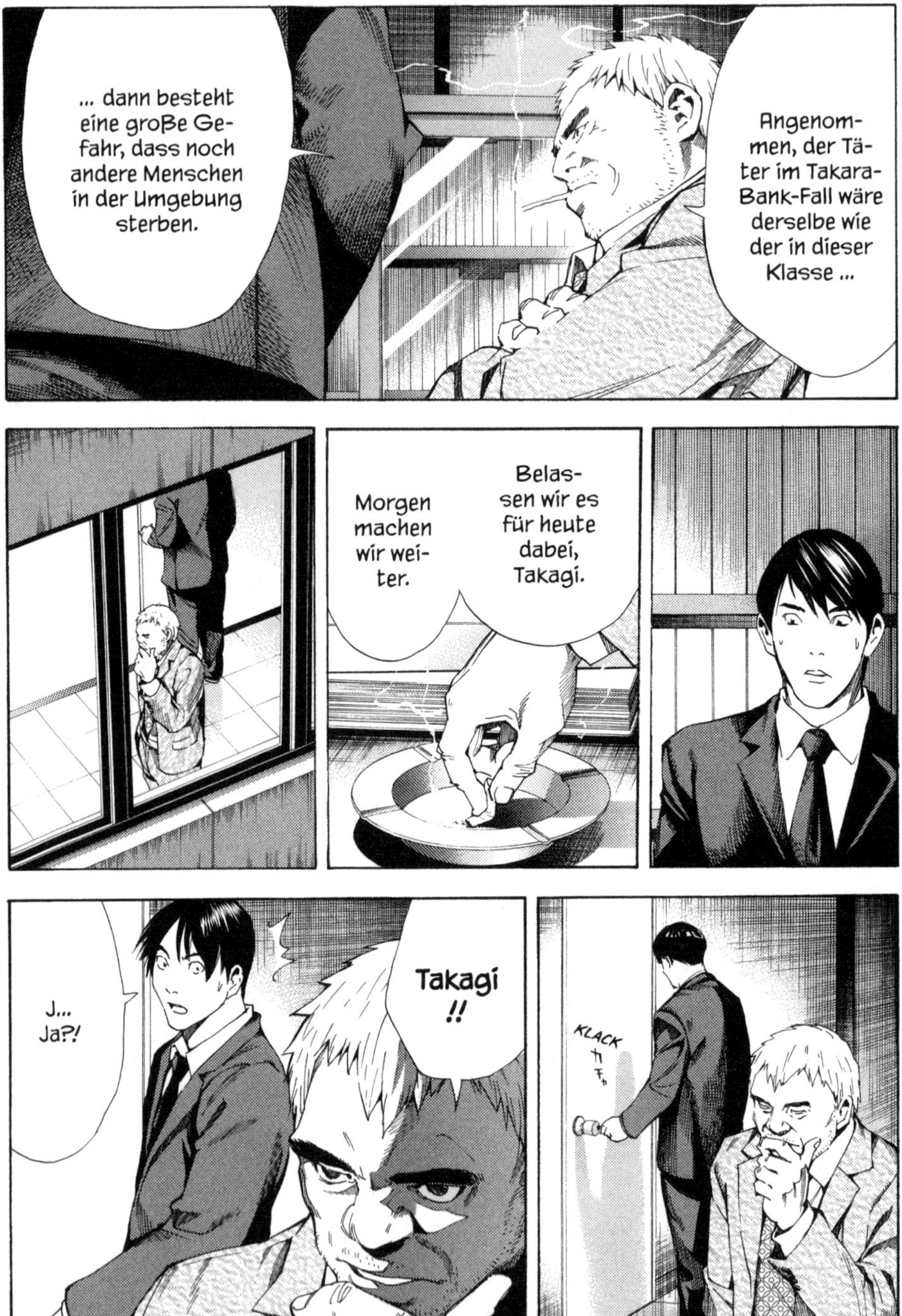
Angenommen, der Täter im Takara-Bank-Fall wäre derselbe wie der in dieser Klasse ...
... dann besteht eine große Gefahr, dass noch andere Menschen in der Umgebung sterben.
Belassen wir es für heute dabei, Takagi.
Morgen machen wir weiter.
KLACK
Takagi !!
J... Ja?!

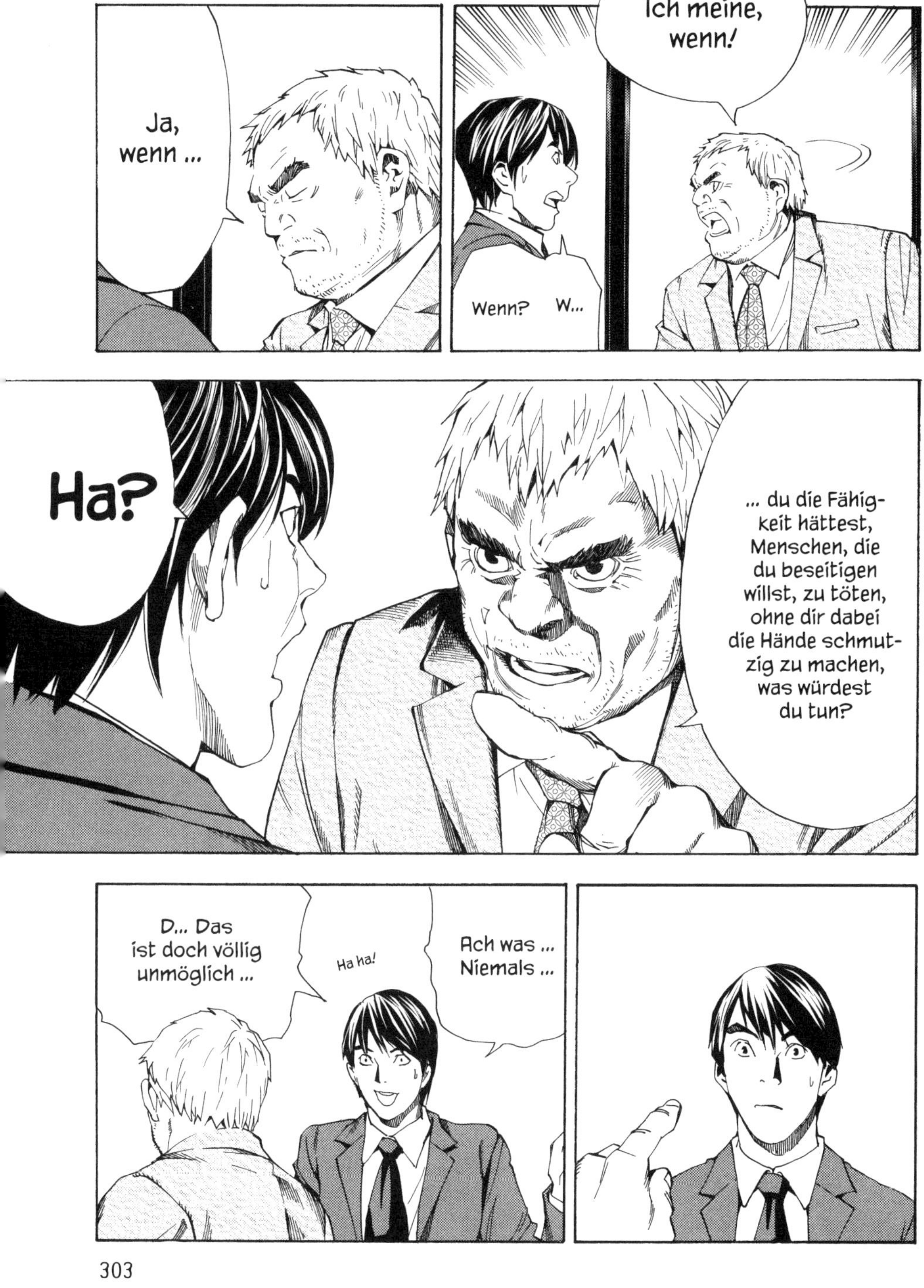
Ja, wenn ...
Ich meine, wenn!
Wenn? W...
Ha?
... du die Fähigkeit hättest, Menschen, die du beseitigen willst, zu töten, ohne dir dabei die Hände schmutzig zu machen, was würdest du tun?
D... Das ist doch völlig unmöglich ...
Ha ha!
Ach was ... Niemals ...

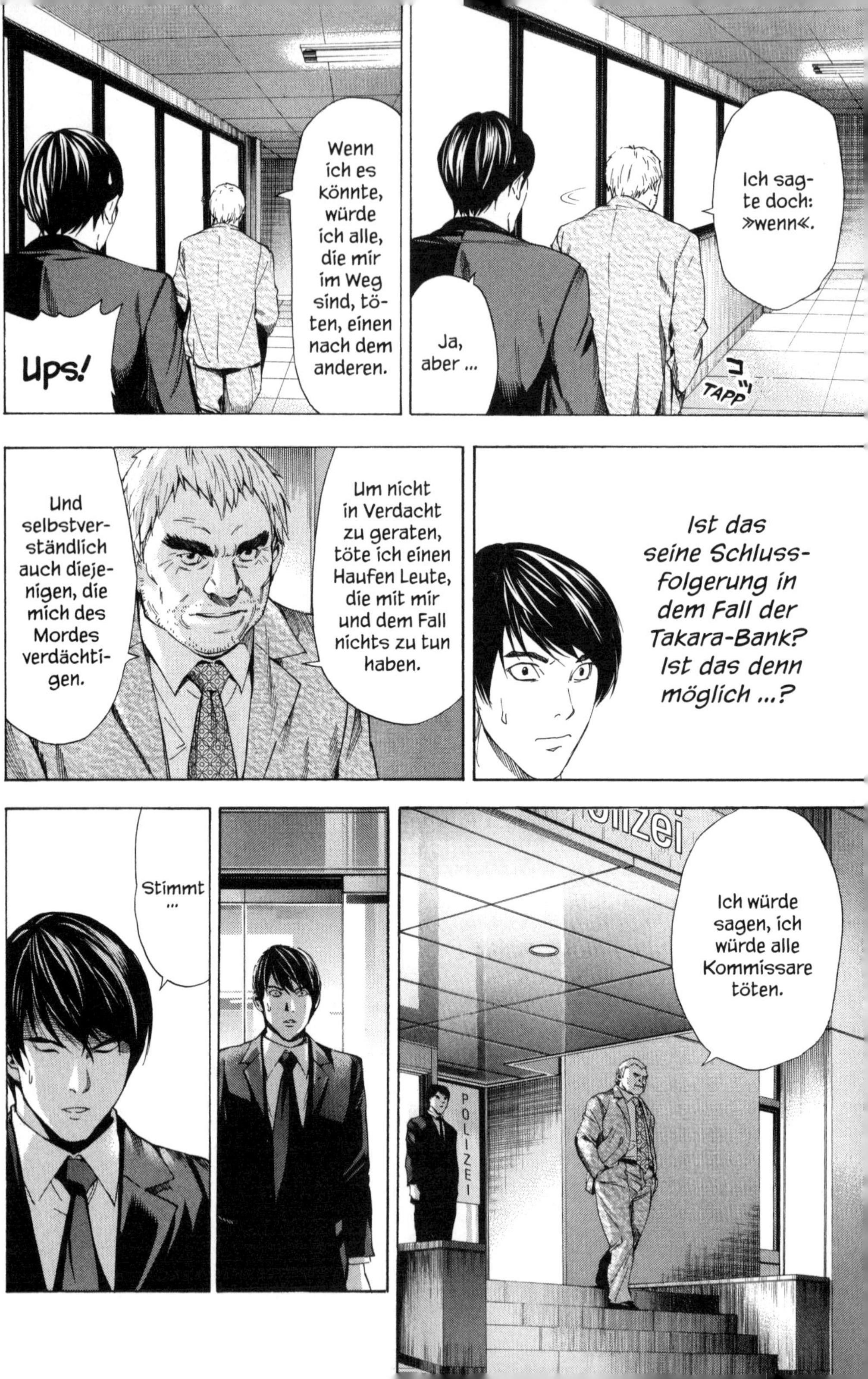
Wenn ich es könnte, würde ich alle, die mir im Weg sind, töten, einen nach dem anderen.
Ups!
Ja, aber ...
Ich sagte doch: »wenn«.
TAPP
Um nicht in Verdacht zu geraten, töte ich einen Haufen Leute, die mit mir und dem Fall nichts zu tun haben.
Und selbstverständlich auch diejenigen, die mich des Mordes verdächtigen.
Ist das seine Schlussfolgerung in dem Fall der Takara-Bank? Ist das denn möglich ...?
POLIZEI
Ich würde sagen, ich würde alle Kommissare töten.
Stimmt ...

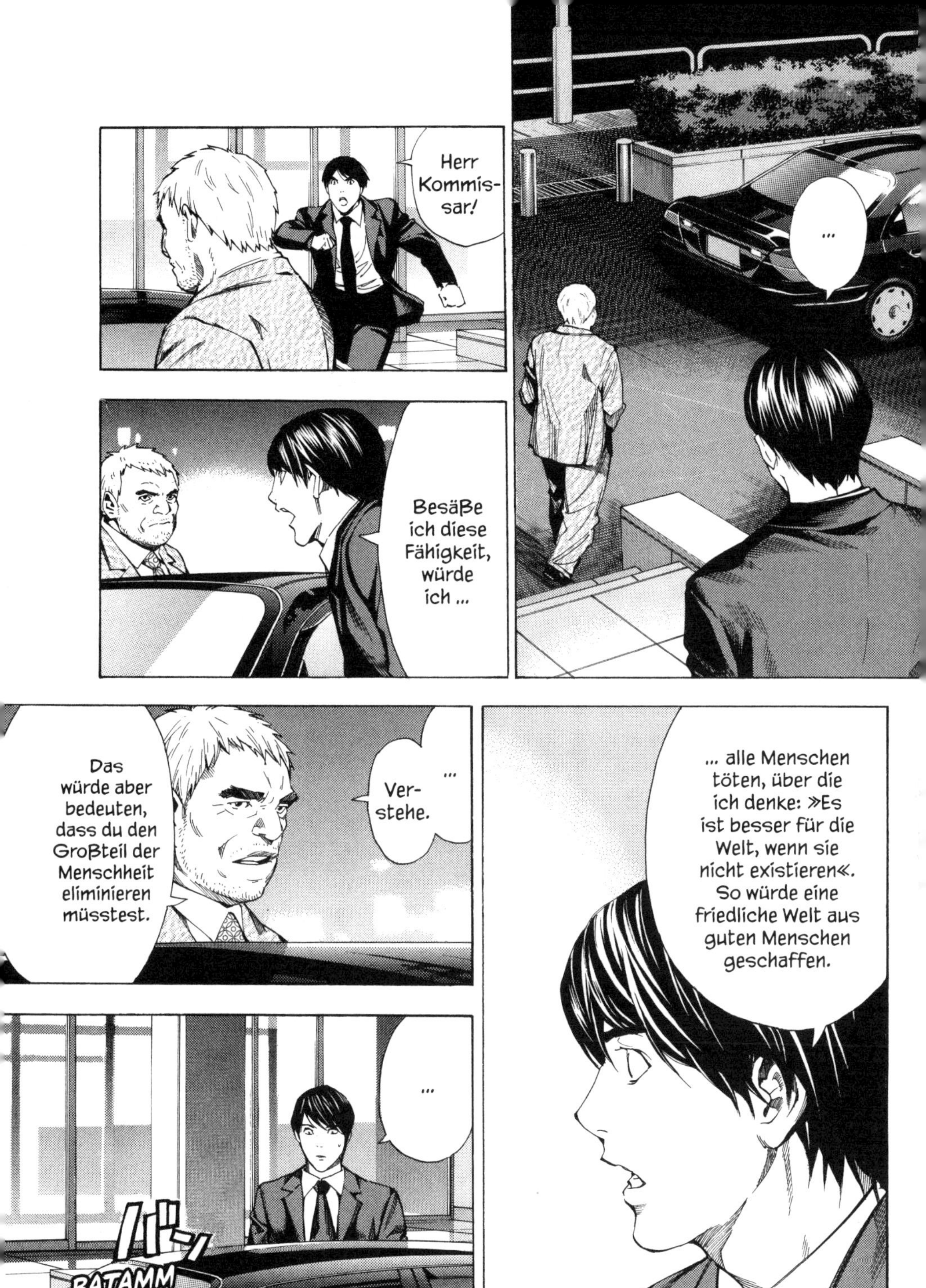
...
Herr Kommissar!
Besäße ich diese Fähigkeit, würde ich ...
... alle Menschen töten, über die ich denke: »Es ist besser für die Welt, wenn sie nicht existieren«. So würde eine friedliche Welt aus guten Menschen geschaffen.
... Verstehe.
Das würde aber bedeuten, dass du den Großteil der Menschheit eliminieren müsstest.
...
BATAMM

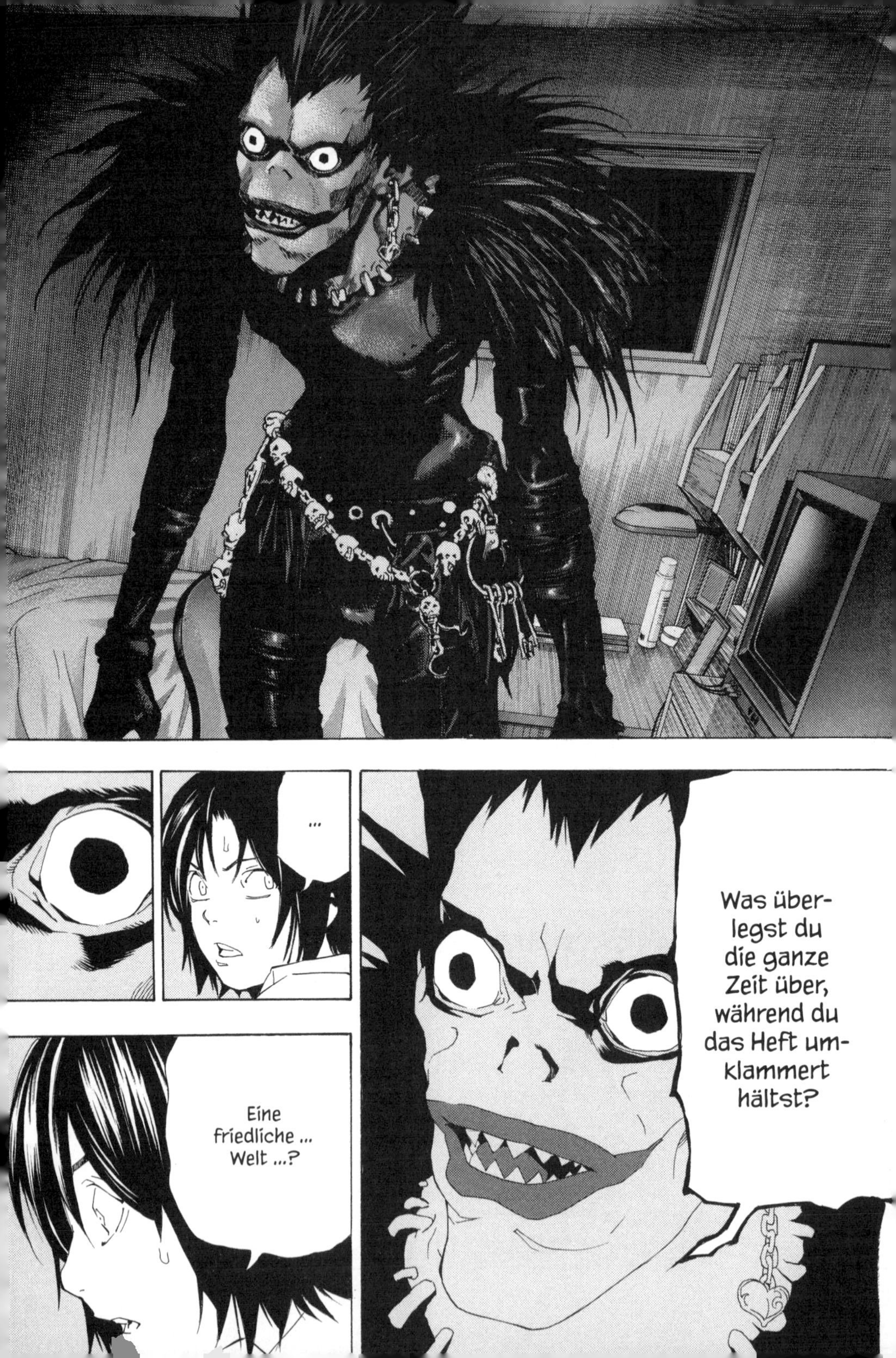
...
Was über-legst du die ganze Zeit über, während du das Heft um-klammert hältst?
Eine friedliche ... Welt ...?

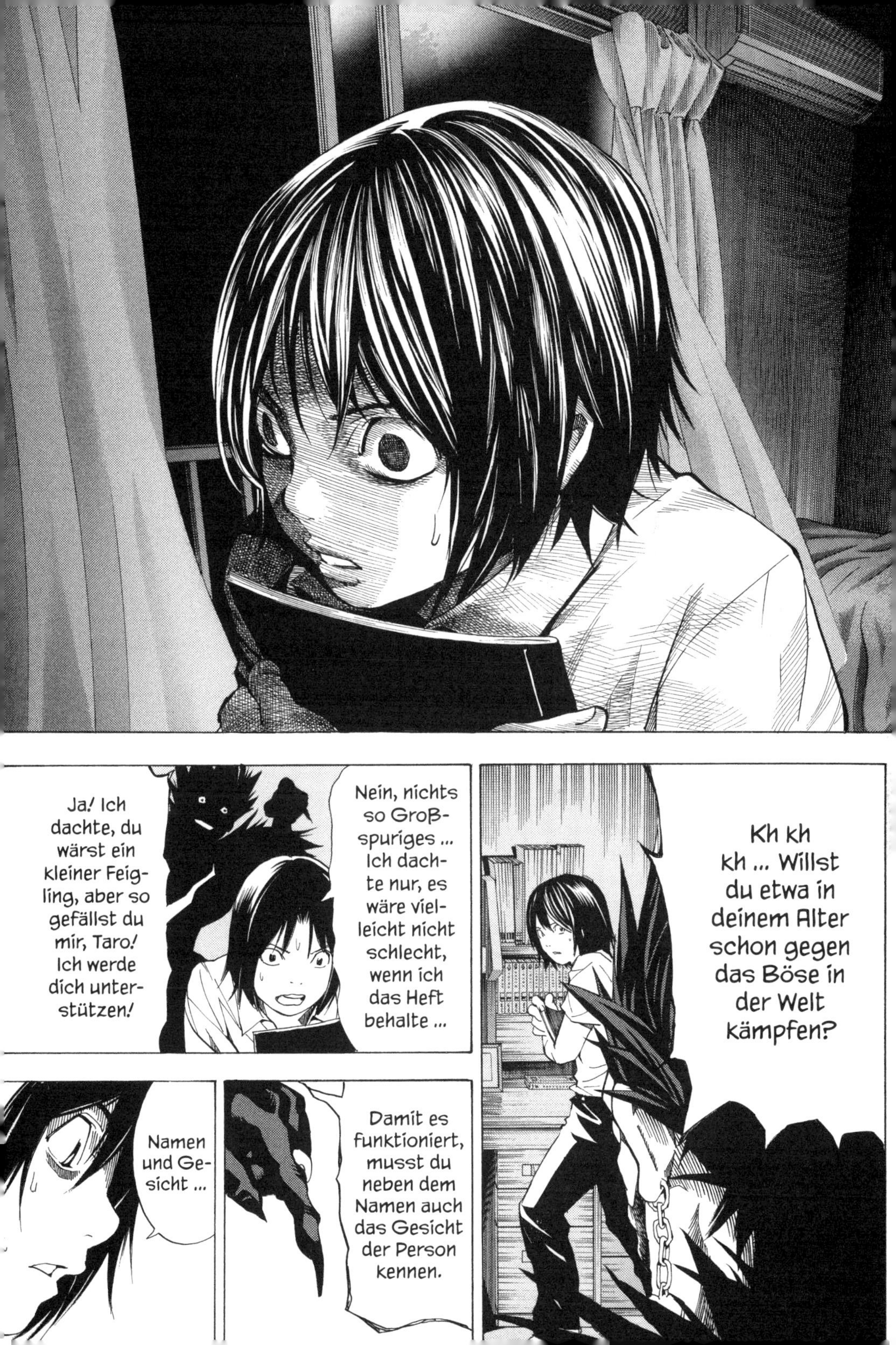
Kh kh kh ... Willst du etwa in deinem Alter schon gegen das Böse in der Welt kämpfen?
Nein, nichts so Großspuriges ... Ich dachte nur, es wäre vielleicht nicht schlecht, wenn ich das Heft behalte ...
Ja! Ich dachte, du wärst ein kleiner Feigling, aber so gefällst du mir, Taro! Ich werde dich unterstützen!
Damit es funktioniert, musst du neben dem Namen auch das Gesicht der Person kennen.
Namen und Gesicht ...

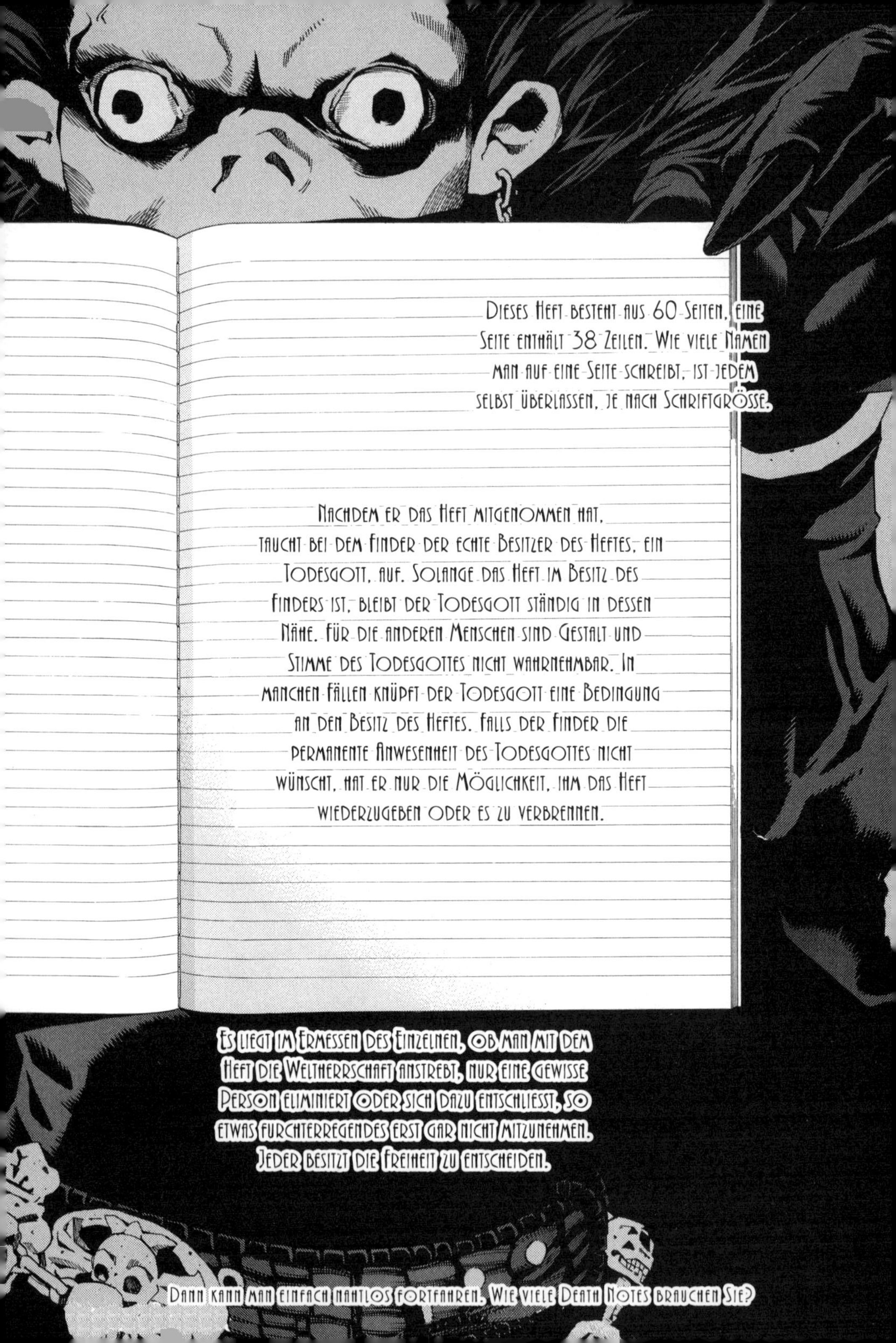
Dieses Heft besteht aus 60 Seiten, eine Seite enthält 38 Zeilen. Wie viele Namen man auf eine Seite schreibt, ist jedem selbst überlassen, je nach Schriftgrösse.
Nachdem er das Heft mitgenommen hat, taucht bei dem Finder der echte Besitzer des Heftes, ein Todesgott, auf. Solange das Heft im Besitz des Finders ist, bleibt der Todesgott ständig in dessen Nähe. Für die anderen Menschen sind Gestalt und Stimme des Todesgottes nicht wahrnehmbar. In manchen Fällen knüpft der Todesgott eine Bedingung an den Besitz des Heftes. Falls der Finder die permanente Anwesenheit des Todesgottes nicht wünscht, hat er nur die Möglichkeit, ihm das Heft wiederzugeben oder es zu verbrennen.
Es liegt im Ermessen des Einzelnen, ob man mit dem Heft die Weltherrschaft anstrebt, nur eine gewisse Person eliminiert oder sich dazu entschliesst, so etwas Furchterregendes erst gar nicht mitzunehmen. Jeder besitzt die Freiheit zu entscheiden.
Dann kann man einfach nahtlos fortfahren. Wie viele Death Notes brauchen Sie?

Die Regeln des Death Notes

Dieses Heft kann nur benutzen, wer es gefunden hat. Nur durch das Verlieren und erneute Finden des Heftes geht das Besitzrecht auf eine andere Person über. Ohne Kenntnis des Gesichts des Namenträgers ist das Eintragen von Namen in das Heft wirkungslos. Folglich ist es nicht möglich, alle Personen gleichen Namens auf einmal zu töten. Schreibt man die Todesursache so, wie das nachfolgende Beispiel zeigt, so tritt sie wirklich ein. → XY stirbt an / durch ?????

Es gibt keine Vorgaben darüber, womit ins Heft geschrieben werden kann. Die Farbe ist ebenfalls freigestellt. Allerdings zeigt es keine Wirkung, wenn man zum Beispiel einen Aufkleber mit einem Namen auf das Heft klebt. Man muss direkt in das Heft schreiben. Es wird empfohlen, zu diesem Zweck die Handschrift zu ändern.

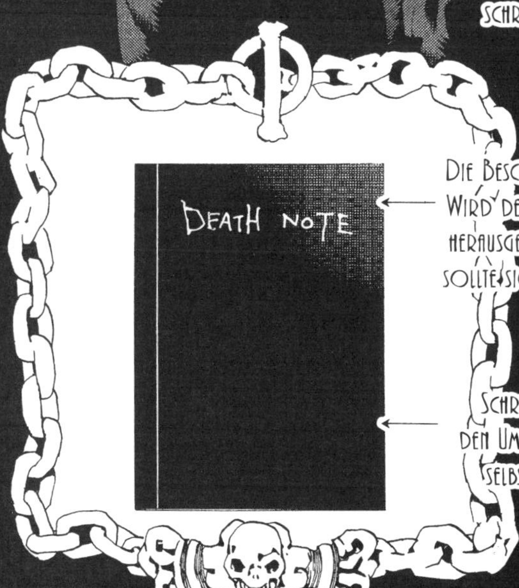

Die Beschriftung kann nicht vernichtet werden. Wird der Titel etwa durch Ausreissen der Seite herausgetrennt, ist das Heft unbrauchbar. Man sollte sich etwas Besseres einfallen lassen, um es vor anderen zu verstecken.

Schreibt man den eigenen Namen hier auf den Umschlag, so muss man nicht befürchten, selbst zu sterben. Dies ist jedoch nicht zu empfehlen.

Ist das Heft voll, kann man bei dem echten Besitzer, dem Todesgott, um ein neues Heft bitten.

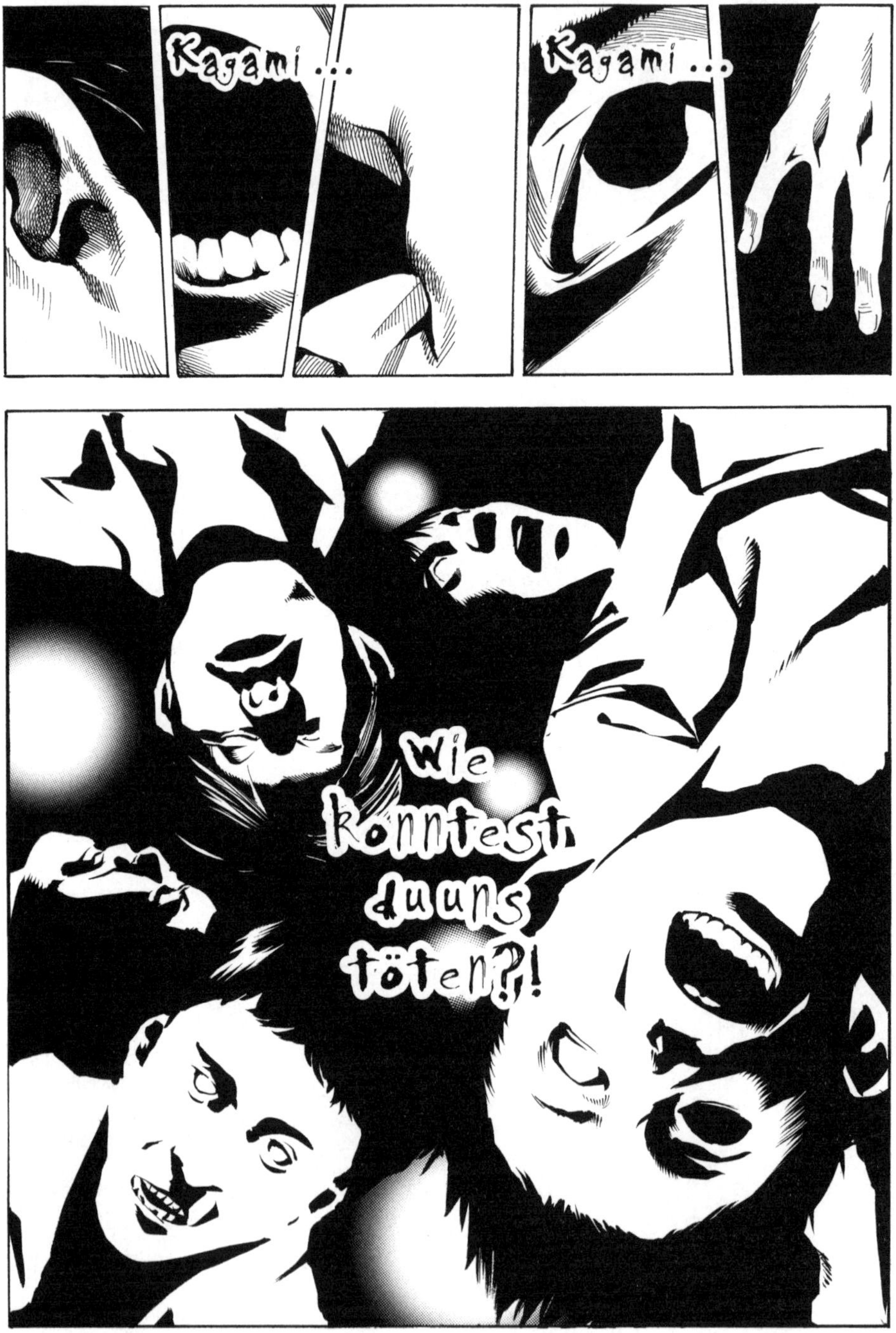
Kagami ...
Kagami ...
Wie konntest du uns töten?!

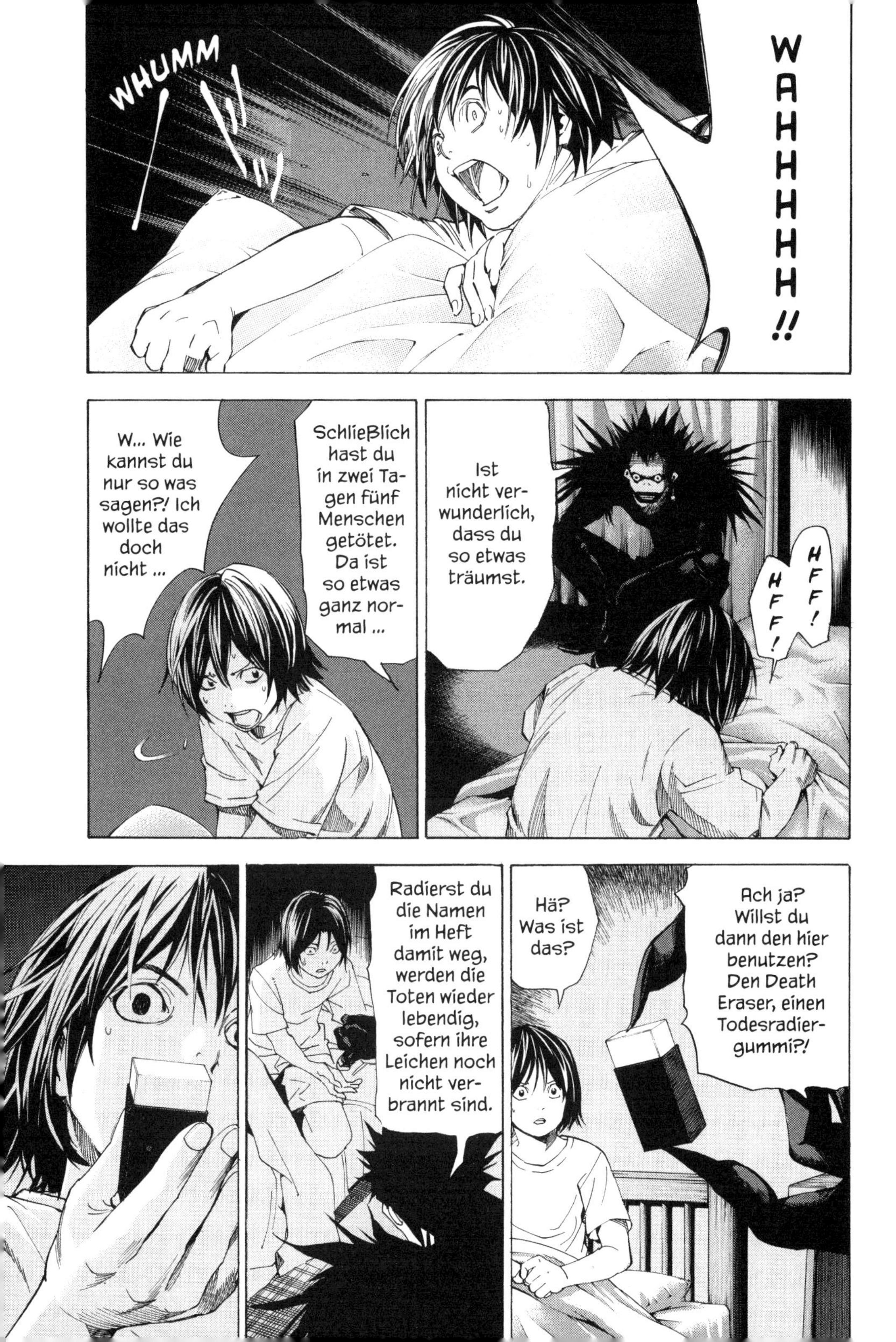
WHUMM
WAHHHHHH!!
Ist nicht verwunderlich, dass du so etwas träumst.
HFF! HFF!
Schließlich hast du in zwei Tagen fünf Menschen getötet. Da ist so etwas ganz normal ...
W... Wie kannst du nur so was sagen?! Ich wollte das doch nicht ...
Ach ja? Willst du dann den hier benutzen? Den Death Eraser, einen Todesradiergummi?!
Hä? Was ist das?
Radierst du die Namen im Heft damit weg, werden die Toten wieder lebendig, sofern ihre Leichen noch nicht verbrannt sind.

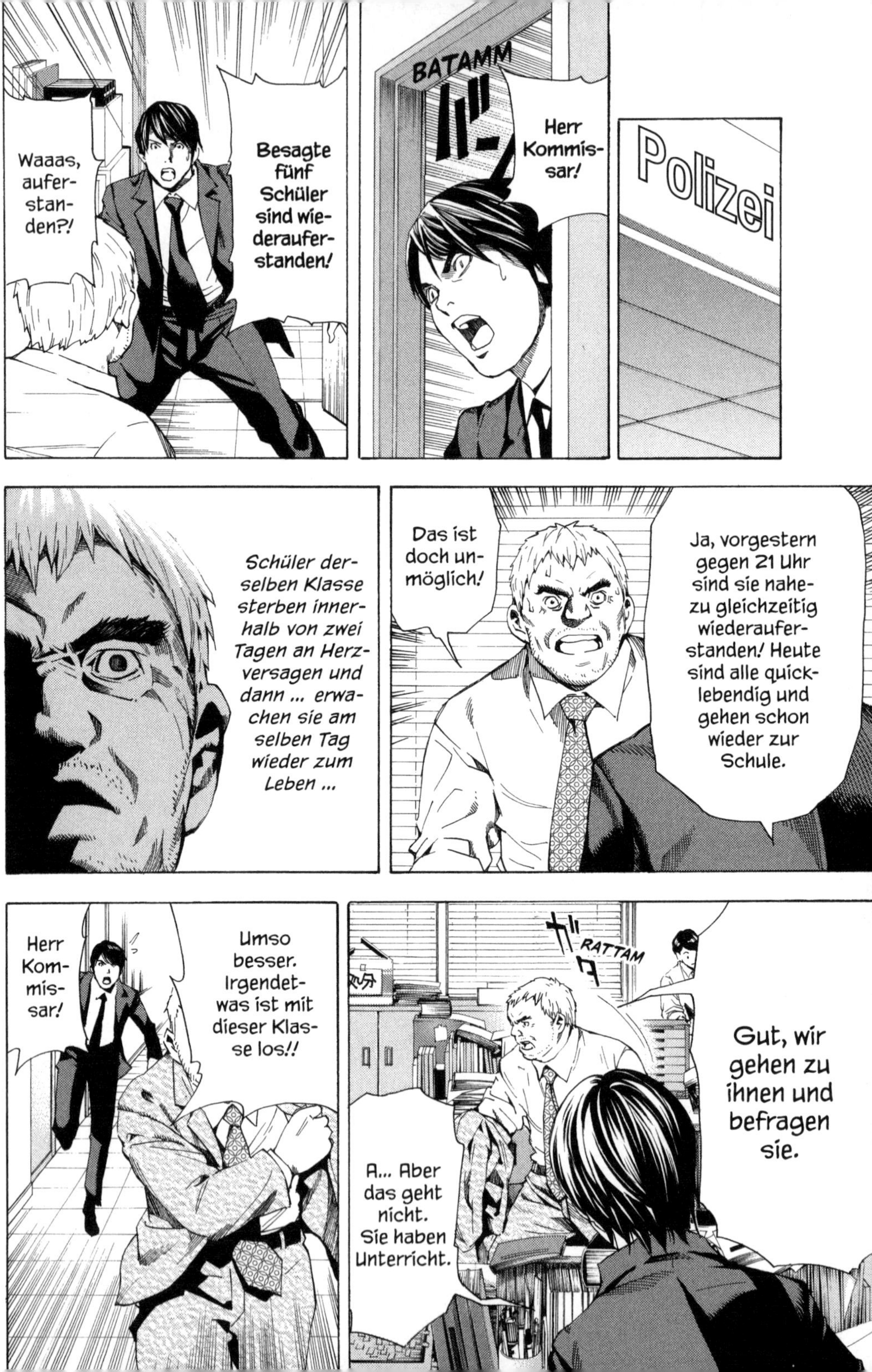
Polizei
BATAMM
Herr Kommissar!
Besagte fünf Schüler sind wiederauferstanden!
Waaas, auferstanden?!
Ja, vorgestern gegen 21 Uhr sind sie nahezu gleichzeitig wiederauferstanden! Heute sind alle quicklebendig und gehen schon wieder zur Schule.
Das ist doch unmöglich!
Schüler derselben Klasse sterben innerhalb von zwei Tagen an Herzversagen und dann ... erwachen sie am selben Tag wieder zum Leben ...
RATTAM
Gut, wir gehen zu ihnen und befragen sie.
A... Aber das geht nicht. Sie haben Unterricht.
Umso besser. Irgendetwas ist mit dieser Klasse los!!
Herr Kommissar!

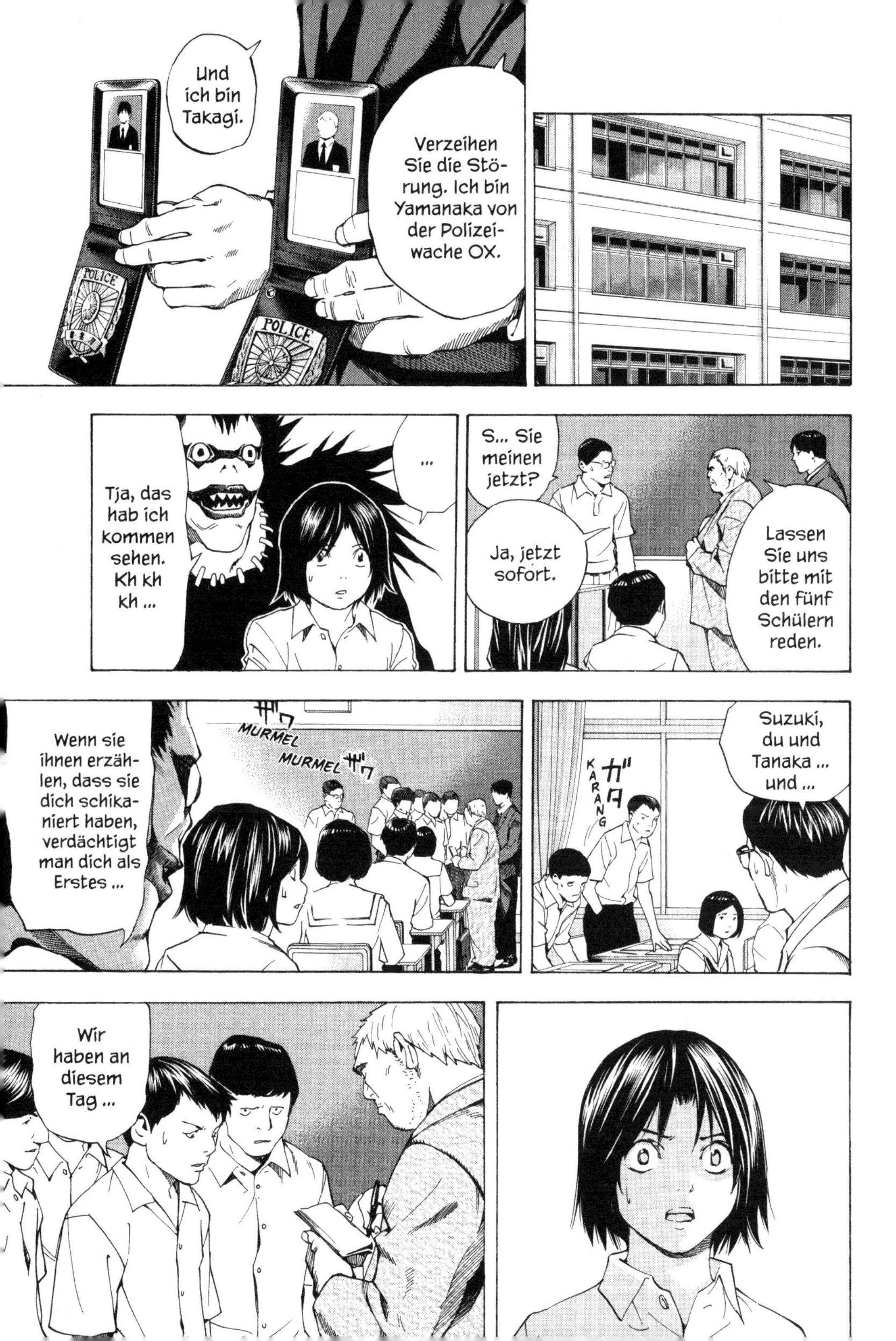
Verzeihen Sie die Störung. Ich bin Yamanaka von der Polizeiwache OX.
Und ich bin Takagi.
POLICE
POLICE
S... Sie meinen jetzt?
Ja, jetzt sofort.
Lassen Sie uns bitte mit den fünf Schülern reden.
...
Tja, das hab ich kommen sehen. Kh kh kh ...
Suzuki, du und Tanaka ... und ...
KARANG
MURMEL MURMEL
Wenn sie ihnen erzählen, dass sie dich schikaniert haben, verdächtigt man dich als Erstes ...
Wir haben an diesem Tag ...

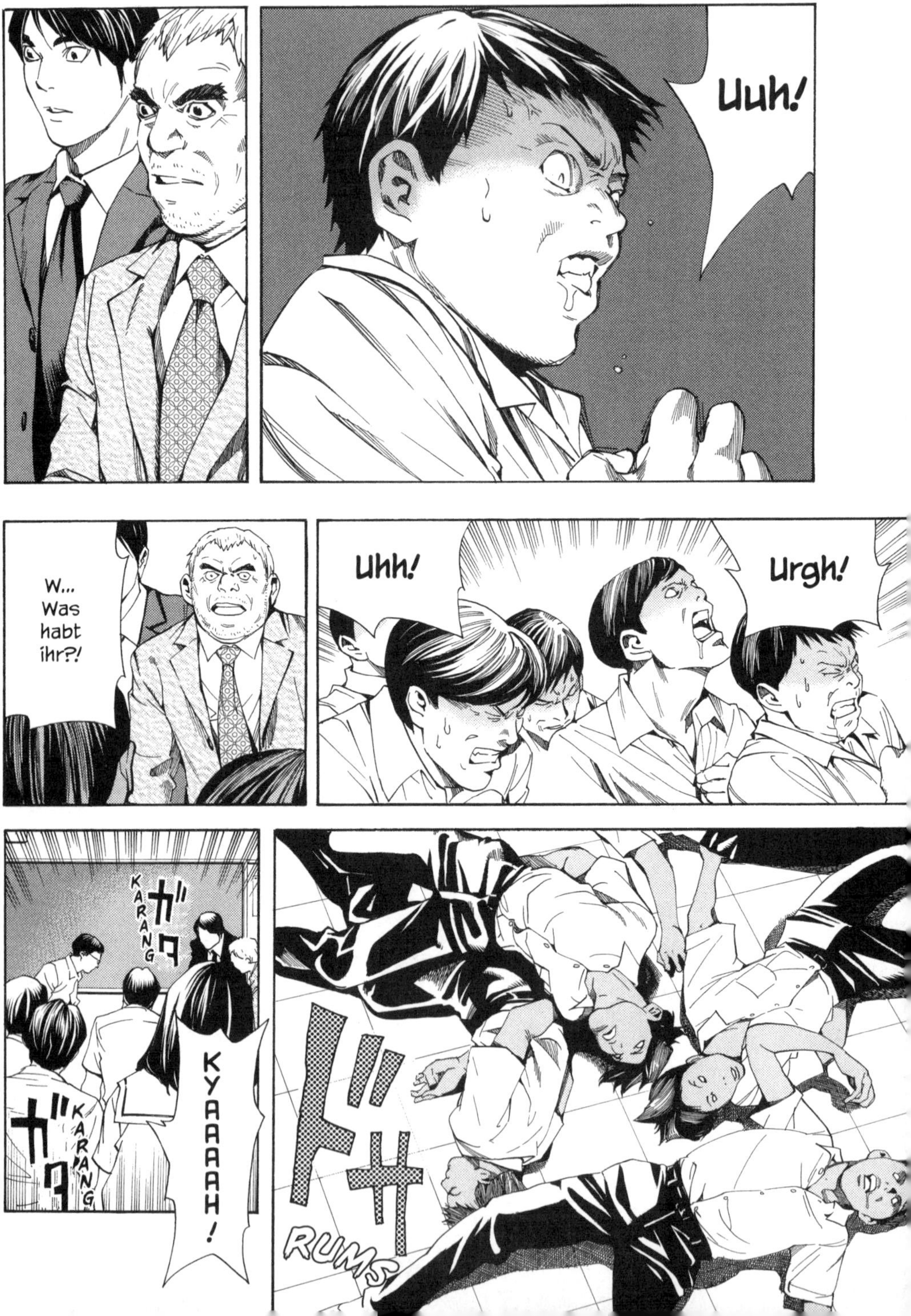
Uuh!
W... Was habt ihr?!
Urgh!
Uhh!
KARANG
KYAAAAAH!
KARANG
RUMS

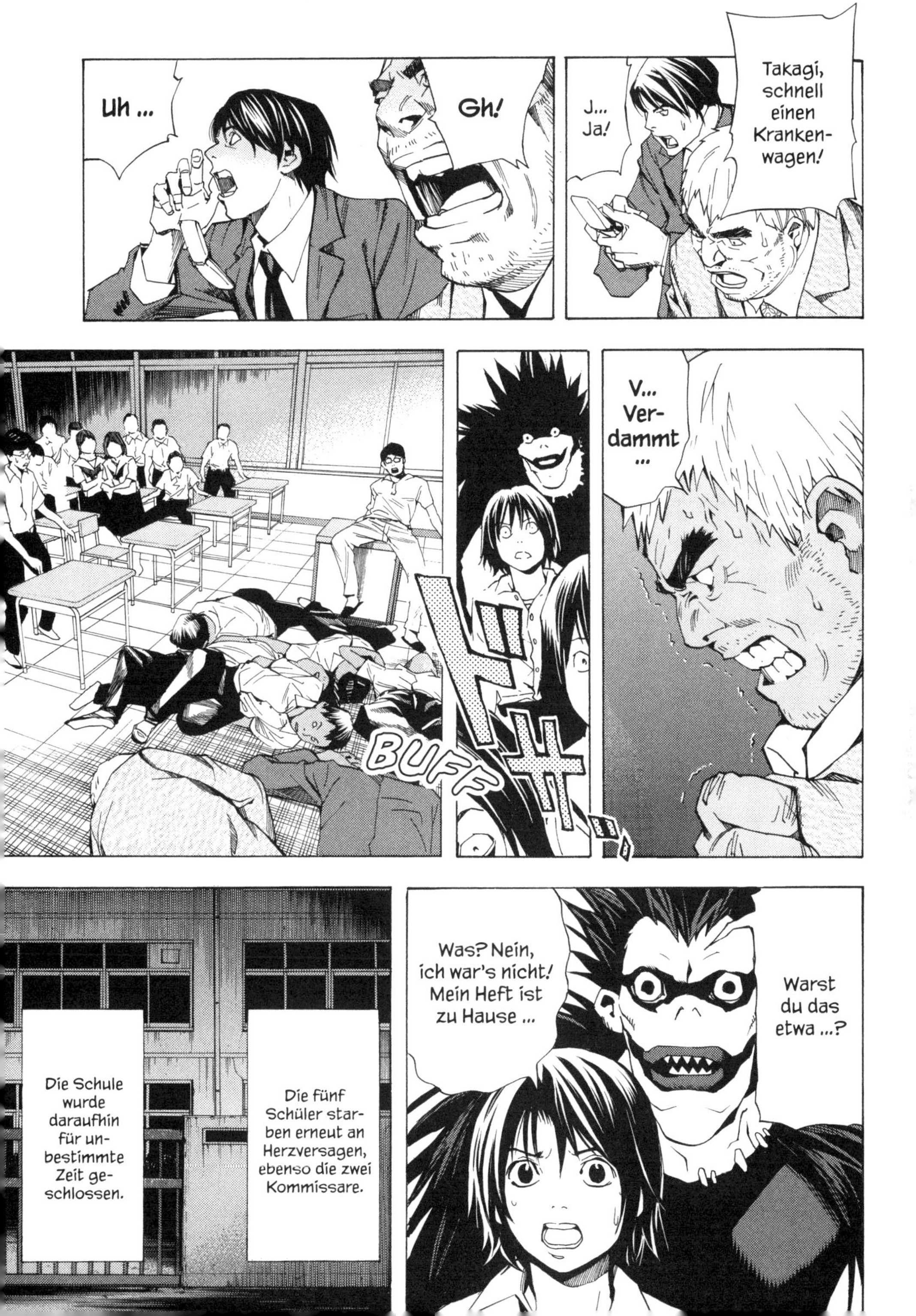
Takagi, schnell einen Kranken-wagen!
J... Ja!
Gh!
Uh ...
V... Ver-dammt ...
BUFF
Warst du das etwa ...?
Was? Nein, ich war's nicht! Mein Heft ist zu Hause ...
Die fünf Schüler star-ben erneut an Herzversagen, ebenso die zwei Kommissare.
Die Schule wurde daraufhin für un-bestimmte Zeit ge-schlossen.

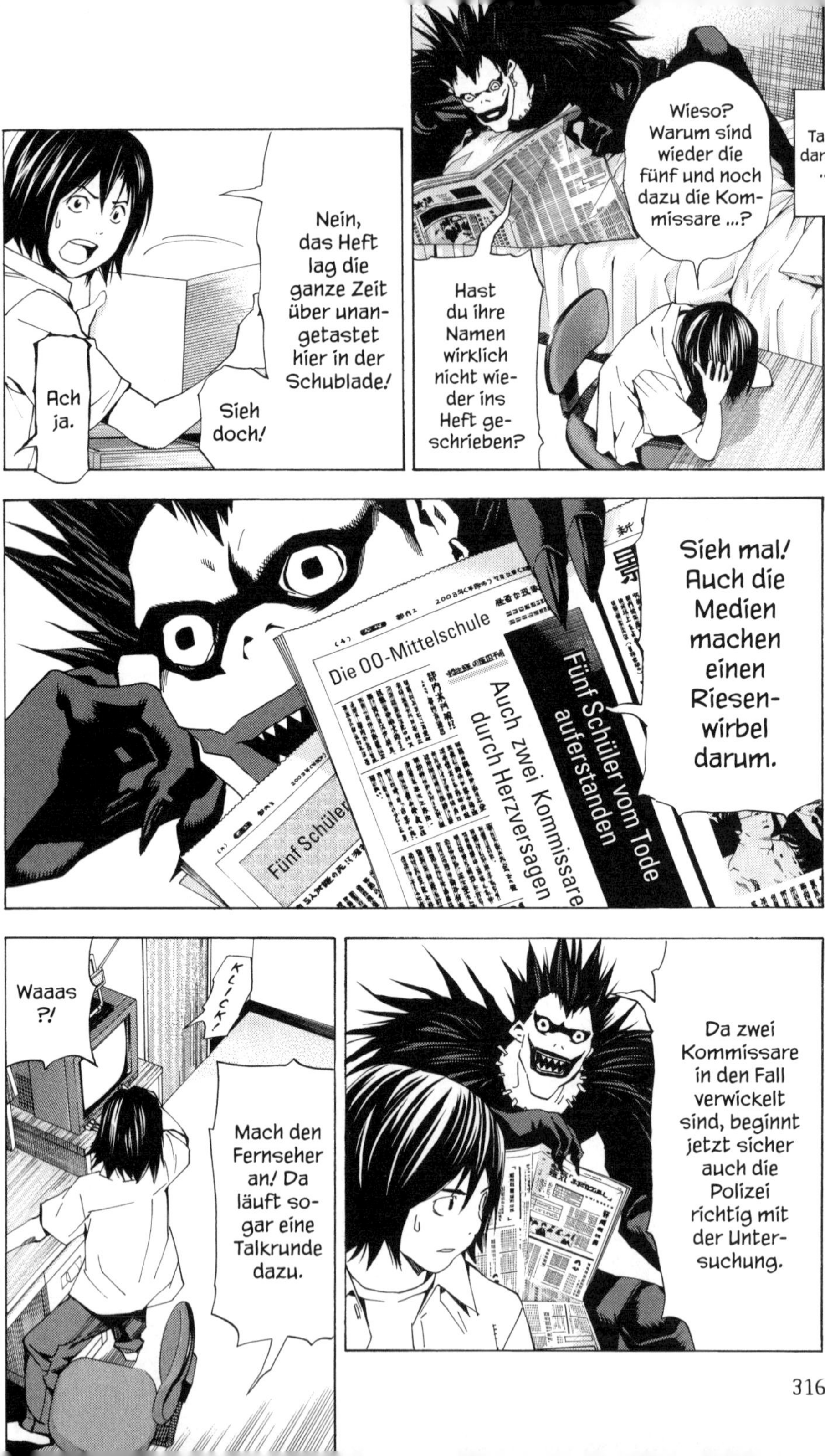

Tags darauf ...
Wieso? Warum sind wieder die fünf und noch dazu die Kommissare ...?
Hast du ihre Namen wirklich nicht wieder ins Heft geschrieben?
Nein, das Heft lag die ganze Zeit über unangetastet hier in der Schublade!
Sieh doch!
Ach ja.
Sieh mal! Auch die Medien machen einen Riesenwirbel darum.
Die 00-Mittelschule
Fünf Schüler vom Tode auferstanden
Auch zwei Kommissare durch Herzversagen
Fünf Schüler
Da zwei Kommissare in den Fall verwickelt sind, beginnt jetzt sicher auch die Polizei richtig mit der Untersuchung.
Klick!
Mach den Fernseher an! Da läuft sogar eine Talkrunde dazu.
Waaas?!

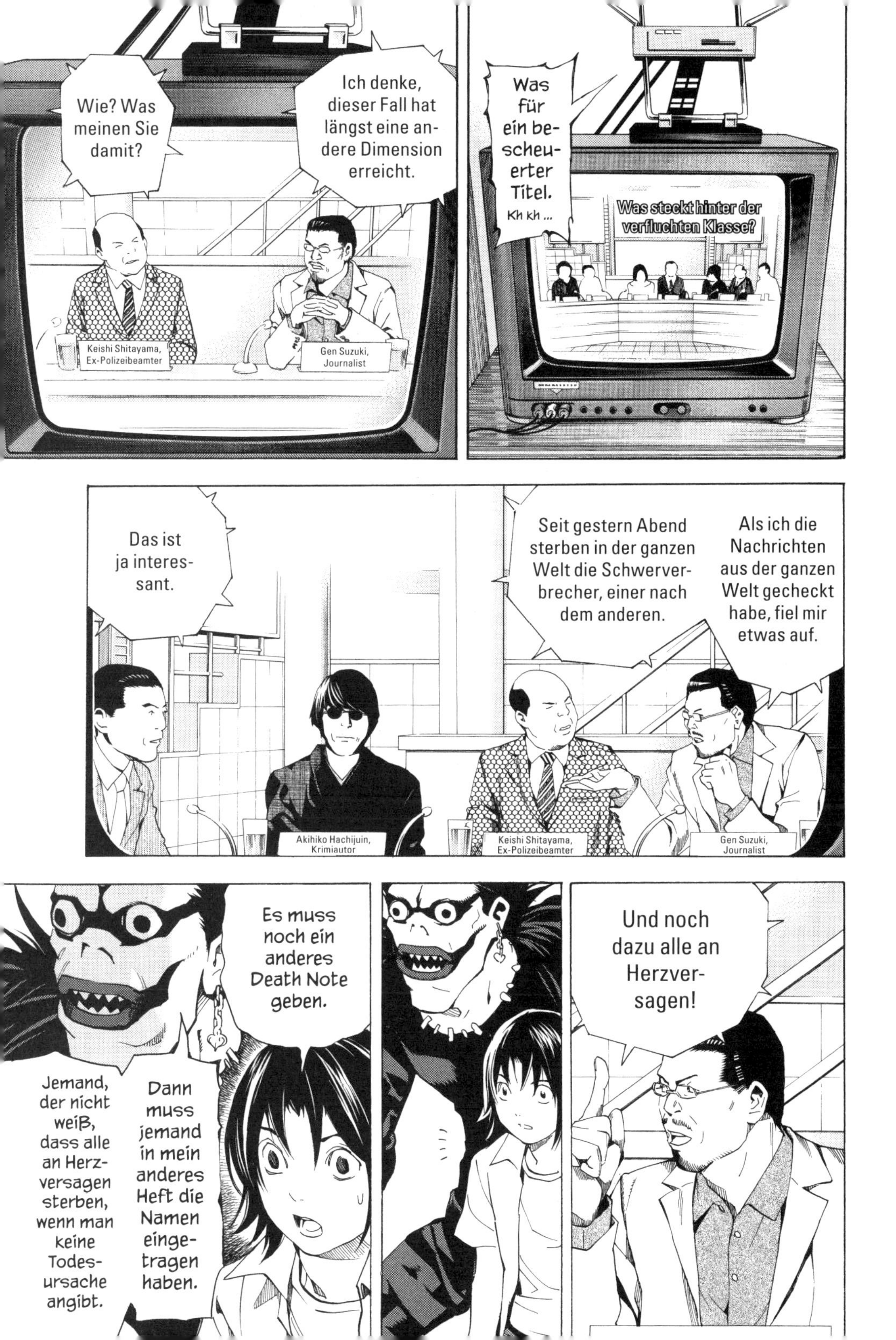
Was für ein bescheuerter Titel. Kh kh ...
Was steckt hinter der verfluchten Klasse?
Ich denke, dieser Fall hat längst eine andere Dimension erreicht.
Wie? Was meinen Sie damit?
Keishi Shitayama, Ex-Polizeibeamter
Gen Suzuki, Journalist
Als ich die Nachrichten aus der ganzen Welt gecheckt habe, fiel mir etwas auf.
Seit gestern Abend sterben in der ganzen Welt die Schwerverbrecher, einer nach dem anderen.
Das ist ja interessant.
Akihiko Hachijuin, Krimiautor
Keishi Shitayama, Ex-Polizeibeamter
Gen Suzuki, Journalist
Und noch dazu alle an Herzversagen!
Es muss noch ein anderes Death Note geben.
Dann muss jemand in mein anderes Heft die Namen eingetragen haben.
Jemand, der nicht weiß, dass alle an Herzversagen sterben, wenn man keine Todesursache angibt.

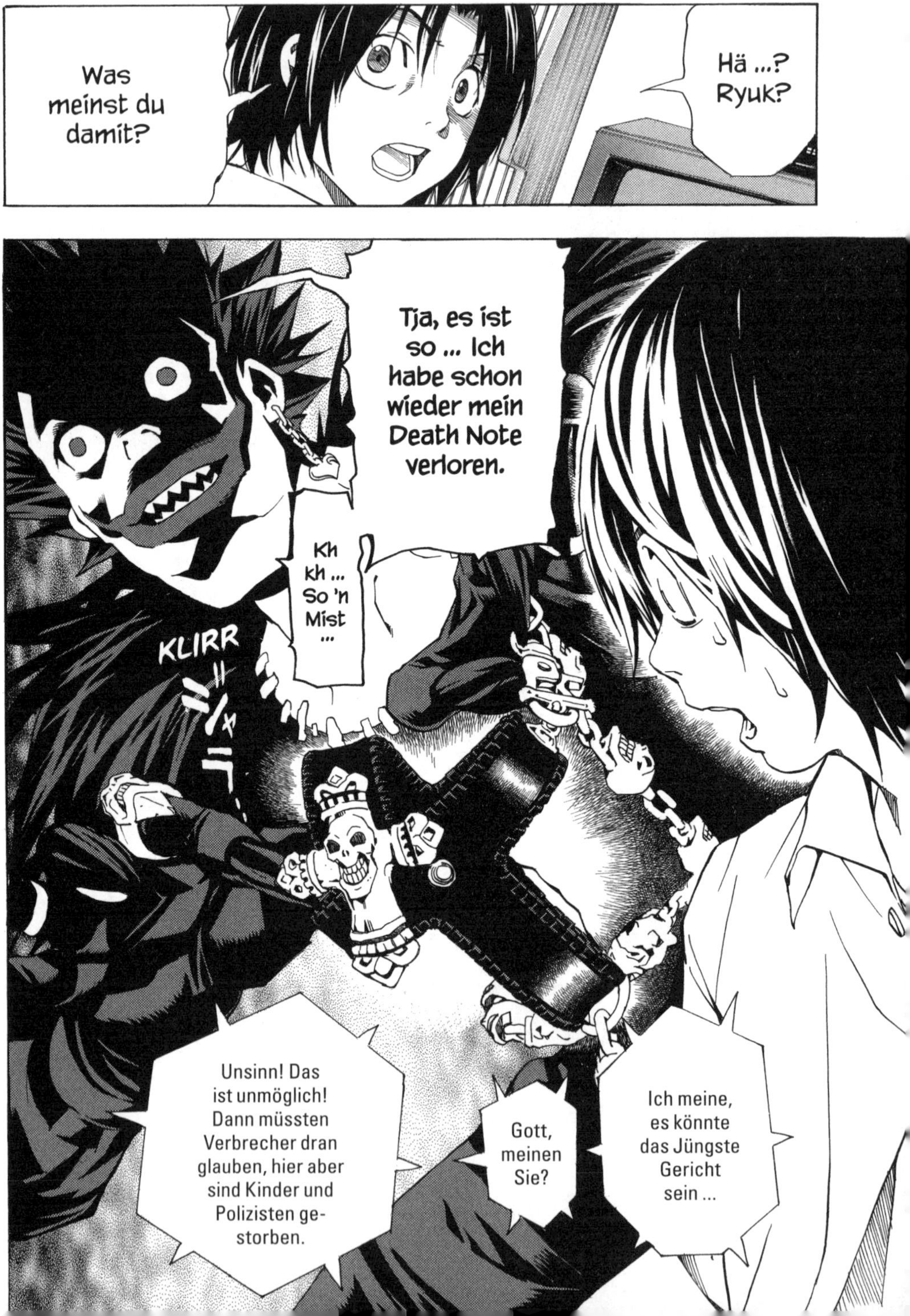
Hä ...? Ryuk?
Was meinst du damit?
Tja, es ist so ... Ich habe schon wieder mein Death Note verloren.
Kh kh ... So 'n Mist ...
KLIRR
Ich meine, es könnte das Jüngste Gericht sein ...
Gott, meinen Sie?
Unsinn! Das ist unmöglich! Dann müssten Verbrecher dran glauben, hier aber sind Kinder und Polizisten gestorben.

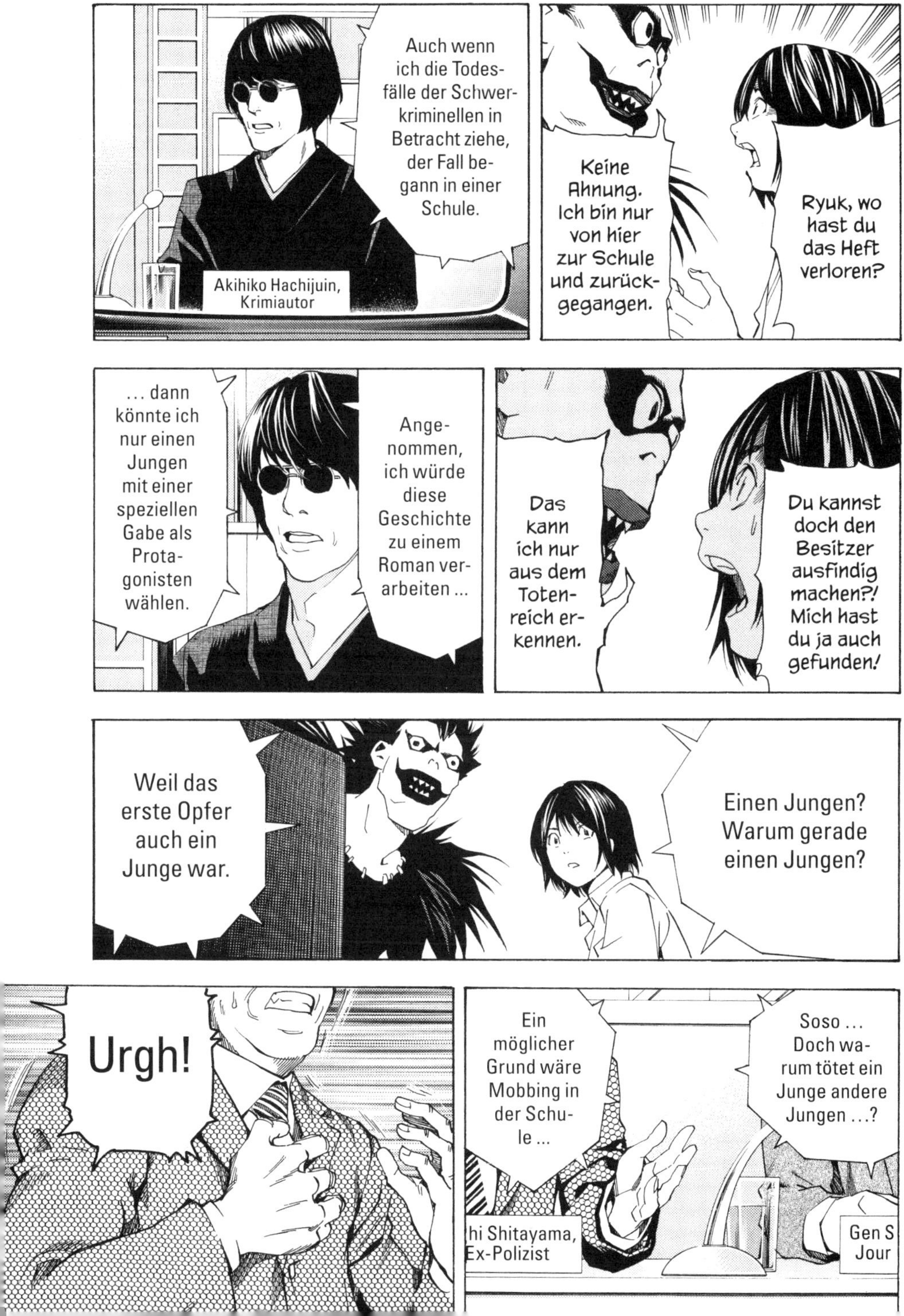
Ryuk, wo hast du das Heft verloren?
Keine Ahnung. Ich bin nur von hier zur Schule und zurückgegangen.
Auch wenn ich die Todesfälle der Schwerkriminellen in Betracht ziehe, der Fall begann in einer Schule.
Akihiko Hachijuin, Krimiautor
Du kannst doch den Besitzer ausfindig machen?! Mich hast du ja auch gefunden!
Das kann ich nur aus dem Totenreich erkennen.
Angenommen, ich würde diese Geschichte zu einem Roman verarbeiten …
… dann könnte ich nur einen Jungen mit einer speziellen Gabe als Protagonisten wählen.
Einen Jungen? Warum gerade einen Jungen?
Weil das erste Opfer auch ein Junge war.
Soso … Doch warum tötet ein Junge andere Jungen …?
Ein möglicher Grund wäre Mobbing in der Schule …
hi Shitayama, Ex-Polizist
Gen S Jour
Urgh!

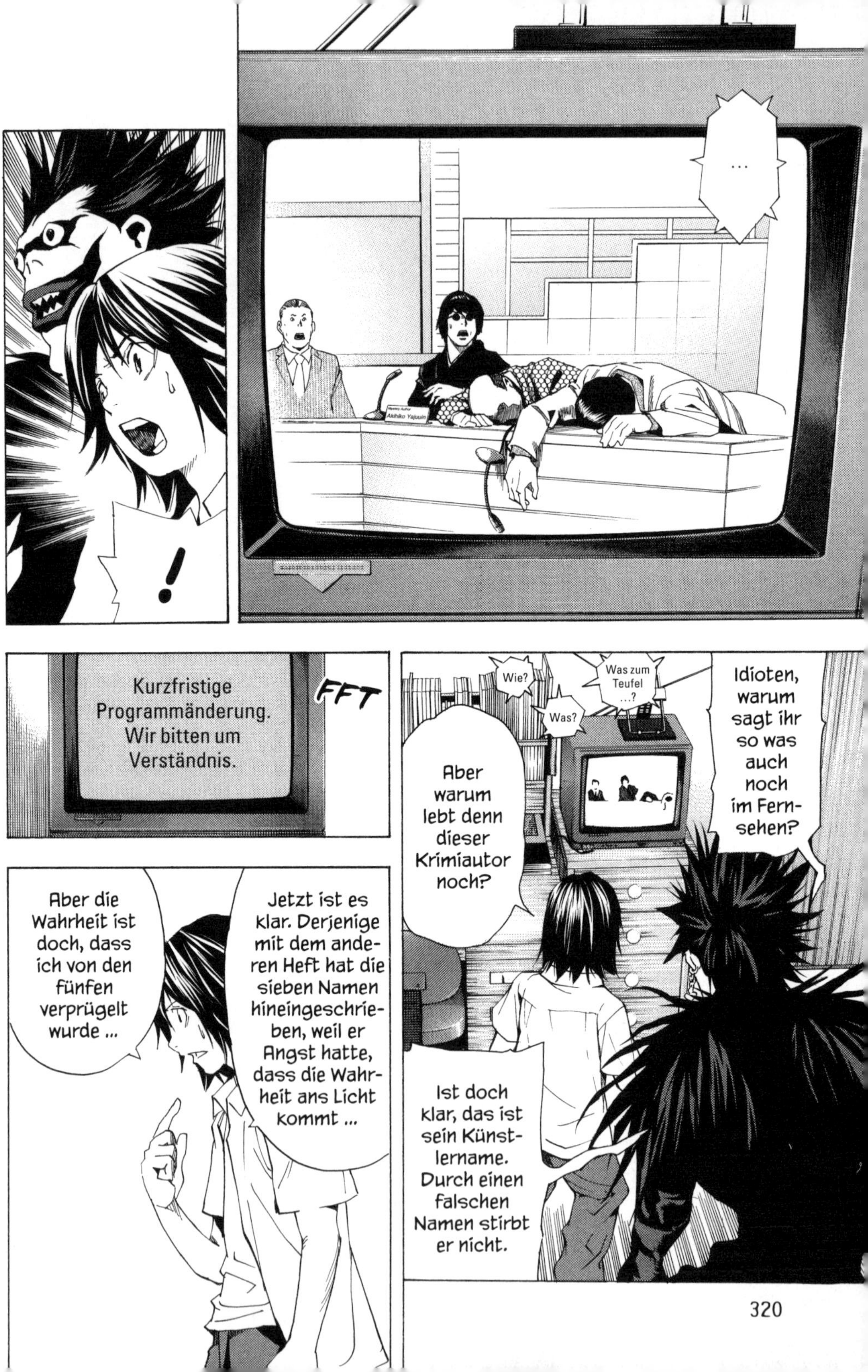
…
!
Idioten, warum sagt ihr so was auch noch im Fernsehen?
Was zum Teufel …?
Was?
Wie?
Aber warum lebt denn dieser Krimiautor noch?
Ist doch klar, das ist sein Künstlername. Durch einen falschen Namen stirbt er nicht.
FFT
Kurzfristige Programmänderung. Wir bitten um Verständnis.
Jetzt ist es klar. Derjenige mit dem anderen Heft hat die sieben Namen hineingeschrieben, weil er Angst hatte, dass die Wahrheit ans Licht kommt …
Aber die Wahrheit ist doch, dass ich von den fünfen verprügelt wurde …

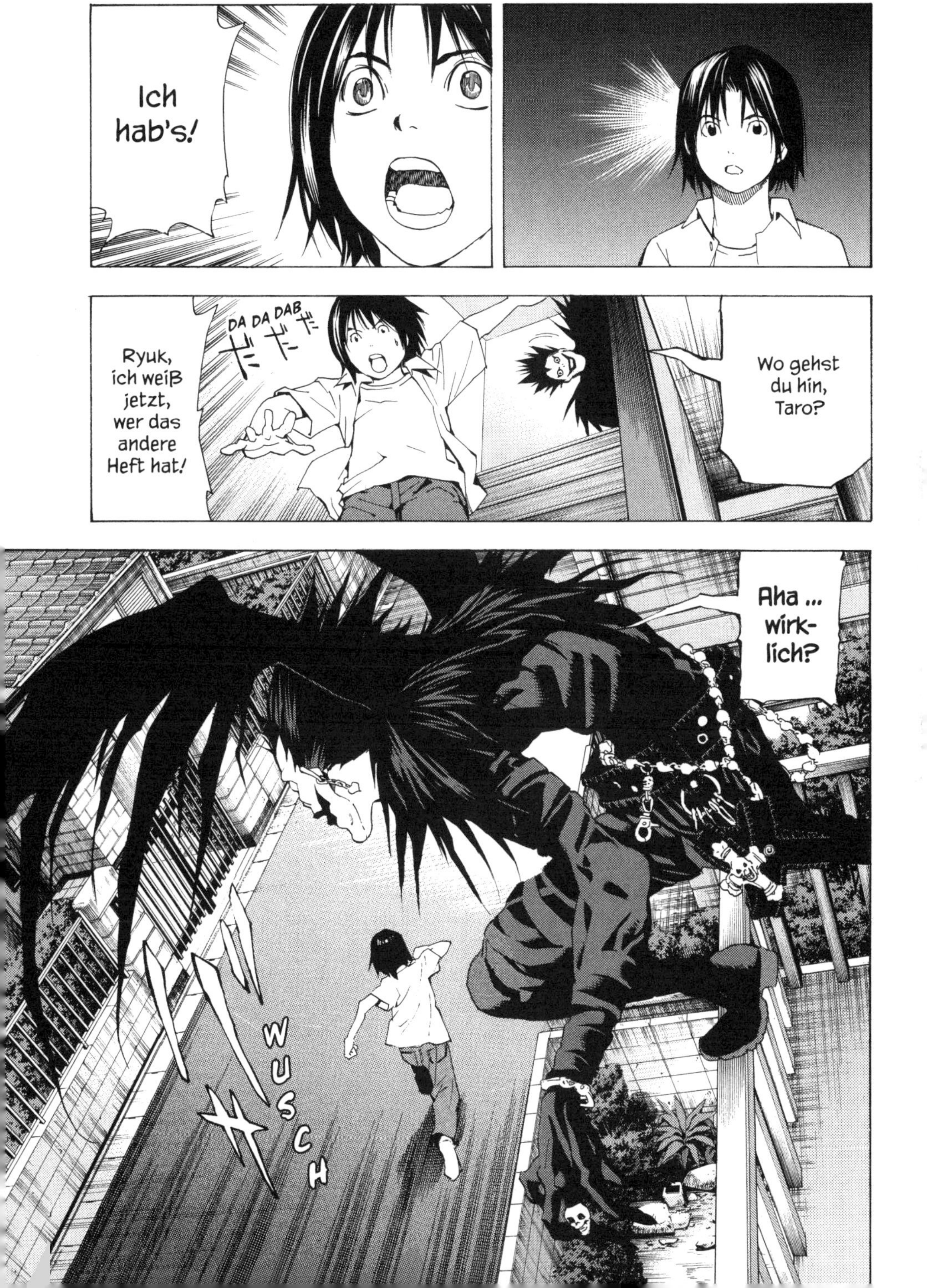
Ich hab's!
Wo gehst du hin, Taro?
DA DA DAB
Ryuk, ich weiß jetzt, wer das andere Heft hat!
Aha ... wirk-lich?
WUSCH

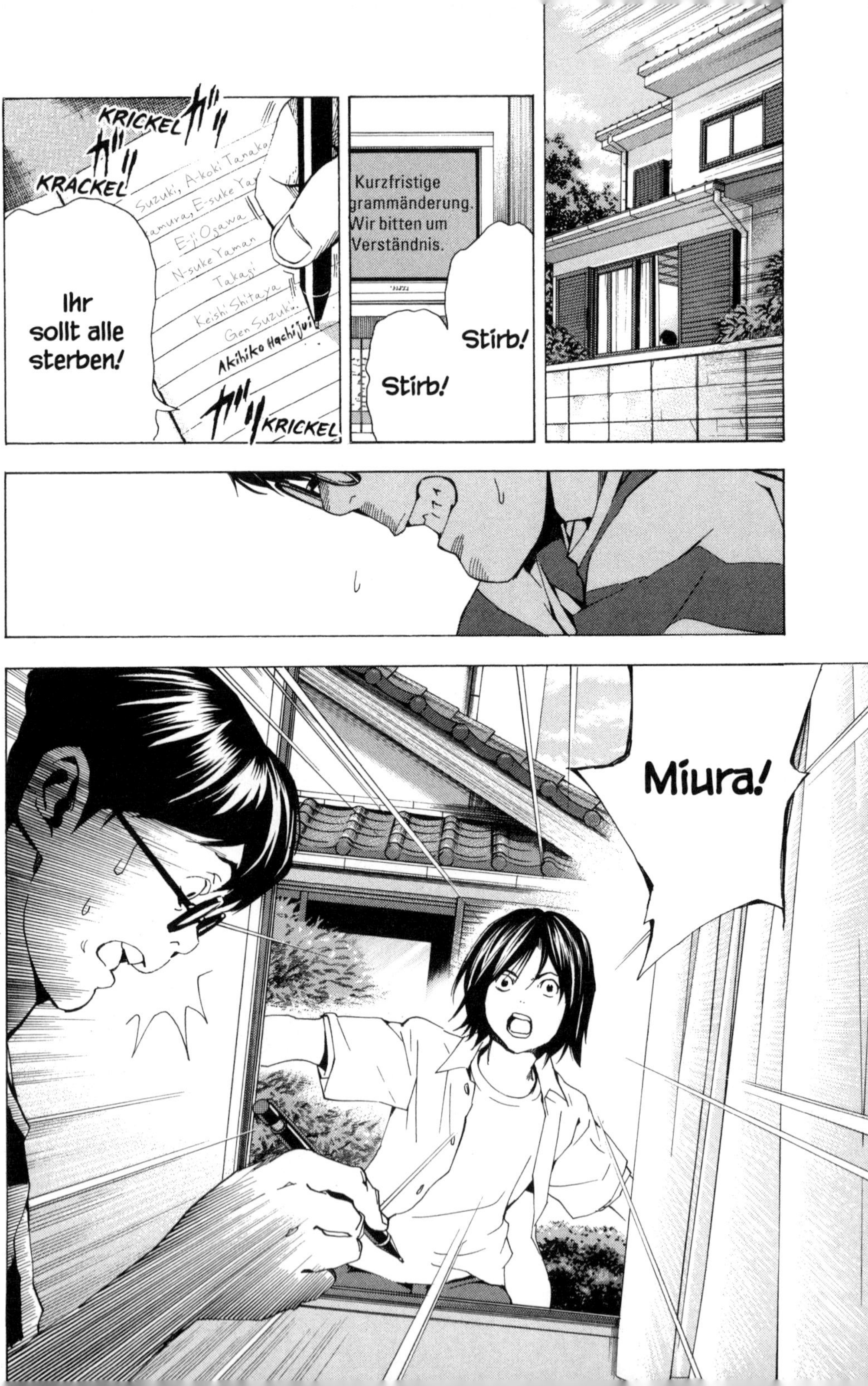
Kurzfristige
grammänderung.
Wir bitten um
Verständnis.
Stirb!
Stirb!
KRICKEL
KRACKEL
Suzuki, A-koki Tanaka
amura, E-suke Ya
Eji Ogawa
N-suke Yaman
Takagi
Keishi Shitaya
Gen Suzuki
Akihiko Hachijui
Ihr sollt alle sterben!
KRICKEL
Miura!

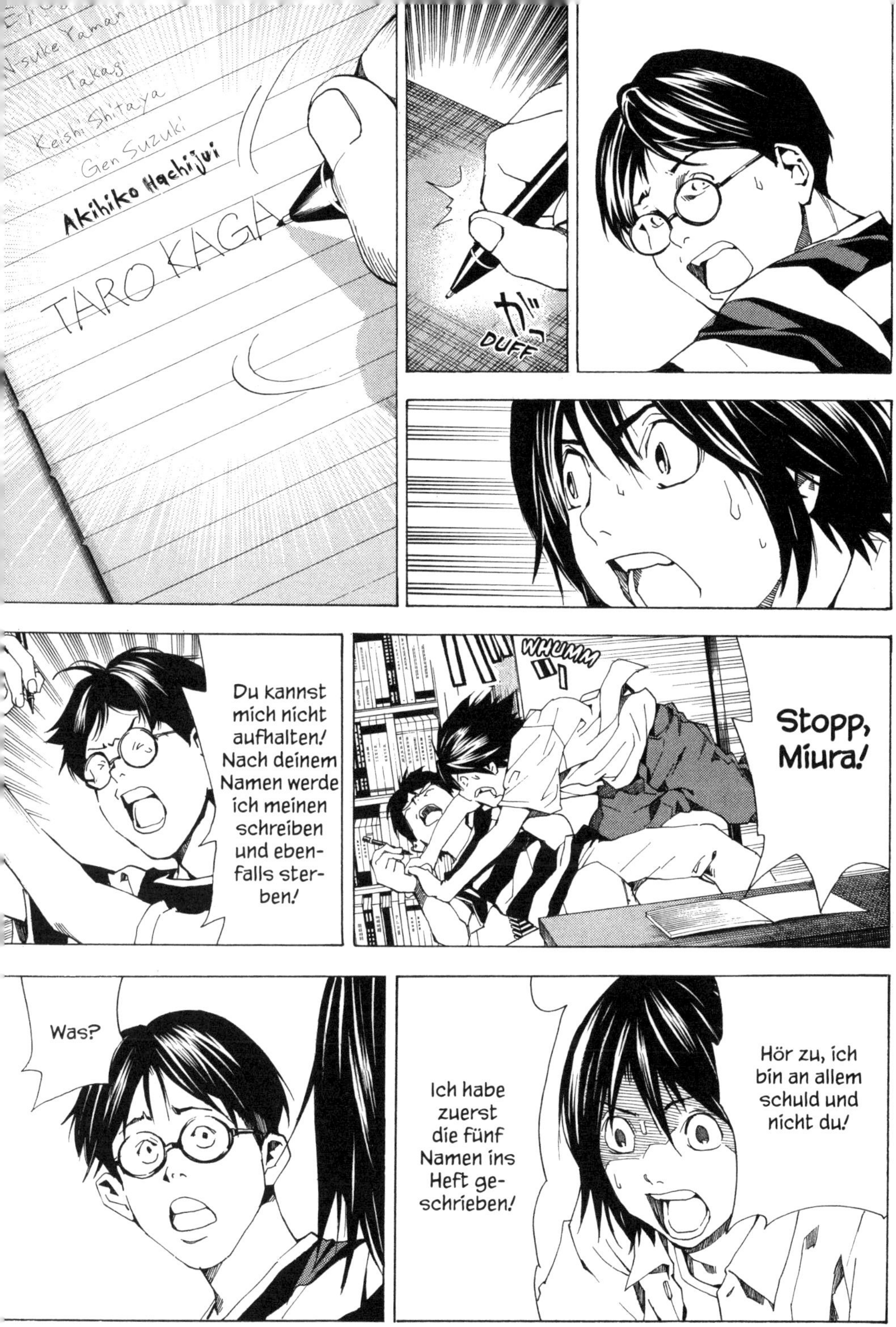
DUFF
Takagi
Keishi Shitaya
Gen Suzuki
Akihiko Hachijui
TARO KAGA
WHUMM
Stopp, Miura!
Du kannst mich nicht aufhalten! Nach deinem Namen werde ich meinen schreiben und ebenfalls sterben!
Hör zu, ich bin an allem schuld und nicht du!
Ich habe zuerst die fünf Namen ins Heft geschrieben!
Was?

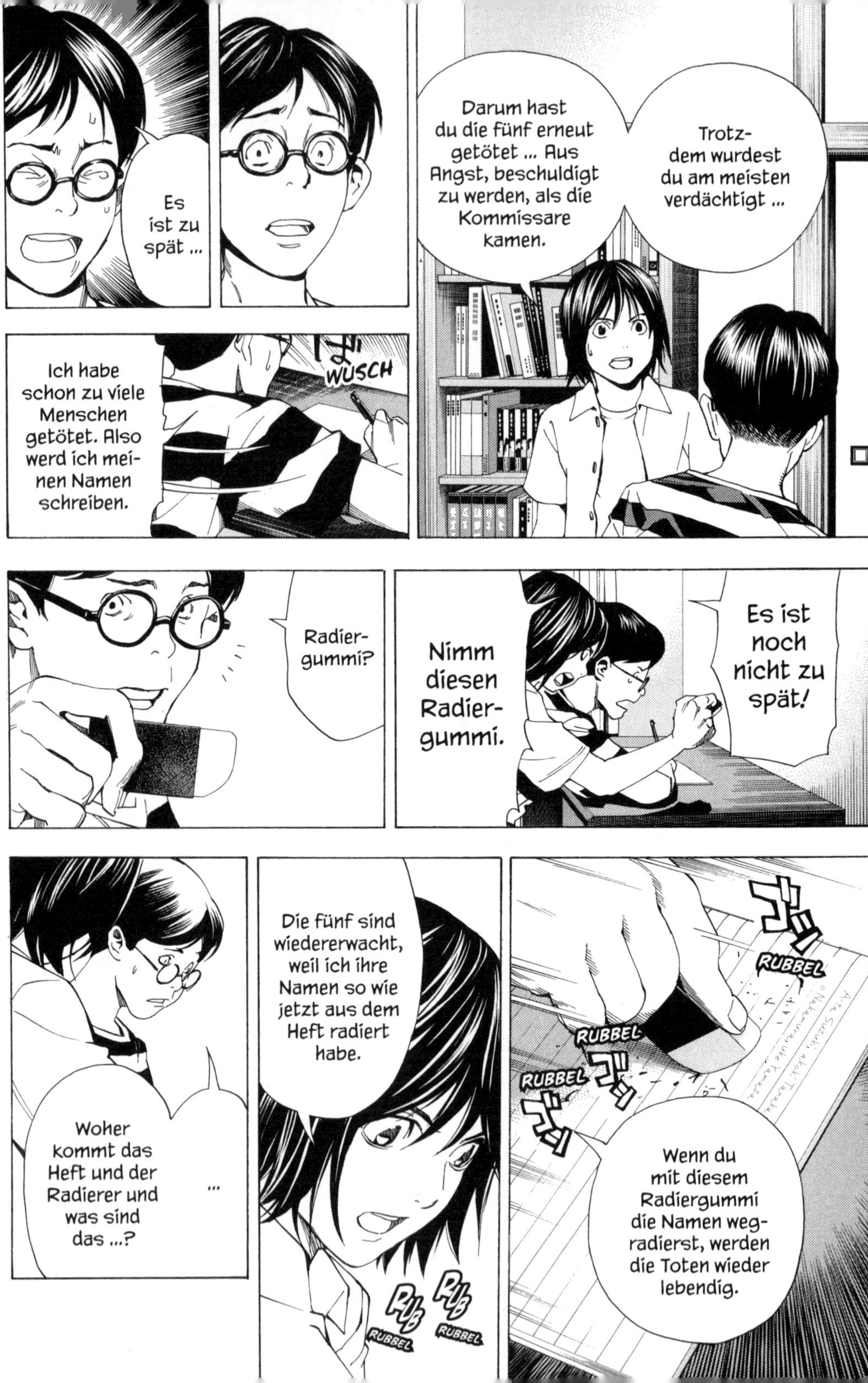
Trotz-dem wurdest du am meisten verdächtigt ...
Darum hast du die fünf erneut getötet ... Aus Angst, beschuldigt zu werden, als die Kommissare kamen.
Es ist zu spät ...
WUSCH
Ich habe schon zu viele Menschen getötet. Also werd ich meinen Namen schreiben.
Es ist noch nicht zu spät!
Nimm diesen Radiergummi.
Radiergummi?
RUBBEL
RUBBEL
RUBBEL
Wenn du mit diesem Radiergummi die Namen wegradierst, werden die Toten wieder lebendig.
Die fünf sind wiedererwacht, weil ich ihre Namen so wie jetzt aus dem Heft radiert habe.
RUB RUBBEL
RUB RUBBEL
Woher kommt das Heft und der Radierer und was sind das ...?
...

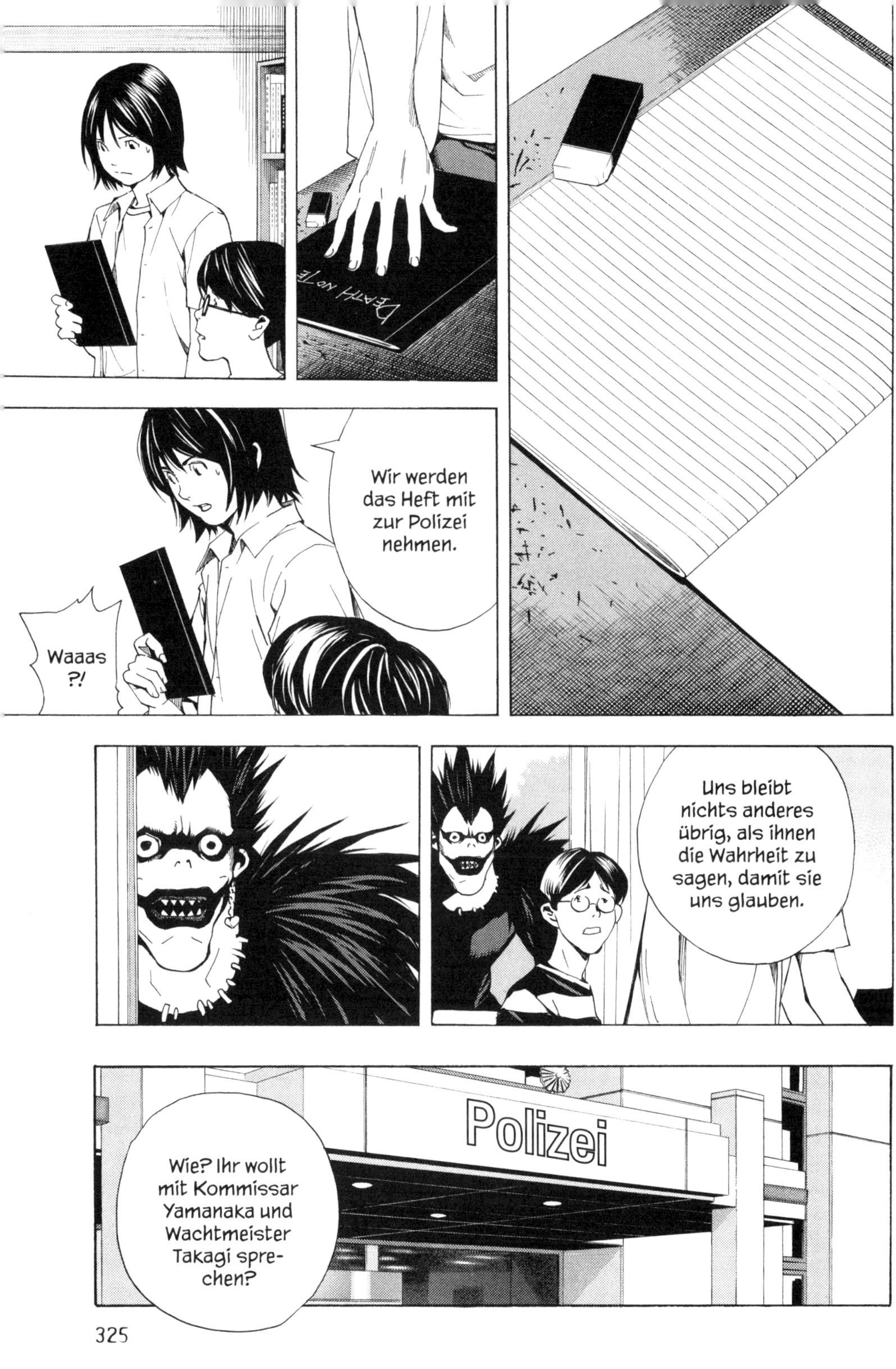
Wir werden das Heft mit zur Polizei nehmen.
Waaas ?!
Uns bleibt nichts anderes übrig, als ihnen die Wahrheit zu sagen, damit sie uns glauben.
Polizei
Wie? Ihr wollt mit Kommissar Yamanaka und Wachtmeister Takagi sprechen?

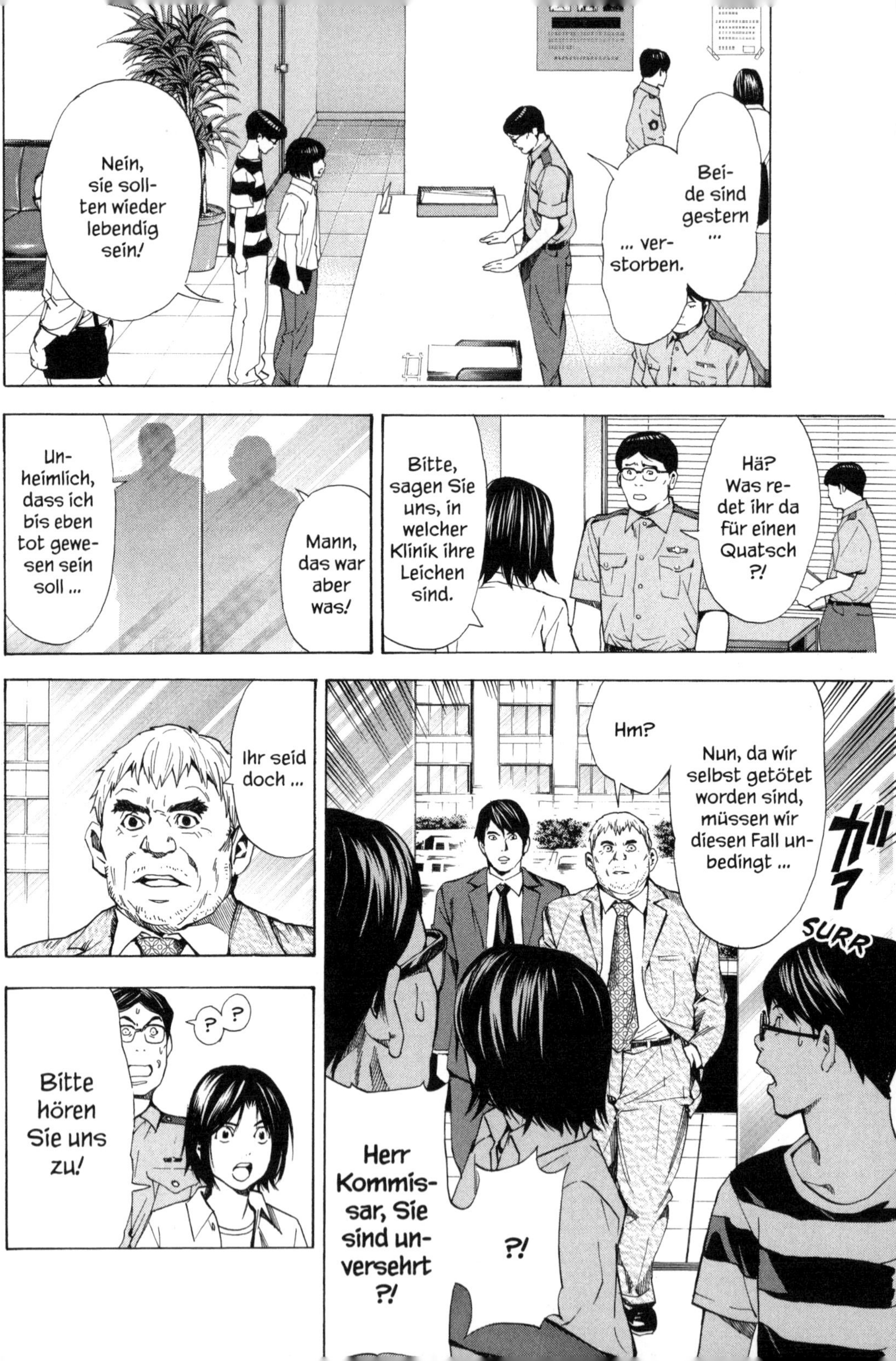

Beide sind gestern ...
... verstorben.
Nein, sie sollten wieder lebendig sein!
Hä? Was redet ihr da für einen Quatsch?!
Bitte, sagen Sie uns, in welcher Klinik ihre Leichen sind.
Mann, das war aber was!
Unheimlich, dass ich bis eben tot gewesen sein soll ...
Bitte hören Sie uns zu!
? ?
ガラ
SURR
Herr Kommissar, Sie sind unversehrt?!
?!
Ihr seid doch ...
Hm?
Nun, da wir selbst getötet worden sind, müssen wir diesen Fall unbedingt ...

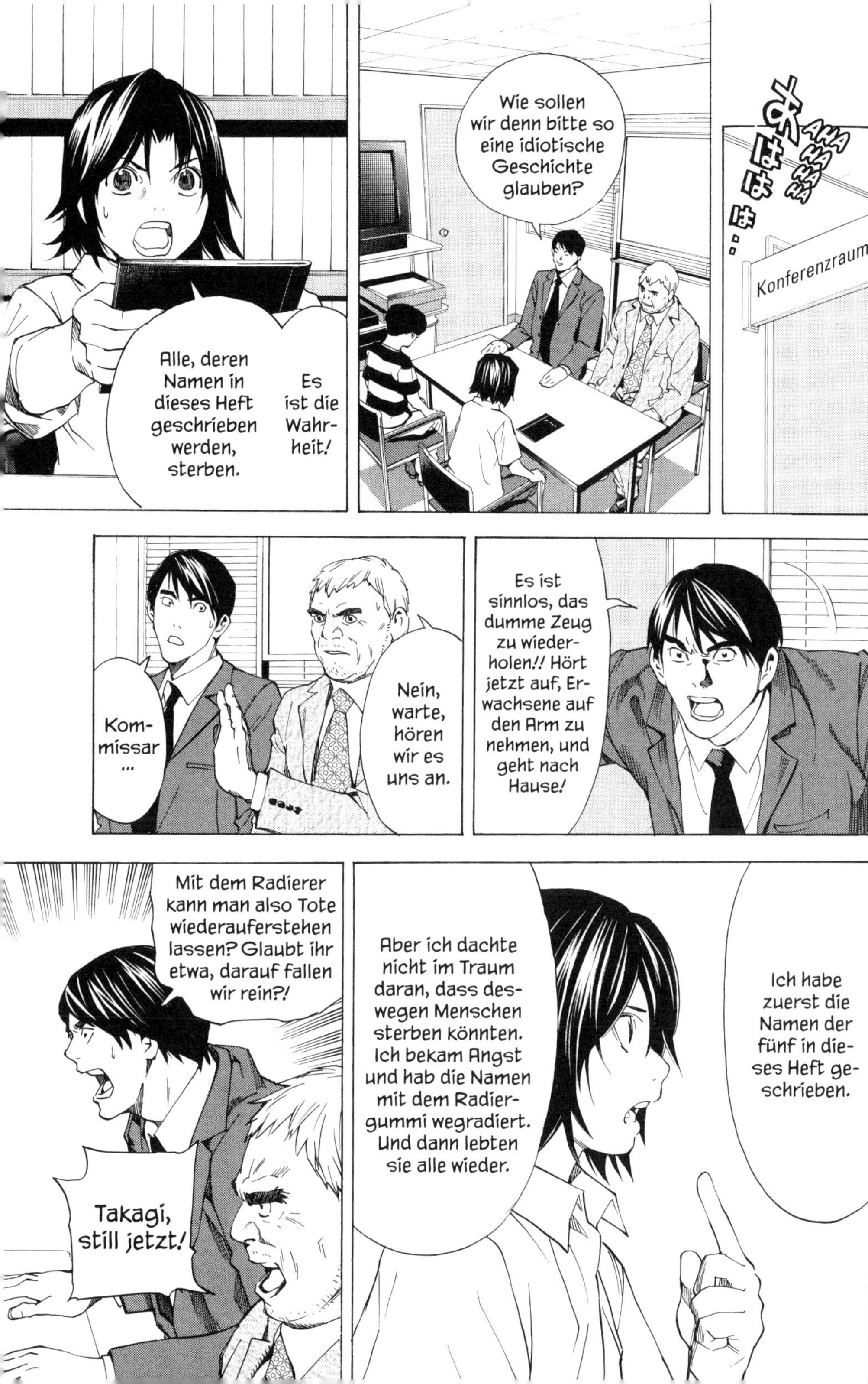

Konferenzraum
AHAHAHA
Wie sollen wir denn bitte so eine idiotische Geschichte glauben?
Es ist die Wahrheit!
Alle, deren Namen in dieses Heft geschrieben werden, sterben.
Es ist sinnlos, das dumme Zeug zu wiederholen!! Hört jetzt auf, Erwachsene auf den Arm zu nehmen, und geht nach Hause!
Nein, warte, hören wir es uns an.
Kommissar …
Ich habe zuerst die Namen der fünf in dieses Heft geschrieben.
Aber ich dachte nicht im Traum daran, dass deswegen Menschen sterben könnten. Ich bekam Angst und hab die Namen mit dem Radiergummi wegradiert. Und dann lebten sie alle wieder.
Mit dem Radierer kann man also Tote wiederauferstehen lassen? Glaubt ihr etwa, darauf fallen wir rein?!
Takagi, still jetzt!

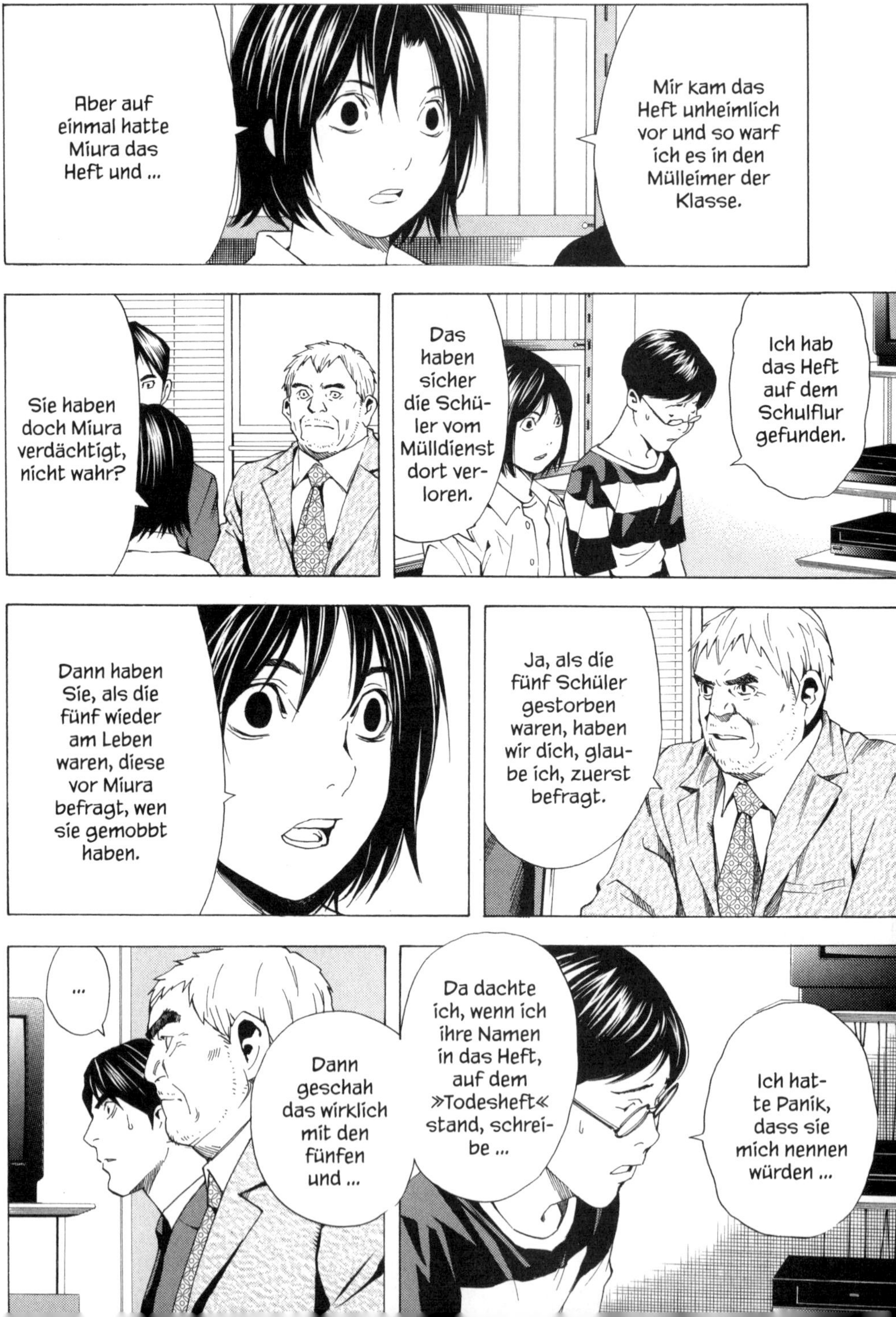
Mir kam das Heft unheimlich vor und so warf ich es in den Mülleimer der Klasse.
Aber auf einmal hatte Miura das Heft und ...
Ich hab das Heft auf dem Schulflur gefunden.
Das haben sicher die Schüler vom Mülldienst dort verloren.
Sie haben doch Miura verdächtigt, nicht wahr?
Ja, als die fünf Schüler gestorben waren, haben wir dich, glaube ich, zuerst befragt.
Dann haben Sie, als die fünf wieder am Leben waren, diese vor Miura befragt, wen sie gemobbt haben.
Ich hatte Panik, dass sie mich nennen würden ...
Da dachte ich, wenn ich ihre Namen in das Heft, auf dem »Todesheft« stand, schreibe ...
Dann geschah das wirklich mit den fünfen und ...
...

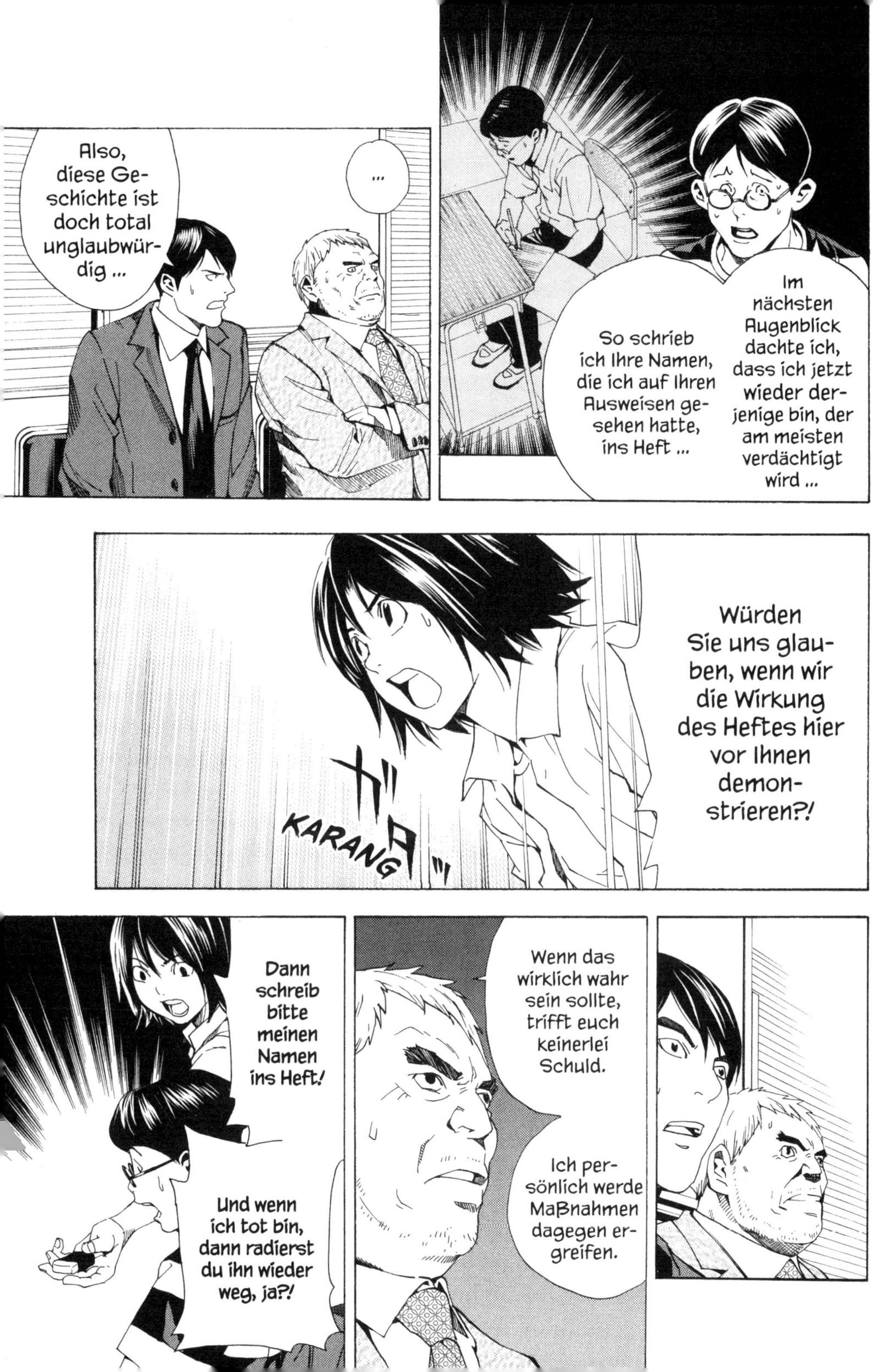
Im nächsten Augenblick dachte ich, dass ich jetzt wieder derjenige bin, der am meisten verdächtigt wird ...
So schrieb ich Ihre Namen, die ich auf Ihren Ausweisen gesehen hatte, ins Heft ...
...
Also, diese Geschichte ist doch total unglaubwürdig ...
Würden Sie uns glauben, wenn wir die Wirkung des Heftes hier vor Ihnen demonstrieren?!
KARANG
Wenn das wirklich wahr sein sollte, trifft euch keinerlei Schuld.
Ich persönlich werde Maßnahmen dagegen ergreifen.
Dann schreib bitte meinen Namen ins Heft!
Und wenn ich tot bin, dann radierst du ihn wieder weg, ja?!

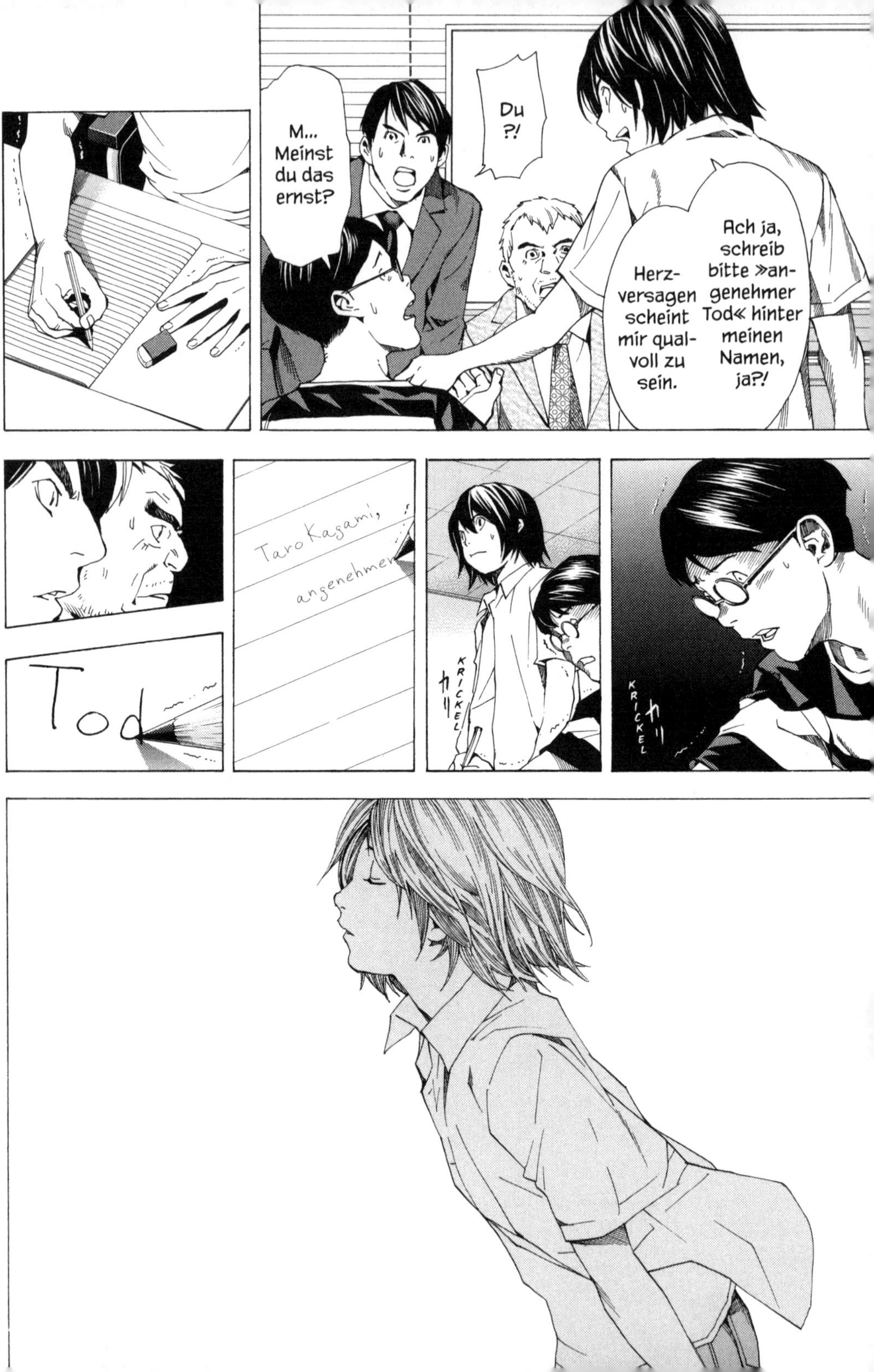
Du ?!
M... Meinst du das ernst?
Ach ja, schreib bitte »angenehmer Tod« hinter meinen Namen, ja?!
Herzversagen scheint mir qualvoll zu sein.
KRICKEL
KRICKEL
Taro Kagami,
angenehmer
Tod

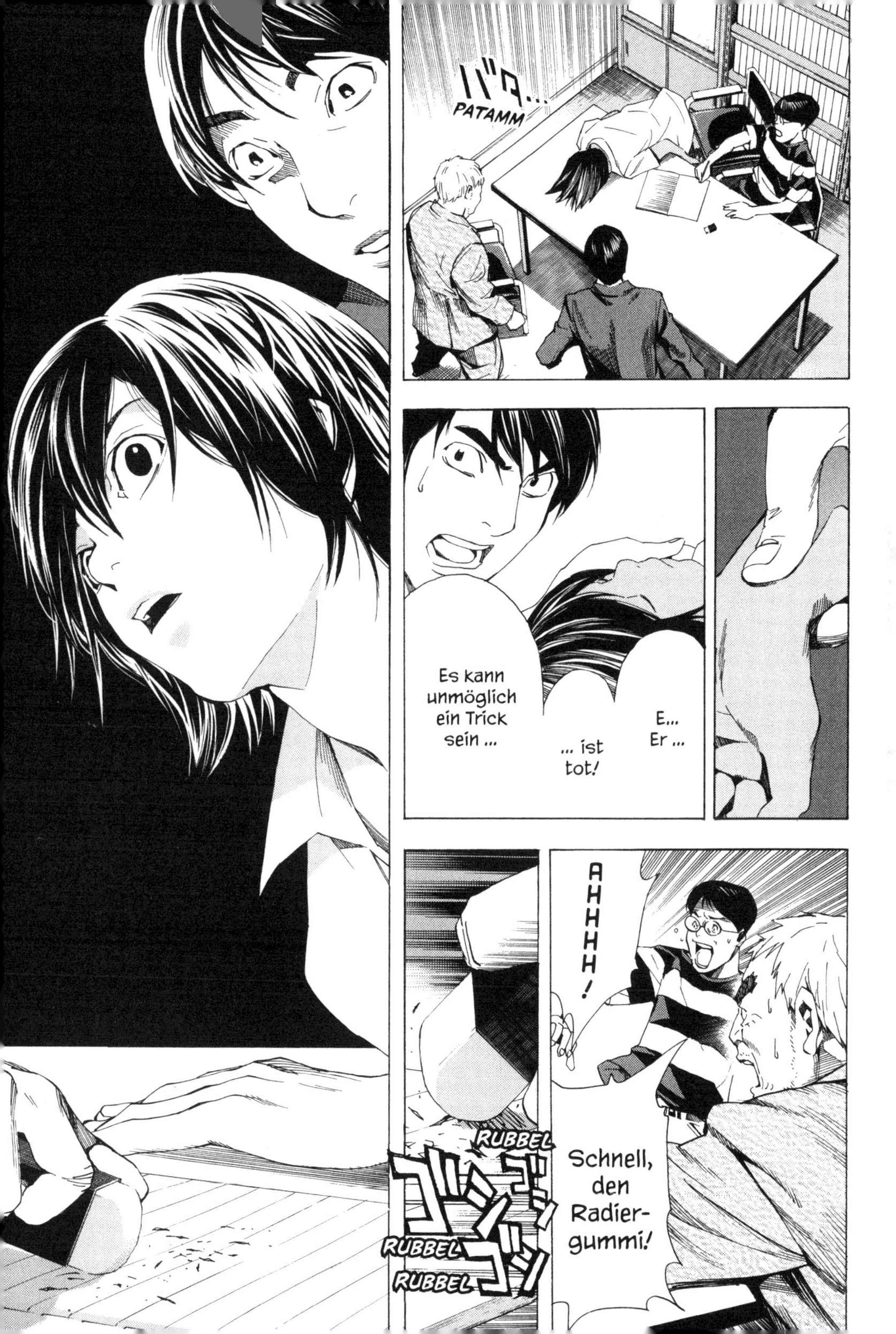
バタ…
PATAMM
E...
Er ...
... ist
tot!
Es kann
unmöglich
ein Trick
sein ...
AHHHHH!
Schnell,
den
Radier-
gummi!
RUBBEL
RUBBEL
RUBBEL

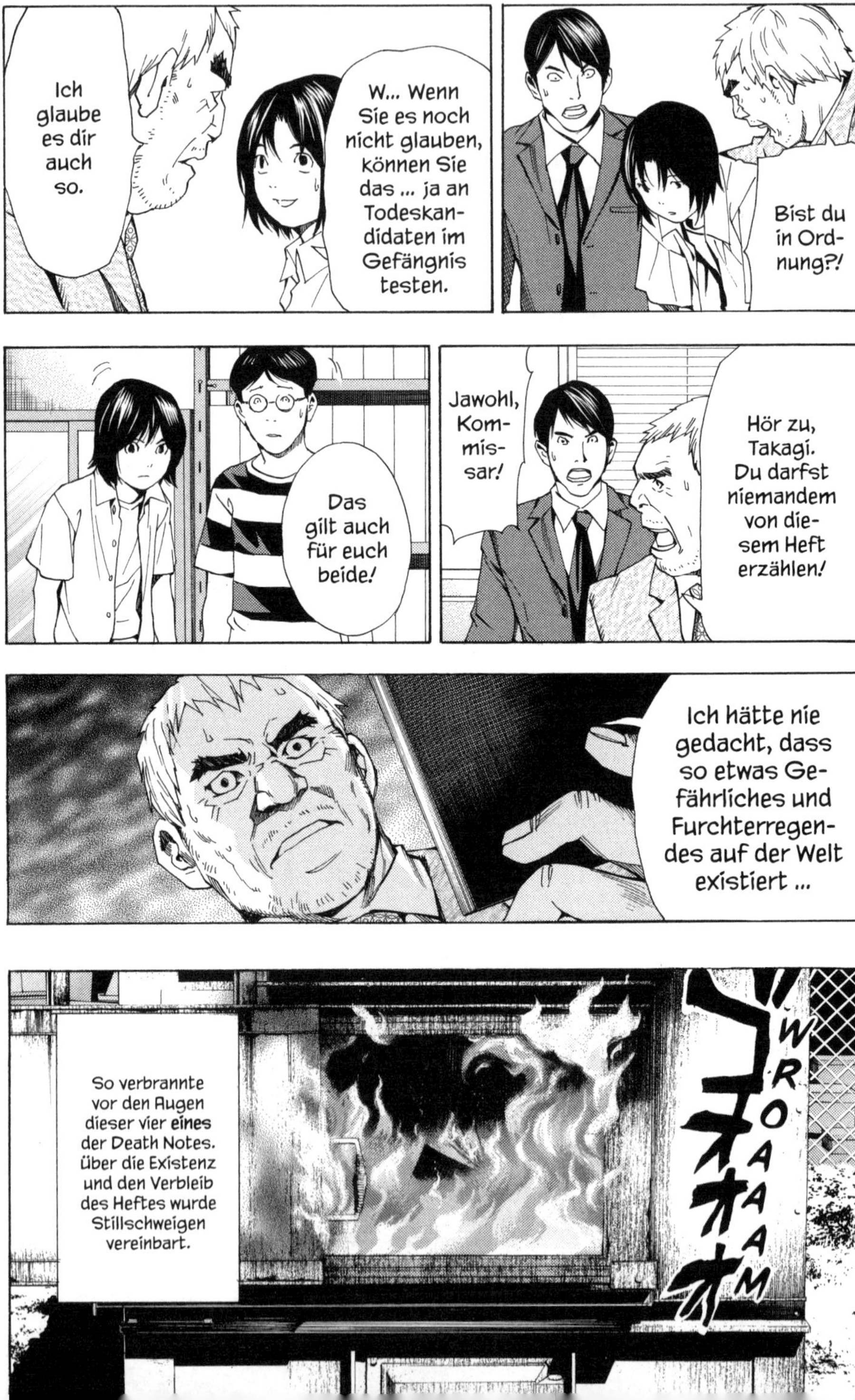
Bist du in Ordnung?!
W... Wenn Sie es noch nicht glauben, können Sie das ... ja an Todeskandidaten im Gefängnis testen.
Ich glaube es dir auch so.
Hör zu, Takagi. Du darfst niemandem von diesem Heft erzählen!
Jawohl, Kommissar!
Das gilt auch für euch beide!
Ich hätte nie gedacht, dass so etwas Gefährliches und Furchterregendes auf der Welt existiert ...
WROAAAAM
So verbrannte vor den Augen dieser vier **eines** der Death Notes. über die Existenz und den Verbleib des Heftes wurde Stillschweigen vereinbart.

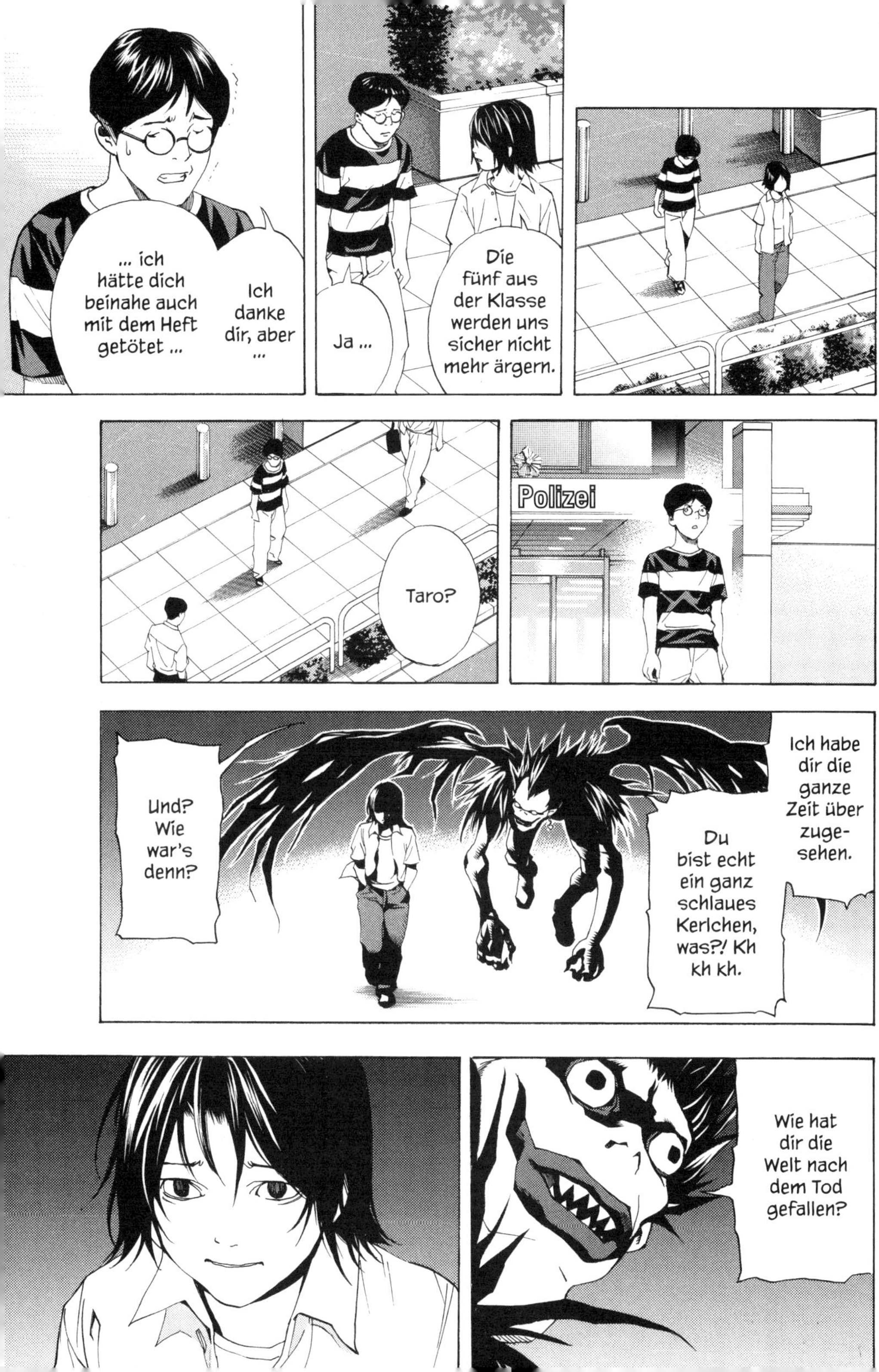

Die fünf aus der Klasse werden uns sicher nicht mehr ärgern.
Ja ...
Ich danke dir, aber ...
... ich hätte dich beinahe auch mit dem Heft getötet ...
Polizei
Taro?
Ich habe dir die ganze Zeit über zugesehen.
Du bist echt ein ganz schlaues Kerlchen, was?! Kh kh kh.
Und? Wie war's denn?
Wie hat dir die Welt nach dem Tod gefallen?

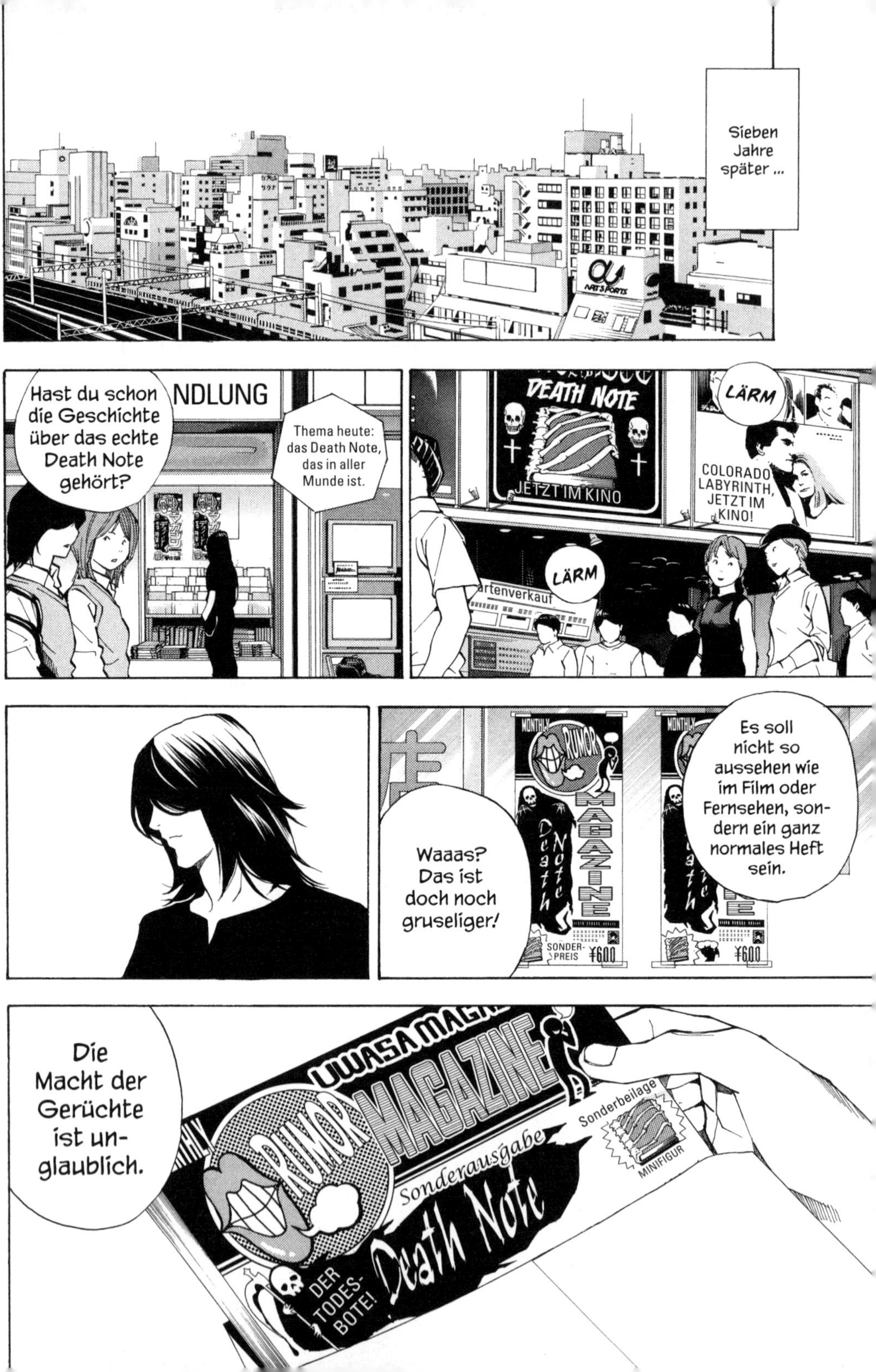

Sieben Jahre später ...
DEATH NOTE
JETZT IM KINO
LÄRM
COLORADO LABYRINTH, JETZT IM KINO!
LÄRM
Thema heute: das Death Note, das in aller Munde ist.
Hast du schon die Geschichte über das echte Death Note gehört?
MONTHLY RUMOR MAGAZINE
Death Note
SONDER-PREIS ¥600
Es soll nicht so aussehen wie im Film oder Fernsehen, sondern ein ganz normales Heft sein.
Waaas? Das ist doch noch gruseliger!
UWASA MAGA
MONTHLY RUMOR MAGAZINE
Sonderbeilage
MINIFIGUR
Sonderausgabe
Death Note
DER TODES-BOTE!
Die Macht der Gerüchte ist unglaublich.

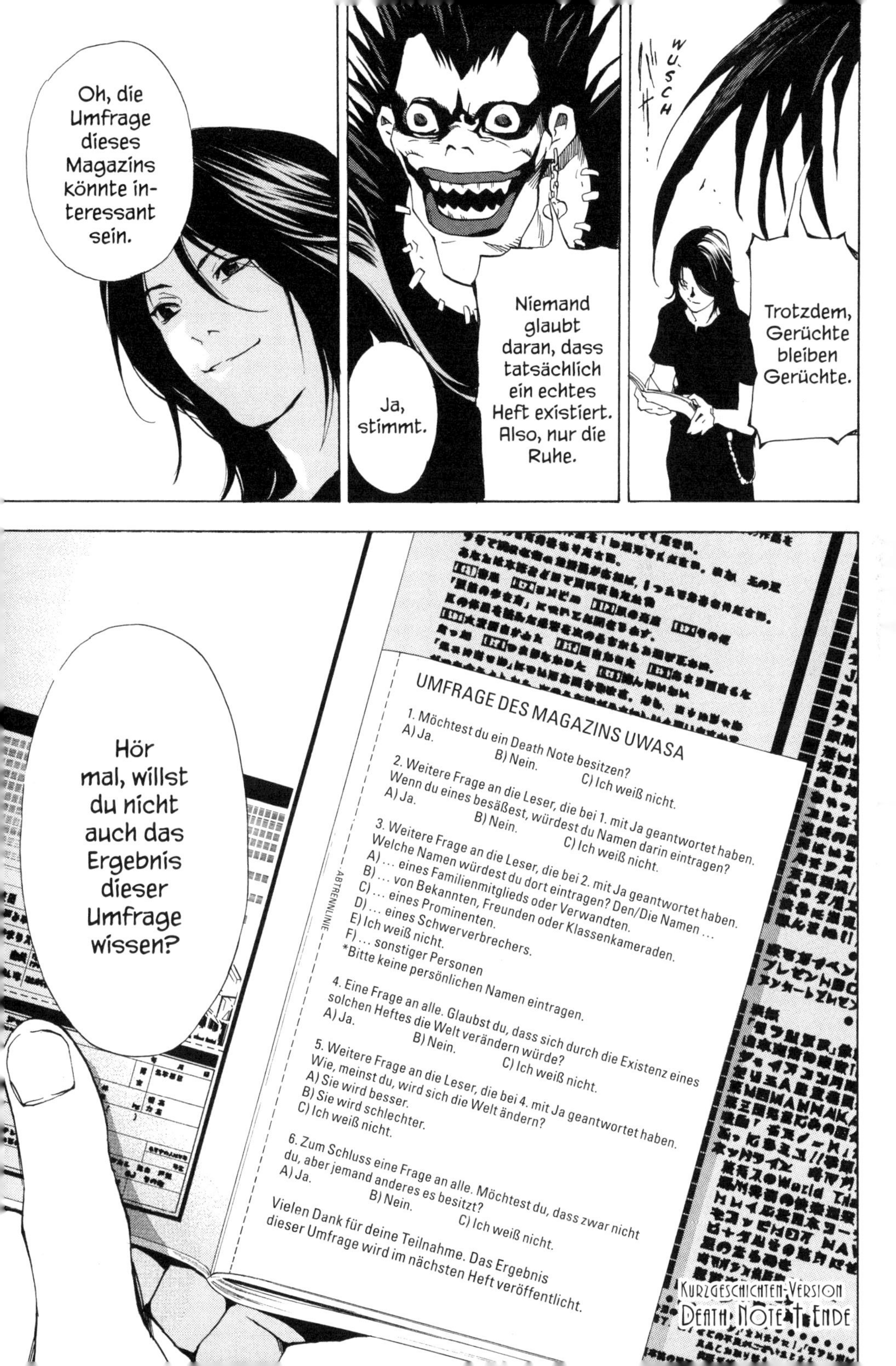
WUSCH
Trotzdem, Gerüchte bleiben Gerüchte.
Niemand glaubt daran, dass tatsächlich ein echtes Heft existiert. Also, nur die Ruhe.
Ja, stimmt.
Oh, die Umfrage dieses Magazins könnte interessant sein.
Hör mal, willst du nicht auch das Ergebnis dieser Umfrage wissen?
UMFRAGE DES MAGAZINS UWASA
1. Möchtest du ein Death Note besitzen?
A) Ja. B) Nein. C) Ich weiß nicht.
2. Weitere Frage an die Leser, die bei 1. mit Ja geantwortet haben. Wenn du eines besäßest, würdest du Namen darin eintragen?
A) Ja. B) Nein. C) Ich weiß nicht.
3. Weitere Frage an die Leser, die bei 2. mit Ja geantwortet haben. Welche Namen würdest du dort eintragen? Den/Die Namen …
A) … eines Familienmitglieds oder Verwandten.
B) … von Bekannten, Freunden oder Klassenkameraden.
C) … eines Prominenten.
D) … eines Schwerverbrechers.
E) Ich weiß nicht.
F) … sonstiger Personen
*Bitte keine persönlichen Namen eintragen.
4. Eine Frage an alle. Glaubst du, dass sich durch die Existenz eines solchen Heftes die Welt verändern würde?
A) Ja. B) Nein. C) Ich weiß nicht.
5. Weitere Frage an die Leser, die bei 4. mit Ja geantwortet haben. Wie, meinst du, wird sich die Welt ändern?
A) Sie wird besser.
B) Sie wird schlechter.
C) Ich weiß nicht.
6. Zum Schluss eine Frage an alle. Möchtest du, dass zwar nicht du, aber jemand anderes es besitzt?
A) Ja. B) Nein. C) Ich weiß nicht.
Vielen Dank für deine Teilnahme. Das Ergebnis dieser Umfrage wird im nächsten Heft veröffentlicht.
ABTRENNLINIE
Kurzgeschichten-Version
Death Note Ende

TOKYOPOP GmbH
Hamburg

TOKYOPOP
4. Auflage, 2026
Deutsche Ausgabe/German Edition

Aus dem Japanischen von Kay Hermann & Yuki Kowalsky, Yohana Araki

DEATH NOTE -POCKET EDITION-

First published in Japan in 2003 by SHUEISHA Inc., Tokyo.
German translation rights in Germany, Austria and German-speaking Switzerland arranged by SHUEISHA Inc. through VME PLB SAS, France.

Redaktion: Natalie Tonak, Yuki Kowalsky
Lettering: MPS Ad-Studio, Vibrant Publishing Studio
Herstellung: Alina Kronenberg, Annika Meyer-Wülfing, Fabian Salzmann
GPSR: produktsicherheit@tokyopop.de
Druck und buchbinderische Verarbeitung:
CPI – Clausen & Bosse GmbH, Leck
Printed in Germany

MIX Papier FSC® C083411
Wir achten auf die Umwelt.
Dieses Produkt besteht aus FSC®-zertifizierten und anderen kontrollierten Materialien.

ISBN 978-3-7593-0267-0

www.tokyopop.de